Der hansische Raum und das Städtenetz in Mitteleuropa

Stadt gegründet vor

- ■ 1190
- ◆ 1230
- ● 1250
- ▲ 1290
- ✱ 1330

Heinz Stoob   Die Hanse

Heinz Stoob

DIE HANSE

Verlag Styria

Genehmigte Lizenzausgabe Panorama Verlag, Wiesbaden
ISBN 3-926642-28-9

© Verlag Styria Graz - Wien - Köln

Printed in Slovenia
Umschlaggestaltung: Zembsch Werkstatt, München
Satz: Mechtilde Boland, Institut für vergleichende Städtegeschichte, Münster

INHALT

GELEITWORT

Der Verfasser dieses Buches, Prof. Dr. Heinz Stoob, vollendet am 3. Dezember 1994 sein 75. Lebensjahr. Es ist eher ein Zufall, daß das Erscheinen seiner Geschichte der Hanse mit diesem Lebensjubiläum zusammenfällt. Aber die Tatsache, daß Heinz Stoob nach einer lebenslangen Beschäftigung mit der europäischen Städtegeschichte eine solche Gesamtdarstellung der hansischen Geschichte vorlegt, wird niemanden überraschen, der Biographie und wissenschaftliches Œuvre dieses Gelehrten nur einigermaßen kennt. Der Sohn der Hansestadt Hamburg, der als Ordinarius für westfälische Landesgeschichte das akademische Lehramt 21 Jahre lang in der binnenländischen Hansestadt Münster ausübte – so in der eigenen Biographie das hansische Prinzip des Handels über See und Sand verbindend – hat immer wieder Untersuchungen zur hansischen Geschichte publiziert (vgl. dazu das Schriftenverzeichnis in: Studia Luxemburgensia. Festschrift Heinz Stoob zum 70. Geburtstag, hg. v. Friedrich Bernward Fahlbusch und Peter Johanek [Studien zu den Luxemburgern und ihrer Zeit 3] Warendorf 1989, S. 443-447).

Es ist nur folgerichtig, daß diese Bemühungen um die Geschichte jener Städtegruppe, die den seebezogenen Handel in Nord- und Ostsee, vom Kanal bis zum Wolchow, in den Jahrhunderten des Spätmittelalters trug und beherrschte, hier in diesem Buch in eine Synthese münden. Zu einer solchen Zusammenschau drängte Heinz Stoob bereits früh, denn er begann seine Lehrtätigkeit in Münster 1964 mit einer Vorlesung über die Geschichte der Hanse und beendete sie mit einem Kolleg zum selben Thema. Auch seine öffentliche Abschiedsvorlesung zum Ende des Wintersemesters 1984/85 in der Aula des münsterschen Schlosses galt Lübeck, dem „Haupt der Hanse". Es ist diese akademische Lehrtätigkeit Heinz Stoobs, auf der die hier vorgelegte Gesamtdarstellung der Hansegeschichte fußt, denn aus der Bearbeitung seiner Vorlesungen ist sie hervorgegangen.

Das Buch kann daher, über die Vermittlung von Information und Wissen über die Hanse an ein breiteres Publikum hinaus, auch die Erinnerung an den Lehrer Heinz Stoob wachhalten, durch dessen Hörsaal und Seminare an der großen Universität Münster eine stattliche Zahl von Studentinnen und Studenten hindurchgegangen ist. Viele von ihnen sind heute in mannigfachen Positionen des kulturellen Lebens tätig. So war es eine glückliche Fügung, daß der Verlag Styria den Gedanken aufgriff, Heinz Stoob diesen Band zum 75. Geburtstag zu widmen, so daß eine Tabula gratulatoria vorangestellt werden konnte, die Kollegen, Schüler und Freunde vereint, die sich Heinz Stoob verbunden fühlen. Dem Verlag sei dafür geziemend gedankt, dem Jubilar aber gelten die besten Wünsche aller hier Verzeichneten.

Peter Johanek

TABULA GRATULATORIA

Willi Alter, Neustadt/Weinstraße
Gerhard Ammann, Auenstein
Norbert Angermann, Buchholz/Nordheide
Heinrich Anschlag, Münster
Udo Arnold, Bonn
Diethard Aschoff, Münster
Karl-Ludwig Ay, München

Renate Banik-Schweitzer, Wien
Friedrich Beck, Potsdam
Hans Joachim Behr, Münster
Peter Berghaus, Münster
Karlheinz Blaschke, Friedewald
Wolfgang Bockhorst, Münster
Heidelore Böcker, Berlin
Gertraud Boegner, Münster
Maria Bogucka, Warschau
Hans-Joachim Bohnsack, Hamburg
Mechtilde Boland, Münster
Ursula Bolling, Münster
Hartmut Boockmann, Berlin
Egon Boshof, Passau
Manfred Botzenhard, Münster
Ursula Braasch-Schwersmann, Marburg
Dorothea Brahm, Münster
Martin Brecht, Münster
Bärbel Brodt, London
Dieter Brosius, Hannover
Uwe Büsching, Middenhausen
Hermann de Buhr, Wuppertal
Peter Burg, Münster

Wolf-Michael Catenhusen, Münster
Alexander Cizek, Münster
Annette Cosanne, Münster
Antoni Czacharowski, Toruń
Karl Czok, Leipzig

Ursula Dey, Münster
Gertrud Diepolder, Jettenhausen
Ulf Dirlmeier, Freudenberg
Hildegard Ditt, Münster
Busso von der Dollen, Marksburg
Heinz Dopsch, Salzburg
Heinz Duchhardt, Münster

Brigitte Eberhardt, Beckum
Wilfried Ehbrecht, Münster
Birgitta Eimer, Kirberg
Gerhard Eimer, Kirberg
Dietrich Ellger, Münster
Detlev Ellmers, Bremerhaven
Kaspar Elm, Berlin
Lieselott Enders, Potsdam
Rudolf Endres, Bayreuth
Odilo Engels, Köln
Edith Ennen, Bonn
Arnold Esch, Rom
Felix Escher, Berlin

Beatrix Fahlbusch, Warendorf
F. Bernward Fahlbusch, Warendorf
Klaus Fehn, Bonn
Josef Fleckenstein, Göttingen

Klaus Flink, Kleve
Pankraz Fried, Augsburg
Sebastian Fuchs, Münster
Peter Funke, Münster

Henning von Gadow, Münster
Ingrid Gärtner-Popsin, Berlin
Klaus Garber, Osnabrück
Christian Gellinek, Münster
Beate Gerlinger-Erkner, Kreuzau
Aleksander Gieysztor, Warschau
Andreas Goedereis, Münster
Carsten Goehrke, Zürich
Hans-Werner Goetz, Hamburg
Heinz Gollwitzer, München
Antjekathrin Grassmann, Lübeck
Thomas Gross, Amöneburg
Horst Gründer, Münster
Maria Elisabeth Grüter, Saerbeck
Eberhard Grunsky, Münster
Gustav Gündisch, Gundelsheim
Konrad Gündisch, Oldenburg

Werner Habicht, Saarbrücken
Herbert Hagedorn, Münster
Alwin Hanschmidt, Vechta
Josef Hartmann, Magdeburg
Gert Hatz, Hamburg
Vera Hatz, Hamburg
Karl Hauck, Münster
Wolf-Dieter Hauschild, Münster
Alfred Haverkamp, Trier
Heinz-Dieter Heimann, Potsdam/Paderborn
Ernst-Enno Heine, Dortmund
Heinz Heineberg, Münster
Karl Heinemeyer, Erfurt/Marburg
Walter Heinemeyer, Marburg
Paul-Joachim Heinig, Nierstein
Gerd Heinrich, Berlin
Paul Heinsius, Hamburg
Fritz Hellwig, Bonn
Friedrich-Wilhelm Hemann, Münster
Volker Henn, Trier
Wolfgang Herborn, Bonn
Peter Herde, Würzburg
Bernd-Ulrich Hergemöller, Münster/Bochum
Walter Hess, Anröchte
Franz-Josef Heyen, Koblenz
Klaus Hildebrand, Bonn
Hubert Höing, Bückeburg
Wolfgang Hölscher, Bonn
Dietrich Höroldt, Bonn
Heinz Holzhauer, Münster
Hans-Dieter Homann, Münster
Manfred Hommel, Bochum
Wolfgang Hübener, Freiburg i.Br.

Franz Irsigler, Konz

Eckhard Jäger, Lüneburg
Helmut Jäger, Gerbrunn
Franz-Josef Jakobi, Münster
Brigitte Jancke, Tecklenburg
Wilhelm Janssen, Bonn
Karl-Ernst Jeismann, Münster
Stuart Jenks, Fürth
Stefi Jersch-Wenzel, Berlin
Ingeborg Johanek, Münster
Peter Johanek, Münster
Arnulf Jürgens, Münster
Heinz-K. Junk, Senden

Frank Kämpfer, Münster
Anna-Elisabeth Kätzner-Zapfe, Bielefeld
Jochen-Christoph Kaiser, Marburg
Thomas Kaling, Münster
Norbert Kamp, Göttingen
Bernhard Karrenbrock, Hamburg
Fred Kaspar, Telgte
Karl Heinrich Kaufhold, Göttingen
Jiři Kejř, Prag
Hagen Keller, Münster

Annemarie Keyser, Hamburg
Rolf Kiessling, Augsburg
Bernhard Kirchgässner, Mannheim
Karl-Heinz Kirchhoff, Münster
Wilhelm Klare, Zschornewitz
Hartmut Klein, Rheine
Johannes Klein, Leverkusen
Utz-Jürgen Kleinau, Münster
Niklot Klüssendorf, Amöneburg/Marburg
Ursula Klüssendorf, Amöneburg
Robert Knüppel, Lübeck
Gerhard Köhn, Soest
Claus-Werner Köhne, Detmold
Eberhard Kolb, Köln
Heinrich Koller, Salzburg
Erich Kosthorst, Münster
Thomas Kotzke-von Kleinsorgen, Münster
Ulrich Kraaibeek, Hameln
Wolfgang R. Krabbe, Münster
Peter Kramer, Münster
Andreas Kraus, München
Hans-Georg Krause, Hamburg
Beate Kretzschmar, Münster
Karl Kroeschell, Freiburg i.Br.
Karl Heinrich Krüger, Münster
Kersten Krüger, Rostock
Barbara Krug-Richter, Münster
Matthias Kuck, Münster
Harry Kühnel, Krems/Donau
Christine Kuthe, Münster
Dietrich Kurze, Berlin

Jürgen Lafrenz, Hamburg
Helmut Lange, Bonn
Ernst Laubach, Münster
Richard Laufner, Trier
Paul Leidinger, Warendorf
Klaus Lindner, Berlin
Elke Lindner-Meerboth, Berlin
Heinz Lingenberg, Kiel
Gudrun Lenzer, Münster
Uwe Lobbedey, Münster
Hans-Dieter Loose, Hamburg
Clemens von Looz-Corswarem, Düsseldorf

Richard Marsina, Bratislava
Horst Matzerath, Erftstadt
Helmut Maurer, Konstanz
Alois Mayr, Münster
Fritz Mayrhofer, Linz
Klaus Meier, Münster
Josef Joachim Menzel, Mainz
Edgar Mertner, Münster
Gerhard Meyer, Holzminden
Klaus Meyer-Schwickerath, Münster
Otto Mittelstrass, Karlsruhe
Ruth-E. Mohrmann, Münster
Peter Moraw, Gießen
Helmut Müller, Münster
Helga Müller-Gehring, Münster

Helmut Naunin, Münster
Eberhard G. Neumann, Hannover
Karl Noehles, Münster

Rudolfine Freiin von Oer, Münster
Otto Gerhard Oexle, Göttingen
Norbert Ohler, Horben
Ferdinand Opll, Wien

Jürgen Petersohn, Marburg
Gerhard Pfeiffer, Nürnberg
Gerhard Pieper, Dülmen
Ernst Pitz, Berlin
Wolfgang Plapper, Berlin
Franz-Joseph Post, Münster
Rainer Postel, Hamburg

Franz Quarthal, Stuttgart
Heinz Quirin, Preetz

Christian Radtke, Schleswig
Heinz Ramm, Aurich
Dietrich Rauch, Wien
Wilhelm Rausch, Linz
Marie-Luise Recker, Frankfurt a.M.

Norbert Reimann, Münster
Uta Reinhardt, Lüneburg
Jürgen Reulecke, Siegen/Essen
Erwin Riedenauer, Kirchseeon
Rotraud Ries, Herford
Gerhard A. Ritter, München
Bernd Roeck, Bonn
Volker Rödel, Wertheim

Almuth Salomon, Münster
Meinrad Schaab, Wilhelmsfeld
Burchard Scheper, Bremerhaven
Winfried Schich, Berlin
Kurt Schietzel, Schleswig
Heinz Schilling, Berlin
Margarete Schindler, Buxtehude
Anton Schindling, Osnabrück
Georg Schmidt, Jena
Roderich Schmidt, Marburg
Ruth Schmidt-Wiegand, Münster
Michael Schmitt, Münster
Heinrich Schoppmeyer, Bochum
Luise Schorn-Schütte, Potsdam/Berlin
Brigitte Schröder, Münster
Ernst Schubert, Göttingen
Heiner Schüpp, Meppen
Leopold Schütte, Münster
Rudolf Schützeichel, Münster
Peter-Johannes Schuler, St. Augustin
Günter Schulte, Warstein
Monika Schulte, Münster
Paul-Günter Schulte, Krefeld
Franz-Josef Schulte-Althoff, Münster
Josy Schulte-Ertl, Krefeld
Knut Schulz, Berlin
Hans K. Schulze, Marburg
Fred Schwind, Marburg
Heinrich Joh. Schwippe, Ahlen
Ferdinand Seibt, München
Helmut Seifen, Gronau

Bernhard Sicken, Münster
Mechthild Siekmann, Münster
Michael Siepmann, Münster
Hans Eugen Specker, Ulm
Walter Sperling, Trier
Rolf Sprandel, Würzburg
Hugo Stehkämper, Köln
Heiko Steuer, Freiburg i.Br.
Ludwig Steindorff, Münster
Wilhelm Störmer, München
Franz Streubel, Hamburg
Robert Stupperich, Münster
Jürgen Sydow, Tübingen

Alois Walter Teodoruk, Münster
Karl Teppe, Münster
Hans-Ulrich Thamer, Münster
Richard Tilly, Münster
Bendix Trier, Münster

Ingo Ulpts, Münster

Dieter Veldtrup, Münster
Adriaan Verhulst, Gent
Werner Vogel, Berlin
Volker von Volckamer, München
Doris Vortmann, Gescher

Hartwig Walberg, Lippstadt/Potsdam
Thomas Wardenga, Havixbeck
Ute Wardenga, Münster
Günther Wartenberg, Leipzig
Marlies Weber, Münster
Hugo Weczerka, Marburg
Margret Wensky, Bonn
Ellen Widder, Münster
Helge Bei der Wieden, Bückeburg
Josef Wiegel, Schmallenberg
Günter Wiegelmann, Münster
Diether Wildeman, Münster
Dietmar Willoweit, Würzburg
Reimer Witt, Schleswig
Harald Witthöft, Siegen
Armin Wolf, Frankfurt/Heidelberg
Joachim Wollasch, Münster

Klaus Wriedt, Osnabrück
Johann Peter Wurm, Münster
Friederike Zaisberger, Salzburg
Harald Zimmermann, Tübingen
Lothar Zögner, Berlin

Bonn
Amt für Rheinische Landeskunde des Landschaftsverbandes Rheinland

Kiel
Gesellschaft für Schleswig-Holsteinische Geschichte

Konstanz
Konstanzer Arbeitskreis für Mittelalterliche Geschichte

Linz-Wien
Ludwig Boltzmann-Institut für Stadtgeschichtsforschung

Lübeck
Hansischer Geschichtsverein
Verein für Lübeckische Geschichte und Altertumskunde

Marburg
Arbeitsgemeinschaft Historischer Kommissionen und Landesgeschichtlicher Institute
Herder-Institute e.V.
Hessisches Landesamt für geschichtliche Landeskunde
Historische Kommission für Pommern
Johann Gottfried Herder-Forschungsrat e.V.

Münster
Historische Kommission für Westfalen des Landschaftsverbandes Westfalen-Lippe
Historisches Seminar der Universität Münster, Abt. f. westf. Landesgeschichte
Institut für vergleichende Städtegeschichte an der Universität Münster
Volkskundliches Seminar der Universität Münster

Rom
Deutsches Historisches Institut

EINLEITUNG

„Als Bischof Albert von Riga starb, sandte der Fürst Mstislaw Dawidowitsch einen Mann, den Priester Jeremei, und den Hundertmann Pentélei von den Smolenskern nach Riga und von Riga an das gotische Ufer, den Frieden zu bekräftigen. Unfriede herrschte auf beiden Seiten ... Und um diesen Frieden mühten sich Rolf von Kassel, ein Gottesritter, und Tumach Michailowitsch, ein Smolensker, auf daß Eintracht zwischen ihnen walte, und daß es den russischen Kaufleuten in Riga und auf dem gotischen Ufer und den deutschen Kaufleuten im Smolensker Gebiet behage ... Und damit der Friede ewig währe und dem Fürsten und allen Smolenskern und den Rigischen und allen [Deutschen], welche das Ostmeer befahren, teuer bliebe, so haben sie ein Recht aufgezeichnet ... für den Russen in Riga und auf dem gotischen Ufer und für den Deutschen in Smolensk ... Gott verhüte, daß Streit entstehe zwischen Deutschen und Russen ...!"

Diese schlichten Worte finden sich im Vorwort eines 1229 geschlossenen Vertrages, der vor dem rigischen Bischof und dem livischen Ordensmeister zwischen Gesandten des Fürsten von Smolensk und Vertretern der deutschen Kaufleute feierlich beurkundet wird. Die Zeugenreihe dieser Kaufleute beginnt mit drei „Bürgern auf dem gotischen Ufer", das heißt von Wisby auf der Insel Gotland, es folgen zwei Lübecker, zwei Soester, zwei Münsteraner, zwei Groninger, zwei Dortmunder, ein Bremer und vier rigische Bürger, darunter der Stadtvogt.

Es ist nicht die erste Begegnung der beiden großen Kulturräume durch das Medium der Fernhandelsfahrt, aber es ist eine besonders wichtige: zwei Jahre zuvor hat die Schlacht von Bornhöved 1227 darüber entschieden, daß für die europäische Ostbewegung in den Bereich baltisch-russischer Länder hinein nicht ein einzelnes Großreich unter dem zwei Jahrzehnte lang den nordelbischen See-Engpaß dieser Ostbewegung beherrschenden Waldemar II. den Kurs absetzen sollte, sondern eben jene Gruppe von niederdeutschen Städten, deren Umkreis bis auf die wichtigen Flügel Köln im Westen, Braunschweig-Magdeburg im Osten von unserer Zeugenreihe deutlich genug beschrieben wird. Noch führen in ihr die Gotländer, seit den Zeiten Kaiser Lothars und Heinrichs des Löwen für den Ostseehandel von Reichs wegen privilegiert, doch hinter ihnen stehen schon die Lübecker, deren Heimatstadt drei Jahre zuvor ein großes, vom Hochmeister Hermann von Salza begünstigtes Privileg des staufischen Kaisers aus Borgo San Donnino bei Parma (heute Fidenza genannt) heimgeholt hatten, ein Privileg, das erstmals deutschen Bürgern von Reichs wegen das Konsulat als autonome Führungsbehörde urkundlich bestätigt und Lübeck als „locus imperii", als „civitas ... ad dominium imperiale specialiter pertinens" auf die Ebene der umliegenden Landesherrschaften hebt; Lübecks Weg zur unmittelbaren Reichsstadt war damit festgelegt.

Fügen wir noch hinzu, daß der Kaiser im gleichen Jahre 1226 dem Deutschorden in Preußen die Goldbulle von Rimini verliehen, daß er noch ein Jahr früher Livland zur Abwehr der dänischen Pläne als Lehen an das Reich genommen hatte, während er selbst sich zugleich auf den Krieg gegen die Lombarden und auf den Kreuzzug vorbereitete, vom Papste dann wegen angeblicher Saumseligkeit 1228 gebannt, so sind die Entscheidungen vor Augen, in deren Zeit der Smolensker Vertrag fiel. Was enthalten seine 37 Artikel? Zunächst einen Bußkatalog, sodann Bestimmungen über Schulden-, über Markt- und Handelsrecht, über Beweisgang und Rechtsfindung, vor allem aber über Geleit und Reiseschutz; so treten abermals, wie in der Präambel, die von den Städtenamen bezeichneten, westfälisch-niederdeutschen Landschaften als rechtsschöpfende Heimat dieser Kaufleutesatzungen hervor, denen sich auch die ganze andere Welt um den Smolensker Fürsten im Interesse des auch von ihr begehrten Handelskontaktes anzupassen sucht.

Denn im Sinne der begrenzten Ordnungen des Mittelalters sind es Welten, die sich hier begegnen, seit skandinavische Langschiffe über die Wolchow-Dnjepr-Linie die Verbindung nach Byzanz gewonnen, seit dessen rhomäische Kultur und orthodoxe Kirche sich im ostslawischen Raum gegen das Abendland durchgesetzt haben. Blicken wir nur ein Jahrzehnt von dem Vertrag aus in die Zukunft, so wird das mongolische Heer der Erben Dschinghis-Chans diese Zäsuren gegen den Westen nur noch vertiefen, und obgleich sich der russische Norden um Polozk-Witebsk-Nowgorod schließlich mühsam gegen die Asiaten behaupten kann, so richtet doch auch er mit den Siegen Alexander Newskis, des bedeutenden Nowgoroder Fürsten, gegen die andrängenden westlichen Mächte, gegen Skandinavier, Deutsche und Litauer, eine dauernde Scheide wieder auf, die Rußland von der Ostsee ebenso distanziert hat, wie den baltischen Raum von Nowgorod.

Für den Ostseeraum fielen die Würfel in jenen Jahren um den Smolensker Vertrag auf lange Zeit zugunsten der niederdeutschen Städtegruppe, der merkwürdigsten aller bürgerlichen Einungen. Ohne jede feste Ordnung, ohne eigentliche Gebietsherrschaft, ohne bindende Gewalt hat sie inmitten einer aus allen Kräften nach flächenhafter Staatlichkeit drängenden Fürsten- und Adelswelt so etwas wie eine bürgerliche Großmacht aufgerichtet, eine Großmacht, vor der alle modernen Maßstäbe politischer Gliederung versagen, die sich in kein Schema noch der eigenen, mittelalterlichen Welt fügen will, und die doch voller Leben und Kraft sich entfaltet und Jahrhunderte überdauert hat.

Wo sich sonst ringsum politische Macht auf die Herrschaft über Land und Leute begründete, hat dieser Fernhändlerverband aus dem Meere seine beste Kraft abgeleitet: von „allen Deutschen, welche das Ostmeer befahren" spricht der Smolensker

Vertrag in seiner rigischen Fassung; nicht nur, daß er damit der Baltischen See einen von Westen her geprägten Namen gibt, er weist auch indirekt darauf hin, daß die russischen Kaufleute eben keine eigenen Schiffe mehr bereederten. Wir wissen es aus anderen Quellen: solange das russische Kontor auf Gotland bestanden hat, sind die Leute von Smolensk und Nowgorod dorthin seit dem 13. Jahrhundert durchweg auf hansischen Schiffen von der Newa- oder von der Dünamündung aus gelangt.

Die Seebezogenheit ist das besondere Kennzeichen der Hanse, es unterscheidet sie, von allen Verfassungsfragen abgesehen, am auffälligsten von anderen abendländischen Städtegruppen, selbst wenn sie, wie etwa in Italien oder Flandern, zum Seehandel in engen Beziehungen stehen. Teilhabe am großen Massengutverkehr zu Wasser scheint, das erkennen wir vor aller näheren Untersuchung an diesen drei wichtigsten Schwerpunkten städtischer Blüte des altständischen Westens, an dem lombardischen, dem flämischen und dem hansischen, eine der wichtigsten Voraussetzungen für bürgerliches Ausgreifen großen Stils im Spätmittelalter gewesen zu sein.

Die Hansen haben es gewußt und ihr Seefahrtsmonopol, sobald sie es einmal errungen hatten, besonders für den Ostseeraum auf jede Weise auszubauen und zu schützen gesucht, nicht nur gegenüber den Russen, sondern ebenso gegenüber den Skandinaviern und den Küstenvölkern beiderseits des englischen Kanals. Eben weil ihnen die Gunst der Lage auch nach dorthin während dieses 13. Jahrhunderts erlaubte, mit der eigenen Leistungsfähigkeit und dem für die Zeit hochmodernen, glänzend organisierten Kontorsystem alle Konkurrenten auszusegeln, vermochten sie auch die südliche Nordsee in ihren geschlossenen Handelsraum einzubeziehen, binnen dessen sie aus wirtschaftlicher Hegemonie politische Macht zu bilden verstanden.

Tief in das Binnenland hinein, bis an die Mittelelbe, die Mittelweser und den Niederrhein, zogen viele Städte ihren Vorteil aus der Teilhabe an diesem nordischen Fernhandelsraum; das kleine Zwolle an der Zuidersee, mit seinen Nachbarinnen Kampen, Deventer und Zutphen zur westlichsten Flügelgruppe hansischer Städte gehörig, schreibt 1294 an Lübeck, es sei von dessen erfolgreichen Bemühungen um Behauptung dieser Hegemonie mit großer Freude erfüllt und könne nicht genug Dank dafür sagen, „denn Ihr habt nicht nur zu Eurem und unserem Vorteil, sondern zu dem aller Kaufleute des Reiches, die das Meer befahren möchten, so wirksam und getreulich Euch gemüht. Um unsere alten, schon fast vergessenen Rechte herzustellen, seid Ihr als ehrliche Bewahrer und kluge Sachwalter deren Vernachlässigung entgegen getreten und habt nicht gezögert, als unser aller Haupt und Anführer (quasi caput et principium omnium nostrum) Euch großer Mühe zu unterziehen, so daß jetzt, wie wir Eurer Nachricht entnehmen, weder Friesen noch Flamen mehr über die Ostsee nach Gotland segeln dürfen, wie sie gegen altes Recht getan haben, und umgekehrt auch die Gotländer nicht mehr über die Westsee. Ihr sollt wissen, was Ihr auch in dieser Sache noch tun mögt, daß wir nie zur Hilfe dabei fehlen werden, mit

Euch fest verbunden wie die Glieder mit dem Haupt (nos vobiscum quasi membra capiti firmiter adherentes). Sorgt bitte namentlich dafür, daß allen Engländern der Weg durch die Ostsee ganz und gar verschlossen sei".

Dieses für die Haltung der fernhandelnden Städte wie für die Stellung Lübecks bezeichnende Schreiben gehört in den Zusammenhang des ausgehenden 13. Jahrhunderts, als sich die Travestadt mit Unterstützung der Nachbarinnen, aber auch Kölns und eines Teils der Westfalen endgültig anstelle der alten gotländischen Fernhändlergilde zu setzen vermochte, was besonders in der Unterstellung des Nowgoroder Kontors erkennbar wird. So wichtig die wendischen Städte (so werden Lübeck und die ihm benachbarten Orte Hamburg, Lüneburg, Wismar, Rostock und Stralsund meist in den Quellen genannt), so wichtig also diese wendische Gruppe für die große Aufbauzeit des 12. und 13. Jahrhunderts gewesen ist – erst mit der Ausschaltung von Wisby, für die eine schwedische Besetzung des Gotländer Vororts den auslösenden Anlaß geboten hat, sind die Wendischen zum eigentlichen Kern der Hanse geworden, die damit auch ihr ganzes Gesicht wesentlich gewandelt hat.

Dieser Schwerpunktwandel schloß den großen Übergang des Fernkaufmanns ab vom Wanderhandel zum planmäßig organisierten Kontorhandel, aus der „scrivecamer" des Kaufherrn zu den fernen Standorten seiner Faktoren, als dessen Voraussetzung Rörig die bürgerliche Bildung, den Griff nach Buch und Schreibgerät während des 13. Jahrhunderts erkannt hat. Er verlagerte die Führung – nicht etwa den Handel selbst – von den Auslandskontoren in die Heimatstädte. Damit erst gewannen die Ausgangsbasen der Fernunternehmer ihr ganzes spätmittelalterliches Gewicht, entfalteten sie das uns gewöhnlich vor Augen tretende, spezifisch als „hansisch" empfundene Bild. Bis dahin hatte das Zeitalter des großen Aufbruchs gedauert, der in einer ganzen Kette von Vorstößen den meeresbezogenen nordischen Handelsraum ausmaß, der von der Nowgoroder Handelsachse aus zunächst die südliche Ostseeküste erschloß, erst Mittelschweden, dann Norwegen an sie heranzog, der ebenso nach Westen zunächst in London und Brügge den Ausgleich mit Köln und dem Niederrhein fand, um dann die süderseeischen Städte einzugliedern. Er hatte nicht zuletzt in den Städten selbst mit der sprunghaften Ausweitung ihres Areals und ihrer Bevölkerung sowie dem imponierenden steinernen Ausbau vom Bering bis hinauf zu den Kirchtürmen erst die dauernden Zeugen einer gegen das Zeitalter der Fernhandelsorte und Saumtierkarawanen von Grund auf gewandelten Welt geschaffen. Anstelle dieser Gründerepoche trat jetzt die stationäre, souverän entfaltete Herrschaft des ratsfähigen Großbürgertums. In unserem Smolensker Vertrag waren zwar bereits die Herkunftsorte der Kaufleute genannt, auch deuteten die Vertreterzahlen eine gewisse Rücksichtnahme auf anteilsmäßige Beiziehung der wichtigsten Heimatstädte an, doch noch sind die Fernhändler selbst, nicht als offizielle Vertreter ihrer Stadtobrigkeit, sondern als persönlich, in eigenen Geschäften anwesende Großunternehmer Vertragspartner des russischen Fürsten. Erst später treten die Ratssendeboten an ihre Stelle, auch sie meist gleichzeitig Diplomaten und Kaufleute, aber jetzt mit dem Akzent auf der öffentlichen Funktion.

Welche persönlichen Opfer gerade Lübecks Führungsschicht diesen Pflichten gebracht hat, dafür gibt ein treffendes Beispiel der lübische Ratmann Johann von Douai. Vielleicht war es dessen flandrische Herkunft aus „Dowaye"/Douai hart an der Sprachgrenze, die ihn 1281 besonders für schwierige Verhandlungen in Brügge empfahl; er löste die Aufgabe nicht nur, sondern schlichtete im folgenden Jahre auch noch einen Streit zwischen spanischen Kaufleuten und dem Grafen von Flandern. Dann erst kehrte er nach Lübeck heim, aber schon 1287 wurde er wieder zu dem dänischen König nach Helsingborg entsandt. Von da ging es unmittelbar weiter nach Reval, und kaum ist er auf der Rückfahrt in Wisby eingetroffen, als ihn die Weisung des Rates von Lübeck nochmals nach Reval zurückbeordert. Nun wird es ihm denn doch zuviel, zumal er die Mission für aussichtslos hält: er schreibt nach Lübeck mit unwilliger Kritik, er fühle sich schon fast als Verbannter; doch dann unterwirft er sich dennoch dem Befehl: zum gemeinen Besten wolle er alles auf sich nehmen. Wenige Jahre später finden wir ihn in Bergen beim norwegischen, kurz darauf in Örebro beim schwedischen König. Hat schon eine zufällige Überlieferung so viel davon bewahrt, so dürfen wir daraus schließen, daß dieser Mann jahrzehntelang im Dienste seiner Stadt und der hansischen Kaufmannschaft fast ununterbrochen das nördliche Alteuropa bereist hat. Das setzte bei ihm und seinesgleichen von vornherein völlige Unabhängigkeit in wirtschaftlicher Hinsicht voraus. Die lange Verwendung beweist ein eminentes Verhandlungsgeschick, sie hatte wiederum einen überlegenen und weitgespannten Horizont zu Folge.

So wächst aus der fernhandelnden Kaufmannschaft eine politische Führungsschicht von hoher Befähigung heraus; seit dem ausgehenden 13. Jahrhundert begegnet sie sich immer regelmäßiger auf Tagfahrten der Städtegruppen, zunächst der wendischen, deren Vertreter sich erstmals 1284 „consules civitatum maritimarum" nennen. Erst im hohen 14. Jahrhundert beginnt dann die Sitte gesamthansischer Tagfahrten, einsetzend mit jenem berühmten Brügger Rezeß von 1356. Erst jetzt versammeln sich die an den jeweils aktuellen Fragen hansischer Wirtschaft und Politik interessierten Städte aller oder doch mehrerer Gruppen, bildet sich so etwas wie eine Tagungsordnung mit Vorverhandlungen, Protokoll – dem Rezeß – und nachträglichen Korrespondenzen oder Missionen heraus. Erst jetzt, im Jahre 1358, fangen sie an, sich „de stede van der dudeschen Hense" zu nennen.

Daneben bleibt aber unverändert die unmittelbare Beteiligung der am Handelsziel, im Kontor oder in freier Gruppe versammelten Kaufleute erkennbar. Schon hier wird deutlich, wie die ältere Wurzel hansischer Einung, der freie Zweckverband fernhandelnder Kaufleute im oder für das Zielgebiet ihres Unternehmens, unverändert neben der jüngeren Wurzel regionaler Gruppierungen von Städten lebendig geblieben ist, obgleich beide durch die Personalunion ihrer Träger vielfältig verschmolzen waren. Städtebünde im eigentlichen Sinne waren nur diese Regionalgruppen, und sie unterlagen ständigem Wandel wie alle anderen, nach gleichberechtigter Beteiligung vieler Mitglieder tendierenden Einungen, nicht nur die von Städten.

Erkennen wir darin sogleich etwas von der Besonderheit der Hanse, die im Grunde eine Reihe von Städtebünden unter dem weiträumigen und zählebigen Dach eines Großwirtschaftsraumes durch das Medium einer anderen und älteren Gruppe von Personalverbänden der Fernhändler zusammenfaßt, der Flandernfahrer, Schleswigfahrer, Bergenfahrer, Schonenfahrer, Gotlandfahrer oder wie immer sie sich nannten! Hier fassen wir auch den Grund für die außerordentliche Dauerhaftigkeit der Hanse, mit der sie ja alle sonstigen Städteeinungen, mögen sie noch so mächtig und bedeutend gewesen sein, weitaus in den Schatten stellt.

Halten wir zweierlei fest: das meerbezogene Fernverkehrsgebiet vom Kanal bis zum Wolchow hat ein auf lange Zeit stabiles Gebäude für die Hanse geboten, ein Gebäude, das sie freilich erst selbst aus der vorgefundenen alten Verkehrsachse vom Atlantik nach Mittelschweden hinauf schaffen mußte, durch den unternehmenden, wagenden Vorstoß in deren Seiten- und Hinterländer hinein, durch ihre modernen Transportmethoden, durch die überlegene Organisation von Einkauf und Absatz, nicht zuletzt durch die kluge politische Abschirmung des kaufmännischen Unternehmens und durch das Geschäft auf Gegenseitigkeit, an dem auch ihre Lieferanten und Kunden vorteilhaft beteiligt waren. Zweitens aber ist es letztlich auch die Herzlage in diesem Wirtschaftskörper gewesen, die Lübeck zur Führung des Gesamtverbandes prädestinierte, ungeachtet der großen unternehmerischen Leistung seiner Bürgerschaft, der weitschauenden Förderung in seiner Frühzeit durch die sächsischen und staufischen Herrscher, der für die Stadt günstigen politischen Konstellation im Ostseeraum. Lübeck war zugleich Schlüssel zum Ostseebecken und Flaschenhals des großen Verkehrszuges, es saß genau im Zentrum seiner beiden Schenkel und es verfügte in dem Kranze seiner Nachbarstädte über den wichtigen Rückhalt für eine unabhängige Rolle gegenüber den benachbarten Fürstenmächten. Auf seine Reichsstandschaft gestützt, die außer ihm im hansischen Kreise nur Dortmund und Goslar unbestritten besaßen, bot Lübeck auch die freie Plattform zum innerhansischen Ausgleich; es war wie keine andere Stadt nach allen Seiten des nordischen Wirtschaftsraumes gleichermaßen interessiert, daher auch nach allen Seiten gleich angesehen.

So ist die Stadt an der Trave vor allem seit dem Siege über Waldemar IV. Atterdag, der im Frieden von Stralsund 1370 gipfelte, vollends das geworden, was ihr Zwolle und Kampen schon ein Jahrhundert vorher bescheinigten, das „caput et principium omnium". Kehren wir, um diese Stellung gleichsam in der Betrachtung von außen bildhaft hervortreten zu lassen, nochmals in den russischen Osten zurück, aus dem wir einen Reisebericht des frühen 15. Jahrhunderts besitzen, der mit den Augen des Nichtabendländers das damalige Lübeck gesehen und beschrieben hat.

1437 bricht der Metropolit Isidor von Moskau zu einer großen Reise nach Westen auf. Namens der orthodoxen Kirche soll er Unionsverhandlungen mit dem Papst führen. Dahinter steht Johann VIII., vorletzter Kaiser von Byzanz, der sich 1422 mühsam einer ersten türkischen Belagerung seiner Metropole am Bosporus erwehrt hat und nun im engen Anschluß an das Abendland die einzige Rettung gegen die Osmanen sieht.

Isidor wählt – schon das ist bezeichnend – zum Konzil von Ferrara-Florenz den weiten Weg über die Ostsee. Nachdem er in Riga lange vom Eis zurückgehalten worden ist, trägt ihn eine hansische Kogge durch die gefährlichen Stürme an den Strand von Travemünde. Dort empfängt ihn und sein Gefolge am 19. Mai 1438 ein ehrbarer Rat von Lübeck mit 20 vorsorglich bereitgestellten Wagen. Im Festzuge geleiten die Bürgermeister den Gast auf das größte und mächtigste bürgerliche Gemeinwesen des alteuropäischen Nordens zu und vor den Augen der Moskowiter steigen die sieben Helme der Kirchen, dann die reiterbekrönten Hochfirste der Klöster und Spitäler, die Rathausdächer, die Tor- und Mauertürme, endlich das Meer der Wohnhausgiebel auf „... und wir erblickten die Stadt", so schildert der östliche Chronist; staunend wiederholt er immer wieder das Wörtchen „wundervoll", wenn er von Kirchen und Klöstern berichtet, von Gärten und „Palästen" – damit meint er die steinernen Bürgerhäuser, deren Bild so völlig von den Holzbauten seiner Heimat absticht. „Und von Waren jeder Art war die Stadt voll. Und das Wasser fließt in Röhren durch sie über alle Straßen und anderes aus Brunnensäulen, kalt und süß." Seinem Patriarchen zeigen die deutschen Mönche „eine unzählige Menge geweihter Gefäße und viele kostbare goldene Ornate mit Edelsteinen und Perlen ... und wir sahen mehr als tausend Bücher von unaussprechlich Gutem aller Art und jeglicher Klugheit ... Und sie führten uns in ihr Speisehaus und trugen verschiedene Weine heran und viele verschiedene Süßigkeiten."

Solchen Genüssen konnten schon damalige Gäste aus dem Kreml kaum widerstehen; wir begreifen, daß sie volle vier Wochen in Lübeck geblieben sind. Endlich zogen sie über Lüneburg, Erfurt, Bamberg, Nürnberg, Augsburg und Innsbruck zum Brenner; den ganzen Weg beschreibt der Chronist ausführlich, doch selbst bei Nürnberg und Augsburg wird er nicht mehr so beredt, wie er es bei der Schilderung Lübecks gewesen war. Seinen ganzen Bericht über diesen Besuch im fremdem Westen beherrscht das Bild der umfestigten Bürgergemeinde in ihrer steinernen Monumentalität und geschäftigen Lebendigkeit; ganz erfüllt ist er vom Reichtum und Glanz, von den technisch-komfortablen Einrichtungen, die es da zu sehen gab.

Halten wir auch das fest: es ist vornehmlich die Stadt – als Individuum wie als Typus –, an deren Gestalt sich für einen spätmittelalterlichen Besucher des Abendlandes Schwerpunkte des Erlebens binden. Das ist nicht selbstverständlich; ein Halbjahrtausend zuvor legte der Araber Ibrahim Ibn Jaqub den Akzent seines Reiseberichts auf die mächtigen Pfalzen und Kirchenburgen ottonischer Adelsherrschaft – etwas dem blühenden arabischen Städtewesen Entsprechendes gab es im christlichen Abendland noch nicht –, und ein Halbjahrtausend nach unserem Moskowiter werden es die Schlösser und Gärten à la Versailles sein, mit denen absolute Fürsten des Abendlandes ihren orientalischen Gästen imponieren. Dem überseeischen Besucher des nachabendländischen Europa unserer Tage endlich geht es – je nach Person und Interesse – um Technik und Industrie oder um das besondere Landschaftsbild etwa

Skandinaviens oder der Alpen, nicht eigentlich um spezifische Formen europäischer Urbanität, wenn er unseren Kontinent bereist.

Nicht als ob Hanse und Städtewesen schlechthin identisch gewesen wären, denn Probleme wie Hanse und Ostbewegung, Hanse und Seefahrt, nicht zuletzt Hanse und Reich und Hanse und Fürstenmacht wollen daneben gestellt sein, aber wenn wir aus dem Ablauf einer gewesenen Wirklichkeit eine bleibende Substanz hervorzuheben suchen, so wird sie gegenüber dem Phänomen der Hanse doch materiell wie kulturell stets auf Bürger und Städte als wirtschaftliches wie geistiges Gefäß jeder Hochkultur bezogen sein. Man hat darüber gestritten und mag darüber streiten, ob die Gegenküsten des Nord- und des Ostseebeckens in jedem Falle aus der hansischen Einwirkung Nutzen gezogen haben; mancher skandinavische Forscher ist davon durchaus nicht überzeugt. Man kann aber kaum darüber streiten, daß eine nordische Gruppe besonders profilierter Bürgergemeinden eben dieses ihr Profil der Hanse verdankt. Da nun die hansische Städtegruppe noch heute, in einer nachhansischen und nachabendländischen Zeit, in einem der Schwerpunkte unseres Lebensraumes liegt, so ist es unverändert nützlich, dem Profil des hansischen Bürgertums nachzuspüren. Seine überseeischen Verbindungen haben an Bedeutung sogar wieder gewonnen, seit Westeuropa über ein engeres Zusammenrücken nachdenkt.

So vermag die Beschäftigung mit der Hanse, wie jede sinnvoll betriebene Historie, Grundlagen des heutigen Daseins aufzudecken, Wurzeln des eigenen Werdens freizulegen. Je bedrängter es um die niederdeutsche Welt steht, denn sie hat ja mit der Amputation des Ostens und der längerfristigen Teilung des Landes die schwersten Opfer innerhalb des Gesamtvolkes auf sich nehmen müssen, umso nötiger bedarf es der Besinnung auf ihre Leistung in der Vergangenheit. Daraus mag dann die kritische Frage wachsen, was von hansischer Großzügigkeit, Planungskraft, Kühnheit und Zähigkeit noch lebendig sei, was aber auch von hansischer Zanksucht, Krämerei, Rücksichtslosigkeit und Habgier. Den Traum vom Fortschritt hat unser Jahrhundert, wenn überhaupt, so nur zögernd bewältigt, den Alpdruck vom Niedergang hat es im Zeichen der Kriege neu sich auf die Brust gesetzt. So wahrscheinlich aber beides auf einer Selbstüberschätzung menschlicher Möglichkeiten beruhen dürfte, so heilsam kann die nüchterne Konfrontation mit einer gewesenen Wirklichkeit sein. Und wenn zu dem wenigen, was wir über apriorische Gesetze unserer Disziplin wissen, der Doppelsatz gehört, daß ein Geschehnis unabänderlich ist und daß es sich, so wie es war, nie wiederholen kann, so läßt sich doch auch ferner die Erkenntnis daran knüpfen, daß eine verbindende Kontinuität durch die Zeit fortwachsenden Lebens im gleichen Raume die Geschehnisse zueinander in Beziehung setzen muß. So dürfen wir hoffen, aus der Betrachtung dessen, was in dieser unserer Welt einmal war, wenigstens einen Zipfel von Maß und Grenzen zu fassen, in denen sich entfaltet hat, was heute ist. Wenn daraus gesunde Skepsis erwächst gegen so manche leichtfertige Prognose zum Guten oder zum Schlimmen, aber auch gesunde Neigung zu dem Hause, in dem wir wohnen, wenn das Wissen um die Gewordenheit sich in Entschluß und Tat umsetzt, so hat sich unser Bemühen um das Gestern für die Ortsbestimmung in der Gegenwart ausgezahlt.

Aus diesen Bildern, mit denen wir etwas vom Wesen der Hanse zu fassen suchten, sollte gewiß nicht mehr als eine allgemeine Einstellung zum Thema gewonnen werden. Immerhin haben sie vielleicht schon auf einen der wichtigsten Schritte im Ablauf hansischer Geschichte hingedeutet, den allmählichen Übergang der Führung im unternehmenden Fernhandel von der Gotländer Gemeinschaft auf Lübeck und das wendische Viertel der Heimatstädte während des späten 13. Jahrhunderts. Wenn wir von dieser Zäsur nach rückwärts schauen, so bietet sich das Auftreten der Gotländer Genossenschaft selbst als logisch vorangehender Einschnitt an. Wir hörten schon, daß sie erstmals durch Kaiser Lothar privilegiert worden sein dürfte; um 1130 bestand sie also. Nehmen wir die im Dreieck Bardowick-Schleswig-Lübeck vor sich gehenden Wandlungen dieser Zeit hinzu, so ergeben sich für den Aufbau unseres Gedankengangs zunächst drei Abschnitte einer Stoffgliederung: die vorhansische Zeit bis gegen 1100, die Zeit des Gotländer Kaufleutekreises und die Zeit des heranwachsenden Städteverbandes, wie wir ihn von vornherein zur Distanzierung vom Begriff „Städtebund“ nennen wollen. Wann zwischen dem zweiten und dritten Abschnitt geschieden werden soll, ist im Grunde Sache des Ermessens: die Hanserezesse setzen 1256 mit den Verhandlungen der Dreistädte Lübeck-Wismar-Rostock ein, die Unterstellung der Nowgoroder Kaufleutegerichtsbarkeit geschieht erst zu Ende des Jahrhunderts; andererseits könnte man Lübecks Aufnahme in den Stalhof zu London 1226 oder die wichtigen flandrischen Verhandlungen der 50er Jahre nicht minder berechtigt vorschlagen. Wir wählen hier die Zäsur der Jahrhundertmitte, als erstmals sowohl in Flandern wie im Wendischen Viertel, in Skandinavien und im Baltikum gleichzeitig wichtige Fragen zu lösen sind; wir konnten es am Itinerar des Hamburger Ratsnotars Jordan von Boitzenburg zeigen, der die flämischen Verhandlungen leitend mitbestimmt hat, ein Gegenstück zu jenem bereits erwähnten des lübischen Ratmanns Johann von Douai, der ein Menschenalter später ebenfalls besondere diplomatische Aktivität im ganzen Hanseraum entfaltet hat.

Diese Dreigliederung, darauf wollen wir nicht vergessen hinzuweisen, korrespondiert mit den großen Zäsuren der Reichsgeschichte am Ende des Investiturstreits und nach dem Ende der Staufer. Es wird sich zeigen, ob das Zufall oder Zusammenhang bedeutet. Als Kuriosum, das den Problemkreis hansischer Geschichtsforschung treffend beleuchtet, wird bei solcher Gliederung auffallen, daß erst an ihrem Ende jener Sammelbegriff „stede van der dudeschen Hense“ auftaucht, nach dem wir uns gewöhnt haben – und zwar durchaus zu Recht – den Fernhandelsverband der Kaufleute wie den Interessenverband ihrer Heimatstädte zu benennen. Das große Werk von Ernst Daenell, „Die Blütezeit der deutschen Hanse“, setzt dort ein, wo wir den ersten Hauptteil enden lassen; sein erster Abschnitt ist überschrieben: „Die Entstehung der Hanse 1356–1377“. Nun soll zwar die von Daenell als „Blütezeit“ verstandene Epoche bis zum Utrechter Frieden von 1474 später behandelt werden, aber nichts vermag doch den Wandel der Hanseforschung während der letzten 50 Jahre besser zu umreißen, als dieser scheinbare Widerspruch in der Stoffgliederung.

Über Hanseforschung und Hanseforscher

Damit begründet sich auch ein gewisses Abweichen von der herkömmlichen Form einer Darstellung von Problemen der mittleren Geschichte, was die Einleitung angeht. Man darf nämlich feststellen, daß wohl kaum ein anderer wissenschaftlicher Fachkreis in seiner eigenen Geschichte und der seiner Veröffentlichungen das selbstgesetzte Forschungsthema so beispielhaft und umfassend aufgearbeitet hat, wie der Hansische Geschichtsverein. Das geht so weit, daß einer seiner führenden Köpfe zu Anfang unseres Jahrhunderts, DIETRICH SCHÄFER, dem wir auch eine bei aller Überholtheit in Einstellung und Bewertungen doch immer noch brauchbare Kurzfassung hansischer Geschichte verdanken, daß also SCHÄFER 1908 sagen konnte, wenn der Verein den Nachdruck auf das Wort „hansisch" in seinem Namen legen wolle, so müsse er seine Tätigkeit wohl in absehbarer Zeit einstellen. Nun, FRITZ RÖRIG hat im ersten Nachkriegsbande der Hansezeitschrift den von SCHÄFER selbst 1921 gehaltenen Rückblick auf 50 Jahre der Vereinsarbeit in einer Weise bis nahe zu unserer Gegenwart hin fortgesetzt, die hinlänglich zeigte, daß nach den mustergültigen Quelleneditionen und den großen Darstellungen politischer Hansegeschichte von WAITZ, VOGEL, STEIN, DAENELL und SCHÄFER selbst eine schon im Wandel des Geschichtsbildes und des Forschungsinteresses bedingte Verlagerung auf zunächst speziell wirtschafts- und sozialgeschichtliche Fragestellungen eintrat, die sich später auf die Verfassungs- und Rechtsgeschichte, daneben auch auf Vor- und Frühgeschichte der Hanse akzentuierte.

Was auf diesen Gebieten hinzugewonnen wurde, hat inzwischen jene älteren Darstellungen auf so wesentlichen Sektoren ergänzt oder auch überholt, daß es längst an der Zeit wäre, sie neu zu schreiben oder besser, ihnen etwas Ebenbürtiges aus dem heutigen Forschungsstande an die Seite zu stellen. Daran aber fehlt es; einmal steht die lebende Forschergeneration überhaupt, und aus guten Gründen, vielbändigen Handbüchern oder Gesamtbildern skeptisch gegenüber, weil ihr mit fortschreitender Erkenntnis die außerordentliche Differenziertheit aller großen Probleme immer klarer vor Augen tritt, zum anderen liegen didaktische Gründe vor, die einmal HEINRICH REINCKE treffend mit dem Wort bezeichnet hat: „Es gibt nichts Schwierigeres als die methodische Konstruktion einer hansischen Geschichtsdarstellung." So besitzen wir zwar zwei relativ neue zusammenfassende Bücher, doch befriedigen sie nicht voll. Zunächst KARL PAGEL, „Die Hanse", zuerst 1941, unverändert 1952 und nur leicht gestrafft 1963 nochmals vorgelegt. Es ist die bloße Kompilation eines Schülers von WILLY ANDREAS; der selbst nicht in der Forschung stehende Schriftsteller verfaßte sie auf der Basis des um 1935–40 vorliegenden Schrifttums, die auch in den späteren Auflagen leider nicht in wünschenswerter Weise verarbeitet worden ist; der Band ist gut bebildert, auch stilistisch lesbar und fleißig bemüht, doch mit mancherlei grundsätzlichen Schwächen behaftet. Der 1954 dazu verfaßte Aufsatz von AHASVER VON BRANDT, „Grenzen und Möglichkeiten einer hansischen Gesamtgeschichte", deutet schon im Titel etwas von den Schwierigkeiten an, die uns bisher eine solche vorenthalten haben. Wesentlich näher kam dem Ziel das zweite Werk. Es ist 1964 von dem Elsässer PHILIPPE DOLLINGER in französischer Sprache verfaßt, aber bereits 1966 in einer guten Übersetzung nachgedruckt worden. Hier sind sowohl die Voraussetzungen der Frühzeit richtig erkannt als auch die Epochen der Blüte zutreffend abgegrenzt worden. Trotz erheblicher Bemühungen ist es DOLLINGER aber ebenfalls nicht voll gelungen, die eigenartige Struktur hansischer Organisation ganz durchsichtig zu machen; unbefriedigend bleiben auch die systematischen Kapitel, vor allem das über die „hansische Kultur". Im Vergleich zum 14./15. Jahrhundert kommt die Frühzeit des 12. und 13. Jahrhunderts noch nicht voll zu ihrem Recht. Ebenso ist der Ausgang im 16. Jahrhundert verfehlt beurteilt.

Immerhin liegen damit leicht zugängliche Bücher vor, deren Substanz gegenüber dem Gehalt älterer Werke doch ebenso unverkennbar Erfolge der Forschung wiedergibt, wie das auch bei einem Vergleich zwischen Handbüchern der Zeit etwa um 1900 und heute als Frucht der vom Hansischen Geschichtsverein getragenen oder angeregten Arbeit hervortritt. Wo man damals die Hanse oft noch ganz überging, etwa bei BÜCHER oder SOMBART, in deren nationalökonomische Systeme sich allerdings das Phänomen Hanse nicht fügen lassen wollte, da stellt heute z.B. HEIMPEL an den Anfang seiner Geschichte des Spätmittelalters betont zwei in aller Knappheit sehr gehaltvolle Kapitel über Ostbewegung und Hanse. Auch die von Wirtschafts- und Sozialgeschichte ausgehende Darstellung bei KULISCHER und bei LÜTGE läßt im Vergleich entsprechende Fortschritte erkennen.

„Das Ganze war früher da als die Teile", so hat RÖRIG mehrfach über die Entstehung der Hanse geurteilt, und im Blick auf den Verein könnte man übertragend sagen: „Die Forschung war älter als ihr Verband." Es gab, um von Versuchen des 17. und 18. Jahrhunderts zu schweigen, die „Geschichte des hanseatischen Bundes" des Göttinger Historikers GEORG SARTORIUS in drei Bänden 1802–08, eine beachtliche, von JOHANNES VON MÜLLER damals hoch gelobte Leistung, deren Verfasser sich einleitend wegen des abseitigen Gegenstandes zu rechtfertigen sucht, er habe „die Greuel der Gegenwart wenigstens augenblicklich zu vergessen" getrachtet und dazu keinen „harmloseren politischen Gegenstand" aufzufinden vermocht „als diese halbvergessene Antiquität". Nun, wir würden seine Begründung historischer Forschung heute nicht mehr übernehmen, aber er hat jedenfalls die Antiquität wieder ans Licht gezogen, obgleich ihm noch manche der Archive verschlossen waren. Er bemerkte schon den Einfluß des italienischen Städtewesens auf die deutsche Stadtverfassung, die Bedeutung des Interregnums für den Zusammenschluß von Städtegruppen, er widmet neben der politischen Geschichte bis 1730 im ersten Bande eigene Abschnitte der Ostfahrt und der Westfahrt.

Doch erkennt er selbst bald aus dem Echo seiner Arbeit, was ihm an Quellen noch fehlt, und beginnt, diesen ersten Band umfänglich zu erweitern in eine „Urkundliche Geschichte der deutschen Hanse"; als er darüber hinstirbt, stellt der damals junge Archivar JOH. MARTIN LAPPENBERG das zweibändige Werk fertig und bringt es 1830 heraus. Den ausgezeichneten Rang dieses frühen, mit reichen Quellenexzerpten belegten Standwerks erkennt man daran, daß es die Forschung 50 Jahre lang unangefochten beherrscht hat. Erst SCHÄFER und DAENELL haben es überholt und auch dann nur für den Schlußteil, SCHÄFER mit seinem großen Frühwerk „Die Hansestädte und König Waldemar von Dänemark" 1879, DAENELL mit der 1897 unter dem Titel „Geschichte der deutschen Hanse in der 2. Hälfte des 14. Jahrhunderts" erschienenen 1. Fassung seines Hauptwerkes, der schon erwähnten „Blütezeit".

Mit LAPPENBERG trat die beherrschende Persönlichkeit unter den Hanseforschern vor Entstehung des Vereins auf; er hat sie nicht mehr erlebt, doch der Gründungsvorsitzende, Professor MANTELS vom Lübecker Katharineum, hat ihn nicht ohne Grund den „Vater unseres Hansischen Geschichtsvereins" genannt. LAPPENBERG hat in zahlreichen Quelleneditionen der Monumenta Germaniae Historica zum Teil heute noch gültige Texte vorgelegt; er hat aber auch eine englische Geschichte geschrieben und eine Fülle von Spezialarbeiten für Hamburg verfaßt, so vor allem das Hamburger Urkundenbuch bis 1300 ediert. Ihm ist die Rettung der wichtigsten Teile des Hamburger Archivs beim großen Brande von 1842 zu danken, auch die neue Verfassung der Stadt von 1860 ist mit sein Werk, denn er war Jurist. JACOB GRIMM hat ihn einmal in einem Trinkspruch einen „halben Engländer, einen ganzen Deutschen und einen eingefleischten Hamburger" genannt.

1859 legte LAPPENBERG der neugebildeten Historischen Kommission an der Akademie zu München einen Plan zur Sammlung aller hansischen Geschichtsquellen vor; daraus erwuchs als erste Publikationsreihe das wirklich monumentale Werk der „Hanserezesse", die in bisher 26 Bänden die Protokolle der Tagfahrten samt Vorakten, Beilagen, Briefen und Verträgen sowie nachfolgenden Verhandlungen von Einzelgruppen oder der Gesamtheit des Hanseverbandes von 1256 bis 1535 lückenlos zugänglich gemacht haben; seit 1976 ging die Veröffentlichung auf den Hansischen Geschichtsverein über, ihre Fortsetzung durch KLAUS FRIEDLAND nach längerer Kriegspause hat noch einen Band hinzugefügt.

Als der erste Rezeßband 1870 von KARL KOPPMANN, LAPPENBERGS Schüler und bedeutendstem Erben, vorgelegt wurde, hatte eben in Stralsund eine 500-Jahrfeier des Friedens von 1370 stattgefunden, auf der KOPPMANN versammelten Vertretern der Geschichtsvereine aus Pommern und den drei Hansestädten Lübeck, Hamburg und Bremen vorschlug, einen Hansischen Geschichtsverein zu begründen. Als dessen konstituierende Versammlung Pfingsten 1871 in Lübeck zusammentrat, spielte es nicht zuletzt eine fördernde Rolle, daß eben der deutsch-französische Krieg zu Ende gegangen war. Neben KOPPMANN trat nun GEORG WAITZ, der angesehene Kieler Historiker, hervor. Er hatte 1855/56 innerhalb der erstaunlichen Reihe seiner Werke das dreibändige „Lübeck unter Jürgen Wullenwever ..." veröffentlicht, noch heute das Standwerk über einen der wichtigsten Abschnitte späthansischer Zeit; nun drang er auf planmäßige Editionsarbeit in Ergänzung der von München eingeleiteten Reihen. Diese hatten neben den Hanserezessen seit 1862 „Die Chroniken der deutschen Städte“ zu publizieren begonnen, ein bis 1931 auf 36 Bände gewachsenes Unternehmen, in dem die Hansestädte mit Lübeck, Braunschweig, Magdeburg, Köln, Dortmund, Soest und Lüneburg stark vertreten sind. Da LAPPENBERG bereits 1841 die „Bremischen Geschichtsquellen“, 1861 auch die „Hamburgischen Chroniken in niederdeutscher Sprache“ herausgegeben hatte, konnte sich der Verein anderen Quellengruppen zuwenden. Zwar gab es für den außerhalb der Tagfahrten erwachsenen, also nicht im Rezeßwerk erfaßten Urkunden- und Aktenbestand zahlreiche regionale Urkundenbücher der Einzelstädte, am Vorbilde LAPPENBERGS entwickelt, aber allmählich auch darüber hinauswachsend, ferner die landschaftlichen Urkundenbücher, doch man beschloß auch noch ein eigenes „Hansisches Urkundenbuch“ für diesen Quellenstoff zu schaffen, und zwischen 1876 und 1916 sind auch davon elf Bände unter den Händen von RUNDSTEDT und STEIN vorgelegt worden, die von 975 bis 1500 reichen, allerdings zwischen 1441 und 1451 derzeit noch eine Lücke aufweisen.

Ein weiterer, mit Vorteil zu erschließender Bestand waren die Stadtbücher aller Art; auch hier lagen schon eine Reihe von Veröffentlichungen aus Einzelstädten vor, Stadtrechts- und Bürgerbücher, Erbebücher, Rentenbücher, Steuerkataster und Ratsprotokolle. Seit 1875 ergänzte der Verein sie von sich aus durch eine Reihe „Hansischer Geschichtsquellen“, seit 1928 in „Quellen und Darstellungen zur hansischen Geschichte“ umbenannt. Bis heute sind darin über 20 Bände erschienen. Seit 1896 traten ferner „Inventare Hansischer Archive“ hinzu, das Kölner von HÖHLBAUM, das Danziger von SIMSON, die „Niederländischen Akten“ von HÄPKE. Sie sollten das über die Rezeßreihe hinausgehende Material erfassen, setzen also erst 1531 ein.

Neben dieser an Breite von keiner anderen vergleichbaren Gesellschaft erreichten Editionsarbeit brachte der Verein seit 1872 laufend seine Zeitschrift heraus, die nunmehr auf 112 (1994) Jahrgänge gewachsenen „Hansischen Geschichtsblätter“, eines unserer bestredigierten Fachperiodica, nicht nur was die Fundgrube der Aufsätze angeht sowie die Weite des Horizontes, an dem skandinavische, niederländische, wallonische und englische, ja auch baltische, polnische und tschechische Autoren teilhaben, sondern ebensosehr durch die „Hansische Umschau“, den seit den 20er Jahren systematisch ausgebauten Besprechungsteil, der unentbehrliche Hilfe für die Literaturübersicht leistet.

Über die Zeitschrift hinaus war der Verein finanziell stark genug, seinen Mitgliedern seit 1905 zur jährlichen Tagung die „Hansischen Pfingstblätter“ zu geben. Vielleicht liegt es gerade am begrenzten Umfang und an der einfacheren, auf kritische Apparate möglichst ganz verzichtenden Aufmachung, daß manche Bändchen dieser Reihe den Leser so anziehen. Bis 1952 sind 27 davon erschienen. Darunter finden sich kleine Meisterwerke, etwa gleich das erste Heft von WALTHER STEIN, „Die Hanse und England“, HANS NIRRNHEIMS Biographie des Hamburger Bürgermeisters „Hinrich Murmester“ 1908, Walter Vogels „Kurze Geschichte der deutschen Hanse“ 1915, Heinrich Reinckes humorvolles Lebensbild der „Agneta Willeken“, 1928, der glänzende Abriß Luise von Winterfelds, „Dortmunds Stellung in der Hanse“, 1932 oder die Studie des im letzten Kriege gefallenen Claus Nordmann über „Oberdeutschland und die deutsche Hanse“ 1939. Ferner wichtig sind einige der Festschriften, etwa die für Hans Nirrnheim 1935 mit dem großzügigen Aufsatz Friedrich Keutgens über „Ursprung und Wesen der Hanse“, vor allem die von Koppe und von Brandt besorgte Rörig-Gedächtnisschrift 1953. Auch das ein und andere der an eine noch breitere Öffentlichkeit gerichteten 18 „Hansischen Volkshefte“ wäre hier zu nennen.

Seit der Jahrhundertwende begann der vom Verein bereitgestellte Quellenstoff einen solchen Umfang zu gewinnen, daß sich unter der jüngeren Forschergeneration immer stärker der Zug zur Ausschöpfung dieses Materials, zur Darstellung, bemerkbar machte. Der generationsbedingte Anschauungswandel kam hinzu: hatten die Männer um Schäfer bei aller forscherlichen Integrität die offen ausgesprochene Tendenz verfolgt, Hansegeschichte mit dem Blick auf eine Geltung Deutschlands, des wilhelminischen Kaiserreichs, über See zu treiben – man lese dazu etwa Schäfers Vorträge von 1908 oder 1921 in den Hanseblättern –, so traten bei den Jüngeren immer stärker wirtschafts- und sozialgeschichtliche Fragen nach vorn. Eine noch von Schäfer 1908 begründete Reihe „Abhandlungen zur Verkehrs- und Seegeschichte“ entwickelte sich ganz in diesem Sinne; nach dem 10. Bande fiel sie zunächst der Inflation zum Opfer, erlebte dann in den 30er Jahren eine neue Folge unter dem Titel „Abhandlungen zur Handels- und Seegeschichte“ und begann 1958 zum 3. Male, jetzt bezeichnenderweise „Abhandlungen zur Handels- und Sozialgeschichte“ benannt.

Zwei Weltkriege hat der Hanseverein überstanden und jedesmal danach seine internationalen Verbindungen wiedergewonnen, sein über Deutschland hinausgehendes Ansehen neu gegründet; zusammen mit seiner Schwestergesellschaft, dem seit 1876 mit den Hansen gemeinsam tagenden „Verein für niederdeutsche Sprachforschung“, ist es ihm bis 1970 sogar als einzigem Verbande unseres Fachs gelungen, über die Demarkationslinie hinweg zu wirken. Seit 1990 hat er das erneut aufnehmen können.

Man spricht gern von deutscher Vereinsmeierei und hat dabei viele zweifellos überlebte Formen, viele gefährlich-deutsche Schwächen, viele Auswüchse vor Augen. Die Hanseforschung ist nicht frei davon, das zeigt mancher Trinkspruch, manche alte und neue Tendenz in Wort und Schrift; aber der Hanseverband hat doch als freier Zusammenschluß eine Arbeit geleistet, die für sich spricht. Zeugnis lege dafür einmal die Fülle der Veröffentlichungen des viel umstrittenen Dietrich Schäfer ab. Aus einfachsten Verhältnissen ist er zur Professur aufgestiegen und 84jährig 1929 verstorben. Ein Mann, der das ganze Bismarckreich hindurch mit zweifellos einseitig-alldeutscher Tendenz die Historie zur politischen Erziehung anzuwenden suchte, der aber daneben, Schüler von Waitz, mit unbestechlicher Exaktheit, von 1881 bis

1913 nicht weniger als neun Bände der 3. Hanserezeß-Abteilung herauszubringen vermochte, zuletzt von TECHEN unterstützt. Damit wird der Geschichtsverein, der im Dienste einer gewesenen Wirklichkeit, einer gewachsenen und vergangenen historischen Erscheinung stand und steht, selbst eine solche, noch lebende Größe. Kein Zweifel, daß ihr geistiger Ort weit entfernt war und ist von dem des Zweckverbandes nüchterner und rücksichtsloser Kaufleute, dynamisch-rationaler Stadtväter, um den sie sich wissenschaftlich bemüht, hier liegt eine gerade unserem Fache drohende Illusion ganz offen zutage! Kein Zweifel aber auch, daß die höchst unkaufmännischen Ziele des Hansevereins zur Ermittlung und zum Verständnis dessen entscheidend beigetragen haben, was sich in hansischer Zeit als lebendig wirtschaftende, Politik treibende, materiell und geistig aufbauende Gegenwart abspielte. Unser Versuch, an Quellen und Schrifttum zur Hansegeschichte heranzukommen, ist also nicht unberechtigt mit einer historiographischen Skizze über Werden und Leistung des Hansischen Geschichtsvereins verknüpft gewesen. Neben dessen Bedeutung war das begründet durch die in der Tat seltene Konzentration des überlieferten Stoffes und seiner Behandlung im umfangreichen Publikationswerk dieses Forschungskreises. Dennoch mußten wir darauf hinweisen, daß gewisse Quellengruppen selbst davon noch nicht erfaßt worden sind, der Sache nach auch nicht erfaßt werden konnten. Wollten wir heute die eben erst als eigentlich bewegende Anfangszeit voll erkannten 150 Jahre bis 1250, erst recht aber die noch weiter zurückliegende vorhansische Zeit bis 1100 darzustellen suchen, so benötigen wir ganz andere Grundlagen. Soweit sie schon verfügbar sind, hat sie namentlich die moderne Archäologie in der Verbindung von Vor- und Frühgeschichte bereitgestellt. Als beispielhaft dafür müssen wir die Arbeit von HERBERT JANKUHN bezeichnen, dem langjährigen Ausgräber von Haithabu und späteren Göttinger Ordinarius. Sein „Haithabu. Ein Handelsplatz der Wikingerzeit" ist methodisch Quellendruck und Darstellung zugleich, wie es der archäologischen Disziplin entspricht. Es setzt darüberhinaus Bodenfunde und Schriftzeugnisse vorbildlich zueinander in Beziehung und erschließt mit einer immer wieder verblüffenden Findigkeit neue Wege zu frühgeschichtlicher Erkenntnis aus Forschungszweigen wie der Paläobotanik, der Zoologie, der Metallurgie und der Klimatologie sowie der Hydrographie. Andererseits verdanken wir JANKUHN wiederholte und wichtige Warnungen vor einer Überschätzung und Überforderung der archäologischen Aussagemöglichkeiten.

Auf den hier eingeschlagenen Wegen ist die monographische Stadtkernforschung an mehreren gerade für die Hanse besonders wichtigen Plätzen zu wertvollen neuen Ergebnissen gelangt, so vor allem in Hamburg, dessen durch die Bombenzerstörung ermöglichte Spatenarbeit ihr Leiter REINHARD SCHINDLER 1957 in seinem geradezu spannend geschriebenen Buch „Ausgrabungen in Alt-Hamburg" dargestellt hat, ferner in Magdeburg, dessen Ausgräber ERNST NICKEL seine Funde im Raume des „Magdeburger Altmarkts" 1964 behandelte. Auch in Braunschweig und Lübeck sind wertvolle Grabungsergebnisse zu verzeichnen, neuerdings im Abriß mit Schrifttumshinweisen von THEODOR MÜLLER, für Lübeck in mehreren Aufsätzen von

Neugebauer, G. Fehring und dessen Mitarbeitern. Am anderen Flügel gibt es besonders für Stettin und Danzig neue Erträge der Stadtkernforschung. Verpaßt wurde die durch den Krieg und seine Bombenzerstörungen eröffnete Möglichkeit leider in Bremen. Nicht vergessen sei der Hinweis auf die westfälische Stadtkernforschung: sie hat namentlich in Münster und in Paderborn für die Domfreiheiten unter Leitung von Wilhelm Winkelmann große Erfolge aufzuweisen.

Mit der archäologischen ist ferner die topographische Stadtkernforschung eng verbunden, für die seit Paul Jonas Meier vom Altkataster ausgehende Städteatlanten in Einzellieferungen bahnbrechend gewirkt haben. Wichtige Hansestädte haben auch die von uns bearbeiteten Atlanten, der „Deutsche Städteatlas" seit 1973 und der „Westfälische Städteatlas" seit 1975, behandelt. In enger Beziehung zur Stadtgeographie kann die räumliche Untersuchung aus der Interpretation von Grundriß und Aufriß ganz selbständig das Stadtbild als Primärquelle im historischen Sinne auswerten, wie es das deshalb methodisch besonders wichtige Buch von Erich Keyser zeigt: „Städtegründungen und Städtebau in Nordwestdeutschland" ... 1958. Ein Musterfall für die kombinierten und komplizierten Wege, auf denen man heute die Frühgeschichte einer Stadt in über die Schriftzeugnisse weit hinausführender Weise zu klären vermag, ist etwa die von Joseph Prinz vorgelegte Monographie „Mimigernaford – Münster. Die Entstehungsgeschichte einer Stadt". Welche Möglichkeiten sich gerade für die Hanseforschung mit diesem noch jungen Forschungszweig eröffnen, behandelt Paul Johansen in seinem programmatischen Aufsatz „Umrisse und Aufgaben der hansischen Siedlungsgeschichte und Kartographie" in den Hanseblättern 1955, der auf 100 Seiten im Grunde eine gesamthansische Forschungsbilanz geboten hat.

FRÜHZEIT UND ENTFALTUNG DER HANSE

DIE VORHANSISCHE ZEIT BIS GEGEN 1100

Als die spätantike Reichsverteidigung zusammenbrach, führte das zum Niedergang auch des differenzierten Wirtschaftssystems mit seinem städtischen Gewerbe, seinem festen und befriedeten Straßen- und Brückennetz. Seine ganz West- und Südeuropa überspannenden, aber auch tief nach Innerpolen und hinauf bis nach Mittelschweden reichenden Fernhandelsverbindungen nutzten schon die Oder- und die Weichselstraße. Seine um die Säulen des Herkules herumgreifende mediterrane Schiffahrt begegnete mit ihren britannischen Zinn- und kimbrischen Bernsteinzielen der bereits von Caesar bewunderten keltischen Flotte. Das ebenso leistungsfähige wie empfindliche Geflecht aus über halbtausendjährigen Fäden verwirrte sich aber seit dem 5. Jahrhundert in Desorganisation und Unvermögen seiner Träger oder Fortführer, soweit es nicht ganz vom rücksichtslosen Zugriff der neueindringenden Mächte zerrissen wurde.

Inmitten des nachantiken Zerfalls bemerken wir nun an den nördlichen Gestaden des Kontinents, eben aus dem Vordringen erobernder Seevölker heraus, einen neuen Wirtschaftszusammenhang in rascher Bildung und nachfolgendem Aufstreben begriffen. Seine Wurzeln sind vielfältig. Am interessantesten erscheint dabei die Rolle der seit dem 6. Jahrhundert von ihren wichtigen Exportverbindungen nach Süden abgeschnittenen spätantiken Textil- und Gewerbeprovinz zwischen Kanal und Niederrhein. Für deren sehr differenzierte Produkte fielen alle gewohnten mediterranen Absatzmärkte aus, während sich gleichzeitig vor ihren mühsam und nur mit wachsenden Verlusten verteidigten Mauern seit merowingischer Zeit im Raume zwischen Franken, Angelsachsen, Friesen und Sachsen ein neues, nun gerade außerhalb des antiken Kulturgebiets liegendes Wirtschaftsfeld zu bilden begann.

Neben der angelsächsischen Landnahme in Britannien, durch die sich ein geschlossenes Verkehrsgebiet an den Gegenküsten der Nordsee gebildet hatte, war es besonders die mittelschwedische Reichsbildung der „Ynglinge“, aus der sich eine verkehrsgeographische Wende im Norden ergab. Schwedens alte Südverbindungen gingen über die Weichsel- und die Oderstraße nach Carnuntum und Regensburg hinab. Seit dem späten 6. Jahrhundert legten aber zunächst die Slawen, dann die Avaren ihren Riegel vor diese Wege, und das gerade zu einer Zeit, in der um den Mälarsee herum die Macht der schwedischen Upplandkönige seit etwa 600 ihrem Höhepunkt zustrebte. Wollten sie ihren wachsenden Bedarf an Gerät,

Bekleidung und Luxusartikeln weiter decken, so blieb nur noch der früher zweitrangig gewesene Westweg zur See, der sie mit rheinisch-niederländischen Waffen und Tuchen, Töpfereien und Weinen verband. Damit gewann das zwischen Seine und Rhein, wie wir heute wissen, trotz aller Unruhe der Zeit weiterlebende Gewerbe einen bescheidenen Ersatz für die verlorenen Märkte des Südens. Bald trugen auch die Festigung des angelsächsischen Königtums und die Neubegründung des dänischen, namentlich aber die frühkarolingische Machtentfaltung über die Friesen hinweg zu weiterer Belebung des Küstenverkehrs in diesen Räumen bei.

Vor- und frühmittelalterliche Verkehrswirtschaft an den nordwestlichen Küsten

Es war Walter Vogel, der in seiner „Geschichte der deutschen Seeschiffahrt" 1915 das Heraufkommen dieser neuen Wirtschaftszusammenhänge erkannt und behandelt hat. Das geschah lange bevor das heute verfügbare Fundmaterial den beträchtlichen Umfang der etwa von Tournai, Arras, Amiens und ebenso von den spätantiken Hauptorten an Maas und Rhein zu Schiff gebrachten Waren genauer zu belegen vermochte. In diesem neuen Wirtschaftsraum entstanden jene Fernhandelsplätze, die von der Forschung früher oft als „Wikorte" bezeichnet wurden.

So umstritten das Wikproblem unverändert genannt werden muß, es kann von uns nicht völlig übergangen werden, weil von dort aus wichtige Verbindungen zur frühhansischen Zeit gegangen sind.

Zahlreiche Fernhandelsplätze des Frühmittelalters sind inzwischen ergraben; dabei fanden sich unbefestigte Landeplätze wie Skiringssal am Oslofjord oder Grobin im Baltikum einerseits, an den Schutz älterer Kirchenburgen angelehnte andererseits. Oft ist noch unentschieden, ob eine benachbarte Holzerdebefestigung zeitlich vorangeht oder ob erst nachträglich zum Handelsplatz die Burg getreten ist. Solche strittigen Fälle sind etwa das wichtige Dorestad im Rheindelta, auch Gent und Quentovic. Die großen Halbkreiswälle etwa von Birka am Mälarsee, Västergarn südlich Wisby auf der Insel Gotland oder Haithabu sind jedenfalls erst Spätformen des 10. Jahrhunderts, entstanden aus den damals gefährlich um diese Plätze kreisenden politischen Spannungen im Ostseeraum, denen sie später denn auch zum Opfer gefallen sind. Gerade in Haithabu können wir die abschnittsweise Erweiterung einer ursprünglich unbefestigten Siedlung recht genau verfolgen; ihre Anfänge lagen am Seeufer, sind heute überflutet und erst teilweise ergraben.

Als Grundform dieser seit dem frühen 7. Jahrhundert neu entstandenen Handelsplätze läßt sich die einzeilige Straße in Uferlage erkennen, deren unbebaute Seite als Schiffslände oder Warenlager zur Küste oder zum Fluß hin diente. Dichtgedrängte Kleinhäuser, in zur Straße geordneter Gehöftlage gruppiert, unterscheiden das Ortsbild zusammen mit der achsialen Straße klar von dem der gleichzeitigen ländlichen Siedlungen.

Lange hat man die sogenannten Wikorte für eine Art Karawansereien ohne ständige Einwohnerschaft gehalten; das ist von Fritz Rörig zuletzt festgehalten worden in dem Aufsatz über Magdeburgs Entstehung, der in dessen Todesjahr 1952 erschien. Auch in der „Frühgeschichte der europäischen Stadt", mit der sich Edith Ennen 1953 einen führenden Platz unter den deutschen Städteforschern errungen hat, wirkt diese bei Grabungen später widerlegte Vorstellung noch nach, wenn das friesisch-nordische Handelsemporium als „isolierter Fremdkörper" mit Rastplatzfunktion und Saisonbetrieb inmitten einer unberührt und unbefruchtet bleibenden Umgebung dem fränkischen Typus eines aus Kirchenburg und Kaufmannssiedlung sich neu zusammenfügenden Landschaftsmittelpunktes gegenüber gestellt wird.

Heute sind wir sicher, daß im Handelsplatz stets ein seßhafter Bevölkerungskern blieb, dessen lebhafter Gewerbefleiß eine der Quellen für den Warenverkehr speiste. Wenn das Ortsleben stark fluktuierte, so weil der damalige Kaufmann nur mit langfristiger Fahrt und in eigener Person hoffen konnte, den lockenden Gewinn einzuheimsen, und weil die nordischen Breiten einen jahreszeitlich pulsierenden Verkehr, die kriegerische Umwelt eine gruppenweise Fahrt im Kaufmannskonvoi vorschrieben.

Diesen Schwankungen entspricht es, daß die Emporien auffallend flüchtig sind, oft verschwinden, oft verlagert werden. So zieht sich der wichtigste Platz am Mälarsee von Helgö über Birka nach Sigtuna, um erst Mitte des 13. Jahrhunderts in der vierten Station Stockholm seinen endgültigen Standort zu finden, dessen Besiedlung dann im Zusammenwirken hansischer Kaufleute unter Lübecks Führung mit dem schwedischen Jarl Birger geplant und durchgeführt worden ist. Friesengilden am Mälarsee sind in Runensteinen des 11. Jahrhunderts bezeugt.

Bei solchen Wandlungen spielen durchweg klimatische, topographische und verkehrswirtschaftliche Gründe eine wichtigere Rolle, als die früher stets dafür herangezogene politische Unsicherheit der Zeit. Je ausführlicher die Grabungen uns informieren, umso überraschter erkennen wir, daß manche von schriftlichen Quellen breit ausgemalte Katastrophe sich auf das örtliche Fernhandelsleben kaum oder nur kurzfristig ausgewirkt hat, während sie allerdings das kirchliche und staatliche Leben vernichtend zu lähmen vermochte. Nach dem normannischen Überfall auf Hamburg von 845 verödete die Kirchenburg für fast ein Jahrhundert, während die benachbarte Kaufmannssiedlung wenig später ihren Umfang verdoppelte. In Dorestad führten nicht die mindestens sieben Zerstörungen zwischen 834 und 863 zur Siedlungsverlegung nach Tiel und Utrecht, sondern die ungünstige Rheinbettverlagerung, der gerade die ältesten Teile des Fernhandelsplatzes zum Opfer gefallen sind. Aus Gent flüchteten zwei Mönchskonvente für ein Halbjahrhundert nach Laon, während die Kaufleute inmitten der normannischen Invasion weiter anscheinend recht gute Geschäfte machten. In Haithabu haben zwar Zerstörungen von 1051 und 1066 schwere Schäden gestiftet, aber der steigende Wasserspiegel und die Verlandung des Fahrwassers im Noor scheinen seinen Bewohnern noch mehr zugesetzt zu haben, so daß sie auf das jetzt geschütztere und verkehrsgünstigere Nordufer der Schlei hinübergesiedelt sind.

Bei dem diese ganze Siedlung kennzeichnenden Ortsbild waren Wiederaufbau oder Verlagerung auch kein so ernsthaftes Problem. Die leichten Holz- und Flechtwerkbauten, Zäune und Knüppeldämme waren ohne besonderen Aufwand rasch zu errichten; gegen den Verlust der Behausung durch Überfall, Brand und Wassernot war der Kaufmann weniger anfällig, sofern er sein Leben durch rasche Flucht in den nahen Wald oder durch Lösegeld hatte retten können, und sofern seine wichtigste Habe, sein Handels- und Warenkapital, durch Bodenversteck erhalten geblieben war. Wo aber doch der Tod getroffen hatte, brachten das nächste Schiff, die nächste Karawane den Nachfolger mit, und wo das Gut geraubt oder vernichtet war, stand der Aufbruch zu neuer Handelsfahrt doch weiter offen.

Hier treten die auch soziologisch gegenüber der spätantiken Wirtschaft ganz neuen Grundzüge des nordischen Fernhandels hervor; seine Träger sind nicht nur die fränkischen, friesischen und sächsischen Fahrmänner, deren Familie gewerblich arbeitet, wie sie selbst in der Winterpause oft zum Handwerk übergegangen sein dürften. Daneben stehen vielmehr die gleichen skandinavischen Langschiffer, deren Überfall und Raub gleichsam unvermittelt in Handel münden konnte, deren Familien auf großbäuerlichen Höfen im Norden ansässig waren.

Die aus Volksüberschuß, Beuteanreiz und Abenteuerlust geborene normannische Bewegung entfaltete durch ihren starken Schiffsverkehr eben im Bemühen um Handelsbeteiligung sehr förderliche Wirkungen auf das heraufsteigende Fernverkehrsnetz, das sie überdies mit Entstehen des Warägerreiches der Rus ostwärts über das Schwarzmeer nach Byzanz, über den Kaspisee zum Islam ausgeweitet hat. So kontrastierte im Westen merkwürdig die wikingische Bedrängnis aller fränkischen Kulturstätten mit dem unbekümmert emporblühenden kriegerischen Raubhandel. Für diesen erwies sich als fruchtbar, was dem fränkischen Staate furchtbar sein mußte.

Suchen wir uns die schillernde Gestalt eines dieser Fernhandel und Kriegertum, Gewerbe und Landwirtschaft zusammen führenden Fahrmänner lebendig zu machen. Ein häufiger und gern gesehener Gast an der Tafel des Angelsachsenkönigs Alfred des Großen (871–901) ist der Wikinger Ottar von Halogaland, dessen Beschreibung der Seewege um das Nordkap zur Weißmeerküste wir einer von Alfred veranlaßten Orosius-Übersetzung angefügt finden. Ottars Bauernhof liegt bei Tromsö; sein karges Ackerland bewirtschaftet er mit Pferden. Daneben weidet er Schafe, Rinder, vor allem aber 600 Rentiere eigener Zucht. Von finnischen Nomaden zieht er Tribute ein, Erträge der Jagd auf Wal und Ren, die er durch eigene Walfangreisen vermehrt. Er verschifft seine Waren nach dem Oslofjord, nach Haithabu, nach England. Begehrt sind seine Pelze, seine Schiffstaue aus Walhaut, sein Elfenbein. Im Winter auf seinem Anwesen, wo sein zahlreiches Gesinde eifrig produziert, geht er jeden Sommer auf große Fahrt; den reichen Gewinn schützt er mit seiner wehrhaften Schiffsmannschaft, die auch an günstiger Klosterbeute nicht vorbeizufahren pflegt. Leute seines Schlages hatten einst schon jenen Raubzug auf Lindisfarne, das nordangelsächsische Inselkloster, im Jahre 793 geführt, von dem an man mehr oder weniger willkürlich den Beginn der Wikingerzeit zu datieren pflegt.

Auf der Gegenseite begegnen wir einem ganz verwandten Fahrmännertyp: Als Hamburgs erster Erzbischof Ansgar zu Schiff von Haithabu nach Birka in Schweden aufbricht, vertraut er sich westlichen Fernhändlern an; sie werden von Piraten überfallen und erliegen ihnen nach bewaffneter Gegenwehr. Der Bischof rettet sich unter Verlust seines wertvollen Missionsgepäcks an Land und erreicht schließlich doch sein Ziel; dort klagen die Leute ihm, wie der Seeraub immer ärger um sich gegriffen habe – für uns ist er zugleich ein Hinweis auf den unablässig ansteigenden Warenverkehr, ohne den sich keine Piraterie gelohnt hätte.

Vergriffen sich die Skandinavier am klösterlichen Kulturgut, so die westlichen Fahrmänner mit Zutun slawischer und ugrofinnischer Herren an der persönlichen Freiheit: schon Samo der Franke hatte im 7. Jahrhundert im böhmischen Raume aus planmäßiger Sklavenjagd im Verein mit örtlichen Machthabern eine förmliche Herrschaft aufgebaut. Die karolingische Kirche mußte sich darauf beschränken, dann und wann einmal christliche Gefangene freizukaufen. Erzbischof Rimbert von Hamburg tauscht einmal um 870 in Haithabu eine verschleppte Nonne gegen sein Reitpferd ein. Oft war auch die Kirche selbst in den rasch wachsenden Wirtschaftshöfen ihrer Klöster um Arbeitskräfte aus diesem Angebot verlegen, jedenfalls treten so bedeutende Bischofsburgen wie Mainz, Verdun und Lyon als Hauptstationen der Sklavenkarawanen hervor. Nur schrittweise vermögen die Synodalbeschlüsse des 8. bis 10. Jahrhunderts wenigstens gegen den Verkauf christlicher Sklaven an die Heiden in Spanien etwas zu erreichen.

Dieser Vorgriff auf die nähere Beleuchtung der frühen Handelsgüter im nordischen Fernverkehrsgebiet soll hier nur das bunte Bild des fahrenden Händlervolkes abrunden. Rauhe und wetterharte Gesellen müssen es gewesen sein, zu deren Gepäck der Geldbeutel und das Schwert, die Klappwaage und der Pilgerstab, die Sklavenkette und der Rosenkranz gleichermaßen gehörten – je nach Bedarf wurden sie hervorgeholt. Hoch war der lockende Gewinn, nicht minder hoch aber der geforderte Einsatz: in den Hinterhalt bietenden Wäldern des Slawenlandes, auf der stürmischen Nordsee oder an den tückischen Gestaden des Baltikums drohte stets der Verlust kostbarer Habe, persönlicher Freiheit oder selbst des Lebens. Der verbreiteten Handbuchvorstellung von den Wikingerstürmen spätkarolingischer Zeit müssen also differenzierende Berichtigungen zugefügt werden. Sie waren äußerst gefährlich für die fränkische Staatsordnung, sie vernichteten kostbarstes Kulturgut in kirchlicher Verwahrung, aber sie verdichteten zugleich das Wirtschaftsnetz und führten den europäischen Norden an die junge Welt des Abendlandes heran zu einer fruchtbaren Begegnung, aus der dauernde Verbindung erwachsen ist. Fügen wir noch ein prosopographisches Modell dazu: von beiden Söhnen des norwegischen Königs Harald Schönhaar, der um 880 die Macht der Vestfoldkönige vom Oslofjord über das ganze Land bis nach Tromsö hinauf auszubreiten wußte, hat der eine, Erik, den Beinamen „Blutaxt“ erhalten, der andere, Björn, wurde „Fahrmann“ zubenannt, und das sollte auf seine kaufmännischen Fernunternehmungen hinweisen. Auf uns wirkt das wie ein Sinnbild für die Struktur des nordischen Raubhandels in jener Zeit. Die Chronisten mühen sich vergeblich, einen adäquaten lateinischen Ausdruck für seine Umschlagsplätze zu finden; „civitas, urbs, emporium, vicus“ stehen da nebeneinander; auch darin liegt ein Zeichen für das Neue, dem sich die noch immer spätantik orientierte Geistigkeit der Zeit hier gegenüber sah.

Unruhige Höhepunkte der Normannenfahrt brachte die spätkarolingische Zeit, besonders um 850, als wir von Schäden in allen Küstenplätzen von Hamburg bis Quentovic hören, und wieder um 880. Aber was hier namentlich Staat und Kirche des jungen Europa an Schäden erlitten, weil das Binnenland zum Meere durch schiffbare Ströme aufgeschlossen war, das unterscheidet umgekehrt zugleich deren besonderen Wert für Verkehr und Handel. Die Vorteile des mitteleuropäischen Reichtums an Wasserstraßen hat schon VOGEL richtig erkannt: neben der günstigen Küstenlage ist die Stromerschlossenheit als zweite Wurzel des nordischen Fernhandelsraumes zu bezeichnen.

An diesen Wasserstraßen begegnen wir nun dementsprechend einer weiteren Gruppe von Fernhandelsplätzen, die sich von den bisher behandelten Küstenorten wirtschaftlich und funktional kaum unterscheiden, aber topographisch in enge Nachbarschaft zu älteren Vorsiedlungen gerückt sind. Das gilt mit Sicherheit für das ganze, über spätantike Substrate gebreitete Frankreich, vielleicht aber auch für Altsachsen und den slawischen Nordosten an Oder und Weichsel, wo wir bisher bei Fällen wie etwa Hamburg und Magdeburg, Stettin und Danzig noch nicht sicher entscheiden können, ob dem Handelsplatz oder dem Herrschaftssitz das höhere Alter zukommt, oder ob beides von Anbeginn ursächlich verbunden ist, wie das namentlich WALTER SCHLESINGER vertritt.

Im fränkischen Machtbereich kennen wir die alten Kerne städtischer Siedlung genau, die nur zum Teil gänzlich verödet oder gar verschwunden sind. Diese Civitates der Quellen gewinnen, soweit sie an den großen Wasserstraßen liegen, nach dem wanderzeitlichen Schrumpfungs- und oft auch Verlagerungsprozeß jetzt erstmals wieder neue Siedlungsteile in Ufernähe: Einzelstraßenanlagen der zu Schiff kommenden und fahrenden Fernhändler. Sie finden sich an Seine und Marne genauso wie an Maas und Rhein, überall topographisch eigenständig, unbefestigt neben dem Ortskern der Kirchenburg.

Warum das räumliche Nebeneinander von Herrschafts- und Fernhandelsplatz, wenn doch in den menschenarm gewordenen Civitates Platz genug für die Unterkunft der Fahrmänner gewesen wäre, zumal dort neben dem ländlich-domanialen Leben großer kirchlicher und weltlicher Grundherrschaften durchaus auch Gewerbe und Handel nicht so völlig geschwunden waren, wie früher angenommen wurde? Warum suchen die ankommenden Fernhändler am Niederrhein zwar offensichtlich die unmittelbare Nähe der Civitas Köln, gehen aber doch nicht in deren befestigten Ring hinein, sondern drängen ihre Häuser in enger Kette davor an das Rheinufer?

Aus der vorangegangenen Beschäftigung mit dem wikingerzeitlichen Handelsleben gewinnen wir die Antwort: Civitas und Fernhändler sind voneinander unabhängig, aber aufeinander angewiesen. Selbständige Kräfte regen sich hier wie dort: in den fränkischen Herrschaftszentren nimmt das Gewerbe wieder zu, sie haben durch zahlreiche Kirchen- und Klostergründungen neue Konsumentenschichten und neue Anziehungskraft für das Hinterland gewonnen. Franz Petri hat sehr zu Recht betont, daß Pirennes Schule die Nahmarktfuntkion der fränkischen Civitates auffallend unterschätzt, wenn nicht ganz übersehen hat.

Diese in ihr erwachenden Kräfte hatten die Kaufleutesiedlung angezogen: Warenabsatz und Marktschutz suchte sie stärker als Mauer und Wälle selbst. Dem Wohnen innerhalb der Burg, das leicht zu domanialer Abhängigkeit vom Ortsherrn führen konnte, zogen die Fernhändler ihren zwar ungeschützten, aber eigenständigen Wohnplatz neben der Civitas vor. Noch war ihr Reichtum beweglich, wenig vom festen Wohnsitz abhängig; lieber vergruben sie ihn und suchten selbst vorübergehend das Weite, wenn wikingische Langschiffe stromauf kamen, als daß sie sich hinter Mauern der Gefahr aussetzten, bei Angriffen über den Besitz hinaus das Leben zu riskieren. Kurz, es war das Geschäft und nicht die Sicherheit, was den an stete Gefahr gewöhnten Fernhändler in die Nähe der fränkischen Großburg zog.

Nicht viel anders liegen die Dinge im außerfränkischen Germanien zwischen Rhein, Main und Elbe. In den Kämpfen zwischen Franken, Hessen, Thüringern und Sachsen könnten Burgmärkte wie Würzburg, Fritzlar und Erfurt im 6. bis 8. Jahrhundert erwachsen sein, also auch zeitlich parallel zu der Entstehung des nordischen Verkehrszusammenhangs. Althochdeutsche Dichter karolingischer Zeit, der in Fulda aufgewachsene Otfried und der Heliand-Schreiber in Werden an der Ruhr, schildern in ihren zur Missionsarbeit bei Hessen und Sachsen gefertigten Texten Jerusalem als eine Burg, bei der regelmäßig Markt gehalten wird, deren Herren zugleich Volk und Land führen, deren Bischof das geistliche Oberhaupt ist. Ländlich siedelnde Umwohner decken auf dem Markte ihren Bedarf, und weitere Zentren dieser Art verteilen sich über das Land.

Solche Bilder müssen für die Missionsschüler wirklichkeitsnah gewesen sein; wenn dabei auch die rheinischen Bischofsstädte Modell gestanden haben werden, so läßt sich doch nicht bestreiten, daß die zur Elbe vordringenden Franken nach dem heutigen Grabungsbilde schon Burgmärkte dieser Art vorgefunden haben. Karls Heere folgten den seit langem vom Saumtierzuge der Fernhändler benutzten Durchgangslinien, vor allem dem Zuge des Hellwegs über Dortmund-Soest-Paderborn und weiter nach Hameln-Hildesheim-Braunschweig; das Diedenhofer Kapitular von 805 legt eine Kette von Grenzplätzen fest, bis zu denen der Handel geführt werden durfte, darunter Bardowick, Salzwedel, Magdeburg, Halle und Erfurt. Dies und die sonstigen Handelsvorschriften, besonders die Waffenausfuhrverbote, lassen auf die in altsächsischer Zeit, parallel zur Aufsegelung von Ost- und Nordsee, zu den Westslawen geknüpften Handelsverbindungen schließen.

Ein kurzer Blick auf die andere Lage im alemannisch-bajuwarischen Stammesgebiet mag unser Bild abrunden: dort fehlen zunächst noch vergleichbare Plätze; begründet wird das einmal durch den im Südosten besonders tiefen Abbruch zur Wanderungszeit, aber mehr noch zum anderen dadurch, daß über die von Wald und Gebirge verriegelte Wasserscheide zwischen Rhein und Donau hinweg erst später ein Anschluß an das meerbezogene Fernhandelsnetz von der Ile de France bis nach Mittelschweden hergestellt worden ist.

Im fränkisch-skandinavischen Wirtschaftsgebiet aber, das übersehen wir jetzt, hat sich der neue Typ einer Fernhändlersiedlung relativ gleichzeitig sowohl auf nord- und ostseegermanische Küsten, als in das nachantike Frankenreich, als in die rechtsrheinischen Lande der Hessen, Thüringer und Sachsen hinein verbreitet. Seine Entstehung kann demnach weder ein Zeichen der Kulturkonstanz noch des Kulturumbruchs sein, sie ist vielmehr eine Folge wirtschaftlicher, sozialer und politischer Wandlungen im Zeichen der durch die Wanderzeit geknüpften, durch den Slaweneinbruch geförderten Verbindungen über die nordischen Meere und das kontinentale Stromsystem. Die neuen politischen Ordnungskräfte in Mittelschweden, Norwegen, bei Angelsachsen und Franken waren dafür ebenso bedeutsam wie das Fortleben der gallo-belgischen Gewerbeprovinz und die Steigerung eines nordischen Warenangebots von Seiten großbäuerlicher Fernhändler.

Unter dem für uns maßgebenden Blickwinkel einer „vorhansischen Zeit" ist die Entstehung des nordischen Großwirtschaftsraumes seit dem 7. Jahrhundert der beherrschende Gesichtspunkt. Was diesen Zusammenhang aber noch grundsätzlich von dem später aus ihm erwachsenen hansischen unterscheidet, haben wir abschließend zu klären.

Beginnen wir beim Verkehr selbst: war er zu Lande an Saumtierzug und Trägerkolonne gebunden, also an die einspurige Karawane, weil für Karre und Planwagen im Zuge über weite Strecken noch jede Voraussetzung des doppelspurigen Wege- und Brückenbaus fehlte, so stand ihm zu Wasser immerhin ein großräumiges Beförderungsmittel offen. Es kommt hinzu, daß bezeichnenderweise gerade nach der Wanderungszeit ein wichtiger nautischer Fortschritt auf den Nordmeeren erreicht wurde.

Schon im Aufkommen des Segels von Süden her lag ein wichtiges Merkmal der nachantiken Verkehrsentfaltung im nordischen Raum. Erst in der Kopplung von Segel und Riemen beim nordischen Langschiff zeigt sich aber das typische Wesen dieser Seefahrt: Mannschaft ging hier vor Fracht, Schnelligkeit vor Tragfähigkeit, nautisch orientierte Fernreise vor Küstentransport. Noch waren die Langschiffe ohne Deck und ohne Heckruder, noch bewältigten sie widrige Winde nicht durch Kreuzen, sondern durch Warten auf achterliches Drehen der Luftbewegung, notfalls über kürzere Strecken auch durch die Riemenarbeit der Mannschaft.

Doch das aus gallo-römischer Zeit übernommene, kurzgedrungene Frachtschiff der atlantischen Küste wurde von den Schnellbooten keineswegs verdrängt. Es diente Franken, Friesen und Sachsen zur Fluß- und Küstenfahrt, hat auch im Norden als „Knorre" nicht ganz gefehlt und bot als reiner Segler bei kleinen Abmessungen gerade für geringe Bemannung das geeignete Fahrzeug mit relativ hoher Nutzlast. Halten wir fest, weil es die spätere hansische Seefahrt kennzeichnet: nicht vom Wikingboot, das im Hochmittelalter verschwunden ist, sondern vom langsameren Küstensegler ging die weitere Entwicklung aus; er sollte sich schließlich als Ahnherr späterer Typen einer auf Massengüter übergehenden Schiffahrt behaupten.

Diese war freilich noch weit; das dünn besiedelte Frankenreich, erst recht der weithin menschenleere Norden und Osten des Kontinents boten noch keine Märkte für Großabsatz. Die frühen Fernhändler fanden weit höhere Gewinnchancen, wie sie allein das hohe Risiko ihrer Fahrt lohnten, wenn sie sich auf die Nachfrage der Adelsherrschaft in Staat und Kirche einstellten. Die Reisewege Ottars und Wulfstans bezeugen das auch in den nördlichen Meeren.

Seit VOGELS und PAUL KLETLERS Arbeiten über Nordwesteuropas Verkehr, Handel und Gewerbe im frühen Mittelalter, ist der friesische Handel vom niederfränkischen Erzeugergebiet aus immer deutlicher nachgewiesen worden, namentlich von PAUL BOELES, „friesland tot de elfde eeuw". Noch bei DOLLINGER spielen Friesen und Sachsen auf den nordischen Meeren des 9./10. Jahrhunderts keine für die Vorhansezeit wichtige Rolle; es ist aber damals die friesische Nordwanderung nach der Westküste Schleswigs wie ebenso die unter sächsischer Herrschaft stehende Hochzeit von Haithabu für den von fränkisch-deutschen Exportgütern lebenden Fernhandel ausschlaggebend. Er griff zunächst einmal auf ältere Exportwaren zurück.

Von ihren spätantiken Werkstätten bei Mayen in der Eifel hatte sich die Keramik über mehrere Filialen in den Kölner Raum verlagert. Nach einem solchen Ableger bei dem Orte Badorf benennt die Spatenforschung eine Töpfereigruppe des 8. Jahrhunderts, deren Scherben sich zwischen Rhein- und Emsmündung häufen, westlich nach England ausgreifen, über die Nordsee hinweg Haithabu und in Ausläufern Mittelschweden erreichen. Mit der aus Badorf entwickelten Pingsdorfer Ware verdichtet sich das Fundbild weiter, seit 900 erscheint auch sie in Nordfriesland und Haithabu, wenig später im Ostseeraum.

Lohnender und raumsparender als die Keramik war das Glas. Die Glasherstellung reicht ebenfalls von der Spätantike in die Karolingerzeit hinein; rheinische Glastrinkbecher waren im Norden begehrt, wie der schöne Fund im Bootkammergrab von Haithabu zeigt, das eine eigene Glaswerkstatt besessen hat. Besonders reich sind die Glasfunde am Mälar.

Doch auch ein schweres Exportgut kam von der Eifel herab, die Mayener Basaltmühlsteine aus vulkanischem Gestein, das weich genug zur Bearbeitung war und dabei doch porös und griffig blieb. Bis nach Haithabu hinauf sind sie massenhaft exportiert worden, fehlen jedoch im weiteren Ostseeraum. Dafür begegnen uns dort in großer Vielfalt fränkische Waffen und Eisengeräte. Gerade in wikingischer Zeit entwickelte das leistungsfähige Eisengewerbe zwischen Arras und Lüttich einen gehärteten Stahl und übernahm von arabischen Vorbildern die Damaszierung der Klingen. Es war jene Zeit, in der von Westeuropa nach dem skandinavischen Norden die Sage von Wieland dem Schmied einwanderte. Zu den Waffen trat der

Schmuck im typischen Übergangsstil als wichtigstes Exportgut. Funde aus Haithabu zeigen Fibeln aller Formen, Gürtelschnallen, Anhänger.

Wer vom Rhein auf Handelsfahrt geht, kann ferner den Wein kaum vergessen; seine Kultur hatte an den Hängen von Hunsrück und Taunus alle wanderzeitlichen Stürme überdauert. Grabsteine aus „Neumagen“ und „Igel“ zeigen, daß bereits im 4. Jahrhundert Tonnen anstelle der Amphoren traten. Daneben verwendete man zum Landtransport auch Schläuche als Behälter. Zu Ansgars Zeit konnte man Rheinwein in Birka kaufen; Ludwigs des Frommen Lobredner Ermoldus Nigellus besingt in einer Elegie auf Pippin von Aquitanien, wie elsässischer Wein rheinab verschifft und an seefahrende Händler verkauft wird. Reger Markthandel mit Wein fand besonders in Dorestad seine Käufer. Früh ist ferner von der Holzverschiffung auf dem Niederrhein die Rede. Aus den Mittelgebirgswäldern scheinen die Friesen Bauholz bezogen zu haben, das zu ihren kleinen Küstenwerften hinabgeflößt wurde.

Eine solche Schiffswerft des 8. Jahrhunderts konnte zum Beispiel auf der Wurt Hessens bei Wilhelmshaven freigelegt werden. Sie verfügte bereits über eine regelrechte Slip-Anlage zum Stapellauf bzw. zur Vornahme von Reparaturen an den Schiffsböden. Im holzarmen Küstenlande wird auch der Hausbau vom Holzhandel seinen Vorteil gezogen haben. Großtransport über See, also regulärer Massenguthandel mit Bauholz, ist aber ebensowenig vorstellbar wie beim Salz, dem anderen raumfordernden Handelsgut schon der Wikingerzeit. Es war als Konservierungsmittel unentbehrlich und kam zum Beispiel von den Salinen der oberen Maas, Moyenvic und Marsal, seit merowingischer Zeit in die Niederlande herunter. Von Soest und Salzuflen aus gingen Landtransporte über die Hellweglinie nach Mitteldeutschland hinein, doch lassen sich so wichtige Salinen wie Lüneburg und Halle nicht vor dem 9. Jahrhundert fassen. An der Küste baute man frühzeitig Salztorf ab, der in überschwemmte Moorhorizonte vom Wasser des Meeres eingelagert war und relativ leicht verwertet werden konnte.

Das wichtigste friesische Ausfuhrgut war jedoch Eigenerzeugnis einer auf Schafzucht basierenden Weberei, deren Spindeln, Wirteln, Webgewichte und Webeschwerter unser häufigstes Fundgut im ganzen Bereich der Marschenküste sind. Diese „pallia fresonica“, kräftige Gebrauchstuche in leuchtenden Farben, gingen bis in den Orient und nach Nowgorod hinauf, unter ihnen sind wohl auch flandrische und englische Erzeugnisse der frühen Zeit mit zu verstehen. Karl der Große hat Harun al Raschid damit beschenkt, bei Ermoldus sind sie das Tauschobjekt der Friesen gegen den Wein; aus den Urbaren von Werden und Fulda erkennen wir den erstaunlichen Umfang der Produktion: allein Fulda bezog jährlich 855 Mäntel aus seiner friesischen Grundherrschaft des 9. Jahrhunderts. Vom Genter Kloster St. Bavo wissen wir, daß es friesische Wolle als Rohstoff erhielt. Die altschwedischen Wörter für Tuch, Schneider und Schleier sind dem Altfriesischen entlehnt.

Im flämischen Raume lag zwischen Arras, Tournai und Armentières ein auf spätantiker Tradition beruhender Schwerpunkt der Textilerzeugung, die Wiege der späteren flandrischen Tuchweberei. Ausfuhr von dort fassen wir zwar bisher noch nicht in wikingischer Zeit, müssen aber durchaus mit ihr rechnen.

Im schwedischen Birka wie im irischen Limerick haben sich ferner, unter den verglichen mit Haithabu günstigeren Bodenbedingungen, auch Reste von Seide erhalten. Vermutlich waren sie über die russischen Ströme von warägischen Fernhändlern dorthin gebracht worden. Gleichzeitig wurde aber Seide durch Karawanen aus Asien in den antiken Mittelmeerraum eingeführt. Dort begann seit dem 6. Jahrhundert mit dem Anbau von Maulbeerbäumen die eigene Seidenerzeugung. Im 9. Jahrhundert gibt es bereits lebhafte Seidenweberei in der Provence. Auf der Rhône-Rhein-Strecke geht von dort zu karolingischer Zeit Seide nach Norden.

Seit Mitte des 9. Jahrhunderts waren die schwedischen Schiffsmannschaften, die Waräger, über Finnen und Balten hinweg in die Tiefe des ostslawischen Raumes vorgestoßen. Die Herrschaftsbildung der Rurikiden, von Vogel ganz richtig ein „Fahrmännerstaat“ genannt, verknüpfte Handel und tributäre Unterwerfung. Über das russische Stromsystem gelangten jetzt orientalische Güter bis nach Mittelschweden und Haithabu. Allein auf Gotland stehen im 10. Jahrhundert Hunderttausende arabischer Münzen voran; der deutsche Münzstrom begann sich erst in ottonischer Zeit an die Stelle der arabischen Dirhems zu schieben. Auf Helgö bei Birka fand der Ausgräber Holmquist einträchtig beieinander einen irischen Bischofsstab, einen Miniaturbuddha des 6. bis 9. Jahrhunderts und byzantinische Goldsolidi. Zweifellos waren das Beutestücke der Wikingfahrt, doch daneben begegnete sich in Mittelschweden mehr und mehr das echte Handelsgut aus Ost und West. In der Njáls-saga des 10. Jahrhunderts wird erzählt, wie der Wiking Gunnar vom Baltikum aus mit zehn Schiffen auf dem Wege nach Island beim Dänenkönig Harald in Haithabu einkehrt; er schenkt dem König ein gutes Langschiff und erhält dafür zum Abschied dessen Fürstenkleid, goldverzierte Handschuhe und Stirnband sowie einen russischen Hut. Der Araber Ibn Fadlan berichtet um 920 farbig von seiner Begegnung mit Normannen in Bolgar an der Mittelwolga; friedlich tauscht man dort Waren unter Förderung des Bolgarenkönigs, der in seiner Jurte inmitten einer Zeltstadt Hof hält, von den Gästen einen zehnprozentigen Handelszoll erhebt und den Marktverkehr von seinem mit byzantinischem Brokat ausgeschlagenen Thronsessel aus überwacht. Ein arabischer Schneider aus Bagdad fertigt ihm die Kleider an.

Skandinaviern wie Arabern geht es in Bolgar vornehmlich um die wertvollen „Eismeerpelze“, die über Perm dorthin gelangen und von den Turkvölkern feilgeboten werden; als die Normannen gegen Ende des 10. Jahrhunderts den Bolgarenstaat an der mittleren Wolge vernichteten, zog sich das Pelzgeschäft nach Perm und Nowgorod zurück. Neben dem baltischen und jütischen Bernstein waren die Pelze das älteste, alle Sturmzeiten überdauernde Handelsgut unter den im Gegenverkehr nach Westen und Süden gehenden Waren, über die wir jetzt noch zu sprechen haben. Die germanischen Wörter für Marder und Biber setzten sich im ganzen romanischen Sprachgebiet als Lehnwörter durch; auch das urspüngliche slawische Wort für Zobel wurde zunächst germanisch umgeformt und dann romanisch übernommen. Zobel und Hermelin jagt man hauptsächlich im ugrofinnischen Nordosten, doch den Transit zum Mittelmeer übernahmen, wie die Wortgeschichte zeigt, germanische Pelzhändler.

Die Pelztracht bleibt im vorhansischen Zeitalter unverändert ein gesuchtes Merkmal der Vornehmheit und Wohlhabenheit. Seit dem 9. Jahrhundert schieben sich auch die skandinavischen Fanggebiete im Lapplande immer weiter nordwärts; fast gleichzeitig gelangen die Fahrmänner von See her um das Nordkap herum in Kontakt zu Perm, dem „Bjarmalande“ der nordischen Quellen, wie über die Wolga und Bolgar von Süden aus. Auch der um 1070 schreibende Adam von Bremen kennt das gut gehende Pelzgeschäft mit baltisch-samländischer Ware an diesen Fernhandelsplätzen und bekämpft die Hoffahrt der Pelztrachten.

Wir erinnern uns, daß auch Ottar von Halogaland mit Pelzen gehandelt hat, daneben aber vor allem mit Fellen von Ren und Rind, also bereits Erzeugnissen der Herdenzucht; ebenso hörten wir beiläufig von seinem Walfang, der das begehrte Elfenbein und die sehr widerstandsfähigen Walhaut-Schiffstaue abwarf. Ferner gehen die Anfänge des norwegischen Stockfischexports in wikingische Zeit zurück. Vor der Westküste, im Raume Drontheim-Bergen, lagen die fast unerschöpflichen Fanggründe für den Schellfisch, dessen Trockenkonservierung mit salzhaltiger Seeluft am Fjordufer seit alters bekannt war.

Daneben verschifften die Norweger noch ein Erzeugnis handwerklicher Steinbearbeitung: es waren große Kochschalen aus Speckstein, der in den Brüchen am Oslofjord gewonnen wurde. Das weiche und besonders feuerfeste Material ließ sich in frischem Zustande leicht bearbeiten; es wurde schon seit der Bronzezeit mit Vorliebe für Gußformen verwendet. Im vorhansischen Zeitalter erhalten Specksteingefäße meist eiserne Henkel; sie dienen an der ganzen Nordseeküste und am Niederrhein als dauerhafte Kochtöpfe. Haupthandelsplatz dafür war Kaupang-Skiringssal, die Funde verbreiten sich bis zur Odermündung.

Schweden besaß nur an der Westküste Specksteinbrüche. Dafür zeigen Haithabus Funde, daß schon damals schwedisches Erz dorthin gelangte; an der Schlei wurde es verhüttet. So gewann das rege Eisengewerbe von Haithabu sein Rohmetall. Ob auch für die Gebrauchsgegenstände und Schmucksachen aus Bronze, Zinn und Blei Erze aus Schweden in die Werkstätten von Haithabu gelangten, können wir bisher nur vermuten. Mit Sicherheit nordischer Import ist das Rohmaterial für die überall an den Fernhandelsorten blühende Kamm- und Geräteherstellung aus Horn, Knochen, Fischbein und Geweih.

Ein Blick auf den Handel mit lebenden Gütern gehört an das Ende dieses Rundgangs: bei der überall noch dünnen Besiedlung war Viehzucht für Exportzwecke noch nicht lohnend; lediglich Pferde waren als vielseitige Helfer des Menschen schon vorhansisches Handelsgut, zumal ihr Transport über Land zugleich das Mitführen weiterer Nutzlast ermöglichte. Größeren Umfang konnte der Pferdehandel in einem die Wasserwege bevorzugenden Verkehrsnetz ohnehin nicht haben, und das wird indirekt durch die Hochschätzung bewiesen, mit der man von Fürsten und Herren verschenkte Pferde als Kostbarkeit ansah.

Umso wichtiger war der „Menschenhandel". Den antiken Bedarf an Arbeitskräften hatte vorwiegend der germanische Norden gedeckt, jedenfalls was das Westreich anging. Seit der Wanderzeit traten vorübergehend die britischen Inseln an die Stelle, bis das Einsickern der Slawen im Osten den großen neuen Menschenmarkt auftat.

Snorri Sturluson erzählt in der Heimskringla von Erling, einem norwegischen Wiking um 1000, der neben seinem eigentlichen Gesinde stets an die 30 Knechte auf dem Hof hat. Nach der Tagesarbeit dürfen sie auf eigene Rechnung roden und sich von dem Ertrage ihres eigenen Kornanbaus nach zwei bis drei Jahren freikaufen. Zinspflichtig bleiben sie dem Erling aber weiter, und der kauft dafür neue Sklaven, um so seine Wirtschaftskraft und seinen Machtbereich ständig weiter zu vergrößern.

Die isländische Lachswassertalsaga berichtet von einem reichen Sklavenhändler um 950, der in Norwegen auf einem messeartigen Handelsmarkt seine Ware feilbietet. Woher er sie importiert hat, zeigt sich daran, daß man ihn „Gilli den Russen" nennt. Aber daneben hat er auch eine irische Fürstentochter anzubieten. Samtgekleidet sitzt er in seinem Zelt und verhandelt ganz reell mit seinen Kunden; die Preise weiß er zu variieren: sie steigen, wenn ein junger Bauer sich für eine kräftige Magd interessiert.

So erfüllt dieses traurigste aller Fernhandelsgeschäfte über den Ausgang der Antike hinweg, immer neu auflebend, bis zum hohen Mittelalter hin die großen Sklavenmärkte an der Ostgrenze des Abendlandes und in seinem Innern mit Bildern, die wir uns leicht auszumalen vermögen, auch wenn wir in Rechnung stellen, und wir müssen es, daß den Verschleppten oft weit bessere Lebensbedingungen geboten worden sind als in der verlorenen Heimat. Erst seit dem 11. Jahrhundert beginnt der Strom zu versiegen, wahrscheinlich mehr aufgrund der starken innerabendländischen Volkszunahme und des ausfallenden islamischen Abnehmers, als aufgrund der endgültigen Einbeziehung des Nordens und Ostens in die Christenheit. Noch in ottonischer Zeit aber bereisen morgenländische Aufkäufer wie der Tortosaner Achmed at Tartuschi oder der Hebräer Ibrahim Ibn Jaqub die alteuropäischen Zentren bis hinauf nach Haithabu, nach Gnesen und Krakau, allein zu diesem Handelszweck.

Besonders interessant dabei ist, daß den Orientalen mit der ihnen eigenen scharfen Beobachtungsgabe grundsätzliche Unterschiede im Verfassungsaufbau deutlich werden. Soweit es sich um westslawische und innerdeutsche Verhältnisse handelt, müssen wir sie hier beiseite lassen. Dafür geht uns Achmeds Bericht über die Versammlungen der Fernhändler von Haithabu unmittelbar an, denn in ihm fassen wir die Organisation des fernhandelnden Genossenverbandes vorhansischer Zeit. Achmed hat das einzige Organ kennengelernt, in dem dieser Verband lebt, das „gelage". „Sie feiern ein Fest", so schreibt er, „an dem sie alle zusammenkommen, um den Gott zu ehren und um zu essen und zu trinken." Hier ist klar bezeichnet, daß das Gelage sakralen Hintergrund hat.

Den Zeugnissen über diese frühen Fernhändlerverbände müssen wir weiter nachgehen, handelt es sich hier doch um die Frage, in wieweit von ihnen aus der Wikingerzeit in das Hansezeitalter hinein eine Verbindung geschlagen werden kann.

Der Küstenraum im fränkischen Großreich

Überblicken wir nochmals das Angebot an Waren, mit denen gehandelt werden konnte in jenem seebezogenen Fernhandelsraum zwischen Atlantik und Finnmeerbusen, dessen Gebiet wir abgesteckt, dessen Handelsplätze wir betrachtet, dessen Fahrmännertypen wir kennengelernt und dessen Verkehrsmittel wir vorgeführt haben. Es sind Erzeugnisse verschiedenster Bereiche, unerwartet mannigfaltig, zum Teil auch unerwartet qualifiziert. Als wichtigste Ausfuhrgüter nach Norden und Osten haben wir die Keramik, das Glas, die Waffen, den Schmuck, den Wein und die Webwaren festgestellt.

Sehen wir vom Erz, vom Holz und vom Salz ab, bei denen der Handelsumfang ohnedies noch gering war, so haben alle diese Exportgüter gemeinsam, daß sie quantitativ raumsparend und qualitativ hochwertig sind; auch für den Wein dürfen wir das hoffentlich annehmen. Ebenso gilt für die Gegenfrachten, daß nur Auswahlgüter lohnend waren, wie Bernstein, Pelze und Felle, Elfenbein, Fischbein und Schiffstaue, im Grunde auch Pferde und Sklaven. Offen bleibt nur die Frage, wie umfangreich schon damals der Stockfischhandel war, doch auch dabei kann es sich noch nicht um ausgesprochenes Massengut gehandelt haben.

Damit haben wir für den Gesamtumfang des vorhansischen Handelsverkehrs, so schwer er sich abschätzen läßt, doch nach beiden Seiten gewisse Abgrenzungen ermittelt. Man wird ihn wesentlich höher anzusetzen haben, als die ältere Forschung vermutete, der die Grabungsaufschlüsse noch weithin gefehlt haben; man wird ihn andererseits klar distanzieren müssen von dem seit hochmittelalterlicher Zeit entfalteten hansischen Fernhandel. War der Verkehrsraum auch nahezu derselbe, in dem sich Fahrmänner und Hansen bewegten, so werden wir doch sehen, wie grundsätzlich die Unterschiede zu bewerten sind.

Immerhin ist neben der weitgehenden geographischen Kongruenz des Handelsraumes noch ein zweites Bindeglied zwischen vorhansischen Fahrmännern und hansischen Kaufleuten zu beachten. Das hohe Risiko jeder weitreichenden Unternehmung in fremdes Land zwang nicht nur die kriegerischen Bauernhändler des Nordens zur Schiffsgemeinschaft, zum Genossenverbande unter herrschaftlicher Spitze, es bewirkte auf fränkisch-friesischer Seite den Zusammenschluß der „mercatores frequentantes" in der Karawanengruppe, dem Konvoi, der auf gemeinsames Ziel ausgerichteten Fahrtgemeinschaft. Aus verschiedenen Orten zog man an Sammelplätze, um von dort aus gleiche Wege und Rastorte zu benutzen. Für sicheren Reiseschutz war der einzelne zu schwach; erst die wehrhafte Gruppe vermochte ihn zu bieten, sofern sie aufeinander verpflichtet war. So kennen schon die fränkischen

Kapitularien die „Gilda mercatoria", und auch für die Bildung von Schiffsgruppen zur Fahrt über See gibt uns die Vita Maximins bereits zu 839 ein Zeugnis. Die Kaufleuteeinung sichert als Schwurverband die Genossenhilfe; nur durch Eid kann man in sie aufgenommen werden. Vergeblich bekämpfen die Karolinger das „sacramentum per gildonia", weil sie darin ganz richtig ein Streben nach Autonomie erkennen, das dem königlichen Anspruch auf herrschaftliche Unterstellung der „mercatores" widerstrebt. Innerhalb des Reiches steht der Mercator unter Königsmunt; für den damit verbundenen Rechts- und Friedensschutz leistet er Abgaben an die königliche Kammer. Vom Aufgebot befreit, nimmt er sein Recht nur vor dem Könige oder dem Königsbotengericht. In den wichtigsten Handelsplätzen sitzen eigens königliche Beamte für die Kaufleute, denen zugleich die Einziehung der Abgaben, namentlich des Zolls untersteht. In England kennen wir solche „Wikgrafen" bereits im 7. Jahrhundert, im Reich bezeugt Rimbert einen für Schleswig, weitere Belege für Minden, Stade, Stendal und andere Städte sind erst hochmittelalterlich, ebenso die für einen wohl damit zu vergleichenden „hansegrafen" in Regensburg, Dortmund und den flandrischen Städten. Lateinische Quellen des 9. Jahrhunderts sprechen von „praefecti" oder „procuratores".

Schützte der König durch Bann und Frieden die von ihm privilegierten Kaufleute, regelte er für sie Maß und Münze, beaufsichtigte er Straße und Markt, wie das alles die Kapitularien erkennen lassen, so waren doch nicht alle Kaufleute „mercatores regis". Es gab daneben Kirchenabhängige, „homines ecclesiae", die im Auftrage ihrer bischöflichen oder klösterlichen Grund- und Leibherren auf die Fahrt gingen. Sie blieben unter dem Hofrecht ihrer Herrschaft, die jedoch gleichfalls vom König Privilegien für ihre Kaufleute gewinnen konnte, wie das etwa für Straßburg bezeugt ist. Auch in Passau und Utrecht, in großen Abteien wie Corbie oder Prüm gibt es schon im 9. Jahrhundert grundherrlich abhängige Fernhändler.

Alle Schutzmaßnahmen wurden jedoch gegenstandslos, wo die Macht des Königs endete. Auf der Fahrt in den Osten und Norden überschritten die Fernhändler weit den Bereich, innerhalb dessen der König sie schützen konnte und wollte. Der Versuch des Diedenhofer Kapitulars von 805, den Grenzübertritt ganz zu hindern oder doch einzuschränken, blieb papieren und wurde von der Entwicklung nach Karls Tod sofort wieder beiseite geschoben. Den Fernhändlern bot nach wie vor nur die beschworene Fahrmännergilde als Genossenverband Schutz auf der gefährlichen Reise und am Handelsziel. So belegen die immer wiederkehrenden Verbote des Gildeeides durch den König, zuletzt noch unter Kaiser Arnulfs Vater Karlmann im Jahre 882, schließlich nur, daß die Kaufleuteeinung fortbestand: die Fernhandelswirklichkeit setzte sich über das Kapitularienrecht glatt hinweg.

Nüchterner und richtiger schätzten führende Kirchenfürsten wie Hinkmar von Reims die Kraft des Gildegedankens ein; schon 852 unternahm der Erzbischof einen Vorstoß, das Gildebrauchtum zu verchristlichen und das Gelage stärker auf die autonome Gildegerichtsbarkeit hinzulenken, also von der auf heidnische Wurzeln zurückgehenden sakralen Form wegzuführen. Viel Erfolg war allerdings auch ihm angesichts des zunehmenden Durcheinanders spätkarolingischer Zeit vermutlich nicht beschieden.

Wie war nun der Schutz beschaffen, den die Gilde zu leisten vermochte? Der Eid band die Genossen an Hilfe bei Schiffbruch, Gefangenschaft, Vermögensverlust, Rechtsstreit, Feuersnot und Ernteschaden. Von den fränkischen sind die skandinavischen, also noch heidnischen Gilden nur durch die zusätzliche Verpflichtung zur Blutrache unterschieden. In Birka, später Sigtuna, leben beide Formen nebeneinander; dort gibt es, trotz nicht überzeugender Einwände eines Teils der skandinavischen Forschung, nach dem Zeugnis der Runensteine mindestens im 10., wahrscheinlich aber schon im 9. Jahrhundert eine friesische Kaufmannsgilde. War sie vermutlich noch Fahrmännerverband, also zum Zwecke gemeinsamer Fahrt gebildet, mit gleichem Weg und Ziel, aber nicht gleichem Herkunftsort der Gildebrüder, so zeigt vielleicht schon der arabische Bericht um 965 über Haithabu, sicher jedoch der um 1020 entstandene des Alpert von Metz über die Fernhändler von Tiel am Niederrhein, das spätere Stadium, in dem die Gildebrüder am gleichen Ort wohnen.

Der Geistliche Alpert greift die Gildesitten von Tiel heftig an, da sie sich von denen anderer Leute erheblich unterschieden – womit er wohl auf das verchristlichte Brauchtum von Gilden in den Maasorten, etwa Lüttich, Huy oder Dinant, hinweisen will. Nach Alpert verlangten die Leute von Tiel Unterstützung des Kaisers in ihren Streitigkeiten, da sonst, so drohten sie, der Englandhandel erliegen und der Kaiser seine Einkünfte verlieren würde. Sie pochten auf ein ihnen verbrieftes Sonderrecht; Meineid und Ehebruch seien, so Alpert, ihnen geläufig. Am frühen Morgen schon begännen ihre Gelage; wer dabei am lautesten schändliche Reden führe, um die Genossen zum Lachen zu bringen und zum Trinken zu verleiten, der werde hoch gelobt. Sie legten Geld zusammen und teilten es für Feste unter die Genossen auf, bei denen sie dann einer geradezu feierlichen Form von Trunkenheit huldigten.

An gleiche Zustände dachte schon Widukind von Corvey, wenn er um 970 mißbilligend von den „conventus atque convivia in urbibus" spricht. Privilegien für Bremen 965, für Magdeburg 975 weisen auch dort die ortssässige Kaufleuteeinung nach mit eigener, kaiserlich verbriefter Gerichtsbarkeit. Ebenso läßt sie sich fast im ganzen Kreis der niederdeutschen Hauptorte für die ottonische Zeit wahrscheinlich machen, in Köln, Dortmund, Minden, Goslar, Halberstadt, Duisburg, Soest, Braunschweig und Hamburg. Ähnlich steht es im westfränkischen Raume von Rouen und Calais bis an die Maas mit ihrer Kette von alten Civitates.

Vergleichen wir die frühe Fernhändlereinung mit Blutsbrüderschaft und Gefolgschaft als nächstverwandten Erscheinungen des frühmittelalterlichen Genossenschaftswesens, so steht die Gilde als frei geschlossener Verband neben der Bruderschaft; auch sie kennt keinen Führer, sondern nur Beauftragte, ihr einziges Organ ist die Versammlung. Mit eben diesem Gelage tritt die Gilde jedoch neben den kriegerisch-kultischen Männerbund der Gefolgschaft. In allen dreien wirken starke magisch-sakrale Kräfte.

Lassen sich so die Wurzeln für einen Personalverband der Fernhändler bis in fränkische Zeit zurückverfolgen, so verdanken wir das vornehmlich den Arbeiten von HANS PLANITZ, der das ältere Schrifttum zusammengefaßt und ganz neue Quellen erschlossen hat. Die neueste Entwicklung im Streitgespräch zwischen OTTO GERHARD OEXLE und FRANZ IRSIGLER ist noch offen.

Unverkennbar ist für mich der personale Charakter dieser Fernhandelsgilden; sie sind nirgends identisch mit der Bewohnerschaft eines bestimmten Bezirks. Uns fehlen für vorhansische Zeit alle gesicherten Anhaltspunkte dafür, daß auch im räumlichen Bezirk der Handelsplätze unter der Decke herrschaftlicher Verhältnisse bereits Einwohnergenossenschaften bestanden hätten. Ein vereinzeltes Zeugnis Rimberts für Birka ist umstritten und darf nicht unbedingt für die Verhältnisse im Frankenreich herangezogen werden. SCHLESINGER rechnet zwar mit solchen herrschaftlich verfaßten lokalen Einungen, aber es ist auch möglich, daß der Wechsel in der Ortsbevölkerung noch zu häufig, die nachbarlichen Bindungen noch zu wenig gefestigt, andererseits auch die herrschaftlichen Ordnungen noch zu straff waren, als daß sich solche Vorläufer der späteren Ortsgemeinde bereits hätten entfalten können.

Hinter das damit entworfene Bild gehört der große politische Zusammenhang des voll sich entfaltenden fränkischen Großreichs. Wir können ihn hier nicht näher behandeln, aber so, wie für den Aufgang des nordischen Verkehrszusammenhangs auf die Machtbildung der mittelschwedischen Upplandkönige hinzuweisen war, so gewann für seine Konsolidierung der Rückhalt an einer neuen Mitte Bedeutung, wie sie Pippin und Karl dem Abendlande gegeben hatten. Haben wir uns von der These distanzieren müssen, daß der Fernhandelsraum Atlantik-Baltikum durch den Einbruch der nordnormannischen Welle von außen, durch den staatlichen Verfall unter den Spätkarolingern von innen in seinem Bestand bedroht worden wäre, so werden wir andererseits nicht in den Fehler verfallen dürfen, eine kritische Zuspitzung der allgemeinen Lage für das Wirtschaftsleben im späten 9. Jahrhundert zu gering zu bewerten. An ihr läßt sich nicht zweifeln, und wir haben das bereits an der Beobachtung erkennen müssen, daß eben um 900 zahlreiche Handelsplätze ganz verschwinden, andere nach Zerstörung verlagert werden, noch andere sich mit einer starken und neuartigen Befestigung umgeben, die das gewerbliche und fernhändlerische Leben im Ort gegen etwaige Angriffe von außen schützen sollte.

Im Zeitalter Arnulfs von Kärnten steigerte sich die dreiseitige Bedrohung des Frankenreichs durch Sarazenen, Ungarn und Normannen zu einem ersten Höhepunkt. Waren wikingische Langschiffe 844 bereits bis Lissabon vorgedrungen, passierten sie etwa ein Jahrzehnt später erstmals die Straße von Gibraltar, so beherrschten doch damals die Flotten der Sarazenen noch eindeutig das westliche Mittelmeer. Im Norden der iberischen Halbinsel rangen die christlichen Kleinkönigreiche von Asturien, Navarra und später Aragon um ihre Existenz; Sizilien verloren die Byzantiner bis 878 ganz. Von dort, von den Balearen, Sardinien und Korsika aus hielten die Mauren alle Küsten in Schach, eroberten Bari und Tarent, und fanden seit dem Tode Ludwigs II., des letzten italienischen Karolingerkaisers, im Jahre 875 nur noch schwachen Widerstand. Von dem 892 erbauten Fraxinetum östlich der Rhônemündung aus plünderten sie die Riviera, stießen bis über Lyon stromauf vor, ohne daß ihnen der Halbkarolinger Boso von Vienne und sein von Arnulf als König der Provence anerkannter Sohn Ludwig ernstlich entgegentreten konnten.

Zugleich hatten Alfreds des Großen Abwehrsiege in England die dänisch-normannischen Scharen verstärkt gegen den Kontinent abgelenkt. 880 erlag ihnen Herzog Brun an der Spitze des sächsischen Heerbannes in Wigmodien; die fast gleichzeitigen Siege des jüngeren Ludwig im Hennegau und seines westfränkischen Namensvetters bei Saucourt zerrannen ebenso wirkungslos, wie die schwächliche Vertragspolitik, mit der Karl III. dem Übel zu steuern suchte. Selbst Arnulfs vielgerühmter Sieg an der Dyle 891 war nicht mehr als eine Episode; erst die seit 897 beginnende, 911 als westfränkisches Kronlehen legalisiserte Ansiedlung des großen Heeres unter Rollo in der Normandie führte endlich eine Beruhigung herauf, aus der dann die sächsischen Reichsgründer am nördlichen Küstenabschnitt wieder zur Offensive übergehen konnten.

Doch die größte der drei Gefahren drohte aus dem Osten: während seiner ersten, kärntnischen Jahrzehnte hatte Arnulf mühsam die Grenze gegen das großmährische Reich des bedeutenden Swatopluk halten können; als er endlich 892 angriffsweise vorzugehen vermochte, waren schon die seit 886 in der Theißebene erschienenen Magyaren als fränkische Verbündete aufgetaucht. Arnulfs Ende öffnete auch hier die Schleusen: 906 vernichteten die Ungarn Swatopluks Erben, 907 unterlagen die Bayern bei Preßburg, und in den beiden folgenden Jahrzehnten finden wir die Spitzen der auf Schnelligkeit und Härte begründeten magyarischen Raubzüge bei Bremen, in Niederlothringen, Westfranzien und Burgund, vor Pavia und selbst Neapel.

So überdeckte das Aktionsgebiet dieser drei äußeren Feinde um und kurz nach 900 buchstäblich das ganze damalige Abendland; mancher sächsische Bischof mag seinen Sitz heute gegen Wikinger, morgen gegen Slawen, übermorgen gegen Ungarn haben verteidigen müssen, und ähnlich erging es seinen aquitanischen Amtsbrüdern gegen Sarazenen und Normannen, seinen italienischen gegen Ungarn und Araber. Wir sahen, daß und warum der Fernhandel inmitten dieser allgemeinen Lage fortzubestehen vermochte, angezogen von der im Norden sich langsam wieder festigenden, den Wikingzügen keineswegs immer günstigen Königsgewalt am Vestfold bei Oslo, auf Seeland, im Göta- und im Upplande, angezogen mehr noch von der aus Rußland herüberdringenden orientalischen Welt.

Märkte der Ottonen, Städtebildung der Salierzeit

Dennoch wandelte sich das Handelsgefüge, je mehr mit dem Aufstieg des liudolfingischen Königtums sich ein starkes sächsisches Element im Kreise der Fernhändler über das allmählich zurücktretende friesische schob. Die Ottonenzeit mit ihrer fundatorischen Befriedung und Beruhigung der mitteleuropäischen Verhältnisse, mit ihrem frischen Vorstoß über die Elb-Saale-Grenze hinweg gegen den Ostseeraum und das innerslawische Gebiet hat neue Voraussetzungen geschaffen, denen sich das Wirtschaftsleben unseres meerbezogenen Fernverkehrsraumes durch den Übergang zum Marktzeitalter anpaßte.

Nehmen wir das gut untersuchte Beispiel Hildesheim, um den Vorgang näher zu beschreiben. Am landschaftszentral gelegenen Kreuzpunkt zweier Fernwege, des Hellwegs und der Leinetalstraße, entsteht hier neben der Innerstefurt eine karolingische Bischofsburg mit Suburbium. Der Handelsverkehr umgeht sie nördlich und ruft senkrecht zur Furt eine langgestreckte, heute noch „Altmarkt" benannte Kaufleutestraße hervor, deren planmäßige Form zwischen den Wasserwegen der Innerste und des Treibebachs das typische Bild einer Fernhändlersiedlung zeigt. Um 1000 vergrößern sich nun beide Ortskerne, der bischöflich-herrschaftliche und der fernhändlerisch-gewerbliche auf sehr bezeichnende Weise: Bischof Bernward ummauert seine Civitas und legt gegenüber auf einem zweiten Hügel das Michaelstift an; bald folgen weitere Immunitätsbezirke jenseits der Innerste (Mauritius), südlich der Domburg (Godehard) und ostwärts vom Straßenkreuz (Heiligkreuz).

Während sich so die Schar der vom Ortsherrn abhängigen Kleriker und Dienstleute vermehrfacht, erwächst aus der Fernhändlerstraße nach Osten gleichzeitig ein unregelmäßig viereckiger Platz mit kurzen Radialstraßen. Auf diesem Platz liegt eine neuerbaute Pfarrkirche St. Andreas, verbunden mit einem ganz in Händen der Kaufleute liegenden Kollegiatstift. Die Namen der von ihm ausgehenden Kurzstraßen, das zwischen ihnen besonders kleinteilige Parzellengewebe und die spätere Besitzverteilung zeigen, daß um den Andreasmarkt herum ein neues Gewerbe- und Handwerkerviertel entstanden ist. Der Platz inmitten, an dem sich auch das erste Rathaus befunden hat, heißt schon 1146 „Alter Markt". Damals hat es also bereits die großzügige Stadtanlage am Rückgrat des „Hohen Weges" gegeben, deren regelmäßigen Rechteckmarkt die Ortsforschung mit guten Gründen um 1125 ansetzen möchte. Der Katasterplan zeigt die Ortsteile deutlich.

Sehen wir von dieser Stadtgründung des 12. Jahrhunderts zunächst ab und wenden uns nochmals der ottonischen Marktanlage um St. Andreas zu. Mit ihr taucht erstmals ein Platz im Ortsbilde auf, ein Platz zu gewerblicher und händlerischer Nutzung. Hildesheim steht damit keineswegs allein. Aus den vielen vergleichbaren Ortsbildern im altsächsischen Raume bis hinauf nach Hamburg wählen wir hier nur noch das von Halberstadt, weil uns dort auch einmal schriftliche Zeugnisse über die Entstehung der ottonischen Marktsiedlung informieren. Der Grafensitz im nordöstlichen Harzvorlande, am Straßenkreuz Goslar-Magdeburg und Braunschweig-Quedlinburg, neben einer Furt über die damals von hier ab schiffbare Holtemme, umfaßt im 10. Jahrhundert auch eine Doppelimmunität um Dom und Liebfrauen auf dem Burgberge. Weitere Konvente wachsen auf Nachbarhügeln zu: Johannis im Westen, Burchardi im Norden, Bonifaz im Nordosten und Pauli im Osten. Senkrecht zur Furt legt sich die „Hohe Straße" um den Nordosthang des

Domberges, eine unverkennbare Fernhändlersiedlung. Um 1000 wächst hier aus ihr heraus nach Süden eine räumlich selbständige Marktsiedlung mit Martinipfarre und kurzen, radialen Seitenstraßen, in denen Bäcker, Schlachter, Schuster und Schmiede sitzen.

Der Bischof hat seit 989 die Grafenrechte inne; sein Vogt überwacht den Markt-, Zoll- und Münzbetrieb in der Kaufleutesiedlung. Heinrich IV. bestätigt den „negotiatores“ 1068 ihre alten „jura atque privilegia“. Sie sind nun auch zoll- und gerichtsfrei auf allen königlichen Märkten. Dieser Personalverband von Kaufleuten in Königsmunt weitet zugleich aber durch Verträge mit den bischöflichen Ortsherren in Halberstadt selbst seine Rechte aus: er sichert seine Viehweide an der Holtemme, löst den Viehzehnt ab, wird vom Sendgericht befreit und gewinnt günstigeres Erbrecht.

Nun urkundet der Bischof 1105, er werde von den „cives forenses“ gebeten, ihre „jura atque statuta civilia“ schriftlich aufzuzeichnen, die ihnen seine Vorgänger „verbo tantum“ bekräftigt hätten. Als deren Inhalt gibt er an ein selbständiges Marktgericht, das sie „burmal“ nannten, sowie Maß- und Gewichtsordnungen für den Lebensmittelverkauf. Demnach sind Marktbürger und Kaufleute nicht identisch, weil diese längst schriftliche Privilegien besaßen und jene ganz andere Rechte, eben Marktrechte, erwerben. Die „cives forenses“ sind ein eigener, ortsgebundener Rechtskreis neben dem personalrechtlichen der Kaufleute.

Wir sehen, daß im ottonischen Machtzentrum zwischen Rhein und Elbe neben die Ortsherrschaft in der Civitas und die ansässige Kaufmannschaft in der Fernhandelsstraße ein drittes, zur Städtebildung drängendes Glied getreten ist: die gewerbliche Marktsiedlung, getragen von einer Ortsgemeinde auf räumlicher Basis. Nehmen wir hinzu, daß eben damals der mehrdeutige Ausdruck „mercatus“ – zugleich Marktbetrieb, Marktrecht und Marktort bezeichnend – für den Handelsplatz im Ortsbilde durch das wieder aufkommende „forum“ ersetzt, ferner der Marktverkehr zunehmend näher umschrieben und zeitlich begrenzt wird, etwa als täglicher, Wochen- oder Jahrmarkt; beachten wir auch, daß uns die neuere Siedlungsgeschichte nachgewiesen hat, wie sich gerade in ottonischer Zeit das Hinterland solcher zentralen Vororte mit zahlreichen neu angelegten Dörfern gefüllt hat. Die Massierung etwa der „-heim“-Namen um Hildesheim und Helmstedt, der „-büttel“ und „-borstel“ um Braunschweig oder Bardowick, vermutlich auch ein großer Teil der „-hausen“-Orte in Westfalen und Niedersachsen gehören in diese ottonische Ausbauzeit.

Das Ergebnis war eine wachsende Bedeutung auch der wirtschaftlichen Zentralfunktion in den aus Kirchenburg, Kaufleutesiedlung und Gewerbemarkt zusammenwachsenden Vororten Altsachsens. Ihre neuen Marktplätze dienten zugleich dem Fernverkehr wie der Nahversorgung; sie warfen rasch wachsende Einkünfte ab, sowohl für den Gewerbetreibenden, der Nahabsatz und Exportproduktion verbinden konnte, als für den kaufmännischen Unternehmer, der am vermehrten Warenangebot ebenso wie am stetigen und geordneten Zunehmen der Nachfrage auf dem Markt interessiert war, als endlich für den Ortsherrn, der aus Marktaufsicht, Zoll und Münze seine Einkünfte erhöhte und mit seinem ebenfalls wachsenden Konsumentenkreis nur zu gerne an den von fern und nah auf dem Markte feilgebotenen Dingen teilhatte.

Die soziale Entwicklung spiegelte den hier zu beobachtenden Wandel: Der Personalverband fernhandelnder Kaufleute bildete ja eine Eidverbrüderung auf sakraler Basis, zu Schutz und Hilfe der Genossen in der Fremde, dort wo das Muntverhältnis zum Könige wertlos war. Aus der ursprünglichen Fahrt- und Zielgemeinschaft zur Wohnsitzgilde gefestigt, über alle staatlich-kirchliche Reserve hinweg durch den Zwang der Verhältnisse fortentwickelt, im spätkarolingischen Verfall nur noch härter auf den Selbstschutz, die Autonomie hingewiesen, zugleich aber mit langsam verchristlichtem Brauchtum näher an die Kirche herangerückt, war die Kaufleutegilde zu ottonischer Zeit eine nicht mehr in Frage zu setzende Einungsform in vermutlich allen zentralen Orten des Landes geworden. Ihre schnell zunehmende finanzielle Leistungsfähigkeit und ihre unternehmerische Tatkraft machten sie zu einem dynamischen Element nicht nur der wirtschaftlichen, sondern auch der sozialständischen Entwicklung; sie gewann oder erwarb neue und bessere Privilegien einerseits vom König, andererseits von den in dessen Vertretung zu autonomer Ortsherrschaft gelangten Bischöfen oder Dynasten. Sie wirkte zugleich mit diesen Ortsherren zusammen oder um die Wette beim Ausbau der Landesvororte, die nicht mehr Stadt im spätantiken, noch nicht Stadt im hochmittelalterlichen Sinne des Wortes genannt werden können.

Wuchs einerseits der herrschaftliche Konsumentenkreis durch neu angelegte Konvente und Dienstsiedlungen, so trat andererseits die gewerbliche Marktsiedlung als topographisch neues und eigenständiges Glied hinzu. Städtisches Gewerbe und daraus hervorgehender örtlicher Warentausch war im Westen, wie wir sahen, mancherorts über die Wanderzeit hinweg lebendig geblieben; im ottonischen Osten trat das jetzt aber mit dem entscheidenden Unterschiede auf, daß die planmäßig um einen Marktplatz angesiedelten Gewerbetreibenden nicht mehr in grundherrlicher Abhängigkeit standen, sondern als selbstverfaßte Gruppe, als Ortsgemeinde handelten. Neben den unternehmenden Fernhändler trat damit der selbständig produzierende Handwerker. Beide Gruppen konnten sich unabhängig voneinander mit dem Ortsherrn einigen, beide traten aber auch untereinander in enge Beziehung, weil Geld und Führungskraft der Kaufleute den Marktsiedlern bei Anlage und Aufbau ihres Ortsteils zugute kam, während sie umgekehrt ihren Lokalverband mit seinen wertvollen Marktgerichtsrechten, ihre Produktionskraft wie ihre Nachfrage nach Fernhandelsgütern in die Waagschale werfen konnten. Über beide deckte die frei gegebene oder teuer erkaufte, öfters auch gewaltsam ertrotzte Förderung durch ortsherrliche Privilegien ihren einigenden Schutz.

Aus dem vielgestaltigen Zusammenwirken dieser drei Kräfte verflocht sich die Stadtgemeinde salischer Zeit. Ihr Entstehungsprozeß selbst ist schon die Besonderheit, denn nur hier hat sich eine solche Verschmelzung von drei eigenständigen Bereichen zu einem städtischen Ganzen vollzogen. Angesichts der Vielzahl von Varianten ist schwierig darzustellen, wie sich im Einzelfall privilegierende Ortsherrschaft, finanzierende Kaufleutegilde und produzierender Gewerbeverband ineinandergeschoben, überdeckt und verschmolzen haben. Lange hat man diese Dreiheit nicht gleichgewichtig erkannt; so suchte man zunächst monokausal die Entstehung der Stadtgemeinde zu erklären: aus dem Hofrechtsverbande, aus dem Männerbunde der Gilde, aus der Marktgenossenschaft, aus dem Marktrecht, aus dem Befestigungsrecht. In Auseinandersetzung mit diesen älteren Theorien hat die Forschergruppe PIRENNE-PLANITZ-RÖRIG den wesentlichen Schritt voran tun können, daß sie nicht mehr Institutionen, sondern einen in ihrem Rahmen handelnden Personenkreis zum Ausgangspunkt nahm.

Es lag nahe, die unternehmenden Fernhändler als bewegende Kraft anzusehen. PIRENNE hatte in den Gildestatuten von Valenciennes und St. Omer für hochsalische Zeit beobachtet, wie dort Gelageüberschüsse zu Straßen-, Tor- und Mauerbau verwendet werden sollten; PLANITZ fügte hinzu, daß ein führender Kreis von Gildebrüdern zugleich als Worthalter des Bürgerverbandes erscheint, die „optimi civitatis, potentissimi, meliores". Die Gildevorsteher der Kölner „Richerzeche", der Dortmunder „Reinoldigilde", der „groten Gilde" von Höxter, sie waren zugleich Gemeindevorsteher. So konnte die These entstehen, aus der Kaufmannsgilde sei die Stadtgemeinde hervorgegangen.

Das scheitert aber daran, daß auch die ortssässige Kaufmannsgilde ein Personenverband war und blieb. PLANITZ irrt, wenn er das „ius mercatorum" sich zum „ius fori" lokalisieren und später zum „ius civitatis" weiterentwickeln sieht. Ein solcher Übergang von der personalen zur räumlichen Bindung läßt sich nicht erweisen, vielmehr steht neben dem personalgebundenen Kaufmannsrecht aus Königsmunt das ortsgebundene Marktrecht selbständig da, vom Ortsherrn gesetzt oder mit den am Markt beteiligten Siedlern vereinbart. Wenn die personale Gilde zugleich Führungsschicht im Ortsverbande wird, so durch Personalunion des Vorstandes, die sich aus dem Ansehen, der Geldmacht und rechtlicher Ordnung der Marktsiedlung ergeben hat. Identisch aber sind Kaufmannsgilde und Bürgergemeinde nicht gewesen, sonst ließe sich nicht verstehen, daß die Gilde oft jahrhundertelang neben der Gemeinde weiter fortbestanden hat.

Schon VON BELOW hatte richtig den Orts- vom Personenverbande distanziert, dann aber verfehlt die Markgenossenschaft als Ahn der Stadtgemeinde bezeichnet. Es blieb FRANZ STEINBACH vorbehalten, eine in Stadt und Land parallele Entwicklung von der Gerichtsgemeinde zum Ortsverbande hin zu erweisen, beide sind verwandt, aber nicht direkt voneinander abhängig. Auch ist der Rechtskreis nur ein Auslöser, keine monokausale Wurzel des Vorgangs; dieser wird gefördert durch aufstrebende Wirtschaftskräfte, zunemende politische Ordnung, kulturelle d.h. kirchliche Impulse und starke Volkszunahme. Zum Durchbruch, dabei bleibt es, verhilft dem Ortsverbande erst der führende Zugriff einer an urbanes Denken seit langem zunehmend gewöhnten Fernhändlerschicht, die ihre besondere Rechtsstellung, finanzielle Leistungskraft und einen weitblickenden Unternehmungsgeist in die Gemeinde einbringt.

Wie alle echten Genossenverbände in altständischer Zeit ist auch die Stadtgemeinde aus einer eidlichen Verbrüderung ihrer Glieder erwachsen. Erste Zeugnisse dafür gehören in hochsalische Zeit, sie finden sich in Oberitalien und Südfrankreich/Nordspanien ebenso wie in den Rhein-Marne-Landen und fast gleichzeitig auch im innerdeutschen Raume zwischen Main und Elbe; es handelt sich unverkennbar um einen gemeinabendländischen Vorgang. In Oberitalien scheint die tiefe Erschütterung des stadtherrlichen Regiments der Bischöfe durch Kirchenreform und Investiturstreit dafür gleichermaßen Geburtshilfe geleistet zu haben, wie die heraufsteigende Wirtschaftsblüte im Zeichen venezianisch-pisanisch-genuesischer Seeherrschaft und kaiserlicher Friedewirkung. Doch selbst hier trifft das Klischee vom revolutionären Aufbruch der Bürgerschaft gegen den Stadtherrn nur bedingt zu; in Niederfranken lassen sich drei Fälle miteinander vergleichen: Bewußte Förderung des gefreiten Verbandes durch den Ortsherrn, wie etwa in Huy an der Maas, vertragliche Einigung zwischen beiden Partnern, wie in St. Omer, und offener Aufruhr, wie in Cambrai. Das gilt auch für Innerdeutschland, wo den rheinischen Aufständen im Dreieck Köln-Trier-Speyer seit 1073 das Einvernehmen der Partner in Halberstadt, Erfurt oder Magdeburg und die betont stadtherrliche Führung in Straßburg, Würzburg oder Passau gegenübersteht.

Ein Zusammenspiel der drei tragenden Kräfte neuen städtischen Lebens, Stadtherrschaft, Fernhändler, Marktsiedler, gab es auch in „kommunelosen“ Städten, dafür zeugen die mittelfranzösischen „villes franches“. Das 11. Jahrhundert als die eigentlich schöpferische Phase der Bildung des abendländischen Stadtbegriffs ist durch den „gemeinsamen“ Griff von Ortsherren, Kaufleuten und Handwerkern nach den verlockenden Möglichkeiten städtischen Lebens gekennzeichnet. Brachte der Kaufmann Geld und Tatkraft, der Marktbürger Arbeit und Ortsverband, der Herr Schutz und Schirm im altständischen Zeitsinne ein, trug der Kaufmann zumeist die Führungsbefugnis, so der Marktbürger die städtische Freiheit und der Herr gesteigerten Ertrag davon. Erst später hat sich diese Interessengemeinschaft im Zeichen einseitig städtegünstiger Verhältnisse seit dem ausgehenden 12. Jahrhundert in einen wachsenden Gegensatz verwandelt, wie wir noch näher zu betrachten haben werden.

Wir mußten auf diese komplexen Vorgänge der Stadtgemeindebildung etwas näher eingehen, weil durch sie das äußere wie das innere Bild der binnenländischen Stützpunkte des vorhansischen Fernhandelsnetzes einem tiefgreifenden Wandel unterzogen wurde, und zwar während der gleichen Zeit kritischen Wandels im Schicksal der Handelsplätze an Nord- und Ostsee, die zum Verschwinden oder zur Verlagerung mancher alten Zentren führte. Für alle werdenden Städte des niederfränkisch-niederdeutschen Verkehrszusammenhangs stellen wir in ottonisch-salischer Zeit ein lebhaftes Wachstum in einer Abfolge von einzelnen Zellen fest, die sich autonom nebeneinander fügen und erst gegen Ende der Epoche ein geschlossenes Ganzes zu bilden beginnen; topographisch in eins gefaßt durch eine Gesamtbefestigung, rechtlich durch das Zusammenfließen von stadtherrlichem Freibrief, Kaufmannsrecht und Marktrecht, sozial durch die gestufte Einordnung der verschiedenen Bewohnerkreise in die Bürgergemeinde als deren Glieder, Zugewandte oder Schutzbefohlene.

Zugleich wuchsen aber eigenständige Kräfte: der Schwurverband begründete zwischen den Bürgern einen Zustand des Friedens. Unter Eidbrüdern gibt es keine Fehde; nicht Rache, sondern Sühne stellt den verletzten Frieden her, und sie wird vom Stadtgericht festgelegt, dessen Zwangsmittel bis zu Stadtverweis und Hauszerstörung gehen. Sie erfolgen etwa bei Sühneverweigerung oder gemeindeschädlichem Verhalten, so durch Nichtleistung der Wehr- und der Steuerpflicht. Selbst die nichtbürgerlichen Einwohner, namentlich in den Dienstsiedlungen und den Klerikerkonventen, sucht man irgendwie durch Abgaben daran zu beteiligen.

Zahlreiche starken Stadtgemeinden haben bis gegen 1100 schon das große Ziel erreicht, die Wehr- und Steuerhoheit an die „universitas civium“ zu bringen. Vielleicht tauchen deshalb gerade in den ältesten Stadtsiegeln so häufig Abbildungen der Mauer auf. Siegelführung bedeutete ja zugleich Urkundsfähigkeit, und damit war die Gemeinde als rechts- und handlungsfähige Person ausgewiesen, die Bündnisse und Verträge schließen konnte.

Welche Bedeutung besonders in der Wehrhoheit lag, hat Edith Ennen klar erkannt; die Mauer zu bauen oder in die Hand zu bekommen, ist vornehmstes Ziel der Kommunebewegung. Zu den rheinischen Mauern der Bischöfe, die noch vom spätantiken Schutt als Steinbruch zehren konnten, kamen seit der Jahrhundertwende weitere innerdeutsche: Bernward von Hildesheim, Meinwerk von Paderborn, Gero von Magdeburg, aber auch Unwan und Bezelin von Hamburg-Bremen, alle waren mit großen Kirch- und Mauerbauten beschäftigt, und um Lüttich, Köln oder Würzburg gab es damals bereits länger einen aus stadtherrlicher Initiative entstandenen Gesamtbering. Ebenso zog man in Regensburg bei der Ungarnabwehr auf Veranlassung des Bayernherzogs, jedoch mit Finanzhilfe der „optimates“, also der führenden Kaufleute, die „nova urbs“, Marktsiedlung und Emmeramskonvent, an die alte Römermauer heran.

Im 11. Jahrhundert folgen Gesamtummauerungen der bischöflichen Ortsherren etwa in Worms, Speyer, Basel und Besançon, aber auch bereits Bürgerbauten in wachsender Anzahl, gefördert durch die Burgbannleihe des Ortsherrn „vice regis“, jedoch aus gemeindlicher Finanzierung und Arbeit erwachsen in Tournai und Montreuil, in St. Omer und Brügge, Gent und Ypern, Douai und Cambrai wie in Trier und Aachen, Dortmund, Goslar und Braunschweig.

Neben die weltliche Feste tritt die geistliche als zweites gesamtbürgerliches Anliegen: im Bau der großen Stadtkirchen sucht und findet das Selbstbewußtsein der städtischen Schwurgemeinde gleichwertigen Ausdruck gegenüber den stadtherrlichen Kirchenburgen; ansetzend im 11. Jahrhundert, besonders wieder im niederfränkisch-flandrischen Raume, überholt die bürgerliche Initiative während des 12. Jahrhunderts, wie beim Bau der Mauer, dank ihrer unablässig weiter wachsenden Leistungsfähigkeit das stadtherrlich-klerikale Bauvolumen, bis von den berühmten sieben Lübecker Türmen des späteren Mittelalters dann fünf der Stadt und nur noch zwei dem Bischof gehören.

Auch bei den profanen Gemeindebauten setzt schon das 11. Jahrhundert die ersten Akzente: die „domus civium“ oder „domus pacis“ als Versammlungsort der Stadtführung, der flämische und oberitalische Stadtturm "Belfried“ oder „Torrazzo“, mit dem Geläut, das die Gemeinde alarmiert und zugleich ihre Rechtsakte unterstreicht als ein Symbol des Eidverbandes, die Tuchhalle der Gilde, sie stehen am Anfang einer großen Entwicklung ins hohe und späte Mittelalter hinein, als diesen Vorreitern weitere Markt- und Hafenbauten folgen: Kräne und Waagen, Münz- und Zollhäuser, Mühlen und Verkaufsbänke.

Selbst der private Steinbau des führenden Bürgertums läßt sich bis in die Entstehungszeit der Stadtgemeinde zurückverfolgen: den oftgenannten Wohntürmen des italienischen Stadtadels entsprechend sind in Regensburg oder ebenso in Magdeburg, Braunschweig und anderen sächsischen Städten steinerne Kemenaten der führenden Geschlechter aus gleicher Zeit freigelegt worden.

Dem verfassungsmäßigen Umbruch des 11. bis 12. Jahrhunderts entspricht also der topographische, und es schließt den Kreis, daß nach dem Zeugnis der Archäologen zur selben Zeit das aus mehreren Kleinbauten gefügte Gehöft der älteren Handelsstraße durch die langgestreckte Kaufmannsparzelle mit großem Hallenhaus in Giebelstellung ersetzt wird. Dieser besonders von SCHINDLER am Beispiel Hamburgs nachgewiesene Übergang zum vollbebauten oder mit Innenhof gegliederten Schmalgrundstück ist zugleich ein Zeugnis für die rasche und starke Volkszunahme in den frühen Städten des spätsalischen Zeitalters.

Das Großbauwerk war in hohem Grade gemeinschaftsbildend; es rückte Civitas, Kaufmannsviertel und Gewerbemarkt eng zusammen, verband sie aus gemeinsamen politischen und religiösen Interessen, hielt durch fortlaufende Arbeit und Instandsetzung einmal geschaffener Werke solche Verbindungen lebendig. Zugleich förderte es die gestufte Durchgliederung des Sozialgefüges von Fernhändlern, Marktsiedlern und Burgmannen: was jene an Sicherheit gewannen, wuchs diesen an Unabhängigkeit gegenüber dem Ortsherrn zu. Die Verwaltung der durch Steuer oder Spende aufgebrachten Mittel für die Großbauten wurde zur Keimzelle einer eigenen bürgerlichen Finanzwirtschaft; aus der nicht minder wichtigen Aufsicht über Bodenrecht und Grundbesitz entwickelte sich ein weiterer, zur Schriftlichkeit drängender Zweig öffentlicher Aufgaben.

Auf dem Wege der freien Erbleihe waren die Neusiedler gegen einen mäßigen Rekognitionszins an den Orts- und Grundherrn zu ihren Parzellen gelangt. Frühzeitig aber gewannen sie die Mittel, sich von dieser Abgabe durch eine mehr oder weniger hohe Ablösesumme zu befreien; so erwarben die Gemeinde, Bürgergruppen oder einzelne Bürger immer ausgedehnteres Grundeigentum in der Stadt. Beispielhaft hat das für Gent schon 1898 Des Marez untersucht; hingewiesen sei auch auf das Schrifttum zum Kölner Schreinswesen.

Mit Besteuerung und Bodenrecht hing ursächlich das Bürgerrecht zusammen, denn nur der Grundeigentümer konnte Bürger sein. Die Gemeinde entschied über neue Einbürgerung; vollzogen wurde sie durch den auch vom herangewachsenen Bürgersohn zu leistenden Eid. Er schuf teils sofort, bei Zuzug von außen nach bestimmter Frist persönliche Freiheit. Bis zu ihrem Verstreichen blieb der Neubürger rechtlich Eigenmann des Ortsherrn, soweit nicht der alte Leibherr sein Recht zu wahren wußte. In der Regel schlossen Hofhandwerker und abhängige Kaufleute aus der „familia" des oder der Ortsherren bald zum vollberechtigten Bürgertum auf. Durch das erdrückend wachsende Übergewicht starker Bürgergemeinden verloren die alten Gegensätze von stadtrechtlich und hofrechtlich gebundenen Einwohnern ihre Bedeutung, wobei zumeist der Erwerb von Grundbesitz durch die Abhängigen zum Hebel ihres Aufstiegs in den eidverbrüderten Bürgerkreis geworden ist. Wieweit der alte Leibherr zugezogener Muntmannen und Hörigen seine Rechte an ihnen gegenüber der Stadtgemeinde durchzusetzen vermochte, war eine reine Machtfrage. Gegen Kölner Neubürger des 12. Jahrhunderts vor dem Stadtgericht angestrengte Freiheitsprozesse schlugen für die Leibherren sämtlich fehl; sie hatten keine Aussicht, Unfreiheit nachweisen zu können. Bei kleineren Städten oder größerer Macht des fordernden Herrn war das aber gewiß häufig anders. Dennoch hat sich während des 12. Jahrhunderts überwiegend die Verschweigungsformel „nach Jahr und Tag" für solche älteren Abhängigkeiten durchgesetzt. Erst in der spätmittelalterlichen Zwergstadt bleibt die leibherrliche Verpflichtung auch der Bürger bestehen.

Wahrscheinlich geht der Grundsatz, nach dem die Ansprüche des alten Leibherrn erlöschen, „sich verschweigen", wenn sie nicht binnen Jahr und Tag erhoben worden sind, auf den Abstand zweier ordentlicher Gerichtstage, „placita legitima", im fränkischen Recht zurück. Ursprünglich bezieht es sich dabei auf Sachen; der Abhängige trifft nun zwar formalrechtlich als „Sache" seines Leibherrn in der Stadt ein, wird aber durch den Eid Glied einer Rechtsgemeinschaft als Person. Damit gewinnt er Freiheit, die das Mittelalter stets als Zugehörigkeit zu einem Rechtskreis versteht, nicht etwa als Loslösung von einem solchen. Die „Jahr und-Tag"-Formel taucht zuerst in Flandern auf; 1111 steht sie dann im Speyerer, 1114 im Wormser Privileg Heinrichs V., etwa gleichzeitig aber auch schon im Freibrief für das englische Nottingham. So ist sie ein weiterer Beleg für die Epochenscheide im abendländischen Städtewesen.

Aus der Wahrnehmung so vielfältiger Gemeindeaufgaben stieg notwendig ein Ausschuß als Repräsentantenkreis der „universitas civium" zur Stellung des leitenden Organs auf. Seine Formen sind um 1100 im Abendlande noch höchst variabel; in Italien begegnet uns bereits während des Investiturstreits, zuerst in Pisa und Lucca 1080, das festumrissene Konsulat. Verglichen mit dem wechselnden Kreise der „boni homines", den bis dahin nur von Fall zu Fall der „conventus civium" bei Bedarf berufen hatte, waren die „consules" ständig tätige, in fester Zahl und zu bestimmten Aufgaben gewählte Jahresbeamte, deren Name das antike Vorbild beschwor. Diese wichtigen Abgrenzungen machten sie binnen Kürze zur geborenen politisch-militärischen Spitze der Gemeinde.

Das städtische „Meliorat" salischer und frühstaufischer Zeit nördlich der Alpen hat PLANITZ in einem glänzenden Aufsatz eingehend behandelt. Bei aller schon in den wechselnden Namen erkennbaren Vielfalt kehrt doch, wie im Süden, eines überall wieder: die Kollegialität. Nie handelt ein einzelner für die Gemeinde, das ist ein Grundgesetz genossenschaftlichen Staatsaufbaus bis in die Neuzeit hinein geblieben. Ob Schöffen – „scabini", Geschworene – „iurati" oder Ernannte – „denominati" – alle Ausschüsse der Schwurgemeinde bestehen in einer Mehrzahl. Dabei ist die Zwölf, ihr Mehrfaches oder ihr Teil, deutlich bevorzugt, wohl zugleich in Anlehnung an germanisches Rechtsdenken (zwölf Monde, zwölf Nächte) wie an biblische Vorbilder (die zwölf Stämme Israels oder Jünger Jesu).

Stadtschöffen finden sich im ganzen fränkisch überformten Westen; ihre Entwicklung zum bürgerlichen Gemeindeorgan gehört in Flandern dem späten 11. Jahrhundert an. Vom Rhein her stoßen Schöffen als ursprünglich stadtherrlicher, dann der Bürgergemeinde untergeordneter Urteilerkreis bis Dortmund und Soest vor, sind hier aber ebensowenig die eigentliche Stadtführung wie im Magdeburger Rechtskreis, wo sie gleichfalls als Gerichtskolleg den „optimi cives" als führendem Bürgerorgan gegenüberstehen. Im innersächsischen Raume, von Westfalen und dem Harzlande nordwärts, fehlen die Schöffen, was CARL HAASE zuerst beobachtet und kartiert hat. Vermutlich hängt das mit den Stoßrichtungen fränkischer Durchdringung des rechtsrheinischen Landes zusammen, in deren Flanke der altsächsische Rechtskreis liegengeblieben ist.

Erst im späteren 12. Jahrhundert heben sich aus diesen vielgestaltigen Formen der Bürgerausschüsse nochmals kollegiale Spitzen heraus, die den Beamten des Stadtherrn gegenüber, den Burg- und Wikgrafen, Vögten, Rektoren oder Schultheißen, langsam an Boden gewinnen. Typisch ist das Ringen zwischen den Kölner „officiales de Rigerzecheit", dem Vorstande der Fernhändlergilde, der durch Personalunion Einfluß auf die Führung der Bürgergemeinde gewinnt, und den erzbischöflichen Stadtbeamten. Da die vom Burggrafen oder Stadtvogt eingesetzten „rectores" und „scabini" Bürger sein mußten, machte der Zechenvorstand sie zunehmend von der Gemeinde abhängig. Spätestens um 1179 hatten die „magistri civium", als kollegiale Spitze aus der Gemeindeführung aufgestiegen, den „rectores" ihre Geschäfte abgenommen. Diese wurden zu Unterrichtern und samt den Schöffen ganz auf die Rechtssprechung abgedrängt. Den Abschluß dieser hochmittelalterlichen Verfassungsentwicklung durch das Aufkommen der Ratskollegien werden wir später behandeln müssen, weil er gerade für die hansische Städtegruppe besonders wichtig geworden ist. Unser Querschnitt durch die bürgerliche Bewegung salischer Zeit sollte das ganze Gewicht umreißen, mit dem die abendländische Urbanität vom frühen Handelsplatz über die Marktsiedlung den dritten Schritt zur vollentwickelten Stadt getan hat.

Ein so gründlich neues Gesicht der Bürgersiedlung in topographischer, rechtlich-verfassungsmäßiger, sozialständischer und wirtschaftlicher Hinsicht mußte nun auf den fortbestehenden nordischen Fernverkehrszusammenhang umso nachhaltiger Einfluß üben, als sich auch die Machtverhältnisse in diesem Raume während des 11. Jahrhunderts gründlich änderten.

Von den karolingischen Handelsplätzen sind wir so über die ottonische Marktsiedlung zur salierzeitlichen Stadtentstehung fortgeschritten. Diesen höchst vielschichtigen Vorgang suchten wir zunächst von älteren, monokausalen Erklärungsversuchen zu distanzieren, sodann auch von der zeitweilig aus kritischer Auseinandersetzung damit erwachsenen Überbewertung des fernhändlerischen Elements. Drei stadtschaffende Kräfte sahen wir vielfältig zusammenwirken; die Ortsherrschaft, die Personalgemeinde der Kaufleute und die Lokalgemeinde der Marktsiedler. Das innere Wesen des Schwurverbandes haben wir anhand des durch ihn aufgerichteten Stadtfriedens zu erkennen versucht. Starke gemeindefördernde Kräfte sahen wir am Werke: bei den bürgerlichen Großbauten zur Befestigung, zur geistlichen Versorgung des Stadtvolks, für seine profanen Bedürfnisse in Recht, Verwaltung und Wirtschaft, bei der Ordnung und Lenkung des Bodenrechts und der Gemeindevertretung durch Repräsentantenkreise, bei der aus diesen Wurzeln erwachsenen Steuer- und Finanzverwaltung. Sie verschmolzen händlerische, gewerbliche und ortsherrlich abhängige Kräfte miteinander, gliederten ihre gestufte Ansiedlung, banden sie in eine neue Freiheit ein. Und wie sich der Wohnsitz des fernhandelnden Unternehmers nun in der steinernen Kemenate endgültig fixierte, wie sich der Werkplatz des exportproduzierenden und nahmarktorientierten Handwerkers auf den Markt und das Gewerbeviertel ausrichtete, so wandelten sich ihre Ziele, die sich mit steigendem Geschäft und zunehmender Nachfrage noch stärker als zuvor für Rohstoff- und Absatzmärkte, für Transport und Fernverbindung interessierten.

Neue Mächte im Nordosten

Mit dem starken Rückhalt der ottonischen Machtbildung waren die Friesen, Franken und Sachsen wieder auf dem Plane des nordischen Verkehrsnetzes erschienen; Haithabu war zeitweilig im 10. Jahrhundert eher ein deutscher als ein skandinavischer Handelsplatz geworden, unter einem königlichen Beamten bzw. einem abhängigen Ortskönigtum, mit eigenen friesischen und sächsischen Kolonien, eigener Brakteaten-Münzstätte nach Dorestader Form im räumlichen Verbande des Reiches. Damals erhielt es den 24 ha Fläche umspannenden Halbkreiswall, der seine überragende Bedeutung in spätottonischer Zeit begründete. Die Münzateliers des sächsisch-friesisch-niederrheinischen Raumes belegen mit aller Deutlichkeit eine sprunghafte Ausweitung der Handelsfahrt von ottonischen Basen in den Osten und Norden des Kontinents. In der Londoner Zollrolle von 991 finden sich die deutschen

Handelsvororte von Köln und Tiel bis nach Bardowick und Magdeburg. In Norwegen übertreffen deutsche Münzfunde jetzt die Zahl der angelsächsischen, in Gotland und Finnland wachsen sie über die orientalischen hinaus, im westslawischen Raume dominieren sie.

Gotland hatte seit etwa 970 endgültig Birka und die Mälarorte an Handelsrang hinter sich gelassen. Hier trafen jetzt Skandinavier, Orientalen, Byzantiner, Slawen, Deutsche und Angelsachsen zusammen; das „goldene Zeitalter" der Insel hatte begonnen. Wie Gotland zog aber auch die baltische Gegenküste ihren Vorteil aus dem Zerfall der mittelschwedischen Macht; andie Stelle des skandinavischen trat auch hier, und mehr noch im polnisch-pomoranischen Lande, der von Magdeburg und Halberstadt ausstrahlende Einfluß.

Wie bei Haithabu auf die Dänen, so traf deutscher Handelsausgriff an Oder und Warthe auf die Polen. Anstelle der alten normannischen Vormächte im norwegischen Vestfold und im mittelschwedischen Upplande waren seit Mitte des 10. Jahrhunderts die aufstrebenden Kräfte eines gesamtdänischen und eines großpolnischen Königtums getreten. Bei den Dänen lag das Zentrum auf Seeland und in Jütland. Harald Blauzahn griff seit etwa 940 von dieser Basis aus im Bündnis mit dem slawisch-normannischen Wollin tiefer in die baltische See hinein, er ließ die Begründung dreier Suffragane Hamburgs in Ripen, Aarhus und Haithabu-Schleswig zu und ergänzte sie, nachdem er um 965 selbst die Taufe genommen hatte, durch das fünensche Odense sowie die seeländische Kirchgründung in Roskilde.

Gegen die Vestfoldkönige schritt Harald dreimal zu bewaffnetem Einfall und überwältigte im Bunde mit dem Jarl Hakon von Drontheim endlich die uneinigen Erben Harald Schönhaars. Nun fühlte der Däne sich stark genug, den Tod Ottos I. zu einem Überfall auf Haithabu auszunutzen, doch Otto II. bezwang ihn und Hakon 974 am Danewerk. Erst der vorzeitige Tod des zweiten Otto scheint Harald auch in Haithabu ans Ziel gebracht zu haben, wie dessen Runensteine wohl andeuten. Haralds letzte Jahre sind von dem wachsenden Gegensatz zu seinem Sohne Sven Gabelbart überschattet, dem er endlich, im Kampfe verwundet, das Feld überlassen mußte, um flüchtig in Wollin 986 an seiner Verletzung zu sterben.

Dort an der Odermündung war die dänische Expansion auf die fast gleichzeitige großpolnische getroffen. Bald nach 950 war es dem Fürsten Miesko von Gnesen-Polen gelungen, an Warthe und mittlerer Weichsel eine Reihe von Kleinstämmen zu rasch gefestigter Macht zusammenzufügen. An Oder und Weichsel ist mit erheblichen Einflüssen aus dem Norden zu rechnen. Aber BRACKMANNS Versuch, Miesko selbst als Normannen zu erweisen, wird nicht nur von der polnischen Forschung abgelehnt, gegen ihn hat sich mit guten Gründen auch ADOLF HOMEISTER ausgesprochen. Seine glänzende Schrift „Der Kampf um die Ostsee vom 9. bis zum 12. Jahrhundert" bietet die beste, auch besonders in der Auseinandersetzung mit RÖRIG wertvolle Skizze über die Zusammenhänge.

Auch Miesko mußte das ottonische Übergewicht anerkennen, nachdem ihn der Markgraf Gero in einem großangelegten Doppelunternehmen bezwungen hatte. Der

Pole nahm 962 die Taufe und begründete 968 das Bistum Posen: Nach Ottos Willen sollte es Magdeburger Suffragan werden. Miesko dagegen suchte beim Papst sehr geschickt einen eigenen Rückhalt. Um 970 beherrschte Miesko die baltische Küste von der Oder- bis zur Weichselmündung; seine Burgen Lebus und Zantoch sicherten den gegen Wilzen und Sorben vorgeschobenen Raum an der Mitteloder.

Doch der Fürst von Gnesen verfolgte im Baltikum noch weitergehende Pläne; mit den Ottonen blieb er auch nach 973 in enger Verbindung, er hat noch mit Kaiserin Theophanu gemeinsame Politik gegen Dänemark gemacht.

Neben Mieskos 992 nachgefolgtem Sohn Boleslaus dem Kühnen, dem Freunde Ottos III., der das Gnesener Reich zum Königtum erhob, seinem Sitz die Metropolitanwürde auf Kosten von Magdeburg verschaffte, Schlesien und Kleinpolen, ja vorübergehend sogar Kiew eroberte, sind Olaf Schoßkönig von Schweden und Knut von Dänemark-England die beherrschenden Gestalten des frühen 11. Jahrhunderts im baltisch-nordischen Raume. Zwar hatten die Dänen noch unter Sven Gabelbart die Herstellung eines norwegischen Königtums durch Olaf Tryggvason hinnehmen müssen, der wie sein Namensvetter in Schweden jetzt gewaltsam die Christianisierung durchführte, wobei angelsächsische Missionare in Norwegen, hamburgisch-niedersächsische in Schweden den Ton angaben. Doch Tryggvasons Tod bei einem Seegefecht vor Rügen im Jahre 1000 gab den Dänen freie Hand. Sie unterwarfen zunächst in schweren Kämpfen bis 1014 ganz England, sodann unter dem 1016 nachgefolgten Knut bis 1030 auch Norwegen, dessen König Olaf der Heilige im Kampfe fiel.

Drei Jahre zuvor war auch Boleslaus der Kühne von Gnesen gestorben; damit begann sich das Großreich von Gnesen rasch wieder aufzulösen, Pomoranen, Kaschuben und Preußen an der südlichen Ostseeküste machten sich wieder selbständig und traten zu diesem Zweck in den Einflußbereich des Dänenkönigs über, der auch mit dem ersten Salierkaiser Konrad II. unter Vermittlung des Erzbischofs Unwan von Hamburg-Bremen zu einem günstigen Frieden gelangte. 1036 heiratete Knuts Tochter Gunhild den deutschen Thronerben Heinrich (III.), wofür Konrad die Mark zwischen Eider und Schlei an Dänemark abtrat, also endgültig auf Haithabu verzichtete. Erzbischof Unwan von Hamburg hatte es auf diesem Wege verstanden, die von Knut nach angelsächsischem Vorbilde reorganisierte dänische Kirche gegen Anerkennung der Königsinvestitur unter seiner Metropolitangewalt zu halten; die von Canterbury und York ausgehende Missionsaktivität in Skandinavien war damit noch einmal ohne Verlust für die Reichskirche ausbalanciert, wenn auch das dänische Streben nach einem eigenen nordischen Erzbistum eine latente Gefahr für Hamburg-Bremen blieb.

Um 1035 erstreckte sich damit die Macht „Knuts des Großen“ von den britischen Inseln bis zur Samlandküste; sie umfaßte ganz Norwegen und mindestens das südliche Schweden, sie stellte erstmals beide nordischen Meere unter einen seit Aufbruch der Wikinger nicht mehr erlebten Frieden und belebte mit ihrer politisch-administrativen, kirchlichen und wirtschaftlichen Tatkraft den alten Verkehrszusammenhang. Obgleich diese neue Ordnung nach dem Tode Knuts binnen sechs Jahren wieder auseinanderfiel, weil sich England unter Eduard dem Bekenner, Norwegen unter Magnus dem Guten ebensowie die baltischen Küstenländer von der Dänenherrschaft lösten, so ist doch die alte Unruhe nicht wiedergekehrt. Die Normannenzeit war zu Ende.

Vorübergehend zog das deutsche Reich selbst unter Heinrich III. den größten Nutzen aus der von den Dänen aufgerichteten und sodann ihrer Führung entglittenen baltischen Ordnung: der Pomoranenfürst suchte gegen die Polen statt des verlorenen dänischen den deutschen Rückhalt und nahm seine Macht in Merseburg 1046 zu Lehen; der Obotrite Gottschalk, Sohn und Gatte einer Dänin, richtete seit 1043 mit billungisch-sächsischer und erzbischöflich-bremischer Unterstützung ein wendisches Reich in Ostholstein und Mecklenburg auf, das der alten Slawennot dort für zwei Jahrzehnte ein Ende setzte. In enger Anlehnung an den großen Metropoliten Adalbert christianisierte Gottschalk bei Wagriern, Polaben und Obotriten, richtete das Bistum Oldenburg in Wagrien wieder auf und fügte zwei neue in Ratzeburg und Mecklenburg hinzu.

Diese relativ günstige Lage um die Mitte des 11. Jahrhunderts spiegelt sich unverkennbar in unseren Zeugnissen zur Wirtschaftsgeschichte. Unterstrichen wird sie auch noch dadurch, daß Knuts Neffe, der seit 1047 sich mühsam in Dänemark durchsetzende Sven Estridsen, gegen seine skandinavischen Rivalen gleichfalls die deutsche Deckung suchte und namentlich zu Adalbert von Hamburg-Bremen Verbindung aufnahm. Es ist die Zeit jener „descriptio insularum aquilonis", mit der uns Adam von Bremen im 4. Buche seiner „Gesta Hammaburgensium ecclesiae pontificum" eine erste Geographie und Landesbeschreibung des baltisch-skandinavischen Raumes überliefert hat, gewiß nicht frei von Seemannslatein, aber auf einer Fülle zuverlässiger Nachrichten beruhend, die der Bremer Domherr besonders seinem persönlichen Freunde, dem Könige Sven Estridsen, verdankte. Wollin an der Odermündung erscheint darin als volkreiche Civitas im Überfluß von Waren aller Länder – „nichil non habet jocundi aut rari" –, auf deren Boden sich die Sachsen mit Slawen, Griechen und Barbaren treffen. Nach Tagesreisen gibt Adam eine ganze Reihe von Verbindungen bis Mittelschweden, Estland und Finnland an, er weiß von der Handelsstraße über Nowgorod und Kiew nach dem Orient, er kennt Birka, Sigtuna und Uppsala wie Drontheim oder die dänischen Vororte. Seine Angaben über Bremen und Stade zeigen deren erheblichen Hafen- und Marktbetrieb an der Nahtstelle der Nordsee- und der Binnenschiffahrt; auch das damals hinter Stade an Bedeutung zurückstehende Hamburg beschreibt er als eine seit Unwans Tagen aus der slawischen Zerstörung um 995 kräftig wiedererstandene Siedlung. Wollin, das „Iumne" der skandinavischen Jomsburgsaga, war mindestens im 10. Jahrhundert von der nordischen Vormacht ähnlich bestimmt, wie das entsprechend entwickelte, nur wesentlich größere Haithabu. Das am besten abgewogene Urteil vermittelt KEHN 1968 über die polyethnische Lage an diesem Handelsplatz, bei Vorherrschen der Skandinavier. Das Höhenbild gibt die Uferhanglage zwischen einer Bachmündung in die Dievenow und einem ovalen Burgwall wieder. Der Hafen dürfte ähnlich vorzustellen sein, wie die von Pfahlbrücken geprägte Uferzone am Haddebyer Noor.

Berücksichtigen wir die auch im Volumen des Warenverkehrs, in der wachsenden Schiffsgröße und in der vermehrten Frequenz aller Fernwege zu Lande faßbare Entfaltung, so überrascht es, daß die Salier nach dem Zerfall der polnischen und der dänischen Macht nicht stärker in das nordisch-baltische Kräftespiel eingegriffen haben. Die Erklärung liegt in der Schwerpunktverlagerung des deutschen Königtums zum Rhein-Main-Gebiet hin, in seinen dem burgundischen und donauländischen Raume zugewendeten Zielsetzungen, in seiner auf Kirchenreform und Kaisergewalt gerichteten Italienpolitik. Dem allen entsprach an Elbe und Saale eine defensive Politik; unter Heinrich II. hatte sie bereits einmal 1020 zu einem sächsischen Aufstande geführt, der aber niedergeschlagen werden konnte. Unter Konrad und Heinrich III. wuchs die latente Spannung zwischen Sachsen und dem Reiche weiter.

Das Königtum festigte zwar seine Stellungen am Harz, ließ aber selbst die mit Gottschalks neuem Obotritenreich heraufsteigende Chance ungenutzt, der alten Lutizenmacht um das Kulturzentrum Rethra jetzt offensiv ein Ende zu machen. Lange waren die Lutizen sogar Verbündete des Königs gegen die Polen gewesen, und zwar unter Preisgabe der Magdeburger Missionspläne. Auf diese unnatürliche Verbindung waren zwar neue Kämpfe gefolgt, aber sie blieben ohne großen Atem; aus dem Grenzkampf erwuchs keine wirkliche Lösung der lutizischen Frage. Erst recht blieb die dahinter aufsteigende slawische Macht der in Vorpommern und auf Rügen sitzenden Ranen von deutscher Seite unbehelligt. Adalbert von Bremen, Heinrichs III. Ratgeber in der Nord- und Ostpolitik, glaubte in Gottschalk einen zuverlässigen Degen für das Vorfeld zu besitzen und hoffte, gegenüber Sven Estridsen von Dänemark das nordische Metropolitanproblem im Wege seines Patriarchatsplanes zu lösen, für den er sowohl Pseudo-Isidor als auch die angelsächsische Kirchenorganisation zum Vorbilde nahm.

Aber wie die Kurie ihm das Patriarchatskonzept verdarb, wie Sachsens Fürsten seine Regentschaftspläne vereitelten, so durchkreuzten die Westslawen die Rechnung mit Gottschalks christlichem Obotritenreich. Im gleichen Jahre, als die normannische Eroberung Englands den Westen des nordischen Fernverkehrsraumes vor ganz neue Bedingungen stellte, erhoben sich auf die Nachricht von Adalberts Sturz in Tribur hin auch die Lutizen, erschlugen Gottschalk und verjagten seinen christlichen Anhang 1066. Im Bunde mit den zunehmend an Kraft gewinnenden Ranen brachte der heidnische Wagrierfürst Kruto das Obotritenland an sich und fiel von dort aus verheerend nach Nordelbien ein. Zweimal ging Hamburg in Flammen auf; auch das schon 1051 von den Norwegern geplünderte Haithabu fiel abermals in Asche, aus der es dann nicht wieder erstand. Schleswig trat endgültig an seine Stelle.

Damit begann eine kurze Zeit westslawischer Vorherrschaft auf der Ostsee; Obotriten, Ranen und Pomeranen traten das Erbe Knuts an, während Schweden, Polen und Russen kritische Phasen der Entwicklung durchschreiten mußten. Es ist bezeichnend, wenn um diese Zeit das alte Rethra als zentrale Kultstätte von dem Heiligtum des Swantewith im rügischen Arkona abgelöst wird. Hier erstand noch einmal ein Mittelpunkt des bisher so oft von angrenzenden Mächten abhängig gemachten Westslawentums, von dem aus die Lage im baltischen Raume ähnlich umgestaltet wurde wie die in der Nordsee durch das englische Normannenreich.

Doch wie das zerstörte Hamburg nach spätestens zwei Jahrzehnten wieder aufgebaut war, wie das von Gottschalk angelegte Alt-Lübeck auch unter Kruto der neue Herrschaftsmittelpunkt des Obotritenreiches blieb, wie Wollin an Umfang und Bedeutung seinem Höhepunkt zustrebte, so zeigt sich überhaupt auch gegenüber dem neuerlichen Wandel der Machtverhältnisse der unverändert starke Zusammenhalt des nordischen Fernverkehrsraumes. Eben damals gewann dessen westlicher Angelpunkt, die Grafschaft Flandern, unter Robert dem Friesen eine auch politisch kraftvoll konzentrierte Stärke zu seiner überkommenen wirtschaftlichen Leistungsfähigkeit hinzu. Robert selbst gelangte auf seinen Reisen bis nach Byzanz und Palästina; ebenso stießen die flämischen Fernhändler nach allen Richtungen mit vermehrter Unternehmungslust vor: in Laon und auf den jetzt aufkommenden Champagner Messen tauschten sie ihre Tuche gegen Wein und mediterrane Waren, in Trier und Koblenz begegnen uns die Flamen so wie im ganzen Nord- und Ostseeraum. Ihre Münzen markieren von Norwegen bis nach Finnland hinauf den Handelsweg, und schon vor 1100 sind auch in Nowgorod flandrische Tuche angeboten worden.

Nicht minder geht auch bei den Sachsen die unternehmende Fernfahrt nach Osten und Norden, als deren Hauptziel die Münzen unverändert Gotland erweisen, über den Einschnitt von 1066 glatt hinweg; er kann höchstens zeitweilig die Landverbindungen von der Elbe zur Ostseeküste unterbrochen haben. Mag Bardowick unter Krutos Obotritenherrschaft gelitten haben, was seinen Slawenhandel anging, so erscheint von Magdeburg aus der Weg nach Stettin und Wollin, von Halle aus der nach der oberen Oder gerade gegen 1100 zunehmend benutzt.

Was uns am Bilde der werdenden Städte aufgegangen war, die inmitten der schweren Krisis des Investiturstreits und der Sachsenkriege Heinrichs IV. ihren Weg zur autonom verfaßten Bürgergemeinde zurücklegen oder doch entscheidend auf ihm vorankommen, was wir schon beim Fortleben mancher Handelsplätze inmitten des normannischen Aufbruchs beobachtet hatten, das wiederholt sich jetzt bei Betrachtung des nordischen Fernverkehrszusammenhangs während der kritischen Jahrzehnte im ausgehenden 11. Jahrhundert. Ein Chronist wie Adam hat das kirchlich-staatliche Leben im Auge, wenn er mit dem Sturz Adalberts und der Machtentfaltung des Kruto Hamburg „funditus excisum“ sein läßt; nicht nur die Archäologie widerlegt ihn hier und an zahlreichen anderen Plätzen, von deren topographischer Entfaltung im 11. Jahrhundert wir bereits gesprochen haben, wir besitzen auch gerade für die westslawischen Hauptorte das unverdächtige Zeugnis etwa der Biographen des Pommernapostels Otto von Bamberg über die Verhältnisse in Stettin, Wollin, Wolgast oder Demmin, aus dem sich ein ganz entsprechendes Wirtschaftsleben wie im sächsisch-niederfränkischen Raume für die Zeit um 1100 erschließen läßt.

Wir wissen heute, daß die westslawischen Herrschafts- und Verkehrszentren den ottonisch-salischen Großsiedlungen näher standen, als das eine ältere, noch nicht mit dem archäologischen Fundbilde konfrontierte Forschung zugestehen wollte. Auch sie waren zugleich Herrschaftssitz und Kultplatz von regionalem Range; daneben besaßen sie eine bewaffnete Burgmannschaft als stehendes Aufgebot des Fürsten, die in Bereitstellungszeiten handwerklich arbeitete. Auch an diesen Plätzen ist daher ein Zusammenwirken von Fernhandel und Nahmarkt zu erkennen.

Stettin als Kronzeuge

Als die Bamberger Missionare 1124 in Stettin eintreffen, erstaunen sie über dessen Größe und Befestigung, sie vergleichen das wimmelnde Leben in dieser „Mutter der pommerschen Civitates" mit dem in Wollin, begegnen Handelsgästen aus dem Orient und Skandinavien, aus England und Sachsen, sie tragen ihr Missionskreuz auf rege besuchte Wochenmärkte. Gleichwohl war Stettin – ein Plan noch von 1721 zeigt es – eher kleiner als Wollin.

Bezeichnend ist nun aber der grundsätzlich andere Verfassungsstand: wie in Breslau, wo schon Thietmar von Merseburg vom „totus populus" die „maiores et seniores civitatis" unterscheidet, hat auch in Stettin ein adliges Patriziat seinen Wohnsitz am Ort der Fürstenburg genommen, ohne den agrarischen Rückhalt aufzugeben. Diese „bojary" oder „muzi", so auch der Ostslawen, sind am Fernhandel beteiligt, sie bieten auf den Märkten auswärtigen Handelsgästen Waren an. Aber wir finden sie nicht als aktive Fernhändler im abendländischen Westen.

Die Bamberger sprechen von einem solchen Adligen Domuzlaus in Stettin; seine Schar von „propinquis et affinibus" wohnt zum Teil am Fürstensitz, andernteils „in aliis circumiacentibus regionibus". Diese 500 Gefolgsleute sind ein herrschaftlicher, kein genossenschaftlicher Verband, sie sind eine Klientel, keine Gilde. Stettin und sein Landbezirk sind nicht rechtlich geschieden, weder aus der Sicht des Fürsten, noch aus der seines Adels. Weder bilden die Nobiles einen Eidverband im Sinne der abendländischen Fernhändlergilde, noch ist ein Vertragsverhältnis zwischen Fürsten, adligem Patriziat und gewerblichen Marktsiedlern festzustellen. Vielmehr herrschen unverkennbar Untertanenverhältnisse ohne Selbstverwaltung oder Gemeindebildung. Den Bedürfnissen der slawischen Burgbezirksverfassung entsprechen rein herrschaftliche Beziehungen zwischen dem Fürsten, dem adligen Patriziat und dessen Klientelgruppen. Anstelle von selbstverfaßten Gemeinden stehen abhängige Untertanenkreise.

Dementsprechend wird vom Stettiner „populus" ausdrücklich eine „reliqua multitudo" von Fernhandelsgästen unterschieden. Diese „hospites", wie sie andernorts oft heißen, sind privilegierte Fremde. Wo der Ortsherr also im Westen Einheimische mit Sonderrechten versieht, tut er es bei den Slawen mit Auswärtigen. Diese allein sind als genossenschaftliche Gruppe organisiert, können Vertragspartner sein, Urkunden empfangen, da sie eben keine abhängigen Untertanen sind. Wir werden später zusehen, wie geschickt sich Otto von Bamberg diesen besonderen Ortsverhältnissen angepaßt hat; hier genügt uns die Feststellung, daß bei aller wirtschaftlichen und topographischen Verwandtschaft zwischen den westlichen und den slawischen Großsiedlungen des ausgehenden 11. Jahrhunderts ein grundlegender Verfassungsunterschied besteht, der sich im Zuge der gleichzeitigen Entfaltung autonomer Bürgergemeinden im Westen eben damals von Jahrzehnt zu Jahrzehnt rasch weiter vertieft hat. An dem gemeinabendländischen Vorgang der Stadtentstehung, den wir während des 11. Jahrhunderts beobachtet und in aller Knappheit umrissen haben, hat die westslawische Welt noch keinen Anteil genommen.

Zur Skizze der städteschaffenden Kräfte im abendländischen Westen haben wir damit als letztes Glied in der Betrachtung des vorhansischen Zeitraums einen Überblick der Machtverhältnisse des 11. Jahrhunderts im nordischen Fernhandelsgebiet gefügt. Zweimaliger tiefer Wandel kennzeichnete sie; um die Jahrtausendwende geprägt durch den Aufstieg des polnischen und namentlich dänischen Großreichs, nach der Jahrhundertmitte von dem Niedergang beider, vom normannischen Griff nach England und von der kritischen Verstrickung des deutschen Königtums verursacht. Beide Zäsuren waren zwar nicht ohne Auswirkungen auf das nordische Wirtschaftsgefüge geblieben, wenn wir nur an das Auf- und Abschwellen angelsächsischer Beteiligung denken, aber am Fortbestande des von Flandern bis Finnland greifenden Fernverkehrsnetzes, ja an seiner in Funden und Zeugnissen zu erweisenden Verdichtung konnten wir ablesen, daß auch im Zeitalter der Märkte und werdenden Städte der wirtschaftliche Zusammenhalt alle politischen Erschütterungen überdauert. Wieder kam es in manchen Fällen zum Untergange oder zur Verlagerung eines alten Handelszentrums – selbst das lange überragende Haithabu wurde davon betroffen –, wieder wurden gewisse Teilverbindungen zeitweilig unterbrochen, wie etwa die zwischen Bardowick und seinem obotritischen Einflußgebiet, aber das elastische Gefüge der gruppenweisen Fernhandelsfahrten wußte solche Krisenzonen zu umgehen oder zu durchstoßen; sie waren an das wechselnde, unvermeidliche Risiko gewöhnt und nahmen es umsomehr in Kauf, als ihm wachsende Gewinnchancen im von Jahrzehnt zu Jahrzehnt volk- und städtereicher werdenden Westen gegenübertraten. Überdies erwiesen sich die während der zweiten Jahrhunderthälfte zur baltischen Seeherrschaft aufsteigenden westslawischen Küstenvölker, besonders die Ranen in Vorpommern und auf Rügen sowie die Pomoranen um Wolgast, Stettin und Wollin, keineswegs als handelsfeindlich. Ihre am Fernverkehr nach Westen passiv, nach Osten auch aktiv beteiligte Magnatenschicht zog nämlich im Gefolge der Fürsten den größten Vorteil aus dem blühenden Tauschgeschäft, und so bewirkte die zeitweilige Sperrung der obotritischen Lande nur eine verstärkte Nutzung der aus mittelelbischen Basen an die Oder führenden Verbindungen. Was Haithabu und dem soeben vom Danoslawen Gottschalk begründeten Alt-Lübeck verloren gegangen war, kam Stettin und Wollin zugute. Über den zerfallenen lutizischen Machtbereich von Rethra hinweg zogen sächsische Karawanen den mittleren Ostseehäfen zu. Eine Gunst der Überlieferung erlaubte uns dabei, am Beispiel Stettins die scharfen Gegensätze herauszuarbeiten zwischen der im Zusammenwirken von Stadtherrschaft, Fernhändlertum und Gewerbesiedlern sich entfaltenden, autonom verfaßten Bürgergemeinde des Westens und den abhängigen Untertanenkreisen der westslawischen Großsiedlung, die als Fürstensitz nur ein adliges Patriziat und von den Fürsten oder den Adligen abhängige Klientelverbände kennt. Mit ihrem Umlande ist sie in der den slawischen Führungsverhältnissen durchaus angepaßten Burgbezirksverfassung zusammengefügt, also nicht – wie die westliche Stadt – rechtlich aus dem Umlande durch zunehmende Privilegierung herausgewachsen. Die slawischen Hauptorte um 1100, das müssen wir gegen ältere Vorstellungen besonders der deutschen Forschung betonen, waren wirtschaftlich, topographisch und administrativ Städten vergleichbar, aber da ihnen die autonome – vom umgebenden Lande abgehobene – Bürgergemeinde ebenso fehlte, wie der genossenschaftliche Personalverband unternehmender Führungsgruppen und die lokale Einung der gewerblichen Marktsiedler, da sie in herrschaftlichen Ordnungen verharrten, waren sie eben keine Städte im westlichen Sinne.

Hatte sich die städtische Emanzipation im Westen gerade während des für alle Herrschaftskräfte kritischen Kampfes zwischen Reformkirche und Kaisertum einerseits, zwischen Königtum und sächsischem Stamm andererseits rapide beschleunigt, so gewannen damit die im Fernverkehr entscheidenden unternehmenden Führungsgruppen besonders der niederdeutschen Bürgergemeinden den fest fundierten Sprungsockel, der ihnen für ihren Handelszug nach Norden und Osten eine den dortigen Wirtschaftskräften überlegene Aktionsfähigkeit verlieh. Entscheidend mußte der in diesen Jahrzehnten gewonnene Vorsprung werden, sobald sich wieder eine starke deutsche Königsmacht hinter diesen Aufbruch stellte, ihn in seine aus langer Defensive heraustretende Nord- und Ostpolitik großzügig einbezog.

Diese Lage nun kündigte sich anfangs des 12. Jahrhunderts an; sie traf zeitlich zusammen mit einer neu geknüpften Verbindung zwischen gräflicher Herrschaft und bürgerlicher Initiative in der aufsteigenden flandrischen Flügelmacht des nordischen Verkehrsraumes sowie mit einer Beruhigung der baltischen Zustände.

DAS ZEITALTER DES GEMEINEN KAUFMANNES

So weisen uns auch die politischen Verhältnisse darauf hin, daß um 1100 eine große Wende anzusetzen ist, von unserem Thema her gesehen die Wende aus der vorhansischen Ära zur Frühzeit hansischen Fernverkehrs, die wir als Zeitalter des Gemeinen Kaufmanns behandeln.

Jahrzehntelang hatten sich Sachsens Kräfte im Kampf gegen das salische Königtum nach Süden und Westen orientiert; es war jedoch trotz des zeitweiligen Bündnisses mit der Kurie nicht gelungen, Heinrich IV. zu überwinden. Seit dem Tode Ottos von Northeim 1083 fehlte der überragende Kopf an der Spitze der Fürstenfronde; als auch der unbedeutende Gegenkönig Hermann von Salm 1088 umkam, brachte sie keine Neuwahl mehr zustande, sondern glich sich mit dem auf die Höhe seiner Herrschaft gelangten Salier aus, der eben seinem Sohne Konrad die Königskrone aufgesetzt hatte. Das Ende Ekberts II. von Meißen, des letzten Brunonen, setzte 1090 den Schlußstrich unter die Verhandlungen.

Doch auch der Kaiser konnte sich nach diesem Vergleich nicht als Sieger ansehen; es war ihm der entscheidende militärische Erfolg versagt geblieben, nie ist er mehr über Thüringen und den Harz hinaus in das eigentliche Sachsen vorgedrungen, und abgesehen von Ekbert hat er keinen der sächsischen Großen zu beseitigen vermocht, die so lange gegen ihn gestanden hatten. Der letzte Billunger, Herzog Magnus, hatte freilich an der sächsischen Stammesführung kaum noch Teil. Auf sie übten seine Stiefmutter, die Herzoginwitwe Gertrud von Haldensleben, sowie die brunonische Markgräfin Gertrud von Meißen samt ihren Northeimer Verwandten entscheidenden Einfluß. Mit dem Slawensiege bei Schmielau über die Obotriten hob Magnus aber 1093 den landflüchtigen Sohn Gottschalks wieder in den Sattel, der als Heinrich von Lübeck zur Schlüsselfigur der nachfolgenden Kämpfe um den Ostseezugang geworden ist. Schlagartig erhöhte sich nach Schmielau die Münztätigkeit von Bardowick im Zentrum der billungischen Machtstellung; der damals ohnmächtig in Italien festsitzende Kaiser kann daran keinen Anteil gehabt haben, vielmehr muß die Reichsmünze von Bardowick unter den Einfluß des Billungers gekommen sein. Das eng begrenzte, dichte Fundgebiet (Altmark, Mecklenburg, Havel- und Oderbereich) hebt sich aber scharf ab von den früheren Verbreitungsfeldern weit ins Baltikum hinein.

Um 1100 gelang es nun der Herzoginwitwe Gertrud von Haldensleben, dem an ihrem Hofe aufgewachsenen Enkel Lothar durch die Heirat mit der Tochter Richenza der Braunschweiger Markgräfin Aussichten auch auf deren brunonisch-northeimisches Erbe zu eröffnen. Da Heinrich von Northeim 1101 gegen die Friesen fiel und Magnus Billung fünf Jahre später söhnelos verstarb, vermochte sich der etwa 30jährige Lothar, gestützt auf die faktisch in seiner Verfügung stehenden Machtbereiche beider Gertruden und das eigene, ansehnliche Allod im nordöstlichen Harzvorfelde 1106 als neuer Sachsenherzog durchzusetzen. Mit Lothar und dem Danoslawen Heinrich von Lübeck treten die beiden bewegenden Gestalten des frühen 12. Jahrhunderts an der Slawengrenze hervor. Als der letzte billungisch eingesetzte Lehngraf in Nordelbien 1110 einem obotritischen Überfall erlag, nutzte Herzog Lothar sofort die Gelegenheit, einen zuverlässigen Schildhalter seiner Macht dorthin zu bringen. Wenn eine späte, aber einleuchtende Nachricht Glauben verdient, waren die Schauenburger, denen er die nordelbische Grafschaft verlieh, aus Haldenslebener Ministerialität aufgestiegen. Von der Mittelweser ging jetzt Adolf I. nach Hamburg, und damit war ein Umschwung der Lage in Holstein und Stormarn vorbereitet.

Inzwischen hatte sich Heinrich unter Beseitigung Krutos in der väterlichen Gründung Alt-Lübeck eingerichtet. Drei seiner Großeltern waren Dänen, nur in der Stammlinie trug der neue Wendenfürst das nakonidische Blut der alten Obotritenherrscher in sich. Im dänisch-sächsischen Exil aufgewachsen, fußte er ganz auf den christlich-westlichen Traditionen, hütete sich aber, die Missionspolitik sofort wieder aufzunehmen, an der sein Vater zugrunde gegangen war. Zunächst war er auch voll beschäftigt, sich zu behaupten. Eine Belagerung Alt-Lübecks schildert uns Helmold farbig: Heinrich wehrte sie im Zusammenwirken mit den nordelbischen Sachsen glücklich ab. Herzog Lothars erster Obotritenzug entlastete den Fürsten von Lübeck; von da an arbeiteten beide in mehreren Feldzügen der Jahre 1114 bis 1124 eng und geschickt militärisch zusammen. Die Obotriten wurden ganz unterworfen, die Ranen einmal über das vereiste Haff hinweg bis auf die Insel Rügen verfolgt und tributpflichtig gemacht. Der zerfallenen Lutizenmacht hat Lothar damals den letzten Stoß versetzt; Rethra wird von seiner Zeit an nicht mehr genannt.

Noch in seiner Herzogszeit wird Lothars neue Konzeption an der Ostgrenze deutlich, die der sächsischen Fernhandelsaktivität zustatten kommen sollte. Unter aufstrebenden Dynasten entstand eine Kette junger Grenzlande, deutlich unterschieden von den ottonischen Marken: durch Verwandschaft, wie die Wettiner als Meißener Markgrafen im Südosten und die Querfurter als Magdeburger Burggrafen an der Mittelelbe, durch alte Abhängigkeit, wie die Schauenburger in Nordelbien, oder durch persönliche Förderung, wie die anhaltinischen Askanier, sind sie an den 1125 zum König aufsteigenden Herzog gebunden. Hinter ihnen wurden als Abriegelung andere Machtbereiche gefestigt: den Schauenburgern setzten die stadischaltmärkischen Udonen enge Schranken, den Askaniern ebenso das mächtig entfaltete Eigengut Lothars, den Wettinern das Altenburger Reichsland und die zur Landgrafschaft beförderten thüringischen Ludowinger. Die Grenzfürsten mußten und sollten Innersachsen den Rücken zuwenden, damit sie dort die herzoglichen Interessen des Königs nicht störten; sie waren zum Aufbau erweiterter Eigenmacht nachdrücklich in das Grenzvorland verwiesen. Im Gegensatz zu ihren markgräflichen Vorgängern älterer, ottonischer Prägung hatten sie keinen nennenswerten Schwerpunkt diesseits der Grenze; wo sie aber versuchten, diese beengte Ausgangslage auf Kosten fürstlicher Nachbarn auszuweiten, trat ihnen Lothar scharf entgegen – so den Schauenburgern in Segeberg, den Askaniern beim Angriff auf die Udonen, den Wettinern und dem Halberstädter Bischof in Thüringen.

Vor diesen neuformierten Grenzgürtel fügte Lothar dann als König einen lückenlosen zweiten Streifen lehnsabhängiger Fürstenstaaten. Dabei tauchte zu seiner Zeit für die westslawischen Machthaber der Titel „rex" auf; erstmals für Heinrich von Lübeck, dann auch für die Ranen und die Herren von Brandenburg. Lothar selbst hat, imperial-ottonischer Tradition entsprechend, das Königsdiadem an sie vergeben. Die Machtentfaltung seit 1130 hat es ihm dann ermöglicht, auch über Dänen, Pomoranen, Polen und Böhmen wieder eine Lehnshoheit zu errichten; selbst Ungarn wurde erneut herangezogen, wobei die babenbergische Aktivität im Donauraum sich frei entfalten konnte.

Als Heinrich von Lübeck 1127 starb und seine Nachkommen den folgenden Wirren erlagen, zog Lothar in Heinrichs dänischem Vetter Knut Laward einen eher noch stärkeren Trumpf zur Fortsetzung seiner auf die Ostseeküste gerichteten Pläne. Um 1095 als Sohn des Königs Erich geboren, war der Knabe Knut wohl bald nach dessen Kreuzfahrertod 1103 auf Zypern in begründeter Sorge um sein Leben vom dänischen an den sächsischen Hof geflüchtet. Lothar hat ihn erzogen und auf sich verpflichtet; ihm hatte Knut zu danken, daß er um 1115 durch seinen Onkel Niels von Dänemark wenigstens mit der Herrschaft Schleswig abgefunden wurde. Schon Knuts Vater hatte den Schleihafen neu privilegiert, in dem damals eine niederrheinisch-westfälische Kaufleutegilde mit blühendem Pelzhandel an die alte Prosperität der Vorgängerin Haithabu anzuknüpfen begann. Knut förderte durch energische Friedewirkung zu Lande und zur See diesen Aufstieg weiter, wie gleichzeitig sein Vetter Heinrich zu Lübeck die Entfaltung einer „colonia non parva mercatorum" begünstigt hatte, für die er auch eine eigene Kirche zu bauen erlaubte – neben seiner Burgkapelle das zweite Gotteshaus von Alt-Lübeck.

Heinrichs und seiner Erben Ende gab dann Knut Gelegenheit, mit Zustimmung König Lothars das obotritische Wendenreich an sich zu bringen; wie sein Vorgänger empfing er das Diadem und nannte sich „rex Obotritorum". Erstmals waren damit Schleswig und Lübeck, die beiden Absprungbasen zur Ostseeschiffahrt, in einer Herrschaftshand, und mit einem Burgenbau auf dem Segeberger Kalkfelsen suchte Knut sich zugleich gegen die polabischen Slawen wie gegen den Schauenburger fest einzuwurzeln. Ehe es darüber zum ernsten Konflikt kommen konnte, starben jedoch

Adolf von Schauenburg und kurz darauf auch Knut, den seine dänischen Vettern hinterhältig erschlugen.

Lothars Antwort läßt nicht auf sich warten: sofort überzieht er die Dänen, von Knuts Tod so heftig getroffen, daß er den schon aufgebotenen Krönungszug nach Italien verschiebt. Am Danewerk unterwerfen sich Niels und sein Sohn Magnus, Knuts Mörder; Lothar nimmt sie zur Huldigung an, belehnt sie aber nicht, um die Kinder Knuts und dessen Halbbruder Erich zu schützen, dem er zunächst die Nachfolge in Schleswig sicherte. Das noch von Knut mit Palisadenwällen befestigte Schleswig muß damals bereits erhebliche Bedeutung gehabt haben.

Erst 1134 hat Lothar als Kaiser dann endgültig und sehr bezeichnend die Verhältnisse in Nordelbien, Dänemark und auf der Ostsee geregelt. Inzwischen hatte sich Schleswig einer schweren Belagerung durch Magnus erwehrt, dem dabei jedoch ein vernichtender Sieg über ein nordelbisches Entsatzheer unter Adolf II. gelungen war. Auf den dänischen Inseln hatte Magnus zahlreiche deutschc, das heißt vornehmlich sächsische Fernhändler töten oder verstümmeln lassen, die Überlebenden waren anschließend ausgewiesen worden. Knuts Halbbruder Erich konnte sich aber in Schonen behaupten, und auf die Nachricht von Lothars Rückkehr aus Italien hin beeilten sich Niels und Magnus, durch Gesandte abermals Unterwerfung und Genugtuung anzubieten. Der Kaiser berief Magnus zum Osterfest nach Halberstadt, ließ sich Geiseln stellen und Tribute bezahlen, verpflichtete den Dänen eidlich und belehnte ihn erst dann. Zum Festgottesdienst zog der gekrönte König als Schwertträger seines Lehnsherrn vor dem Kaiserpaare in den Dom ein.

Vermutlich gehört in diese Zusammenhänge nun das erste von einem deutschen Herrscher erteilte Privileg zugunsten des Gemeinen Kaufmanns auf der Insel Gotland. Wir wissen von ihm nur durch seine Erwähnung in einer Urkunde, die Lothars Enkel Heinrich der Löwe fast drei Jahrzehnte später ausgegeben hat. Lothar hat danach gegen die dänische Zusicherung freien Geleits den deutschen, nach Skandinavien ziehenden Fernhändlern ausdrücklich kaiserlichen Schutz verliehen. Die Schäden der Kaufleute im dänischen Thronstreit müssen erheblich gewesen sein, und das erlaubt uns Rückschlüsse auf die Intensität sächsischer Wirtschaftsentfaltung in den Norden hinein zu Lothars Zeiten. Erstmals beanspruchte ein kaiserliches Fernhandelsprivileg Schutzrechte über die Grenze des Reiches hinaus.

Der gleichfalls in Halberstadt erteilte, wenn auch strittig überlieferte Freibrief des Kaisers für die Kaufleute von Quedlinburg hat Vorlagen bezeichnend verändert und ergänzt; den Quedlinburger „negotiatores" wird neben Magdeburg jetzt Goslar anstelle von Köln und Mainz als Rechtsvorbild gewiesen, ein Zusatz verleiht den „cives" freies Marktgericht über Lebensmittel.

Damit nicht genug, ergibt der heutige Stand unserer Ortsforschung für eine Reihe weiterer sächsischen Städte auffallend parallel die planmäßige Anlage neuer Ortsteile während der Herrschaftszeit Lothars. Bei Hildesheim wurde die Altstadt nordöstlich St. Andreas bereits von Meier und Gebauer in die Zeit um 1225 datiert.

Nehmen wir zunächst als Gegenpol das thüringische Altenburg hinzu, den Mittelpunkt des pleißnischen Reichslandes. Lothar hat diesen Raum vor und nach dem unglücklichen, aber doch mit der Lehnsnahme Herzog Sobeslavs noch glimpflich abgeschlossenen Böhmenfeldzug energisch an sich gezogen und nicht nur alle salierzeitlichen Reichsgutverluste dort wieder eingebracht, sondern die Altenburger Pfalz ausgebaut, starke Siedlerscharen angesetzt und noch 1136 von Merseburg aus das wichtige Reichskloster Chemnitz am Fernwege Altenburg – Böhmen begründet. Mit Goslarer Kaufleuten wurde unter der Altenburger Reichspfalz die Marktsiedlung um die Bartholomäuspfarre angelegt.

Eindeutig gesichert erscheint auch die Annahme lotharischer Aktivität in Goslar, denkt man an die Hinweise auf diese wichtige Berg- und Fernhändlersiedlung bei Quedlinburg und Altenburg. Der Bericht Lamperts von Hersfeld stellt für die Zeit um 1074 das Vorhandensein der befestigten Goslarer Marktsiedlung fest; während Heinrich IV. seit 1076 Goslar nicht wieder betreten hat, hielten die Gegenkönige dort laufend Hof. Heinrich V. hat zwar zu Beginn seiner Herrschaft und noch einmal 1120 Goslar besucht, aber nur in Zeiten der Annäherung an die sächsischen Großen. So sind die Belege für die werdende Bürgergemeinde von 1108 und 1120, vor allem aber die Wiederaufrichtung einer Goslarer Reichsvogtei unter König Lothar nach 1125 Hinweis genug dafür, daß auch hier der Sachse die ortsherrlich-treibende Kraft der Entwicklung im Verein mit Kaufleuten und Marktsiedlern gewesen ist. Goslars Reichsbezirk und Lothars Herzogsgut ergänzten sich räumlich auf das Glücklichste. 1131 heißt die Bergstadt „civitas“, und weil der unter Lothar in Goslar amtierende Reichsvogt Hermann mit dem 1134 eingesetzten gleichnamigen Kommandanten der Reichsburg Segeberg identisch sein dürfte, schließt sich hier die Beweiskette.

Es gibt weitere Anhaltspunkte dafür, Goslarer Beteiligung an dieser nordelbischen Anlage des Kaisers zu vermuten; vielleicht kam so auch der Vater des Chronisten Helmold von Bosau nach Segeberg. In dem Jahre 1134 sah sich Lothar nämlich von Bardowick aus zu energischem Eingriff nördlich der Elbe veranlaßt: daß er den Schauenburgern den beherrschenden Kalkfelsen nicht überlassen, sondern im Verein mit dem Wendenapostel Vizelin hier Burg und Kloster von Reichs wegen angelegt hat, beweist, wie wenig er die wagrisch-mecklenburgischen Lande dem nordelbischen Grafenhause oder der Erzdiözese Hamburg-Bremen zu geben gedachte.

Lothars Aufenthalte in Bardowick weisen aber vor allem für diesen noch immer zentralen Punkt des sächsischen Vordringens an die Ostseeküste auf lebhafte Entfaltung hin, zur Stadtbildung vor 1140, also ehe die Abwanderung großen Stils nach Lübeck einsetzte. Ein wichtiges Privileg Lothars für das Lüneburger Michaelskloster erlaubt Rückschlüsse auf den kräftig zunehmenden Marktbetrieb vor der Bardowicker Stiftsimmunität. Schon Heinrichs Alt-Lübecker Fernhändler werden weit überwiegend aus Bardowick gekommen sein; Helmold bezeugt uns Bardowicker Kaufleute mit einem eigenen Priester um diese oder wenig spätere Zeit am

Strande der Insel Rügen. Bardowicks Agrippiner-Nachprägungen beherrschen weiter das ganze westslawische Gebiet. Auch die in den Formen stark an Bardowick erinnernde Marktsiedlung von Altencelle fällt in die Königszeit Lothars III., der hier auf brunonischen Ansätzen fußen konnte.

Endlich ist auf Braunschweig selbst zu verweisen, die Residenz von Lothars Schwiegermutter, dann sein eigener Hauptsitz neben Goslar, bei dem um oder kurz vor 1130 die topographisch sehr an Hildesheim erinnernde Altstadt angelegt worden sein dürfte. Nach dem jetzigen Forschungsstande muß man weiter die planmäßigen Marktsiedlungen von Göttingen und Hannover in die Zeit um 1125 datieren.

Nimmt man zuletzt noch den Burgenbau Lothars in Bremervörde 1123 und seinen Einfluß auf Stade hinzu, das gegen die Udonen bis 1135 einem ganz vom Sachsenherzog abhängigen Lehngrafen Friedrich unterstellt war, bedenkt man auch, daß ihm bis nach Westfalen alle Bischofsstädte offen standen, so ist die betonte Berücksichtigung des fernhandelnden Bürgertums in den Plänen des wieder hergestellten sächsischen Königtums unverkennbar. Nicht erst Heinrich der Löwe, sondern schon sein Großvater hat die von Westfalen her an die Ostsee stoßende wirtschaftliche Expansion erkannt und in sein allgemeines Konzept einer neuen Nord- und Ostpolitik des Königtums eingebaut. Sowenig die unternehmerische Initiative des Fernhändlertums und das aufblühende Exportgewerbe der Marktsiedler in den zu kräftiger Autonomie gediehenen Mutterstädten Altsachsens der Leistung nach zu unterschätzen sind, so sehr dürfen wir deren großzügige Förderung zu Beginn des 12. Jahrhunderts durch das in den sächsischen Schwerpunkt zurückgekehrte Königtum als eine der wesentlichsten Voraussetzungen für den entscheidenden Vorstoß in den Ostseeraum betrachten.

Wir sind vom Blickfeld des deutschen Königtums aus in das Zeitalter des Gemeinen Kaufmanns eingetreten. Die unerwartete Heimkehr des Herrschers nach Sachsen am Ausgang eines für das Grenzvolk an Elbe und Saale opfervollen salischen Jahrhunderts der Defensive hatte die Wende zu neuem Ausgriff nach Osten und Norden bedeutet, durch die der alte Fernhandelsweg zum Baltikum hinauf mit frischen Impulsen versehen wurde. Was in Haithabu doch nur sehr vorübergehend während des hohen 10. Jahrhunderts erreicht werden konnte, die Vorverlagerung der westlichen Absprungbasis an den Ostseerand, das war um 1130 dank der neuen Politik Lothars von Sachsen vollendete Tatsache, die dann nicht wieder umgestoßen worden ist.

Probleme um Schleswig und Lübeck

Für Schleswig ist der Nachweis einer erheblichen fränkisch-friesischen Beteiligung am Neuaufbau seit etwa 1080 erbracht. Ein Auszug des teilweise sehr alten Stadtrechts findet sich im Hansischen Urkundenbuch. Um 1200 erstmals aufgezeichnet, reicht es der Substanz nach bis ins 11. Jahrhundert zurück. Es spricht von Handelsgästen „de ducatu Saxonie, de Frysia, de Hyslandia, de Burgundeholm et aliunde“, von „mercatores ituri in Gutiam“. Das belegt die Stadt an der Schlei zu Knut Lawards Zeit als Treffpunkt niederfränkisch-friesischer, niederdeutsch-sächsischer mit den über See von atlantischen wie baltischen Inseln kommenden Fernhändlern. Der wichtige Text behandelt eingehend das Zoll-, Münz- und Hafenrecht sowie das Erbrecht der „cives“, er weiß von ausgedehntem Geschäft mit Pelzen, Tuch und namentlich mit nordfriesischem Salz, das die Schleswiger abgabenfrei kaufen. W. Koppe hat mit Recht auch auf die Verwandtschaft zwischen Knuts Vater, König Erich I., und dessen Neffen, Graf Karl von Flandern, einem Sohne König Knuts des Heiligen, hingewiesen, aus der sich vielleicht neue Beziehungen ergaben. Seit 1090 verstärkt sich ferner der von Maas und Niederrhein über See und über Westfalen nach Nordelbien drängende Handelsvorstoß. Noch im 13. Jahrhundert bestehen die „fraternitas danica“ in Köln sowie die Gilde der Schleswigfahrer in Soest, zwei Fahrmännerkreise, deren Name nur zu verstehen ist, wenn sie älter sind als die Entfaltung von Lübeck, also in die Zeit Lothars III. zurückreichen. Seit der Landweg von Köln über Dortmund und Soest zunehmend benutzt wurde, erreichte man durch ein befriedetes Sachsen und Nordelbien jetzt bequemer als früher die baltische Küste, zumal die aufblühenden Städte des Binnenlandes ihre Flußübergänge durch Brückenbauten zu erleichtern begannen, so namentlich Höxter und Minden unter Lothars Herrschaft.

Die Anlage vollständig neuer Städte neben den alten Ortskernen etwa von Hildesheim, Goslar, Braunschweig, Bardowick, Magdeburg und Altenburg folgte zeitlich den flandrischen und spätsalischen Gründungen unmittelbar, sie lag den zähringischen in Oberdeutschland mit dem vielzitierten Freiburg an der Spitze genau parallel. Sie hatte einen großzügigen Atem, denn stets war ihr Rahmen weitergespannt, als ihn die sofort verfügbare Einwohnerschaft benötigt hätte; durchweg täuschte sie sich dennoch nicht in der Erwartung, daß ein späterer Wachstumsprozeß ihn rasch ausfüllen werde, und das, obgleich die Neubaufläche in allen erwähnten und weiteren vergleichbaren Fällen auf mehrere Tausend Neubürger zugeschnitten war – sie lag beinahe stets über 20 ha. Darin zeigt sich das ganze Selbstvertrauen der stadtschaffenden Kräfte, von deren Zusammenspiel wir gesprochen haben. Bezeichnend ist auch, daß nicht mehr eine Kirchenburg, sondern der Markt zum räumlichen Mittelpunkt wird: im Norden stets ein im Grundriß ausgespartes Rechteck, weit rationaler als die unregelmäßigen Viereckplätze der ottonisch-salischen Marktgewerbesiedlungen. Die jetzt nur noch für den Bereich der Neuanlage zuständigen Pfarrkirchen – keine Sendkirchen mehr mit weitem ländlichen Sprengel, wie noch bei den Marktsiedlungen – sowie die öffentlichen Profanbauten werden eingeplant, etwaige ortsherrliche Stadtburgen, ferner später zukommende Stadtklöster und Spitäler werden auf Freiflächen am Rande verwiesen, wobei ihr beträchtlicher Verteidigungswert von Belang war. Bei allen Großbauten verdrängte der Stein das Holz, selbst in die Wohnbauten der führenden Bürgerschichten fand er zunehmend Eingang und unterstrich auch äußerlich den ebenso dauer- wie wehrhaften Charakter der Neuanlagen.

Die topographische Frische entsprach dem Elan der verfassungsmäßigen und der wirtschaftlichen Entwicklung ebenso wie der sozialen Entfaltung einer mit sprunghaften Zahlen steigenden urbanen Bevölkerung. Das alles zusammengenommen verschaffte dem unternehmenden Bürgertum des frühen 12. Jahrhunderts einen elementaren Vorsprung gegenüber der aufnahme- und austauschbereiten Welt des Nordens und Ostens, zu der ihm die friedewirkende Initiative des Königtums mit der Vorverlegung ihres Machtgrenzsaums an den Küstenabschnitt von Schleswig bis Stettin neu und endgültig die Tore geöffnet hatte.

Knut Laward hat sich selbst bewußt in den Kreis Schleswiger Neubürger und ihrer weitgespannten Pläne hineingestellt: der dänische Chronist Saxo Grammaticus berichtet mißbilligend, Knut habe sich sächsisch (will sagen: vornehmer als die Dänen) gekleidet („veste Saxonia ceteris cultior") und er habe die Kritik daran mit dem Wort zurückgewiesen, ein Dolch gehe durch ein dänisches Lammfell ebenso glatt wie durch sein ausländisches Tuch. Auch seine Heirat mit einer Tochter Ingeborg des Kiew-Nowgoroder Fürsten Mistislaw, den Snorri Sturluson noch Harald nennt, und dessen schwedischer Frau Christine zeigt, in welche Richtung er zielte, aber auch, wer damals noch am Wolchow bestimmte. Von Ingeborgs vier Großeltern waren mindestens drei Skandinavier.

Die letzte Krisis, ausgelöst durch Knuts Ermordung auf Seeland, führte zu Gewalttaten an deutschen Fernhändlern in der ganzen westlichen Ostsee bis nach Rügen und Schonen. Sie gab aber zugleich dem deutschen Kaiser Gelegenheit, nun selbst mit Nachdruck einzugreifen. Im Reich läßt sich die Erregung darüber von den Magdeburger bis zu den Erfurter und den Kölner Quellen breit verfolgen; Lothar hat sie hinter sich, als er Niels und Magnus zur Unterwerfung zwingt und sein Schutzprivileg für die Kaufleute erläßt, in dem das Baltische Meer erstmals als Interessengebiet der deutschen Krone erscheint.

Wie Bornholm und Gotland im Schleswiger Recht genannt werden, wie russische Kaufleute unter den von Magnus und Niels Geschädigten auftauchen, so zeigt Lothars Zusicherung an die „Gutenses", sie sollten „pacem firmam" in seinem ganzen Machtbereich, also auch in den lehnsabhängigen Landen Dänemark, Obotritien und Pommern haben, wo die Achse des Ostseehandels lief und welchen Drehpunkt sie hatte. Lothars bald nachfolgender Tod hat noch einmal die Phase schwankender Verhältnisse erneuert – die letzten zwei Jahrzehnte, in denen Schleswig Hoffnung auf eine Herstellung jener alten Handelshegemonie von Haithabu fassen konnte.

Der härteste Schlag traf damals Alt-Lübeck: nach Knuts Tod hatte sich hier sein und Heinrichs Vetter Pribislaw, der letzte überlebende Nakonide aus Gottschalks Geschlecht, als Fürst von Wagrien durchgesetzt; er schlug los gegen die Nordelbier, sobald er vom Hinscheiden des Kaisers erfuhr. Doch Pribislaws wendische Rivalen fielen ihm in den Rücken: in seiner Abwesenheit zerstörte ein Nachfahre Krutos Alt-Lübeck. Im Gegenzuge gelang es dem askanischen Lehngrafen Heinrich von Badwide, ganz Wagrien und Polabien niederzuwerfen; der Wende Pribislaw behielt nur die Oldenburg im äußersten Zipfel Wagriens, während Alt-Lübeck nicht wieder erstand.

Hier griff nun Graf Adolf II. von Holstein ein, gewiß nicht ohne Zutun der des alten Stützpunktes entbehrenden Fernhändler. Bei einer weiter landeinwärts gelegenen, von Kruto angelegten Befestigung, deren Lage vor einer bewaldeten Halbinsel zwischen Trave und Wakenitz günstiger schien als die von Alt-Lübeck, gründete er neben einer vermutlich seit Lothars Zeit um die Achse der Mühlenstraße entstandenen Marktsiedlung die neue Stadt. Von Süden her erreichte die Bardowicker Straße über Ratzeburg und eine Wakenitzfurt diese Halbinsel und traf auf deren Höhe mit der von Westen aus Richtung Segeberg heranziehenden, beim späteren Holstentore über die Trave setzenden Verbindung zusammen; gemeinsam führte der Weg dann an der Burg vorbei über den Isthmus weiter nach Wismar-Rostock. Die Beschreibung bei Helmold von Bosau betont, daß sich Adolf ein günstiger Hafenplatz bot.

Entscheidend waren aber die gleichzeitigen weiteren Maßnahmen Adolfs zur Stützung der neuen Anlage: er hatte als erstes die Burg Segeberg mit einer Mauer neu befestigt; dann zog er durch Aufruf bäuerliche Neusiedler von der flämisch-friesischen Küste, aus Westfalen, Niedersachsen und Nordelbien herbei, wie es zuerst unter Lothar an der mittleren Elbe geschehen war, und siedelte das Hinterland der neuen Travegründung planmäßig auf. Damit gewann der Ort auf der Halbinsel einen festen Rückhalt im Umlande, wie er Haithabu-Schleswig immer gefehlt hat. Adolf war in diesen Jahren nach dem Tode Herzog Heinrichs des Stolzen und der Kaiserin Richenza sowie der zweiten, babenbergischen Heirat der Kaisertochter Gertrud als Vormund des 12–14jährigen Löwen die führende Gestalt der lotharisch-welfischen Partei in Sachsen. Ihm dürfte vornehmlich der Ausgleich mit Konrad III. zu danken sein, und so wird er auch in Bardowick, der Hauptnachschubbasis für Lübeck, die bürgerlichen Unternehmer für seine Travegründung gefunden haben. Das Interesse lag so eindeutig auf beiden Seiten, daß die Frage nach dem ersten Anstoß für das Zusammenwirken müßig erscheint.

Viele Gründe sprechen dafür, Adolfs Burgbau und die zur Stadt erweiterte bürgerliche Ansiedlung auf der Insel, wahrscheinlich am Traveübergang in Hafennähe um die Petrikirche herum, in das Jahr 1143 zu setzen; jedenfalls war auch die Stadt spätestens 1146 vorhanden. Das Schrifttum über die Gründungsvorgänge bis hin zu der den ersten Zeitabschnitt beendenden Privilegierung durch Heinrich den Löwen im Jahre 1163 ist so uferlos, daß hier nur eine ganz knappe Auswahl gegeben werden kann. Rörigs ebenso ideenreiche wie temperamentvolle Arbeiten sind in einem Sammelbande von 1959 zusammengefaßt. Er sah sich einerseits der klaren, zielsicheren Kritik Adolf Hofmeisters ausgesetzt, andererseits dem energischen Angriff durch Luise von Winterfeld. Ahasver von Brandt, selbst Rörig-Schüler, suchte in zwei Aufsätzen 1956 und 1959 nach einem Standort zwischen beiden, wobei er deutlich seinem Lehrer zuneigte. Ein anderer Rörig-Schüler, Fritz Lenz, hat die räumliche Entwicklung der Stadt untersucht und in dem Zusammenhang Adolfs Anlage nahe der Mühlenbrücke und des Doms gesucht, also ganz im Süden des Stadtwerders. Was er wohl zutreffend beobachtete, gehört vermutlich aber schon der Marktsiedlung einer Zeit vor Adolf an.

Scharf ablehnend gegen Rörig verhielt sich Theodor Mayer, der zuletzt 1956 „Die Anfänge von Lübeck" knapp und präzise, wenn auch extrem beurteilte. Bis heute klingen die Auffassungen von Rörig aber immer wieder an, so bei Heinrich Reinckes glänzendem Essay „Über Städtegründung..." 1957. Umgekehrt ist die Kritik an ihm einseitig überspitzt bei Johannes Bärmann, 1961, mit einer ganz verfehlten Einstellung zur Stadtgrundrißforschung. So ist im Grunde jeder Fußbreit lübischen Bodens, jeder Satz lübischen Rechts umstritten. Zuletzt hat sich Walter Schlesinger 1968 mit einem neuen, wohl abwegigen Lösungsvorschlag für die topographische Interpretation zu Wort gemeldet. Unsere Auffassung findet sich im Deutschen Städteatlas III, 7/1984 begründet. Erich Hoffmann folgt in der von Antjekathrin Grassmann herausgegebenen neuen „Lübeckischen Geschichte" (2. Aufl. 1989) den teilweise abweichenden Urteilen der Bodendenkmalpflege am Ort.

Am Vorabend des Wendenkreuzzuges von 1147 hören wir erstmals wieder von der jungen Siedlung. Damals überfällt der Obotritenfürst Niklot von Mecklenburg Lübeck zu Schiff, um dem Angriff auf sein Land zuvorzukommen. Burg und Bürgersiedlung nebst Hafen sind auf dem Werder noch weit voneinander entfernt, wie der Bericht Helmolds klar ergibt. Die schauenburgische Plananlage kann daher nicht gut bei der Jakobikirche gesucht werden. Es gibt vermutlich ein Suburbium bei der Burg, aber die Bürgersiedlung hat man im Südteil der Halbinsel zu lokalisieren. Von der Burg aus schickt man „ad civitatem et ad forum". „Aber das Stadtvolk war", so klagt Helmold, „vor Trunkenheit (wegen des Johannisfestes zu Mittsommer) weder aus Betten noch Barken zu bringen, bis es, von Feinden umzingelt, die warenbeladenen Schiffe durch hineingeworfene Feuerbrände verlor. Über 300 Männer wurden damals dort erschlagen; Rudolf, den Priester, durchbohrten die Barbaren auf der Flucht zur Burg." Hier haben wir es mit einer ansehnlichen Siedlung in vollem Aufbau zu tun, wenn sie auch noch nicht annähernd den über 100 ha großen Stadtwerder ausfüllte. Rörigs Versuche, die Helmoldberichte über das erste Neu-Lübeck zu bagatellisieren, hat Hofmeister widerlegt.

Der Chronist war Zeitgenosse und Vertrauter Vizelins, des im Anschluß an den Wendenkreuzzug zum Bischof von Wagrien erhobenen Abtes von Neumünster, er war hier bestinformiert und wußte vom sofortigen Wiederaufbau zu berichten, für den Vizelin selbst 1150 einen Altar weihte, vermutlich seinem bevorzugten Heiligen, dem Bischof Nikolaus von Myra. Dennoch war dem Neubeginn weiter keine ruhige Entwicklung beschieden: zwischen dem Löwen und Graf Adolf kam es vielmehr zu wachsender Entfremdung, weil der Schauenburger mit der neuerschlossenen Saline von Oldesloe bei Lübeck ein dem alten Gespann Lüneburg-Bardowick ganz ähnliches Paar geschaffen hatte, zu dem eine rasch um sich greifende Abwanderung aus dem alten südelbischen Zentrum einsetzte. Im gleichen Maße, wie Adolfs Einkünfte von Oldesloe und Lübeck zu fließen begannen, drohten die des Löwen von Lüneburg und Bardowick zu versiegen. Heinrich dachte nicht daran, sich den

Weg zur Ostsee, den sein Großvater gewiesen hatte, durch seinen Vasallen verlegen zu lassen. Mit der ihm eigenen Rücksichtslosigkeit hob er die Hand gegen den um Lothars Haus und seine eigene Jugend so verdienten einstigen Vormund, sobald ihm der Ausgleich mit dem eben zur Krone gelangten Vetter Barbarossa den Rücken frei gemacht hatte. Noch 1152 ließ er die Oldesloer Saline verschütten und forderte von Adolf die Hälfte der „civitas Lubike", weil dorthin fast alle „mercatores" von Bardowick verzogen seien. Als der Graf ablehnte, verbot der Herzog den Lübecker Fernhandelsmarkt; daß er den Lebensmittelmarkt bestehen ließ, ist für uns der erste Hinweis für die Anwesenheit ortsgebundener Marktsiedler auch in Lübeck. Das von Rörig gänzlich übersehene Zusammmenspiel von Kaufleuten und Kleingewerblern hat es also auch in dieser reinen Gründungsanlage gegeben. Die von Adolf durchgeführte Aufsiedlung ihres Umlandes bot hinlängliche Lebensmöglichkeit für den Nahmarkt, und auch die Fernhändler blieben trotz des herzoglichen Verbots in der Stadt.

Es gibt sogar Anzeichen dafür, daß während Heinrichs Abwesenheit auf dem Romzuge seit Herbst 1154 Lübecks Handel und Bewohnerschaft wieder zugenommen haben; jedenfalls dient sein Markt im Winter 1155/56 als Versammlungsort der ganzen Landesgemeinde. Im folgenden Sommer kam ihm die schwere Bedrängnis der Schleswiger zustatten, die erneut in den dänischen Thronstreit gezogen wurden, ein Heer des Löwen mit dem Prätendenten Sven Grathe vor ihren Wällen erfolglos operieren sahen und schließlich im Winter der Plünderung russischer Kauffahrer in ihrem eigenen Hafen durch Sven zusehen mußten. Als Waldemar I., einziger Sohn Knut Lawards, von Jütland her sich 1157 durchsetzte und anschließend die von Sven Grathe Schleswig verliehenen Rechte beiseite schob, war die Folge eine starke Abwanderung ansässiger Fernhändler, vor allem aber der baltischen Gäste nach Lübeck.

Hätte die Travestadt nicht im Herbst 1157 eine vernichtende Feuersbrunst erlebt, so wäre vermutlich die wirtschaftliche Entwicklung über die fiskalischen Maßnahmen Heinrichs des Löwen hinweggegangen; so aber erlahmte der bürgerliche Widerstand. Die Lübecker suchten wegen des Wiederaufbaus eine Übereinkunft mit dem Herzog und dem Grafen herbeizuführen. Als Adolf sich weiter weigerte, seine Rechte preiszugeben, gaben die Städter dem Herzog nach, verließen den Stadthügel und versuchten weiter oberhalb an der Wakenitz, auf Ratzeburger Boden, eine neue Anlage mit dem bezeichnenden Namen „Lewenstat" zu errichten. Dabei unterscheidet Helmold abermals „institores et ceteri habitatores urbis", also die vermutlich als Gilde organisierte Fernhändlergruppe und die gewerbliche Ortsgemeinde. Der neue Platz lag bei weitem ungünstiger. Den Bürgern, die wohl von Anfang an nicht ernstlich an eine dauernde Verlegung gedacht haben, gelang es wahrscheinlich im Sommer 1158, Heinrich von der Fehlplanung zu überzeugen. Er kam jetzt Adolf „multa spondens" entgegen und dieser bequemte sich endlich, „wozu die Not ihn zwang" (immer laut Helmold), und trat den Lübecker Werder an den Herzog ab, nach Ahasver von Brandts einleuchtender Argumentation vermutlich im Herbst oder Winter 1158/59. Nun endlich konnten die Bürger auf die Halbinsel zurückkehren, wo ja immer noch die Burg lag, und sie begannen, wie Helmold seinen Bericht schließt, „Kirchen und Befestigung der Stadt wieder aufzurichten“. Da die Burgkapelle bei dem Abstand zwischen Stadt und Kastell um diese Zeit kaum mit abgebrannt sein kann, müßte es demnach schon vor 1157 mindestens zwei Kirchen in der Stadt gegeben haben, ferner eine Wallbefestigung. Möglicherweise hat der Schleswiger Zuzug Anfänge einer zweiten Pfarre nach sich gezogen.

Damit ergibt sich, daß zwar 1159 ein gänzlicher Neuaufbau erfolgt sein mag, daß er aber durch das Gelände, die Straßenlage und fortdauernde Besitzrechte der abgebrannten Bürger beeinflußt worden sein muß. Lübecks Anlage von 1159 war keineswegs etwas so völlig Neues, wie das Rörig immer wieder postuliert hat; selbst wenn die Marienstadt 1159 erstmals vermessen worden sein sollte, so ist sie doch nur ein dritter Teil der im Grundzug seit vor 1143 festgelegten Anlage. So wenig der Grundriß mit den Zähringerstädten zu tun hat, wie das noch Mayer annahm, so wenig kann der Herzog auf ihn maßgeblich eingewirkt haben, weil er schon Pfingsten 1159 wieder zum Italienzuge aufgebrochen ist. Immerhin hatte er noch Boten an Hauptorte und Herren des baltischen Raumes entsandt, die Frieden und Freihandel im neuen Lübeck anbieten sollten.

Die trapezförmige Marienstadt, am Straßen- und Grundstücksraster, am zentral gelegten Doppelquadrat von Markt und Kirchplatz sowie an der Lage zur Hauptverkehrsachse auf dem Hügelkamm eindeutig als Plangründung erkennbar, ist eine Anlage der unternehmenden Bürgerschaft, ausgebaut erst im letzten Drittel des 12. Jahrhunderts. Ein Privileg des neuen Stadtherrn können wir zwar vermuten, es ist aber verloren, und so bleiben wir für die Verfassung auf Hypothesen angewiesen. Rörig hat, angeregt durch das erhaltene, aber heiß umstrittene Freiburger Gründungsprivileg und dessen Auslegung von Franz Beyerle, auch für Lübeck einen Gründerverband von Fernhändlern angenommen. Dieses „Unternehmerkonsortium“, also einen Personalverband, glaubte er aus den Eigentumsverhältnissen am Markt erschließen zu können; doch seine mit stupendem Fleiß dafür gesammelten Belege gehören erst in das späte 13. Jahrhundert, und was er in anderen Städten als Parallelen zu erkennen glaubte, ist ihm von der kritischen Forschung aus der Hand geschlagen worden. Er übersah den wichtigen lokalen Marktverband, die Ortsgemeinde, und verbaute sich damit den zunächst so richtig eingeschlagenen Weg.

Auch der ideenreiche Versuch von Burkhard Scheper, dessen richtige Unterscheidung der „kolonialen“ Gründungssituation Lübecks von den „traditionalen“ Verhältnissen innersächsischer Altstädte mit ihrer Vielzellig- und Mehrkernigkeit, ihren durch überkommene Bindungen eingeengten Verfassungsbedingungen an sich einen wesentlichen Fortschritt bedeutet, nun vom Postulat einer völligen Neugründung Lübecks im Jahre 1159 aus zunächst ein Interim, eine dem Aufbau Rechnung tragende Übergangslösung anzunehmen, die erst 1163 endgültig fixiert worden wäre, scheitert an der nicht zu bezweifelnden Tatsache siedlungsmäßiger Kontinuität in Lübeck seit mindestens 1138, vermutlich aber schon 1131.

Eine kluge Mittelstellung zwischen den Hypothesen nimmt Edith Ennen ein, die ganz richtig mit einem örtlichen Schwurverbande, einer Bürgergemeinde als Verhandlungspartner sowohl des Grafen wie des Herzogs rechnet. Daß diese Gemeinde nach unseren bisherigen Feststellungen aus Kaufleuten und Gewerbetreibenden zugleich bestanden haben dürfte, daß sie also anders strukturiert war – lokal, nicht personal – als der von Rörig angenommene Gründungsunternehmerkreis, müssen wir nochmals betonen. Neben dieser Gemeinde, aus der heraus sich später ein handelnder und führender Ausschuß gebildet haben wird, ja wahrscheinlich noch vor ihr, wird es auch in Alt-Lübeck eine Fernhändlergilde gegeben haben, angesichts der Funktion dieses Platzes schon unter Knut Laward im Zuge des Gotlandhandels. Nur darf man auch hier nicht mit Rörig oder Planitz Unternehmergilde und Ausschuß des örtlichen Schwurverbandes identifizieren. Lübecks Entstehung tritt damit in den allgemeinen Rahmen städtischer Entfaltung im frühen 12. Jahrhundert, aus dem sie Rörig als etwas grundsätzlich Neues herausheben wollte. Sie bleibt dennoch bedeutsam genug.

Schleswig und Lübeck haben wir so als Pfeiler und zugleich Rivalen am Tor zur Ostsee kennen gelernt. Schien es unter Knut Laward bis 1131, als beide Hauptzugangshäfen zum baltischen Meere den gleichen Stadtherrn hatten, noch einmal so, als gewinne Schleswig Haithabus alte Schlüsselstellung zurück, so begann sich danach die Waage langsam zugunsten von Lübeck zu senken. Waren in Schleswig friesisch-niederrheinische Kräfte in Verfassung und Recht neben den jütischen und sächsischen immer noch einflußreich, so überwogen die sächsischen in Alt- und Neu-Lübeck eindeutig. In den Wirren nach Knuts Tode konnte sich Schleswig zwar unerobert behaupten, durch seine Unterstützung sogar einmal den Thronstreit zugunsten von Knuts Erben entscheiden, es mußte aber schwere Handelsschädigungen hinnehmen, die schließlich nach der Jahrhundertmitte zur Abwanderung vieler Kaufleute und vor allem der östlichen Handelsgäste nach Lübeck geführt haben, das erst jetzt, aber dafür endgültig, dem sicheren Reichsschutz unterstellt wurde. Schleswig behielt seine Bedeutung als Bischofssitz und Landschaftsmitte, ist aber mit der nachfolgenden dänischen Machtentfaltung unter Waldemar I. für ein Jahrhundert als nunmehr zunehmend deutsche Stadt im dänischen Machtbereich fixiert worden.

Damit hat sich Lübeck, das geographisch durch seine Nähe zur Elbmündung wie zur rückwärtigen Etappe Bardowick-Lüneburg ohnehin günstiger gelegen war, nachdem es einmal aus dem strittigen und gefährdeten Grenzsaume herausgehoben werden konnte, im Wettlauf um die Führung schließlich doch durchgesetzt. Mit der Verlegung als Handelsplatz auf den großräumigen Hügel zwischen Trave und Wakenitz ab 1131 setzte die entscheidende Wende ein; sie hat kontinuierlich bis zur vertraglichen Regelung von 1159 durchgehalten, über eine Kette von schweren Krisen hinweg: den Obotritensturm 1147, das Ringen um die Stadtherrschaft zwischen Adolf und dem Löwen seit etwa 1150 und den großen Stadtbrand von 1157 nennen wir nochmals als Höhepunkte. Lübeck war gegen Rörig nicht die Wiege einer grundsätzlich neuen Bürgerverfassung, schon gar nicht, wie später noch zu behandeln ist, der Ratsverfassung nördlich der Alpen. Von dieser Auffassung seiner ersten Arbeit ist übrigens Rörig selbst später vorsichtig abgerückt; sie war inspiriert durch den seinerzeit aufsehenerregenden Vortrag des frühverstorbenen Siegfried Rietschel über „Die Städtepolitik Heinrichs des Löwen".

Vielmehr sahen wir, daß in Lübeck mit dem gleichen Terzett stadtschaffender Kräfte zu rechnen ist, dem wir bei älteren, innersächsischen Städten begegnet waren, wenn uns auch die Überlieferung nur Andeutungen gönnt, weil von den Vereinbarungen zwischen Stadtherren und fernhändlerischen wie marktgewerblichen Kräften des Bürgertums aus der Zeit der Stadtanlage nichts erhalten ist. Was von viel späteren Quellen her und mit unbefriedigenden Analogieschlüssen auf mittel- und oberdeutsche, vermeintliche Parallelelen über ein Konsortium von Gründungsunternehmern durch Rörig gesagt worden ist, entbehrt für Lübeck der Beweiskraft und leidet an der einseitigen Überschätzung der fernhändlerischen Führungsfunktion gegenüber dem ortsgebundenen Schwurverbande der Bürgergemeinde.

Müssen wir damit Wortungetüme wie die „Gründungsunternehmerstadt" als unverwendbar beiseite legen, so ändert das doch nichts an der modellhaften Bedeutung des Stadtbildungsfalles Lübeck für die Geschichte des Bürgertums allgemein wie für die der Hanse insbesondere. Abgesehen von den erwähnten Gründungen der Zähringer können wir auf deutschem Boden nur die aus Lothars Bahnen gewachsenen, noch sehr unzulänglich untersuchten Bemühungen König Konrads III. um die Anlage neuer Städte zum Vergleich nennen. Darunter finden sich allerdings bedeutende Fälle wie Ulm, Nürnberg oder Meißen, aber weder nach dem Umfang, noch nach der von Anfang an gegebenen Aufstiegschance lassen sie sich mit dem Stadthügel von Lübeck vergleichen. So wie die auf diesen Hügel gepflanzte Bürgerzelle mit innerer Notwendigkeit zur Ausfüllung seines ganzen Areals drängen mußte, und auch zweifellos von Anfang an daraufhin gezielt hat, so war der Lebensraum Lübecks als Ganzes notwendig hingewiesen auf die Einbeziehung des gesamten Ostseebeckens, zu dem die Stadt um 1150 zwar noch nicht den einzigen, aber den zukunftsreichsten Schlüssel bot. Eben das aber hat Rörig mit intuitiver Klarheit erfaßt und im weiteren Ablauf glänzend verfolgt.

Uns bleibt, nachdem wir die Umstände schon behandelt haben, unter denen Lübeck instand gesetzt worden ist, das alte Haithabu-Schleswig zu überholen, noch ein vergleichender Blick auf den dritten, potentiell zur Erschließung des Ostseebeckens von Westen her verfügbaren Großhafen das frühen 12. Jahrhunderts, auf Stettin. Es liegt auf der Hand, daß hier von vornherein erheblich andere Voraussetzungen gegeben waren. Befand sich Schleswig an der Nahtstelle zwischen Deutschen, Skandinaviern und Slawen, lag Lübeck immer noch in der grenznahen Randzone westslawischer Macht, zu der es relativ früh möglich wurde durchzustoßen, so bildete Stettin das kräftige Zentrum einer unverändert bestehenden Fürstengewalt, die sich eben während der Missionsreisen Ottos von Bamberg einer zweiten polnischen Bedrohung – nach der ersten unter Miesko und Boleslaus dem Kühnen – mit Erfolg zu erwehren gewußt hatte.

Otto hat, wie in Wollin, so auch in Stettin zwei Kirchen gegründet, eine „in medio foro" für die schon christlichen Fernhändler, die andere „ante portam civitatis", also vor dem Tor der Fürstenburg, für die Slawenmission. Diese Adalbertskirche, dabei bleibe ich gegen andere Vermutungen, dürfte mit der späteren Peter-Pauls- oder Petrikirche zu identifizieren sein. Der Bamberger Bischof hat sich also dem Nebeneinander zweier ganz verschiedenen Bezirke angepaßt: im slawischen galten – wie wir schon erkennen konnten – Klientel und Zweischichtigkeit von Herren und Untertanen, fehlte die Ablösung vom Umlande; im Fernhandelsmarkt muß zumindest mit Personalgemeinden der westlichen „hospites" gerechnet werden.

Lange hören wir wenig von Stettin; es wird beim Wendenkreuzzug 1147 belagert, obgleich doch die Pomoranen schon Christen sind, es hat 1173 einen Kastellan, das typische Führungsorgan westslawischer Burgbezirke. Um diese Zeit aber baut ein aus Bamberg gebürtiger, schon lange in Stettin ansässiger Kaufmann Beringer die Jakobikirche als dritte Stadtpfarre für einen ganz neuen Ortsteil westlich der Burg mit Rechteckmarkt und Planstraßennetz, ganz ähnlich den etwa gleichzeitigen Anlagen von Stendal oder Jüterbog. Hier siedeln mittelelbische Zuzügler, das beweist ein Privileg des 13. Jahrhunderts: nach ihm wird 1237 zunächst einmal das „oppidum" von älteren Gerichtsrechten slawischer Nobiles befreit und zu deutschem Recht umgesetzt. Gemeint ist das alte Forum der Fernhändler, denn zweitens werden alle Deutschen „extra ipsum oppidum" zur Jakobikirche gepfarrt, während sich die Slawen zur Peterskirche halten sollen. Drei Bezirke mit verschiedener Rechtslage finden sich also um die Burg. Das ändert sich nun aber alsbald, denn sechs Jahre später erhält endgültig ganz Stettin 1243 Magdeburger Recht. Neben den slawischen Burgmarkt und die Fernhändlersiedlung, zunächst von gemischt skandinavisch-westlicher, um 1200 aber, wie nach dem wohl damals neu gewählten Kirchenpatron Nikolaus zu schließen, von vorwiegend lübisch-niedersächsischer Herkunft, war also seit etwa 1170 eine große, wohl mittelelbisch besiedelte Neustadt Jakobi getreten. Im 13. Jahrhundert erst vollzog sich der Rechtsausgleich: die jüngste und daher rechtlich am günstigsten gestellte Jakobistadt setzte ihr Magdeburger Recht zunächst in der Nikolaistadt, endlich auch in der alten Slawensiedlung Peter und Paul durch.

Stettin ist damit ein Modellfall für die komplizierten Verfassungsverhältnisse in den westslawischen Hauptorten, deren verschiedene Bewohnerkreise oft jahrhundertelang nebeneinander lebten, bevor sie durch einen Rechtsausgleich miteinander verschmelzen konnten, dem der Volkstumsausgleich dann oft rasch gefolgt sein dürfte. Für die Kraft des Bürgertums ist es bezeichnend, daß sich dabei durchweg die günstigste Rechtslage auf die übrigen Kreise übertragen hat. Gegenüber einer so rechtlich-homogenen Anlage wie Lübeck waren aber Städte vom Typ Stettins wettbewerbsmäßig durch Elemente der Rechtsungleichheit gehemmt.

Nun hatten zwar diese Unterschiede in vergangenen Zeiten nicht daran gehindert, daß Fernhandelsgäste gingen und kamen, aber seit Lübeck 1159 klare und gesicherte Rechtsverhältnisse erreicht hatte, gewann es doch einen entscheidenden Vorsprung. Wir werden sehen, daß es ihn in Krisenjahren wie 1181, 1195 und 1201 sogar noch entscheidend vergrößern konnte. Dagegen klärten sich die Verhältnisse an der pomoranischen weiteren Südküste der Ostsee erst im späten 12. oder gar im frühen 13. Jahrhundert, zu einer Zeit also, in der das überlegene Vorbild der Travestadt bereits die normierende Kraft gewonnen hatte.

Damit ist die Bedeutung des Jahres 1159 nochmals unterstrichen, wenn auch keine Rede davon sein kann, daß die deutsche Schiffahrt nach Gotland damals „schlagartig“ eingesetzt hätte, wie das Rörig im Bemühen behauptet hat, den Lübecker Neugründungsakt auf jede Weise zu überhöhen. Dem entspricht es, daß er Lothars Privileg von wahrscheinlich 1134 möglichst abzuwerten sucht. Der Schüler Vogels, S. Mews, hat aber in seiner Dissertation "Gotlands Handel und Verkehr im frühen Mittelalter“ 1931 genug Anhaltspunkte für den lebhaften Seeverkehr schon des frühen 12. Jahrhunderts von und nach Gotland gesammelt, und Rörigs eigener Schüler Koppe sowie der Herausgeber der Löwen-Urkunden Karl Jordan sind zum gleichen Ergebnis gelangt.

Über Gotland und Wisby

Dieser Freibrief von 1134 bildet die Grundlage für den von Schleswig, von Lübeck wie von Stettin aus gleichermaßen zentral wichtigen Handelsvorstoß, der die drei Vororte der südlichen Ostseeküste mit Wisby auf Gotland in Beziehung setzte. War die frühe Schiffahrt von der wikingerzeitlich dicht besiedelten Insel aus wesentlich ein bäuerliches Unternehmen mit einer ganzen Reihe von guten Kleinhäfen gewesen, so kam es auch auf Gotland um 1100 zu einem Konzentrationsprozeß, der zugleich eine Schwerpunktsverlagerung nach sich zog. Wie Lübeck das ältere Schleswig, wie Stettin das große Wollin-Vineta abgelöst hatten so trat anstelle von „Västergarn“, dem zuvor größten, halbkreiswallgeschützten Handelsplatz am gotischen Ostufer, das vermutlich durch günstigere Lage zum tiefen Fahrwasser, vielleicht auch durch besser geeignete Rechtsverhältnisse sich einige Kilometer nördlich davon anbietende Wisby. Schon in vorhansischer, vorlübischer Zeit muß es, wie Birka/Sigtuna, Haithabu/Schleswig oder Wollin/Stettin ein Treffpunkt vieler Zungen gewesen sein; insofern war die Antwort der skandinavischen Forschung auf Rörigs Bemühen, dieses vorlübische Wisby überhaupt wegzuargumentieren, verfehlt: Löning und am abgewogensten wieder Hofmeister haben die gotländische "Völkermesse“ bereits vorlübischer Zeit zutreffend geschildert. Der Göttinger Rechtshistoriker Wilhelm Ebel wies auf die hier wie im übrigen Norden zu fassenden Spuren eines Fremdenrechts mit bodenständigen, hier gotländischen, aber auch mit eingeführten deutschen Rechtssätzen hin, wobei die letzteren besonders Erbe und Eigen betrafen. Auf diese Wurzeln geht noch das spätere „ Biärköarätt“ der schwedischen Städte zurück; der im Wort steckende „Birkenbesen“ war im Norden Symbol des Marktbetriebs.

Gotländischer Eigenhandel ging in unmittelbarer Anknüpfung an die Wikingerzeit nach Schleswig und Stettin ebenso wie nach Polozk-Smolensk und nach

Nowgorod, also düna- und newaaufwärts. Westliche Handelsgäste sind ebenso gesichert seit dem 11. Jahrhundert auf der Insel im Fundbilde nicht nur der Münzen zu erweisen. Erst recht saß zu Zeiten Lothars III. eine sächsisch-deutsche Fernhändlergemeinde wie in Tönsberg am Oslofjord, Roskilde auf Seeland, Lund in Schonen auch im aufblühenden Wisby. Dessen Topographie ist bisher nur unbefriedigend untersucht. Auszugehen ist von einer ziemlich exakten Karte des Holsteiners Mejer von 1646. Sie zeigt sowohl den alten, weiter nördlich als heute gelegenen Hafen, als auch den weiten Mauerkreis, in dem sich durch vier Haupttore die Wege aus dem Landesinneren vereinigen, wobei sie den Steilhang des Kalkmassivs nur an drei Stellen ohne Treppenführung überwinden können, um zum Hafen als ihrem eigentlichen Ziel zu gelangen. Am bequemsten ist der Zugang durch die Norderport; in ihn mündet zwischen den Kirchen Drotten, Clemens und Olaf der zweite Hauptstrang ein, von der Öster- und der Söderport her in weitem Bogen den Hang hinabführend. Nur hier zeigt unsere alte Karte, daß die Bebauung an diesen Wegen bis zur Mauer hinaufreichte. Die dritte Wegspur kam von Süden und führte an der (späteren) Visborg, einer Anlage erst des frühen 15. Jahrhunderts, vorbei zum Hafen bzw. zum ersten Ortskern, der um St. Per zu suchen ist und unbefestigt unter dem steilen Klinthang lag. Noch das heutige Ortsbild läßt hier ein Kernoval fassen; dort und am nahen Donnersplatz beim Strand massieren sich die wikingerzeitlichen Funde. Ferner sieht man eingezeichnet die Klintkante mit ihren Durchlässen von Süden, in der Mitte von Adelsgatan und Hästgatan her sowie von der Norderport aus. Die Rekonstruktion von Lundberg hat wohl richtig erkannt, daß zwischen Norderport und Hafen ein breiter Kaufanger zu vermuten ist, der sich allerdings zwischen Drotten und Russischer Kirche noch eindeutiger in den Bogen des von Öster- und Söderport herabführenden Fernwegs hinein fortgesetzt haben dürfte. Von der alten Peterspfarre abgesehen sowie der nachweislich erst zwischen 1180 und 1225 neu errichteten Hauptkirche St. Marien, deren Randlage scharf unter dem Steilhang sie als jüngeren Kirchbau kennzeichnet, ordnen sich alle Kirchen diesen Fernwegen zu, wobei die verschwundene Michaeliskirche neben der Adelsgatan zu beachten ist.

In der Kette von Kirchen am erschlossenen Kaufanger fallen besonders Nikolai und Hl. Geist auf sowie Drotten-Dreifaltigkeit. Hier sind Patrozinien verwendet, die auch in Schleswig, Lübeck und zum Teil Stettin wiederkehren. Das Münzhaus am Nordertor, älter als die Mauer, sowie der Pulverturm am Hafen als Endpunkte der Kette dürften auf die Ausdehnung der Siedlungsfläche des 12. Jahrhunderts hinweisen; Russen und Gotländer werden am Fernweg über den (späteren) Markt zur Öster- und Söderport gesessen haben. Zu Recht hat weiter Weibull betont, daß in Wisby, wie in Schleswig oder in der späteren dänischen Anlage von Reval, eine Knutsgilde vorhanden war; ob er daraus und aus einem um 1180 erteilten dänischen Privileg auf eigene dänische Beteiligung am Ausbau von Wisby schließen kann, oder ob man darin mit Koppe nur einen weiteren Hinweis auf Schleswig zu sehen hat, ist im Grunde ohne Belang. Die Gildetradition blieb jedenfalls lebendig, auch nachdem der über Bardowick und Lübeck nach Wisby zuströmende westfälische

Fernhändlerkreis längst die Führung in der jungen Stadt übernommen hatte. Als 1159 ein Rechtsstreit zwischen Deutschen und Gotländern über die Regelung des Verkehrs an der Schiffslände sowie die gotischen Gegenhandelsrechte in Sachsen ausbrach, wandte man sich an den seit 1154 als „vicarius regis“ für den Norden auf die Höhe der Macht gelangten Enkel Kaiser Lothars, Heinrich den Löwen. Der Herzog fertigte Deutschen wie Goten über den von ihnen beschworenen Frieden eine Urkunde aus: „de bestedeghede“, sagt die Präambel des späteren Stadtrechts von Wisby, „uns den vrede unde dit recht, alset vore sin aldervader keyser Lothar ghegeven hadde.“ Ein Zusatz zur deutschen Ausfertigung ergibt, daß damals um 1160 ein Obmann Ulrich auf Gotland für die Deutschen zuständig war, dem der Herzog die Überwachung der vertraglichen Vereinbarung auftrug. Rörig hält ihn für den Aldermann der Fernhändlergilde.

Der Name „Wisby“ fehlt in dem nur abschriftlich in zwei Fassungen erhaltenen Text, er taucht chronistisch 1203, urkundlich überhaupt erst 1225 bei der Weihe der Marienkirche auf. Von den 14 in Wisby selbst nachgewiesenen Patrozinien kommen in Schleswig nicht weniger als elf vor, in Lund neun, in Roskilde sechs. Alle fünf in Sigtuna belegten Patrozinien sind auch in Wisby vertreten. In seinen grundlegenden Aufsätzen über die Kaufleutekirchen von 1958 und 1963 ist Paul Johansen dieser merkwürdigen Häufung von Kirchen an den führenden Fernhandelsplätzen des Nord-Ostseeraumes weiter nachgegangen. Mit dem Schweden Erik Lundberg stimmt er darin überein, die meisten von ihnen als typische Personalpfarren von Fernhandelsgilden aufzufassen, wobei etwa die Norweger und Schweden Olaf, die Dänen Clemens, die Russen Laurentius-Lars, die Gotländer Per bevorzugt hätten. Die Sachsen haben dazu namentlich Nikolai, Marien und Michaelis gefügt, ferner die typischen Klosterpatrozinien Johannis, Marien-Magdalenen, Katharinen sowie die Spitalspatrozinien Hl. Geist, Georgen und später Gertruden. Einer jüngeren Schicht gehörten anscheinend auch die Jakobikirchen zu. Bei Behandlung der Ostseestädte kommen wir darauf zurück.

Zur Genesis der Kaufleutekirche hat Johansen auch an die zahlreichen Kaufmannskirchen von Dorestad und Bardowick erinnert. Indem er Vogels treffenden Ausdruck „Fahrmännerstädte“ wieder aufnahm, kam er zu dem Ergebnis, daß hier zwar durch direkte Unterstellung unter den König eine gewisse, rechtliche Ablösung vom umliegenden Lande erfolgt sei, daß aber diesen Orten dennoch fehlte, „was wir städtische Autonomie nennen würden, weil es wohl Körperschaften gab, welche die Handelstreibenden vereinigten, aber nicht eigentlich einen Bürgerstand.“ Johansen vermißt den „selbstbewußten Gegensatz zum Lande“, „denn es bestand kein sozialer Unterschied der Bevölkerung zwischen Stadt und Land“. So habe „erst die bürgerliche Einwanderung der Ausländer … die Grundlagen zur Entstehung eines bürgerlichen Mittelstandes im skandinavischen Norden gelegt.“ Dem entspreche, daß „fast alle Ausdrücke des autonomen Stadtlebens … Rat, Bürger, Bürgermeister, Bürgerrecht, Rathaus, ja ‚Stadt‘ selbst … (Lehnwörter) … aus dem Niederdeutschen“ seien.

Wir sehen uns da auf Schritt und Tritt an die Stettiner Verhältnisse erinnert: dort wie hier keine volle Exemtion der städtischen aus den landschaftlichen Zusammenhängen, dort wie hier Korporationen der Fremden, nicht der Eingesessenen, dort wie hier schließlich eine Übertragung westlich-städtischer Verfassungsformen mit nachfolgender Angleichung der älteren Ortsteile. Gab in Stettin dafür das mittelelbische Vorbild den Ausschlag, so in Wisby das lübische. Die Privilegierung durch Heinrich den Löwen muß man im Zusammenhang mit seinem Aufruf an Dänen, Schweden, Norweger und Russen sehen, den Zugang zu freiem Handel in seiner neubegründeten Stadt Lübeck zu nutzen. Bald danach dürfte es zur Anlage einer Gründungsstadt unter St. Marien in Wisby gekommen sein. Zu ihrer ungefähren Datierung ist auch auf die mit Schweden geschlossenen Handelsverträge des Herzogs von 1173 und 1179 sowie auf ein für Marien-Wisby zu errechnendes Baudatum 1190 zu verweisen. Die Plananlage hatte sicher nicht die von LUNDBERG rekonstruierte Halbkreisform unter dem Steilhang. Der Blick vom Marienturm zeigt den Klint in steiler Höhe – sie hätte jede Verteidigung dagegen unmöglich gemacht, wie sie doch nach den Streitigkeiten vor 1160 stets wieder nötig werden konnte. Richtig ist aber, daß hinter der Strandgatan als Marktbreite am Ufer eine doppelte, planmäßig eingekrümmte Straßenleiter angelegt wurde (Hansgatan und Mellangatan). Ihre typischen, sehr an die Lübecker „Gruben" erinnernden Quergassen zum Hafen hinab heissen hier „Gränd" und sind noch heute nach vielen Hansestädten benannt. Dieser Plangrundriß verband das alte Fernhandelsviertel zwischen Norderport und Pulverturm mit der gotländischen Vorsiedlung um Per und Hans.

Im Zusammenhang damit wird jene große, bewußt auf den Steilhang vorgeschobene und auf weiteren Zuwachs der Stadt berechnete Halbkreisbefestigung entstanden sein, wohl zunächst als Holzerdewerk, das den im Süden liegenden Sand sowie den Bereich der späteren Visborg noch nicht mit umfaßte. Der Blick nach Süden zeigt auch die Lage des Katharinenklosters der Franziskaner am Markt; beide können erst lange nach der Stadtbildung entstanden sein; erst nach 1250 wuchs die riesige Steinmauer auf, bis in das 14. und 15. Jahrhundert verstärkt durch zugefügte Türme, die nun im Oberteil oktogonal abgeschrägt wurden, und auf der Mauer reitende Weichhäuser.

Die entscheidende Plananlage müssen wir also um 1180 datieren. Ihr folgte der Neubau von St. Marien als Stadtkirche der Deutschen, vielleicht unter bald vorgenommener Auflassung von St. Nikolai für eine Klosteranlage der Dominikaner. Es war demnach bereits die Generation der Lübecker Gründersöhne, deren Zugriff zusammen mit frisch nachströmenden westfälisch-niedersächsischen Kräften in das gotländische Landschaftszentrum neben den Messeplatz der Fahrmännergilden eine deutsche Gründungsstadt mit Marienkirche nach Lübecker Muster hineinpflanzte. Das geschah gewiß nicht ohne indirekte Geburtshilfe der „Kaufleutegemeinschaft vom gotländischen Ufer", also der niederdeutschen Gilde, die eben damals an Umfang und Einfluß alle anderen Verbände von Handelsgästen weit überholt haben muß, aber auch hier ist der personale Kaufleuteverband nie mit der Stadtgemeinde von Wisby identisch gewesen. Älter als sie, bestand er in ihr und neben ihr weiter; erst jetzt sollte er den Höhepunkt seiner Geltung erreichen.

Fast gleichzeitig sahen wir so eine Generation nach der lübischen Gründerzeit an beiden Rändern der mittleren Ostsee zwei planmäßige Stadtanlagen erwachsen: die Jakobistadt zu Stettin, die Marienstadt zu Wisby. Hinter der einen standen vorwiegend mitteldeutsche Kräfte aus dem Raume Bamberg-Magdeburg, hinter der anderen niederdeutsche aus dem Raume Dortmund-Lübeck; Stettin lag in westslawische Verfassungsverhältnisse eingebettet, Wisby in skandinavische; an der Oder gab es bereits ein altes Forum westlich/nordischer Fernhändler mit eigener, auf den Bamberger Missionar zurückgehender Marktkirche (später St. Nikolai) neben der den Slawen zugeordneten Taufkirche (St. Petri), auf Gotland befand sich der alte Messeplatz von mancherlei Zungen mit einer ganzen Reihe von Kaufmannskirchen für die landsmannschaftlichen Personalgemeinden neben der alten Ortspfarre. Galten in Stettin herrschaftliche Verhältnisse unter Fürst und Adel mit ihrer Klientel, ihrer Vorort und Umland umfassenden Burgbezirksordnung, so auf der Insel die aufeinander bezogenen skandinavischen Bindungen von König, Adel und Volk, der landesgemeindlich ebenfalls – wenn auch in ganz anderer Weise – Bauernsiedlung und Landesmitte zusammenfügende Rechtskreis. Hier wie dort aber lebte am Zentrum eine Gruppe von Gästen unter Fremdenrecht, genoß Privilegien und Schutz, weil ihre Anwesenheit dem Lande und der Landesführung zugute kam; hier wie dort wuchs unter Mithilfe dieser Gruppe durch Übertragung einer fertigen Stadtgemeinde westlicher Prägung ein auch topographisch eigenständiger Ortsteil, dessen durchgebildete Verfassung später die älteren Ortskerne schrittweise anglich und schließlich einbezog.

Damit haben wir im Modellfall die Ausbreitung der abendländischen Stadt sowohl im östlichen Mitteleuropa wie im skandinavischen Norden vor uns, bei diesen frühen Anlagen des 12. Jahrhunderts noch vielfältig kompliziert durch die städtischen Vorsiedlungen, später dann in hundertfacher Wiederverwendung genormt. Die Wurzeln liegen dafür weniger in machtpolitischen Zusammenhängen, wenn diese auch schon zu Beginn unter Lothar und späterhin immer wieder einen mitbewegenden Einfluß üben, sondern hauptsächlich im niedereuropäischen Fernverkehrsraum, dessen Wirtschaftskräfte sich seit dem Hochmittelalter noch ungeahnt zu mehren beginnen, und in der großen Ostbewegung, die aus der gleichzeitigen Vervielfachung biologischer Kräfte im Westen erwachsen ist.

Es ist gefährlich, weil mißverständlich, so elementare Vorgänge der Sozial- und Wirtschaftsgeschichte zu bewerten, sie mit Vorzeichen wie „Kulturgefälle“ oder „Eroberung“ zu versehen; wohl kannte die Zeit schon lebhaftes Gemeinschaftsbewußtsein, aber es war stärker auf religiöse als auf sprachlich-völkische Kategorien bezogen. Wie sich bei den mediterranen Kreuzzügen für Venezianer und Genuesen Geschäft und Gesta Dei verbanden, so galt das ähnlich auch für die von uns noch näher zu betrachtende Zusammenarbeit der frühhansischen Kauffahrt mit den baltischen Unternehmen der Kreuzritter. Der nach Gotland ziehende Fernhändler des Westens war sich ferner zweifellos der Überlegenheit seiner Fahrtorganisation, seiner Wirtschaftstechnik, seiner heimatlichen Stadtautonomie, seiner weitreichenden Fernverbindungen bewußt, ein Bewußtsein, das durchaus auch damals schon zu Überheblichkeit und Übervorteilung des Geschäftspartners pervertieren konnte; andererseits bestand im Osten sowohl bei den slawischen wie den skandinavischen Führungskräften ein echter Bedarf, die vom Westen angebotenen ideellen Werte zugleich mit der materiellen Gelegenheit zu günstigem Warentausch auszunutzen. In beiden Hinsichten war die Begegnung ungemein fruchtbar für den Westen und für den Osten; ihr Ergebnis ist eine außerordentliche Erweiterung unseres Lebenskreises und eine enge Verquickung seiner Teile gewesen. Anstelle einer verkrampften Aufrechnung vermeintlicher oder wirklicher Schäden des einen oder des anderen Partners durch Ausnutzung, Gewalttat, Bevormundung oder Enteignung und spätere Vertreibung unter auch in der Forschung zeitgebundenen, dem behandelten Gegenstande zeitfremden und heute nicht mehr zeitgemäßen Maßstäben nationaler oder ideologischer Färbung scheint mir das verbindende Element in Ostbewegung und nordischer Verkehrswirtschaft viel dringlicher der eingehenden Untersuchung zu bedürfen. Hatte die Wikingerzeit den nordisch-baltischen Raum auf das Abendland zugeführt, so brachte die Hansezeit eine nicht minder wichtige Gegenbewegung, die im Verein mit der kirchlichen Durchdringung endgültig darüber entschieden hat, daß diese Gebiete Bestandteil unserer europäischen Welt geworden sind. Als Brücke zwischen den Völkern in der Nordhälfte unseres Kontinents hat die Hanse dem heutigen Betrachter am meisten zu sagen.

Das „janusköpfige“ Nowgorod

Kehren wir von diesen allgemeinen Überlegungen in das aufblühende Wisby der Zeit Heinrichs des Löwen zurück: die stärkste Wurzel seines Reichtums, der Handel nach dem weiteren Osten, ist noch näher zu betrachten. Etwa gleichzeitig mit den schon genannten schwedischen Verträgen Heinrichs des Löwen von 1173/79 waren auch mit den Russen Handelsabmachungen getroffen worden, nachdem bereits um 1165 die Dünastraße von den ersten deutschen Schiffen erschlossen werden konnte. Gestanden die Abmachungen, ganz wie jene mit den Goten, grundsätzlich den Russen auf See und in den deutschen Heimatstädten gleiche Handelsrechte zu, so war das doch in rascher Entwicklung bald gegenstandslos geworden. Bei Behandlung der Schiffbau- und Seefahrtsentwicklung werden wir sehen, warum sich das deutsche Fernhandelsschiff im späten 12. Jahrhundert so völlig durchgesetzt hat. Der skando-russische Eigenhandel, alt und auf Gotland, wie etwa an der eigenen Kaufleutekirche zu sehen, ja selbst in Stettin und Schleswig eingewurzelt, wurde unrentabel, weil die Gruppenfahrt des gemeinen deutschen Kaufmanns auf Gotland rascher, billiger und sicherer die qualitativ bessere Ware nach Rußland hinein beförderte.

In Nowgorod waren die Deutschen anfangs als Gäste der Gotländer aufgetreten, deren Handelsniederlassung, der Gotenhof mit einer um 1180 belegten Olafskirche, bereits aus dem 11. Jahrhundert stammte. Seit Mitte des 12. Jahrhunderts aber treten selbständig handelnde deutsche Kaufleutegruppen am Wolchow auf: der Vertrag von ca. 1192 erwähnt einen „alten Frieden“, wohl der Zeit um 1170–80, er scheint auch schon eine Fremdenkirche zu kennen, von deren Bau bereits 1185 die Rede ist und die vielleicht St. Peter war, der Mittelpunkt des Hofes der Deutschen. Dicht beim alten Fürstenhofe gelegen, um 1205 durch ein fürstliches Privileg sicher bezeugt, verliert er seine erste Holzkirche samt wertvollen Waren durch einen Brand im Jahre 1217.

Noch immer laufen umfangreiche russische Ausgrabungen, so daß unsere Kenntnis vom Ortsbilde bei allen Fortschritten der letzten Jahrzehnte noch einen vorläufigen Charakter behält. In dem grundlegenden Aufsatz „Nowgorod und die Hanse“ hat Paul Johansen sie zusammengefaßt (1953). Den russischerseits erheblich unterbewerteten skandinavischen Einfluß veranschlagt der Johansen-Schüler Angermann wieder zutreffender, auch auf das Buch von Walter Rennkamp sei verwiesen. Den Vertrag von ca. 1192 hat Elena Rybina, Schülerin von Janin, neu und richtig datieren können. Links des Wolchow lag die „Sophienseite“, deren Zentrum der Kreml des Erzbischofs mit der Sophienkathedrale bildete. Wie in Kiew war also, von Byzanz her, die Sophienverehrung besonderer Kultmittelpunkt, in eigenartigem Gegensatz zur Marienverehrung der deutschen Fernhandelsstädte und der baltischen Ritterorden. Den Süden nahm das Töpferfünftel der Kleingewerbler ein. „Hinter der Burg“ wohnten an den Ausfallstraßen nach Riga und Narwa die Bojaren, also die Magnaten mit ihrer Klientel. Die „Große Straße“ leitete den Landverkehr längs des Wolchow zur karelischen Küste.

Eine große und zahlreiche kleine Brücken führten über den Strom zur Handelsseite hinüber. Dort befand sich gegenüber dem Kreml der große Markt mit dem alten Fürstenhof und der Uferlände. Unmittelbar oberhalb des Fürstensitzes hatten die Gotländer ihren Handelshof mit einer Olafskirche samt Friedhof und Messewiese. Seine Größe und günstige Uferlage läßt auf sein hohes Alter schließen. Auf dem Markt lag ein Gildehaus, der Pleskauer Hof, ehemals wohl auch den Goten zugehörig. Ferner hatten die russischen Kaufleute ihre Johanneskirche von 1127, die russischen Handelsgäste eine Hl. Freitagskirche von 1156 auf dem Markte errichtet. An seine Südost–Ecke stieß das Grundstück des deutschen „Peterhofes“. Aus der Nordost-Ecke des Marktes führte die Fernstraße fort; sie gabelte sich vor der Stadt nach Ladoga und nach Moskau. Ein alter Wolchowarm umfaßte die Handelsseite und machte sie ehemals zu einer Insel; vielleicht hängt damit der skandinavische Name Holmgard für Nowgorod zusammen.

Schon im 12. Jahrhundert muß der Nowgoroder Eigenhandel auf der Ostsee viel schwächer als der gotländische gewesen sein. Immerhin erinnern wir uns der Erwähnung fernhandelnder Russen 1134 in Dänemark, 1156 in Schleswig, auch der russischen Kirchen in Wisby und in Garda auf Gotland, ferner in Sigtuna und am

Ausgang des 12. Jahrhunderts auch im Finnischen TurkuTurkuÅbo, im estnischen Reval. Aber fast alle nautischen Bezeichnungen, alle Schiffsnamen im Russischen sind Lehnwörter des Finnischen oder Schwedischen. Auf den Spuren vermutlich der Waräger haben demnach erst die Gotländer, später die Hansen den Seeverkehr nach Nowgorod an sich gezogen.

Seinem Umfang nach übertraf das Nowgorod der Zeit um 1200 mit circa 390 ha Fläche, davon 150 ha auf der Handelsseite und 180 auf der Sophienseite, alle Hauptorte des Ostseeraumes bereits bei weitem, wenn es auch die später auf über 25.000 zu schätzende Höchstzahl seiner Bewohner noch nicht erreicht hatte. Städte wie Lübeck, Stettin und Wisby waren also um 1200 erheblich kleiner als Nowgorod, aber ihr Aufriß gewann bereits steinerne Konturen, während Nowgorod fast ausschließlich aus Holz erbaut war. Das gilt auch für die Mehrzahl der in der und um die Stadt liegenden Klöster und Kapellen – es gab im 14. Jahrhundert über 50 Gotteshäuser – sowie für die Holzerdebefestigung. Nur einige meist zugleich als Kirchen genutzte Stadttürme, die späteren Hauptbauten der Kirchen sowie vereinzelte Wohnhäuser von Bojaren waren in Stein aufgeführt. Dem entspricht das Grundrißbild mit locker überbauten Gehöftparzellen und schmalen Holzknüppelgassen für einspurigen Fußverkehr, wie es von Haithabu bekannt ist.

Der Rurikide Jaroslaw der Weise hatte in der ersten Hälfte des 11. Jahrhunderts Nowgorods Abhängigkeit von Kiew stark gelockert und seinen weiteren Aufstieg eingeleitet; auf ihn ging die später erzbischöfliche Burg zurück. Der erhebliche skandinavische Volksanteil, an dem die slawische Forschung trotz allen Widerstrebens nicht zu rütteln vermag, bestimmte die vom Kiewer Reich distanzierten Verfassungsverhältnisse. Gegenüber dieser Einwohnerschaft verloren die Großfürsten besonders seit dem Tode Waldemars/Vladimirs II. 1125 zunehmend an Bewegungsfreiheit. Zwischen 1136 und 1238 haben nicht weniger als 38 Fürsten geherrscht, im Durchschnitt wechselte das nominelle Oberhaupt also alle drei Jahre. Den alten Sitz in der Stadt mußten die Fürsten aufgeben, sie residierten zu hansischer Zeit in Gerceke außerhalb Nowgorods, während ihre innerstädtischen Besitzkomplexe bezeichnenderweise vom Erzbischof sowie von den Bürgern übernommen worden sind.

Die eigentliche Macht lag damals schon beim „Vece“, der Volksversammlung. Sie allein urteilte seit 1118 in Hochverratsfällen, sie wählte seit 1126 den Statthalter des Fürsten (posadnik, borchgreve), sie vertrieb erstmals 1136 einen Fürsten, erkor seit 1156 auch das 1165 zum Erzbischof erhöhte kirchliche Oberhaupt und besaß seit 1196 ein ausdrückliches Privileg auch für die Fürstenwahl. Im Vece herrschte durchaus der oligarchische Einfluß der Bojaren vor, obgleich die einzelnen Straßengemeinschaften und Stadtteile in ungeregeltem Verfahren ihre Vertreter dahin entsandten; da jedoch ein Rat von Bojaren als Vorsteher in den fünf Stadtenden amtierte und sich die einflußreichen Magnaten ihre Schreichöre im Vece hielten, lag letztlich die Entscheidung durchweg bei den Führungsfamilien. Aus dem Vece hob sich ein Repräsentantenkreis von etwa 50 Köpfen heraus, der „geheime Rat“, der die Geschäfte führte und dem Vece alle Fragen vorformuliert zur Abstimmung mit Zuruf vorlegen mußte. Die Versammlung selbst konnte nur mit „ja“ oder „nein“ votieren. Diesem oligarchischen Aufbau entspricht es, daß in der Reihe der Statthalter seit dem 12. Jahrhundert nur zwei oder drei besonders mächtige Bojarengeschlechter vorkommen.

Die Bojaren lebten grundherrlich, wohnten aber meist in ihren Stadthöfen der Sophienseite – ganz wie wir es von jenem Stettiner Domuzlaus in Erinnerung haben; am Handel nahmen sie nur passiv teil, die Geschäfte selbst nahm ein eigener Nowgoroder Kaufmannsstand wahr, die „Kupcy“, eine mittelständische, hauptsächlich auf der Handelsseite angesessene Bevölkerungsgruppe, deren Einfluß aber nicht unterschätzt werden darf. Sie wählte nämlich den militärischen Befehlshaber, den „Tausendmann“ (tysjacki), samt den drei Oberen ihrer St. Johannis-Bruderschaft. Seit 1130 unterstand ihnen als Spitze der Kaufmannschaft eine autonome Handelsgerichtsbarkeit an St. Johannis.

Dem Tausendmann, der in deutschen Quellen „hertoch“ heißt, unterstand neben der Stadtverteidigung auch die Tributverwaltung der unterworfenen Gebiete. Sie waren, wohl eines der Beispiele für den merkwürdigen Rationalismus der Normannen, von den fünf Stadtenden aus in spitzem Winkel nach allen Seiten über das Land gefächert, bis zu 700 km lange Sektoren eines von Nowgorod her beherrschten Kreises, für deren Verwaltung das jeweils vorgelagerte Stadtfünftel zuständig war. Die Achse eines solchen Bezirkes bildete in jedem Falle eine Fernverkehrsstraße, woraus die Handelswurzel des ganzen Nowgoroder Gemeinwesens einmal mehr deutlich wird. Jenseits der Fünftelländer (Pjatinen) gab es dann noch weiträumige tributäre Gebiete, wie das Dwinaland und das Bjarmaland im Norden und Nordosten, sowie abhängige Beistädte, „prigoroda“, etwa Pleskau, Wjatka, Welikije Luki, Staraja Russa und andere, auch das den Streit um 1190 auslösende Novy Torg (Neumarkt).

Unter den Herren, den etwa 40 Bojarengeschlechtern, und den „kupcy“, der mittelständischen Kaufmannschaft, bildete die sog. „schwarze Masse“ (cernj ljudi) der Kleingewerbler und Arbeitsleute einen dritten, ständisch abgesetzten Bevölkerungskreis, dessen Einfluß in keinem Verhältnis zu seiner großen Zahl stand. Die in erheblicher Zahl vertretenen Sklaven endlich zählte man zu keinem der Stände.

Auch in Nowgorod begegnete demnach der Vorstoß des organisierten deutschen Kaufleuteverbandes herrschaftlichen Verhältnissen und zwar hier oligarchischen Charakters, die sehr wahrscheinlich aus einer merkwürdigen Vermischung skandinavischer und slawischer Elemente sich gerade während des 12. Jahrhunderts voll entfaltet hatten. Sie waren im Verfassungsbuch von 1215 zu einer fast völligen Entmachtung des Fürsten gediehen, der ohne den ihm vom Vece bestellten Aufseher, den „posadnik“, weder urkunden noch rechtsprechen noch Grundbesitz vergeben durfte. Es war symbolhaft, daß das Vece auf der niedergelegten jüngeren Stadtburg des Fürsten zusammentrat. Dennoch sind die Unterschiede zwischen der Nowgoroder Volksversammlung und der abendländischen Bürgergemeinde offenkundig, denn deren Autonomie beruhte auf einem durch Eidverband aufgerichteten Stadtfrieden gleichberechtigter Genossen.

Die Hegemonie der führenden Fernhändler ist im Westen erst infolge des Aufstiegs der Stauferzeit über der Bürgergemeinde entfaltet worden, und auch dann gewann sie, wie wir sehen werden, in Gestalt der Ratsverfassung sehr viel andere Züge als das oligarchische Regiment der Nowgoroder Bojaren. Hatten die Hansen des 13. Jahrhunderts eine feste, in ihrer Kompetenz durch gewillkürtes Recht genau begrenzte Stadtführung, die der Gemeinde verantwortlich blieb, ihr durch leistungs- und entschlußfähige Geschäftsführung unmittelbar diente, so fehlte ein vergleichbares Organ dem Gemeinwesen von Nowgorod, denn sein geheimer Rat war ein wechselnder Kreis von Interessenvertretern ohne klar geregelte Zuständigkeiten, vor allem ohne die bestimmten Exekutivgewalten hansischer Stadträte. So blieb die Bojarenmacht unkontrolliert, verlor sich leicht in Mißbrauch oder Intrige und verstieß nur zu oft gegen das Gemeininteresse der Gesamtheit des Stadtvolks. Im Fehlen der beschworenen Bürgergemeinde, in der Verwaltungseinheit von Stadt und Umland zeigen sich damit auch hier grundsätzliche Unterschiede zur Verfassung des hansisch-hochmittelalterlichen Städtewesens Kerneuropas.

Zur Entfaltung in Lübeck

Spätestens in der Generation der Gründerenkel war das Lübecker Fernhändlertum mit diesem eigenartigen Stadtverband am Wolchow in unmittelbare Berührung gekommen. Inzwischen hatten sich in der Heimatstadt wichtige Veränderungen ergeben, denen wir uns zunächst zuwenden müssen. Aus der um 1160 durch Verlegung des wagrischen Bistums von Oldenburg nach Lübeck festgelegten topographischen Dreizelligkeit auf dem Stadthügel – jetzt herzogliche Burg im Norden, bürgerliche Siedlung um Petri und Marien an der Ostflanke beim Traveübergang und Domfreiheit mit Kurienbezirk im Süden – war die Entfaltung rasch fortgeschritten. Seit 1160 wuchsen die Marien- und die Petristadt, wie ihre Sprengelgrenzen zeigen, über den Hügelkamm zur Wakenitz hinüber; dort entstand 1177 das Kloster St. Johannis als gemeinsame Gründung von Herzog und Bischof. Nach Norden, zur Burg hin, wird die Hauptachse der „Breiten Straße" bereits vor Ende des 12. Jahrhunderts voll aufgesiedelt worden sein. Am Koberg gewann sie baulichen Zusammenhang mit dem vermutlich bis dorthin reichenden Suburbium, der stadtherrlichen Dienstsiedlung, ergänzt wohl unter Adolf III. durch einen neustädtischen Gründungsversuch. Jedenfalls ist dieses Nordviertel aber erst 1227 als eigene Jakobipfarre bezeugt, und neben dieser war am Koberg nach dem Brande von 1276 noch 1286 Raum genug, ein großes neues Stadtspital zum Hl. Geist anzulegen.

Das Aegidienkirchspiel im Südosten des Stadthügels ist ebenfalls erst ein Ausbauteil der Zeit um 1180–1200, und so hat sich der Entstehungsprozeß auch in Lübeck, dem vermeintlichen „Leitbilde der Gründungsstadt", über ein Jahrhundert hingezogen. Den grossen Eindruck von sprunghafter Entfaltung vermag das nicht zu mindern, wie ihn besonders das erste Lebensalter der Stadt zwischen etwa 1130 und 1170 vermittelt, und vermutlich haben dabei Privilegien des Löwen förderlich mitgewirkt. Erhalten sind sie nicht, aber im Jahre 1163 befindet sich Heinrich für längere Zeit in der Stadt, nimmt an einer Weihe des von ihm gestifteten Domes teil und kann weitere Rechtsakte zugunsten der Stadt vorgenommen haben. Arnold, der zweite Abt des Lübecker Johannisklosters – also Zeitgenosse und Fortsetzer der Chronik Helmolds –, berichtet von den Bitten der Bürgerschaft, als sie 1181 mit Barbarossa über ihre Unterwerfung verhandelt, ihr die vom Herzog übertragene „libertas" zu belassen.

Wie aber sahen die Rechtsverhältnisse um 1163 wirklich aus? Noch SCHEPER glaubte, daß bereits damals der Sache, wenn auch wohl nicht dem Namen nach die Ratsverfassung installiert worden sei. Damals habe man „die interimistische Kolonialverfassung" der Aufbaujahre „durch eine ordentliche Stadtverfassung" abgelöst; aus dem Vergleich mit Hamburg, wo uns für die durch Adolf III. von Schauenburg 1188 privilegierte Neugründung der Nikolaistadt in der Tat der bei Lübeck fehlende Beleg eines namentlich genannten Unternehmerkreises erhalten ist, will er neue Stützen für die Konsortialthese RÖRIGS gewinnen, denn auf diese Unternehmergruppe gehe der Stadtrat zurück.

Nun, gerade das Beispiel Hamburgs hätte ihn stutzig machen sollen: unter den dort bezeugten Namen der Gründungsunternehmer finden sich nämlich mehrere, die schon von HEINRICH REINCKE als ministerialisch erwiesen werden konnten. Ebenso hat ALBERT HÖMBERG in dem erwähnten Sammelbande „Westfalen-Hanse-Ostseeraum" eine der im ganzen nur vier ins 12. Jahrhundert zurückzuverfolgenden Führungsfamilien, die „de Warendorp", als münsterländische Ministeriale belegen können. Über ein Lehnsverhältnis zu den Edelherren zur Lippe, den besonderen Parteigängern des Löwen in Westfalen, hätten sie sich in den Dienst des Sachsenherzogs begeben. RÖRIGS angebliche Gründungsunternehmer sind also nur teilweise bürgerliche Kaufleute, zum anderen Teil aber stadtherrliche Ministeriale gewesen!

Dem entsprechen nun die Ergebnisse BERND DIESTELKAMPS über das Wesen welfischer Stadtherrschaft. Danach lassen sich in den Löwenstädten Lübeck und Schwerin herzogliche Amtsträger mit dem Titel „praefectus" bzw. „comes" nachweisen, die zugleich auch der umliegenden „terra" vorstanden. „Praefecti" gibt es unter Heinrich aber auch in Bardowick und Haldensleben sowie in den wagrischen Gründungen Plön und Segeberg, und ein ministerialischer „comes" verwaltet für den Herzog Stadt und Grafschaft Stade. Nur in den schon auf seinen Großvater zurückführenden Anlagen von Lüneburg und Braunschweig amtieren weiter Burgvögte, „advocati", als stadtherrliche Organe.

Dahinter steht vermutlich ein großangelegter Versuch des Löwen, die alte Grafschaftsverfassung im Kern seines Machtbereichs nach dem Vorbilde der flandrischen Kastellaneien oder der staufischen Burggrafschaften durch ein Netz von Burgvogteibezirken zu durchbrechen. Es ist bezeichnend, daß er „comites" nur dort einsetzt, wo konkurrierende Grafenrechte älterer Prägung ausmanövriert werden müssen: in Stade solche der Udonen, in Lübeck der Schauenburger, in Schwerin der Obotritenfürsten. Sonst aber vermied der Herzog den belasteten alten Titel, der seine Träger leicht zum Aufstieg in ein Lehnsverhältnis verlocken konnte.

Ganz wie in der staufischen Reichslandpolitik, die wir hier nicht näher behandeln können, sind also die stadtschaffenden Kräfte auch im welfischen Machtbereich während des 12. Jahrhunderts noch durch ein gewisses Gleichgewicht von bürgerlichen und ortsherrlichen Organen und Vertretern gekennzeichnet. Noch hat die Bürgergemeinde sich nicht voll gegen das Ziel des privilegierenden Ortsherrn durchgesetzt, Stadtgründung und Umland zu einem geschlossenen Herrschaftsbezirk neuer Prägung zusammenzubinden. Erkennt man dieses Ziel des Herzogs, das von den Staufern auf unvergleichlich breiterer Grundlage und mit tief in das 13. Jahrhundert hineindringendem Erfolg angestrebt worden ist, das übrigens auch die starken Territorialfürsten des Ostens, Askanier, Wettiner und Babenberger, in gleicher Weise verfolgt haben, so wird die endgültige Ablehnung aller Versuche Rörigs und seiner Schüler möglich, städtische Verfassungsverhältnisse des 13. Jahrhunderts in das Zeitalter der Gründung Lübecks zurückzuprojizieren. Erst der große Fürstenaufstand gegen Heinrich den Löwen von 1166/67 hat dessen weitgeplanten Ansatz wieder zerschlagen, einen Ring von Stadt-Land-Bezirken um den welfischen Kernraum herumzulegen. Erst nach dieser großen Kraftprobe, die Heinrich zwar äußerlich noch bewältigte, aber schon mit der Preisgabe seiner vornehmsten Ziele nach innen wie nach außen – denken wir an Mecklenburg/Rügen – bezahlen mußte, erst danach also entwanden sich die neuangelegten Gründungsstädte schrittweise der Eingliederung in die Burgbezirksorganisation und stießen zur Autonomie durch.

Im Kielwasser der Gotländer sahen wir den deutschen Gemeinen Kaufmann von der mittelschwedischen Insel aus bald nach der Mitte des 12. Jahrhunderts düna- und newaaufwärts am nordrussischen Hauptziel seiner Fernfahrt auftauchen: im nachwarägischen Nowgorod. Das eigenartige Ortsbild dieser Metropole des Nordens mit seinen herrschaftlichen, kirchlichen und kaufmännischen Schwerpunkten haben wir betrachtet; sein hölzerner Aufriß hinter einer Holzerdemauer hob sich deutlich von dem des heraufblühenden westlichen Städtewesens ab, das mit Wisby seinen ersten steinernen Vorposten in den baltischen Raum entsandt hatte. Die knappe Analyse der Verfassungsverhältnisse in Nowgorod ergab Anklänge sowohl an westslawische wie an skandinavische Formen, war aber doch in sehr individueller Weise zu der Bojarenoligarchie fortentwickelt, unter der die Volksversammlung ein scharf gegen den westlichen Schwurverband der Bürgergemeinde abgehobenes, tumultuarisch-klientelhaftes Bild bot. Wie das Vece nicht dem Eidverbande, so war die Bojarenmacht nicht der Ratsverfassung vergleichbar; dem entsprach, daß auch die Eingliederung des extensiv beherrschten Umlandes entgegengesetzte Vorzeichen zu der abendländischen Stadtautonomie erkennen ließ, auf die sich in eben diesem 12. Jahrhundert alle kräftigen Bürgergemeinden des Westens immer nachdrücklicher zubewegten.

Diesen Vorgang hatten wir dann anhand der dem baltischen Fernhandelsvorstoß gleichzeitigen Weiterentwicklung im jungen Lübeck unter der Stadtherrschaft Heinrichs des Löwen genauer ins Auge gefaßt. Es zeigte sich, daß zwar die Stadtgemeinde als Schwurverband der Bürger schon für die Anfangsjahrzehnte der Travegründung vorausgesetzt werden muß. Sie dürfte, wie überall sonst, aus der personalen Einung des dortigen Fernhändlerkreises und dem lokalen Marktverband gewerblicher Zusiedler zusammengewachsen sein. Es zeigte sich ferner, daß auch mit einem Vertragsverhältnis zwischen diesen bürgerlichen Kräften und der Stadtherrschaft zu rechnen ist, zunächst dem schauenburgischen Grafen, sodann dem welfischen Herzog, daß von dem Vorhandensein einer städtischen Obrigkeit, wie sie für das spätere Mittelalter nachzuweisen ist, unter Heinrich dem Löwen noch keine Rede sein kann. So kraftvoll sich das Bürgertum entfaltet, so gewiß ihm die Zukunft gehört, in der maßgeblichen Beteiligung von Ministerialen und in der Einsetzung von obrigkeitlichen Führungsorganen des Ortsherrn liegt das dem 12. Jahrhundert gerade bei den Gründungsstädten noch allgemein zu eigene Gleichgewicht der stadtschaffenden Kräfte zutage. Partnerschaft stand an der Wiege dieser Anlage, eine Partnerschaft, die hartnäckig genug, das bewies uns gerade der Fall Lübeck, zwischen den durchaus verschiedenen Zielsetzungen beider Seiten vertraglich ausgehandelt werden mußte. Wollten die Bürger den eigenen städtischen Lebenskreis, die volle Autonomie, so der Ortsherr den flächenhaft fixierten Amtsbezirk mit der befestigten Großburg inmitten – nicht umsonst begegnen wir im Zusammenhang mit allen vom Löwen geförderten Stadtanlagen immer wieder dem Doppelausdruck „edificare et communire". Da jedoch beide Partner aufeinander angewiesen waren, sollte die Anlage wirklich zustande kommen, so mußten sie mit Teilerfolgen in Richtung auf diese Ziele zufrieden sein: die Bürger mit Anerkennung ihres Gemeindeverbandes und ihrer persönlichen Freiheit sowie mit Schutz und Schirm des Ortsherrn für die Anlage, mit seiner Förderung für deren wirtschaftliche Entfaltung, der Herzog mit Anerkennung seiner Hoheitsrechte und Regalien, Hinnahme seiner obrigkeitlichen Organe in der Stadtführung, Eingliederung seiner Dienstmannen an führender Stelle in den Ortsverband.

Erst die weitere Entwicklung hat die Gewichte zugunsten der Bürger verschoben, bei den Staufern, neben deren etwa 200 Stadtanlagen sich die landesherrliche Stadtherrschaft erst nach 1200 mehr zur Geltung bringen konnte, nicht vor dem Zusammenbruch seit 1245, bei dem welfischen Doppelherzog jedoch schon infolge des Umschwungs seit 1166/67. Die nachfolgende Entfaltung des zunehmend der ortsherrlichen Zügelung entwachsenen Städtewesens mit seiner autonomen Ratsgewalt im 13. Jahrhundert hat jene älteren Verfassungszustände verdunkelt, denen gegenüber Königtum und Fürsten, soweit diese überhaupt schon an der Stadtherrschaft teil hatten, noch hoffen konnten, die expansiven Kräfte des Bürgertums in ihr eigenes Ringen um flächenhafte Verdichtung der Staatlichkeit einzuordnen. So konnte es zu dem Fehlurteil auch in Lübeck kommen, das von der Dürftigkeit quellenmäßiger Überlieferung für das Gründungszeitalter begünstigt worden ist.

Verfolgen wir abschließend Lübecks weiteren Weg zur autonomen Ratsobrigkeit: dabei zeigt sich einmal mehr, daß die Travestadt von der allgemeinen Entwicklung in staufischer Zeit nicht losgelöst betrachtet werden kann und darf; stellt man sie vielmehr in diese Entwicklung hinein, so wird gerade am Beispiel der Ratsverfassung erst Lübecks volle Bedeutung für das Städtewesen im Reich und natürlich namentlich für die Hanse offenkundig.

Als der staufische Kaiser 1181 den siegreichen Feldzug gegen den Löwen bis vor die Tore von Lübeck geführt hatte, rivalisierten in seinem Lager Adolf III. von Holstein als Erbe der einst von Heinrich geschädigten Ansprüche und Bernhard von Lauenburg um Lübeck, dessen Besitz auch die von See aufkommende dänische Flotte für den mit Friedrich verbündeten Waldemar zu sichern hoffte. In den toten Punkt solcher Interessen griff, vielleicht eingedenk Lothars III., der Staufer selbst, brachte damit zugleich das Anliegen der nach Autonomie strebenden Bürger auf seine Seite und trug die Beute davon. Da Lübeck ihm jedoch nur gegen zunächst wohl mündliche Bestätigung der vom Löwen verbrieften Rechte die Tore geöffnet hatte, standen die Bürger der jetzt königlichen Stadt mit ihrer gänzlichen Freiheit vom Arealzins besser da als die anderen staufischen Reichslandstädte, zumal nachdem ein kaiserliches Privileg den Streit zwischen Graf Adolf und der Stadt um die Untertrave 1188 geschlichtet hatte. Neun „cives" als Vertreter der Stadt müssen dafür die Rechte des Vogtes, des Richters und des Münzmeisters anerkennen als der Organe des neuen, königlichen Stadtherrn. Kein Zweifel, daß mit diesem Kreise der neun Cives eine Vorform der bürgerlichen Führung auftritt, deren Befugnis, so wenig wir davon hören, angesichts vergleichbarer Verhältnisse in Soest und Köln als den für Lübecks Verfassungsbild prägenden Mutterstädten des Hinterlandes zwar der Sache nach sehr wohl schon den Aufgaben des späteren Rates entsprochen haben kann, die sich aber gegenüber dem Staufer keinen so vom Lombardenkampfe her belasteten Titel erlauben konnten wie den der Konsuln. Daß gar Friedrichs Kanzlei ihn für bürgerliche Vertreter angewendet hätte, wäre damals nördlich der Alpen ohne Parallele gewesen, und mit den führenden lombardischen Kommunen konnte sich das Lübeck von 1188 denn doch nicht vergleichen.

Ihnen gegenüber war allerdings als erster Städtegruppe im Konstanzer Vertrage 1183 fünf Jahre zuvor das Konsulat zur Verhandlungspartnerschaft mit dem Kaiser zugelassen worden, wenn sich der Frieden auch in Wahrung des „honor imperii" als Privileg Friedrichs gab. Damit hatte das Bürgertum aber den dritten großen Schritt seiner Emanzipation getan: auf die Bildung der beschworenen Stadtgemeinde und den Durchbruch zur autonomen Stadtführung war erstmals die Verbindung mehrerer Städte in einem durch Eid besiegelten Bunde, unter gemeinsamem, überkonsularischen Führungsorgan – den Rektoren – mit einer Bundeskasse und Bundesfestung – Alessandria – gegen die vornehmste herrschaftliche Führungsmacht der Zeit behauptet, ein kaum zu unterschätzender Sieg des bürgerlichen Einungsgedankens, der seine Wirkung auf den übrigen Kontinent nicht verfehlen konnte.

Nördlich der Alpen hat es denn auch kein Jahrzehnt gedauert, bis auf diesen Ausgleich zwischen Kaiser und Lombarden hin die ersten Stadtgemeinden gewagt haben, ihrem autonomen Führungsorgan den durch sein hohes traditionelles Ansehen wertvollen Titel zu geben. Diese ersten zu voller Autonomie gelangten Städte nördlich der Alpen waren aber keine Reichslandstädte unter Königsherrschaft; vielmehr handelte es sich bei ihnen um einige jener rheinischen Bischofssitze, deren Ortsherrschaft dem Königtum bereits in salischer Zeit entglitten war. So wechselvoll und unterschiedlich in ihnen allen das Ringen um Eigenständigkeit zwischen den Bürgergemeinden und den an Königsstatt getretenen bischöflichen Ortsherren verlaufen war, als die Staufer an die Herrschaft gelangten, konnten sie nicht mehr daran denken, über die alten Civitates eine unmittelbare königliche Gewalt wieder aufzurichten; sie beschränkten sich darauf, den Ortsherren nach Kräften gegen die aufstrebende Bürgerschaft beizuspringen, bis deren wachsende Leistungsfähigkeit etwa gleichzeitig mit dem Wandel gegenüber den Lombarden auch einen gewissen Kurswechsel in Friedrichs Haltung zu den zisalpinen Bischofsstädten herbeigeführt hat.

Zum Durchbruch der Ratsverfassung

Erst nach Friedrichs Tode tauchen um 1190 die ersten gesicherten Belege für „consules“ und „consilium“ in Speyer, Utrecht und Basel auf; doch keiner von ihnen betrifft einen Ort unter unmittelbarer Königsgewalt. Im Bereich jener damals 200 Städte unter staufischer Ortsherrschaft im eigentlichen Sinne findet sich vielmehr vor dem Ausgange Friedrichs II. nicht ein einziger gesicherter Beleg für die Konsulatsobrigkeit, abgesehen von den drei niederdeutschen Stützpunkten, die dem Königtum in hochstaufischer Zeit noch geblieben waren: Dortmund, Goslar und Lübeck!

Vor diesem Hintergrunde gewinnt die Entwicklung Lübecks seit Barbarossa erst ihr volles Gewicht: war es schon 1188, wie wir sahen, günstiger behandelt worden als die Masse der mittel- und oberdeutschen Reichslandstädte, waren auch Hamburg und Bremen damals betont gefördert worden, so deshalb, weil hier im Gegensatz zu den rheinischen Bischofsstädten der König nicht hinter dem, sondern gegen den bisherigen Stadtherrn stand, das Bürgertum also auf seine Seite ziehen wollte. Barbarossas Tod und Heinrichs Rückkehr haben die Lage nur äußerlich gewandelt, weil die kaiserlichen Privilegien auch von den neuen Ortsherren anerkannt werden mußten, bevor sich ihnen die Tore öffneten – so stark waren die Bürger jetzt bereits geworden. Sie vermochten sogar weitere Rechte zu gewinnen: Lübeck vom Dänen, Hamburg von dessen Lehngrafen Albrecht von Orlamünde, Bremen von seinem Erzbischof.

Zugleich aber entband der Niederbruch welfischer, seit dem Tode Heinrichs VI. auch staufischer Macht im westfälischen Hinterlande der niederdeutschen Städtegruppe vehement die bürgerlichen Kräfte: abgesehen von zahlreichen Gründungsanlagen nun bereits der kleineren Dynasten, findet während der beiden Thronstreitjahrzehnte ab 1198 das Konsulat auf breiter Front Eingang in diesen Raum. Lübeck besitzt es schon 1201, mindestens in Soest und Lippstadt, Herford und Osnabrück, vermutlich aber ferner in Hamm, Paderborn, Geseke, Lemgo, Marsberg und Medebach dürfen wir bis 1225 mit dem Stadtrat rechnen. Damit finden wir begründet, daß auch die alten Königsburgen Goslar und Dortmund sich diesem Verfassungsbeispiel der wichtigsten Nachbarstädte anpassen und zum Konsulat übergehen konnten; in Goslar ist es spätestens 1236, in Dortmund 1241 vorhanden.

So tritt im Übergang zur Ratsverfassung in spätstaufischer Zeit eine eigenständige, niederdeutsche Städtegruppe besonders kräftig hervor, deren inneren Zusammenhang als Wurzelboden des Gemeinen Kaufmanns im Ostseeraum wir noch von anderen Blickwinkeln aus zu betrachten haben. Für das enge Zusammenrücken besonders ihrer um Lübeck gescharten Kerngruppe sorgten in der gleichen Zeit die gefährlichen politischen Folgen des Thronstreits: wie im flandrischen Grenzraume gegen Frankreich, so sahen sich im nordelbischen die regionalen Kräfte gegen Dänemark auf sich selbst gestellt, als die auswärtigen Mächte aus der Schwäche des Reiches ihren Vorteil zu ziehen suchten.

Dabei geriet Lübeck mit Nordelbien zunächst in ernste Bedrohung, als die Söhne Waldemars des Großen den schon vom Vater aufgenommenen Kampf um das „dominium maris Baltici" nach dem Sturz des Löwen mit verstärkter Energie vorantrieben. Der Ältere, Knut, mit Heinrichs Tochter Gertrud verheiratet, stieß über das schon vom Vater Waldemar 1168 eroberte Rügen hinaus weiter vor und brachte in seinem ersten Regierungsjahrfünft bis 1187 ganz Mecklenburg und Pommern zur Lehnshuldigung. Ansprüche auf das übrige Nordelbien wies Barbarossa zurück, seine Städteprivilegien für Bremen, Hamburg und Lübeck in jenen Jahren gaben hier neben der Spitze gegen die Welfen auch die gegen Dänemark zu erkennen. Mühsam behaupten sich der Schauenburger und der Askanier, schon damals natürliche Verbündete, zunächst noch gegen Knut und Waldemar, bis der deutsche Thronstreit von 1198 Adolf III., der eben 1192 Lübeck belagert und endlich erobert hatte, einem neuen, übermächtigen Angriff Waldemars aussetzte. Er wurde 1201 vernichtend bei Stellau in Holstein geschlagen, wenig später für zwei Jahre in dänische Gefangenschaft gebracht und nur gegen eidlichen Verzicht auf Nordelbien freigelassen. Hamburg und Lübeck mußten Waldemar die Tore öffnen, der 1202 dem Bruder als König folgte, auch seinerseits eine Löwentochter heiratete und von seinem Schwager Otto IV. als Mitgift 1203 ganz Nordelbien erlangte. Otto verzichtete allerdings nur vorläufig und nur für seine Person, nicht für das Reich, auf die Gebiete jenseits der Elbe und der mecklenburgischen Elde. Als Waldemar II. seit 1206 auch in Estland fester Fuß fassen konnte und endlich 1214 den letzten bis dahin widerstehenden deutschen Lehnsträger, den Grafen von Schwerin, zur Huldigung zwang, war die Gefahr am Ostseezugang auf dem kritischen Höhepunkt angelangt. Zeitweilig beherrschte damals die dänische Seemacht das Baltische Meer; Waldemars Estensiege, unter dem Kreuz erfochten, wurden 1219 mit Anlage der Burg Reval und Stiftung des dortigen

Bistums bekrönt, das der König seinem Metropoliten in Lund unterstellte. Selbst im Samland machte Waldemar auf den Spuren Knuts des Großen dänische Ansprüche geltend.

Damit war die Lebenslinie der deutschen Ostseebewegung im Augenblick des größten Aufbruchs plötzlich aufs äußerste bedroht; schon konnte Waldemar den Hafen von Lübeck sperren, um die Deutschen in Livland, Bürger und Ordensritter unter Führung des Bischofs Albert von Riga, durch Blockade zur Unterwerfung zu zwingen. Das Reich stand inmitten des Thronkampfs der Lage machtlos gegenüber; in seinem Bemühen, sich als König durchzusetzen, mußte der über die Alpen gekommene junge Friedrich II. vielmehr 1214 ausdrücklich, und jetzt von Reichs wegen, dem Dänenkönig die Abtretung der Gebiete nördlich von Elbe und Elde bestätigen, um ihn so von dem welfischen Verwandten abzuziehen.

Auch seine nächsten Jahre bis zur Königswahl des Sohnes Heinrich und zum Romzuge von 1220 haben es Friedrich nicht erlaubt, gegenüber dem gefährdeten Nordelbien der Herrscherpflicht zu Schutz und Schirm nachzukommen. Vielmehr ging die Wende von jenem Grafen von Schwerin aus, dem Waldemar sein halbes Land genommen hatte, während der Schweriner sich auf Kreuzfahrt im Heiligen Land befand. 1223 glückte dem Grafen ein Handstreich: er fing den Dänenkönig auf einer Beltinsel samt seinem Sohne und schaffte ihn auf seine feste Burg Dannenberg südlich der Elbe, jenen einstigen Stützpunkt Gunzelins von Hagen, von dem aus dieser westfälische Ministeriale Heinrichs des Löwen seine und seiner Nachfahren Grafenherrschaft im obotritischen Schwerin aufgerichtet hatte.

Der Schlag erregte kein geringeres Aufsehen als ein Menschenalter zuvor die Gefangensetzung Richards Löwenherz durch den Staufer Heinrich VI.; Papst Honorius verlangte Waldemars Freilassung, weil er ein Kreuzzugsgelübde geleistet habe. Graf Heinrich aber verband sich mit den Schauenburgern und fand Rückhalt am Reichsverweser Engelbert von Köln, sowie vor allem an des Kaisers engstem Berater Hermann von Salza. Der Hochmeister des Deutschritterordens erkannte die große Gelegenheit, mit einem Streich den dänischen Griff nach der Schlagader der Ostseebewegung zu lösen, er ging selbst nach Dannenberg und handelte mit Waldemar einen so geschickt formulierten Vertrag aus, daß auch der Papst seine Zustimmung nicht verweigern konnte, da Waldemar darin seine Kreuzzugsverpflichtung umfassend erneuern mußte.

Die Übereinkunft scheiterte zwar am Widerstande des dänischen Reichsrats, der sich weigerte, seinen gefangenen König zu so ungünstigen Bedingungen freizukaufen, doch nun rafften sich die niederdeutschen Fürsten zum Waffengang gegen Waldemars als nordelbischen Grafen eingesetzten Neffen Albrecht von Orlamünde auf, sie schlugen ihn Anfang 1225 bei Mölln und setzten ihn gefangen. Das gab Hamburg und Lübeck Gelegenheit, ihre dänische Besatzung zu vertreiben und sich mit fieberhafter Kanzleiarbeit auf eine erneute Umstellung in der Stadtherrschaft vorzubereiten. Damals sind die älteren Urkunden, namentlich Kaiser Friedrichs I., verfälscht und ergänzt worden, um sie dem inzwischen erreichten Stande der Autonomie anzupassen. In Hamburg bedeutete das die Legalisierung des kurz vorher erfolgten Zusammenschlusses der erzbischöflichen Petristadt mit der schauenburgischen Nikolaistadt und die Sicherung der Hoheit auf der Niederelbe; in beiden Städten aber, und gewiß nicht zufällig auch in Bremen und Braunschweig, fixieren Belege dieses Jahres 1225 endgültig das Konsulat als Führungsorgan der Bürgergemeinde.

Nun endlich bequemte sich auch Waldemar zu einem Sondervertrag mit Heinrich von Schwerin, der mit einem hohen Lösegeld und dem Verzicht auf die dänische Lehnshoheit in Nordelbien, Mecklenburg und Pommern zufrieden war, aber weder die deutsche Lehnshoheit über Dänemark noch das Kreuzfahrtgelübde ausbedang. Nicht mehr Kirche und Reich, sondern die Grenzlande selbst standen bei dieser Regelung Pate. Das Königtum war außerstande gewesen, von sich aus den Frieden zu wirken; ein regionales Bündnis von Fürsten und Städten schickte sich an, hier „vice regis" zu handeln; es half damit zugleich sich selbst und leistete dem ganzen Lande einen Dienst. Waldemar schwor Urfehde, kam frei, dachte aber nicht an Vertragstreue, sondern ging sofort im Bunde mit den Welfen wieder gegen Nordelbien vor. Abermals stand alles auf des Messers Schneide.

Der Kaiser und sein Hochmeister hatten diese Ereignisse inmitten schwerster Verstrickung durch Probleme des Kreuzzuges, der Kurie, der Ketzer, der Lombarden und der Sizilianer zwar nicht direkt beeinflussen können, sie aber mit überlegenem Weitblick genau verfolgt. Noch 1225 nahm Friedrich das bedrohte Livland durch Privileg an das Reich, 1226 erhielt Hermann die Goldbulle von Rimini für seinen Ordensstaat, und im gleichen Jahre verbriefte der Staufer nun auch einer eigens nach Parma gezogenen lübischen Gesandtschaft den großen Freibrief, in dem erstmals die „civitas ad dominium imperiale specialiter pertinens", der „locus imperii" auftaucht, ein Begriff, den der Staufer dann endgültig 1237 formuliert, als er Wien zur „civitas imperialis" erklärt. Nicht minder entscheidend war es, daß der Wortlaut des lübischen Privilegs sich nach der durch die Bürger überarbeiteten Vorlage richtete. Damit erschienen erstmals in einer Kaiserurkunde für eine nördlich der Alpen gelegene Stadt anstelle von „cives" die „consules" als Empfänger, und sie wurden mit umfangreichen Vollmachten der Rechtspflege und Regalnutzung ausgestattet.

Dem von Hermann beratenen Kaiser war zweifellos bekannt, daß Lübeck damals über Gotland seit langem bis nach Nowgorod handelte. Im selben Jahr 1226 hat die Stadt aber am andern Flügel des nordischen Fernhandelsraumes vom Kaiser die gleichberechtigte Zulassung zum niederrheinischen Stalhof in London erlangt. Bei ihrer Lage mußte dieser dem Reiche unmittelbar unterstellte Platz, bewußt auf die Ebene der umgebenden Landesherrschaften gehoben, mit einer kaiserlich anerkannten Ratsgewalt versehen und so im Rahmen der staufischen Möglichkeiten gegen die um sie rivalisierenden Mächte geschützt, nun endgültig zum natürlichen Mittelpunkt der niederdeutschen Städtegruppe werden, die sich in nachstaufischer Zeit zum bedeutendsten, eigenartigsten und langlebigsten aller städtischen Zusammenschlüsse fortbilden sollte.

Zuvor war freilich der Kampf mit Waldemar zu bestehen. Schon hatte er Dithmarschen wieder besetzt, Itzehoe und Segeberg eingeschlossen. Dann aber trat ihm und seinem welfischen Neffen das vereinigte Aufgebot der niederdeutschen Mächte unter Führung Adolfs IV. entgegen, in dem die bürgerlichen Kontingente namentlich von Lübeck auch zahlenmäßig besonderes Gewicht hatten. Im Juli 1227 erlitt das dänische Heer bei Bornhöved eine vernichtende Niederlage; neben hohen Verlusten verlor es vornehme Gefangene, an der Spitze mehrere Bischöfe und den Welfen Otto von Lüneburg. Wie mit einem Schlage brach daraufhin die Großreichsbildung Waldemars auseinander; unvermittelt zeigte sich ihre labile Struktur: sie war nicht auf den großen Wirtschaftszug, die planmäßige Erschließung durch Siedlung und Städtegründung fundiert, wie der gleichzeitige deutsche Ausgriff in den Ostseeraum, sondern einzig auf Glück und Bedeutung des Königs sowie die Tapferkeit seiner Dänen. So mußte sie scheitern, sobald ihr solche Basis genommen werden konnte. Der freien Entfaltung Lübecks und seiner Trabanten aber stand nun nichts mehr im Wege.

Aus der tiefen Erschütterung, die zunächst der Sturz des Löwen, dann die große Krisis des deutschen Königtums infolge der Doppelwahl von 1198 besonders im niederdeutschen Raum nach sich gezogen hatte, sahen wir die dort emporstrebende Städtegruppe auf ihre Weise erstaunlich Nutzen ziehen. Waren alle herrschaftlichen Gewalten ins Wanken geraten und voll mit dem Ringen um die Behauptung beschäftigt, so gewannen die Städte eben dadurch freien Raum, den Ausbau ihrer Autonomie entscheidend voranzutreiben. An der festen Begründung des Konsulats als dauerndem, mit bestimmten Kompetenzen versehenen, aus der Gemeinde durch Wahl erwachsenen Führungsorgan war dieser Fortschritt besonders eindringlich zu verfolgen. Hatten einige rheinischen Bischofsstädte kurz vor 1200 infolge des staufischen Kurswechsels gegenüber den Lombarden für ihre durch Rechtsprechung, Verwaltung und Stadtvertretung langsam aufgestiegenen Stadtväter zuerst den Konsultitel zu übernehmen gewagt, so folgte ihnen in dem unruheerfüllten Menschenalter bis Bornhöved 1227 eine breite niederdeutsche Städtegruppe von Soest bis nach Lübeck. Im Grunde wurde aus dieser Nachfolge sogleich die Führung. Es sind jene Jahrzehnte gewesen, in denen die alte Vorrangstellung des rheinischen Städtewesens vom niederdeutschen Bürgertum überholt worden ist. Dabei war es nicht unwichtig, daß gerade einige der wichtigsten Metropolen des Westens, wie Köln, Worms und Mainz, erst relativ spät unter Friedrich II. zum Konsulat übergegangen sind; hier hatten die von der Gilde getragenen, personalen Kräfte des Kaufmannstums besonders lebhaften Einfluß auf die Stadtführung, und sie widerstrebten lange dem Übergang zur ja auf Gemeindewahl basierenden, nach Zahl, Amtsdauer und Aufgaben fest begrenzten neuen Vertretung des Bürgertums.

Aus ganz anderen Gründen vermochte auch der Kreis mittel- und oberdeutscher Reichslandstädte unter staufischer Stadtherrschaft erst gegen Mitte des 13. Jahrhunderts als ein gleichsam drittes Treffen zum Konsulat durchzustoßen. Hier bewährte sich in den Krisenzeiten um 1200 die feste Bezirksorganisation des Königtums, auf die Verknüpfung von Städten, Burgen und Umland begründet sowie auf das Gleichgewicht von bürgerlichen und ministerialischen Kräften in der Stadtführung. Den Welfen war ein solches Instrument bereits um 1170 aus der Hand geschlagen worden; erst im Zeitalter Friedrichs II. traten sie damit samt anderen werdenden Landesherren wieder neben das Königtum.

In den Thronstreit-Jahrzehnten ist also die alte, das urbane Leben auf Reichsboden vorantreibende Funktion rheinischer Mutterstädte auf das niederdeutsche Netz großer städtischer Plananlagen übergegangen, wie sie teils aus den alten innersächsischen Hauptorten hervorgingen, teils als junge Plansiedlungen an den Fernverkehrsachsen oder im Neulande der Ostseeküste entstanden waren. Die Gunst der allgemeinen Lage kam diesem Kreise besonders zugute, weil hier die räumliche Vormacht niedergebrochen, das staufische Königtum aber aus seiner Ferne von den Problemen des Nordostens heraus gegen sie und so für eben das Bürgertum eingetreten war, dem es im eigenen Machtbereich der Königslandpolitik feste Zügel angelegt hatte, wie es ihm auch in den rheinischen Bischofsstädten überwiegend auf seiten des Ortsherrn entgegenstehen mußte.

Entscheidend wurde das, weil dem aufstrebenden niederdeutschen Städtekreis bei weitem die stärksten wirtschaftlichen Triebkräfte zuwuchsen; bei der Bewältigung einer kritischen Bedrohung durch den dänischen Großreichsversuch hat sein Bürgertum diese Kräfte erstmals in autonome politische Macht umgemünzt, und dabei ist ihm abermals in sehr bezeichnender Weise das ferne Kaisertum beigesprungen. Lübeck wurde in bewußter Durchbrechung des nach Niederdeutschland nun einmal nicht übertragbaren Konzepts der staufischen Reichslandpolitik als erste deutsche Stadt zu einer immediaten Autonomie befördert, um es gegen den nach seinem Besitz verlangenden Kranz rivalisierender Fürstenmächte zu stützen und zugleich um ihm für die Erschließung des Ostseeraumes im Interesse des Reichs und seiner baltischen Kreuzfahrerstaaten Rückhalt zu geben.

Das starke Köln und England

Nur eine der alten rheinischen Metropolen hat es vermocht, mit diesem Aufbruch des niederdeutschen Bürgertums unter Lübecks Führung in Richtung auf die werdende Hanse Schritt zu halten: Köln. Es war stark genug, sich nicht nur anzupassen und einzugliedern, sondern aus der kräftigen Basis eigener Wirtschaftsmacht neben das lübische Zentrum als zweiter Brennpunkt der inneren Entwicklung zu treten. Entscheidend war dafür, daß Köln auch im hansischen Fernverkehrsgebiet als der seebezogenen äußeren Ellipse, mit seinem Londoner Kontor und seinen alten flämischen Verbindungen dem Nowgoroder Brennpunkt einen gleich wichtigen westlichen beigesellte.

Erinnern wir uns der Kaufleute von Tiel, die bereits um 1020 auf ihren für Kaiser und Reich wegen der Zollabgaben einträglichen Englandhandel gepocht hatten.

Dieser Nachricht entsprechen englische, nach denen die „homines imperatoris" als Handelsgäste in London während des 11. Jahrhunderts regelmäßig verkehrten; auch der in seiner genaueren Datierung umstrittene Zolltarif des Themsehafens, wohl schon vornormannischer Zeit, kennt Flamen, Franzosen und Deutsche nebeneinander auf dem Londoner Markt. Woll- und Leinentuche, Wein und Metallwaren sind bereits damals das Haupteinfuhrgut vom Rheinmündungsraume her. Die „cives Londonienses" stellten eine eigene Gerichtsgemeinde dar, geleitet von einem Beamten des Königs, dem „Staller" oder „portreeve", der die Jahresabgaben an die Krone zu erheben hatte und den Hafenverkehr beaufsichtigte. Ethelred II. erklärte nun die Kaufleute des Reichs, in dem er sie unter seinen Schutz stellte, gleich den Londoner Bürgern für „guter Gesetze würdig". Wilhelm der Eroberer, hier wie sonst um Rechtskontinuität besorgt, bestätigte den durch Bürgerausschuß mit ihm verhandelnden Londonern ihre Rechte. Um 1100 stehen zwölf „meliores" an der Spitze der Stadt und dahinter erkennen wir eine oligarchische Führungsgruppe mit eigener Gildeimmunität, nach ihren Namen aus Angelsachsen, Normannen und sogar einigen Italienern zusammengesetzt.

Im frühen 12. Jahrhundert wächst London rasch: ein Privileg von 1132 bringt es für mehrere Jahrzehnte auf den Höhepunkt der Autonomie, es hat in Stadt und umliegender Grafschaft Middlesex die Regalien inne und kontrolliert die Ämter des dem früheren Staller vergleichbaren „sheriff" = „vicecomes" und des für Kronfälle zuständigen Richters, des späteren „coroner". Für die Bürger ist nur das Stadtgericht zuständig, sie haben Steuer- und Zollfreiheit, sind von Zweikampf und Rechtsformalien freigestellt und dürfen sogar mit Repressalien gegen „burgi" und „villae" vorgehen, in denen ihre Handelsinteressen geschädigt worden sind.

Diese ganz der festländischen Kommuneentwicklung parallele, günstige Entwicklung wurde erst unter dem ersten Plantagenet, Heinrich II., folgenschwer verändert, der in seinem weiten Machtbereich von Aquitanien, Anjou, der Bretagne und der Normandie bis nach England allgemein energisch gegen die städtische Autonomie vorgegangen ist. Sein 1154 erteiltes Privileg entzog den Sheriff und den Kronrichter wieder der städtischen Pacht und schränkte die Londoner Steuerfreiheit sowie den Gerichtsschutz ein. Der wirtschaftliche Aufstieg ging aber weiter, und dabei tauchte erstmals Köln als Erbe von Tiel auf. Hatten die Kölner spätestens um 1130, also zu Zeiten Kaiser Lothars III., ein Aufenthaltsrecht in London gewonnen, so wurden ihre Kaufleute von Heinrich II. im Jahre 1157 den Franzosen im Weinhandel gleichgestellt. Etwa gleichzeitig wies der König seine Beamten an, die „homines et cives Colonienses" wie seine Eigenleute zu schützen; sie sollten hinsichtlich ihrer Waren und Habe keinen Schaden leiden, vielmehr „firmam pacem" genießen. Um 1175, als gerade die erste steinerne Themsebrücke entstand und Londons finanzielle Leistungsfähigkeit sprunghaft anwuchs, wiederholte der König diese Verbriefung für die Kölner „cives et mercatores". Niederrheinische Antriebe standen auch hinter Friedrich Barbarossas handelspolitischen Maßnahmen dieser Zeit gegenüber England: 1157 einigte der Staufer sich mit dem Plantagenet über ein Handelsabkommen, und seine nachfolgenden Privilegien für Aachen, Duisburg sowie Köln selbst, die Stadt seines Kanzlers Rainald von Dassel, zeigen seine bei aller Ablehnung der bürgerlichen Verfassungsbewegung unverkennbare Bereitschaft, wirtschaftlich den unternehmerischen Ausgriff nach England großzügig zu fördern. 1173 schloß er auch einen Handelsvertrag mit Flandern.

Die Londoner selbst nutzten den Thronwechsel von 1189 mit dem anschließenden Kreuzzug Richards Löwenherz und seiner deutschen Gefangenschaft, um ihre alte Autonomie wieder herzustellen: 1191 läßt sich der Verweser John Lackland, Richards Bruder, gegen Anerkennung des Thronfolgerechts herbei, die Eidverbrüderung der Bürger zu genehmigen. Das hätten weder König Richard noch sein Vater Heinrich zugelassen, so meint der entrüstete englische Chronist, sei doch der städtische Schwurverband ein „tumor plebis, timor regni, tepor sacerdotii", eine Schwäre am Volk, ein Schrecken für das Reich, ein Schauder für die Geistlichkeit! Der ganze Gegensatz zwischen herrschaftlich-adliger Welt im Hochmittelalter und dem in jeder politischen Krisis ruckartig vorandrängenden Bürgertum liegt in diesem zähneknirschenden Wortspiel.

Der heimgekehrte Richard ignorierte denn auch von seinem normannischen Tower aus 1194 in einem Privileg für die Londoner deren Kommune; bestehen blieb nur das Majorat als neue Verwaltungsspitze, die sich nun rasch auf zahlreiche englische Städte ausbreitete. Der Mayor wurde von den Baronen gewählt, ihr oligarchischer Einfluß wirkte vom Lande in die englischen Städte hinein. Die Schwächeperiode des Königtums unter John Lackland schien dann der bürgerlichen Autonomie noch einmal, gleichzeitig mit dem deutschen Thronstreit, die große Durchbruchschance zuzuspielen. Seit 1199 war die Stromfreiheit auf der Themse verbrieft, und als die Stadt 1212 ein großer Flächenbrand traf, bildeten sich infolgedessen bezeichnenderweise bei der Soforthilfe die aktiven Stadtorgane kräftig weiter; eingehende Verordnungen städtischer, nicht königlicher Provenienz regeln den Aufbau; schon gibt es Steinbauvorschriften, werden Schilfdächer als feuergefährlich bekämpft. Anfang der 20er Jahre kodifizierte man auch die bürgerlichen Statuten.

Dann aber, seit Übernahme der selbständigen Regierung durch Heinrich III. 1227, fällt dennoch die Entscheidung gegen die bürgerliche Autonomie; London hat seine im hohen 12. Jahrhundert genossenen Rechte nicht wieder zurückgewonnen, vielmehr besiegelte die unglückliche Politik der Stadt im Bürgerkriege von 1258/68 schließlich das Absinken unter die wirtschaftliche und gerichtliche Aufsicht der Kronbeamten.

Die restriktive Städtepolitik des Hauses Plantagenet war darauf abgestellt, den wirtschaftlichen Aufstieg statt in bürgerliche in die eigenen Finanzkanäle zu lenken. Sie traf sich mit den Interessen der Wollproduzenten, vornehmlich adligen und geistlichen Grundherren, denen die dem einheimischen Handel besonders empfindlichen Zölle gleichgültig waren; sie diente ferner dem Eigenhandel der Krone, deren Bergregal aus den Zinn-, Silber- und Bleiminen besonders von Cornwall bei unmittelbarer Begegnung mit fremden Handelsgästen höheren Vorteil ziehen konnte. Englands Erze waren besonders gut, ebenso, aus klimatischen Gründen, auch seine Wolle; das lockte früh den italienischen, den flämischen und den deutschen Kaufmann an. Sie alle waren durch ihre günstigen Gegenfrachten und ihre höhere Kapitalkraft den einheimischen Fernhändlern überlegen. So schlugen König und Barone bei den Fremden weit höhere Erlöse aus ihren Rohstoffen; als der Transport von Massengütern über See mit dem 12. Jahrhundert eine ganz neue Stufe erreichte, hatten die herrschaftlichen Kräfte auf den britischen Inseln daher auch am Fortleben einer leistungsfähigen einheimischen Reederei kein Interesse. Hier liegen die Wurzeln für die Handelspassivität des englischen Bürgertums bis zum 14. Jahrhundert.

Die Italiener waren mit Süd- und Orientwaren gekommen, sind dann aber auch bald in das englische Geldgeschäft eingedrungen. Florentinische und genuesische Häuser finanzierten die französischen Kriege der Krone wie die inneren Auseinandersetzungen von Adel und Kirche. Auch auf den Bergbau gewannen sie bald Einfluß; als Zöllner und Kämmerer im Krondienst wurden sie den Briten schon im 13. Jahrhundert verhaßt.

Zahlreicher waren aber natürlich die Flamen, deren Fertigfabrikate (Textil und Metall) besonders rasch und bequem über die guten Häfen beiderseits des Kanals einzuführen waren. In staufischer Zeit hatten alle großen Tuchstädte von St. Omer und Arras bis nach Brügge und Tournai durch ihre als Gilde organisierten Englandfahrer ständigen Kontakt mit den britischen Wollproduzenten. Londons Überlieferung bietet breites Material zur flämischen Wollschiffahrt. Warum sich die flämischen Tuchhändler später aus dem Aktivhandel nach England allmählich zurückgezogen haben, werden wir bei der Betrachtung Flanderns näher ergründen müssen.

Dem Kölner Handelshof in London hatte noch der heimgekehrte König Richard 1194 bis dahin zu zahlende Abgaben erlassen. Hier taucht der Ausdruck „gildhalla" für das günstig an der Themse, knapp oberhalb der London-Bridge gelegene Grundstück auf, aus dem die Organisation des Betriebes zu erkennen ist. John Lackland, mit seinem Vetter Kaiser Otto IV. verbündet, wiederholte das Freihandelsprivileg für die Kölner 1204 erneut. Seit Ausbruch des Thronstreits und der englisch-französischen Kämpfe um Flandern verflochten sich politische und wirtschaftliche Bindungen immer dichter zwischen Themse und Rhein. Die Haltung Kölns und seines Umlands zur deutschen Königsfrage des 13. Jahrhunderts ist ohne seine Beziehungen zu den britischen Inseln nicht verständlich. 1213 bestätigte John Lackland Köln den Freibrief seines Bruders von 1194 abermals.

Um diese Zeit werden die seit langer Zeit in London ansässigen Kölner samt ihren Genossen aus anderen niederfränkisch-westfälischen Städten bereits als Teil der Stadtgemeinde empfunden; man vertraut ihnen den Schutz des Bischofstores an, das im Zuge der Stadtmauer auf der Landseite in Höhe des Kölner Hofes liegt. Eine Pflicht, die das spätere Hansekontor bis tief in das 15. Jahrhundert hinein beachtet und festgehalten hat.

Von den Gästen aus anderen Städten erhoben die Kölner damals gewisse Abgaben zum Eintritt in ihren Hof; wie sie selbst im frühen 13. Jahrhundert an einer ganzen

Reihe von weiteren Küstenplätzen Englands nachzuweisen sind, so erscheinen jetzt zunehmend neben ihnen niederdeutsche Schiffer in der Britenfahrt, besonders aus Groningen und Emden, Bremen, Stade und Hamburg. Mehrere stoffreiche Handelsgeschichten haben sich mit dieser deutlichen Zunahme des Massengutverkehrs befaßt, oft in lebhafter Kontroverse zueinander, die inzwischen eine neue, eingehende Untersuchung längst wünschenswert erscheinen ließe.

Entscheidungen 1226 bis 1230

Wie eine Wegmarke in der Geschichte des Englandhandels erscheint das zeitliche Zusammentreffen der letzten Erwähnung von Tiel im Kölner Gefolge 1226 mit dem Eindringen Lübecks in den Londoner Handelshof, von dem wir bereits kurz gesprochen haben. Die Travestadt beschaffte sich damals ein entsprechendes Privileg vom Kaiser, das den Kölnern keineswegs willkommen gewesen sein kann. Das von Köln, Tiel und Genossen geforderte Einstandsgeld in London wird hier als Mißbrauch, „abusus" bezeichnet; die Lübecker sollen den Niederrheinischen gleichberechtigt sein. Dieses zweite Lübeck-Privileg ist kurz nach der erweiterten Bestätigung des Barbarossafreibriefs in Borgo San Donnino, der alten Reichsfeste bei Parma, ausgefertigt. Es zeigt Lübeck und seine Nachbarstädte im Begriff, aus der Brückenstellung zwischen Nord- und Ostsee am Vorabend des Sieges über die Dänen erst den vollen Vorteil zu ziehen: Kaiser Friedrich II. erteilt allen Fernhändlern Geleit auch für den Landweg nach Lübeck und verbietet den (schauenburgischen) Zoll bei Oldesloe, also inmitten der Landverbindung Hamburg-Lübeck, er untersagt ferner Burgenbauten an der ganzen Trave – also auch an ihrem oberen, innerholsteinischen Lauf und schärft die Verkehrsfreiheit aus den Richtungen Ratzeburg-Wittenberg, also von der Elbe oberhalb Hamburgs, und Schwerin-Rostock nochmals ein. Zugleich erhält Lübeck sein eigenes Münzrecht, die Burg bei Travemünde und die Erlaubnis, dort ein Seezeichen zu errichten.

Die genauen Verfügungen lassen auf den vom Ordenshochmeister Hermann unterstützten, aber doch selbständigen Verhandlungseinfluß der lübischen Italiengesandtschaft schließen; geführt wurde sie von dem später als Bürgermeister bis über die Jahrhundertmitte nachzuweisenden Wilhelm Witte, zweifellos der entscheidenden Persönlichkeit im Lübecker Ratmannenkreise der späten Stauferzeit. Lag Hermann von Salza an der Erschließung des Ostseeraumes, so erkennen wir an dem Wortlaut dieser Urkunde, wie richtig man an der Trave die Bedeutung des Überlandweges nach Hamburg und der Nordseefahrt zur englischen Gegenküste eingeschätzt hat. Die Jahre nach Bornhöved müssen im Zeichen eines rasch zunehmenden Warenverkehrs nach England gestanden haben; einerseits gewann Köln damals mehrfach seine Rechte anerkennende Beurkundungen durch den englischen König, andererseits sehen wir Hamburg 1230 eifrig bemüht, seine Verbindung mit Lübeck zu festigen, während gleichzeitig auch Braunschweig Handelsschutz in England erhält.

Schiffe aus Stade, Bremen, Staveren und anderen niederdeutschen Küstenplätzen tauchten als Konkurrenten der Rheinländer in Hull, Boston, Lynn und London selbst auf.

Endlich vermochte sich die „universitas communium mercatorum" selbst, der Gemeine Kaufmann auf Gotland, mit einer Anzahl wertvoller Verbriefungen einzuschalten: der askanische Herzog von Sachsen befreite sie 1232 für seinen mittel- und niederelbischen Machtbereich von Zoll, Ungeld und Strandrecht, der deutsche König Heinrich nannte Lübeck und den deutschen Kaufmann auf Gotland 1233 in einem Atem und schließlich weist Heinrich III. von England seine Großen und Amtsträger an, den „mercatores de Gutlandia" beim Freihandel in Angebot und Nachfrage Schutz zu gewähren; das Original dieser Urkunde von 1237 in Lübeck sowie zwei Abschriften in Soest und in Wesel zeigen, wer hier unter Gotländern zu verstehen ist.

Nehmen wir unseren Smolensker Handelsvertrag von 1229 in den Blick hinein, so war um 1230 der Höhepunkt in der äußeren Machtentfaltung der Gotländer Genossenschaft erreicht. Ihre Glieder werden in englischen Urkunden dieser Jahre als „homines imperatoris" oder „mercatores de terra imperatoris" scharf von den Handelsgästen der lothringischen und Brabanter Städte, also des Maas-Schelde-Raumes unterschieden, obgleich doch auch diese an sich aus dem Reiche kamen; während aber in England noch Auseinandersetzungen zwischen dem niederrheinischen und dem niederdeutschen Flügel des Fernhändlerkreises schwebten, begannen beide auf Gotland und im Osten bereits zu verschmelzen: wir erinnern uns, daß beim Smolensker Vertrag die Gotländer selbst, das heißt die Vertreter des deutschen Wisby, vor Lübeck, Soest, Münster, Groningen, Dortmund, Bremen und Riga erschienen. Köln fehlte damals nicht ohne Grund.

Auf Gotland vermögen wir um diese Zeit endlich auch den Gildeverband selbst etwas deutlicher auszumachen; seine Eidverbrüderung ist vielleicht im ersten, bis 1226 verwendeten Lübecker Siegel gemeint, das zwei Schiffer, einen mit erhobener Schwurhand, unter dem Königswimpel im hansischen Breitschiff zeigt. Die Leitung des Verbandes durch vier Aldermänner aus Wisby, Lübeck, Dortmund und Soest war jetzt gleichfalls auf den Gesamtbereich abgestellt. Urkundlich bezeugt ist sie erst um 1263/69, man darf sie aber mindestens bis in die Zeit des Sieges von Bornhöved, also vor 1230 hinaufdatieren. Das Nebeneinander von Gilde und deutscher Stadtgemeinde in Wisby um diese Zeit spiegelt sich auch in den beiden Siegeln der Deutschen auf Gotland, deren erste erhaltene Abdrücke zwar in die Jahre 1280 und 1287 gehören, die aber nach Form und Schriftbild älter sind. Beide bilden stilisierte Formen der Lilie ab, und Rörigs Hinweis auf das Lilienzepter als Herrschaftszeichen beim deutschen König wie auch bei Heinrich dem Löwen ist, trotz aller nötigen Abstriche an zu weitgespannten Folgerungen, bis heute nicht entkräftet. In der Umschrift spricht das eine Siegel von „Gotlandiam frequentantium", Gotland aufsuchenden, das andere von „in Gotlandia manentium", auf Gotland wohnenden Kaufleuten. Hier ist Rörigs Unterscheidung anerkannt, das erste der Gilde, das zweite der deutschen Stadtgemeinde zuzuweisen. Die daneben bestehende gotische Stadtgemeinde führt um die gleiche Zeit ein Siegel mit dem Kreuzeslamm. Noch lebt darin das Nebeneinander Gilde und Doppelstadt, während eben damals der mächtige Außenbering um das Gemeinwesen zu wachsen begann, in seiner Größe ungefähr dem lübischen Stadthügel gleich, zusammen mit den von ihm umschlossenen zwölf riesigen Kirchenruinen heute noch ein großartiges Denkmal der einstigen Bedeutung dieses Platzes. Alljährlich brachten die von Nowgorod zurückkehrenden Winterfahrer die Kasse des dortigen Petershofes vor die vier Altermänner der gotländischen Gilde, denen ihre Verwaltung in der Schatzkiste von St. Marien unterstand, und von allen zu Nowgorod gefällten Urteilen in Streitsachen der deutschen Handelsgäste ging die etwaige Apellation an das deutsche Wisby. Im Zusammenwirken von kommenden und gehenden „hospites“ mit ansässigen „burgenses“ hält der Gemeine Kaufmann auf Gotland auch nach der Westssee hinüber die Fäden in der Hand, obgleich der Lübecker Rat zur Mitte des 13. Jahrhunderts hin mehr und mehr in die Führungsfunktion des Gesamtverbandes hineinzuwachsen beginnt.

Noch das berühmte flandrische Privileg von 1252, ausgehandelt von der diplomatischen Kunst hamburgisch-lübischer Sendeboten, ist an die „universitas mercatorum Romani imperii Gotlandiam frequentantium“ gerichtet. Mit diesem grundlegenden Flandernfreibrief warf sie jetzt im Westen den zweiten Anker aus.

Als hätte der mit echter Wanderung und Neusiedlung verbundene Vorstoß des Gemeinen Kaufmanns in den Ostseeraum, je weiter er drang, umso notwendiger des Verankerns rückwärts über den Ausgangsraum noch hinaus bedurft, so sahen wir im frühen 13. Jahrhundert das niederdeutsche Fernhändlertum neben dem dort alteingeführten niederrheinischen auf der britischen Insel erscheinen. Wo einst die „homines imperatoris“ von Tiel, dann die Kölner allein das Feld beherrscht hatten, suchten jetzt auf den Spuren namentlich der Bremer auch Hamburg und Lübeck Fuß zu fassen.

Die besondere Lage des englischen Wirtschaftslebens begünstigte den Ansatz: unter dem anglo-normannischen Herrscherhause der Plantagenets war es nun dem starken London zeitweilig gelungen, zu bürgerlicher Autonomie in festländischen Formen aufzusteigen. Doch die Krone überwand ihre Schwächeperiode unter Richard und John Lackland, sie mußte zwar den Baronen ihre „magna charta“ zugestehen, begegnete ihnen aber im gemeinsamen Interesse des unmittelbaren Handelsaustausches mit fremden Kaufleuten. Wolle und Erz, die beiden englischen Hauptrohstoffe, gingen von den Produzenten zu deren größerem Nutzen gleich an die Handelsgäste über, ohne daß man das eigene Bürgertum zwischengeschaltet hätte. Mit normannischer Straffheit finanziell, administrativ und juridisch beaufsichtigt, vermochte es sich wirtschaftlich nicht aus der Abhängigkeit zu lösen, zumal die mit günstiger Gegenfracht einlaufenden Festländer in staufischer Zeit langsam aber sicher auch der alten englischen Reederei die Bewegungsfreiheiten nahmen. Lombarden und Flamen brachten dazu ihre der Krone hochwillkommene Kreditwirtschaft, ihr gewerblich und handelstechnisch hochentwickeltes System mit, dem die mit einziger Ausnahme Londons kleinen und schwach bevölkerten englischen Städte nichts Gleichwertiges entgegenzusetzen hatten.

Neben den niederländischen Englandfahrern der Schelde- und Maasstädte hatten die niederrheinischen im Wein-, Tuch- und Metallhandel als „homines imperii" ihren eigenen Raum behauptet, in dem Köln je länger, desto mehr dominierte; sein Londoner Hof genoß wohlwollende Förderung durch den Plantagenet, eben wegen der Möglichkeit zum Direkthandel vom Produzenten zum Exporteur. Die Kölner Kaufleute in London sind als Gilde organisiert, sie nehmen in ihren Verband manche Gäste aus rheinischen und westfälischen Nachbarstädten auf, sie scheinen auch mit den flämischen und wallonischen Fernhändlergilden bei aller scharfen Distanzierung wegen der gewissen Ergänzung des Warenangebots relativ gute Nachbarschaft zu halten, sie wehren sich aber energisch gegen die aufkommende niederdeutsche Konkurrenz mit ihrem vom Ostseehandel herrührenden Potential.

Die Entscheidung gegen die Dänen verdarb jedoch Köln das Konzept: je fester Hamburg und Lübeck den Landübergang von der Trave zur Elbe in die Hand bekamen, wozu der staufische Kaiser – vom Thronstreit her alles andere als ein Freund der kölnisch-niederrheinischen Reichsvorstellungen – gerne seine Hilfe bot, desto häufiger suchten und fanden sie den Weg zur englischen Gegenküste. Wieviel dabei Lübeck die kaiserliche Weisung genützt hat, bleibt offen; viel nachhaltiger wird der auf Köln ausgeübte wirtschaftliche Druck gewesen sein, den wir etwa am Fehlen der Rheinmetropole im Smolensker Vertrage zu fassen glaubten, und das stärkste Wort zugunsten der Niederdeutschen sprach der englische König selbst, dem ihr Warenangebot hochwillkommen gewesen sein muß. 1237 privilegierte er den Gemeinen Kaufmann auf Gotland, und in der Zeit zwischen diesem Datum und jenem zweiten, von der flandrischen Gräfin ausgefertigten Privileg für die ferne Inselgilde aus dem Jahre 1252 erreichte sie einen äußeren Höhepunkt ihres Einflußbereiches; damals war der innere Gipfel ihrer Handelsgeltung im Ostseeraum bereits erheblich überschritten, denn dieser gehörte ohne Zweifel in das spätere 12. Jahrhundert.

Folgerichtig hatte man den Ausbau des von Gotland her überspannten Wirtschaftsraumes zunächst bis Nowgorod, an sein äußerstes nordöstliches Ziel vorangetrieben; trat der Gemeine Kaufmann vom gotländischen Ufer hier in das Erbe der Skandinavier, so stellte er sich bei seiner nächsten, dem äußersten Westen zugewandten Expansionsetappe an die Seite der Kölner in London. Während noch um die Herstellung dieser Achse zwischen Köln, Lübeck und Wisby gerungen wurde, war die Erweiterung des Feldes auf beiden Flügeln schon angesetzt: im Osten erschloß sie den baltischen Raum, im Westen den flandrischen.

Wenden wir uns zunächst dem Westen zu, weil hier die wohl stärkste Wurzel hansischen Reichtums und hansischer Lebensart eingesenkt worden ist. Wie das wendische Städteviertel um Lübeck, so reiten auch die flämischen Städte um Atrecht/Arras, Brügge und Gent auf einer wichtigen innerabendländischen Grenze. Die Grafschaft Flandern war links der Schelde kapetingisches Kronlehen, rechts davon Reichslehen. Sie verklammerte England, Frankreich und die Reichsromania mit dem niederländisch-rheinischen Hinterlande, die nordelbischen Städte zogen Skandinavien und den slawischen Osten an das alte ottonisch-sächsische Kernland des Reiches heran. Hier polar gespannt, ergänzten sich Flamen und Hansen umgekehrt: beiden flossen reiche Rohstoffquellen, und was die Hansen verfrachteten, verarbeiteten die Flamen, sehen wir auf die hohe Zeit ihrer Verbindung etwa im 14. bis 15. Jahrhundert. Damals blühte ihnen im Austausch der große Gewinn: für flandrisches Tuch aus englischer Wolle, für die Vielfalt von Metallwaren aus dem Gewerbefleiß von der Somme bis zur Maas lieferten die hansischen Osterlinge zu Korn und Fisch noch das Salz, und für ihr nahrhaftes Bier ließen sie die Koggen voll süßen französischen Weines laufen. Beide Städtegruppen haben auf ihre Weise das Kapital in politische Macht umgemünzt, wobei ihnen die Grenzlage den Vorteil der inneren Linie gegenüber den entfernteren Fürstenmächten der Zeit bieten konnte.

Edith Ennen hat auf die besondere Bedeutung des flämisch-wallonischen Raumes als einer Kontaminationszone von spätantik-romanischen mit germanisch-fränkischen Kulturströmungen hingewiesen und daraus die Entstehung der abendländischen Stadt abzuleiten gesucht. Zwar ist dieser Vorgang inzwischen als ein weiter ausgebreiteter, gemeinokzidentaler erkannt, aber die nur mit der Lombardei vergleichbare kraftvolle Verdichtung der niederfränkischen Städtegruppe, ihre materiell wie ideell schöpferische Leistung ist damit zutreffend umrissen. Um zu den Wurzeln dieser Leistung zu gelangen, müssen wir einen Umweg über die benachbarte Champagne machen.

Pilgerwege und Champagner Messen

Eine große, vielbevölkerte Pilgerstraße zieht vom Kanal bei Quentovic und Ypern durch Nordfrankreich, passiert Provins und Troyes, gewinnt die Rhône und geht über den Mont Cenis oder Marseille nach Italien. Schon die angelsächsischen Mönche sind auf ihr gen Rom gezogen.

Als die starke Macht des Champagner Grafen seinem Lande im 11. und 12. Jahrhundert zeitweilig fast neutrale Stellung zwischen dem kapetingischen Lehnsherrn und dem Reich verschaffte, wandte sich auch der Fernhandel zunehmend dieser Drehscheibe als idealem Begegnungsfeld zu. Lombarden und Provenzalen brachten dorthin ihre Orientwaren, um sie gegen Brabanter und flämische Tuche, oberdeutsche Leinwand, ja nordisches Pelzwerk auszutauschen. Das Einzugsgebiet der Champagner Messen hat Hektor Ammann 1939 untersucht, neuerdings besitzen wir dazu den Sammelband „La Foire“ der Société Bodin. Zur Champagne zog man von Pamplona, Lerida und Barcelona in Spanien bis nach Rom und Venedig, von Regensburg und Magdeburg bis Lübeck. Besonders dicht waren die Verbindungen nach Septimanien, zur Toskana und zur Lombardei, nach Burgund und an den Rhein vom Bodensee bis zur Mündung. Die engste Häufung aber zeigt sich im Geviert Lüttich-Reims-Amiens-Brügge, also eben im uns hier beschäftigenden flämisch-wallonischen Raume.

Es ist das kein einfaches Abbild der räumlichen Nähe, das zeigt nicht nur der fehlende Einzug aus mittelfranzösischen Städten, sondern mehr noch ein Blick auf die Zahlenstatistik und die Handelsorganisation. Beide sind für die Zeit erstaunlich. 1242 beziffern Lucca und Pistoia einen durch Piacenter Überfall in der Poebene erlittenen Verlust an Champagner Tuch auf 17.000 Livres, Piacenza gesteht immerhin 12.000 zu. Italiens Messegäste bilden um 1280 einen Interessenverband, die „universitas mercatorum Italiae nundinas Campaniae ... frequentantium", und ähnliche an unsere Gotländer Gilde erinnernde Einungen haben die Provenzalen und Septimanen, aber auch die Flamen; deren im späten 12. Jahrhundert auftretende „Hanse der 17 Städte" organisierte den Tuchvertrieb auf der Messe, wobei Ypern alle vier Meßplätze bezog, während neben ihm besonders Douai und Arras, Gent und Brüssel, Lille, Namur und Laon hervortreten.

Als gewählte Karawanenführer begegneten sich „capitani", „podestates" oder „baiuli" des Südens und „consules", Hansegrafen oder Aldermänner des Nordens. In den Amtsnamen der Notare und Makler auf den Messen finden sich arabische, spanische, italienische und niederländische Wurzeln. Giro und Skonto beherrschten den bargeldlosen Verkehr bei den Wechslern, nur Differenzen, die „Saldi", wurden ausbezahlt. Wechselbriefe machten das Mitführen größerer Geldsummen unnötig, das gezackt zerschnittene Chirograph genoß öffentliches Ansehen als Krediturkunde. Ein für vier Jahrzehnte des späten 13. Jahrhunderts zufällig erhaltener Bestand in Ypern weist allein für diese Stadt über 7.000 davon auf, es sind nicht einmal alle der einst vorhanden gewesenen.

Als gegen 1300 das Meßgeschäft zurückging, weil die Fernhandelsstädte in direkte Verbindung zueinander traten, weil die Champagne wieder fest zur französischen Krone gezogen wurde, weil vor allem ein regelmäßiger Galeerenverkehr Italien über Gibraltar und die Biskaya mit Flandern verbunden hatte, da traten die Niederländer vollends das Erbe der Champagner Messen auf ihrem Flügel an, wie Frankfurt am Main in Oberdeutschland oder Lyon und Genf im Rhônelande.

Lange vorher jedoch hatte bereits der große Aufstieg des flandrischen Städtewesens eingesetzt, dem die Mittlerstellung zwischen Champagne, Niederlanden und Britannien seit staufischer Zeit reichsten Ertrag abwarf. Seit dem späten 11. Jahrhundert bereits war durch die Grafen zum Kranz der alten Hauptorte eine ganze Reihe von Neugründungen gefügt worden, neben den spanischen Kleinkönigen und den Normannen betätigten sie sich als die frühesten Städteplaner überhaupt, und zwar ebenfalls mit vornehmlich militärischen Gesichtspunkten. „Un véritable chapelet de villes", ein wahrer Rosenkranz von Städten, so sagt JEAN DHONDT 1948, sei von den Brüdern Balduin VI. und Robert dem Friesen damals geschaffen worden, darunter wichtige Tuchstädte wie Thourout oder Messines, Lille oder Cassel, später dann die Häfen Gravelines für St. Omer, Nieuport für Ypern, Damme für Brügge.

Grafen und Städte befinden sich hier in einer glücklichen Interessengemeinschaft, beiden liegt an der Autonomie des Raumes. So scheitern am Widerstande der Kommunen nach des flämischen Grafen Karl des Guten Ermordung 1128 die ersten kapetingischen Versuche, das Kronlehen einzuziehen. Die Bürger setzen vielmehr durch, daß die Hennegauer Nebenlinie der Balduine ihr Erbe antreten kann, eine weitere Verzahnung über die Reichsgrenze hinweg. Gegen den unzuverlässig nach Frankreich blickenden Adel finden sich die Hennegauer und das autonome Bürgertum zusammen; der Graf bringt es fertig, der städtischen Führung Bewegungsfreiheit zu lassen, obgleich seine straffe Bezirksorganisation nach Kastellaneien der des britischen und des sizilischen Normannenstaats kaum nachsteht. Wie dabei seine selbständige Politik gegen den Kapetinger auf anglo-normannischen Rückhalt angewiesen bleibt, so beruht die finanzielle Leistungsfähigkeit seines hochentwickelten Städtewesens auf der festen Verbindung zum englischen Wollmarkt.

Schon um die Mitte des 12. Jahrhunderts geht die im Viereck Ypern-Cambrai-Brüssel-Brügge konzentrierte Textilindustrie zum Verlagssystem über. Das Gebiet entspricht dem Einzugsschwerpunkt der Champagner Messen: seine Tuchstädte werden angeführt von ebenso großzügigen wie skrupellosen Unternehmern. Den in die jungen Städte gezogenen ländlichen Webern legte hier der Fernhändler die Wolle vor und übernahm später den Vertrieb der Fertigfabrikate. Tuchhändler und Tuchverleger gewannen dadurch fast von vornherein ein scharfes soziales Übergewicht: in den gräflichen Schöffengerichten, deren städtischer Amtskreis schon seit dem ausgehenden 11. Jahrhundert als gesonderter Kastellaneibezirk vom ländlichen Umlande getrennt worden war. So entstand bereits gegen 1200 ein ständisch abgeschichtetes Patriziat. Noch war es freilich dem landesherrlichen Beamten untergeordnet, denn eben während des 12. Jahrhunderts hatte der Graf die lehnsadligen Kastellaneien in Amtsbezirke mit besoldeten Baillis (also abrufbaren Amtsträgern) umgeformt. In ihre Hand schwor der bürgerliche Schöffe, unter ihrem Vorsitz tagte das Gericht, aber gegen den Spruch des Schöffenkollegs konnte der Bailli praktisch ebensowenig eingreifen, wie gegen dessen autonome Stadtverwaltung. Noch führte der Graf eine zielbewußte Wirtschaftspolitik, ähnlich dem Plantagenet jenseits des Kanals und in der benachbarten Normandie, auf liberalen Freihandel und planvolle Münzordnung gegründet, aber schon festigte sich das Monopol der flämischen Textilerzeugung in den Händen eines finanziell übermächtigen Großbürgertums.

Der flämische Großmarkt

Während des 13. Jahrhunderts vollendete sich diese Entwicklung: ein kleiner Kreis zum Beispiel von Genter schöffenbaren Familien beherrschte die nun faktisch unabhängige Stadtregierung. Dazu hatten die Kämpfe mit dem großen Kapetinger Philipp-August bei gleichzeitig völligem Ausfall der deutschen Reichsgewalt entscheidend beigetragen. Als Verbündeter John Lacklands und des Welfenkaisers

Otto wurde auch der flandrische Graf von der Niederlage bei Bouvines 1214 schwer betroffen; damals gingen ihm das Artois und die Picardie mit Amiens, Arras und St. Omer verloren: es entstand jene langlebige Grenze westlich Ypern, die das französische Kronflandern halbierte. Das mußte in der nördlichen Städtegruppe zu noch stärkerem Übergewicht von Ypern, Brügge und Gent führen. Das Unglück des Grafen hat den mächtigen Kommunen damals für lange Zeit Bewegungsfreiheit verschafft.

Inzwischen führte eine ungemein starke Volkszunahme auch räumlich zu sprunghafter Ausweitung der flämischen Städte. Nehmen wir etwa Brügge, das bereits in seinem ersten Steinbering der Zeit wohl vor 1100 die damals beachtliche Fläche von 70 ha umfaßt hatte, so stellen wir bis gegen 1300, als eine mächtige, ovale Mauer um die allseitig ausgebauten Vorstädte gelegt wird, eine Vergrößerung auf 434 ha fest, fast genau das Vierfache des Lübecker Werders!

Noch erstaunlicher ist die Zunahme des Genter Areals binnen des einen 13. Jahrhunderts von 80 auf nicht weniger als 644 ha. Gent ist damit räumlich die absolut größte Stadt des mittelalterlichen Abendlandes, nur um etwa 1/5 kleiner als die morgenländische Kapitale Konstantinopel, das überhaupt größte Stadtzentrum des Kontinents. Gent stand aber mit seinem Umfang und Volksreichtum in Flandern keineswegs allein da; auch Tournai, Löwen und Brüssel haben im 13./14. Jahrhundert mit je 400 ha die Größe Kölns erreicht, und eine ganze Reihe weiterer flämischen Kommunen bewegen sich um 100–200 ha, also in den lübischen Größenordnungen. Bedenken wir schließlich die Konzentration dieser Städtegruppe in einem Raume erheblich kleiner als die Lombardei, so wird zugleich das Leistungspotential wie das Versorgungsbedürfnis begreiflich. Beides mußte den flämischen Raum instandsetzen und veranlassen, alle Fernhandelskräfte ringsum bis in die äußersten Winkel des Kulturkreises hinein mit magnetischer Kraft anzuziehen.

So sehen wir denn Lombarden und Provenzalen ebensogut wie Oberdeutsche über die Messeplätze der Champagne hinweg bis nach Ypern, Brügge und Gent vorstoßen, und von der Gegenseite treten die Niederdeutschen als die gegebenen Partner heran. Hier sind sie gegenüber den Kölnern in der Vorhand, denn vom Rheine her war zu Flandern mehr der Wettbewerb, besonders nach England, als der Austausch gegeben; was Flandern brauchte, waren nicht Weine, schon gar nicht Tuche und Metallwaren – die hatte es selbst zu bieten oder konnte es aus Frankreich leicht beziehen –, sondern die typischen Massengüter zur Versorgung des Stadtvolks, eben Korn und Fisch, Salz und Bier. Je leichter und reichlicher die Zufuhr solcher Waren im hansischen Breitschiff seit dem 12. Jahrhundert möglich wurde, desto weniger waren überdies die flämischen Reeder und Fernhändler demgegenüber konkurrenzfähig; die Großunternehmer bauten vielmehr das ertragreiche Verlagsgeschäft immer weiter aus und begannen, sich vom riskanten Eigenhandel über See mehr und mehr auf das bequemere Makler- und Wechselgeschäft am Orte zurückzuziehen. Wem von allen Seiten anbietende und nachfragende Fremdgäste zuziehen, der wird nicht selbst in eine ungewisse Ferne aufbrechen.

So vollzog sich denn seit dem frühen 13. Jahrhundert eine Umstellung größeren Stils auf dem flämischen Wirtschaftsmarkt zu genau der Zeit, als die nordelbischen Städte, vom dänischen Zugriff befreit, ihre eigenen Möglichkeiten zur Verknüpfung von Ost- und Nordseefahrt energisch auszuweiten begannen. Mit großem Geschick bedienten sie sich dabei der bedrängten Lage, in die Flandern politisch 1214, nach der Niederlage von Bouvines geraten war. Nicht weniger als 13 Jahre lang blieb sein Graf Ferdinand von Portugal in französischer Gefangenschaft, also gerade bis zum Entscheidungsjahre von Bornhöved im Norden, 1227; seine Frau Johanna, die ältere der beiden Erbtöchter des letzten Hennegauers Balduin (XI.), der als lateinischer Kaiser von Konstantinopel 1205 verstorben war, führte die Regentschaft unter enger Kontrolle des französischen Königs. Der endlich heimgekehrte Gatte starb wenig später, und so blieb die Regentschaft in Johannas Händen, auch nach ihrer 2. Heirat mit einem Savoyarden, bis zu ihrem Tode 1244. Dann folgte die jüngere Schwester Margarethe, seit langem verwitwet, zunächst als Verweserin für einen ihrer Söhne, nach dessen frühem Tode seit 1251 abermals als Regentin, bis sie, fast achtzigjährig, ihrem in der Grafschaft Namur nachgefolgten Sohne Guido kurz vor ihrem Tode 1278 auch Flandern übertrug.

Durch seine Frau Isabella war König Philipp-August von Frankreich der Oheim der flämischen Schwestern; andererseits war durch die Heirat von Margarethes ältestem Sohne Johann, der 1246 die Grafschaft Hennegau übernommen hatte, mit Adelheidis von Holland eine gefährliche Verknüpfung auch gegenüber den Nachbarterritorien des Reichs entstanden. Adelheidis war die Schwester des 1247 zum deutschen Gegenkönig gewählten Grafen Wilhelm von Holland, und aus der Feindschaft zwischen ihrem Manne und seinen Halbbrüdern in Flandern und Namur entwickelte sich der Erbstreit um den ganzen flämisch-hennegauischen Raum, den Margarethe für ihre beiden jüngeren Söhne, Wilhelm von Holland für seinen Schwager Johann führte. In ihm stand für Wilhelm zugleich das Grenzland des Reiches rechts der Schelde und sein eigenes flämisches Lehen, die Grafschaft Seeland, auf dem Spiel. Als König belehnte er Johann 1252 mit Reichsflandern; Margarethe antwortete damit, daß sie dem jüngsten Sohn ihres Vetters Ludwig VIII. von Frankreich, niemand anders als Karl von Anjou, dem späteren König von Neapel und Henker des letzten Staufers Konradin, 1253 die Grafschaft Hennegau schenkte.

König Wilhelm von Holland trat dem mit Konrad von Hochstaden, dem Kölner Erzbischof, verbündeten Karl von Anjou im Hennegau entgegen und brachte zunächst einen Waffenstillstand zuwege. Hinter seinem Rücken hatte aber Margarethe von Flandern einen Friesenaufstand angezettelt, und beim Versuch, damit fertigzuwerden, ist Wilhelm dann im Januar 1256 gefallen. Sein Schwager Johann hat sich danach nur in der verkleinerten Grafschaft Hennegau behaupten können, während dessen Halbbruder Guido Namur und später auch Flandern von der Mutter Margarethe übernahm.

Vor diesem wildbewegten Hintergrunde vollzog sich also der weitere Aufstieg des flämischen Städtekreises; es leuchtet ein, daß den beiden mehr als ein Halbjahrhundert faktisch regierenden Schwestern bei aller Energie besonders der jüngeren gegenüber den finanziell übermächtigen, fortifikatorisch bereits unbezwingbar geschützten Kommunen kein leichter Stand beschieden gewesen ist. Wollten sie sich zwischen den andrängenden Mächten behaupten, so waren sie ohnehin auf die städtische Hilfe materiell angewiesen, mußten also mit ihnen paktieren.

Auf den Spuren ihrer Nordseehäfen sind nun zugleich die Osterlinge, wie sie später in Flandern genannt wurden, in das Land der gräflichen Schwestern, der Töchter eines Kreuzfahrerkaisers gelangt. Namentlich Bremen, Stade und Hamburg, über sie dann auch Lüneburg, Braunschweig, Goslar und Hildesheim, waren die Absprungbasen der niederdeutschen Flandernfahrt im frühen 13. Jahrhundert. Heinrich Reincke hat umgekehrt die „Deutschlandfahrt der Flandrer während der hansischen Frühzeit" in den Hanseblättern 1942/43 untersucht und dabei zugleich das Schrifttum zu den großen Handelsprivilegien der Jahrhundertmitte ergänzend behandelt. Lübische Kaufleute begegnen uns in Flandern zuerst um 1230, also unmittelbar nach Bornhöved, und es kann kein Zweifel sein, daß in beiden folgenden Jahrzehnten die wechselseitigen Beziehungen so eng geworden sind, daß Flamen wie Niederdeutsche dringend an ihrer vertraglichen Regelung interessiert wurden. 1243 und 1244 hatten sich bereits Lübeck und Hamburg Geleitbriefe des Utrechter Bischofs und des Grafen von Holland für die Binnenfahrt durch die Zuiderzee und das Rheindelta zur Scheldemündung verschafft, damals noch den bevorzugten Verkehrsweg des Seehandels gegenüber der gefährlicheren Küstenfahrt.

Nicht von ungefähr erschien dann mitten im flämischen Erbstreit eine große Gesandtschaft des Gemeinen Kaufmanns von Gotland in Flandern, als deren Wortführer der Lübecker Hermann Hoyer und vor allem der Hamburger Ratsnotar Jordan von Boizenburg auftreten. Dieser bedeutende Jurist, dem die Elbestadt auch eine große Neufassung des Stadtrechts und namentlich des Schiffsrechts sowie den umfassenden Verwaltungsaufbau verdankt, hat in Flandern sein diplomatisches Meisterstück geleistet: im Mai 1252 gewährte Margarethe den Unterhändlern Zollnachlaß in Flanderns Haupthäfen und stellte weitere Freiheiten in Aussicht. Wieder zeigt die Verwahrung von vier Ausfertigungen in Lübeck, Hamburg, Köln und Dortmund, welche Kräfte am Flandernhandel teilhatten. Auf den schwierigen Fortgang der Verhandlungen müssen wir aber noch näher eingehen.

STÄDTEGRUPPEN UND GESAMTHANSE IM 13. JAHRHUNDERT

Wir beginnen mit einem Rückblick auf die Wandlung der nordischen Fernwirtschaft, wie sie uns an der flämischen Entwicklung des hohen 13. Jahrhunderts deutlich geworden ist. Jahrhundertelang war der Verkehrszug für Waren auf der Nordsee vornehmlich von Westen nach Osten gegangen; selbst in der hohen Wikingerzeit hatte dabei das angelsächsisch-friesische Element, was Warentransport und Handelsaktivität anlangte, die Führung behalten, so lebhaft sich zeitweilig die kriegerischen Bauernkaufleute des Nordens einschalten mochten. Im Hochmittelalter jedoch schlug dieser Pegel für nicht minder lange Jahrhunderte um: nacheinander sank zunächst die Beteiligung der Friesen, dann die der Angelsachsen, endlich sogar die der Flamen mehr und mehr ab, bis zum Ausgang der Stauferzeit der Ost-West-Verkehr eindeutig vorzuherrschen begann.

Eine Reihe von Ursachen für diesen wichtigen Strömungswechsel des Fernverkehrs haben wir ermittelt; dabei sind in der Betrachtung die am frühesten und am nachhaltigsten ausscheidenden Friesen etwas zurückgetreten. Am Schicksal von Haithabu-Schleswig ist das zeitweilige Ende ihrer Führung im Seehandel seit dem auslaufenden 11. Jahrhundert gleichsam abgebildet. Verdrängt wurden die Friesen durchaus nicht, weil sie einen „Widerwillen gegen das Leben in der Stadt" gehabt hätten, wie noch Dollinger meint, sondern ganz nüchtern durch das Aufkommen überlegener Konkurrenten aus dem niederdeutschen Hinterlande; daneben werden wir an die tiefgreifende Strukturveränderung des Küstenlandes im Zuge der Bedeichung denken müssen, als erstmals ein zusammenhängendes Marschgebiet vom Kennemerlande bis nach Nordstrand der dichteren Besiedlung erschlossen wurde.

Damit zog der Ackerbau in die Marschen ein, und wo man auf besonders schweren und nassen Böden dennoch bei der Viehzucht blieb, trat das Rind an die Stelle des Schafes; die einfach-bäuerliche Beschaffenheit der Tuchfabrikation in Friesland wurde zudem von den rasch und hoch entwickelten Techniken städtischer Textilerzeugung überholt, wie wir sie im flandrischen Verlagssystem kurz behandelt haben.

Länger als die Friesen hielten sich die Briten auf der See, und sie blieben in gewissen Grenzen selbst dann noch befahren, als ihnen in staufischer Zeit die Politik der anglo-normannischen Krone und die Konkurrenz der Osterlinge den Wind aus den Segeln nahm. Wir werden noch sehen, wie sie ein Jahrhundert später zusammen mit den Holländern erneut auf Ostfahrt gingen und sich trotz aller hansischen Gegenwehr schließlich am Ausgang des Mittelalters wieder durchzusetzen vermochten.

Abermals anders verlief die Kurve bei den Flamen: ihre Englandfahrt übertraf an Bedeutung lange die der niederrheinischen Rivalen, aber auch in der Ostfahrt behaupteten sie sich länger, als man früher wohl annahm, bis in den Ausgang des 13. Jahrhunderts hinein. Als sie dann doch das Reedereigeschäft aufgaben, geschah das, wie wir sahen, im Zusammenhang mit der außerordentlichen Prosperität in ihrer Heimat, die sich zur „permanenten Messe" des Abendlandes zwischen Mediterranen, Oberdeutschen und Hansen entwickelt hatte. Blieb die friesische Küstenfahrt immer noch ansehnlich genug, nahm die englische wie die holländische Schiffahrt nach längerer Pause den Wettkampf mit den Osterlingen wieder auf, so ging die flämische gänzlich zum passiven Hafengeschäft über.

Verglichen mit diesen seebefahrenen alten Anrainern der westlichen Küsten waren die im Hochmittelalter unwiderstehlich aus ihren Stromhäfen hervordrängenden Westerlinge und Osterlinge des deutschen Hinterlandes die jüngeren Fahrensleute; soviel man an Niederrhein und Niederelbe von den Vorgängern lernte, entscheidend blieben doch die neuen Elemente im Schiffbau, in der Reedereitechnik, in der Stützpunktorganisation an den Zielhäfen, im Genossenschutz auf der Fahrt und gegen den beutegierigen Strand, vor allem aber gab den Ausschlag jene Überbrückung des kimbrischen Isthmus zwischen Hamburg und Lübeck; diese neue Achse hat auch im Westen überlegene Wettbewerbsvoraussetzungen für den Gemeinen Kaufmann vom gotischen Ufer geschaffen.

In England erwuchs daraus bald eine kritische Rivalität zwischen den altprivilegierten Westerlingen hinter Köln und den ungeniert eindringenden, von Lübeck und Wisby gesteuerten Gästen aus der deutschen Bucht. Mit den Freibriefen des Kaisers von 1226, ja selbst des englischen Königs von 1237 war die Auseinandersetzung noch nicht entschieden; sie mußte noch erst zwischen Köln einerseits, Hamburg und Lübeck andererseits unter Vermittlung der an beiden Partnern interessierten Westfalen ausgehandelt werde. Das haben wir später zu verfolgen.

In Flandern war die Lage einfacher, weil dort Köln und seine Trabanten weniger stark in den Warenaustausch eingriffen, weil sie überdies vorwiegend zu Lande über Aachen und Löwen nach Gent und Brügge zogen, um ihren Rheinwein gegen das flämische Tuch zu handeln. Wenn dennoch die Osterlinge später als in London am Zwin und an der Schelde auftauchen, so eben wegen des lange fortlebenden flämischen Eigenhandels. Wir hatten die Gesandtschaft des Gemeinen Kaufmanns nach Flandern begleitet und von dem Privileg der Gräfin Margarethe gesprochen, über das 1252 durch den führenden diplomatischen Kopf der Osterlinge, den Hamburger Ratsnotar Jordan von Boizenburg, verhandelt worden war. Allerdings wollte die Gräfin Zollvergünstigungen nicht nur für die niederdeutschen, sondern für alle Handelsgäste geben. Im Frühjahr 1253 nahm Jordan die Verhandlungen wieder auf, hatte aber zähe Partner und konnte die Rechte und Freiheiten der Kaufleute nur auf der Basis grundsätzlicher Gegenseitigkeit fixieren. Margarethe beurkundete das, ließ aber ihre Ausfertigung in einem Kloster bei Brügge niederlegen und verlangte vor der Behändigung entsprechende Gegenurkunden von seiten der Niederdeutschen. Solche sind nun zwar von Bremen und von Münster erhalten, aber sie liegen im Hamburger Archiv, so wie die flandrischen, durch ein Zusatzprotokoll noch ergänzt, sich in Brügge befinden. Daraus folgt einmal, daß Jordan auch die späteren Verhandlungen in der Sache geleitet haben muß, zum anderen, daß die Verträge von 1253 nicht in Kraft getreten sind, wahrscheinlich, weil sich Lübeck und andere Osterlinge geweigert haben, den Flamen gleiche Handelsrechte im Osten zuzugestehen.

Vor allem war Lübecks hochinteressanter Vorschlag von Margarethe abgelehnt worden, nach dem Vorbilde seiner baltischen Städtegründungen auch in Flandern eine deutsche Kolonistenstadt Neu-Damme an der Zwin-Mündung nahe Brügge anzulegen. In längeren Verhandlungen hatte sich die Gräfin schließlich doch gegen dieses Angebot entschieden. Lübecks Abneigung, den Flamen die Ostsee offen zu halten, war wohlüberlegt, erinnern wir uns der Anerkennung, die es deswegen ein Menschenalter später von den Ijsselstädten erfahren hat. Hamburg freilich stand den Wünschen der Gräfin aus naheliegenden Gründen freundlicher gegenüber: es hat allein weiter verhandelt und zuletzt einen von Margarethe gefällten Schiedsspruch des Jahres 1268 anerkannt, nach dem sehr weitgehende Freiheiten vereinbart wurden.

Hamburg, das hieß Jordan, beurteilte die Entwicklung zwar im Grunde richtig: sie steigerte den Wert der in Flandern erlangten Freiheiten von Jahr zu Jahr, während umgekehrt die Zugeständnisse an den flämischen Eigenhandel im gleichen Maße an Bedeutung verloren. Lübeck aber hatte doch noch weiter gesehen: auch ohne die Ratifizierung der Verträge von 1253 gewannen die Osterlinge, vielleicht mit Hamburgs Durchbruchshilfe, von da an festen Fuß in Brügge, bis Lübeck 1280 noch im Todesjahre der Gräfin selbst den Freihandel der Gäste in Flandern untereinander durchsetzen und 1298 sogar den alten Vertragstext von 1253 bestätigt erhalten konnte, obgleich es weiterhin die Gegenseitigkeit verweigerte. Sie war um diese Zeit gegenstandslos geworden.

Doch damit ist bereits die Schwelle zur spätmittelalterlichen Hansezeit überschritten; in Flandern war der Gemeine Kaufmann räumlich wie zeitlich an die Grenze seines Machtbereichs gelangt: noch war in seinem Namen verhandelt, auf seinen Namen eine Urkunde ausgefertigt worden, aber federführend war dabei ein hansischer Ratsnotar gewesen, der bedeutendste Kopf einer der Heimatstädte, für die es um das wichtigste Ziel ihres zur Nordsee ausgerichteten Eigenhandels ging, und behändigt wurde die Urkunde nicht mehr, weil ihr Text der anderen, der entscheidenden Heimatstadt Lübeck nicht ausreichend schien. Lübeck wollte mehr, als Margarethe zugestand, und es besaß genug kaufmännischen Sinn, die wirtschaftliche Großlage treffend einzuschätzen, genug Wagemut, das höhere Spiel zu beginnen.

Hier fassen wir an einem wesentlichen Zipfel die innere Lösung der Travestadt von dem auf eine Freihandelspolitik älteren Stils gerichteten gotländischen Verbande: an ihre Stelle wollte Lübeck die Beherrschung des Handels aus eigenen, ausschließlich hansischen Kräften setzen. Der Versuch zur Neubegründung einer Stadt in Flandern selbst, vor den Toren von Brügge, weist auf das inzwischen fertig entwickelte Werkzeug hin, mit dem ein so weitgestecktes Ziel angestrebt werden konnte. Neben die auswärtigen Handelshöfe mit ihrem fluktuierenden, vorwiegend personalgemeindlichen Aufbau, ihrer unständigen Bewohnerstafette waren die festen Stützpunkte neubegründeter Städte getreten, aus dem scheinbar unerschöpflich nachrückenden Schub überschüssiger Kräfte des niederdeutschen Stadtvolks gespeist und besiedelt, in Sprache und Recht, Verfassung und Kultus, Planung und Aufriß, Wirtschaft und Verwaltung fest mit dem westfälisch-nordelbischen Ausgangsraum verbunden.

Auf Gotland war Wisby, die älteste von ihnen, bereits unter den Söhnen der Gründer von Lübeck neben dem Warenplatz der Fernhandelsgilde und der skandinavischen Landesmitte aufgewachsen. Den Weg zum fernen Nowgorod sicherten die Enkel mit neuen Etappenplätzen an der baltischen Gegenküste ab. Hier nun fügt sich in einer für das Weltgefühl des Hochmittelalters typischen Weise unternehmende Kaufmannschaft mit dem kreuzfahrenden Sendungsgedanken zusammen: die Geschichte der baltischen Ordensstaaten ist ebenso unlösbar mit Aufgang, Blüte und Vergehen der Hanse verbunden, wie die der levantinischen mit dem mediterranen Handelsimperium von Genua und Venedig.

Schon der Beginn zeigt es: als Schüler Vizelins, des Wagrierbischofs der Zeit Kaiser Lothars, brach der Segeberger Kanoniker Meinhard in der Spätzeit Heinrichs des Löwen zur baltischen Mission auf; er war dabei Begleitprediger von Fernhändlergruppen, wie einst der schon in Helmolds Slawenchronik genannte Bardowicker Geistliche auf Rügen. 1184 entstand daraus bei Üxküll an der Dünamündung die erste Taufkirche; zwei Jahre später weihte Erzbischof Hartwig II. von Hamburg-Bremen, eingedenk der alten Ansprüche seiner Diözese auf den nordischen Primat, Meinhard zum ersten Bischof der Liven. Den Kampus der ersten Mission an der Dünamündung hat Friedrich Benninghoven genau untersucht. Bremens dänischer Rivale, Erzbischof Eskil von Lund, hatte bereits einige Jahre zuvor versucht, in Estland ein Missionsbistum zu begründen, vermutlich nicht ohne Zutun der Schleswiger.

Mühsam genug waren hier wie dort die Anfänge: Meinhards Nachfolger wurde 1198 von den Liven erschlagen; erst der dritte Bischof Albert, Hartwigs Neffe im Bremer Domkapitel, hat in 30jährigem Kampf das livische Bistum fest begründen können. Als er mit 23 Schiffen im Frühjahr 1200 von Lübeck aus zur Kreuzfahrt in See ging, war eben der deutsche Thronstreit ausgebrochen, als er 1229 starb, war eben durch Bornhöved die ernste Gefahr beseitigt, daß sein Aufbauwerk in

Livland unter dänische Hoheit gestellt würde. Ohne die tätige Unterstützung der Fernhändler hätte er nicht einmal aufzubrechen, ohne ihren laufenden Nachschub nicht einen Kreuzritter für seinen 1202 gestifteten Schwertbrüderorden ins Land zu holen vermocht.

Doch so ernsthaft wir auch den Kreuzfahrergeist bei den westfälisch-niederdeutschen Kaufleuten im damaligen Ostseeraume voraussetzen müssen, so bezeichnend ist es eben, daß sie zugleich ihren geschäftlichen Vorteil wahrzunehmen wußten. Ihr Werk war die Anlage der Stadt Riga neben der Burg Bischof Alberts seit 1201.

Ein volles Jahrzehnt verging dabei noch im Stile des von Gotland her gesteuerten, regelmäßigen Saisonverkehrs, zumal die Jahre 1203–07 noch ernste Kämpfe zwischen Kreuzfahrern und Liven brachten; erst seit 1208 vermochte Bischof Albert die Dünafahrt nach Polozk-Smolensk wieder zu öffnen, und erst 1212 herrschte wieder Ruhe am Landwege über Pleskau nach Nowgorod. Auf diese beiden Straßen begründete sich aber das Interesse der Fernhändler an dem Platz nahe der Dünamündung. Das Lager war nun zur Halbkreisbefestigung mit knapp 5 ha Fläche geworden, mit Bürgerkirche und Markt. Entscheidend für die Stadtentstehung wurde es, daß sich im Herbst 1210 eine starke Kaufmannsflotte entschloß, wegen eines drohenden Livenangriffs in Riga zu überwintern. Von da an ist die Zahl der „manentes“ sprunghaft gewachsen; bald nach 1211 entstand das große Kaufmannsviertel westlich und südlich der ersten Umfestigung, und schon seit 1215 begann die Anlage der Neustadt nördlich davon. Das erste Bürgersiegel von 1225 zeigt Mauern und Tortürme. Seine Umschrift SIGILLVM·BVRGENSIV(M)·I(N)·RIGA·MA NENCIV(M) belegt den Wandel. Bischof Albert hatte 1211 noch von „mercatores Gutenses“ gesprochen, die Zollfreiheit, Eigengericht und Münzfuß wie in Wisby erhielten. Er verbot aber eine „gilda communis“, um den Einfluß des gotländischen Verbandes zugunsten der selbständigen neuen Einzelstadt Riga zurückzudrängen. 1225 setzten dann die Rigenser gegen ihn schon das Vogtwahlrecht durch; 1226 haben wir den ersten „consules“-Beleg – fast zugleich mit jenen der niederdeutschen Städte. Um 1234 hat eine mächtige Stadtmauer den mittelalterlichen Bereich von Riga endgültig abgegrenzt. Aufschlußreich belehrt die Verteilung der Besitzkomplexe nach der Domverlegung: am Kirchengut sieht man sowohl den Ausgangspunkt der ganzen Plansiedlung als auch die spätere Konzentration im Nordwesten; das Ratsgut läßt den Markt und die ehemals zum Festungsbereich gehörende Straßenkurve Kopstrate-Hinkeschroderstrate hervortreten.

Beide Flügel, „frequentantes“ und fest seßhaft gewordene „manentes“ der Fernhändlergilde, wuchsen nach 1230 zusammen; von den tonangebenden Ratsbürgern geführt, formierten Bürger und Gäste gemeinsam die „Große Gilde“ der „Schwarzhäupter“; als „Kleine Gilde“ bildeten die Gäste neuverfaßt eine Versammlung des angesehenen Exporthandwerks. Damit besitzen wir hier ein idealtypisches Abbild von Mit- und Nebeneinander lokaler Bürgergemeinden und personaler Gilden in hochhansischer Zeit.

Der Einzugsbereich von Rigas Fernhandel reicht über Gotland längs der schonischen Küste nach Lübeck, durch den Sund nach Bergen und zum Kanal, noch wichtiger ist aber der Dünahandel nach Polozk sowie der Fernweg zu Lande nach Pleskau-Nowgorod. Auch das niederdeutsche Passivhandelsgebiet ist als Nachschubraum in den Quellen von Riga scharf abgehoben.

Noch in das erste Menschenalter des baltischen Kreuzfahrer- und Kaufleutestaats gehören die nächsten Stadtanlagen; dabei ist die enge, mit der alljährlichen Flottenfahrt von Gotland her immer neu geknüpfte Verbindung besonders zum westfälischen Herkunftsraum der zuwandernden städtischen Neusiedler einmal sehr lebendig an der Persönlichkeit Bernhards II. zur Lippe zu verfolgen.

Einer der zuverlässigen Parteigänger des Löwen, dem er in Westfalen 1177 die „Lewenburg“ erbaute, für den er bis zuletzt das starke Haldensleben verteidigt hat, beweist Bernhard seine hohe technische Begabung auch im Brückenbau, vor allem aber bei der Anlage von Lippstadt und Lemgo um 1185–1190, der ersten echten Gründungsstädte in Westfalen. Von schwerer Lähmung unerwartet genesen, überläßt er seinem Sohne das heimatliche Territorium, geht nach Livland als Kreuzfahrer, steigt dort nach 1218 zum Bischof von Semgallen auf, und hat vor 1224 in typischer Anlehnung an den Lippstädter Grundriß die Festungsstädte Fellin und Kokenhusen geschaffen, das eine an der Straße nach Estland, das andere an der Düna oberhalb von Riga. Der Bogen schließt sich mit der Anlage der Neustadt von Herford um 1220, zu der Bernhard seine Tochter Gertrud, die Äbtissin des alten Reichsstifts, bei einem vorübergehenden Aufenthalt in der Heimat veranlaßt hat, sowie der um 1225/30 wohl von seinem geistlichen Sohne Bernhard als Bischof von Paderborn begründeten Neustadt Warburg. Auf die lippischen Edelherren geht auch die Anerkennung bzw. Einführung der Ratsverfassung in diesen Gründungen zurück; hier wie sonst ist eine enge Zusammenarbeit mit dem unternehmenden Bürgertum von Soest bis nach Lübeck und Wisby zu erkennen.

Der Lage und dem Umfang nach wichtiger als die baltischen Anlagen Bernhards waren aber die 1224 bzw. 1230 vorgenommenen Gründungen von Dorpat und Reval. Dorpat war ein alter livischer Mittelpunkt, an dem schon Jaroslaw von Nowgorod bei seinem Vorstoß gegen Estland im Jahre 1030 eine befestigte Siedlung errichtet hatte. Kaum hatten deutsche Ordensritter den wichtigen Platz an der Fernstraße Nowgorod-Pleskau-Reval eingenommen, als sie mit der Anlage von Burg und Stadt begannen. Schon 1231 wurde der Grundstein zum Dome des alsbald begründeten Missionsbistums gelegt. Die rasch aufblühende Kaufleutesiedlung zog ihren Vorteil aus der Grenzlage und der Nachbarschaft zu Pleskau; hier war der wichtigste Zwischenstapel des namentlich im Winter die Landfahrt über den zugefrorenen Peipussee bevorzugenden Pelz-, Honig- und Wachshandels bis zur völligen Zerstörung durch Iwan den Schrecklichen im Jahre 1558. Von Dorpat aus gelangte man um die Südspitze des Peipussees nach Pleskau, einem zu 903 in der Nestorchronik als Heimat der warägischen Großfürstin Olga erwähnten Handelsplatz der Skandinavier, später als „prigorod“ zu Nowgorod gehörig. Über mehrere Wachstumsphasen erreichte Pleskau gegen 1200 eine fünfstellige Bevölkerungszahl. Im 14. Jahrhundert wuchs es weiter und wurde als einzige russische Stadt ummauert, „Teutonico ritu", wie ALBERT KRANTZ in der Wandalia (I,2) um 1500 schreibt, „sed intus pro more regionis lignea". Nun bedeckte Pleskau stattliche 170 ha Fläche, war also bei weitem größer als alle baltischen Städte. 1240 hatte der Orden den Platz besetzt, verlor ihn aber wieder an Alexander Newski zwei Jahre darauf. Beide Handelshöfe lagen dem Kreml (Krom) gegenüber, den die prächtige Dreifaltigkeitskathedrale als bedeutendste der über 30 orthodoxen Kirchen bekrönt. Bis 1510 konnte Pleskau sich mit deutscher Verfassung unter Bürgermeister und Rat, aber mit der warägischen Volksversammlung, unter zeitweilig litauischer, ab 1399 dann moskowitischer Oberhoheit eine für den Fernhandel mit Getreide, Flachs und Hanf wertvolle Selbstverwaltung bewahren.

Reval ging auf eine dänische Burg das Jahres 1219 zurück, die Waldemar II. auf dem Höhepunkt seiner Macht mit allem Nachdruck ausgebaut hatte. Unter den im folgenden Jahrzehnt zuströmenden Kaufleuten hatten aber die Deutschen bereits neben den Dänen und Schweden die Überzahl, und als der Schwertbrüderorden 1227 unmittelbar nach Bornhöved den Ort an sich zog, kam es neben der zur Schiffslände hin am Verbindungswege vom Burghügel zur See sich erstreckenden Vorsiedlung mit Olafskirche zu einer planmäßigen Stadtanlage. Entscheidend war dafür die Ankunft einer gotländischen Flotte von deutschen Kauffahrern im Spätsommer 1230. Sie erbauten unter der Burg die Nikolaikirche mit der zugehörigen Altstadt. Als es dem Dänenkönig 1238 gelingt, seinen deutschen Rivalen Estland nochmals für ein Jahrhundert abzunehmen, vermag das doch am deutschen Charakter der Hauptstadt Reval nichts mehr zu ändern. Im Stadtbuch finden wir ab 1312 für sich sprechende Herkunftsnamen, wie „Elverfelde, Hagen, Yserlon, Coysfelt, Lemego, Lennepe, Lippia, Medebeke, de Monasterio, Ostinchusen, Paderborn, Soyst, Unna, Westfal". Ein Stadtturm der mächtigen Befestigung heißt nach der Soester Patrizierfamilie „Hattorp".

Waldemar hatte der Stadt – auch hier wiederholt sich das übliche Bild, wie wir es aus Niederdeutschland kennen – ein Privileg erteilen müssen, damit sie ihm 1238 die Tore öffnete; der Nachfolger Erik IV. Plovpenning verbriefte 1248 das lübische Recht, wobei zugleich erstmals die Ratsverfassung zu belegen ist. Als der Orden 1346 in Ausnutzung der schwierigen Herrschaftsanfänge Waldemars IV. IV. Atterdag Estland für mehr als zwei Jahrhunderte zurückgewinnen konnte und alsbald für den mächtigen Ausbau der Burg sorgte, hatte sich Reval zu einer großen Mittelstadt von etwa 5.000 Einwohnern entwickelt; nur wenig kleiner als Riga, war es der Hauptsammelpunkt für die Nowgorodfahrt geworden.

Von den übrigen baltischen Städten ist keine mehr mit Sicherheit vor 1250 nachzuweisen; allenfalls Pernau hat es noch zu einiger Bedeutung gebracht, die später in schwedischer Zeit weiter gestiegen ist. Im erweiterten und regulierten Grundriß der schwedischen Bastionärfestung sind Burg, Markt, Straßen und Baublöcke der Altstadt noch nachzuweisen.

Auf den ersten linearen Vorstoß des abendländischen Städtewesens war damit die erste Aufschließung einer für den Hansehandel entscheidenden Ziellandschaft mit gleichzeitigen Transitfunktionen gefolgt. Die spätere Verdichtung des baltischen Burgen- und Städtenetzes während des ausgehenden 13. Jahrhunderts ist auf den Karten des „Atlas Östliches Mitteleuropa" zu verfolgen.

Neue Städte von Mecklenburg bis Preußen

War das baltische Widerlager im hansischen Brückenschlage über die Ostsee erst mit der Überwältigung Waldemars bei Bornhöved endgültig gesichert und zu freier Entfaltung befördert, so galt das gleiche aber für den in eben diesen Jahrzehnten gleichsam in Verbreiterung Lübecks entstehenden wendischen Brückenpfeiler an der südwestlichen Ostseeküste. An der Spitze der dort sich entfaltenden Städtegruppe stand zeitlich das obotritische Rostock, wo nach Helmolds Zeugnis – also vor 1172 – der Niklotsohn Pribislaw eine Burg erbaut hatte. Unter Ausnutzung des großen Fürstenaufstandes von 1166/67 vermochte der schon nach Pommern gewichene Wendenfürst vom Löwen die Rückgabe des nordöstlichen Teils aus dem väterlichen Erbe zu erzwingen, was 1167 durch die Heirat zwischen seinem einzigen Sohne, mit dem bezeichnenden Doppelnamen Heinrich-Borwin und Mathilde, einer natürlichen Tochter des Löwen, besiegelt wurde. Hatte Pribislaw selbst bis zu seinem Tode 1178 hartnäckig jede Siedeltätigkeit von Deutschen in seinem Machtbereich bekämpft, so muß doch unmittelbar danach gegenüber dem wohl rechts der Warnow zu suchenden slawischen Markt von Rostock ein Stützpunkt lübischer Kaufleute entstanden sein, vermutlich mit einer Nikolaikirche. Der Posener Mediävist G. Labuda hat in einem Aufsatz die Bedeutung der Vorsiedlung unterstrichen, doch der Stadtgrundriß von Rostock läßt, sehr zum Unterschied von Stettin, nur wenig Raum dafür, und das Schweigen älterer Quellen deutet nicht darauf hin, daß vor Pribislaw mit nennenswertem Fernhandelsverkehr an der Warnowmündung zu rechnen wäre.

Inmitten der auf den Sturz des Löwen folgenden Wirren nimmt die lübische Kolonie einen raschen Aufstieg. Fürst Heinrich-Borwin hatte Rostock 1183 einem Vetter als Teilherrscher überlassen müssen, er stand zwischen seinen welfischen und dänischen Verwandten in schwieriger Abwehrlage, zumal seit er 1185 Knuts Lehnshoheit anzuerkennen gezwungen worden war. Um sich zu behaupten, öffnete er die Grenzen und zog deutsche Siedler ins Land; während so vom deutsch verwalteten Westmecklenburg her sich die ländliche und städtische Erschließung schrittweise ostwärts gegen die Peene vorschob, sah an der Küste auch der Rostocker Teilfürst Nikolaus sein Heil gegen die Dänen im Zusammengehen mit Lübeck. Bei seinem erbenlosen Tode 1200, spätestens aber zur Zeit der Abtretung aller welfischen Interessen nördlich der Elbe an den damals 1202 ja mit einer anderen Löwentochter verheirateten Waldemar im Jahre 1203, muß die Rostocker Altstadt St. Nikolai vorhanden gewesen sein, mit ihren 18 ha fast doppelt so groß wie die vermutlich auch noch vor 1203 begründete Altstadt von Wismar. Hier wie dort wählten die Neubürger für ihre Kirche das schon bei der Hamburger Neustadt von 1188 verwendete Nikolaus-Patrozinium der Seefahrer, wie es dann auch für die jüngeren Hafenstädte Stralsund, Greifswald und Anklam geschah, bis hin zu der wohl damals umbenannten Stettiner Marktkirche in der Fernhändlersiedlung am Oderufer und zur älteren Danziger Kaufleutekirche.

Wismars Hafen wird erstmals in einem Privileg für die Schweriner erwähnt, das Kaiser Otto IV. 1211 in Capua ausgestellt hat. Im nachfolgenden Jahrzehnt des Höhepunktes waldemarischer Macht werden beide mecklenburgischen Küstenstädte unter ähnlichem Druck wie Lübeck selbst gestanden haben; immerhin gewann Rostock 1218 von Borwin einen Freibrief, in dem erstmals – wenn wir der kopialen Überlieferung trauen dürfen – auch der städtische Rat erwähnt ist. Um 1226 sind dann aber die Schranken gefallen; damals wachsen in Rostock wie in Wismar neben den Altstädten zwei große, neue Marienstädte heran, und um 1250 hat sich mit Anlage der Neustadt St. Georg Wismar auf 58 ha vergrößert, wie ebenso Rostock mit dem Bau der Jakobi-Neustadt auf 69 ha. Nicht minder sprunghaft ist die Entwicklung in dem etwas jüngeren Stralsund, wo man erst unmittelbar nach Bornhöved an eine Stadtgründung denken konnte. War Wismar die besondere Tochter Lübecks, so entstand Stralsund als Filialgründung von Rostock. Fürst Wizlaw von Rügen versah es 1234 mit Rostocker Recht und 1256 war auch hier mit der Neustadt St. Marien ein Umfang von 48 ha erreicht. Wieder um ein Jahrzehnt jünger sind dann die Anlagen der Altstädte von Greifswald und Anklam. Ihre Aufbaujahre gehören in die Zeit jener Privilegien Barnims für Stettin von 1237–43, von denen wir so ausführlich gesprochen haben. Wie sich dort an der Odermündung lübische und magdeburgische Initiative begegneten, so auch die fürstliche Gründertätigkeit der pommerschen Grafen, der brandenburgischen Askanier und der obotritischen Mecklenburger im Hinterlande der vorpommerschen Küste, das in den gleichen Jahrzehnten schachbrettartig aufgeschlossen worden ist, um nur auf so wichtige Anlagen wie das pommersche Demmin, das askanische Neubrandenburg oder das mecklenburgische Güstrow hinzuweisen.

An die führende Kraft der Küstenstädte reichten sie freilich nicht entfernt heran, wie sie auch in der Stadtverfassung sowie der wirtschaftlichen und kulturellen Entwicklung von ihnen abhängig geblieben sind. Von Jahrzehnt zu Jahrzehnt wuchs der über See anlangende Neusiedlerstrom dort weiter an, und es bezeichnet seine Homogenität, wenn die bis 1250 nach Topographie und Verfassung ganz selbständigen Teilstädte sich schon wenig später zusammengeschlossen haben, die drei Rostocker bereits 1262, die beiden Greifswalder 1264, die drei Wismarer 1276. In Hamburg war das bereits um 1214 geschehen, und ebenso bestand in Lüneburg um 1250 längst die Gesamtgemeinde. Damit ist das spätere „wendische Viertel“, wie man zunächst die vier Ostseehäfen, später die Sechsergruppe unter der Führung Lübecks zu nennen pflegt, zu einem günstigen inneren Ausgleich gelangt, während große Binnenstädte wie etwa Braunschweig oder Hildesheim noch jahrhundertelang an den Gegensätzen ihrer Teilgemeinden zu leiden hatten.

Noch waren Lübecks älteste Tochterhäfen an der wendischen Küste, Wismar und Rostock, im ersten Ausbaustadium, da griff die unternehmerische Initiative seiner Fernhändler schon auf den preußischen Küstenabschnitt über. Hier lag im Weichseldelta als alter pommerellischer Fürstensitz Danzig, ähnlich dem Stettin der Pomoranen; den Umfang und die rege Gewerbetätigkeit der slawischen Burgsiedlung haben polnische Ausgrabungen während der letzten Jahrzehnte nachgewiesen. Von Polen her erfolgte die Missionierung in der ersten Hälfte des 12. Jahrhunderts. Als Fürst Sambor I. 1178 die von seinem Vater begründete Zisterze Oliva mit Rechten und Einkünften in Danzig bewidmete, muß danach lebhafter Handels- und Hafenverkehr bestanden haben. Um 1190, wenn einer allerdings späten Überlieferung zu glauben ist, gestattete Sambor „im Felde", also außerhalb der Slawensiedlung, die Anlage der Nikolaikirche für die Fernhandelsgäste. Damals könnten bereits die Katharinenkirche mit weitem Pfarrsprengel einschließlich Burg und Suburbium bestanden haben. Vermutlich gab es also auch hier, wie in Stettin und Wollin, jenes Nebeneinander von Taufkirche für die Slawen und Marktkirche für die Fernhändler. Katharinen wird noch in einer Urkunde von 1271 „matrona loci" genannt, und die damals zuerst erwähnte Marienkirche der Rechtstadt unterstand Katharinen bis 1363 als Filiale.

Seit 1224, also nach der Ausschaltung Waldemars, entsteht neben der Nikolaistadt die planmäßige Stadtanlage um den Langen Markt, die sogenannte „Rechtstadt". Ihre nach deutschem Recht lebende Bürgergemeinde ist 1227 vorhanden, und wenn Fürst Swantopolk 1235 urkundet, er wollte die „civitas" mit deutschem Recht bewidmen, so ist dahinter anscheinend ein ähnlicher Vorgang zu vermuten, wie die in Stettin während der gleichen Jahre durchgeführte Rechtsangleichung des älteren an den besser versehenen jüngeren Ortsteil. Hier aber geschieht der Ausgleich in Richtung auf das lübische und magdeburgische Recht, wahrscheinlich 1238/39. Um 1240 beginnen die Rechtstädter mit dem Riesenbau ihrer Marienkirche. Das Forschungsbild ist mit der Kieler Dissertation von LINGENBERG 1982 auf gute neue Grundlagen gestellt.

Inzwischen war vom Kulmerlande her die Kolonisation des Deutschen Ritterordens in Gang gekommen; haben wir bei Livland bemerkt, wie eng verknüpft die Kreuzfahrt und die Hansefahrt gewesen sind, so dürfen wir auch in Preußen den Blick auf die Grundlagen des Ordensstaates nicht vergessen, bevor wir uns den in seinem Rahmen erwachsenen Städten zuwenden.

Bis in staufische Zeit hinein hatte dieser Küstenteil sich gegen Bemühungen um Einbeziehung in das Abendland behaupten können: Adalbert von Prag und Brun von Querfurt waren hier als spätottonische Missionare umgekommen, und um 1200 beharrten die Balten und Litauer unverändert als letzte noch heidnische Volksgruppe in Alteuropa.

Von der deutschen Zisterze Lekno bei Bromberg aus nahm damals Abt Christian, 1215 durch Innozenz III. zum Bischof von Preußen geweiht, abermals das Bekehrungs- und Unterwerfungswerk auf. Sein Kreuzzug scheiterte jedoch 1222/23 und löste heftige pruzzische Rachezüge an und über die Weichsel aus. Sie trafen besonders das polnische Herzogtum Masowien, dessen piastischer Fürst Konrad, ein Vetter der schlesischen Herzöge, dem Deutschen Orden gegen Übernahme des Grenzschutzes und der Heidenmission das Kulmerland rechts des Thorner Weichselknies anbot.

Nicht von ungefähr wird Konrad auf den Orden und seinen Hochmeister Hermann von Salza verfallen sein; das Band zwischen Orden und Städten ging buchstäblich auf den Barbarossa-Kreuzzug zurück. Vor Akkon hatten damals Bremer und Lübecker Bürger ein Spital gestiftet; ein Koggensegel soll das erste Sonnendach über den Verwundeten gebildet haben. In die eroberte Stadt verlegt und von Johannitern versehen, entstand in dem Spital eine eigene Kreuzfahrerbruderschaft, deren an die Templerregel gelehnte Ordnung der Papst 1199 bestätigte. Eigentlicher Anlaß zur Ordensgründung war aber die Nachricht vom plötzlichen Tode Kaiser Heinrichs VI. gewesen; auf sie hin beurkundeten die zur Heimfahrt aufbrechenden deutschen Fürsten, unter ihnen der Mainzer und mehrere Bischöfe sowie der welfische Pfalzgraf und Löwensohn Heinrich der Lange, der Babenberger, der Brabanter, der Thüringer, die Wettiner und ein führender Reichsministerialer zusammen mit dem Patriarchen und dem König von Jerusalem die Stiftung der Deutschherren.

Bald reichbegütert auf Zypern, in Griechenland und in Italien, fügte die Bruderschaft Krankenpflege, Ritterdienst und Mönchsideal zusammen, exemt wie ihre noch nicht national gebundenen Vorgänger, die Templer und die Johanniter, was der Papst 1218 ausdrücklich bekräftigte. War es mit der Gottesfriedensidee des 11. Jahrhunderts nur begrenzt gelungen, im Wege der augustinischen Gedanken über das „bellum justum“ den Kampf mit der Waffe zu verchristlichen, mit der „militia Christi“, dem Einsatz des Lebens zur Ausbreitung des Glaubens im Verbande eines Ritterordens wurde das jetzt erreicht. Waren statt Rache und Vergeltung nur noch die Herstellung von Recht und Frieden unter dem Kreuz als Kriegsziele anerkannt, so ergab sich daraus der Verzicht auf Raub und Plünderung in der Kriegsführung sowie auf alle Gewaltanwendung gegen Nichtkämpfer. Daß die Wirklichkeit oft anders blieb, ändert nichts an der ethischen Bedeutung dieses im Kreuzzugszeitalter durchgesetzten Leitbildes, das in der Schonung auch des überwundenen Feindes gipfelte. Tapferkeit und Großmut sind für den Ordensritter nebeneinandergestellt, sie sollen gebändigt sein durch die „maze", das Selbstzucht-Ideal der Zeit, und sublimiert werden durch höfische Sitte. Der Page lernt den Kanon der sieben Ritterwerke; an den „septem artes liberales" orientiert, umfassen sie neben Reiten und Schwimmen, Jagen und Fechten auch Schachspielen, Dichten und Singen. Nutzlos erscheinen ohne Selbstbeherrschung, Frömmigkeit und Milde die anderen wichtigen Rittertugenden Tatkraft, Entschlußfreude und Tapferkeit.

Solche Gedanken einer neuen, aesthetisierenden Ethik sind an den Kardinaltugenden und den platonischen Eroswerten der Antike orientiert. Geistliches Rittertum bezieht in diesen Rahmen aber ferner das harte Gesetz des Männerkonvents ein; orientiert am dreifachen Gelübde Benedikts, Armut, Gehorsam, Keuschheit, wird bewußt das höfische Leben preisgegeben. Karitativer Dienst und Kampf mit den Heiden sind hier die oberste Devise rittermäßigen Lebens. Daß Glaubensausbreitung durch Gewalt problematisch sei, hatten demgegenüber bereits in fränkischer Zeit vor allem angelsächsische Stimmen vertreten. Durchgedrungen waren sie nie. Der Orden handelte in einer kaum bis sehr dünn erschlossenen Landschaft; seine Feldzüge waren besser motiviert als die gleichzeitigen spanischen gegen das maurische Andalusien oder der Kreuzheere gegen das arabische Palästina.

Aus Kriegserfahrung und Organisationsgabe der Gründergeneration erwächst die Ordensgliederung in schwertführende Ritter, meist nichtadlige „servientes" (Sarjantbrüder) des Knappen- und Spitaldienstes, Priesterbrüder für Gottesdienst und Kanzlei sowie „Graumäntler" – Halbbrüder des niederen Dienstes. Rasch entstehen, als eine Art Ersatzheer des kämpfenden Ordens, die zwölf innerdeutschen Ordensballeien. Älteste und wichtigste war Thüringen einschließlich Plauen-Egerland und der welfischen Stammlande; neben der Ballei Hessen lag hier später die Hauptnachschubbasis – auch Hermann von Salza entstammte thüringischer Ministerialität. Reichste Ballei war Franken; dort saß auch der Deutschmeister. Ordenspatrone waren Maria, Barbara und Elisabeth – Marburgs große Komtureikirche und Mergentheim als späterer Hochmeistersitz in Franken weisen auf sie hin. Der Zusammenhang zwischen staufischen Reichslanden und innerdeutschen Ordensschwerpunkten läßt das wichtigste Reservoir ritterlicher Kräfte im Reich erkennen.

Seit 1222 hatten sich die alten Verbindungen zwischen Lübeck und dem Orden neu verdichtet; Hermanns Deutschlandreise und sein Eingreifen in die Verhandlungen mit dem gefangenen Waldemar stehen damit in Zusammenhang. Der Kaiser unterstrich die Wendung mit neuen Privilegien für den Orden als einer „structura specialis" der Staufer. März 1226 gewinnt der Hochmeister kurz vor den Privilegien für Lübeck jene Goldbulle von Rimini, die dem Orden Herrschaftsrecht über das an der Weichsel zu erobernde Land verleiht.

Die Kurie verfolgte diese Entwicklung aufmerksam. Dem kaiserlichen Manifest, das 1224 die baltischen Völker als „liberi homines imperii" bezeichnete, setzte Honorius 1225 eine Bulle entgegen, nach der alle Bekehrten allein der römischen Kirche unterworfen sein sollten. Hermann hat seinen Orden zwischen den rivalisierenden Ansprüchen von Kaiser und Papst meisterlich gelenkt und beide Urkunden als Doppeldeckung verwendet. In seiner lauteren Persönlichkeit verbanden sich Reichstreue und Kirchentreue bruchlos noch einmal wieder am Ausgang des Hochmittelalters. Im Kruschwitzer Vertrage mit Masowien wurde 1230 das Kulmerland durch den Orden übernommen.

Unterdes waren vor 1230, bezeichnenderweise aus Mitteldeutschland über Schlesien, die ersten Ritterscharen mit dem Landmeister Hermann Balk an der Weichsel eingetroffen. Von der ersten Komturei Nessau links des Stromes aus griff Balk mit der Anlage von Burg und Stadt Thorn 1231 auf das rechte Ufer hinüber, ließ in den nächsten Jahren die Gründungen Kulm und Marienwerder folgen und gestaltete mit der Kulmer Handfeste von 1233 das Magdeburg-Neumarkter Stadtrecht zu einem Landesgesetz aus: dem Orden verblieb das Obereigentum an ländlicher und städtischer Siedlung, das Obergericht, das Recht an etwaigen Bodenschätzen und der Pfarrpatronat. Das bedeutete scharfe Unterschiede zum lübischen Recht.

Bis zum Tode Hermanns von Salza 1239 war zwischen Elbing und Balga das Frische Haff erreicht und der baltische Schwertbrüderorden nach dessen schwerer Niederlage gegen die Litauer eingegliedert. Das war freilich ein zweischneidiger Erfolg, nicht nur weil Estland nun wieder für ein Jahrhundert an die Dänen verloren ging, sondern mehr noch, weil die schwache Stellung des baltischen Ordens gegenüber dem 1245/55 zum Erzbischof erhöhten rigischen Kirchenfürsten, seinem Lehnsherrn, eine ständige Belastung blieb.

Hermanns Tod 1239, der staufische Endkampf und eine ernste Niederlage gegen Nowgorod auf dem Eise des Peipussees 1242 lösten eine erste Krisis in der stürmischen Entfaltung des Ordensstaates aus. Swantopolk von Danzig veranlaßte einen allgemeinen Preußenaufstand, der erst nach siebenjährigen, harten Kämpfen im Christburger Frieden von 1249 bewältigt werden konnte. Vor diesem Hintergrunde vollzog sich von See aus die westfälisch-niedersächsische Einflußnahme des unternehmenden Kaufmanns. War in Livland noch das gotische Sprungbrett Wisby benutzt worden, so erhielten die preußischen Küstenplätze unmittelbar über Lübeck, Wismar und Rostock ihre städtischen Siedler und ihr Aufbaumaterial. Bei Elbing kam es zur ersten unmittelbaren Reibung mit dem Orden. Gleichzeitig wuchsen 1237 dessen Burg und die zu Lübecker Recht begründete Stadt empor; ihre Bürger entsenden eigens Gesandte nach Lübeck, um sich von dort einen Stadtrechtskodex zu beschaffen. Sie wollten also bewußt nicht nach dem Kulmer Recht der Ordensstädte leben. Beginnende Spannungen zwischen dem Orden und der Travestadt steigen da herauf, wie sie sich aus dessen betont landesherrlichem Aufbau mit Bezirksbildung von Städten und Umland notwendig ergeben mußten. Die Kulmer Handfeste war ja am nach Schlesien gewanderten System der Weichbildverfassung orientiert. Es bot der freien Unternehmerinitiative geringen Raum, und der Orden konnte immerhin die anhaltende Gefährdung des von ihm eroberten Gebietes als Argument für seine von Anfang an straffe Staatsordnung ins Feld führen.

So ist es schon über der nächsten Gründungsplanung im Samlande zu einem förmlichen Verhandlungsabbruch zwischen Lübeck und dem Orden gekommen. Hatte dieser zunächst 1242 der lübischen Stadtverfassung für das Projekt zugestimmt, so setzte er vier Jahre später einen Schiedsspruch durch, der ihm selbst die Ortsherrschaft wie die Leitung der Anlage zusprach. Daraufhin ließen die Lübecker den Plan fallen; es verging noch ein Jahrzehnt, bis der Orden an anderer Stelle am Pregel-Mündungsarm durch die neu erbaute, nach Ottokar von Böhmen benannte Burg Königsberg von sich aus die Entstehung einer Stadt am Ostende des Frischen Haffs vorbereiten konnte. Erst nach Überwindung der zweiten großen Krisis für den Kreuzritterstaat im großen Aufstande von 1260 ist mit Ausgang der 60er Jahre hier die bürgerliche Ansiedlung begonnen worden, und die 1286 erteilte Handfeste bestimmte Kulm als Oberhof.

Auch der vierte Hafen am damals bis Danzig und Elbing reichenden Frischen Haff, entstand neben einer 1240 angelegten, 1242 noch einmal vorübergehend zerstörten Ordensburg Braunsberg. Die um 1250 wohl vorhandene Stadt fiel noch einmal den Kämpfen zum Opfer, bis sie vom dort residierenden Bischof von Ermland zu lübischem Recht um 1275 neu erbaut werden konnte. Glücklicher waren die Anfänge von Memel, das 1252 als „Neu-Dortmund“ an der Nordspitze des kurischen Haffs begründet wurde. Die westfälischen Ansiedler arbeiteten hier mit dem Bischof von Kurland zusammen, Memel war eigentlich eine baltische Stadt; anstelle des zunächst vorgesehenen Dortmunder erhielt es 1254 Lübecker Recht.

An den preußischen Gründungen der Jahrhundertmitte wird besonders deutlich die „wirtschaftspolitische Brückenkopflage“, um Rörigs Worte zu benutzen, in der sich die Südküstenhäfen seitwärts der Fernverkehrsachse nach Nowgorod befanden. Wie die etwas älteren wendischen Schwestern waren auch sie, im Gegensatz zu Lübeck selbst, mit Blickrichtung von der See ins Hinterland hinein entstanden, keine Etappenpunkte, sondern Austausch- und Exporthäfen mit spezieller Einstellung auf die jeweiligen Landesprodukte, gestützt auf die im Hinterlande vor sich gehende Aufsiedlung, die in Mecklenburg-Vorpommern wie im Weichseldelta von niederdeutsch-flämischen Kräften getragen wurde.

Städte und Güter der Ostseenordküste

Ähnlich stand es, was die wirtschaftliche Basis anlangte, auch bei der letzten hier zu betrachtenden Städtegruppe, den an der nördlichen Ostseeküste seit Mitte des 13. Jahrhunderts erwachsenden skandinavischen Gründungen. Wie die baltischen hatten aber auch sie kein neu kolonisiertes, von zuwandernden deutschen Kräften erschlossenes Hinterland zur Verfügung, sondern standen mit einer alten bäuerlichen oder bergwerkenden Bevölkerung im Austausch. Bezeichnend sind die älteren Ansatzpunkte: vor 1220 Kalmar, das gegenüber Öland an der engsten Sundstelle liegt, durch die der ältere Verkehr nach Mittelschweden fast ausschließlich seinen Weg gesucht hatte, und seit 1251 das vom Schwedenfürsten Birger Jarl im Einvernehmen mit Lübeck geförderte Stockholm. Für einen raschen Aufstieg, in dem wir neben lübischen und stralsundischen starke unmittelbar westfälische Beziehungen wirken sehen, ist die wachsende Bedeutung der Erzgruben von Dalarna und Västmanland entscheidend gewesen.

Die damals noch von Dänemark abhängige schonische Städtegruppe, von Skanör und Malmö bis hinauf zum halländischen Göteborg-Lödöse hatte abermals andere wirtschaftliche Wurzeln: hier war es der Heringsfang, dessen Anfänge im frühen 12. Jahrhundert wir behandelt, dessen für die Prosperität namentlich Lübecks und seiner wendischen Nachbarn seit dem frühen 13. Jahrhundert fast ausschlaggebende Rolle wir zusammen mit der Seefahrts- und Wirtschaftslage vor wie nach Bornhöved weiter zu prüfen haben. Die schonischen Küstenorte und die dänischen Inselstädte, voran Kopenhagen, erhielten nach 1250 deutsche Bürgergemeinden.

Der Städtering um die Ostsee war damit geschlossen; im 14. Jahrhundert ist endlich auch Finnland noch in ihn einbezogen worden. Seine Gruppen sind sehr differenziert, haben mit sehr unterschiedlichen politischen und wirtschaftlichen Gegebenheiten zu rechnen; ihre Funktionen im hansischen Fernverkehrsnetz aber ergänzen sich im Warenaustausch, in Etappen- und Brückenkopflage, in wechselweiser Zuordnung untereinander auf das glücklichste. Der Entstehungsvorgang wirkt auf das Ganze gesehen so planvoll und organisch, daß an der weitschauenden Organisation durch das unternehmende Bürgertum kaum zu zweifeln ist. In ihr hat Lübeck, haben die wendischen Städte, vom westfälischen Nachschub unterstützt, ihr eigentliches Meisterstück geleistet und damit die Gotländer endgültig abgelöst.

Auf Beherrschung des Gesamtverkehrs vom und zum Ostseebecken war die lübisch-hansische Politik gegenüber England und Flandern seit Bornhöved gerichtet, auf Beherrschung und Organisation des Gesamtverkehrs im Ostseebecken zielte sie bei der etappenweisen Erschließung seiner Küstenlandschaften durch neubegründete Städte. Sie war zugleich seitliche Abschirmung der Fernhandelsachse nach Nowgorod und planvolle Ausnutzung der verschiedenen Wirtschaftskräfte in den Teilgebieten des Hinterlandes. Hatte Lübecks eigene Gründung ein Tor zur See bedeutet, so öffnete die Anlage seiner Töchter Tore zu den Ländern. Das begann an beiden Flügeln der Achse, deren einer im wendischen Raume zugleich die lübische Absprungbasis verbreiterte und mit der rückwärtigen Aufsiedlung Mecklenburg-Vorpommerns ein leistungsfähiges Anbaugebiet namentlich für Getreide gewann, während der andere im Baltikum von selbst in eine Stapel- und Transitfunktion für die Nowgoroder Ziellandschaft hineinwachsen mußte, zugleich aber der niederdeutschen Kreuzfahrt ein eigenes, großes Ziel setzte.

Es griff dann weiter auf beiden Flanken der Achse, zunächst an der Südküste, wo um Stettin und um Danzig zwei alte Zentren aus dem Siedelwerk im Einzugsgebiet ihrer großen Ströme ganz neue wirtschaftliche Antriebe gewinnen sollten, die sie im späteren Mittelalter zu beherrschenden Getreideexportplätzen des ganzen Ostseeraumes gemacht haben. Im preußischen Ordenslande traten die Waldprodukte, namentlich das Bauholz selbst, daneben, hier wurde aber andererseits auch die Grenze unternehmerischen Einflusses gesetzt durch den straff geordneten, auf Bezirksgliederung und daher auf Einstaatung des Städtewesens bedachten Aufbau der Ordensmacht. Abgesehen von einigen besonders kräftigen Küstenplätzen blieb es hier, im Gegensatz zu Mecklenburg und Vorpommern mit ihrer ganz auf Lübeck ausgerichteten Stadtrechtsgruppe, bei dem auf Halle-Neumarkter, also letztlich auf magdeburgisch-mitteldeutsches Recht zurückgehenden, bezirksgegliederten Recht der Kulmer Handfeste mit wesentlichen innerstädtischen Befugnissen der ordensritterlichen Landesherrschaft. Und wie der baltische Schwertbrüderorden, wie auch Bischof Christians kurzlebiger Dobriner Orden an der Weichsel mit ihrer meist niederdeutschen Mannschaft seit den 30er Jahren in den von vornehmlich mitteldeutschen Kräften aus Thüringen-Hessen und Franken getragenen Deutschorden eingingen, so hielten die Zügel fürstlich orientierter, hochmeisterlicher Landesherrschaft den preußischen Städtekreis kurz, blieb die lübisch-hansische Einflußnahme auf einige Vororte in Küstenlage am Frischen und am Kurischen Haff beschränkt.

Wieder anders entwickelten sich die Städtegruppen der skandinavischen Nordküste, deren eine im Raume Kalmar-Stockholm aus der Etappenstraße zu mittelschwedischen Erzen und Hölzern gewachsen, deren andere, zur dänischen Sundstraße gewandt, dem großen Heringszuge an die westlichen Küstenränder ihren Aufstieg verdankte. Auch hier sahen wir die Scharen westfälisch-niederdeutscher Neubürger eintreffen, denen aber keine bäuerliche Siedlung im Umlande an die Seite trat und die auch in den Städten selbst von vornherein mit skandinavischer Beteiligung sich einzurichten hatten.

Das wirtschaftliche Zusammenspiel der verschiedenen Städtegruppen am Ostseeufer legt eindringlich Zeugnis von der Organisationsgabe des unternehmenden Kaufmanns und von seiner Anpassungsfähigkeit an die vorgefundenen oder wachzurufenden Warenangebote. Erinnern wir uns an die Behandlung des Warenverkehrs im vorhansischen Zeitalter, so ist der Vergleich mit dem nun, um die Wende zum Spätmittelalter, voll entfalteten hansischen Warenbukett doppelt interessant, weil er einmal zeigt, was unverändert gefragt war, zum anderen, was neu und immer dringender gesucht wurde.

Beginnen wir den Überblick im Osten, so versprach der Kontakt mit Nowgorod im Pelzhandel das alte, fortblühende Geschäft; es wurde ergänzt durch zu Leder verarbeitete oder als Rohgut verfrachtete Häute und Felle. Die wachsende Nachfrage und Kaufkraft im Westen wirkte sich nachdrücklich auf den Umsatz wie den Frachtraum aus.

Daneben gewannen die Walderzeugnisse, namentlich Asche, Pech und Teer, eine ganz neue Bedeutung, weil sie für das flandrische und innerdeutsche Textilgewerbe, vor allem für die Gerberei und Färberei, unentbehrliche Rohstoffe bereitstellten, während das Bauholz selbst weniger vom fernen Rußland aus, als von Schweden und Preußen her verschifft wurde. Wertvolle Harthölzer gingen bis nach England, das seine berühmten Bogenschützen mit preußischen Eibenbögen in die französischen

Kriege geschickt hat; alle Gewerbezweige der Holzverarbeitung im niederdeutsch-flämischen Raume waren an diesen Importen interessiert, wobei namentlich an die Böttcherei der mecklenburgischen Städte erinnert werden muß.

Schwedens zweites Massengut war natürlich das Erz, wenn auch erst später in größeren Mengen gewonnen und verfrachtet, als bereits seit wikingischer Zeit: der Erztagebau von Falun hat freilich erst nachmittelalterlich zur Stadtbildung geführt. Aus den Gruben von Dalarna, Västmanland und Östergötland gingen aber schon Kupfer und Eisen, das Osemund der hansischen Quellen, neben dem Wagenschot, dem Bauholz, als wichtigste Güter über See gen Westen. Die Nähe der Wälder begünstigte besonders in den preußischen Uferstädten, namentlich Danzig und Elbing, eine blühende Entfaltung der Werften. Danzig wurde zur führenden Schiffbauerstadt zeitweilig nicht nur der Ostsee, sondern des gesamthansischen Raumes. Von dort gingen aber zugleich die alten Luxuswaren, wie der samländische Bernstein, zur Weiterverarbeitung an Lübecks Paternostermacher, deren Werkstattabfall dann als Räucherwerk für die Kirchen gesucht war.

Später ist das Erzgeschäft selbst für Danzig interessant geworden, als patrizische Unternehmer von Krakau die Weichsel herab aus dem oberungarischen Bergbaugebiet der Beskiden, der Zips und des Grantals Silber, Kupfer und Eisen anboten und verschifften. Unverändert gefragt war natürlich das russische und baltische Wachs als einer der Hauptlichtspender des Mittelalters, hinzu traten aus diesen Räumen jetzt Hanf und Flachs mit ihrer vielseitigen gewerblichen Verwendbarkeit.

Je besser dann die flämischen Siedler im Weichseltal, die mittelelbischen an der unteren Oder ihre guten Böden zu kultivieren wußten, desto lebhafter machte sich das Getreide als Massengut der preußischen und pommerschen Häfen bemerkbar; vornehmlich waren es hier Roggen und Weizen, deren Verschiffung in die Niederlande und in die wendischen Städte reichen Gewinn abwarf. Die Bauern auf den leichteren Mecklenburger und hinterpommerschen Böden fügten die Gerste hinzu, das wichtigste Rohgut für Wismars und Hamburgs aufblühende Brauerei; das für die Zeit hochwertige Wismarer Bier beherrschte den ganzen Ostseeraum noch zu Zeiten der Vitalienbrüder, Hamburg hat die mittelelbischen Lande und Holland mit seinem auf Gerste aufgebauten Grutbier jahrhundertelang versorgt, bis daneben das besser haltbare Einbecker Hopfenbier trat, die Stammutter des nur angeblich urbayerischen Bockbiers.

Holte der Hanseschiffer von der südlichen Ostseeküste seine Lasten Mehl, Grütze, Braumalz, Rohgetreide oder auch Hülsenfrüchte, so bot ihm die Gegenseite in Schonen, auf den saftigen Däneninseln und an der jütischen Fördenküste hauptsächlich tierische Lebensmittel. Das 13. Jahrhundert hat recht eigentlich die dänische Viehzucht begründet, deren Butter- und Käseerzeugung von da an die Lebensmittelmärkte der wendischen Städte und ihres Hinterlandes ebenso beherrschte, wie sie den Fleischverbrauch mit ihrem Ochsenauftrieb zu steigern vermochte. Damals beginnt die Ochsendrift mit jütischem Magervieh das Verkehrsbild auf der kimbrischen Straßenachse von Flensburg bis nach Itzehoe und Wedel vor Hamburg zu bestimmen. Die wandernden Herden gehen zur Mast in die See- und Flußmarschen des Westens oder weiter südwärts, über Elbe und Weser hinüber, im späteren Mittelalter bis nach Frankfurt und Leipzig. Ripen, die alte westjütische Bischofsstadt entfaltet sich zum Hauptviehexportplatz; man lernt das Einpökeln in Salz zur Tonnenfracht, wobei sich das zerfließende Konservierungsmittel zu einer den ganzen Faßinhalt bedeckenden, also von der Luft abschließenden Lake entwickelt, man baut später dann auch die Spezialprähme zum Transport von Lebendvieh, der über die Wege der Binnenfahrt hinter den friesischen Inseln, durch Zuiderzee und Vechte, über Utrecht und Dordrecht bis zum Scheldedelta, nach Antwerpen und Brügge vordringt. Als Nebenprodukte entstehen Talg und Fett sowie Rindshäute; in den Eichenmischwäldern der kimbrischen Geest entfaltet sich langsam auch die Schweinezucht. Zur vollen Bedeutung ist aber die bäuerliche Viehzucht erst während der späten Hansezeit gelangt; im 13. Jahrhundert steht für die westlichen Ostseeküsten der Fischfang noch unangefochten voran.

Schon aus dem 12. Jahrhundert wird berichtet, im Sunde zwischen Schonen und den dänischen Inseln sei die Menge der Heringe zuweilen so groß, daß die Fischer oft ihre Riemen nicht gebrauchen könnten und statt mit Geräten die Beute mit Händen fingen. Mag das nun Seemannsgarn sein oder nicht, es trifft den Kern der Sache: Die um 1170 von Helmold auf Rügen bezeugten Bardowicker Heringsfänger wie die zu Lothars Zeit in Dänemark verfolgten Händler waren von diesem Reichtum angezogen; um 1200 beschreibt Arnold von Lübeck den schonischen Fischfang und gibt als wichtigste Gegenfracht das Tuch an, kleideten sich doch die dänischen Seeleute, wie er mißbilligend feststellte, statt in das alte, grobe Hauswebe-Zeugs jetzt in Scharlach, Pelz- und Grauwerk, ja in Purpur und Batist.

Das typische Fangverfahren in Ufernähe mit offenen Kähnen unterscheidet sich grundsätzlich von dem späteren Hochseefischfang, den die Holländer in der Nordsee aufgebracht haben; es bedingt die von den Hansen entwickelte Verarbeitungs- und Umschlagsorganisation unmittelbar hinter den Fanggebieten auf den Flachstränden vor dem Stettiner Haff, vor dem westlichen Rügen mit Hiddensee, auf Bornholm, vor Falsterbo und Skanör an der schonischen Südküste, vor Köge/Seeland und auf Amager vor Kopenhagen, vor Göteborg, auf der Insel Marstrand am Kattegat, um nur die wichtigsten Plätze zu nennen. Sollten die alljährlich um den August kulminierenden Großfänge vor schnellem Verderben gerettet und zum Ferntransport präpariert werden, so war das von den Hansen monopolisierte Lüneburger Salz dafür unumgänglich wie ebenso für den Transport die seetüchtigen, hochbordigen Breitschiffe, für den binnenländischen Versand und Vertrieb, hin bis Oberdeutschland, Böhmen und Schlesien der Flußkahn diverser Formen; weiter und weiter gespannte hansische Verbindungen garantierten den Absatz. Die Fastengebote der Kirche bewirkten eine außerordentliche Nachfrage nach dem Salzhering der Ostsee wie nach dem später noch zu behandelnden norwegischen Stockfisch. Der Tonnenbedarf wiederum hatte jene schon erwähnte Hochblüte des Böttcherwesens in den Ostseestädten, besonders in Wismar zur Folge.

Auf der hammerförmigen Halbinsel Falsterbo, die wir noch etwas näher betrachten, entwickelte sich unter solchen Umständen ein messeartiger Hochbetrieb zu jedem Sommerende, denn hier war zugleich ein günstiger, nehrungsgeschützter Fischerstrand und ein weiter, strömungsfreier Halbkreishafen für die Hochseeschiffe zur Ankerung auf Reede vorhanden. Hinter dem Fischerstrande schlugen die Hansen, geordnet nach Städten, ihre Buden auf, Privilegien des dänischen Königs sicherten ihnen den Besitz dieser Parzellen, der sogenannten Fitten; Lübeck war schon ausgangs des 12. Jahrhunderts hier führend, später sicherten sich von Reval bis zu den Ijsselstädten hinab, deren niederrheinisches Hinterland ein hervorragender Absatzmarkt für den Salzhering war, alle seebefahrenen Küstenorte hier ihren Platz. Schon um 1225 erlaubte König Waldemar II., auf der Südwestspitze von Falsterbo ein Seezeichen zu errichten – so lebhaft war der Schiffsverkehr angewachsen.

Damit überblicken wir den Horizont des hansischen Imports aus dem Ostseebecken; ein vielseitiges Warensortiment, in dem sich die regionalen Erzeugnisse auf das günstigste zusammenfügten, sofern es der unternehmerischen Findigkeit des Fernhändlertums gelang, Einkauf, Transport und Absatz in ein rasch und wirtschaftlich funktionierendes organisatorisches System zu bringen. Erst dadurch vermochten die Erzeugerlandschaften überhaupt aus ihren Gütern wirklich Nutzen zu ziehen, Nutzen in Gestalt der von den Hansen angebotenen Gegenfrachten aus den vorwiegend gewerblichen Exportwaren des westlichen und mittleren Alteuropa, deren Einströmen in den Norden und Osten mit einer Hebung des Lebensstandards identisch war, wenn sie nicht, wie etwa im Falle Norwegens, überhaupt erst durch Getreidezufuhr das Leben der wachsenden Bevölkerung ermöglichten.

Fast ebenso wichtig wie das Brot war das Salz als Hauptkonservierungsmittel, brauchte man doch ein Faß Salz auf vier bis fünf Heringsfässer und auf 10 Butterfässer. Schon zu karolingischer Zeit ist seine Gewinnung im französischen Jura bei Salins ebenso nachweisbar, wie an den Salzorten an der Seille oberhalb Metz; es wird vom Salzkammergut im Saumtierverkehr über die böhmische Wasserscheide ins Moldaubecken hineingebracht, es wird zu Schiff donauauf- und -abwärts befördert. Sulz und Schwäbisch Hall versorgen Südwestdeutschland, die Salinen an der fränkischen Saale das Maingebiet, vor allem aber finden sich im Dreieck Soest-Halle-Lüneburg sehr wichtige Vorkommen, die der Hanse fast ein Monopol an besonders guten Salzen an die Hand gaben.

Dazu trat die Seesalzgewinnung besonders bei Kolberg in Pommern, im nördlichen und westlichen Friesland, auf den seeländischen Inseln und vor allem bei La Rochelle an der Biskaya. Dieses Baiensalz vom Atlantik gewann im Spätmittelalter immer weiter an Boden gegenüber Lüneburg, als der eigentlichen hansischen Hauptsaline. Da im Osten kaum Salz gewonnen werden konnte, jenseits Kolberg auch die Ostsee kein Seesalz mehr zu liefern vermochte. bildete Salz die Hauptrückfracht hansischer Ostseefahrt überhaupt. WINFRIED SCHICH bringt zudem den Landausbau der Zisterzienser mit der Salzgewinnung in Verbindung. Die Salinen bei Lond und Krakau in Kleinpolen wurden für die schlesische Völkerbrücke zur wichtigen

Ausbauhilfe. Bei Agricola findet sich die Seesalzgewinnung von Wasser und Sonne über Graben und Trockenboden bis zum Ausharken und Einschaufeln in die Tonnen als das universale Transportgut lehrreich dargestellt. Ebenso zeigt er das Verfahren der Salzpfännerei in Solbrunnenorten wie Lüneburg. Die meist kreisförmige Anordnung der dann reihum beschickten Pfannen hatte sich noch in barocker Zeit kaum verändert, wie das ein Blick auf die im burgundischen Jura bei Salins neu entstandene Saline Ledoux zeigt.

Die langfristige Leistungsfähigkeit der verschiedenen Ostseelandschaften, deren Zufuhren für das am inneren Volumen unentwegt zunehmende Abendland lebenswichtig blieben, solange noch kein anderes überseeisches Angebot gegen sie auftreten konnte, hat der hansischen Wirtschaftsorganisation ihre außerordentliche Dauer verliehen. Sie spiegelt sich noch in dem oft zitierten Städtespruch des ausgehenden Mittelalters, der die baltischen Städte Reval ein Flachs- und Wachshaus, Riga ein Hanf- und Butterhaus nennt, der Wisby ein Pech- und Teerhaus, Krakau ein Kupferhaus, Danzig ein Kornhaus sein läßt, der Stettin ein Fischhaus, Rostock ein Malzhaus, Lüneburg ein Salzhaus und Hamburg ein Brauhaus zuweist, der Lübeck als ein Kaufhaus in seiner Universalität kennzeichnet und die alten innerdeutschen Vororte mit ihrer meist doch mehrseitig orientierten Wirtschaft vereinfachend auf einen Schwerpunkt radiziert, Köln auf ein Weinhaus, Braunschweig auf ein Honig- oder auch Zeughaus, Magdeburg auf ein Backhaus und Halberstadt gar auf ein Frauenhaus, was nun gewiß ganz ehrbar gemeint war und auf den weiblichen Gewerbefleiß in der Weberei hinweisen sollte. So treffend das Bild ist, man darf es nicht einseitig mißverstehen: fast jede Hansestadt braute Bier und handelte Textilien, fast jeder Hafen hatte Werften.

So vielseitig aber das Warenangebot aus dem Ostseeraum auch ist, sein gemeinsames Kennzeichen liegt darin, daß alle diese Güter vom alten, wikingerzeitlichen Luxus- und Auswahlhandel durch ihren erst in der Masse gegebenen Handelswert übereinstimmen. Im Einzelstück für keinen Unternehmer interessant, bieten sie erst dann hinlängliche Gewinnspannen, wenn sie in großer Menge, bei verderblichen Waren darüber hinaus auch noch mit besonderer Schnelligkeit transportiert werden können. Das setzte eine völlige Wandlung in den Verkehrsbedingungen und Verkehrsmitteln voraus. Über Land konnten Saumtier und Träger, die alten, typischen Elemente des Karawanenzuges jetzt nicht mehr ausreichen. Natürlich behielten sie ihren Wert, namentlich im Kleinverkehr; doch der im 12. Jahrhundert wesentlich verbesserte und nun massenhaft gebaute, zweiachsige und hochrädrige Planwagen bot über Land, beim Durchqueren der vielen Furten, bei schwerer und sperriger Fracht weitaus bessere Bedingungen.

Der hochentwickelte spätantike Wagenpark war mit der Wanderzeit praktisch verschwunden; was das frühe Mittelalter an zweiachsigen Wagen kannte, hatte meist kultische Funktionen über Kurzstrecken, wie zum Beispiel der Prunkwagen aus dem Osebergfund des 9. Jahrhunderts, noch mit fester Vorderachse. Wo das Rad im Gebrauch blieb, war man meist auf den Einachskarren angewiesen, mit an den Baum seitlich angeschirrtem Zugpferd, also ohne Deichsel. Diese war an sich aber seit dem Hochmittelalter üblich, zunächst in der festen Verbindung mit dem doppelachsigen Fahrzeug, aber zugleich mit Einführung des Kummets als wichtiger Erleichterung für die Zugtiere in wesentlich verbesserter Form.

Den hansischen Planwagenverkehr können wir uns bereits vom 12. Jahrhundert an vorstellen unter Nutzung von Kummetgeschirr sowie Deichsel und Schwengeln, also mit drehbarer Vorderachse, vor der sich ein Doppel-, Vierer-, ja sogar Sechserzug anspannen ließ. Nun war auch der Pferdewechsel für die Fernstrecke üblich geworden, der Fuhrmann schloß mit seinen Einungen zu den gewerblichen Korporationen gerade bedeutender, auf Überlandverkehr angewiesener Städte auf. Tief in die Neuzeit hinein blieb dieser Frachtverkehr zu Land nun wenig verändert in den Formen, wie sie das Hochmittelalter, namentlich das 13. Jahrhundert, geprägt hatte. TREUE schilderte sie 1965 in einem gut bebilderten Buch „Achse, Rad und Wagen".

Es liegt auf der Hand, daß dieser anspruchsvolle Planwagenverkehr nach gründlicher Neuorientierung im Straßen- und Brückenbau verlangte. Beides war denn auch in und zwischen den ungemein zahlreich aufwachsenden städtischen Vororten Mitteleuropas im selben Zeitraum der Fall. Innerhalb der Städte erzwang der Planwagen, zumal im Gegenverkehr zum und vom Handelszentrum auf dem Markt, ein völlig neu konzipiertes Straßennetz. Auf den Bohlenwegen von Haithabu oder Nowgorod war kein zweispuriger Gegenverkehr möglich; so kam es an östlichen Fürstensitzen mit früher Fernhandelsentwicklung zu jener typischen Abfolge Burg – Suburbium – Marktsiedlung – planmäßige Stadtanlage mit klar distanziertem, räumlichen Nebeneinander: Krakau mit dem Wawel, der Burg, davor der suburbikale Stradom, dann eine Marktsiedlung St. Andreas und die schon vor dem Mongolensturm 1241 aus schlesischer Fernhandelswurzel entstandene Planstadt. Posen mit einem Burgbezirk auf der Wartheinsel, einem Suburbium samt Marienkirche, einer Nikolaisiedlung von Handelsgästen, verfügt gleich über zwei Plananlagen: die ältere Schrodka mit Margarethenpfarre sowie die große Altstadt bei der Gotthardspfarre.

Im Westen waren die Verhältnisse ähnlich, doch blieben die mit ihren Kirchen- und Konventsburgen meist schon steinernen Civitates im oder am Ortskern mitbestimmend, wie wir das etwa am Falle von Hildesheim schon sehen konnten. Auch dort war Straßen- und Brückenführung jedenfalls oft zur Umgehung gezwungen, wurde die planmäßige Marktanlage meist neben den älteren Ortsteilen vermessen, um der geänderten, zweispurigen Verkehrslage zu entsprechen.

Wichtig war vor allem der Brückenbau, denn er fixierte die Flußübergänge, machte sie von Stromverlagerungen unabhängig, und zog den Verkehr an die brückenbauenden Städte heran, in sie hinein, sofern er etwa vorher noch an den betreffenden Orten vorbeigelaufen war. Auf Van Eycks um 1425 entstandenem Madonnenbild für den Kanzler Rolin ist Lüttichs berühmte Bogenbrücke schon des 11. Jahrhunderts, später durch den zusätzlich in die Maas gebauten Turm noch eigens geschützt, ein frühes Modell dafür. Der Lastentransport erzwang ferner eine ebenere Straßenführung über Land: hatten Karawanen die Steigungen der alten Höhenwege noch leichter bewältigen können, so wurden sie nun von den auf trockene, feste und ebene Hanglagen angewiesenen Fernwegen ebenso gemieden, wie die feuchten, bodentiefen Niederungen. Das verlockte territoriale Anrainer zu Zollerhebung und Straßenzwang, im Extremfalle Straßenraub. Für die Planwagenstraßen im hansischen Bereich wurde so die Geleitsicherung eine besondere Notwendigkeit; sie beeinflußte namentlich die politische Aktivität im unmittelbaren Umlande.

Zur vor- und frühhansischen Seefahrt

Das von Detlev Ellmers gebrachte Verbreitungsbild aller bisher verfügbaren Primärfunde zur mittelalterlichen Hochseeschiffahrt häuft sich besonders um das Nordseebecken und die westliche Ostsee, doch reichen sie die europäischen Ströme hinauf, von der Loire bis zur Weichsel und namentlich am Rhein. Mit diesem nach Datierung und interpretierender Deutung oft strittig beurteilten Material müssen die sehr fragmentarischen und schwer verständlichen Quellen der schriftlichen sowie der bildlichen Überlieferung zusammengefügt werden, damit sich gewisse Grundlinien der Entwicklung deutlicher zeichnen lassen. Ellmers hat sie, aufbauend und in Auseinandersetzung mit Vogels bereits 1915 geschriebener, grundlegender „Geschichte der deutschen Seeschiffahrt“ und einer von Paul Heinsius 1956 in Hamburg vorgelegten Dissertation über „Das Schiff der hansischen Frühzeit“, auf eine wohl dauernder tragfähige Weise entwerfen können, er hat seither in der „Hansischen Umschau“ unter dem Schlagwort „Schiffsarchäologie“ ab 1977 zusammenfassende Forschungsberichte erstattet.

Wie schwierig es ist, Schiffsbeschreibungen spätantiker Quellen richtig auszulegen, auch wenn sie vergleichsweise ausführlich sind, sei an der bekannten Darstellung Caesars vorgeführt, der dem keltischen Schiffbau südlich des Ärmelkanals begegnet ist. Ihn beeindruckte an den seegängigen Fahrzeugen der bretonischen Veneter, die mit Ledersegeln versehen waren, deren Festigkeit und Manövrierfähigkeit zugleich. Mit Rücksicht auf die Gezeiten und die hohe atlantische Dünung waren sie, wie Caesar genau erkannte, durch hohe Aufbauten an Bug und Heck sowie flachere Kielformen von den mediterranen Flottentypen scharf unterschieden. Den ihrer eigenen Erfahrung entsprechend von den Römern in der Loiremündung hastig erbauten Fahrzeugen erwiesen sich die Keltenschiffe nach Caesars Urteil eindeutig überlegen, und er führte das auch auf die eichenen Spanten und Planken sowie die stabilen, durch daumenstarke Eisenriegel mit der Außenhaut verklammerten Decksbalken zurück. Für die nach diesen Angaben und spärlichen Fundresten versuchte Rekonstruktion gab es allerdings keine Anhaltspunkte der Aufbautenformen an Heck und Bug.

Vorgänger der mittelalterlichen Seefahrt auf den Meeren des Nordens belegt ferner ein Londoner Fund aus römischer Kaiserzeit; er wurde 1962 unweit der römischen Westmauer am Nordufer der Themse freigelegt. Bei geschätzter Länge von

15–20 m über alles weist er mit seiner kraweelen Beplankung, mit der gedrungen-breiten Gestalt und mit der einfachen Mastverankerung im Hauptspant sowie den starken Decksbalken auf die keltische Bautradition hin. Münzen und Keramik datierten das Schiff auf Ende des 2. Jahrhunderts nach Christi. Es hatte Sandstein geladen und war von robustem Zuschnitt.

Fahrzeuge ähnlicher Art sind an den keltischen Küsten der Nachantike vorauszusetzen. Sie unterscheiden sich sehr deutlich von den gleichzeitigen nordischen Formen, etwa dem 1920/22 auf der Insel Alsen gefundenen „Hjortspring"-Boot aus Lindenholz in Klinkertechnik. Leicht gebaut, war es über alles etwa 15 m lang und kaum für größere Lasten geeignet; sein schnabelartiger, doppelter Bugspriet ist bereits von bronzezeitlichen Felszeichnungen in Schweden her bekannt. Die Datierung des Hjortspring-Boots ist umstritten, aber jedenfalls kurz vor der Zeitwende anzusetzen.

Ebenfalls aus dem Amte Sonderburg stammt der bereits 1863 gemachte Moorfund des heute im Gottorfer Museum befindlichen „Nydam"-Boots. Es verfügte bei gut 23 m Länge über 15 Riemenpaare, aber nicht über Segel, und wird auf Ende des 4. Jahrhunderts nach Christi datiert. Verwandt ist die Uppländer Steinritzung von Häggeby aus dem 5.–6. Jahrhundert. Diese Langschiffe sind noch den auf schwedischen Seen bis zum 19. Jahrhundert heimischen Großbooten bemerkenswert ähnlich; sie waren für den Transport zahlreicher Mannschaft bestimmt, verfügten also über viele Riemenführer. Mit ihren geklinkerten Planken waren sie noch fester und seetüchtiger als das Keltenschiff. Eine 1934 an der Weser erbaute Nachbildung des Nydamboots, das mit dem hinten rechts des Kiels befestigten Seitenruder gesteuert wurde – daher bis heute für die in Fahrtrichtung rechte Schiffsseite der Name „Steuerbord", für die im Verhältnis dazu rückwärtige Seite links der Name „Backbord" –, bewies gute Fahreigenschaften als unbesegelter Transporter. Entsprechende Fahrzeuge müssen bei den küstengermanischen Seezügen gegen Roms Provinzen, bei der skandinavischen Landnahme am Süd- und Ostufer der Ostsee, der harudisch-rugischen in Norwegen und der angelsächsisch-friesischen in Britannien benutzt worden sein.

Neben diesen Kriegs- und Transportbooten hat es aber auch in der Wanderzeit schon besegelte Last- und Frachtschiffe im Norden gegeben. Zwischen dem vor der Hafeneinfahrt von Ravenna wartenden einmastigen Segler von breiten Abmessungen und kurz-gedrungenem, runden Unterschiff, den das Mosaik von St. Appollinare in Classe des 6. Jahrhunderts darstellt, und einem 1899 bei Brügge erbaggerten Schiffsfund der Zeit um 600 lassen sich durchaus Verwandtschaften feststellen, zumal dieser Frachtsegler etwa in der Mastverankerung an den vorhin betrachteten Londoner Fund erinnert. Das Brügger Schiff hatte aber einen Flachboden, wie er den Fahrtbedingungen im Wattenmeer angemessen erschien. Hier wird also die zur mittelalterlichen Schiffbauweise führende Richtung schon deutlich.

Zwischenformen, die den schlanken Langschifftyp mit einem Verhältnis Länge zu Breite von 6–7:1 bereits in diesem frühen, wanderzeitlichen Stadium durch Anbringung eines Mastbaums für die Besegelung nutzbar zu machen suchten, hatten damals noch mangelhafte Segeleigenschaften, wie das etwa für das Ladbyschiff – einen Fund von der dänischen Insel Fünen – von Thorvildsen bewiesen wurde. Bei diesem 1936 aufgedeckten, mehr gedrungenen Fahrzeug handelt es sich um ein Totenschiff zur Beisetzung eines der frühen Seekönige. Für den wanderzeitlichen Herrscher war das Schiff, mit dem die Meeresgottheit durch Befahren der offenen See versucht wurde, ein sakraler Gegenstand. Bei Längen um 10–20 m hatte es mittschiffs ein Zelt oder eine Kajüte mit First, die sich als Totenhaus geradezu anbot, wenn wir etwa den gotländischen Bildstein von „Stenkyrka" des ausgehenden 5. Jahrhunderts betrachten. Sowohl die Upplandkönige von Mittelschweden, wie die dänischen Skjöldunge von Leire oder die angelsächsischen Landnahmeführer des 5.-6. Jahrhunderts sind in ihren Schiffen beigesetzt worden. Unter einer Grabhügeldecke bürgte die solide gebaute Bootskammer, wie wir sie noch aus dem drei Jahrhunderte jüngeren Bootskammergrab von Haithabu kennen, immerhin für erhebliche Dauerhaftigkeit. Aber es kam auch die Steinsetzung anstelle des Schiffs im Grabhügel in Frage, wie man sie in ähnlicher Form von den rings noch vorhandenen Hünengräbern vor Augen hatte. Westlich Stockholm finden sich, wie zahlreich auch auf Gotland, die Steinschiffe als wikingerzeitliche Gräber. Andererseits hat der uppländische Adel des 7. Jahrhunderts in Vendel, Valsgärde oder bei Sigtuna am Hügelgrab mit meist um 10 m langen Totenschiffen festgehalten und es mit reichen Beigaben des nach westlicher Mode arbeitenden Kunsthandwerks ausgestattet.

Mit dem berühmten Grabschiff, das die englischen Forscher 1939 in Sutton-Hoo, East-Anglia, freilegen konnten, ist insofern ein letztes Glied dieser frühen Seefahrzeuge erreicht, als es erst um 630/40 in den Boden kam, wohl für den damals verstorbenen anglischen Oberkönig Raedwald, aber noch keine erkennbaren Spuren von Besegelung aufweist. Aus letztem Heiden- und frühem Christentum sind hier synkretistisch die Beigaben gemischt, für uns eine deshalb umso wertvollere Fundgrube. Das fast 26 m lange Schiff ist schon betonter auf Kiel gebaut, wie denn die Angelsachsen in den Quellen ihre Fahrzeuge geradezu „kyulae" nennen.

Die heraufsteigende Wikingzeit brachte im Schiffbau dann die endgültige Entscheidung für das mit Besegelung und Riemenführung zugleich versehene nordische Langschiff. Dafür kommen uns die frühen, wertvollen Schiffsdarstellungen auf gotländischen Bildsteinen zur Hilfe. Der Mast eines Beispiels aus dem 7. Jahrhundert in Wisby, mit hohen Bug- und Heckschnäbeln versehen, trägt ein querrechteckiges Rahsegel, abhängend von nur einer oberen Rah, die unter der Mastspitze befestigt ist. Darunter sitzen, zum Heck gewendet, wie an den Spitzbärten kenntlich, also zum Riemendienst bereit, die Schiffsmannen hinter ihren über die Reling gehängten Schilden; sie bieten so, angesichts der niedrigen Bordhöhe, zusätzlich Schutz gegen den Wind wie gegen überkommende Brecher. Im Steven steht der Schiffer erhöht, er hat Blickverbindung zum Rudergänger (Steuermann) als der seemännischen Nummer eins. Dieser Mann am Ruder bedient zugleich das Segel mit einer deutlich erkennbar zur unteren Rah gefierten Schot. Weitere Tampen ermöglichen es auch der Mannschaft, bei stärker einfallender Brise das unhandlich-riesige Segel hilfsweise mitzuhaltern. Die Rah selbst ist locker drehbar an den Mast getakelt, wie man an der unteren, halbkreisartig um den Mast greifenden Vertäuung sehen kann. Vorschiffs ist das Rahsegel mit Wanten an Steven und Bugspriet vertäut. Diese ganze, typische Takelung beweist, daß rahbesegelte Langschiffe jener Zeit nur am oder vor dem Winde segeln konnten, also weder zu halsen, noch gar zu kreuzen vermochten, das heißt, man konnte weder bei achterlichem Winde das Schiff auf den anderen Bug legen (halsen), noch gar bei vorlichem Winde gegen diesen ein solches Manöver zur Kursführung mit wechselndem Bug schräg auf die Windrichtung zu ausführen (kreuzen).

Das legte die Schiffahrtswege bis zum Hochmittelalter auf Kurse unter Land oder vor stetigen Windrichtungen fest, wie sie in der Tat für Nord- und Ostsee, aber auch für die Islandfahrt zu bestimmten Zeiten in bestimmten Breiten gegeben waren. Eine dem Buch von BENNINGHOVEN über Riga beigegebene Karte vermittelt dazu die nötige Anschauung: zwischen den beiden Passivhandelsgebieten, im Osten dünaaufwärts über Polozk bis nach Smolensk mit Binnenschiffen, zu Lande über Pleskau nach Nowgorod, mit Zubringern von Dorpat, Fellin und Pernau, im Westen von der vorpommersch-mecklenburgischen Küste bis zum niederdeutschen Kernbereich Mittelelbe/Rhein mit den Eckpunkten Bremen, Groningen, Köln, verläuft die Hauptroute der Seeschiffahrt überwiegend hart unter Land. Nur am Westausgange das Baltischen Busens muß der Schiffer den Kurs genau westlich absetzen, um auf die Nordspitze Gotlands zu steuern, und ähnlich querab Kap Skagen, um die Südkurve der norwegischen Küste zur Weiterfahrt nach Bergen zu gewinnen. Der Nordseekurs, auf der Karte zu weit in die offene See gelegt, zieht hinter dem „Land“ (Helgoland) in steter Sichtweite der Küste zum Kanal mit der für Brügges Häfen Zugang bietenden Scheldemündung hinab. Will der Schiffer eine der wendischen Hansestädte anlaufen, so setzt er querab Trelleborg den Kurs auf Südwest ab, um querab Skanör für Stralsund, querab Falster für Rostock, querab Fehmarn für Wismar exakt auf Süd zu gehen. Bleibt er an Südwest, so läuft er genau in die Lübecker Bucht ein. Unberücksichtigt läßt das Bild aber die wichtige Binnenfahrt hinter der nordseeischen Inselkette und durch die Zuiderzee zur Ijssel oder zur Vechte, weiter nach Utrecht, von dort entweder rheinauf nach Wesel, Neuss und Köln oder quer zum Rheindelta über Dordrecht und Bergen nach Antwerpen, Gent und Brügge.

Der schon erwähnte Reisebericht des Norwegers Ottar von Halogaland bei Tromsö, den er vor 900 am Hofe König Alfreds des Großen von England gab, zeigt genau die hier skizzierten nautischen Grenzen wikingerzeitlicher Segeltechnik. Nachdem er, seiner Erzählung nach, drei Tagereisen weiter nach Norden vorgedrungen war, als die Walfänger seiner norwegischen Grundherrschaft gewöhnlich zu gehen pflegten, wandte sich, wie er sagt, „das Land nach Osten, oder die See ins Land hinein – das wußte er nicht.“ Ottar konnte also noch nicht bei Gegenwind nach Osten segeln. Als günstige Brise aufkam, „segelte er nahe dem Lande nach Südosten so weit, wie er in fünf Tagen kommen konnte. Dort führte ein großer Fluß aufwärts ins Land hinein." Ottar hatte die Dwinamündung in das Weiße Meer gefunden, beim heutigen Archangelsk, und so Verbindung zum Nowgoroder Klientelgebiet von Perm, dem „Bjarmalande" unserer Quelle mit seinen Pelzschätzen, hergestellt.

Obwohl also demnach der wikingerzeitliche Schiffer noch nicht querab zum Winde segeln oder gar gegen ihn kreuzen, ja selbst noch kaum vor dem Winde halsen kann, ging seine Nautik, wie das bereits 1937 Winter nachgewiesen hat, schon erheblich über die einfache Orientierung nach den Gestirnen und nach Landmarken hinaus. Er kannte bereits die einfachen Verfahren zur Breitenmessung und verwendete eine Peilscheibe sowie ein „schwimmendes Brettchen" zur Sonnenschattenberechnung, in den Quellen „sólskuggafiöl" genannt. Ob daraus zuerst hier im Norden, wo man sie auf bestimmten, küstenferneren Kursen in der Tat benötigte, oder nicht doch eher im stets küstennahen, aber nach Westen dem offenen Atlantik zugewandten, mediterranen Süden Quadrant und Kompaß entwickelt worden sind, ist immer noch umstritten. Belege für beide stellen sich bezeichnenderweise erst im Hochmittelalter ein, 1187 – also zu vorhansischer Zeit, erstmals in England, um 1300 dann auch im hansischen Raume. Jedenfalls liegen sie wesentlich vor dem um 1300 lebenden Amalfitaner Flavio Gioja, dem lange die Kompaßerfindung zugeschrieben worden ist. Er wird freilich erhebliche Verbesserungen eingeführt haben. Man verwendete jetzt eine Wasserbussole mit auf Strohhalmen schwimmender Magnetnadel und kannte auch bereits die Mißweisung.

Von da aus war es aber immer noch ein langer Weg bis zu dem berühmten Kompaß des Nürnbergers Etzlaub aus dem Jahre 1511. Es war das bereits ein Deckelgehäuse mit einbezogener Schattenskala und bemerkenswert exakter Messung. Der Deckel zeigte außen eine schon gut verwendbare, gesüdete Karte des Kontinents nebst Orient und Nordafrika. Wir werden auf die späthansische Navigation wieder zurückkommen, verfolgen jetzt aber zunächst den Fortgang der Segelentwicklung in das Frühmittelalter hinein.

Jüngere skandinavische Bildsteine des 8.–11. Jahrhunderts zeigen eine insofern fortentwickelte Langschiff-Takelung, als nun die Segelfläche durch zahlreiche überkreuz geführte Tampen wesentlich besser mit der Mannschaft verbunden erscheint, also Halterung und Segelfestigkeit zugenommen haben. Damit konnte die Kursführung schärfer an den Wind abgesetzt werden; auch die Schiffsdarstellungen auf Dorestader Münzen des 8.–9. Jahrhunderts ergänzen diese Beobachtungen: neben den flachbordigen Langschiffen tauchen jetzt die höherbordigen Breitschiffe für die Frachtfahrt auf, und sie weisen ebenfalls, trotz der hier fehlenden Mannschaft, verstärkte Wantenführung vom Rahsegel nach achtern auf. Auch die seitliche Steuerlage ist gut erkennbar; um 1100 finden sich auch auf Hedeby-Brakteaten entsprechende Vorformen des hochbordigen, gedrungenen Fahrzeugs, dem dann die hansische Zukunft in der Frachtfahrt gehören sollte.

Zunächst aber stieg mit der eigentlichen Wikingerzeit erst einmal der Höhepunkt des frühmittelalterlichen Langschiffbaus herauf. Ihn kennzeichnen ohne Zweifel die Grabschiffe der norwegischen Vestfoldkönige am Oslofjord, direkter Nachkommen der mittelschwedischen Ynglinge. In den Grabhügeln des frühen 9. Jahrhunderts von Tune, Gokstad und Oseberg, deren blauer Ton besonders gut konservierte, fanden sich die besterhaltenen Zeugen, das einfach gebaute Tuneschiff bereits 1867, das Gokstadschiff 1880 und das prachtvolle Osebergschiff 1903. Auf einem 1893 gefertigten Nachbau von Gokstad ist man problemlos nach Amerika gesegelt.

Als das reich verzierte Grabschiff der Königin Ase um 850 zur Beisetzung in Oseberg verwendet wurde, war es vermutlich etwa 50 Jahre alt; heute steht es im Osloer Universitäts-Museum. In der ergänzenden Rekonstruktion ist neben dem reich ornamentierten Schnabel auch das Ruder mit Halterung und Steuerholm gut erkennbar. Den Typ des Gebrauchsschiffs gibt das etwas jüngere und auch etwas größere Gokstadboot besser wieder. Es mißt fast 24 m über alles und 5 m Breite, bei einem Tiefgang von 1 m und mittschiffs 1,70 m Höhe. Die Tragfähigkeit von fast 32 tons entspricht etwa 18–20 Last im hansischen Raummaß. Dicht vor der Schiffsmitte stand der umlegbare Mast, dessen sinnreiche Halterung mit Kielschwein, Mastfisch und Deckel erhalten blieb.

Beide Borde führten im Gokstadboot je 16 Riemen; die Navigationsfähigkeit war nun erheblich verbessert, seit dem späteren 9. Jahrhundert kann das normannische Langschiff immerhin halsen, also vor dem Wind den Bug wechseln. Am Vergleich der Spantenrisse zeigt sich die Fortentwicklung des Unterwasserprofils von den fast noch kiellosen Booten der Wanderzeit zu den Vestfoldschiffen; der Spantenknick unter der Wasserlinie weist das Osebergschiff als besonders schnittigen Schnellsegler aus. Darauf mag dann ein ähnlich prächtiger Maststander geblinkt haben, wie der auf Gotland gefundene in vergoldeter Bronze aus der Zeit um 1000.

Im 10. Jahrhundert wuchsen die Abmessungen der Langschiffe auf den Gipfel der Entwicklung; seit Alfred dem Großen in England, seit Harald und Sven Gabelbart in Dänemark kam damals die Ledingordnung als Genosseneinung der Schiffsmannschaft in Gebrauch. Formen und Fahrweise, Segel- und Riementechnik haben sich aber nicht mehr nennenswert verändert. Eine konstruktive Grenze für diesen Schiffbautyp war hier erreicht. Mit 17 bzw. 18 Riemenpaaren haben Norwegens Könige Olaf Tryggvason und Harald Hardrade die wohl überhaupt größten Langschiffe geführt. Ohnedies waren aber noch im hohen 11. Jahrhundert viele der neu auf Kiel gelegten Langschiffe erheblich kleiner. Das gilt zum Beispiel für den weitaus größten Teil der Flotte Wilhelms des Eroberers, mit der 1066 die Normannen im Kanal operierten und nach England übersetzten. Wir kennen durch den um 1086 entstandenen, berühmten Teppich von Bayeux diese Fahrzeuge recht genau. Sie waren für damalige Verhältnisse mittelgroß, meist unter 20 m lang, maßen unter 1:4 Breite zu Länge, trugen 20–25 tons, also nur etwa 10–12 Last, waren aber für die gefährliche Dünung im Kanal sehr seetüchtig und führten Segel mit nur einer Toprah. Das vereinfachte die Manövrierfähigkeit auf Kosten der Schnelligkeit: der Steuermann konnte die Schoten trichterförmig backbords oder steuerbords fieren, also nun mit Sicherheit halsen. Damit bereitete sich aber der große Übergang zur Kreuzfahrt auch gegen den Wind vor.

Er ging von den entgegen älteren Vorstellungen in wikingischer Zeit keineswegs fehlenden, langsameren und meist unter 15 m langen, dafür jedoch tiefer gehenden Frachtschiffen aus. Der wichtige Fund von Skuldelev im Roskildefjord auf Seeland hat hier bahnbrechend gewirkt. Dort sind um oder kurz vor 1030 gleichzeitig fünf bis sechs Schiffe mit Steinlasten versenkt worden, um gegen Ende der Zeit Knuts des Großen die Einfahrt zum Bischofs- und Königssitz zu sperren. Seit 1956 hat man diese Schiffe genau untersucht, geborgen und in einem eigenen Museum aufgestellt; noch immer sind die Arbeiten daran nicht ganz abgeschlossen.

Es handelt sich um Schiffe ganz verschiedener Bauart, darunter vor allem zwei Lastschiffe. Das große Schiff 1 ist dem normalen „Knorr" gleichzusetzen, wie es beispielsweise nach Auskunft der Sagas im 12./13. Jahrhundert nach Island verkehrte; es ist vergleichsweise hochbordig, mißt 16,5 x 4,6 m, also nur 3,6:1 Länge zu Breite, hat geklinkerte Beplankung und runde Steven bei kaum ausgeprägtem Kiel. Vorn und achtern schützte ein Teildeck je 1/3 des Rumpfes, während die Mitte für den Laderaum offen geblieben war. Darin stand der Mast auf langem Kielschwein, jetzt aber fest eingebaut. Die vier Ruderpaare an Deck können nur für zusätzliche Fortbewegung gedient haben. Auch das am besten erhaltene, wesentlich kleinere Schiff 3 mit 4:1 Länge zu Breite, wies Dritteldecks auf, bei offenem, breiten Laderaum.

Als gleichzeitiges, sogar flachbodiges Fahrzeug des Kanalbereichs, das also für Watt- und Flußfahrt geeignet war, wird man das „nef" der Quellen ansehen dürfen, eine Bezeichnung, die sich vom spätantiken „navis" als Handelsschiff herleitet. Franken und Friesen dürften solche Fahrzeuge mit Abmessungen von vermutlich etwa 12 x 4 m schon lange verwendet haben, bevor sie uns wenigstens durch Abbildungen deutlicher faßbar werden. Auch diese Schiffe steuerte man aber noch seitlich, und für einen Übergang in der Segeltechnik zur Kreuzfahrt kamen sie schon wegen der flachen Böden kaum infrage.

An diesen beiden Punkten sowie an der weiteren, relativen Steigerung der Nutzlast gegenüber der erforderlichen Bemannung mußte daher die hochmittelalterliche Fortentwicklung zu den unverkennbaren Seefahrzeugen der hansischen Zeit ansetzen. Den Langschiffbau haben wir so bis zu den Endtypen des 11. Jahrhunderts behandelt und erinnern uns am Gokstadboot nochmals der unverwechselbaren Schiffsform, Besegelung und Takelage, die auf hohe Zahlen der Riemenpaare und mehr subsidiäre Windnutzung eingestellt war. Als das zukunftsweisende Frachtschiff hatten wir den Knorr von Skuldelev am Roskildefjord angesprochen. Am Übergange zu den beiden entscheidenden Veränderungen in Ruderführung und Segeltechnik nehmen wir den Faden wieder auf. Dazu betrachten wir einen um 1180 datierten Taufstein, in Doornik/Tournai gefertigt für den Dom zu Winchester, mit zu den Steven fast senkrecht hochgezogener Kiellinie und nahe an den Hecksteven verlegtem Ruder. Das Heckruder wird zu jener scharf an beiden Steven abgewinkelten Kielgestalt, dem „Sprung" in der Schiffbausprache, geführt haben, die wir etwa auf gotländischen Fresken des späten 13. Jahrhunderts sehen und die neben der Hochbordigkeit zum Kennzeichnen der Koggen werden sollte. Ellmers hat neben den schon gezeigten Münzbildern Belege für 867 beigebracht, als friesische „cokingi“ die Dänen bekämpfen, für das 9./10. Jahrhundert, als Utrechter Urkunden von „cogskult“ im Sinne von Zoll sprechen, für althochdeutsche Glossen um 1000, die den „cocho“ vom Kriegsfahrzeug unterscheiden. Ein Fund bei Kalmar 1933/34 zeigt das breite, geklinkerte Schiff mit nur schwach ausgebildetem Kiel, bei steilen Steven, am achteren das Heckruder. In Abständen übereinander sehen wir drei starke, als Deckträger angebrachte Querbalken, von denen die oberen durch die Bordwand stießen. Sie gaben dem Schiffsrumpf größere Festigkeit und trugen vorn wie achtern kurze Halbdecks; darunter lag ein gut 7 m langer Laderaum mittschiffs, in ihm stand der mit einem starken Kielschwein verankerte Mast.

Von einem weiteren, dem 14. Jahrhundert zugehörigen Koggenfund, der schon 1873 im Danziger Hafen gemacht, aber nicht geborgen wurde, blieb nur ein Zeitungsbild erhalten. Der 1962 bei Bremen gemachte Wrackfund aus der Zeit um 1380, über den zuerst Fliedner 1969 in den Hanseblättern berichtete, ergab neue, sehr wertvolle Aufschlüsse. Bei 23,5 m Länge und 7,5 m Breite und steilen Steven hatte auch dieses große Fahrzeug die typischen, durch die Bordwand ragenden Decksbalken, aber ferner über Bug und Heck eine Kajüte, sowie erhöhte Aufbauten. Es war mittschiffs 5,3 m, am Heck 7,5 m hoch. Die stabile, seetüchtige Bauweise zeigt sich im Aufriß besonders deutlich, ebenso die geschickte Staffelung von Hauptdeck und Heckaufbau. Der Boden war fast eben und kraweel gebaut, die Seiten absteigend geklinkert. Über 40 Spanten versteiften den Rumpf; auf dem Hochkastell befand sich ein Gangspill zum Hieven des Ankers. Das in Bremerhaven restaurierte, in seiner Größe recht eindrucksvolle Fahrzeug dürfte etwa 70 Last = 130 tons Tragfähigkeit besessen haben. Die ersten derart gebauten Koggen werden in das hohe 12. Jahrhundert gehören, entstanden also etwa zeitgleich mit Lübeck. Sie mögen zunächst noch mit Seitenruder gesteuert worden sein, wie das die Münzbilder und manche Stadtsiegel noch des 13. Jahrhunderts zeigen, auch das Typar von Lübeck, in der zweiten Form 1256 erstbelegt.

Der Parzifal Wolframs von Eschenbach kennt um 1197–1210 den „kocken“ als großes Transportschiff der Kreuzfahrer; auch Heinrich von Livland unterscheidet ihn zu gleicher Zeit von Kleinschiffen. Von Gotland kommen damals Versorgungskoggen „impletis usque ad summum annona et similibus“ – der heutige Seemann würde sagen: „bis zum Kragen voll Getreide“. Einen ersten Urkundenbeleg haben wir zu 1206. Typische Koggen zeigen die bei Heinsius eingehend ausgewerteten Siegel, vor allem das Elbinger von 1242. Hier haben wir die fertig entwickelte Form des Heckruders, wieder aber die Decksbalken in der geklinkerten Beplankung. Entscheidend für die Ladefähigkeit, aber auch für die Überlegenheit im Enterkampf auf See gegenüber den slawischen und baltischen Fahrzeugen des 13. Jahrhunderts war die Hochbordigkeit auch mittschiffs.

Etwa zeitgleich bauten die Genuesen für Frankreichs großen Kreuzzugskönig Ludwig den Heiligen Schiffe auf einer Rundkaffe, also ohne Kiel, was nur bei mediterraner Dünung als möglich erschien, ebenfalls noch mit Seitenruder. Dafür stellten sie aber schon einen zweiten Mast vorne in den Bug, die Fock. In der Besegelung hielt man hier am dreieckigen Lateiner fest; diese Fahrzeuge der Kreuzzüge waren bis zu 30 m lang, hatten Heckaufbauten und konnten bis zu 100 Panzerreiter mit zugehöriger Mannschaft befördern.

Mit den Kreuzzügen wurde aber auch die Kogge den mediterranen Seestädten bekannter: der Florentiner Giovanni Villani berichtet zu 1304, daß nach einem erfolgreichen Raubzuge eines atlantisch-südfranzösischen Koggenverbandes aus Bayonne die Katalanen, Genuesen und Venezianer den Typ nachgebaut hätten, weil er beweglicher war als ihre „Karacken“ genannten Breitschiffe. Entscheidend waren aber neben der Beweglichkeit die binnen kurzer Zeit zu größeren Abmessungen gesteigerten Dimensionen der Kogge sowie ihre nun auch zur Kreuzfahrt geeignete Segel- und Steuertechnik. Den Frachtraum der Koggen berechnete man nach dem vierspännigen Plaustrum, der Planwagenfuhre, als „Last“. Die lübische Last maß gut 3 cbm und wog je nach Ware knapp 2.000 kg. Sie war also der Raumverdrängung nach etwas größer als die heutige Registertonne, dem Gewicht nach fast doppelt so groß wie die Gewichtstonne der heutigen Seeschiffahrt. Die Werte sind jedoch von Stadt zu Stadt in hansischer Zeit verschieden, und sie schwanken je nach Ware, etwa zwischen Heringslast, Roggenlast und Salzlast. Es läßt sich berechnen, daß die Koggen um 1200 meist zwischen 20 und 40 Last hatten, sie waren damit immerhin größer und – wie gesagt – vor allem höher als alle anderen Ostseeschiffe; später aber übertrafen sie auch alle gängigen westeuropäischen Seefahrzeuge bei weitem, deren Frachtraum bei 20 bis zu höchstens 50 Last blieb. Im 14. Jahrhundert stieg demgegenüber die Koggentonnage auf oft 60–80 Last, und im 15. Jahrhundert wurde nicht selten die Grenze von 100 Last überschritten. In seiner hochbordigen Gedrungenheit distanzierte sich die Kogge vom einstigen Langschiff besonders kraß; diese ältere Schiffsform lebte nur noch, aber aus anderen Wurzeln, in der mediterranen Galeerenform weiter, wie sie für den rauhen Atlantik völlig ungeeignet war.

Im Kanalbereich dagegen behaupteten sich die Rundkielformen des kleineren „Holk“, wie er nun genannt wurde, durchaus neben dem nordischen Großschiff. Auch den Holk finden wir auf zahlreichen Siegeln besonders englischer und französischer Hafenstädte, etwa dem von Winchelsea, vor 1300. Anstelle der scharf gewinkelten Steven-Kiel-Steven-Form blieb es bei der sogenannten „Rundkaffe“ als durchlaufender Steven-Kiellinie. Der Dordrechter Zoll wird 1288 volkssprachlich als „huelec tolne“ bezeichnet, und auch in London übersetzt eine angelsächsische Glosse schon des späten 10. Jahrhunderts das mittellateinische „liburna“ (Lastschiff) mit „hulk“. Zeigt manches Siegelbild noch deutlich das seitliche Steuerruder, so bildet ausgerechnet ein Danziger Siegel um 1400 bereits einen Holk mit Heckruder und großen Kastellaufbauten ab. Damit war die Koggenform angenähert, der ärgste Nachteil ihr gegenüber ausgeglichen, und nun sprach für den Holk seine bei weitem größere Schnelligkeit. Mit dem schon zwei- bis dreimastigen Holktyp des 15. Jahrhunderts war auch die wegen des runden Kiels schwierigere Navigation besser zu meistern, so daß der Holk auch im hansischen Raume die häufigste

Schiffsform wurde. Danzigs Auslieger im großen Kaperkriege gegen England vor dem Utrechter Frieden sind nicht mehr Koggen, sondern Holke gewesen.

Hatte schon die Kogge die von VOGEL in seiner grundlegenden Seegeschichte auf 3 sm berechnete durchschnittliche Fahrleistung des Normannen Ottar von Halogaland fast verdoppeln können auf 5–6 sm, so übertrafen die Holke des 15. Jahrhunderts an Schnelligkeit erstmals wieder jene dänisch-normannischen Langdrachen der Zeit um 1000, die aber nur am Winde raumgreifender gewesen waren. Verglichen mit dieser Behinderung, lag die hansische Schiffahrt des späten Mittelalters ohnehin im Ganzen wesentlich günstiger im Rennen, wozu noch ihre hohe Nutzlast in Anschlag zu bringen ist.

Vom Dickschiff gehen wir nun über zu Kleinschiffen und Flußfahrzeugen, die wir zunächst einmal als Kielboote aller Größen kennen. Bei Skandinaviern, Westslawen und Hansen waren sie meist geklinkert und mit Rinderhaar kalfatert (abgedichtet), führten einen Mast, ein einseitiges Ruder und zwei bis acht Riemen. In der Flußfahrt zu Berg wurden sie getreidelt oder gestakt. Daneben gab es Einbäume und, besonders auf den britischen Inseln, Fellboote, aber im Binnenland oft auch flache Setzbordkähne-Nachen mit geknickten Spanten im Drei-Sechstel- oder häufiger Fünf-Achtel-Querschnitt. Viel wichtiger waren für die hansischen Häfen und vor allem für die Heringsbörsen von Falsterbo die meist mit plattem Heck und Heckruder versehenen Prähme. Bei jedem Prahm sind Bodenrand und seitliche Bordwand aus einem Stück gearbeitet; oft sind beide Wände aus einem gespaltenen Einbaum und eingeschobenen Planken gewonnen. Sie hatten keine Segel, waren aber keineswegs nur in Küstennähe oder auf den Flüssen verwendbar, das zeigt schon ihre Größe von oft über 10 m Länge; trotz der Kastenform waren sie alles andere als plump, und bei geschickter Staktechnik sehr beweglich. Neben dem Stichpaddel kam für sie auch die Riemenführung vor. Bei Heinrich von Livland finden sich viele Belege für das Zusammenwirken von Koggenverbänden mit kleineren Fahrzeugen. Außer diesen hatten die Koggen selbstverständlich jeweils ein Beiboot an Bord, um den Uferverkehr auch vor Flachküsten bewältigen zu können.

Auf den Strömen gab es zunächst überall die Flößerei zum Holztransport, auf skandinavischen und mecklenburgischen Seen auch für die Fischerei. Frühe Formen gehen in die Wikingerzeit zurück. Nicht selten dienten die Flöße ferner zum Fährbetrieb an den Stromübergängen; sie waren dann meist angeleint und wurden gezogen oder gestakt. Holzflößerei blühte besonders in Oberdeutschland. In den großen Häfen finden wir sie mindestens zu spätmittelalterlicher Zeit als Arbeitsplattformen, so auf dem berühmten Venedig-Holzschnitt Reuwichs, der 1487 entstand, und im Ausschnitt eine venezianische Werft mit einem gerade zur schwimmenden Ausrüstung an das große Floß verholten Holk wiedergibt.

Von der Galeere am fernen Horizont bis zu vielfältigen Küstenfahrzeugen und Gondeln sowie offenen Booten gibt uns Reuwichs lebendiges Bild eine Vorstellung über den spätmittelalterlichen Hafenbetrieb. Daß wir uns aber schon im Lübeck des frühen 13. Jahrhunderts eine entsprechend bunte Palette vom Kahn bis zur Hochseekogge auf der damals etwa 40 m breiten Trave denken müssen, dafür gibt es aufschlußreiche Anhaltspunkte. Eine älteste, vermutlich mit den anderen lübischen Texten zu Privilegienbestand und Stadtrecht annähernd gleichzeitig um 1225 entstandene Zollrolle teilt für den Hafenverkehr drei Schiffsgrößen ein: unter 12 Last, 12–18 Last, über 18 Last. Das bestätigt ein ebenso alter Text des 1224 durch Fürst Wizlaw I. von Rügen den Lübeckern verbrieften Privilegs für den dortigen Heringsfang mit gleichen Abstufungen; danach verkehrten gemischte Verbände aus Koggen, kleineren Küstenfahrzeugen und zum Fischfang sowie zum Salz- bzw. Fischtransport verwendeten Prähmen, unser Latein-Text nennt sie „rates", das hieße Flöße, wir kennen aber diese seegängigen Lastkähne zu gleicher Zeit auch bereits vor der schonischen Küste, sie wurden am dortigen Flachstrand schon 1207 mittels zweirädriger Karren be- und entladen.

Im Lübecker Hafen verwendete man, wie freilich erst später zu belegen ist, die Prähme zugleich als Schiffsbrücken, indem man sie mit der platten Schmalseite am stadtseitigen Flußufer vertäute. Seit man um etwa 1200 die erste Holstenbrücke gebaut hatte, war die Obertrave nur noch als Holz- und Salzhafen wichtig, während sich der seegängige Verkehr von der Untertrave aus abwickelte. Hier waren unterhalb der Burg seit Ausgang des 12. Jahrhunderts auch die regelrechten Geleitzüge für die Kreuzfahrt nach Livland zusammengestellt worden. Eine in Resten bis heute erhaltene Freifläche zwischen dem Koberg bei St. Jakobi und der ufernah gelegenen, 1257 vorhandenen Pilgerkapelle St. Clemens bot Raum für das zwischenzeitliche Lager der zur baltischen Unternehmung sich sammelnden Kräfte. Diese „Herzogswiese", wie sie noch 1271 heißt, ging im 13. Jahrhundert in Stadtbesitz über und wurde nun „pratum civitatis" genannt, eine dort laufende Twiete heißt noch jetzt „Engelswisch"; am Rande dieser Freifläche liegen auch der Hof des Deutschen Ordens und ein großes, um 1230 in Traufstellung zum Koberg mit der Landgerichtsstätte erbautes Amtshaus, das die Bauhistoriker ansprechend für die Vogtei halten, deren alter Sitz in der Burg durch ihre Umwidmung zum Dominikanerkloster seit 1229 andere Verwendung gefunden hatte.

An diesem Ufer der Untertrave bot das vergleichsweise tiefe Fahrwasser gute Liegeplätze für Koggen; hier dürfte bereits im Zusammenhang mit dem Lübecker Stadtmauerbau ab etwa 1200, der zur Trave hin auf die Zeit um 1226 bis 1250 datiert werden muß, eine Kaje angelegt worden sein, also ein Holzbollwerk als Steilufer, das zugleich das Festmachen hochbordiger und tiefer gehender Seefahrzeuge erlaubte und zwischen der Steilkante und dem rückwärtigen Mauerzuge die erforderliche Wirtschafts- und Lagerfläche für den Hafenbetrieb bot. Zu ihm wurde die Mauer durch eine ganze Reihe von Pforten perforiert, die sich vor dem Kopf der senkrecht auf das Ufer zugeführten Gassen befanden. Daran wird die Funktion dieser „Hafenstegstrassen" erkennbar; in Lübeck und Rostock heißen sie Gruben, wohl wegen der gewissen Abschüssigkeit zum Hafen hin, in Wisby „Gränd".

Kaianlagen kannten selbstverständlich bereits die Römer; von ihnen sind Steinkajen etwa in Aquileja oder Ostia bekannt, aber auch die rheinische Holzkaje von

Xanten. Im Frühmittelalter scheint sich der Kai anstelle beweglicher oder fester Schiffsbrücken überall da angeboten zu haben, wo das enge Hafengewässer Verholen und Festmachen stark behinderte. Vielleicht ist sogar der zuerst zu 1023 belegbare Ausdruck „haevene, hafn“ auf den Übergang zur Kaianlage zu beziehen, so erwog das ELLMERS; in England kam beim Ablösen der Londoner Schiffsländen „hyd“ durch Strecken von Holzkais für diese der Ausdruck „wharf (hwearf)“ in Gebrauch. Wie in London haben wir auch in Lübeck mit längerem Nebeneinander von Flachländen und Tiefbollwerken zu rechnen. Im Bereich des Werft- und des Fischereiverkehrs an der Unter- sowie des Salzverkehrs an der Obertrave bestanden Flachuferstrecken bis in das 16. Jahrhundert hinein, eine wichtige Feststellung, die uns davor warnt, den mit ganz unterschiedlichen Schiffstypen und sehr stark differierenden Lösch- bzw. Ladetechniken je nach Waren und Herkunft oder Bestimmung konfrontierten Lübecker Hafenbetrieb zu pauschal und vereinfachend zu beurteilen.

In Skandinavien bezeichnete man schon zu hochmittelalterlicher Zeit Holz- und Steinbauten im Hafenzugang sowie als Landestege oder Kaianlagen als „Brücken“ (bryggjur). Eine solche Brücke im norwegischen Bergen wurde, wie noch zu behandeln ist, zum Kristallisationspunkt des einen der hansischen Außenkontore; hier ist das hochmittelalterliche Bollwerk ergraben, HERTEIG datiert es auf das ausgehende 12. Jahrhundert, vielleicht aber doch etwas früh. Auch im englischen King's Lynn fand sich ein Holzkai des frühen 13. Jahrhunderts. Indem man vor die Hafenfront Pfahlreihen rammte, entstand etwa in Haithabu oder Wollin-Jumne, was dort die Jomswikingsaga näher beschrieben hat, auch wohl in Wisby, ein bogenförmiger Außenschutz um das Hafengewässer. Diese nur von schmalen Einfahrten unterbrochenen Spundwände des 11. Jahrhunderts dürften der Ausgangspunkt für erste Molenhäfen gewesen sein, die frühesten des Ostseeraumes haben wir für Wisby wohl bereits im 12. Jahrhundert, für Kalmar nachweislich im 13. Jahrhundert anzusetzen, aber auch in Reval, später in Travemünde, gab es in hansischer Zeit bereits Hafenmolen. Eine natürliche Molenfunktion hat auch der nördliche Nehrungshaken bei Skanör wahrgenommen, in dessen Schutz die Koggen ruhigen Ankergrund in der Wiek fanden.

Eine gute Vorstellung von der Vielseitigkeit noch des späthansischen Hafenbetriebs vermitteln uns mehrere Vogelschaupläne bei BRAUN-HOGENBERG. Der Stettiner stammt von 1588, er ähnelt insofern den lübischen Verhältnissen, als auch hier die Oderbrücke den Binnenhafen vom Seehafen abteilte. Zwei der langen, beidseits mit mächtigen Ruderblättern auf Kurs gehaltenen Oderkähne fallen ins Auge, die oderabwärts verkehrten und vor allem Frankfurt/Oder seine erhebliche Bedeutung verschafften. Sechs holzgedeckte Schiffbrücken stehen jeweils durch Pforten mit den Hafenstegstraßen in der Altstadt in Verbindung; die unterste von ihnen, „Baumbrücke“ genannt, schließt das Hafenbecken ab und führt mittels einer Klappbrücke zur „Schiffbauer-Lastadie“ hinüber sowie zur jenseitigen Kaimauer mit Flößen und Booten, hinter der sich auch der Speicher erhebt. Im Hafen liegen

Schiffe aller Größen nebeneinander, wobei wir gleich einen Blick auf die nun dreimastigen Kraweele-Karavellen des 16. Jahrhunderts werfen können. Vor der Baumbrücke bugsiert gerade ein stark besetztes Beiboot sein aufkommendes Dickschiff, am Ufer erhebt sich das Kornhaus, am Oberhafen erkennen wir den Teer- und den Zimmerhof.

Für den im Vergleich zur Oder bei weitem kleineren Zuschnitt des normalen Stecknitzkahns, auf dem zwischen Lübeck und Lüneburg der Salz- wie der Holz- und Heringstransport über Trave, Möllner See und Delvenau zur Elbe und Ilmenau, vorbei an Bardowick vor sich ging, gibt uns der typische Binnenhafen von Lüneburg einen Begriff. Am Fischmarkt löschte man die Heringsfässer, der große Tretradkran lud Schwergut vor dem Kaufhause, während leichtere Waren mit dem einfachen Hebebaum, der „Wippe", an Bord gehievt wurden. Vorbei an dem Holzlager zogen die mit Klappmast versehenen Kähne über die Ilmenau abwärts der Elbe zu. Dieser auch „Ewer" genannte Typ ist als „Havelkahn" etwa gleicher Größe ebenso mittelelbisch im Gebrauch.

Wesentlich geräumiger waren die auf dem Rhein verkehrenden Binnenschiffe. Von Köln rheinauf herrschten kastenartige Kähne mit trapezförmigem Boden vor, „Oberländer" oder auch „Mainzer Lade" genannt, mit einfachem Gaffelsegel, statt auf Kiel mit gerader Kaffe gebaut, auf dem hochgezogenen Heck mit Kajüte versehen. Daneben verwendete man prahmartige Kähne, die am Oberrhein aus Bauholzplanken zusammengefügt, am Niederrhein zerlegt und als Bretter weiter verarbeitet wurden. Ihre flache Bugschräge erlaubte das Löschen und Laden einfach über den auflaufenden Bug, vor allem bei Tonnenware.

Sehr viel stabiler war die sogenannte „Kölner Aak", ein selbst im Küstenverkehr verwendbarer Lastkahn mit Eichenboden, der den ganzen Niederrhein, die Ijssel und die Zuiderzee befuhr. Als „Eke" finden wir ihn auch auf der Weser und in kleinerer Form auf der Elbe. Hier war jedoch der große Blockkahn das vorherrschende Fahrzeug, namentlich von Magdeburg abwärts bis zur Mündung. Den Terminus „kane" erwähnt zuerst eine Urkunde Erzbischof Wichmanns von Magdeburg zu 1168 für auf der Saale verwendete Boote. Auch sie waren aus dem gespaltenen Einbaum weiter entwickelt; indem dessen Seiten aber halbiert und durch zwischengestückte Planken samt kräftigem Kiel verlängert wurden, entstand der „Block", bezogen auf die in Bug und Heck für Stabilität sorgenden Grundbestandteile des Einbaums. In Hamburger Zollrollen begegnen wir dem „kanenbloke" zuerst zwischen 1254 und 1262. Erst Luther hat das niederdeutsche Wort in die Schriftsprache eingeführt, er mußte es den Oberdeutschen noch mit „barke", „nachen" zu erläutern suchen.

Werfen wir abschließend noch einen Blick auf die kölnische Rheinhafenfront, wie sie auf dem Holzschnitt von Woensam 1531 wiedergegeben wird; weiter stromaufwärts ist auch eine ganze Gruppe vom konisch gestalteten Oberländern mit ihrem kräftig aufragenden Heck erkennbar: in Doppel- und Dreierreihe vertäut, liegen dort aber zahlreiche Aaken von der Niederrheinfahrt. Der Warenumschlag ist in vollem Gange, auch in der Kölner Hafenmauer öffnet sich eine Reihe von Pforten auf die breite Wirtschaftsfläche an der Kaimauer; ein Tretradkran ist bei der Löscharbeit, aber der detailreiche Stich zeigt an anderer Stelle auch Wippen sowie einen der seltenen, hohen Mastkräne zum Einsetzen der mächtigen Stämme für die Besegelung von großen Schiffen an der Ausrüstungskaje einer Werft.

Fassen wir zusammen, so stellt sich die hansische Schiffahrt als erheblich vielgestaltiger dar, als vielleicht erwartet; das miteinander verbundene Benutzen großer, mittlerer und kleiner Fahrzeuge prägte sowohl die Hochseefahrt, meist im Verbande von Geschwadern unterschiedlich großer Schiffe, als auch den Hafenbetrieb mit seiner im Hochmittelalter kräftig fortgebildeten Technik, ja sogar die Binnenschifffahrt mit vielgestaltigen Booten, Kähnen, Prähmen und Flößen. Uns wird nun klar, weshalb sich Städte wie Münster, Braunschweig oder Salzwedel, um nur drei den verschiedenen Stromsystemen zugeordnete Binnenorte zu nennen, über Nebenflüsse von heute mäßiger oder geringer Wasserführung an diesem gewässerbezogenen Verkehr mit Gewinn zu beteiligen vermochten. Den Maßstäben der Zeit nach war hansischer Wassertransport schneller und besser organisiert, als alle ältere See- und Flußfahrt des Mittelalters.

Was das navigatorische Wissen anlangt, mit dem die Koggenkapitäne staufischer Zeit auf große Fahrt gegangen sind, so erfahren wir nur andeutungsweise darüber. Segelanweisungen des 13. Jahrhunderts sind uns nur in skandinavischen Quellen erhalten; immerhin beruht die eine davon auf der Vorlage Adams von Bremen, dessen knappe Notizen über die Dauer von Seereisen ein dänischer Autor um einen Leitfaden zur Fahrt von Ripen ins Heilige Land erweitert hat. Abt Emo von Wittewirum bei Groningen, der um 1220 schrieb, gibt in einem Kreuzfahrt-Bericht Segelanweisungen zur Einfahrt in den Hafen von Lissabon. Das ist alles, was wir über die Zeit vor 1250 wissen. Als Richtmarken zur Ansegelung der Ostseehäfen dienten bald auch deren Großbauten, namentlich die Kirchenrümpfe; ihre Helme freilich sind überall erst gegen das oder im 14. Jahrhundert fertig geworden. Erste Seezeichen gab es um 1225 neben dem schon erwähnten von Falsterbo auch vor Wismar, in Travemünde und in der Maasmündung. Arend Lang hat eine ausgezeichnete Geschichte des Seezeichenwesens vorgelegt. Bei Boulogne und bei La Coruña im spanischen Galizien standen gar noch römische Leuchttürme; den von Boulogne hatte erstmals Karl der Große wieder beschicken lassen. An der Yzer-Einfahrt nach Ypern stand seit etwa 1300 der Leuchtturm von Nieuport. Seit dem 12. Jahrhundert war das Handlot bekannt zur Tiefenkontrolle in Ufernähe. Was wir über die wikingerzeitlichen Instrumente der Nautik gesagt haben, das Schattenbrett und die Peilscheibe, darf im 12. Jahrhundert noch als bekannt vorausgesetzt werden; Kenntnis von Winden und Wetterfronten vermittelte die seemännische Erfahrung. Vogelflug und Walfährten traten als nicht zu unterschätzende Richtmarken hinzu. Die schwimmende Magnetnadel verwendete man im Ostseeverkehr noch kaum als Steuerkompaß. In der westlichen Ostsee waren strahlenförmig von Lübeck ausgehende Kurse an den dänischen Inseln, Rügen und Bornholm orientiert. Nach Preußen ging es von der Südspitze Bornholms aus mit Ost- oder Ost-zu-Nord-Kurs. Für die mittelschwedische, die baltische und die russische Fahrt spielte Gotland navigatorisch die Hauptrolle. Wisby war der am längsten eisfreie Hafen ringsum, hier gab es schon im frühen 13. Jahrhundert Lotsen zur Weiterfahrt. Der Hansekäpten orientierte sich also vornehmlich nach einem System von Windrosen und Distanzen, die von markanten Richtpunkten ausgingen. Im Westen spielten Helgoland, Walcheren und der „Heysant“ (Ouessant) vor Brest eine ähnliche Rolle wie Bornholm und Gotland im Osten. Die Elbeinfahrt markierte seit 1299 der hamburgische Turm von Neuwerk, erst weit später mit Leuchtfeuer versehen.

Diese nicht wesentlich über wikingische Nautik hinausgehenden Orientierungsmittel sind erst von den Portugiesen des 15. Jahrhunderts auf den Weg zur mathematischen Navigation gebracht worden. Die überschaubaren Breiten der nordischen Meere erforderten eine solche weniger zwingend, als die vor Lissabon sich öffnende atlantische Weite. Hansische Schiffahrt wuchs geographisch, meteorologisch und hydrographisch ganz aus praktischer Erfahrung; schon im späten 13. Jahrhundert war diese reich genug, querab von Öland-Gotland direkte Kurse zum Baltikum und nach Rußland abzusetzen – einer der wesentlichen Gründe für den Niedergang von Wisby –, und die so lange mit Recht gefürchtete Umlandfahrt zu wagen, das heißt, von Westen her Kap Skagen zu runden, um durch Belt und Sund mit Umgehung des kimbrischen Isthmus Hamburg-Lübeck direkt in die Baltische See zu gelangen. Diese Route ist bis in unsere Tage für hohe Schiffbruchszahlen bekannt; das liegt am Nebeneinander einer besonders tiefen und dem vorherrschenden Westwinde offenen See im Skagerrak und der hafenfeindlichen westjütischen Ausgleichsküste. Bis in die frühe Neuzeit hinein ist darum die Umlandfahrt auch stets zweitrangig gegenüber der Elb-Trave-Verbindung geblieben, zumal seit Öffnung des Stecknitzkanals 1390–1398 zwischen Lauenburg und Lübeck, der allerdings ganz überwiegend der Lüneburger Salzschiffahrt gedient hat.

Da wir auch in den größten Flußmündungen zu hansischer Zeit nur Tiefgänge bis zu 3 m annehmen dürfen, waren die Koggen oft zum Leichtern auf Reede genötigt; Vorhäfen wie Dünamünde vor Riga, Warnemünde und Travemünde oder Damme vor Brügge, Gravelingen vor St. Omer dienten als Standorte der Leichter, aber auch nach Amsterdam, Stralsund oder Danzig, wie selbstverständlich nach Nowgorod konnte keine Kogge ohne Leichterung einlaufen. Günstiger lagen die Hafenverhältnisse nur in London, Bremen, Hamburg und Stettin, wobei Bremen zum Spätmittelalter hin zunehmende, Hamburg dank seiner Politik im Stromspaltungsgebiet der Niederelbe abnehmende Schwierigkeiten verzeichnete. So schwierige wasserbautechnische Aufgaben wie Stromregulierung, Hafen- und Fahrrinnenbaggerung oder gar Durchstich und Beseitigung von Bänken hat man in hansischer Zeit noch nicht bewältigen können. Dabei gab es immerhin das normannische Vorbild erster Kanalbauten. Das von Hamburg seit etwa 1400 in die Elbspaltung vorgetriebene Stack von Moorwärder hat allerdings in der Tat die Wasserführung der Norderelbe stetig erhöht, zum Leidwesen und zur Empörung des an der Süderelbe interessierten Lüneburg.

Doch wir müssen noch einmal zur Sundfahrt zurückkehren, weil sie neben der Verbindung zu den Niederlanden mittels der gefährlichen Umlandfahrt noch einen anderen, wesentlich wichtigeren und älteren Kurs absetzte: die Norwegenfahrt. Je mehr sich Lübecks und seiner Trabanten Horizont über das baltische Meeresbecken hinaus auf die Tönsberg-Oslo- und namentlich die Bergen-Fahrt auszuweiten begann, desto schwieriger wurde die Handelslage für die alten Vormächte im Norwegengeschäft, d.h. besonders für Utrecht und für Bremen.

Im Utrechter Zolltarif des späten 12. Jahrhunderts spielt der Wein- und Getreideexport nach Bergen eine große Rolle. Noch tauchten daneben englische und flämische Schiffe im Norden auf, noch spielte auch der norwegische Eigenhandel kräftig mit. Bremen war schon zu Zeiten des Domherrn Adam, im hohen 11. Jahrhundert, ein eng mit Friesland einerseits, der norwegischen Gegenküste andererseits verbundener Handelsplatz, dessen Unternehmer seit Lothars III. Zeit auch im Eigenhandel genannt werden; 1213 erhalten die Bremer ihr erstes Londonprivileg. An der Elbe scheint Stade noch bis ins 13. Jahrhundert hinein der im Vergleich zu Hamburg wichtigere Getreideausfuhrplatz nach Bergen gewesen zu sein.

Hatten wir schon über das allmähliche Verschwinden der friesischen, der englischen und endlich auch der flämischen Fernhandelsflotte nachzudenken, so fällt uns noch stärker auf, daß in staufischer Zeit die so lange auf allen westlichen Meeren heimische norwegische Seefahrt ebenfalls gänzlich zurückgetreten ist. An der gewiß vordringenden Konkurrenz der Utrechter, Groninger, Bremer und Stader allein kann das nicht gelegen haben, auch nicht am raschen Wachsen der Bevölkerung an der norwegischen Westküste, das eher die Versorgung als lohnendes Geschäft auch für die eigene Frachtfahrt nahelegen mußte. Vielleicht haben wir mit Klimaschwankungen zu rechnen, durch die der Ackerbau in den engen Tälern ohne geregelte Düngung damals noch aussichtsloser geworden ist; jedenfalls dringt die Viehzucht unaufhaltsam vor, so daß später aus dem so dringend auf Kornzufuhr angewiesenen Lande Butter exportiert werden kann. Entscheidend muß aber das Auftreten der Koggen gewesen sein, deren Fassungsvermögen und Seetüchtigkeit den skandinavischen Schiffbau weit überholt hatte.

Aus dem gleichen Grunde wird sich die wendische Städtegruppe, voran Lübeck, seit etwa 1200 immer kräftiger neben den westlichen Zentren des Bergenhandels in diesen haben einschalten können. Ihr kam noch zustatten, daß sie besonders günstige Gegenfrachten anzubieten hatte. Eine Dreiecksfahrt Lübeck-Bergen-Brügge und zurück Brügge-Bergen-Lübeck entging den Tücken der Umlandfahrt, weil sie von Kap Skagen nordostwärts ablegte, sie bot zugleich frachtverbilligende Warenfolgen etwa Bier-Fisch-Tuch-Butter oder Korn-Butter-Tuch-Fisch. Dagegen waren die Westerlinge nur mühsam, die Norweger selbst überhaupt nicht konkurrenzfähig. Über das widerstrebende Königtum hinweg, das in den offenbar immer häufiger auftretenden Hungersnöten seine Abwehrhaltung mehrfach preiszugeben genötigt war, setzten sich die energisch und rücksichtslos ihren Vorteil wahrnehmenden Hansen endgültig seit dem Sieg über Waldemar 1227 durch. Um 1237 hat Lübeck sein erstes

Privileg für Norwegen erhalten, um 1260 werden in Bergen die ersten deutschen Wintersitzer faßbar. Bezeichnenderweise spielt hier der Gemeine Kaufmann vom gotischen Ufer keine Rolle mehr, alle frühen Privilegien sind zweiseitig, vom König jeweils einer Stadt des Nordsee- bzw. des Ostseeufers erteilt. Stets erwachsen sie aus Versorgungskrisen.

Der Bergenhandel hing fast ebenso eng mit dem Kabeljaufang zusammen, wie der schonische mit dem Hering. Norwegens Fischer gingen den im Golfstrom aus der Tiefe des Atlantik auf ihre Küste stoßenden Schellfischzügen mit hohen Erträgen nach; die Beute wurde luftgetrocknet, wodurch bei dem salzhaltigen Seewind eine gute Konservierung möglich war. Obgleich die Fangplätze wesentlich nördlicher lagen, hielten die Fernhändler am einmal gewählten Umschlagplatz Bergen fest; hier war kein sofortiges Einsalzen und Verpacken erforderlich wie beim Hering, und so überwogen die Vorteile des Handels am alten Landesvorort. Außerdem war Bergen das ganze Jahr hindurch eisfrei. Zu den isländischen Fanggründen sind neben den Engländern auch Bremen und Hamburg vorgestoßen; namentlich Bremen hat sich um lübische Verbote, die in hochhansischer Zeit mit Rücksicht auf England erlassen wurden, niemals gekümmert. Die Norwegen- und Islandfahrt ist der eigentliche Stein des Anstoßes zwischen den Ostseestädten und der Weserstadt gewesen, mehr noch als der Englandhandel. Hier begründet sich Bremens Sonderstellung im hansischen Verband. Hamburg dagegen hatte es leichter, Lübeck die Stange zu halten, weil es seine Hauptgewinne weniger von Bergen und Island heimholte, als vom Transit zwischen Elbe und Trave sowie von der mittelelbischen und der niederländischen Binnenfahrt.

Am Eindringen der Ostseestädte in den Norwegenhandel kennzeichnet sich die durch die Kogge bewirkte, verkehrstechnische Umwälzung vielleicht noch schärfer, als an der vorangegangenen oder fast gleichzeitigen englischen und flandrischen Emanzipation der Osterlinge. Hier spielten sich außerordentlich bedeutsame handelspolitische Verschiebungen ab, eingeleitet bereits zu Zeiten Barbarossas, endgültig entschieden durch den Sieg über die Dänen. Die nun auch nach Westen expansiv entfaltete niederdeutsche Seeschiffahrt finden wir denn auch in staufischer Zeit lebhaft am größten maritimen Unternehmen des Hochmittelalters beteiligt, an der Kreuzfahrt zum Heiligen Lande.

Wir entsinnen uns der engen Beziehungen zwischen Mission und Handelsfahrt schon zu Ansgars Zeiten, der ja ohne die Fernhändler nie nach Mittelschweden gelangt wäre. VOGEL verdanken wir das 1912 in den Hanseblättern vorgelegte Lebensbild des heiligen Godrik von Finchale, entworfen auf der Basis zweier Viten des späten 12. Jahrhunderts, ein treffendes Modell für die schillernden Überlagerungen von Fernhandel, Wallfahrt und Missionsreise um 1100. Godrik ist in Walpole noch unter Wilhelm dem Eroberer als armer Leute Kind geboren. Der Knabe trägt am Strande der Wash-Bucht das Seine dazu bei, daß der Familientisch mit erbeuteten Gütern von Schiffbrüchigen bereichert wird. Bevor wir den Problemen des Strandrechts und seiner sehr bezeichnenden Umgestaltung durch Lübeck und die

Hansen weiter nachgehen, verfolgen wir zunächst Godriks Lebensweg. Als kleiner Wanderkrämer beginnt er, bald schließt er sich aber einem Verband von städtischen Kaufleuten an: „coepit ... se urbanis mercatoribus consociando confoederare". Sie fahren bis nach Schottland hinauf. Godrik unterbricht das Geschäft nach einiger Zeit, um eine Pilgerfahrt nach Rom anzutreten, nimmt es dann aber mit eigener Initiative in erweitertem Umfang wieder auf, tut sich mit anderen jungen Leuten zu „mercandi negotiis" zusammen; er geht über See mehrmals nach Flandern und Dänemark und bringt ein stattliches Vermögen zusammen, „quia hic multo venundabat, quod alibi ex parvi pretii sumptibus congregaverat", wie die Quelle naiv erzählt. Dabei gewinnt er seemännische und nautische Erfahrung, wird zeitweilig selbst Schiffsführer, schließlich Partenreeder, das heißt Teileigner eines Seefahrzeugs. Erstmals wird hier diese im hansischen Seefahrtraum häufige Form der Bereederung von Schiffen bezeugt; ihr Vorteil lag in der Verminderung und Verteilung des Risikos.

Godriks „nautica peritia" ging soweit, daß er nach Versicherung seiner Biographen die „futurae ortus" von Wetter und Stürmen vorauszusagen vermochte, indem er sie aus der Windfolge und den Windstärken („ex serie et vi ventorum") und aus dem Wetterwandel („facie immutationis aerum") mit großer Kunst („multa calliditatis arte") berechnete. Hier wird eine nautisch-meteorologische Kenntnis vom Drehungsgesetz atlantischer Winde angedeutet, während andererseits weder von Kompaß noch anderen Hilfsmitteln der Orientierung außer den Gestirnen die Rede ist. Godriks Fahrzeug benutzt zumindest zusätzlich noch Riemen; es wird eines der Kiele oder Nefs gewesen sein, deren Gestalt wir beschrieben haben.

Neben den weltlichen Schätzen aber sammelte Godrik geistliche: stets besucht er auf seinen Handelsfahrten Kirchen, einen Schatz von "suffragia" zur Anrufung der Heiligen in Seenot lernt er von den Gefährten „secum ... in periculo positis". So bleibt er von Schiffbruch und Seeraub verschont, entrinnt sogar Anschlägen ungetreuer Fahrtgenossen. Endlich gewann aber die religiöse Neigung Oberhand in ihm: nach Besuchen im Inselkloster Lindisfarne begab er sich zur Zeit des 1. Kreuzzugs zweimal nach Jerusalem, zweimal nach Rom, wobei er auch die Hauptwallfahrtsorte der Zeit, St. Gilles in der Provence und S. Jago de Compostela im spanischen Galicien aufgesucht hat. Darauf überließ er seine Habe den Armen und zog sich als Einsiedler nach Finchale in Northumberland zurück, wo er in hohem Alter 1170 verstarb.

Ein bemerkenswerter, Geschäftstüchtigkeit, Unternehmungslust und Religiosität der Kreuzzugszeit skizzierender Lebensweg! Mit Godrik segeln damals die ersten Pilger- und Kreuzfahrerflotten durch die Säulen des Herkules; 1102 laufen 200 Schiffe das belagerte Jaffa an, darunter zahlreiche vom Niederrhein und aus Westfalen, weitere Wellen folgen bis 1110. Der zweite Kreuzzug setzte neue Scharen in Bewegung: bei Bremen und Köln sammelten sich die niederdeutschen Aufgebote, vor Dartmouth vereinigte man sich mit den Engländern, überstand einen schweren Sturm in der Biskaya und zog dann mit Alfons von Portugal gegen die Mauren von

Lissabon. Dessen Eroberung 1147 stellt der Sachse Helmold betont heraus gegen den furchtbaren Fehlschlag des Kreuzzugs zu Lande unter staufischer Führung.

Nach dem Fall von Jerusalem zogen es die Niederdeutschen abermals vor, statt mit Barbarossas Landheer auf eigener Flottte, die sich aus allen Küstengewässern von Dänemark bis Köln sammelte, nach Palästina aufzubrechen. Wieder wurden zunächst die Mauren in Südportugal weiter zurückgeworfen, dann segelte ein Teil der Flotte zur Belagerung von Akkon weiter, wo wir den Bremern und Lübeckern schon bei ihrer Spitalstiftung, der Wurzel des Deutschen Ordens, begegnet sind, der andere kehrte mit reicher Kriegs- oder Handelsbeute an den Rhein zurück, wie die Kölner Königschronik berichtet. Von da an blieb regelmäßige Seeverbindung nach Portugal bestehen; Köln hat 1212 eine Gilde der „Leschebohm"-Fahrer, und vor 1290 ist die Lissaboner Bartholomaeuskapelle der Deutschen entstanden.

Eine zweite, sächsisch-friesische Flotte war 1189 von Blexen an der Wesermündung aus in See gegangen; mit ihrer Hilfe eroberte Sancho von Portugal Silves, die maurische Hauptstadt von Algarve; die Spur dieser Kreuzfahrer auf ihren großen Koggen läßt sich freilich nur über Cadiz bis nach Marseille verfolgen. Schon 1197 sammelte jedoch Hartwig II. von Bremen zusammen mit dem welfischen Pfalzgrafen Heinrich und dem Brabanter Herzog eine neue Nachschubflotte; Silves wurde abermals und nun endgültig erobert, im September waren 44 der Schiffe in Akkon eingetroffen; ihre Mannschaft nahm an der Eroberung von Beirut teil, dann jedoch segelte die Mehrzahl heim, weil der Tod Kaiser Heinrichs VI. nieder- und oberdeutsche Fürsten in die Heimat rief.

Die nächste, diesmal weit über 100 Schiffe zählende Kreuzfahrerflotte der Nordseeküste sammelte sich 1217 bei Vlaardingen in der Maasmündung; Sachsen, Friesen und Westfalen segelten unter dem Kommando Graf Wilhelms von Holland, Großvaters des späteren deutschen Königs, nach Portugal, wo die Sachsen und Westfalen, d.h. also die Koggen der später hansischen Städte, trotz päpstlichen Gegenbefehls abermals erfolgreich gegen die Mauren fochten, während die friesische Mehrzahl sofort nach Akkon weiterfuhr. 1219 trafen dort auch die Hansen ein und gemeinsam brach man, immer noch 120 Koggen stark, nach Damiette auf, an dessen Belagerung das niederdeutsche Aufgebot lebhaft beteiligt war. Gegen den Kettenturm im Nil, der dessen ganze Mündung beherrschte und in Damiettes Befestigungen das wichtigste Glied bildete, baute der Paderborner Domscholaster Oliver als geistiges Haupt der friesisch-niederdeutschen Kräfte auf zwei zusammengebundenen Koggen einen hohen Gefechtsturm samt Fallbrücke, von dem aus die oberen Stockwerke des Kettenturms erobert wurden, so daß die Besatzung am folgenden Tage kapitulierte. Der Fall von Damiette war damit vorbereitet. An der bald nachfolgenden Katastrophe des Kreuzheeres bei Mansura waren niederdeutsche Kreuzfahrer nicht mehr nennenswert beteiligt. Noch zweimal, 1227 und 1269, sind später niederdeutsche Kreuzfahrerflotten in das Mittelmeer aufgebrochen, die erste zum Unternehmen Friedrichs II., die letzte und unglücklichste zur Beteiligung am Tuniszuge Ludwigs des Heiligen von Frankreich; nur noch dezimierte Trümmer davon sind nach Akkon weiter gelangt, gerade als der Mamelukken-Sultan Baibars den Krak des Chevaliers und weitere große Ordensburgen erobert hatte. Ein elfjähriger Waffenstillstand mit ihm war ihr ganzer, immerhin wertvoller Erfolg.

Sowohl der geistlichen wie der materiellen und der seemännischen Bedeutung nach ist diese oft übergangene niederdeutsche Beteiligung an den Kreuzzügen für uns von Belang, zumal wir sie dem gleichzeitigen, umfassenden Unternehmen im Ostseeraum an die Seite stellen. Über das Weltbild der niederdeutschen Reichsteile und ihre Haltung zum oberdeutschen Königtum der Staufer läßt sich daraus positiv wie negativ mancher Schluß ziehen; die Vereinbarung zwischen Konrad III. und den sächsischen Fürsten, auch den Kreuzzug zu Lande geteilt zu führen, mit der südlichen Reichshälfte gegen die Muselmanen, mit der nördlichen aber gegen die Slawen zu ziehen, gewinnt erst bei Berücksichtigung des gleichzeitigen portugiesischen Flottenunternehmens unter rheinfränkisch-kölnischer Führung ihr volles Gewicht. Die Sachsen, Fürsten wie Städte, wollten in der Kreuzzugszeit neben den oberdeutschen Kräften nicht fehlen; doch es war ein selbständiger Beitrag mit besonderen Zielen, deren praktischer Nutzen gegen den baltischen Nordosten auf der Hand lag, aber auch über See gegen den orientalischen Süden unverkennbar ist. Schon VOGEL hat mit Recht darauf hingewiesen, daß bald nach dem Zeitalter der großen Kreuzzugsflotten erstmals die Koggen der süderseeischen Städte zur schwierigen Umlandfahrt um das Kap Skagen aufgebrochen sind. In den weiträumigen Fernfahrten hat sich die Seetüchtigkeit der großen hansischen Hochbordschiffe endgültig erprobt; die alten seefahrenden Anrainer der Nordsee, Engländer, Flamen und Norweger, sind mit diesem Ausgriff der acht Jahrzehnte 1147–1227 nach Südwesten wie nach Nordosten eben damals überholt worden. Für die erste Zeitmarke liefert der eingehende Bericht Helmolds von Bosau den Beweis, daß mitten im Aufbau von Lübeck und im Endkampf gegen die Obotriten die nordelbischen Sachsen den Seeweg nach Lissabon kannten oder kennen lernten; für die letzte brauchen wir nur auf Bornhöved und das Zusammenspiel mit Hermann von Salza samt seinen Deutschrittern und mit Albert von Riga hinzuweisen, um die binnen dreier Kreuzzugsgenerationen zurückgelegte Wegstrecke der Entfaltung abzustecken.

Damit haben wir die Entstehung des hansischen Fernverkehrsraumes nach allen Richtungen durchmessen. Von Lothars Privileg für die Gotländer bis zu den Emanationen der Außenkontore in Nowgorod und London, in Brügge und schließlich Bergen, von der Entstehung Lübecks bis zu den Städtegruppen rings um die Ostsee und zur Planung von Neu-Damme, vom Abwehrkampf gegen die Westslawen und Dänen an Elbe und Saale bis zum weiten Ausgriff der Ostbewegung und zur Ausschaltung der dänischen Ostseemacht, vom Luxus- und Auswahlhandel, der kaum die organisierte Sklavenjagd hinter sich gelassen hatte, zur planvoll aufgezogenen Massengutbeförderung über See und zu Lande, sowie zur Vermittlung westlicher Lebensweise an den Osten und Norden, von den Missionaren Vizelin und Otto von Bamberg bis zur Aufrichtung der Ordensstaaten und zur Flottenfahrt ins Heilige Land – eine erstaunliche Expansion unter dem Schirm, aber auch im Schatten der staufischen Kaisermacht, ein Aufbruch schaffender Kräfte in Stadt und Land sowie nach allen Seiten darüber hinaus, besonders aber in das nun endgültig zum Abendlande gezogene Ostseebecken hinein. Ohne das Reich nicht denkbar, aber doch mit Distanz zum Reich, in eigenständiger, königsferner Zielsetzung und Entfaltung.

Zu Wort und Begriff „Hanse“

Noch ist das Wort „Hanse“ für den Gesamtverband dieses niederdeutschen Fernhändlertums und seiner steinern emporgewachsenen Städte nicht ein einziges Mal verwendet während des hier umrissenen Geschehens, doch es hat sich hoffentlich gezeigt, wie alle Fundamente dessen, was wir „Hanse“ zu nennen pflegen, in jenem Jahrhundert gelegt worden sind.

Am 8. November 1266 beurkundete König Heinrich III. von England, er habe auf Ansuchen des Welfenherzogs Albrecht I. von Braunschweig dessen Kaufleuten von Hamburg die besondere Gnade erwiesen, daß sie in seinem Reiche ihre eigene Hanse haben sollten, „quod ipsi habeant hansam suam“, und zwar gegen Leistung der schuldigen und herkömmlichen Abgaben. Zwei Monate später, am 5. Januar 1267, erweist der König, unter Bestätigung einer ebenfalls auf Gesuch Herzog Albrechts eine Woche zuvor ausgefertigten Verbriefung, den Lübeckern gleiche Gnade: gegen eine Abgabe von 5 Schilling sollen sie wie die Kölner Bürger und Kaufleute ihre Hanse haben, „eodem modo, quo burgenses et mercatores Colonie hansam suam habent“, und zwar so lange, wie Albrecht über Lübeck Herrschaft übe.

Es ist eine seltsame Ironie der Geschichte, daß diese erste Erwähnung des Wortes Hanse im Zusammenhang mit nordelbischen Städten auf den letzten, anachronistischen Versuch eines Welfen zurückführt, die niedergebrochene Macht des einstigen sächsischen Herzogshauses wieder aufzurichten. Den Versuch selbst, mit dem die autonomen Städte vorübergehend aus rein diplomatischen Gründen zusammenspielen, der ihnen also nur für ihre eigenen Interessen dient, brauchen wir hier nicht näher zu behandeln – er hat mit vielen Anachronismen gemein, daß er an Maßlosigkeit seine älteren Vorbilder in den Schatten stellt – spielte doch Albrecht ernstlich mit dem Gedanken, ganz Dänemark in seine Hand zu bringen.

Das mittelniederdeutsche Wort „hanse“ geht auf ein zu erschließendes germanisches *hanso (schar) zurück; auch in der gotischen Ulfilasbibel hat „hansa“ die Bedeutung Schar, Menge, so bei der Festnahme Jesu in Gethsemane. Althochdeutsche Belege des 9. Jahrhunderts (ab 830) verwenden das Wort für „Kriegerschar“ und auch im Angelsächsischen taucht es auf. Von dieser frühen Verwendung des Wortes müssen lautgeschichtlich gewiß auch Entlehnungen im Karelischen, im Finnischen und Estnischen abgeleitet werden.

Zur hochmittelalterlichen Verwendung des Wortes führt jedoch keine Belegbrücke, obgleich es zu Ausgang des 11. Jahrhunderts im flämisch-niederländischen Raume wieder auftaucht. Von Walter Steins Aufsatz „hansa“ in den Hanseblättern

1909 zu Hans van Wervekes „Das Wesen der flandrischen Hanse" in den Hanseblättern 1958 ist über die Deutung dieses Befundes viel gestritten worden. Johansen hat die Lehnworte des baltischen Raumes als früheste Zeugnisse angesehen, die mit dem Auftreten westlicher Fahrmännergilden in jenen Ländern am Nordostrande des Ostseebeckens zusammengehörten. Möglich bleibt das, aber es scheint doch bedenklich, daß wir gerade auf Gotland, im Zentrum fernhändlerischer Aktivität des Gemeinen Kaufmanns keine Belege für „hanse" besitzen, während frühe Gildestatuten des Westens, wie die um 1050–1070 anzusetzende „Karität" von Valenciennes, sowie die bis 1127 zurückzuverfolgenden, wahrscheinlich aber noch älteren Vorkommen im Raume zwischen St. Omer und Gent schon vor die erste Privilegierung des Ostseeverbandes zurückreichen. Klaus Friedland folgert 1991 zutreffend, daß der Fernhandelsverband seinen Namen erst „lange nach (seinem) Entstehen" übernommen habe. Auch 1266 wurde der Ausdruck „hanse" ja vom englischen König rückbezogen auf bereits bestehende Verbände in London.

Gleichzeitig mit dem flandrischen Auftreten ist auch der Doppelsinn, den damals das Wort gewonnen hat: einerseits bezeichnet es die mit besonderen Vorrechten außerhalb Flanderns versehene Fernhändlergruppe einer Stadt, wenig später auch mehrerer Städte, andererseits ist es eine Abgabe gerade solcher Kaufleute, die dem genossenschaftlich geschlossenen Kreis der Fernhändler selbst nicht angehören. Durch ihre „hansa"-Abgabe erlangen sie für sich jene der Gilde gewährten Handelsrechte im Auslande. Besonders merkwürdig ist die Lage in St. Omer, wo sich Gilde und Hanse nebeneinander finden, auch Doppelmitgliedschaften in beiden nachzuweisen sind. 1127 verbietet Graf Wilhelm von Flandern den Gentern, Gildeglieder aus St. Omer mit der „hanse"-Abgabe zu belegen, wenn sie sich „ad terram imperatoris" begeben wollen. Gent wollte also, wie spätere Zeugnisse bestätigen, seiner eigenen Hanse ein Vorrecht im Rheinhandel sichern und erhob dazu von Kaufleuten anderer flämischer Städte eine Hansegebühr.

Dagegen war die Englandfahrt Sache von zahlreichen Städten Flanderns, wenn auch St. Omer, Ypern und Brügge eine gewisse Vorrangstellung einnahmen. So bildeten sich in London Einzelhansen der Flamen, in Anpassung an das englische Fremden- und Handelsrecht. Die englischen Kaufleute waren ja schließlich in Gilden gegliedert, ihre wie die Genossenverbände der fremden Gäste waren Teile einer Gesamtgilde, und wenn wir seit 1157 die Kölner mit ihrer eigenen Handelsstätte in London belegt sahen, so hatten auch die sich auf die Satzungen dieser „Gilda mercatoria" verpflichten müssen.

Die Teilung Flanderns um die Wende zum 13. Jahrhundert und der politische Wandel in England wirkte sich auch auf die flämisch-niederrheinischen Einzelhansen von Gästen der Themsestadt aus: St. Omer behielt eine Sonderhanse, während sich die gräflich gebliebenen Städte zwischen 1212 und 1242 zu einem von Ypern und Brügge angeführten landschaftlichen Hanseverbande zusammenschlossen.

Ähnlich nun drangen um diese Zeit, wie sich aus dem Privileg für Lübeck von 1226 rückschließen läßt, in der Kölner Hanse zu London neben deren westfälischen die nordelbischen Gäste immer weiter vor. Die von uns als Ausgangspunkt gewählten beiden Privilegien für Hamburg und Lübeck von 1266/67 kennzeichnen eine entscheidende Einbruchstelle; der 40 Jahre ältere kaiserliche Rechtstitel, das erhalten wir hier nochmals bestätigt, war dagegen auf die konkrete Lage in London selbst ohne erkennbaren Einfluß geblieben.

Bei Gent war es der eigene, flämische Landesherr gewesen, der die Interessen seiner anderen Städte am Rheinhandel zu schützen suchte; gegenüber Köln entschied nicht der Kaiser, sondern erst Jahrzehnte später der englische König über die Mitbeteiligung nordelbischer Fernhändler an den Vergünstigungen des Gästerechts. Wir haben bereits erwähnt, wie dann unter Vermittlung der nach beiden Seiten – zum Niederrhein wie zu den nordelbischen Städten hin – handelspolitisch interessierten Westfalen, später zwischen den deutschen Kaufleuten in London ein ähnlicher Ausgleich zustande kam, wie zuvor zwischen den flämischen. Aber wie hier der Gegensatz von Ypern und Brügge fortbestanden hat, so dort auch der von Köln und Lübeck; das zeigt sich in der späteren Geschichte des Londoner Stalhofes immer wieder.

Zur Annäherung kam es aus den gemeinsamen Interessen, die Osterlinge wie Westerlinge gegenüber dem Gastlande und der Gastgemeinde wahrzunehmen hatten. Indem sich die Fälle geschlossenen Auftretens mehrten, ging auf der Gegenseite, in der Auffassung des englischen Königs und der Londoner Bürger, das alte Kölner Anwesen allmählich in den Status einer „Gildehalle der Deutschen“, „der nach England kommenden Kaufleute Alemanniens“ über, zuerst in einem Freibrief Heinrichs III. von 1260, der zusammmenfassend Kölns früher erworbene Rechte bestätigte.

Zwei Jahrzehnte später ist das bereits die „gewöhnliche Bezeichnung“ geworden, wie sich ein englisches Privileg für die „mercatores imperii“ ausdrückt, und im folgenden Jahre 1282 vergleicht sich die Londoner Stadtobrigkeit mit den „mercatores de hansa Alemaniae in eadem civitate tunc morantes“ über Bau und Bewachung des Bischofstores. Unter den vom „aldermannus hanse“ angeführten deutschen Zeugen der Urkunde stehen jetzt nebeneinander Bürger von Köln, Dortmund, Hamburg und Münster in dieser Reihenfolge. Den Aldermann gibt es bereits längere Zeit, er wird von den Kaufleuten gewählt und danach vor Major und Aldermann der Londoner gebracht; ihnen schwört er, seine Amtspflichten nach der „consuetudo civitatis“ zu versehen.

Immer noch ist aber diese „deutsche Hanse“ nur der nunmehr geschlossene Verband gerade in London befindlicher bzw. nach London handelnder Kaufleute aus den niederdeutschen Städten, keineswegs ein Zusammenschluß dieser Städte selbst. Als Eduard I. 1299 die „mercatores regni Alemannie“ erneut in ihren Rechten bestätigt, bleibt daher zwischen ihnen und den Londonern eine in verschiedenen Rechtsanschauungen begründete Schwierigkeit bestehen. Für die Deutschen ist ihre „hanse“ kein auf fester Einzelmitgliedschaft beruhender Verband, wie für die Engländer, sondern eine freie Einung, zu der man sich nach Sprache, Sitte und Handelsbrauch hält. Von einem Attendorner heißt es 1299 bezeichnend „qui se dicit de hauncha Alemanie". Daraus entstand Rechtsunsicherheit, weil die Engländer nicht selten Ansprüche deutscher Kaufleute ablehnten, deren Einzelmitgliedschaft ihnen zweifelhaft schien, wenn sie nicht zur Gildehalle gehörten.

Privilegien Eduards II. von 1314 und 1317 änderten nichts daran: Köln suchte sich daher weiter auf seine Einzelhanse zu stützen, es wies seine Kaufleute an, persönliche Mitglieder der Gildehalle zu werden. Lübeck beharrte auf seiner deutschrechtlichen Auffassung und setzte sich faktisch in den folgenden Jahrzehnten durch, da das Zeugnis des hansischen Aldermannes, eines Gildegenossen oder auch des Kaufmanns selbst über seine Hansezugehörigkeit von englischer Seite gemeinhin akzeptiert wurde.

Vergleichen wir die Entwicklung in Brügge, so finden sich auch dort zunächst eine Reihe von Einzelhansen deutscher Städte. Noch zu 1280, als man den Warenstapel vorübergehend von Brügge nach Aardenburg verlegte, besitzen wir zwar ein Schreiben Johanns von Douai, in dem er seine Heimatstadt Lübeck ersucht, Vertreter „de communi consensu civitatum" beizuordnen für den Vertragsschluß mit Graf Guido von Flandern, und wissen auch aus späteren Ersatzansprüchen der Städte Köln, Dortmund und Soest, daß sie an der Gesandtschaft beteiligt waren, aber andererseits liegen elf Schreiben einzelner Städte von Wisby und Thorn über Magdeburg, Halle und Halberstadt bis nach Westfalen vor, in denen teils Lübeck zum Handeln ermächtigt, teils die mit Graf Guido vereinbarte Kontorverlegung nach Aardenburg bestätigt wird. Wisby bekräftigt dabei bezeichnenderweise mit beiden Stadtsiegeln, dem der Deutschen und dem der Goten. Und sowohl bei innersächsischen wie bei westfälischen Konsenserklärungen begegnen wir dem Vorbehalt, man wolle tun, was die Städte der jeweiligen Landschaft zu tun beschlössen; so schrieb zum Beispiel Goslar, sinngemäß gleich auch Münster.

Dem entspricht es, wenn auch in dem von Guido 1280 ausgefertigten Privileg, das den spanischen und deutschen Kaufleuten die Verlagerung nach Aardenburg gestattet, nur „li communs des marchans" und ihre verhandlungsführenden „procureurs" als Partner genannt sind, nicht aber eine „Hanse" als Gesamtverband. Erinnern wir uns, daß Guido in eben diesen Jahren 1278–80 das flandrische Erbe seiner Mutter Margarethe antrat, so erkennen wir, warum die Städte sofort auf dem Plan erschienen waren; im Zusammenspiel mit dem Grafen wandten sie hier zum ersten Male die gefährliche Waffe der Kontorverlegung an, um den von Brügge bekämpften Direkthandel von Gast zu Gast durchzusetzen. Zwei Jahre genügten übrigens, um Brügge zum Einlenken zu bringen: nach Bestätigung der älteren Privilegien und Erlaubnis des freien Gasthandels kehrten Spanier und Niederdeutsche nach Brügge zurück. Im Auftrage des Grafen und der Schöffen von Brügge richtet eine Kommission von je zwei der „mercatorum Romani imperii", „Hyspanorum" und „Flandrensium" die neue Waage-Ordnung auf, dabei ist Johann von Douai als erster genannt.

Auch nach diesem für den weiteren Aufstieg der Hanse ganz entscheidenden Erfolg kann man aber in Brügge noch keinen als „Hanse" benannten Gesamtverband deutscher Kaufleute erkennen: anders als in London gab es hier auch keinen dem kölnischen Stalhof vergleichbaren, gemeinsam besuchten Handelshof. Zwar diente das 1265 unter Förderung von deutschen Fernhändlern begründete Karmeliterkloster als Versammlungsort, aber zur „vita communis", wie im Stalhof, an der Bergener „Deutschen Brücke" oder gar im fernen Petershofe von Nowgorod, ist es in der flandrischen Weltstadt nie gekommen. Man stieg hier bei den „Hosteliers" ab, die zugleich Makler waren und Lagerraum stellten; erst viel später wurde zu lediglich klubartiger Geselligkeit und Repräsentation ein eigenes Anwesen erworben. Das „Haus der Osterlinge" war ein Spätbau, der nie als Herberge diente. Der deutsche Fernhändler im flämischen Brügge war, anders als in London, Bergen, Falsterbo oder Nowgorod, nur dem Dialekt nach von einer noch zum gleichen sprachlichen Großraum zählenden Bürgerschaft geschieden, also viel stärker in das Leben der Stadt einbezogen.

Es bedurfte noch einer zweiten, sehr viel ernsteren Kraftprobe, um die Stellung der Deutschen in Brügge endgültig zu fixieren; seit 1305 erwog man abermals die Stapelverlegung nach Aardenburg, weil sich die alten Reibungen erneuert hatten. Obgleich jetzt von den mediterranen Handelsgästen in Flandern keine Beteiligung zu erreichen war, und obgleich sich die wendische Städtegruppe in diesen Jahren gegenüber dem Dänenkönig Erich Menved in einer gefährlichen Krisis befand, verließ der Gemeine Kaufmann 1307 erneut die flämische Metropole, um erst 1309 zurückzukehren. Wieder hatte er den Grafen auf seiner Seite, der sich eben erst mühsam der französischen Bedrohung erwehrt hatte. Dabei war das flämische Bürgertum gegen den kapetingisch gesinnten Adel und die patrizische Oberschicht mit dem Grafen zusammengegangen. Guido hatte sich 1292 gegen den damals bis Valenciennes und Cambrai vorgedrungenen Philipp den Schönen von Frankreich mit England verbündet. Über den in jenen Jahren von Dordrecht nach Mecheln verlegten englischen Silberstapel wurden hohe Subsidiengelder an die niederfränkischen Gegner des Kapetingers ausgeteilt. Der Strom englischen Wollexports, von dessen Zöllen Eduard I. seine Politik hauptsächlich finanzierte, ging nun also unmittelbar in das Brabanter Hinterland des großen Webereigebiets beiderseits der Schelde.

Guidos Tochter Philippa war 1293 mit dem englischen Thronfolger verlobt worden. Philipp zog daraufhin Streitigkeiten des Grafen mit den kronflandrischen Städten vor sein Hofgericht und nahm Guido gefangen, als er deshalb in Paris weilte. Der Graf konnte sich nur dadurch befreien, daß er an seiner Statt Philippa als Geisel stellte; sie ist 1306 in Paris gestorben, und statt der flämischen Braut hat Eduard II. nunmehr eine kapetingische Frau bekommen, die Tochter Isabella Philipps des Schönen. Sie war eine Schwester der drei letzten Kapetingerkönige und wurde so nach dem Übergang der französischen Krone auf das Haus Valois 1328 zum Exponenten der Rechtslage, auf die sich ihr Sohn Eduard III. am Anfang des Hundertjährigen Krieges bei seinen französischen Thronfolgeansprüchen gestützt hat.

Kam also die von Guido geplante flämisch-englische Heirat nicht zustande, so doch 1297 ein noch engerer Bund zwischen dem Grafen und Eduard I. Er zog die

Besetzung Flanderns durch den Kapetinger nach sich. Guido geriet ein zweites Mal in Gefangenschaft. Im flämischen Adel und Großbürgertum setzten sich zeitweilig die „Liliarden“ durch, wie man die Franzosenfreunde wegen des kapetingischen Wappenzeichens nannte. Das löste einen blutig-erfolgreichen Zunftaufstand aus, und als Philipp daraufhin 1302 ein starkes Ritterheer nach Flandern schickte, erlag es bei Kortrijk dem flämischen Fußvolk mit seinen langen Spießen unter schwersten Verlusten. Zur Maastrichter Kirche, deren Walburga-Patrozinium den Tag der Schlacht heiligte, trug man als Weihopfer 7000 erbeutete Rittersporen; darum gilt in der flämischen Geschichte dieser entscheidende Abwehrsieg als die „Güldensporenschlacht“. Philipp konnte zwar noch die Lage notdürftig herstellen, behielt aber im Frieden mit Guidos 1305 nachgefolgtem Sohne Robert III. 1312 nur Lille und Douai, wofür er Kronflanderns faktisch unabhängige Stellung zu bestätigen hatte. Robert, von hansischem Gelde gestützt, hatte den Kontorauszug aus Brügge als Druckmittel gegen seine Städte benutzt, gab ein neues Hanseprivileg und vermittelte dann die Kontorheimkehr.

Das unter solchen Umständen 1309 von Brügge erteilte Privileg zeigt unverkennbar die Folgen der Schwächung Lübecks durch seinen Streit mit den wendischen Nachbarstädten wegen der Unterstützung des Dänenkönigs; hatte es in den Vorverhandlungen noch mit Dortmund zusammen die Wortführer gestellt, so richteten sich die Brügger jetzt an Braunschweig, Goslar und Magdeburg. Dennoch sind die Abmachungen von 1309 über Stapel und Wechsel, Waage und Fracht, Maklerei und Herberge für fast zwei Jahrzehnte zum Ausgangspunkt der hansischen Stellung in Flandern geworden.

Wenn es noch bis Mitte des 14. Jahrhunderts gedauert hat, ehe sich auch in Brügge das Kontor als „Gesamthanse“ mit eigenen Statuten etablieren konnte, so sind dafür zweifellos die hemmenden Auswirkungen der dänischen Krisis mit in Rechnung zu setzen, denen die Einung der nordelbischen Seestädte beinahe ganz zum Opfer gefallen wäre. Als endlich in Flandern erste Belege für die allgemeine Kaufmannshanse beizubringen sind, folgen ihnen fast gleichzeitig schon die des Städteverbandes. An sich war die Nennung von Kaufleuten und Städten in einem Atem bereits im letzten Viertel des 13. Jahrhunderts aufgekommen: 1277 wird „de communi consensu ... civitatum et mercatorum“ beschlossen; 1287 urkunden „civitates de societate seu consodalitate mercatorum“ und 1320 ist auch schon einmal von „civitatibus ... in hansa ... existentibus“ die Rede. Als endlich 1347 die Brügger Einzelhansen von Hamburg und Lübeck sich zusammenschlossen und sich zugleich „de ghemenen coplude uten Romischen rike van Almanien“ ein erstes Statut gaben, da folgten die nächsten Schritte Schlag auf Schlag. Ein Schreiben Eduards III. von England faßt 1351 die „mercatores de Hansa“ bereits als Einheit, von der die „infra regnum nostrum Anglie“ befindlichen nur einen, die „in Flandia commorantes“ einen anderen Teil bilden.

Der berühmte Brügger Rezeß von 1356 übernahm zunächst den Statutentext von 1347 mit seiner Dritteleinteilung in eine lübische, eine westfälisch-preußische und eine schwedisch-livländische Gruppe. Englische Kaper hatten 1351 ein Greifswalder Schiff in der Zwinmündung weggenommen, waren aber bei Huy ergriffen und auf den Druck des Hansekontors hin verurteilt worden. Als Eduard III. daraufhin Hansegüter beschlagnahmte und den Wollstapel aus Brügge abzog, beugten die Hansestädte unerwünschten auswärtigen Konflikten vor und griffen vermittelnd ein, indem sie Ratssendeboten nach Brügge beriefen. Unter Vorsitz des Lübecker Bürgermeisters Heinrich II. Pleskau († 1358) schlichteten sie den unter den sechs „alderluden der menen Dutschen" entstandenen Streit. Erstmals waren damit die amtierenden Obrigkeiten der Heimatstädte als Schiedsinstanz in einem Außenkontor tätig geworden und hatten eine aus der Schlichtung erwachsene Ergänzung der Statuten vereinbart. Das bedeutete die Unterstellung des bis dahin autonomen Kontors unter die gemeine Tagfahrt der Hanse. Als unmittelbar danach die dritte Sezession des Brügger Kontors erforderlich wurde, dieses Mal nach Dordrecht und auf die Dauer von drei Jahren, begannen die Gegenmaßnahmen der Städte im Januar 1358 mit Verhandlungen in Lübeck unter Beteiligung der sächsischen, der nordelbischen und der preußischen Gruppe. Der Rezeß über den gegen Flandern beschlossenen Handelsboykott redet vom „kopman eder schephere van der Dudeschen hense" und erstmals auch von den „steden van der Dudeschen hense". Rasch bürgerten sich diese und ähnliche Formulierungen jetzt für den Gesamtverband ein, etwa im Vertrag mit Waldemar Atterdag von 1362, der „stede unde lude, de in der Dudeschen hense sin" als seine Partner nennt. So war endlich, jahrhundertelang später als es den Verband der Sache nach gab, für ihn wie für die zu ihm sich haltenden Städte oder Kaufleute der prägende Name gängig geworden.

Wir sahen: ein Jahrhundert bewegter Hansegeschichte nach dem großen von Gotland und Lübeck gesteuerten Aufstieg bis 1250 ist in der Wortgeschichte von „hanse" zusammengerafft. Wo sie ihr Ziel erreicht, haben frühere Forschergenerationen, die der systematischen Begriffsexaktheit stärker vertrauten, den Beginn hansischer Geschichte suchen wollen. Wenn dieses Ziel nun hier erst inmitten einer Hansedarstellung erreicht wird, so ist das auf eine besondere Weise symptomatisch für den Wandel der Forschungsinhalte, der -anschauung und des -akzents. Eine Vielfalt aus hansischer Wirtschaft und hansischem Leben ist um 1250 bereits vorhanden, als das Wort Hanse im nordelbisch-baltischen Zentrum fernhändlerischer Initiative sich noch gar nicht belegen läßt. Wenn es endlich in doppelseitiger Verwendung für „stede unde lüde", für die räumlichen Pfeiler des Verbandes und für seine persönlichen Träger zugleich eingebürgert ist, so hat anstelle des stürmischen Aufstiegs bereits das Zeitalter bewahrender Macht begonnen, unverändert reich an großen Erfolgen und überlegener kaufmännischer wie politischer Leistung, wenn auch weniger von so grundsätzlichen Schritten geprägt wie dem Eindringen in Nowgorod, London, Brügge und Bergen – diesem Hineinschrauben auswärtiger Maueranker, an denen das gesamte Netz des hansisch-nordischen Großwirtschaftsraumes aufgehängt ist. Damit stehen weitere bahnbrechende Wandlungen frühhansischer Zeit in ursächlichem Zusammenhang:

1. die gruppenweise Bestädterung aller dem fernhändlerischen Unternehmen zugänglichen Küstenzonen eines ganzen Binnenmeeres,
2. das umwälzende Fortschreiten zu neuen Wirtschaftsmethoden in der Ausnutzung oder gar Neuschöpfung von Erzeugungsräumen, in der Schaffung neuer Mittel und Techniken des weiträumigen Massengüterverkehrs, in der modernen, auf Schriftlichkeit begründeten Vertriebsorganisation, sowie namentlich
3. die Emanzipation der städtischen Gemeinwesen in ihrer durch Einführung der Ratsverfassung bekrönten Autonomie von den fürstlich-aristokratischen Formen der Stadtherrschaft des hohen Mittelalters.

Hier müssen wir anknüpfen, um neben die an der Wortgeschichte des Verbandsnamens verfolgte Entwicklung zur personalen Gesamtheit von „kopman eder schephere van der Dudeschen hense" noch die andere zur Verbindung der Einzelstädte in Städtegruppen und endlich in einer überregionalen Gemeinschaft zu stellen. Wie wenig sie in den Vordergrund treten darf, will man den vielschichtigen Inhalt des Wortes „Hanse" für die Frühzeit begrifflich zu umschreiben suchen, das ist hoffentlich klar geworden; wie wenig man sie aber übergehen darf, ohne anstelle vermiedener Darstellungsfehler neue, nicht minder bedenkliche zu setzen, das muß nun abschließend betont werden.

Über „Hansische" Städtegruppen

Schon SARTORIUS fand es notwendig, die häufig vertretene Ansicht abzuweisen, als sei die Hanse aus einem 1241 zwischen Lübeck und Hamburg geschlossenen zweiseitigen Bündnis erwachsen. Es seien frühere und spätere der Art vorhanden, so sagte er, von anderen Gegengründen hier zu schweigen. Immerhin war uns der Bündnisgedanke als solcher bei Betrachtung der ersten Städtegruppe des Lombardenbundes überhaupt, als der nach Bildung beschworener Stadtgemeinden und autonomer Stadtführungen dritte und abschließende Aufstiegstakt des Städtewesens im altständischen Verfassungsgefüge erschienen. Indem sich ein bürgerliches Führungsorgan als bündnisfähiger Vertragspartner erweist, dokumentiert es am eindeutigsten die gegenüber dem Ortsherrn errungene Entschlußfreiheit, was durch die gleichzeitig auftauchenden Stadtsiegel unterstrichen wird, etwa beim ersten Zollvertrage von 1149 zwischen Köln und Trier. Bis in hochstaufische Zeit hinein bleiben solche zweiseitigen Abkommen aber höchst selten und haben auch nie lange Bestand. Es läßt sich besonders in der staufischen Politik Friedrichs I. und Heinrichs VI. beobachten, wie jede der alten rheinischen Bürgergemeinden im Privilegienstande von ihren Nachbarinnen unterschieden ist; nirgends ein Beleg für gleiche Behandlung, für ein dauernderes Zusammenrücken zweier Städte, sei es nun aktiv oder passiv. Wahrscheinlich ist das kein Zufall: der König hatte kein Interesse daran, von sich aus die interstädtische Einung zu fördern. Oft wird auch die natürliche Rivalität zwischen Nachbarstädten, wie etwa Dortmund und Soest, zweiseitige Abmachungen verhindert haben, und bei weiteren Entfernungen gab es für Sonderbünde keinen Anlaß, solange die Landfriedensordnung vom Königtum gewährleistet werden konnte.

Nach der Doppelwahl von 1198 änderten sich aber die Verhältnisse grundlegend, und alsbald sehen wir die rheinischen wie die niederdeutschen Städte Verbindung zueinander suchen, wie vor ihnen die Lombarden und die Flamen. Oft läßt sich nur indirekt aus den Abhängigkeiten und Beeinflussungen in der Verfassungsbewegung darauf schließen, wie besonders anläßlich des Aufgangs der Ratskollegien oder bei stadtrechtlichen Verflechtungen während der Jahrzehnte des Thronstreits. Die wechselvolle Stadtherrschaft in Lübeck und Hamburg, in Stade, Bremen und Goslar seit 1195 mit ihren zwischen Dänen und Askaniern, Schauenburgern, Welfen und Staufern schwankenden Verhältnissen korrespondiert zu auffällig mit den in diesen Städten gleichzeitig zu beobachtenden Rechtskodifikationen, Fälschungsaktionen und Vereinigungen von Teilstädten, als daß wir nicht mit gegenseitigen Fühlungnahmen rechnen müßten. Ähnlich ist aber die Lage auch beispielsweise in Westfalen unter den vier Bischofsstädten sowie Dortmund und Soest, ferner bei der mittelrheinischen Gruppe von teils bischöflichen, teils königlichen Städten.

Hier kommt es denn auch zur ersten echten Gruppenbildung des Städtewesens nördlich der Alpen. Mainz, Worms und Speyer hatten seit den Zeiten Heinrichs IV. in immer neuen Kämpfen mit ihren bischöflichen Ortsherren die bürgerliche Autonomie mit gleichgewichtiger ministerialischer Beteiligung ausgebildet. Um 1200 war hier eine selbständige Führung vorhanden; aus der Wendung gegen sie muß man es erklären, wenn die Bischöfe 1220 in ihrer „confoederatio" mit Friedrich II. viele den Städten ungünstige Bestimmungen durchsetzten. Diese wichtige Urkunde rief nun erst recht den Widerstand der Bürger wach. Worms übernahm dabei die Führung; es hatte aus dem Streit seines Bischofs mit den Staufern um den Lehnsbesitz von Wimpfen und anderen zur königlichen Reichslandspolitik gezogenen Kirchenlehen seit längerer Zeit Nutzen gezogen, eben noch ein von der Bürgerschaft um 1200 gefälschtes Barbarossa-Privileg durch Friedrich II. 1220 bestätigt erhalten, und es glaubte daraufhin, den Bau eines neuen Rathauses für seine 40 „consiliarii" auf bischöflichem Grund und Boden wagen zu dürfen.

Im Verein mit der Reichsministerialität, die eben damals energisch den Ausbau der neuen Reichslandstadt Oppenheim unter Einbürgerung zahlreicher Eigenleute des Mainzer Erzbischofs betrieb, brachten die Wormser einen 1226 beschworenen Bund zwischen der rheinischen Gruppe Speyer-Worms-Mainz-Bingen unter geistlicher Stadtherrschaft und den königlichen Städten Frankfurt-Gelnhausen-Friedberg in der Wetterau zustande. Diese Einung konnte Friedrich, der eben den Reichskrieg gegen die Lombarden beschlossen hatte, in seiner kritischen Lage gegenüber dem Papst umsoweniger dulden, als er den Rückhalt an den Reichsfürsten unbedingt benötigte. Obgleich er im selben Jahre die Lübecker Privilegien ausgefertigt und damit der nordelbischen Städtegruppe entscheidende Hilfe geleistet hatte, ließ er die mittelrheinische durch seinen Sohn Heinrich, einem Würzburger Fürstenspruche folgend, kurzerhand verbieten. Worms mußte sich unterwerfen und sein Rathaus niederreißen. Ähnlich erging es der 1229 von Heinrich VII. noch für „legitima et honesta" erklärten Einung Lüttichs mit seinen Nachbarstädten, die bereits zwei Jahre später verboten wurde. Auch die hinter Heinrichs Aufruf von 1230 zum Schutze des Reichsklosters Salem faßbare Einung oberschwäbischer Städte um Ravensburg, Lindau, Konstanz, Schaffhausen und Zürich zerfiel rasch. Ein Fürstenspruch verbot 1231 in Worms alle städtischen Einungen ohne Billigung des Königs und der Ortsherren.

Doch Bornhöved wäre ohne die Kontingente der Lübecker Bürger für die niederdeutsche Fürstenkoalition 1227 nicht zu gewinnen gewesen, und um diese Zeit war an dem engen Bande zwischen den lübischen Töchtern Wismar und Rostock sowie der Travestadt nicht mehr zu deuteln, auch wenn sich noch keine förmlichen Bündnisakte ereigneten. Es dauerte nur zwei Jahrzehnte, bis sich auch in Westfalen eine ursprünglich zweiseitige Einung von Münster und Osnabrück zum Ladberger Bunde von 1246 erweiterte, indem nun auch Minden, Herford und Coesfeld hinzutraten. Sieben Jahre später folgte ein im Text und in der Initiative Münsters an Ladbergen orientierter zweiter Bund zu Werne, dem jetzt 1253 mit Soest, Dortmund, Lippstadt und Münster selbst die für den hansischen Zusammenhang entscheidenden Fernhandelsplätze dieses Raumes angehörten. Wie am Mittelrhein lag auch hier, bei der Erneuerung 1268 offen ausgesprochen, die Spitze gegen geistliche Fürsten vor; daneben ergibt sich aus der Datierung ein allgemeiner Zusammenhang mit der Entwicklung des Thronstreits in Deutschland. In Oberdeutschland wurde das beim staufertreuen Städtebund von 1250 um Bern und Hagenau ganz deutlich; der Chronist Hermann von Altaich kommentiert es: „civitates ... quasi destitute regia defensione vinculo societatis ... coniunguntur", „des Königsschutzes beraubt, verbünden sich die Städte."

Erinnern wir uns an die zwischen den Eckdaten 1226 und 1253 vom Smolensker Vertrage 1229 über das Londoner Gotlandprivileg 1237 bis zu den flandrischen Verhandlungen mit Margarethe 1252/53 festzustellenden Zeugnisse des gemeinsamen Vorgehens führender Fernhändler aus Heimatorten von Riga und Wisby bis nach Dortmund und Soest, so ordnen sich zweiseitige Einungen der Art Hamburg-Lübeck oder Münster-Osnabrück mit regionalen Gruppenbildungen auf nordelbischer und westfälischer Grundlage in das Gesamtbild ein: trotz aller Unterstützung seitens des Kaisers in dessen Reichsgesetzen von 1220, 1231/32 und im Reichslandfrieden von 1235 war es den Fürsten nicht mehr möglich, das Städtewesen am Durchbruch zur freien Einung zu hindern, nachdem die Einzelautonomie schon vorher durchgesetzt worden war.

Ihren ersten Höhepunkt erreichte die Städteeinung bereits ein Jahr nach dem Werner Bunde, als die mittelrheinische Gruppe unter Vorantritt von Worms, Mainz und Oppenheim sowie bei bewußter Anknüpfung an Gottes- und Reichslandfrieden im Juli 1254 den großen rheinischen Städtebund ins Leben rief. Wieder erwuchs der Zusammenschluß aus einem Sonderbunde, gewann aber über die Einbeziehung von ganzen Regionalgruppen hinweg eine gemeindeutsche Entfaltung von Zürich und Regensburg bis nach Köln und vielleicht sogar Bremen. Wie stark sein Schwerpunkt an den Rhein gebunden blieb, zeigen die vier Hauptorte der Bundesviertel: Straßburg, Worms, Mainz und Köln. Nicht nur diese rasche und weite Ausbreitung sowie die Begründung unmittelbar nach dem Tod des letzten staufischen Königs Konrad, sondern mehr noch die Haltung gegenüber den Kreisen der Reichsdienstmannen und der Fürsten zeigt die besondere, auf Königtum und Reichseinheit gerichtete Friedenspolitik des Bundes.

Durch die bezeichnenden Kampfmittel des Handelsboykotts und des Kreditentzugs sowie durch moralischen Druck zwang er die führenden Reichsministerialen sowie zahlreiche Reichsfürsten zum Beitritt. Nur die sächsischen Großen vermissen wir ebenso in seinem Kreise, wie die sächsischen Städte um Goslar-Magdeburg; auch die Mitgliedschaft von Lübeck, Hamburg und Stade ist zwar vermutet worden, aber nicht zu beweisen. So wirkt der Bund wie eine Klammer nur über den oberdeutsch-staufischen und den rheinisch-fränkischen Reichsteilen, und es bezeichnet den Gipfel seiner Wirksamkeit, daß ihn König Wilhelm von Holland in aller Form anerkannte, eben jener Wilhelm, der in seiner Person wie durch seine welfische Ehe eine zweite Klammer, nun zwischen den rheinischen und den sächsischen Schwerpunkten des Reiches bedeutete. Es war nur folgerichtig, daß Wilhelms vorzeitiger Tod 1256 auch das Ende des rheinischen Bundes heraufbeschworen hat, weil kein anderer Königskandidat mehr die heterogenen Kräfte im Bunde zusammenzuführen vermochte. Für überregionale Städteeinungen wäre die Zeit, das erkennen wir daran, höchstens dann reif gewesen, wenn diese Einungen sich auf ein neu erstarkendes Königtum hätten stützen können.

Wenden wir uns nun dem nordelbischen Kreis noch etwas näher zu, so stehen an seiner Wiege eigentlich zwei verschiedene Verbindungen: einmal die zweiseitige zwischen Hamburg und Lübeck, zum anderen die mehrgliedrige von Lübeck zu seinen Tochterhäfen an der weiteren Ostseeküste. Das Band zwischen Elb- und Travestadt hatte vor Bornhöved im echten Wortsinne seine Kampfprobe bestanden; in den folgenden Jahrzehnten festigte es sich schrittweise weiter, wobei die Verträge um 1230, von 1241 und 1255 als Wegmarken zu nennen sind. Wichtigstes Thema war der Straßenschutz; daneben ging es um die Rechtsgleichheit der beiderseitigen Bürger und um Münzfragen, später auch um solche des Strand- und Seerechts.

Sieht man von Köln ab, dessen zweiseitige Abmachungen (mit Verdun und Dinant, mit Gent und Utrecht, Deventer und Soest) schon im späteren 12. Jahrhundert einsetzten, Abmachungen, die den ganzen Umkreis zum größten Handelsplatz des damaligen Deutschland in Beziehung brachten, so stellt die Achse Hamburg-Lübeck in der Tat eine der frühesten Sonderbindungen dar, vor allem aber war sie wohl die dauerhafteste von allen. Wie kaum irgendwo sonst, ergänzten sich die Interessen dieser beiden Nachbarstädte; immerhin haben sie das Gewicht auch hier auftretender

Differenzen weit überwogen, wie wir sie etwa bei den flämischen oder norwegischen Verhandlungen beobachten konnten, wie sie sich aber ferner gerade seit etwa 1250 aus der zunehmenden Gegnerschaft Lübecks gegen die holsteinischen Schauenburger und die brandenburgischen Askanier ergaben. Hamburg hatte ein gutes Verhältnis zu seinen schauenburgischen Ortsherren, was nicht daran hinderte, diesen in aller Höflichkeit Münze, Zoll und Mühle, endlich auch die Gerichtsrechte abzupfänden, bis sie 1292 faktisch endgültig hinauskomplimentiert waren.

Hamburg besaß aber weiter ein dringendes Interesse daran, sein mittelelbisches Hinterland um Stendal und Salzwedel, Brandenburg und Berlin zu halten; von dort kamen Brotgetreide und Biergerste, die wichtigsten Säulen des hamburgischen Exports in die Niederlande. Hamburg konnte daher Lübecks antiaskanischer Politik nicht folgen, so eng beide Städte in ihrer gemeinsamen Haltung zu Holland, Utrecht und Kleve seit 1243 verbunden waren.

Hier setzte Lübecks anderer Bündnisflügel zu den Küstenhäfen ein: Wismar, Rostock und Stralsund, als die ältesten wendischen Gründungen, waren mit ihrer Mutter oder Großmutter an der Trave darin einig, daß der Sieg über die Dänen nicht verlorengehen durfte, indem die hart errungene baltische Seeherrschaft nun den mächtig an die Küste drängenden Askaniern zur Beute fiel. Dieses gemeinsame Interesse schob ältere Spannungen in den Hintergrund, wie sie sich bald nach der von Rostock ausgehenden Gründung Stralsunds zwischen diesen beiden und Lübeck wegen des Heringsfangs vor Rügen ergeben hatten. 1256 konnte Wismar einen Ausgleich vermitteln, nachdem Lübeck noch 1249 soweit gegangen war, Kopenhagen und Stralsund mitten im Aufbau niederzubrennen, um seine Fischhandelsinteressen durchzusetzen.

Drei Jahre später traten Lübeck, Wismar und Rostock verbündet gegen See- und Straßenräuber zusammen und noch im gleichen Jahre 1259 schloß Wolgast sich ihnen an. Mitte der 60er Jahre folgten eingehende Bestimmungen über zwischenstädtisches Recht, Ächtung, Seeraub und Strandgut, aus denen sich bereits regelmäßig Tagfahrten der hier nicht einzeln genannten wendischen Städte ermitteln lassen. In den 70er Jahren hat sich die Gruppe schon fest zusammengeschlossen; neben den vier westlichen gehörten ihr nun auch Greifswald und Stettin an. Mehrfach erprobte sich die ausgleichende Vermittlung unbeteiligter Glieder des Kreises bei zweiseitigen Streitigkeiten. Zunehmend zogen alle Nutzen aus dem immer weiter gespannten Radius der lübischen Aktivität – denken wir an die Verträge mit Wisby, mit Nowgorod, mit dem englischen König und die Tätigkeit Johanns von Douai in Flandern, alles um 1280. Klarer als bei anderen Städtegruppierungen dieser Jahrhunderte tritt aber bei der wendischen das unbestrittene Führungsrecht der stärksten hervor: Lübeck war die älteste, die weitaus größte und einflußreichste, vor allem aber die einzige reichsunmittelbare Stadt des Kreises.

Um 1280 wird gewissermaßen erste Bilanz gezogen unter das große Unternehmen Hanse, und die nunmehr sich abzeichnende zweite Koalition der nordelbischen Mächte nach Bornhöved zeigt gerade im Vergleich damit, was „koplude unde stede", was insbesondere die Lübecker selbst binnen eines halben Jahrhunderts erreicht hatten. Wie damals die Dänen, so waren jetzt die brandenburgischen Askanier als stärkste Fürstenmacht im ostseebezogenen Raum der Hauptgegner. In der antidänischen Koalition hatten 1227 die beiden Städte Hamburg und Lübeck während der letzten Phase eine dann allerdings ausschlaggebende Rolle gespielt; in der antibrandenburgischen um 1280 war die Bürger-Phalanx mit der Spitze Lübeck, dem Rammbock seiner sieben großen Schwesternhäfen und dem Klientelverbande von mindestens 30 um diese Zeit in vollem Aufbau befindlichen Mittel- und Kleinstädten des mecklenburgisch-vorpommerschen Hinterlandes der Bundeskern, um den sich die von Brandenburg mehr oder weniger bedrohten Fürsten rückhaltsuchend gruppierten. Bei Bornhöved war die Ostseeherrschaft errungen worden für den Gemeinen Kaufmann, in dem nunmehr zu Rostock Juni 1283 geschlossenen Landfriedensbunde wurde sie für Lübeck behauptet. Seinem Rechtskreise wurden alle rund 40 Städte der im Bunde vereinten Territorien von Sachsen-Lauenburg bis Pommern nun ausdrücklich zugeordnet, mit voller Autonomie und eigenem Bündnisrecht. Der „capitaneus" des Bundes, Herzog Johann von Lauenburg, war zugleich lübischer Reichsvogt und finanziell völlig von der Stadt abhängig. Vasallen und Städten wurde gegenüber den fürstlichen Herren ihrer Territorien das Mitspracherecht, im Falle von Bundesbruch sogar das Widerstandsrecht verbrieft. Wenn schon die acht Vororte unter den Städten imstande waren, das gesamte Flottenaufgebot und 1/3 der Landstreitmacht des Bundes zu stellen, so läßt sich daraus auf eine klare, auch militärische Überlegenheit des bürgerlichen Bündnisflügels schließen. Das regelmäßig vierteljährlich zusammentretende Bundesorgan – Rektoren, Richter und Geschworene – erhielt Satzungsrecht, Weisungsrecht und Gerichtsrecht; es wurde gewählt, und zwar aus dem Kreis der Vasallen und der Städte, die also über ihre eigenen Fürsten eine kontrollierende Bundesspitze zu stellen vermochten. Erst in den von dieser Spitze nicht entschiedenen Fällen sollte der (seinerseits an Lübeck gebundene) Capitaneus, Herzog Johann, als Oberrichter angerufen werden. Den Fürsten wurde nicht einmal das für die Gesamtheit wie für jede einzelne der Städte durchgesetzte freie Bündnisrecht zugestanden.

So weitgehende Machtentfaltung des Bürgertums ruft den Vergleich mit dem rheinischen Bund wach, der erstmals für kurze Zeit mit entsprechenden Mitteln, nämlich wirtschaftlichen, finanziellen und moralischen Sanktionen die Fürsten in seinen Verband gezwungen hatte. Während aber dort die Sorge um Kirche und Reich, um die „pax generalis" und das Königtum zentrale Bedeutung hatte, wird in Rostock mit keinem Wort auf das heilige Reich angespielt, obgleich inzwischen ein allgemein anerkannter König beachtliche Erfolge zur Erneuerung der Reichsgewalt errungen hatte und obwohl gerade dieser Rudolf von Habsburg die Landfriedensbewegung unmittelbar vor dem Rostocker Bund mit neuen Impulsen belebte. Nördlich der Elbe war eben nicht der König, sondern diese Koalition eigentlicher Landfriedensherr, wie ähnlich im Osten des Stromes der askanische Markgraf. War der rheinische Bund an seinem Verbot der Doppelwahl gescheitert und über der erfolgten Doppelwahl zerbrochen, so gingen die Städte als Kern des Rostocker Bundes eine dauerhafte Bindung ein, die selbst über die zwei Jahrzehnte später nachfolgende kritische Probe durch Erik Menved hinweg getragen hat. Erst jetzt waren die „Wendischen" wirklich zur Kerngruppe des hansischen Verbandes aufgestiegen.

Damit bietet uns der große Landfrieden von 1283 zu Rostock die mit den außerdeutschen Ereignissen in Flandern, England, Skandinavien und dem baltisch-russischen Osten zeitlich zusammenfallende Zäsur, unseren ersten Hauptteil zu beschließen.

DAS HOCHHANSISCHE ZEITALTER

VOM ROSTOCKER LANDFRIEDEN BIS ZUM SIEG ÜBER WALDEMAR IV. (1283–1379)

Wir haben die für den gesamthansischen Städtekreis konstitutive Bedeutung der 80er Jahre des 13. Jahrhunderts unterstreichen müssen, in denen sich nicht nur im auswärtigen Handelsraume des Baltikums wie der Kanalküstenländer eine wirtschaftlich-politische Großlage herstellte, die von da an auf längere Zeit hansegünstige Konjunkturen im Gefolge hatte, sondern während derer sich auch im wendischen Kerngebiet der städtischen Großmachtbildung mit dem Rostocker Landfriedensbunde von 1283 die von da an kennzeichnende Regionalordnung herausgebildet hat. Er war auf seine Art ein Gegenstück zu dem großen rheinischen Bund von 1254. Unter den mitteleuropäischen Landfriedensräumen, die bei aller Unschärfe und allem Gestaltwandel doch so etwas wie eine Nachfolge der hochmittelalterlichen regionalen Gewaltbereiche angetreten haben, wobei das Wirken Rudolfs von Habsburg besonders nachhaltig zu erkennen und von MOHRMANN mit Recht neu betont worden ist, gewann damit dieser eine niedersächsisch-wendische als einziger keine fürstliche, sondern eine bürgerlich-bündische Vormacht. Die fürstlichen Vertragspartner der von Lübeck geführten Städtegruppe, zu der sich hinter den sechs wendischen Vororten über 30 kleinere Bürgergemeinden des nordelbisch-mecklenburgisch-vorpommerschen Hinterlandes gesammelt hatten, waren vor dem Druck der brandenburgischen Askanier zur Hinnahme höchst rigoroser Bedingungen gezwungen gewesen, von da an blieben die Städte auf Jahrhunderte das zur Friedewirkung zwischen Ostsee und Niederweser ausschlaggebende Element.

So lassen sich, bevor wir noch die kulturelle und die soziale Seite des innerstädtischen Lebens in die Betrachtung einbezogen haben, bevor die Wehrkraft, das Bauwesen und die Rechtsordnung des hansischen Spätmittelalters näher behandelt sind, an dieser Zeitmarke doch schon triftige Gründe anführen, hier den zweiten Hauptteil zu beginnen.

Bei Behandlung der Lübecker Topographie haben wir erwähnt, daß die heute noch vorhandene, umfangreiche Anlage des Heilig-Geist-Spitals am Koberg bei St. Jacobi auf eine Stiftung des Kaufmanns Bertram Mornewech zurückgeht. Dieser ausgesprochene „homo novus“ hatte ein Vermögen aus dem jahrzehntelang mit wachsender Meisterschaft betriebenen schriftlich organisierten Fernhandel gewonnen, den uns FRITZ RÖRIG so beispielhaft als die entscheidende Zäsur im kaufmännischen Betrieb des späteren 13. Jahrhunderts lebendig werden ließ. Das Bildungsmonopol des Klerus wurde damals vom kaufmännischen Bürgertum überwunden, und Schreiber geistlicher sowie bald auch nicht-geistlicher Herkunft traten in Lohndienste bei fernhändlerischen Unternehmen ein. Dabei ist an der Herleitung des hansischen Wortes „scrivecamere“ für das Kontor vom flämisch-nordfranzösischen Ausdruck „cambre“ die westliche Wurzel des Vorgangs zu erkennen. Siegelurkunden und Chirographe erhielten Handelswert als Wechsel, wichtige Abschlüsse wurden in den jetzt reich sich differenzierenden Stadtbüchern hansischer Städte vor den Ratsnotaren aufgezeichnet, was den Amtsbüchern öffentlichen Glauben verlieh und indirekt dem Ansehen der Ratsverfassung zugutekam, deren Glieder in der freiwilligen Gerichtsbarkeit heimischen Fernhändlern wie deren Gästen zur Verfügung standen. Wir kennen bei dem Hamburger Ratsnotar Jordan von Boizenburg sogar seine Hand, etwa bei Stadtbucheinträgen. Jede Doppelseite des Lübecker Niederstadtbuchs zeigt getilgte Schuldeinträge des 14. Jahrhunderts; die Hamburger Burspraken des 14. Jahrhunderts, Gemeindebeschlüsse zur öffentlichen Ordnung, geben zum Beispiel ein Verbot, auf Schiffen Ausschank zu halten, und ein Gebot, in England, Flandern und sonstwo „Morgensprake unde hanse“ durchzuführen. Ein Blick in das heute museal zugängliche Stadtarchiv des thüringischen Mühlhausen zeigt die spätgotische Verwahrform von Kassenbestand und Schriftgut. Im allgäuischen Isny findet sich noch der entsprechende Arbeitsraum für derartige Beurkundungen und Rechtsgeschäfte.

Mit Kaufmannsbriefen disponierte der Unternehmer über seine Faktoren oder Kommissäre in Gent oder Bergen, Reval oder Nürnberg für die dortigen Geschäfte; Handelsgesellschaften und Gewinnbeteiligungen verschiedenster Art waren die weitere Folge, das private Handlungsbuch des Unternehmers gewann damit zentrale Bedeutung für den Geschäftsbetrieb. Rörig hat ganz recht, wenn er demgegenüber die wesentlich spätere Entwicklung zur doppelten Buchführung und zum Börsengeschäft als „im Grunde genommen doch nur technische Weiterbildungen des damals grundsätzlich Erreichten“ empfindet.

Es liegt nahe, daß eine solche Umstellung manchem Fernhändler zum Verhängnis wurde, der wohl auf Gotland- und Nowgorodfahrt gegangen war und kein persönliches Risiko gescheut hatte, dem aber diese neue, „ferngesteuerte“ Art der Kaufmannschaft nicht lag, der bei ihr die Übersicht verlor und in Verlust geriet. So wundert andererseits ein kometenhafter Aufstieg mit der modernen Schriftlichkeit nicht, wie der des Bertram Mornewech. Trotz der großen von ihm gestifteten Summen waren bei seinem Tode 1286 im Geschäftsbetrieb so hohe Kapitalien flüssig, daß die Witwe den ganzen lübischen Rentenmarkt in Bewegung brachte, als sie in den Jahren bis 1293 nun erhebliche Teile davon in Rentenkäufen anlegte, nämlich 14.500 Mark Lübisch – schätzungsweise heute mehrere Millionen. Der Zinsfuß wurde dadurch vorübergehend von 10 auf 6 1/4% gesenkt. Fast noch aufschlußreicher ist es aber, daß unter ihren Rentenschuldnern gerade die ältesten ratsfähigen Familien der Stadt auftauchen, die wertvollen Grundbesitz in der Stadtmitte beleihen mußten, um sich in der veränderten Geschäftslage zu behaupten. Wo das mißlang, fielen die Grundstücke der Witwe zu, die das „Mornewech macht's möglich“ des verstorbenen Mannes noch rücksichtsloser fortsetzte. Es waren jene Jahre, in denen Johann von Douai vom Kanal bis nach Nowgorod hansische Diplomatie übte; beide Blickwinkel zusammen beleuchten diesen ersten Höhepunkt der Konjunktur, dem wir später im Großbau und in der Kunst erneut begegnen werden.

Die beiden Jahrzehnte nach dem Rostocker Landfrieden waren aber nicht nur gekennzeichnet durch die Ablösung von Wisbys großer Gilde seit 1288 als Nowgoroder Oberhof und durch die Nachfolge des lübischen Stadtsiegels anstelle des gotländischen Gildesiegels praktisch ab 1299. Hinzu kam ein Sieg über Norwegen mit Hilfe der Seeblockade von 1284 bis 1294, die schon 1277 gegen die Russen und 1280 noch erfolgreicher gegen die Flamen erprobt worden war. Sie bewirkte, „dat to Norweghen nen korn, nen beer eder brod oder ander ghud mochte komen“, so der lübische Ratschronist, „des wart dar so grot hungher, dat se mosten to der söne ghan.“ Die hansische Vorzugsstellung an der Bergener Brücke wurde wieder aufgerichtet, die zu Beginn der Fehde entstandenen Schäden mußte Norwegen ersetzen und nun auch im Inlande Zoll- sowie Abgabenfreiheit zugestehen. Nur die Häfen nördlich von Bergen, vor allem also Drontheim und Tromsö, blieben außerhalb des hansischen Frachtschiffahrts-Monopols. Die Hansen zogen damit auch die norwegische Englandfahrt ganz an sich; sie gewannen erheblichen Grundbesitz im Hinterlande von Bergen, Stavanger, Tönsberg und Oslo und verdrängten das einheimische Gewerbe, vor allem die Schuhmacherei, aus den Küstenstädten. Mit hansischem Kapital wurde die norwegische Fischereiflotte neu ausgerüstet und auf den Kabeljaufang spezialisiert. Der daraus in genau unterschiedenen Sorten auf den Trockenständen der Fjordufer gewonnene Stockfisch wurde in Bergen zu vom Kontor überwachten, marktmäßigen Preisen von den Getreideimporteuren als Gegenfracht geladen und über die vorzügliche Vertriebsorganisation der Gemeinschaft bis in die letzten Winkel des Kontinents gebracht. So gewiß die Hanse das hier erkämpfte Monopol mit Härte ausgenutzt hat, so unbestreitbar erschloß erst sie dem norwegischen Fischfang weite, ihm sonst unerreichbare Absatzgebiete.

Geschädigt war jedoch auch Bremen, das die alte Vorherrschaft auf diesem Bergener Markt nun an die Ijsselstädte und die Wendischen verlor. Da es an der Handelssperre nicht hatte teilnehmen wollen, genoß es auch die neuen Vorteile nicht mit. Eine tiefe und langdauernde Verstimmung zwischen der Hanse und der Weserstadt war die Folge. Das traf umso mehr, als der Gemeinschaft eben damals neue Erfolge auch aus der günstigen Zusammenarbeit mit Eduard I. von England zuwuchsen. Von ihm hatten Lübeck und Köln schon 1281 die endgültige Regelung der Stalhofordnung erreicht; nun fertigte er 1303 den Hansen seine wichtige „carta mercatoria“ aus. Dafür unterstützte Lübeck, wie seine Stadtchronik in ihrer gerade damals scharf antifranzösischen Tendenz zeigt, die englisch-flämische Politik am Kanal. Graf Guido von Flandern gewährte, nachdem seine Städte durch eine erste, vorübergehende Verlegung des Hansekontors in Verbindung mit einer Handelssperre zum Einlenken gebracht waren, ein Privileg, das über die von seiner Mutter Margarethe 1268 den Hamburgern verstatteten Freiheiten jetzt für die Gesamthanse weit hinausging. Lübeck hatte, in engem Zusammenhang mit den spanischen Fernhändlern, den Freihandel von Gast zu Gast durchgesetzt, ohne dafür noch die flämische Kauffahrt in den Ostseeraum hinein freigeben zu müssen.

So war um 1300 nach allen Seiten der hansische Großwirtschaftsraum abgesichert. Zugleich vermittelten die Westfalen das Übereinkommen zwischen Köln und den Niederrheinischen einer-, Lübeck und den Wendischen andererseits, gestanden die Ijsselmeerstädte wie die pommerschen, preußischen und baltischen Gründungsanlagen des niederdeutschen Bürgertums Lübeck uneingeschränkte Führungsrechte zu. Rings um die Ostsee traten die vielen Glieder des neuen Städtekranzes im Zeichen der hohen Konjunktur aus der Investitionsphase des Aufbaus erstmals in starke Gewinnraten ein. Das enorme finanzielle Potential ging nicht überall in den Mißbrauch der Mornewechs hinein, sondern gab den größeren Städten jetzt durchweg die Möglichkeit, sich aus der Abhängigkeit von ihren fürstlichen Ortsherren durch Anpfändung oder Kauf von deren Rechten mehr oder weniger vollständig zu lösen.

Dazu trug wesentlich bei, daß im Hinterlande der deutschen Ostseeküste eine ausgesprochene Schwächeperiode der Fürstengewalt seit dem für diese so ungünstigen Rostocker Landfrieden eintrat. Das ohnehin schwache Herzogtum Sachsen-Lauenburg wurde 1286 in drei lächerlich kleine Herrschaften geteilt; die Schauenburger bildeten seit 1290 sogar fünf Linien in Segeberg und Kiel, Plön, Pinneberg und Itzehoe-Rendsburg. Bei den Mecklenburgern waren zwar durch den tüchtigen Werler Nikolaus II. 1292 die Linien Parchim und Güstrow vereinigt worden, doch dafür standen die Linien Mecklenburg und Rostock lange unter schwachen Regentschaften. Nicht viel besser sah es beim pommerschen Fürstenhause der Greifen aus. Als Beispiel diene ein Obotritenschicksal: Fürst Heinrich I. von Mecklenburg war 1271 als Pilger/Kreuzfahrer in Akkon gelandet, fiel aber schon Anfang 1272 in Gefangenschaft des Sultans Baibars. Falsche Nachrichten verursachten die Familie in Wismar, an seinen Tod zu glauben; die vermeintliche Witwe regierte für die unmündigen Söhne bis zu deren Großjährigkeit 1287; inzwischen, so der lübische Stadtchronist, saß „Herr Hinrik ... up eneme torne, de heet kere (Kairo)“ bis ihn der Sultan Ende 1297 freiließ. Über die griechische Herrschaft Morea, dessen verwitwete lateinische Fürstin Isabella ihn mit „großer werdicheyt unde myt innyger leve“ empfing, und Rom, wo ihn Papst Bonifaz VIII. anhörte, kam der nun etwa 65jährige nach fast 30 Jahren wieder in Wismar an und wurde auch in Lübeck empfangen. Er hat danach noch gut drei Jahre gelebt.

Allein die brandenburgischen Askanier stiegen in den gleichen Jahrzehnten immer kraftvoller empor; sie drohten mehrfach ihre Herrschaft auf unmittelbare Küstengebiete der Ostsee auszudehnen. Als einziges der nachstaufischen Fürstenhäuser übten sie mit vier Brüdern, von denen einer seit dem Jahre des Rostocker Landfriedens auch noch den Magdeburger Erzstuhl mit seinem beachtlichen Territorium innehatte, sowie deren drei Vettern der jüngeren Linie eine Art Samtherrschaft.

Führend war Otto IV. mit dem Pfeil, der 1278 im Heere Ottokars von Böhmen gegen Rudolf von Habsburg focht und als Minnesänger wie als Kreuzritter in Preußen einen Namen hatte. Sein Vetter Otto der Lange rettete für den böhmischen Neffen Wenzel I. zusammen mit dem bedeutenden Schauenburger Bischof Bruno von Olmütz gegen den Habsburger die Krone als Regent. Der mit dem Pfeil stand 1271 vor Danzig, stieß 1277 um Pommern herum bis nach Rügenwalde vor, kolonisierte mit Energie die Neumark, deren 1297 zugewonnener Nordzipfel bei Schivelbein schon fast die Küste erreicht hatte. Damals war durch eine Heirat mit Anna von Habsburg auch das Verhältnis zu deren Vater, König Albrecht I., wieder ausgeglichen. In der Prignitz und im Lande Stargard mit Neubrandenburg standen die Askanier bereit, den Mecklenburgern ein Ende zu machen, und ihre Schwestern hatten sie den Pommern Barnim von Stettin sowie Bogislaw von Wolgast verheiratet.

Für die hansischen Ostseestädte waren das Alarmzeichen genug: der stärkste Rivale um die Herrschaft an der Baltischen See war ihr natürlicher Feind, gegen den sie die schwächeren Kleinfürsten in Koalitionen wie dem Rostocker Landfrieden zu sammeln hatten. Seit 1286 kam aber nun mit dem damals nachfolgenden jungen Erik VI. Menved auch eine neue dänische Drangperiode herauf. Verschwägert mit den Schweden, dem Fürsten von Werle und den Askaniern, kaufte Erich von deren minderjährigem Gegner aus der Linie Rostock dessen Ortsherrschaft über die Warnowstadt. 1302 zwang er Rostock zur Huldigung, gewann dann auch die holsteinische Lehnsfolge und bewegte den Habsburger Albrecht, jene einstige Abtretung Nordelbiens durch Friedrich II. 1304 zu bestätigen, allerdings unter Ausnahme von Lübeck. Doch dessen Fehde mit den Holsten gab Erich 1307 sogar Gelegenheit, sich gegen eine zugesagte Jahresrente auf 10 Jahre zum Schutzherrn der Travestadt aufzuwerfen. Als Rostock, Wismar, Stralsund und Greifswald 1308 einen Abwehrbund gegen den Dänen schlossen, ließ Lübeck sie im Stich. Völlig isoliert, wurde es anschließend nicht einmal an den flämischen Verhandlungen über die Heimkehr des Kontors nach Brügge 1309 beteiligt, verlor die Appellation für den Handelshof Nowgorod zeitweilig wieder an Wisby und mußte auch in Norwegen um seine Verträge fürchten. Es trat nun zwar endlich 1310 dem Bunde der Nachbarstädte wieder bei, half aber weder Wismar noch Rostock, die nacheinander bis Ende 1312 unterlagen. Als der Däne das einzig noch unbezwungene Stralsund angriff, rettete aber ausgerechnet der Askanier die Stadt. Eriks Schicksal stand so an der Wende. 1317 bequemte er sich zum Frieden mit dem Askanier und anschließend mit Stralsund; Ende 1319 starb er gescheitert. Die wendischen Städte gewannen nun schlagartig ihre Bewegungsfreiheit zurück. Die harte Unterbrechung ihres Aufstiegs blieb schlimm genug, und es war die Frage, ob Lübeck seine frühere Führerstellung zurückgewinnen konnte. Die noch bei Dollinger vertretene Ansicht, am Ende dieser Kämpfe seien die Wendischen „materiell ... verarmt" und in der Autonomie eingeschränkt gewesen, gilt aber höchstens für eine kurze Episode. Mehrere Umstände wirkten zum raschen Neubeginn zusammen.

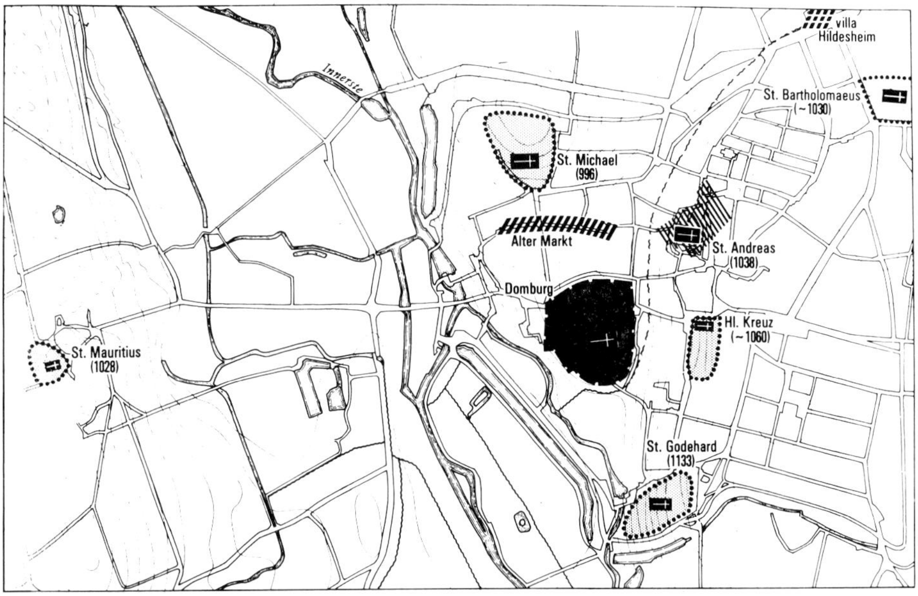

Abb. 1: Hildesheim, Entfaltung bis 1125, Baublockplan.

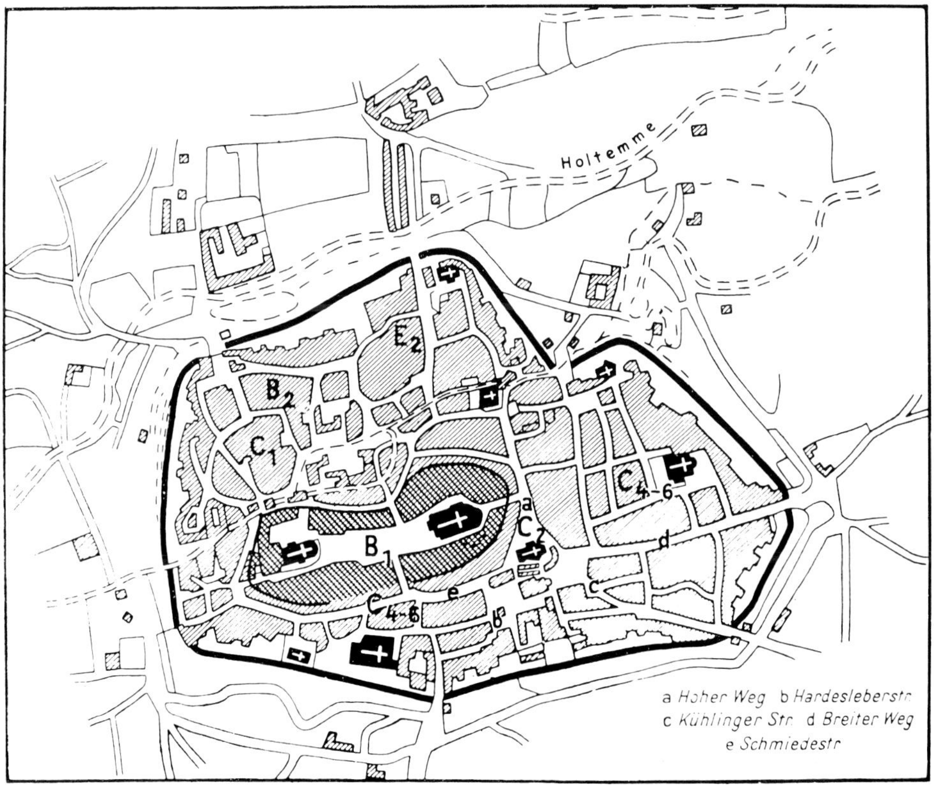

Abb. 2: Halberstadt, Lageplan der Oberstadt.

Abb. 3: Schleswig und Umgebung, 1870-76.

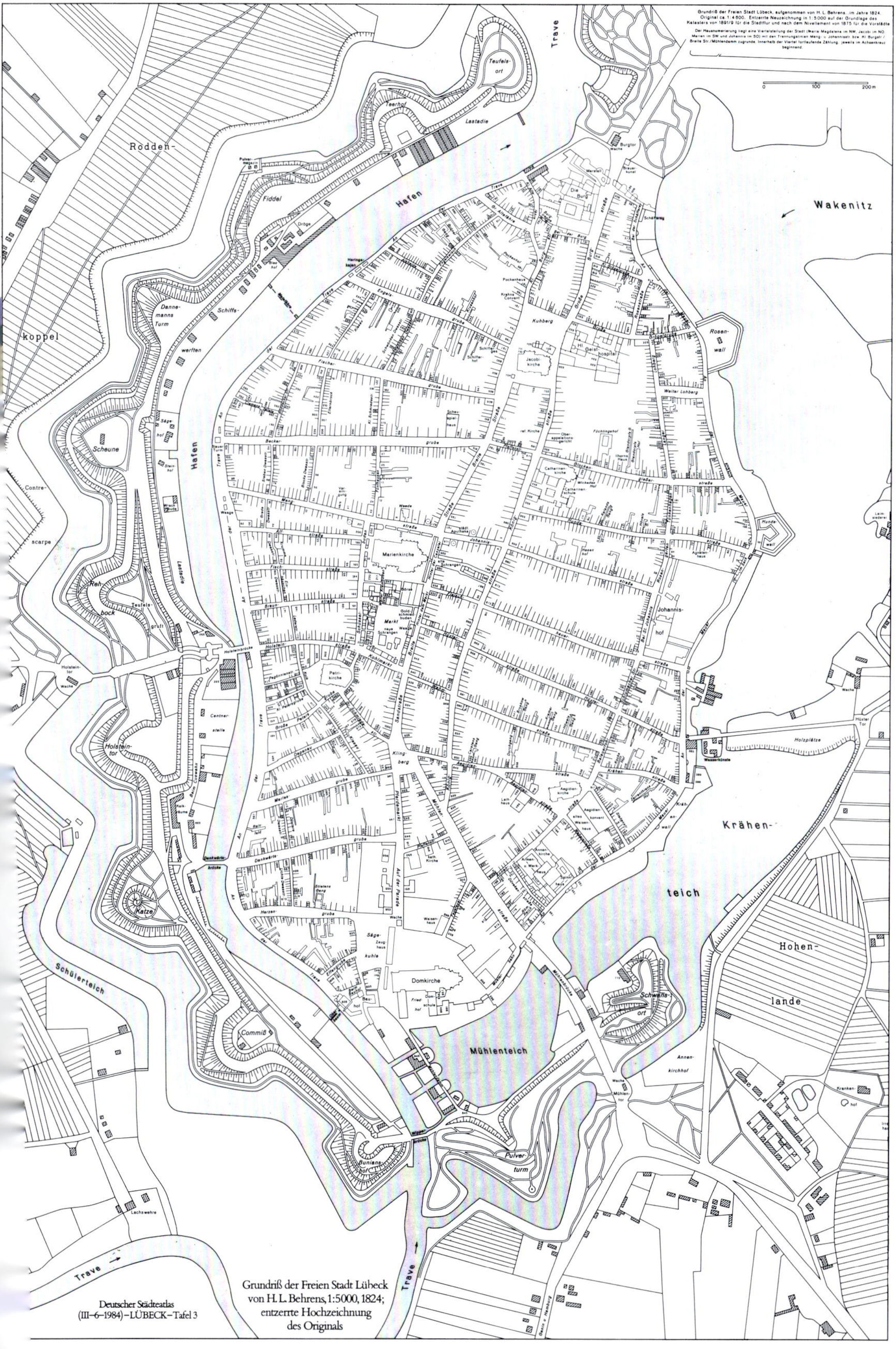

. 4: Lübeck, Baublockplan von H. L. Behrens, 1824.

Abb. 5: Lübeck, Senkrechtluftbild von 1975.

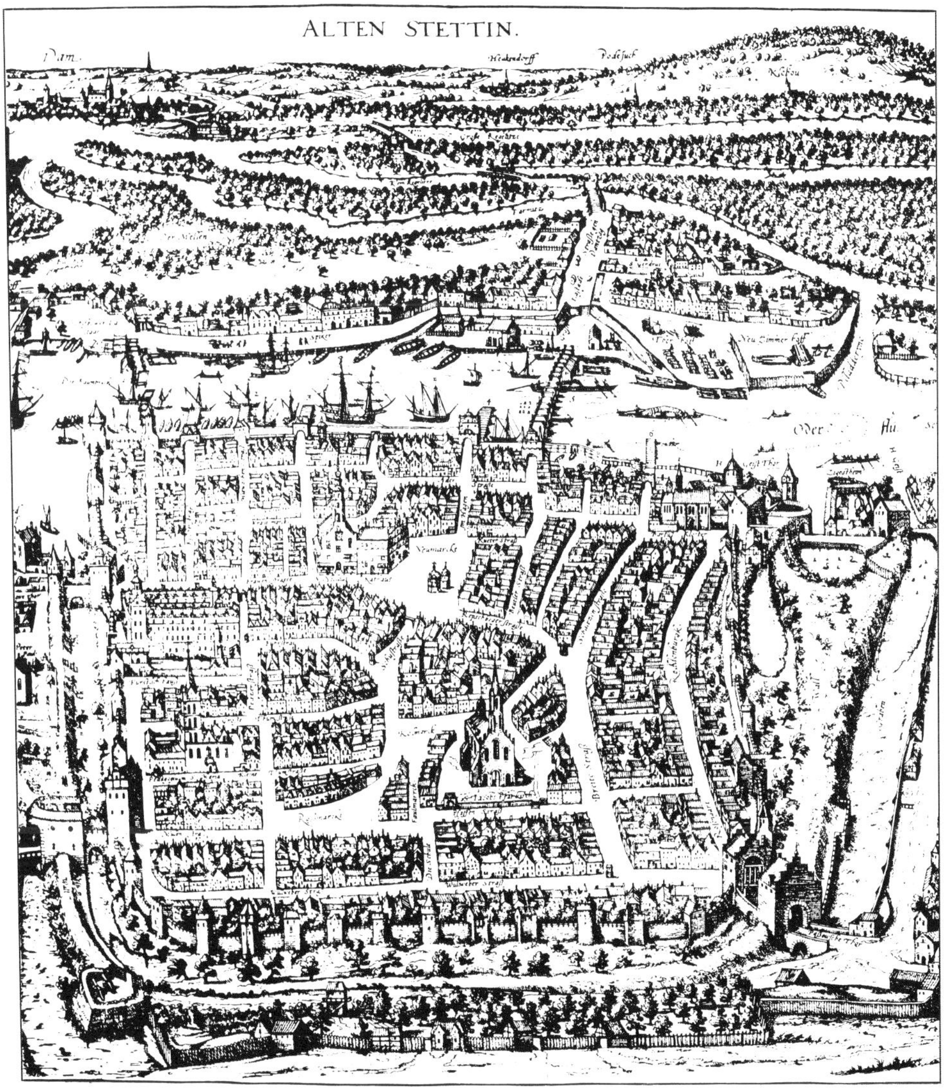

Abb. 6: Stettin, Vogelschau, um 1580.

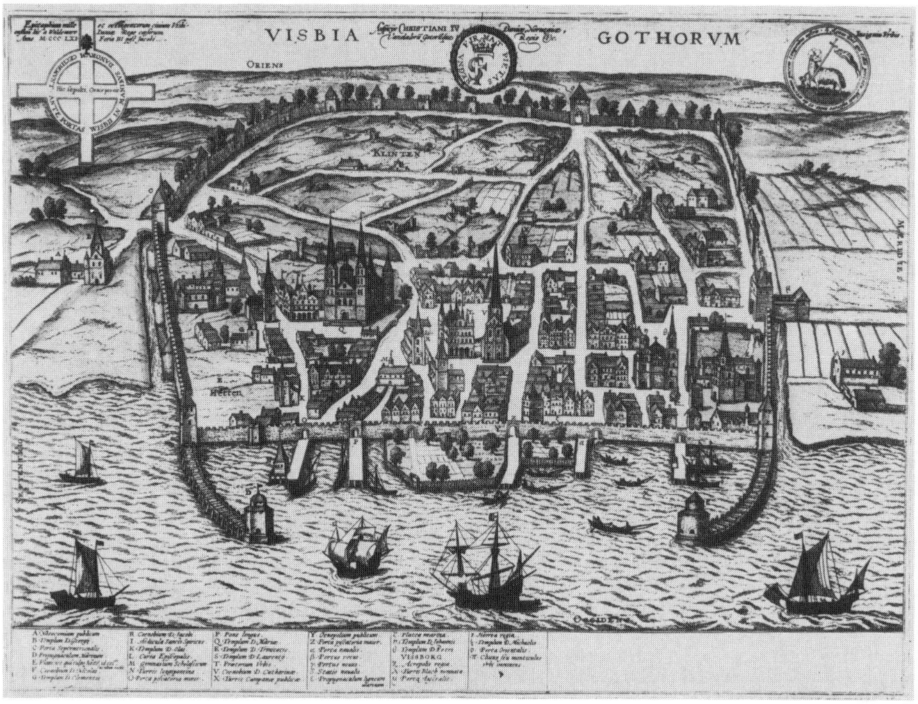

Abb. 7: Wisby, Vogelschau auf Stadt und Hafen, um 1598.

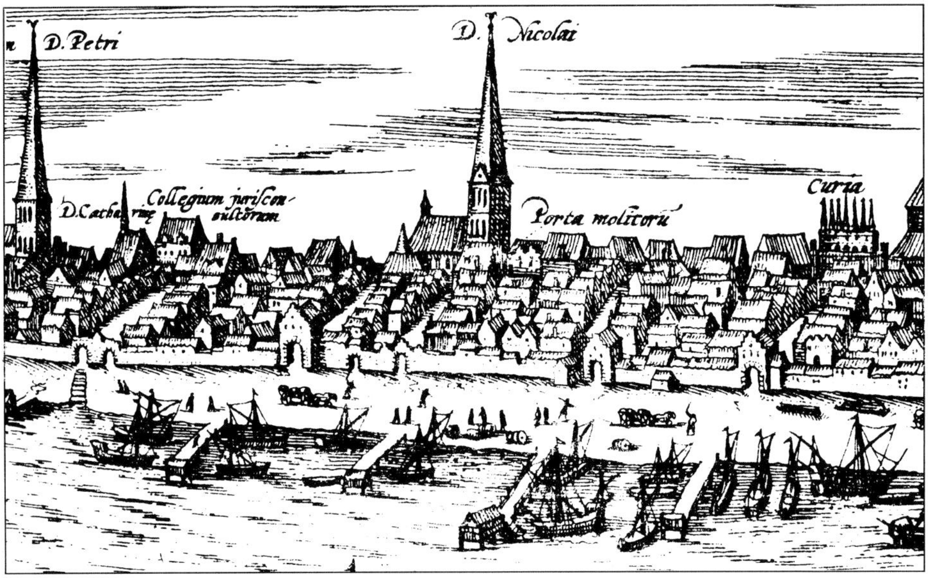

Abb. 8: Rostock, Vogelschau der Stadtmitte, um 1580.

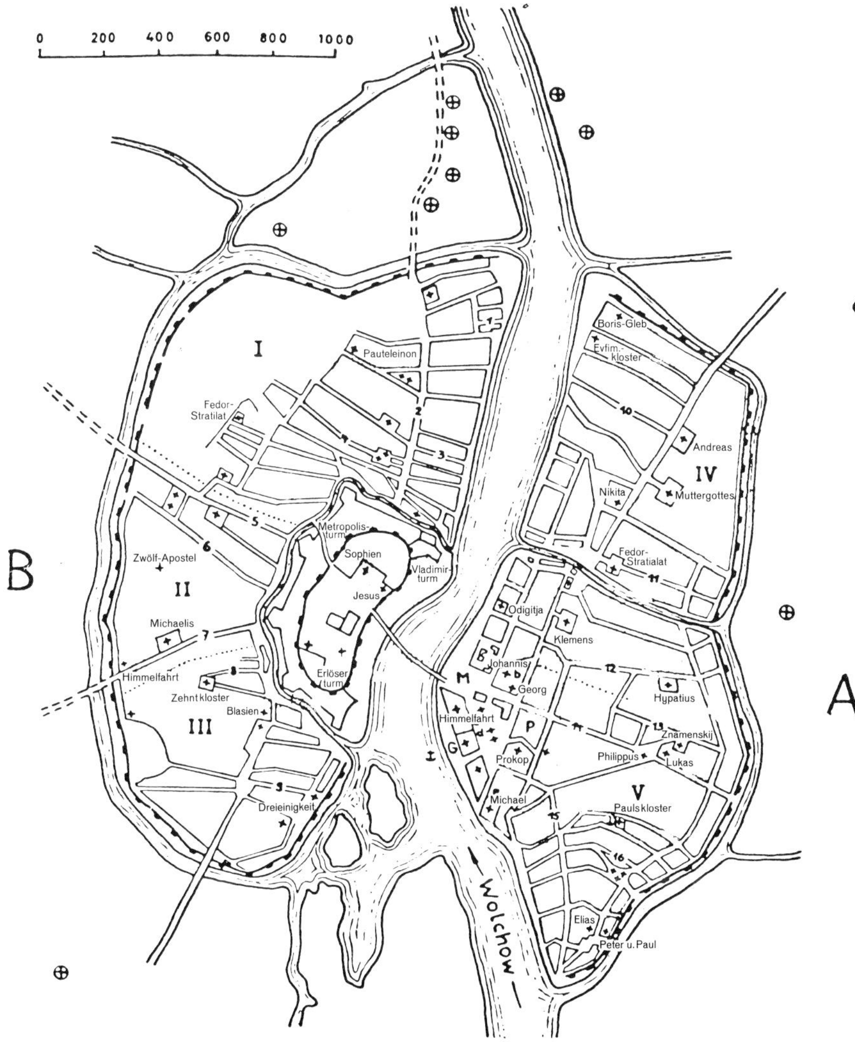

Abb. 9: Nowgorod, Baublockskizze der Stadt, um 1500.

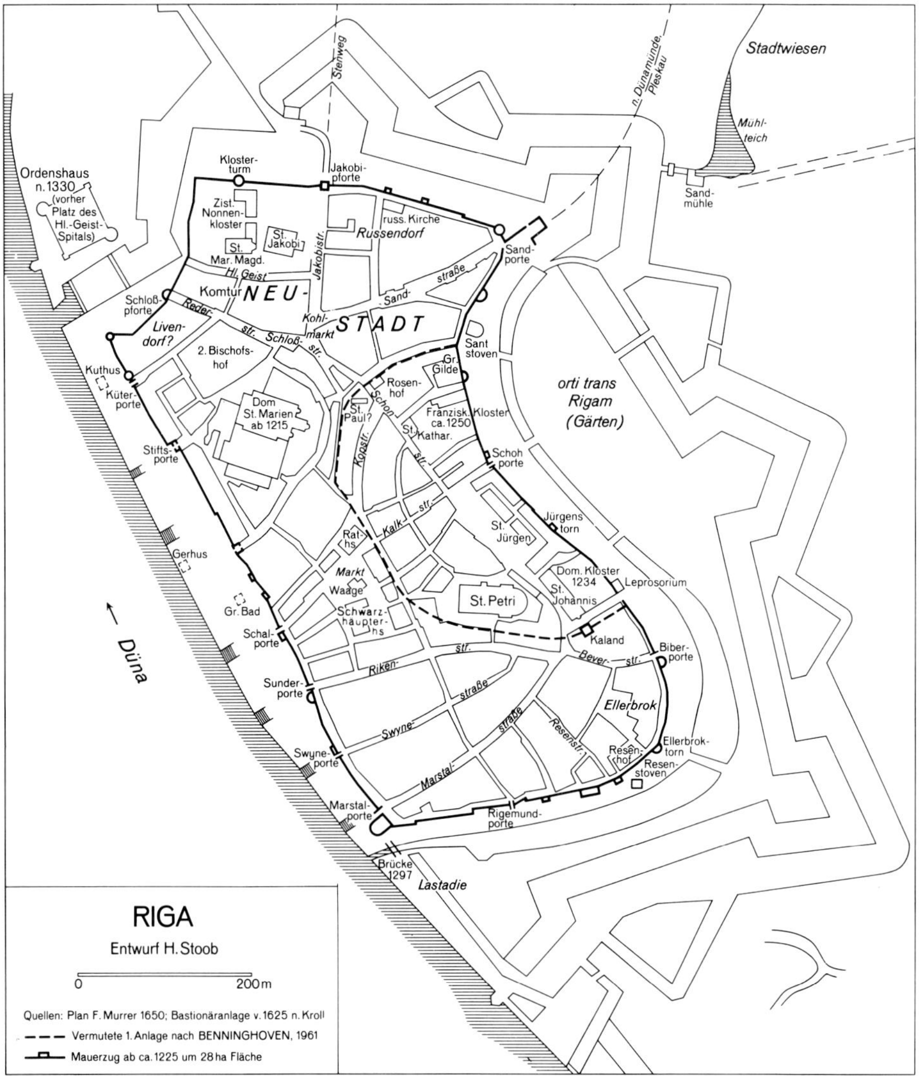

Abb. 10: Riga, Baublockplan der Stadt im Mittelalter.

Eriks Bruder und Nachfolger Christof war der Lage nicht gewachsen und befand sich in viel ärgerer Geldnot als die Hansen. Die auf den Spuren Waldemars II. betriebene dänische Großmachtpolitik hatte auch jetzt wieder die begrenzten Kräfte des Landes weit überfordert. Gegen die von seinem Schleswiger Verwandten erhobenen Thronansprüche fand Christof zwar Unterstützung bei den Schauenburgern, von denen der Plöner sein Halbbruder war, doch verlor er damit nur endgültig die Zügel aus der Hand.

Johann von Plön und sein bedeutender Vetter Gerhard III. von Rendsburg nahmen zunächst den Pinneberger Teilgrafen aus ihrem Hause gefangen und beseitigten dann die mit Schleswig sowie den Askaniern verbündeten Linien von Kiel und Segeberg. Als der Schleswiger Herzog 1325 verstarb, beanspruchte Gerhard als Oheim die Vormundschaft über dessen Sohn. 1326 besiegte Gerhard III. den heranziehenden König Christof und zwang ihn zur Flucht nach Pommern. Der Holste ließ nun sein Mündel Herzog Waldemar V. von Schleswig zum König wählen und übernahm selbst die Regentschaft für den Neffen. In der „constitutio Valdemariana" verfügte der neue König, das Herzogtum Schleswig dürfe mit dem dänischen Reiche nicht unter einem Herrn vereinigt werden. Er belehnte seinen Oheim Gerhard mit dem Herzogtum und fand den Plöner mit der Insel Fehmarn ab. Eine neue Zuwanderungswelle in die südjütischen Städte, aber auch ins Bauernland nördlich der Eider, im Verein mit kräftiger Herrschaftsbildung des deutschen nordelbischen Adels war die Folge.

War die Befriedung für die Hansen günstig, wie sich auch das Aussterben der Askanier 1320 als Entspannung im Rücken erwies, so stellte sich andererseits nun doch unter dem bedeutenden Schauenburger erstmals die territoriale Einheit des gesamten dänisch-nordelbischen Raumes wieder her wie zu Zeiten Waldemars des Siegers. Sie war für die lübische Politik eine tödliche Gefahr, sobald sich Gerhard nach Befriedung des jütisch-dänischen Raumes wieder an die Ziele seines Hauses erinnerte.

Doch noch gab Christof nicht auf, der inzwischen als Vormund seiner etwa zehnjährigen Neffen Regent auch in Pommern-Wolgast war. Seit 1324 hatte er die 20jährige Tochter Margarete mit Ludwig von Brandenburg, dem damals neunjährigen Sohne König Ludwigs von Baiern verbunden. Der Wittelsbacher war mit dem Siege von Mühldorf 1323 über Habsburg aus einem Strohmann der Luxemburger Baldewin von Trier und Johann von Böhmen zur eigenen politischen Größe geworden; seine geschickte Diplomatie wirkte über das erheiratete Holland sowie das dem Sohne verlehnte Brandenburg in den hansischen Interessenbereich ein. Als 1328 noch der junge englische König eine holländische Schwägerin des Wittelsbachers heiratete, während der sich in Rom gegen den Willen der Kurie in Avignon die Kaiserkrone aufsetzen ließ, nutzte Christof die neue Lage am Vorabend jenes blutigen Ringens zwischen Eduard III. und seinen Valoisvettern in Frankreich, die dem letzten Kapetinger Karl IV., Eduards und Johanns von Böhmen Schwager, ebenfalls 1328 auf dem Throne zu Paris gefolgt waren. Johann befand sich gerade auf einer

Litauenreise des Deutschen Ordens, als Christof von Lübeck aus die Rückkehr auf den dänischen Thron vorbereitete. Von Südosten her marschierte man auf Schleswig; doch in dem mit verkehrter Front geschlagenen zweiten Entscheidungstreffen auf der Lohheide behielten die Holsten 1331 abermals den Sieg. Christof rettete sich nach Kiel und starb im folgenden Jahre, kurz nach seinem in der Schlacht verwundeten Sohn Erich. Die Macht Gerhards des Großen, des nur von den Dithmarschern einmal 1319 im Feld blutig abgeschlagenen Reichsverwesers von Dänemark, Herzogs von Schleswig, Grafen von Holstein-Rendsburg, war nun stärker denn je. Als der zweite Christofsohn Otto von Jütland aus erneut den Aufstand wagte, verschwand er 1334 auf Jahre im Rendsburger Burgverlies. Vergeblich mühten sich der Kaiser, sein Brandenburger Sohn und dessen Vormund Berthold von Henneberg, zugleich Reichsvikar für Lübeck, mit Hilfe des lübischen Rates, daß Ludwigs Schwager Otto „worde lose laten uter vangnisse, unde dat den rechten erven des koninghes dat rike (Dänemark) wedder worde." Soweit Lübecks natürlich parteiischer Chronist. Ein Landfriedensbund, den diese Gruppe 1338 mit Einbeziehung der hansischen Verbündeten Lübecks und 13 norddeutscher Fürsten, darunter auch Gerhard, zustande brachte, sollte der von ihm drohenden Gefahr präventiv begegnen. Schon 1340 aber wurde Gerhard in Randers von jütischen Adligen erschlagen. Erbittert zogen Gerhards tüchtige Söhne Heinrich und Klaus im Bunde mit Schweden gegen Lübeck, das sie wohl nicht zu Unrecht für den Drahtzieher des Mordanschlags hielten. Aber an der Trave vermittelte man unverzüglich den Ausgleich zwischen Waldemar Atterdag, dem niederdeutsch in Pommern aufgewachsenen letztüberlebenden Christofsohn, und Waldemar von Schleswig. Dessen Schwester Heilwig wurde in Lübeck mit Atterdag verlobt, den sein Schwager Ludwig von Brandenburg dorthin begleitete. In Sonderburg feierten Heilwig und Atterdag Hochzeit, in Wiborg wurde er dann vom jütischen Adel zum Dänenkönig gewählt. Lübeck aber hatte die Fürstengewalt von Holstein bis nach Schonen gründlicher denn je zerschlagen und aufgeteilt.

Seinen großen Gönner Berthold von Henneberg hatte Lübeck allerdings im Ausgleichsjahre 1340 verloren. Seit 1284 Schwiegersohn des wettinischen Landgrafen von Thüringen, unter Albrecht von Habsburg als Reichsfeldherr in Böhmen bewährt, 1310 zum Reichsfürsten erhoben und 1314 sogar als Königskandidat genannt, war der zwischen Main und Magdeburg reich begüterte Henneberger als Verweser der Kurmark 1323 zu großem Einfluß gelangt, den die lübische Chronik lebendig widerspiegelt.

Geld und Währung im Hansebereich

Noch in seinem Todesjahr hatte er der Travestadt ein großes Münzprivileg des Kaisers verschafft, „dat se moghen laten munten guldene penninghe". Es belegt mit aller Deutlichkeit, wie rasch sich die hansische Konjunktur aus dem politischen Rückschlag gegen Erik Menved erholt hatte, und muß daher hier noch näher behandelt werden. Der hansische Wirtschaftsraum hatte bereits vor 1300 das klare Übergewicht an Städten mit eigener Münzprägung im Verhältnis zum übrigen Mitteleuropa.

Die schon länger entschiedene Vorherrschaft lübischer Gepräge im hansischen Wirtschaftsraum erhielt nun feste Grundlagen. Seit Aufkommen regionaler Pfennigmünzen als vorherrschender Silberwährungen hatten die jeder Konjunktur leider folgende Preissteigerung und Geldentwertung ein wachsendes Bedürfnis nach Großmünzen hervorgebracht. Italienische „denarii grossi" gab es schon vor 1200; in Tirol folgte über kleinere Groschen seit 1271 der Kreuzer, ein vom Bilde her benannter Grossus. Frankreich führte 1266 den Tournosgroschen von 12 Pfennigen ein, nach dem Prägeort Tours benannt. Tournosen beherrschten bald Kanalgebiet und Niederrhein, sie verdrängten z.T. sogar den Sterling. Der flämische „Grooten", vor allem der „grossus Pragensis" aus dem Kuttenberger Silber, das um 1300 auf die Höhe der Förderung gelangt war, waren Tournosen-Kopien. Meißen und Hessen prägten wieder die böhmischen Groschen nach, aber auch der lübische Witten, ein Vierpfennig nach englisch-flämischen Vorbildern auf Tournosenbasis, war am böhmischen Feingehalt und Münzfuß orientiert. Er tauchte in der zweiten Hälfte des 14. Jahrhunderts auf und verbreitete sich rasch weit und dicht. Das Bild der Prägestätten im 14. Jahrhundert endlich wird ganz vom hansischen Schwerpunkt beherrscht.

Die starke Wirtschaftsexpansion des frühen 14. Jahrhunderts machte aber darüber hinaus die lange Zeit ganz eingestellte Goldprägung wieder interessant. Wieder gab Italien den Anstoß: ab 1252 erhielten die arabischen, byzantinischen und sizilianischen Goldmünzen ganz neue Konkurrenz durch den toskanischen Floren von 3,5 g Gewicht; die Venezianer folgten mit dem „zecchino", einem nach der Umschrift meist „Dukat" genannten Gulden. Ihn ahmten der französische „écu d'or" wie der englische „Nobel" und vor allem der Kölner „rheinische Gulden" nach. Nun trat also Lübeck auch in diesen Prägerkreis. Wenn es, wie später zu behandeln ist, schließlich doch silbernen Großmünzen den Vorrang belassen hat, so hängt das natürlich mit den benachbarten, unverändert reichen Silberminen im Harz und Erzgebirge und in Böhmen zusammen, lag aber auch an der Weigerung vieler innerdeutschen Partnerstädte der Hanse, von ihren regionalen Pfennigmünzen zugunsten der Großprägungen abzugehen.

Für uns ist der Blick auf Geld- und Währungspolitik ein letzter Beweis für die These einer bemerkenswert raschen Erholung der hansischen Mitte aus plötzlicher Krisis im frühen 14. Jahrhundert. Sie war nötig, denn in dem zur Krone beförderten Waldemar Atterdag erwuchs Lübeck unverzüglich der nächste gefährliche Gegner.

Das Ringen mit Waldemar IV. Atterdag

Waldemar IV. war zunächst genötigt gewesen, den Lübeckern seine Wiederherstellung durch neue Freibriefe zu vergüten und Magnus von Schweden über den bestätigten Pfandbesitz von Schonen hinaus auch noch das südliche Halland zu verkaufen, ja selbst auf Seeland stand er den Heerzügen Heinrichs von Holstein zunächst machtlos gegenüber. Erst 1343 gelang es Waldemar, wenigstens das feste Haus Kalundborg den Holsten abzunehmen, und nach dem estnischen Aufstande des gleichen Jahres, der von einem livischen Ordensheere niedergeworfen wurde, entschloß der Däne sich 1346, ganz Estland für 19.000 Mark an den Orden zu verkaufen. Mit diesen und den schwedischen Zahlungen gewann er endlich eine gewisse Bewegungsfreiheit zurück.

Unterdessen war auf dem Kontinent das Ringen zwischen Ludwig dem Baiern und der Kurie zu Avignon ergebnislos weitergegangen. Der vom französischen König Philipp VI. ganz abhängige Papst Benedikt XII. hatte Anfang 1337 den Wittelsbacher erneut aufgefordert, Königtum und Kaiserkrone abzulegen. Ludwig aber fand bei den rheinischen Kurfürsten, vor allem bei dem Luxemburger Baldewin von Trier als der beherrschenden Figur, eben in diesen Jahren festen Rückhalt, da sie gegen die Besetzung deutscher Bischofsstühle durch die Kurie unter Übergehung von Wahlen der Kapitel ebenso scharf eingestellt waren, wie gegen die päpstlichen Ansprüche auf ein Bestätigungsrecht für die Königswahlen der Kurfürsten.

Graf Wilhelm III. von Holland-Hennegau, der Schwiegervater des Kaisers, des englischen Königs und des zum Reichsfürsten aufgestiegenen Wilhelm von Jülich, hatte inzwischen eine große antifranzösische Koalition gesammelt. Er zog Brabant und Geldern durch weitere Heiratsbünde an seine Fürstengruppe heran; im Frühjahr 1337 traf man sich zu Valenciennes und beschloß für den Herbst einen Feldzug gegen Philipp von Frankreich. Ludwig der Bayer verbündete sich daraufhin mit den Engländern, während Johann von Böhmen und sein in Paris erzogener Sohn, der spätere Kaiser, damalige Markgraf Karl von Mähren, entschieden auf seiten des Franzosen blieben.

Inzwischen hatte Eduard von England Ende 1339 an der Oise einen ersten Einfall in die Picardie gewagt; die Briten vermochten dann Mittsommer 1340 eine zur Unterwerfung Flanderns in die Zwinmündung eingelaufene Flotte der Franzosen vernichtend zu besiegen; „so groten strid uppe dem watere was ny vore vornomen", meint der lübische Stadtchronist. Mit vereinten Kräften belagerte man danach Doornijk, doch gelang es päpstlichen Legaten und der holländischen Gräfin Johanna, nochmals einen Waffenstillstand zu vermitteln. Die hansische Parteistellung ist eindeutig; rühmend berichtet der Chronist von des jungen Holländers großer Winterreise gegen die litauischen Heiden Anfang 1345, an der auch der Ungarnkönig Ludwig, Johann der Blinde von Böhmen, und Heinrich der Eiserne von Holstein beteiligt waren. Waldemar Atterdag nutzte die Gelegenheit, den Holsten mit Korsör ihren letzten seeländischen Stützpunkt abzunehmen. Wilhelm IV. von Holland aber fiel kurz nach seiner Heimkehr bei einem Feldzug gegen die Westfriesen.

Das bedeutete nun zwar den Erbanfall von Holland-Hennegau an die Kaiserin als Wilhelms Schwester und damit praktisch an das Haus Wittelsbach, doch inzwischen waren der Kaiser und die Luxemburger über Tirol so tief zerfallen, hatte Ludwig sich auch durch sein abwartendes Taktieren im Westen bei den rheinischen Kurfürsten so unbeliebt gemacht, daß der junge Karl von Mähren in Avignon die entscheidenden Abmachungen für seine Aufstellung als Gegenkönig zu treffen vermochte. Ostern 1346 forderte Clemens VI., einst Karls Erzieher, die Kurfürsten ausdrücklich zur Neuwahl auf, und mit den fünf Stimmen der drei Erzbischöfe, Sachsens und Böhmens wurde Karl am 11. Juli zu Rense erhoben.

Sogleich brach er mit dem blinden Vater nach Frankreich auf, um dem Schwager Philipp gegen den erneut ins Land gefallenen Engländer Hilfe zu leisten. In Lübeck, wo man sich eben anläßlich eines großen Turniers unter Beteiligung der Mecklenburger und Askanier mit Heinrich dem Eisernen von Holstein verglichen hatte, bemerkte man dazu „de keyser unde de bisop von Megence, beyde alde wise heren", hätten das gleichmütig hingenommen, „se leten den paves bannen, so vele he wolde", auch die großen Rheinstädte wären auf seiten das Kaisers geblieben „umme dat he was bequeme unde vredesam".

Dieser Berichtstendenz folgt dann auch die eingehende Beschreibung der Entscheidungsschlacht von Crécy am 26. August 1346, in der Eduard Philipp eine schwere Niederlage beibrachte. Neben Philipps Bruder Karl und seinem Verwandten Graf Ludwig II. von Flandern fiel hier auch der blinde Böhmenkönig, während sich dessen verwundeter Sohn, der deutsche Gegenkönig Karl, durch rechtzeitige Flucht retten konnte. Eduard begann unterdes die Belagerung von Calais, wozu auch die flämischen Städte ihren Zuzug leisteten. In England hatte zugleich der von Frankreich aus geschürte Schotteneinfall ein blutiges Ende gefunden; Eduards den flämischen und hansischen Kaufleuten freundliche Politik strebte so dem ersten Höhepunkt entgegen. Zugleich erkennen wir, daß Lübeck den luxemburgischen Gegenkönig auch wegen dessen antiflämischer Politik auf seiten der Franzosen abgelehnt hat.

Dennoch war für die Osterlinge der seit 1339 im Kanal mit wachsender Erbitterung ausgefochtene Seekrieg eine Quelle zunehmender Verluste. Sie suchten dem durch ein verstärktes Zusammenwirken der Heimatstädte entgegenzutreten und forderten aufgrund der ihnen erteilten Geleitprivilegien von Brügge wie vom flämischen Grafen Entschädigungen. Mehrfach abgewiesen oder doch hingehalten, sahen sie nach dem Tode Graf Ludwigs II. bei Crécy, der nur einen sechzehnjährigen gleichnamigen Sohn hinterließ, kaum noch andere Aussichten, als eine abermalige Verlegung des Brügger Hansekontors ins Auge zu fassen. 1347 kam es zu jener berühmten Verabschiedung der Brüsseler Kontorstatuten, die Rechte und Pflichten der Gilde genau festlegten und sie zugleich erstmals gliederte in ein preußisch-westfälisch-niederrheinisches, ein gotländisch-schwedisch-livländisches und ein lübisch-wendisch-sächsisches Drittel. Später erwuchs daraus der große Rezeß von 1356, den Lübecks Bürgermeister Heinrich Pleskau in Brügge mit den Ratssendeboten von Hamburg und Riga aushandelte. Das Kontor war von da an fest der gemeinen Tagfahrt unterstellt. Inzwischen hatten sich aber die politischen Kulissen erneut verschoben durch die Nachricht vom Tod Kaiser Ludwigs des Baiern und vom rasch nachfolgenden Obsiegen König Karls IV. über den ihm zunächst entgegengestellten Prätendenten der Wittelsbacher Partei, Günther von Schwarzburg, in den Jahren 1347–49. Unverkennbar ist auch hier die Parteinahme der hansischen, vornehmlich der lübischen Quellen für den Schwarzburger, doch erschienen dann lübische Ratssendeboten zur zweiten Krönung Karls, nun in Aachen Ende Juli 1349, und erhielten das Bestätigungsprivileg der Kaiserurkunden für die Stadt, nachdem sie endlich dem Luxemburger gehuldigt und vermutlich auch klingende Buße geleistet hatten.

Dahinter steckte einmal der Frontwechsel bei den Askaniern, die Karl mit gewählt und den Tod Ludwigs des Baiern benutzt hatten, ihre Ansprüche auf die Kurmark gegen dessen Söhne mit Hilfe eines Betrügers zu erneuern, der sich für den 1319 verstorbenen brandenburgischen Markgrafen Waldemar ausgab. Zum anderen war es Karl selbst gelungen, die Wittelsbacher zu spalten, indem er nach dem Tode seiner ersten Frau Blanca von Valois, der Schwester des französischen Königs, die Tochter Anna des wittelsbachischen Pfalzgrafen bei Rhein geheiratet hatte.

In den heraufziehenden Kampf um die Kurmark griff nun König Waldemar von Dänemark als Schwager der Wittelsbacher ein. Er hatte bereits 1346 eine Heidenfahrt nach Preußen angetreten und war von dort aus zur Wallfahrt nach Jerusalem gezogen, wobei er sich lebhaft um diplomatische Fäden bemühte. Zurückgekehrt, verband er sich mit Barnim von Pommern gegen die Mecklenburger, denen Karl IV. 1348 für den Übergang zu seiner Partei den Herzogshut verliehen hatte, sowie gegen die askanischen Helfer des falschen Waldemar und zog mit starkem Aufgebot in die Mark. Nach wechselvollen Kämpfen gelang es dem Dänen, die Wittelsbacher in der Mark noch einmal abzustützen. Zu Bautzen kam es 1350 zum Ausgleich mit Karl IV., der nun den falschen Waldemar preisgab, also über die Interessen der wittenbergischen Askanier hinwegging, und sich, der Fürsprache des Dänen entsprechend, mit den Wittelsbachern verständigte.

Die damit eingeleitete Wendung sollte weitreichende Folgen haben: Karl knüpfte nicht nur mit dem Pommern und dem Dänen an, der ihn noch weiter nach Prag begleitete, sondern er scheint bereits damals den Plan gefaßt zu haben, den märkischen Kurhut letzten Endes für seine eigene Familie einzuziehen.

Die wendischen Städte hatten das Jahr 1349 ihrerseits genutzt, mit Hilfe eines Landfriedensbundes zahlreiche Rittersitze im holsteinischen Hinterlande zu brechen; ehe sie jedoch Nutzen daraus ziehen konnten, traf sie der große Pestzug mit vernichtender Gewalt. Vom Schwarzmeer und Syrien her hatte die Beulenpest 1347/48 alle mittelmeerischen Küsten überzogen; Boccaccio erlebte sie in Florenz, im August 1348 erreichte sie für zwei Jahre England und zwang Eduard III. zu mehrfach verlängerter Waffenruhe im Krieg mit Frankreich. Während sie über die Alpenpässe gerade im entscheidenden Thronstreitjahr verheerend nach Oberdeutschland außer den böhmischen Kronländern einbrach, gelangte sie zur See mit den Hansen bis ins Baltikum hinauf. Im Sommer 1350 war der Höhepunkt erreicht, 1351 wurden auch die Kurmark und Schlesien, weiter Polen und Galizien befallen.

Genaue Zahlen fehlen uns, doch kann man im Hansebereich mit bis zu einem Drittel Verlusten der Stadtbevölkerung rechnen. Besonders schwer scheint Bremen gelitten zu haben, wo der Rat eine Liste von fast 7.000 Toten aufzeichnen ließ. Hohe Verluste hatten die Ratskollegien, in Lübeck starb anscheinend jeder zweite Ratmann, was wohl teilweise durch fürsorgerischen Einsatz bedingt war. Tiefe geistige und materielle Erschütterung folgte: da nur die Menschen starben, ihre Güter aber blieben, gab es eine gewaltige soziale Umwälzung. Den großen Mangel an Arbeitskräften deckten die Städte freilich rasch aus dem Umlande, schwieriger war es aber, den rapiden Preissturz etwa beim Getreide aufzufangen, das nun den Überlebenden angeboten wurde. Umgekehrt führten die Kumulation von Sachgütern in Händen weniger Überlebenden und die steil ansteigende Lohnkurve bei allen auf Arbeitskräfte angewiesenen Gewerben zu scharfen Preissteigerungen für deren Produkte.

So stellte ein ganzes Bündel einschneidender Veränderungen die mitteleuropäischen Lebensbedingungen um 1350 geradezu auf den Kopf. Jene seit ottonischer Zeit angelaufene, säkulare Potenzierung der abendländischen Lebenskraft erlahmte, aus der sowohl die Binnenkolonisation als auch die spanische Reconquista, die levantinischen Kreuzzüge und die gesamte Ostbewegung gespeist worden waren. Lediglich in Böhmen, Oberschlesien und Polen blieben die Auswirkungen gering, vermochte also die Ausbauwelle noch weiter zu laufen. Im Altreich dagegen stagnierte nun die Volkskurve, und in den Städten das Hanseraumes hörte die Flächenerweiterung für längere Zeit auf.

Während sich so für das niederdeutsche Bürgertum durchgreifende Umschichtungen in der Bevölkerung und im Wirtschaftsgefüge binnen weniger Jahre abspielten, die von ihm zugleich aber auch erstaunlich rasch abgefangen und bewältigt wurden, da die Großlage der Konjunktur auch nach dem Pestzug für die Hanse nicht ungünstig wurde, war der bisher von Lübeck unterstützte Dänenkönig zu beträchtlichen Erfolgen und wertvollen auswärtigen Beziehungen gelangt.

Auch die nächsten Jahre begünstigten seinen weiteren Aufstieg, da sich nach der Landsberger Teilung von 1349 und dem Bautzener Ausgleich von 1350 die verschiedenen Gruppen der Wittelsbacher zunächst in ihren Machtbereichen wieder festigen konnten, zumal Karl IV. seit Oktober des Jahres, von ernster Krankheit betroffen, in Prag daniederlag. Karls eigene Pläne aber wurden deutlicher, als er nach dem Tode seiner pfälzischen zweiten Frau Anna, die ihren kleinen Sohn Wenzel nur um einen Monat überlebte, im Mai 1353 die Tochter des Schweidnitzer Herzogs heiratete. Dem Dänen hatte er das den Wittelsbachern abgenommene Rektorat über die Reichsstadt Lübeck verpfändet. Wenn es auch ein leerer Anspruch war, so konnte Waldemar daraus doch eine politische Waffe machen.

Er hatte in der Zwischenzeit von Seeland aus energisch die Wiederaufrichtung der dänischen Königsmacht begonnen. Aufzeichnung der Besitztitel, scharfe Steuerpolitik, entschiedenes Vorgehen gegen die ständischen Rechte und die Sammlung eines nur ihm verpflichteten, besoldeten Aufgebots, das waren seine wichtigsten Werkzeuge, wobei zweifellos die Vorbilder sowohl des Ordensstates, als auch Eduards III. von England Einfluß geübt hatten. Erfolge blieben nicht aus: Die Schauenburger wurden auf Fünen geschlagen, Waldemar besetzte Alsen und Fehmarn, plünderte Angeln, unterwarf die Nordfriesen und nahm sogar das wirtschaftlich aufstrebende Flensburg ein. Andererseits wuchsen die Schwierigkeiten mit den Ständen, vor allem dem jütischen Adel, und als auch der Schleswiger Herzog nach zeitweiligem Schwanken wieder an die Seite der Holstengrafen trat, als ferner ein Sturm die Flotte Waldemars vernichtete, mußte sich der Dänenkönig 1360 zu einem in Kalundborg ausgehandelten Vergleich bereitfinden, der das schon fast besetzte Herzogtum wieder herstellte.

Waldemar hatte Gründe dafür, vorläufig einzulenken: in Schweden stand König Magnus II., dessen Schwester Eufemia seit 1336 mit Herzog Albrecht von Mecklenburg verheiratet war, vor wachsenden Schwierigkeiten, obgleich in seiner Person das alte Ziel der Folkunger aus dem Hause Birger Jarls endlich hatte erreicht werden können, Schweden und Norwegen zu vereinigen. Magnus war der schwierigen Aufgabe, die beiden unter so verschiedenen Bedingungen lebenden skandinavischen Königreiche gemeinsam zu lenken, in keiner Weise gewachsen, obgleich ihm noch zu Zeiten der Vormundschaft 1332 auch Blekinge und Schonen, die alten dänischen Provinzen Südschwedens, dank der Option Erzbischof Karls von Lund gegen den schauenburgischen Reichsverweser Gerhard den Großen zugefallen waren. Seit 1335 mit Blanka von Namur verheiratet, von der er außer zwei Töchtern die Söhne Erich und Hakon bekam, mußte Magnus diesem jüngeren Erben bereits 1344 als Hakon VI. im Alter von vier Jahren die norwegische Krone überlassen und den älteren Erich 1350 zum schwedischen Mitkönig annehmen. 1355 heiratete der nun sechzehnjährige Erich die elfjährige wittelsbachische Kaisertochter Beatrix, eine Schwester der brandenburgischen Markgrafen, und im folgenden Jahre wagte er an der Spitze der schwedischen Adelsfronde gegen seinen Vater den offenen Aufstand, begünstigt auch durch seine Tante Eufemia, Magnus' Schwester, sowie deren Mann Herzog Albrecht II. von Mecklenburg und dessen späteren Schwager, den letzten Plön-Kieler Grafen Adolf VII. von Schauenburg.

In die Enge getrieben, da nur noch sein jüngerer Sohn Hakon von Norwegen zu ihm hielt, knüpfte Magnus mit dem Dänen Verhandlungen an und vereinbarte die Verlobung Hakons mit Waldemars Tochter Margarete. Als nun 1359 nacheinander König Erich, seine beiden kleinen Söhne und seine junge FrauBeatrix, unter verdächtigen Umständen starben, legte der Schwedenadel seinem König Magnus diese offensichtlichen Giftmorde zur Last. Waldemar von Dänemark aber zögerte nicht, die erneute Krisis in Magnus' Herrschaft zum Überfall auf Schonen auszunutzen. Sein Verhältnis zu Lübeck war noch gut, er hatte zuletzt 1356 dort an einem glänzenden Turnier teilgenommen und mit großem Aufwande erfolgreich nach niederdeutschen Soldrittern Umschau gehalten. Jetzt besetzte er ohne ernsteren Widerstand die alten dänischen Provinzen in Südschweden. Dann bat er Albrecht von Mecklenburg sowie die wendischen Hansestädte um Vermittlung eines Ausgleichs mit Magnus in Kopenhagen.

Der kam zustande, aber für die Erneuerung der Schonenprivilegien und einen weiteren Schutzbrief gegen den Strandraub mußten die Städte Waldemar das Vierfache der von ihnen gebotenen Summe zahlen, und während sie sich über die Aufteilung dieser 4.000 Mark zu Rostock mühsam einigten, überfiel Waldemar im Frühjahr 1361 auch die Inseln Öland und Bornholm. Danach ging seine starke Flotte sogleich wieder in See mit Richtung auf Gotland, die einstige Mitte der Fernhandelsgilde. Als Anlaß nahm er, daß König Magnus von Schweden auf den Druck seines Adels hin die Verlobung zwischen Hakon und Margarete von Dänemark gelöst hatte und statt dessen dem Sohne auf Norwegens Thron eine Tochter Elisabeth Gerhards des Großen zur Frau bestimmte, die Schwester also Heinrichs des Eisernen und des Grafen Klaus. Waldemars Landung auf Gotland gelang, er besiegte mühelos ein bäuerliches Aufgebot der Insel am 27. Juli 1361 vor den Toren von Wisby. Ein Kreuz auf dem Schlachtfeld erinnert noch jetzt an die 1.800 Gefallenen. Wisbys Niedergang war damit besiegelt, obwohl die Stadt selbst keineswegs zerstört wurde.

Waldemar begnügte sich vielmehr damit, durch eine nach Eroberersitte in die Mauer gelegte Bresche mit seinem Heer einzuziehen und von den Einwohnern, vor allem von ihren Kirchen, eine hohe Kontribution einzutreiben. Danach bestätigte er dann die Privilegien der Stadt. Den definitiven Bruch mit der Hanse konnte das freilich nicht mehr verhindern.

Vier Tage nach dem Fall von Wisby vereinbarten die zu Greifswald versammelten wendischen und preußischen Städte die Handelsblockade gegen Dänemark. Noch im gleichen Monat schlossen sie ein Bündnis mit Magnus von Schweden und Hakon von Norwegen, ferner zogen sie den Herzog von Schleswig auf ihre Seite sowie die beiden schauenburgischen Grafen. Auf einem zweiten Greifswalder Tag im September des Jahres trat auch der Hochmeister des deutschen Ordens zum Bündnis gegen Waldemar, der nun völlig isoliert war.

Erstmals sollte eine Sundsperre ihre gefährliche Wirkung auf die dänische Wirtschaft ausüben; was gegen die Norweger und mehrfach gegen die Flamen zum Erfolge geführt hatte, mußte auch die jedem Angriff offenen dänischen Inseln in die Knie zwingen. Zudem war die Koalition entschlossen, im Frühjahr 1362 den Seekrieg selbst gegen Waldemar zu eröffnen. Der hatte außer dem an politischer Macht gänzlich unbedeutenden, aber kriegstüchtigen Herzog Erich von Sachsen-Lauenburg, seinem Schwager, keine Verbündeten, doch er ließ während des Winters alle auf einen Vergleich abzielenden Annäherungsversuche seiner Gegner unbeachtet, hatten ihm doch die erbeuteten Mittel erlaubt, sein Söldnerheer mit Rittern aus inner-, ja sogar oberdeutschen Landschaften sehr wesentlich zu verstärken. So sah er dem Angriff zuversichtlich entgegen.

Der Aufstieg Waldemars IV. war vom Rückhalt an den pommerschen Greifen und den brandenburgischen Wittelsbachern ausgegangen, aber nur durch die Parteinahme Lübecks und seiner hansischen Verbündeten möglich geworden. An der Trave hatte man den Ausgleich mit Holstein und Schleswig vermittelt und nach erprobtem Brauch durch eine Ehe zwischen Waldemar und Heilwig von Schleswig besiegelt. Das nachfolgende Jahrzehnt bis 1350 brachte dann jedoch folgenschwere Wandlungen, denen sich sowohl die Hansen als auch der Dänenkönig anzupassen hatten. Daran erkennen wir, wie eng verflochten alle Vorgänge auf den nordischen Meeren mit der europäischen Lage waren, wie hansezeitliche Wirtschaft und Politik ohne Einsicht in die allgemeinen Machtverhältnisse des hohen 14. Jahrhunderts nicht zutreffend beurteilt werden können.

Bis 1340 hatte Lübeck für das wittelsbachische Kaisertum und die von Holland-Hennegau angeführte, mit England verbundene antifranzösische Koalition in den niederen Landen optiert. Obgleich nun Eduard III. von England zwischen 1346 und 1360 das mit den Luxemburgern verwandte Haus Valois auf dem französischen Throne durch die Siege von Sluis, von Crécy und Maupertuis, die Eroberung von Calais und die Gefangennahme des Königs Johann in äußerste Bedrängnis des fast vernichtenden Friedens von Brétigny (1360) bringen konnte, trug in der gleichen Zeit Karl von Luxemburg im deutschen Thronstreit den Sieg über das Haus Wittelsbach und seine Anhänger davon. Im Bunde mit der Kurie zum Gegenkönig erkoren, hatte er mit dem Schlachtentod des blinden Vaters bei Crécy auch die böhmische Krone geerbt, war ein Jahr darauf durch Ludwig des Baiern Tod von dem gefährlichsten Gegner befreit worden und konnte bis 1349 den schwarzburgischen Gegenkönig bezwingen, der nur noch von einem Teil der neun wittelsbachischen Reichsfürsten und deren zur Minderheit geschmolzenem Anhang aufgestellt worden war. Durch die Heirat mit Anna von Kurpfalz vermochte Karl IV. ferner, Ludwigs Haus unheilbar zu spalten. Aus dieser neuen Lage hatten sowohl die Hanse als auch der Dänenkönig Folgerungen ziehen müssen. Lübeck bequemte sich, die zweite Aachener Krönung Karls IV. zu beschicken und erwarb dort gegen die Huldigung das benötigte Bestätigungsprivileg vom neuen Herrscher; in der Folgezeit korrigierte man an der Trave vorsichtig die Positionen weiter, um sich mit dem Luxemburger zu gütlicher Begegnung zusammenzufinden.

Bevor wir näher darauf eingehen können, muß aber zunächst von der politischen Kursänderung auch des Dänenkönigs infolge des Machtverlustes und der Spaltung seiner wittelsbachischen Verwandten in Deutschland gesprochen werden. Waldemar hatte zunächst die Steuer- und Finanzpolitik der Krone reorganisiert, für zeitweilige Konzessionen vom Schwedenkönig und für den durch Verzicht auf Estland erlangten Ausgleich mit dem Orden beträchtliche Gelder eingenommen und anschließend eine Wallfahrt zum Heiligen Lande als Gelegenheit zur Aufnahme diplomatischer Kontakte mit der Kurie und anderen europäischen Mächten benutzt. Schon dabei wird an ihm eine bemerkenswerte Weite des geistigen Horizonts erkennbar.

Von dieser Unternehmung heimkehrend, griff der Däne dann zugunsten der bedrängten Wittelsbacher in der Kurmark ein. Der auch von Kurpfalz vermittelte Ausgleich gelang auf Kosten der askanischen Ansprüche; er bot zugleich Gelegenheit für Waldemar, vom Luxemburger die lübische Reichssteuer anzupfänden. Die brandenburgischen Wittelsbacher hatten zugunsten des Dänen auf diesen alten kurmärkischen Rechtstitel verzichtet; Waldemar zeigte hier erstmals, wohin die neue Linie seiner bisher ganz im hansischen Fahrwasser scheinenden Politik gerichtet war, und er begleitete Karl bis nach Prag zurück, um die Verbindung noch enger zu gestalten. Wir sahen, wie er dann zunächst den Kampf gegen Holstein und Schleswig erneut aufgenommen hat; noch geschah das im Einvernehmen mit Lübeck, das auch zum Vergleich von 1360 mit beigetragen hat, auf den sich Waldemar nach einigen Rückschlägen einlassen mußte.

Noch im gleichen Jahr setzte der König aber die Wiedergewinnung von Schonen durch, für die ihm der Vergleich mit Schleswig nur den Rücken hatte frei machen sollen. Das Ende der vierköpfigen Familie von Magnus von Schwedens ältestem Sohne und Mitkönig Erich sowie die nachfolgende Verlobung des jüngeren Sohnes Hakon mit einer Schauenburgerin anstelle der Tochter Waldemars gaben diesem Handhabe genug, im Zusammenspiel mit dem Erzbischof von Lund jene drei von alters her dänischen Landschaften Halland, Schonen und Blekinge wieder seiner Herrschaft zu unterstellen. Die schauenburgische Braut fing er auf der Fahrt zu Schiff nach Skandinavien ab, setzte sie auf Jahre fest und zog sich damit die Feindschaft ihrer Brüder Heinrich und Klaus endgültig zu. Magnus von Schweden aber war außerstande, Waldemar entgegenzutreten, er mußte auch den Verlust von Bornholm, Öland und Gotland im folgenden Jahr hinnehmen, weil er sich trotz Unterstützung durch seinen Sohn Hakon kaum noch der schwedischen Adelsfronde im Inneren erwehren konnte.

Nicht so die Hansen, denen bereits Waldemars rigorose Erhöhung der schonischen Abgaben im Zusammenhang mit dem Ausgleich von 1360 endgültig die Augen geöffnet hatte. Als der König im nachfolgenden Frühjahr den Feldzug zur See gegen die schwedischen Inseln wieder aufnahm, traten sie noch vor dem Fall von Wisby in Greifswald zusammen und beschlossen Kampfmaßnahmen. Die von Gotland eintreffenden Hiobsposten trugen zur Bildung der antidänischen Koalition weiter bei; ihr verschlossen sich lediglich die Ijsselmeerstädte, denen am Schonenhering besonders dringend gelegen war.

Als sich die aufgebotene Flotte Ende April 1362 nördlich Hiddensee versammelte, blieb die Hilfe des Hochmeisters und der übrigen verbündeten Fürsten sowie der preußischen Städte aber auf schmale Beiträge zur Kriegskasse begrenzt. Praktisch trugen die wendischen Städte allein die Last des Unternehmens; auf den 27 großen Koggen, die den Kern der insgesamt 52 Einheiten bildeten, standen 600 Lübische, je 400 Rostocker und Sundische, je 200 Wismarer, Greifswalder und Stettiner, 100 Kolberger, je 50 Stargarder und Anklamer sowie 40 Kieler, ungerechnet die seemännischen Stammbesatzungen. Aus der Nordsee stießen später noch je 300 Hamburger und Bremer hinzu. Einschließlich der Troßknechte und Bedienungsmannschaften für den ansehnlichen Belagerungspark mögen unter dem lübischen Bürgermeister Johann Wittenborg etwa 6.000–8.000 Mann versammelt gewesen sein; immerhin war das die größte bis dahin jemals auf der Ostsee versammelte Flotte. Am nördlichen Sundausgang sollte sie mit dem von Schweden und Norwegen zugesagten Landheer zusammentreffen.

Mit Rücksicht darauf verzichtete Wittenborg auf den eigentlich seitens der Städte gewünschten Angriff gegen Kopenhagen und zog es vor, gleich nach Helsingborg durchzustoßen. Seine Schiffe zogen dort an der engsten Sundstelle ihren Sperrgürtel auf, Troß und Belagerungsmaschinen aber schlossen die Sundfeste selbst ein. Zwölf Wochen lang wurde sie schwer beschossen, ohne daß Waldemar es wagte, gegen so starke Kräfte einen Entsatzversuch zu machen. Er beobachtete aber sehr genau, daß die gegnerische skandinavische Landmacht ausblieb, insofern also der Feldzugsplan der Koalition schon gescheitert war.

Da sich die Besatzung von Helsingborg weiter hartnäckig verteidigte, fand Waldemar endlich im Juli Gelegenheit, die vor Anker liegende und nur schwach bemannte Flotte der Hansen überraschend bei günstigem Winde anzugreifen. Der Handstreich gelang vollkommen: zwölf große Koggen wurden genommen, dem Rest war es unmöglich, die Sundsperre aufrechtzuerhalten, und im Belagerungsheer vor Helsingborg begann die Versorgung Schwierigkeiten zu machen. Wittenborg hielt es daher für klüger, das Unternehmen abzubrechen und ließ sich auf eine Waffenruhe mit Waldemar ein; für die hansischen Gefangenen sagte er hohe Lösegelder zu. Über die nach wenigen Wochen so dezimiert und erfolglos heimkehrende Hanseflotte brach aber in den Heimatstädten ein Strafgericht herein. Johann Wittenborg zahlte mit dem Leben: im Spätsommer 1363 ist er auf dem lübischen Markt enthauptet worden. Auch mit der Auslösung der Gefangenen ließ man sich Zeit: noch Anfang 1364 saßen über 100 von ihnen in dänischen Türmen. Was Waldemar gleichwohl an Geldern für Freigelassene einstrich, war nach SCHÄFERS Berechnungen ansehnlich genug und wirft einmal mehr Schlaglichter auf das Finanzgeschick König Waldemars.

Sonst aber schob man in den Städten aus bewährter Erfahrung eine Friedensregelung hinaus, gewann bei mehrfachen Verlängerungen der Waffenruhe manche Position zurück und rüstete wieder auf. Dennoch blieb der Schlag natürlich empfindlich, zumal er zwangsläufig neue innere Streitigkeiten im hansischen Städtekreis nach sich zog. Die Kampener hatten ihren gerade vor dem Sund liegenden Konvoi ruhig zusehen lassen, als Waldemar die Wendischen überfiel. Einen Monat später belohnte sie der wendige König mit besonderen Schonenprivilegien. Die skandinavischen Verbündeten aber machten ihren Sonderfrieden mit Atterdag, als dieser von Helsingborg aus Anstalten traf, den Feldzug gegen sie fortzusetzen. Es kam zu einem Bündnis, als Magnus den Sohn Hakon zu seiner ersten Verlobten zurückkehren ließ, Waldemars später so berühmter Tochter Margarete.

Dennoch begründete das äußerlich für den Dänenkönig so erfolgreiche Jahr 1363 eine zweite Wende in seiner Herrschaftszeit, die nicht minder einschneidend werden sollte, als jene erste um 1350. Zunächst einmal kostete die neuerliche Übereinkunft mit dem dänischen Reichsfeinde den König Magnus von Schweden die letzten etwa noch verbliebenen Sympathien bei seinem Adel. Schon länger bestanden Verbindungen zu Magnus' Schwager, Herzog Albrecht von Mecklenburg, dessen Frau Eufemia ja wie Magnus selbst ein Enkelkind sowohl des norwegischen Königs Hakon V. als auch des schwedischen Königs Magnus I. war. Ihren Sohn Albrecht III. wählte nun der schwedische Adel nach Absetzung Magnus' II. Anfang 1364 zum König.

Die Schweriner Herzöge hatten, von der dynastischen Verbindung zu den antidänischen Kräften in beiden skandinavischen Königreichen abgesehen, auch sonst bemerkenswert weitreichende Verwandtschaften. König Albrechts Bruder Magnus war seit 1362 mit Elisabeth von Pommern-Rügen verheiratet, seine Schwester Ingeborg schon 10 Jahre länger mit Ludwig dem Römer, dem wittelsbachischen Brandenburger. Sie war damit zugleich Schwägerin der 1359 in Schweden samt ihrer ganzen Familie umgekommenen Kaisertochter Beatrix. Andererseits bestand durch König Albrechts älteren Bruder Heinrich seit 1361 auch eine Eheverbindung zu Waldemar Atterdag; damals hatte dessen Tochter Ingeborg den Mecklenburger Herzogssohn geheiratet.

Die Korrespondenz beider Albrechte aus ihrem Kriegslager bei Stockholm sowie die späteren Privilegien König Albrechts zeigen, daß die Hanse dem ganzen Unternehmen günstig geneigt war, wenn sie nicht sogar unmittelbar die Hand im Spiel hatte. Unter dem ansehnlichen Aufgebot der Mecklenburger spielte das niederdeutsche Soldritterkontingent eine bedeutende Rolle; namentlich der mit den Mecklenburgern verwandte Holsteiner, Graf Heinrich der Eiserne, war an der Feldzugsplanung führend beteiligt. Ihm verpfändete König Albrecht bereits im Hochsommer 1364 „de stad to Wisbu mid deme ganzen lande to Godlande". Zu dieser Zeit stand sein Heer schon bei Jönköping an der Südspitze des Vättersees, also tief im schwedischen Landesinneren. Anfang März 1365 gelang Albrecht bei Enköping nördlich des Mälarsees dann der entscheidende Sieg über Magnus II. Der Folkunger geriet in die Gefangenschaft des Mecklenburgers, aus der er erst nach vertraglichem Verzicht auf die Herrschaft 1371 zu seinem Sohne nach Norwegen entlassen worden ist. Albrecht aber hatte die Hände frei, um sich nun gegen Waldemar von Dänemark zu wenden, wie es dem Plane der Hansen entsprach. Da Albrechts Schwester Ingeborg im Jahre 1365 ihren Wittelsbacher Gatten Ludwig den Römer durch Tod verloren hatte, konnte der König sie in zweiter Ehe mit dem gleichfalls verwitweten Heinrich dem Eisernen von Holstein verbinden, diesen wichtigen Mann also noch enger an sich fesseln.

Das Jahr 1363 war für Waldemar Atterdag aber noch aus einem anderen Grunde unheilvoll gewesen: sein einziger Sohn Christof, den er eben zum Herzog von Laaland (Lolland) und Halland gemacht hatte, verstarb im Juni nach kurzer Krankheit oder an den Folgen einer Verletzung. Damit waren Waldemars gleichnamiger Schwager, der Neffe Gerhards des Großen, und dessen 1364 nachfolgender Sohn Heinrich von Schleswig die letzten männlichen Abkommen des dänischen Herrscherhauses. Das erhöhte die Bedeutung des zwei Monate vorher geschlossenen Ehebundes zwischen Atterdags Tochter Margarete und Hakon VI. von Norwegen unversehens noch mehr.

Die für die fernere Zukunft folgenreichste Wandlung im Jahre 1363 jedoch vollzog sich fern von der Ostseeküste im Reichsinneren; sie hing mit dem weiteren Aufstiege des inzwischen zum Kaiser gekrönten Luxemburgers zusammen. Ostern 1361 hatte Karl IV. den damals 19jährigen Wittelsbacher Otto von Brandenburg an seinen Prager Hof gezogen; im September danach verstarb Ottos oberbayerischer Halbbruder, und im Streit über dessen Erbe zerfielen Otto und Ludwig der Römer endgültig mit dem niederbayerischen Herzog Stephan.

Um Karl IV. auf ihre Seite zu bringen, nahmen die Brandenburger anstelle von Stephan den zweijährigen Kaisersohn Wenzel sowie den Kaiserbruder Johann von Mähren als Miterben der Kurmark an; sie erlaubten dem Kaiser ferner, die Lausitz als kurmärkisches Pfand von den Meißner Markgrafen zu lösen. Dafür verlobte Karl seine fünfjährige Tochter Elisabeth mit Otto von Brandenburg. Unverzüglich brach der seit Herbst 1362 wieder verwitwete Kaiser dann von Nürnberg nach Krakau auf, um dort an Pfingsten seine vierte Frau, die Enkelin Kasimirs des Großen von Polen, Elisabeth von Pommern-Wolgast zu heiraten. Elisabeths Vater Bogislaw V. war aber der Vetter Waldemars von Dänemark, und so stieß Karl IV. mit zwei meisterlichen Schachzügen seiner Diplomatie in diesem Jahre 1363 politisch endgültig zum südlichen Vorfeld der Ostsee durch.

Noch im Juni zog er mit starkem Aufgebot über Breslau und Spremberg zur Kurmark hinauf. Bei ihm standen auch der Erzbischof Dietrich von Magdeburg, ein zuverlässiger Parteigänger des Luxemburgers, den dieser 1361 auf seinen Erzstuhl befördert hatte; schon seit Ende 1362 verwaltete Dietrich für die schwer verschuldeten Wittelsbacher die Kurmark. Mit seiner Hilfe erzwang Karl IV. die Erbhuldigung der brandenburgischen Stände. Als dann 1365 auch Ludwig der Römer verstarb, war der Kaiser vollends Herr der Lage; in Tangermünde begann er für den kurmärkischen Raum eine neue Herrschaftsmitte auszubauen; den schwachen Otto als letzten der märkischen Wittelsbacher hielt er am Prager Hof fest, nachdem er sich von ihm zunächst für fünf Jahre die Herrschaft in Brandenburg hatte übertragen lassen.

So standen die Dinge also von dieser Seite für die Hanse, deren Politik nach dem gescheiterten Feldzuge von 1362 gegenüber Waldemar zunächst auf Zeitgewinn und Isolierung des Dänen gerichtet sein mußte. Wieder galt es, den Ostseeraum gegen störende Einflüsse abzuschirmen, wie sie nun auch von der luxemburgischen Politik durch die Fäden über die Kurmark und Pommern zum Dänenkönig auszustrahlen drohten. Karl seinerseits hatte bereits 1355 Lübeck und 1359 Hamburg neu privilegiert, wobei seine Wirtschaftspläne im Hintergrunde mitspielten; wollte er die in der Ständeversammlung wichtigen kurmärkischen Städte auf seine Seite ziehen, so wies ihn auch das auf kluges Taktieren gegenüber der Hanse hin, waren doch Orte wie Stendal, Salzwedel, Spandau und Berlin-Cölln damals wirtschaftlich und politisch eng mit den wendischen Spitzenstädten der Hanse verbunden.

Während er also die heraufziehende Auseinandersetzung zwischen Lübeck und dem Dänenkönig abwartend beobachtete, wie immer bereit, blitzschnell zwischen den Fronten durchschlagend zu operieren, gab er Lübeck und Hamburg beruhigende Zusicherungen hinsichtlich seiner Städtepolitik. Anlaß dazu war nach seinem Verhalten gegenüber den rheinisch-oberdeutschen Reichsstädten in der Tat vorhanden. Es ist bezeichnend, wie nachdrücklich er im Privileg von 1355 unterstrich, Lübeck solle keinesfalls verpfändet oder dem Reiche entfremdet werden. Das bezog sich auf die Pfandschaftspolitik, die von Karl in einer noch über die Praxis Ludwigs des Baiern hinausgehenden Virtuosität geübt worden ist. Das eindringende Buch von Götz Landwehr, „Die Verpfändung der deutschen Reichsstädte im Mittelalter", verschafft ganz neue Einsichten darüber.

Karls rücksichtslose und weitblickende Finanzpolitik, seine konsequente Bekämpfung der Städtebünde zugunsten des Landfriedensgedankens unter Einschluß aller Stände vor allem fürstlicher Territorien, seine in den Reichsgesetzen gerade der 50er Jahre fixierte Begünstigung der Kurfürsten und seine enge dynastische Zusammenarbeit mit einer ganzen Reihe weiterer Fürstenhäuser im Reiche zeigten den ja auch sonst bei aller persönlichen, renaissancehaften Modernität konservativ wirkenden Luxemburger als entschiedenen Gegner bürgerlicher Selbstregierung und Einungspolitik. Alle hansischen Chronisten der Zeit, in Lübeck, Magdeburg, Dortmund oder wo immer, beobachten mit mißtrauischer Aufmerksamkeit, wie Kaiser und Fürsten um die Städte ringen und wie sich seit der Goldenen Bulle hinter Vorkämpfern vom Schlage Zürichs und Ulms oberdeutsche Städtegruppen gegen Karl bilden.

Die niederdeutschen Städte waren auch über Karls Maßnahmen zum Kirchenschutz wenig erbaut, die sich an die 1354 vor Kaiser und Reich erhobene Klage des Hamburger Domkapitels gegen den Rat der Stadt fügten. Schon zwei Jahrzehnte rangen diese Gegner vor der Kurie in Avignon; es war eine der vielen, typischen Auseinandersetzungen zwischen den großen spätmittelalterlichen Bürgergemeinden und den in sie eingesprengten, rechtlich exemten Dom- und Stiftsfreiheiten. Karls Reichsgesetz, in erweiterter Fassung als „Constitutio Carolina" 1359 nochmals für die Erzdiözesen Bremen, Magdeburg und das Bistum Cammin eingeschärft, rief heftigen Widerstand in den wendisch-pommerschen und sächsischen Städten hervor, zumal der Kaiser die mecklenburgischen Herzöge mit Schiedssprüchen in den hamburgischen Streitigkeiten betraut hatte.

Auf so unfreundlichem Hintergrund wurde im gleichen Jahre 1359 das große Niederelbe-Privileg Karls IV. für Hamburg ausgefertigt, dessen wirtschaftliche Bedeutung Heinrich Reincke nachgewiesen hat. Dem Inhalt nach entsprach der Freibrief jenen, die Lübeck für die Untertrave erhalten hatte, und er war wie dort gegen die holsteinische Landesherrschaft gerichtet, mit der sich Hamburg zur Zeit der Söhne Gerhards des Großen so schlecht stand wie niemals wieder vor- oder nachher.

Die Aufstellung einer Rolandsfigur und Versuche zur Gewinnung der Reichsstandschaft kennzeichnen diesen Tiefpunkt in den Beziehungen des Elbhafens zu seinen schauenburgischen Ortsherren.

Nach 1363 war Karl IV. verstärkt um den Elbhandel bemüht; zweimal hat er Hamburg Weisungen gegeben, eine Messe zu begründen. Seit 1365 stand er auch mit Venedig in Gesprächen über eine neue Fernstraße, die dessen flämische Beziehungen allen Ernstes über Linz und Wien nach Prag, von dort elbabwärts nach Hamburg umleiten sollten. Hamburgs Aufstieg läßt sich sowohl im erhaltenen Pfundzollbuch von 1364 als im Ausbau seines Umland-Territoriums namentlich ab 1373 gut verfolgen. Durch den seit 1364 endgültig eingetretenen günstigen Wandel in Karls Beziehungen zu den österreichischen Habsburgern war der neue Fernverkehrsplan zur weiteren Förderung des durch die Neustadtgründung seit 1348 an Umfang verdoppelten Prag ermöglicht worden. In der nun glänzend ausgebauten böhmischen Residenz an der Moldau sollten Hansen und Welsche eigens von Karl errichtete Kaufhäuser als Treffpunkte nutzen. Eine Flotte von kleinen, schnell zu rudernden oder zu treidelnden Flußschiffen entstand, und Leitmeritz an der Elbe wurde für die Getreideschiffahrt konzessioniert.

Reincke hat das Projekt seiner Bedeutung nach sicher überschätzt, überhaupt wohl Karls Haltung zur Hanse zu positiv beurteilt, aber als ein Stein im Gesamtkonzept des Kaisers behält es beachtlichen Rang. Wenn Karl sich 1373 endgültig entschlossen hat, das mit so großen Mühen aufgebaute Neuböhmen zwischen Eger, Pilsen und Nürnberg größtenteils zu opfern, um den letzten Wittelsbacher Otto endgültig aus der Kurmark zu entfernen, wenn er nach Kräften Tangermünde unterhalb Magdeburgs an der Elbe ausbaute, wo er auch ein gut ausgestattetes Kanonikerstift errichtet hat, so lesen wir daran ab, wohin er den Schwerpunkt seiner Erwerbspolitik im letzten Herrschaftsjahrzehnt legen wollte.

Natürlich mußte das den scharfen Widerstand Magdeburgs herausfordern, das den eigenen Elbestapel gefährdet sah und Mittel genug besaß, dagegen alle Minen springen zu lassen. Die Magdeburger Schöppenchronik ist dementsprechend eindeutig gegen Karl IV. eingenommen. Aber auch die hansische Kerngruppe um Lübeck, von den Venezianern zu schweigen, kann den Plan einer Italienstraße über Prag fernhändlerisch kaum ernstlich erwogen haben. Immerhin bleibt es Tatsache, daß unter Karl der Elbverkehr zwischen Böhmen und der Küste ständig wuchs, wobei gerade Magdeburg seine günstige Umschlagslage zu nützen wußte.

Faßt man diesen Überblick zusammen, so konnten die lübischen Ratmannen sich, als sie 1363 über die gegen Dänemark weiter einzuschlagende Politik entscheiden mußten, keinen Illusionen über eine etwa vom Kaiser zu erhoffende Unterstützung hingeben; sie mußten andererseits alles daran setzen, unnötige Spannungen mit ihm zu vermeiden. Im neuen Figurenprogramm des lübischen Rathauses erschien jetzt Karl, und zwar bezeichnenderweise mit seiner vierten, der pommerschen Gattin. Auch Münzen mit Karls Bild sind von Lübeck erst nach 1363 geschlagen worden.

Das hinderte die nüchtern rechnenden Führer an der Trave aber nicht, die Aufforderung des Kaisers, zu dessen zweitem Italienzuge 1267/69 Hilfe zu leisten, kühl mit dem Hinweis auf die eigenen Sorgen mit Dänemark abzulehnen. So waren die Grenzen allseits abgeklärt: schon 1363 wird man in Lübeck erkannt haben, daß man die im Ringen mit Waldemar neu auftauchenden Aussichten nur aus eigenen Kräften zum Erfolg werde ausmünzen können.

Als die Lübecker 1363 ihren Bürgermeister Wittenborg köpften, weil er im Feldzuge des Vorjahres gegen Waldemar von Dänemark versagt hatte, waren die politischen Gewichte im Kampf um den Ostseeraum gerade wieder dabei zu wandern, und zwar vorwiegend zugunsten der Hanse. Günstig für Lübeck war vor allem der Tod von Waldemars einzigem Sohne sowie der Sturz des unfähigen Schwedenkönigs Magnus II. Sein mecklenburgischer Nachfolger Albrecht versprach eine tätigere Waffenhilfe gegen den Dänen. Andererseits war der Kaiser dem Schauplatz näher gerückt, so daß gegen etwa von seiner Seite drohende Störungen seitens der Hanse Vorsorge getroffen werden mußte.

Zunächst gab es aber im eigenen Lager der Städte Mühsale genug, die der Fortsetzung des Kampfes durchaus keine günstigen Prognosen zu stellen schienen. Die bis Anfang 1364 befristete Waffenruhe bedeutete an sich dem Wortlaut nach keinen Verzicht auf die hansischen Forderungen am Sund und auf Schonen, doch machten sich dort nun Kampen und andere Ijsselmeerstädte mit dänischer Förderung breit. Waldemar hatte wohl Öland und Gotland infolge der Kraftprobe am Sund wieder geräumt, hielt sich nun aber kaum an die Waffenruhe, verschleppte seinerseits die Verhandlungen und knüpfte mit den preußischen Städten sowie mit Hochmeister Winrich von Kniprode an, um sie von den Wendischen abzuziehen. Mehr als die schon beschlossene Einstellung des Pfundzolls für die hansische Kriegsführung erreichte er dabei nicht und erst recht mißlang es ihm, die über die Festsetzung ihrer Schwester aufgebrachten holsteinischen Grafen Klaus und Heinrich vom Bunde mit den Städten und den Mecklenburgern abzubringen.

So nutzte Waldemar die Kampfpause, um durch eine zweite Reise mit sehr bezeichnend über den Kontinent verteilten Schwerpunkten im Rücken seiner hansischen Gegner Verbündete zu suchen. Wir finden ihn im Dezember 1363 bei Karls IV. Hochzeit mit Elisabeth von Pommern am Hofe des Polenkönigs Kasimir in Krakau; von dort reist er mit Karl nach Prag, und während der Luxemburger sich weiter über Breslau zur Kurmark begibt, führen die Spuren des Dänen über Köln und Flandern zum Papst nach Avignon. Unterdes vermittelte Barnim von Pommern in Waldemars Abwesenheit zwischen den Städten und dem dänischen Reichsrat eine Verlängerung der Waffenruhe. Da die Hansen weiter uneins über die Kriegsführung waren, mußten sie hinnehmen, daß die Reisezeit des Königs von ihnen ungenutzt verstrich. Namentlich die Hamburger hatten vor ihren Toren soviel Ärger mit Adolf von Holstein-Pinneberg, daß ihnen jede Lust zu weiterer Teilnahme am Sundstreit verging, der ja ohnehin ihre eigenen Handelsinteressen kaum berührte.

Im Herbst 1364 erst kehrte Waldemar heim. Er war vom Kaiser erneut als Lübecker Rektor eingesetzt worden; Karl wies Lübeck offiziell an, seine Reichssteuer an den Dänen abzuführen. Der Papst unterstützte Waldemar mit Weisungen an die Bischöfe von Cammin und Lübeck; allerdings hatte der Däne anscheinend beim flämischen Grafen ebensowenig erreicht wie beim englischen König, zu dem deshalb gar nicht erst die ursprünglich geplante Reise über den Kanal angetreten worden war. Die Ratifizierung der Waffenruhe zögerte er hinaus, ließ sich dann aber doch zu Verhandlungen in Lübeck im Mai 1365 herbei, wohl weil inzwischen das schwedische Königtum Albrechts zum entscheidenden Sieg über Magnus gelangt war und Waldemar die Hände zu neuer Aktivität an der westgötischen Küste frei haben wollte. Unverändert forderten die Städte Wiederherstellung der von ihnen vor allem auf Schonen unter Christof und Magnus von Schweden zwischen 1320 und 1360 erreichten Rechtslage, während Waldemar nur die bereits vor 1320 durch Erich Menved verbrieften Rechte zugestehen wollte. Man vereinbarte eine weitere Tagfahrt auf Seeland, und sie kam endlich im September 1365 in Wordingborg zustande. Lübeck, Rostock und Stralsund führten die Sache der Hansen; sie bequemten sich zu einem Kompromißfrieden, der nur einen Teil der schonischen Privilegien bestätigte, und auch das nur auf sechs Jahre.

Zufrieden war damit keiner der Partner, doch die Städte brauchten Ruhe zu weiteren Rüstungen und zur Befriedung ihres Umlands, Waldemar mußte sich gegen Albrecht von Schweden wenden. Hakon von Norwegen, der bei Enköping knapp der Gefangennahme entgangen war, hatte sich hilfesuchend bei seinem dänischen Schwiegervater eingefunden. Beide stießen im Frühling 1366 von Schonen aus nach Südschweden hinein; zu Pfingsten belagerten sie das im schauenburgischen Pfandbesitz Heinrichs des Eisernen befindliche Kalmar und nahmen die Insel Öland. Daraufhin vermittelten Herzog Albrecht und Graf Adolf von Kiel einen auf Laaland Ende Juli geschlossenen Frieden zwischen Waldemar und Schweden; der Däne behielt, was er bis Pfingsten erobert hatte, er gewann Gotland hinzu sowie vor allem die Küstenstreifen am Kattegat zwischen Halland und Norwegen, also Teile von Småland und Westergötland. Hakon und Waldemar besaßen damit eine Landverbindung, Albrecht war von der schwedischen Westküste gänzlich abgedrängt, wenn auch als König anerkannt.

Zu der vereinbarten Begegnung des dänischen mit dem schwedischen König kam es freilich ebensowenig, wie Albrecht das Abkommen seines Vaters ratifizierte. Statt dessen rückte der Schwedenkönig wieder betont mit den hansischen Städten zusammen, denen sich seit Ende 1366 auch die preußischen hinter Danzig wieder beigesellt hatten, weil Waldemar vor Schonen wendische, pommersche, preußische und baltische Koggen ohne Unterschied wegnahm. Auch der Hochmeister Winrich von Kniprode erneuerte daher seinen Bund mit Lübeck gegen den Dänen.

So kamen die Dinge 1367 wieder in Fluß, obgleich an der Trave eben damals ein zweiter schwerer Pestzug die Bürgerschaft empfindlich dezimierte. Die seit dem Seekriege von 1362 deutlich erkennbare Umschichtung in den Ratskollegien vor allem der wendischen Städte wurde dadurch noch wesentlich vorangetrieben. Schon seit 1363 tauchen bedeutende neue Köpfe auf, namentlich der Lübecker Johann Pleskau und der Stralsunder Bertram Wulflam. Sie vertraten eine feste, die Entscheidung gegen Waldemar suchende Politik und besaßen zugleich das nötige Verhandlungsgeschick, um die verschiedenen Städtegruppen wieder zu gemeinsamem Vorgehen zu einigen.

Als ein letzter Versuch der Küstenstädte von Lübeck bis Anklam scheiterte, zu Falsterbo Ende August 1367 vom Dänenkönig eine befriedigende Regelung des Schonenhandels zu erreichen, war man bei den Wendischen zum Krieg entschlossen. Die schon vorher zwischen den preußischen und den niederländischen Städten vereinbarte Tagfahrt zu Martini des Jahres in Köln sollte nun auch von dem Städtekreis um Lübeck beschickt werden. Binnen acht Tagen kam dort im Rathaus die Kölner Konföderation des 19. November 1367 zustande.

Das Bemerkenswerte an diesem wichtigen Vertrag ist zunächst einmal die Laufzeit des geschlossenen Verbundes auf drei Jahre; wenn man so will, ist auf der einzigen jemals in Köln durchgeführten gemeinen Tagfahrt auch zum einzigen Male ein förmlicher Städtebund geschlossen worden. „Hansisch“ war er nur bedingt, denn einerseits fehlten die niedersächsischen und westfälischen Gruppen, andererseits waren über die Ijsselstädte hinaus auch die holländischen unter Führung von Amsterdam sowie die seeländischen unter Führung von Briel vertreten, die sich sonst nie zur Hanse hielten. Über den geplanten Feldzug hinaus vereinbart, ist die Konföderation in der Tat bis 1385 hin mehrfach verlängert worden. Damit hatte sie eine zeitlich den rheinischen und oberdeutschen Städtebünden dieser Jahrzehnte ganz vergleichbare Dauer. Dort liegt die Laufzeit zwischen 1376 und 1389.

Noch nachdrücklicher als 1361 wurde als Kriegssteuer das Pfundgeld als Abgabe aller hansische Häfen anlaufenden oder verlassenden Schiffe beschlossen, und zwar nach den verschiedenen kurrenten Währungen vom flämischen bis zum baltischen Wirtschaftsraume hin. Für jede Stadt wurde der Aufgebotsanteil nach Schiffen und Waffenträgern genau festgesetzt; die kleine Flotte der Westerlinge sollte sich zu Palmsonntag 1368 sammeln, die große der Osterlinge vom Ostertage an. Vor Marstrand an der schwedischen Kattegatküste lag für die Westflotte, vor Hiddensee für die Ostflotte der Bereitstellungsraum zum nachfolgenden Angriff aus beiden Richtungen gegen den Öresund. Für die Holsteiner, Mecklenburger und Schweden sollte der Bund bis zum nächsten Frühjahr offengehalten werden. Schwere Strafandrohungen sollten von Verrat und vorzeitigem Bundesbruch abschrecken. Eine lebhaft nachfolgende diplomatische Aktivität zog schließlich alle Hafenstädte von der Rheinmündung bis nach Estland hinauf in das Bündnis, wenn sich auch etwa Bremen und Hamburg nur zu finanzieller Hilfe bereitfanden.

Waldemar scheint die gegen ihn heraufziehende Gefahr unterschätzt zu haben; er glaubte, zum dritten Male außer Landes gehen zu können, um im Rücken der Hanse Bundesgenossen gegen sie zu werben. Von Flucht, wie natürlich die hansischen, aber auch einige der skandinavischen Quellen behaupten, kann dabei keine Rede sein. Bedenkt man, daß Karl IV. erst im Mai 1368 auf seinem mehrfach verzögerten Italienzuge nach Treviso gelangte, so mochte der Dänenkönig Anfang April bei seinem eigenen Aufbruch noch mit der Möglichkeit rechnen, den Kaiser zu nachdrücklichem Eingreifen von der Kurmark aus zu gewinnen. Diesmal nützte Lübeck aber die Zeit. Während Waldemar bei seinen pommerschen Verwandten eintraf, liefen die konföderierten Flotten wirklich aus und segelten zum Sund. Waren sie auch zusammengenommen wesentlich schwächer an Zahl als das Aufgebot von 1362, so muß ihre sorgfältig ausgewogene Kampfkraft doch der des unglücklichen ersten Feldzuges mindestens entsprochen haben. Auf den lübischen Koggen finden wir unter Bürgermeister Brun Warendorp und zwei anderen Ratmannen als Hauptleuten eine ganze Reihe von Soldrittern sowie eine etwa gleich große Anzahl von Schwerbewaffneten und Knechten. Mindestens ein Fünftel des Aufgebots war beritten, das Belagerungsgeschütz ebenso zahlreich wie beweglich.

Man landete ohne ernstere Gegenwehr bei Kopenhagen und nahm die Stadt im ersten Ansturm; sie wurde zerstört, der Hafen gesperrt und die Burg zum eigenen Aktionszentrum gemacht. Dann ging man nach Schonen hinüber, wo inzwischen Albrechts schwedisches Aufgebot erschienen war. Zugleich stießen die Holstengrafen gegen Jütland vor, fielen weitere Schiffe der Niederländer über Hakons norwegische Küstenplätze her. Mitte Juli war ganz Schonen von Schweden und Hansen besetzt, Albrecht erteilte nun die den Hansen genehmen Privilegien für Falsterbo, übrigens gesondert für die niederländischen Städte. Im Spätsommer wurden auch die kleineren dänischen Inseln besetzt. Abgesehen von einigen jütischen Plätzen wie Aalborg und Kolding, vielleicht auch Randers, vor allem aber dem erneut hartnäckig verteidigten Helsingborg, hatte Waldemar gegen Ende des Jahres keine Stützpunkte mehr in seinem ganzen Königreich. Auch sein Schwiegersohn Hakon hatte Waffenruhe erbeten und bis Ostern 1369 erhalten. Da man die Handelssperre gegen sein von der Pest und einer Mißernte betroffenes Land fortsetzte, blieb der Norweger in bedrängter Lage.

Das scharfe Regiment der Feldzugführer hielt straffe Ordnung im hansischen Aufgebot; der Handelsbetrieb auf den Heringsfitten von Falsterbo, sofort in vollem Umfang aufgenommen, wurde genau überwacht. Auch die Westerlinge hatten sich dem Pfundzoll und den Handelssperren zu fügen. Das zog freilich bald Streitigkeiten mit Flamen, Wallonen und Engländern nach sich.

Inzwischen hatte Waldemars Geld ihm Hilfszusagen von Wettinern und Welfen eingebracht, waren auch seine pommerschen Verwandten zum Angriff gegen die Mecklenburger angetreten. Bei Damgarten aber wurden sie zurückgeschlagen; als der Winter den Feldzug vorläufig beendete, beschlossen die Städte, ihr Aufgebot dennoch im Felde zu lassen und den Pfundzoll weiter bis Ostern 1370 zu erheben. Nur die Niederländer kehrten heim, während auch die baltischen und preußischen Kriegskoggen am Sund blieben. Eine von 20 Städten beschickte Tagfahrt zu Lübeck legte Anfang März 1369 den Plan für die weitere Kriegsführung fest. Brun Warendorp übernahm die verschärfte Belagerung von Helsingborg, das Waldemars dänische, rügische und deutsche Soldritter noch hielten, unter ihnen allein vier Moltke. Im Juli waren sie endlich verhandlungsbereit und sagten die Übergabe für den 8. September zu, falls der König sie nicht bis dahin entsetzen könne.

Dazu war Waldemar nicht imstande, und obwohl in der Zwischenzeit Brun Warendorp auf einem Streifzuge durch Schonen den Tod fand, – in Marien-Lübeck wurde er beigesetzt – blieb endlich den Verteidigern von Helsingborg nur noch die Kapitulation zu dem vereinbarten Termin. Der Feldzug war beendet und eine am 30. November vom dänischen Reichsrat unterzeichnete Waffenruhe erfüllte alle von den Hansen gestellten Bedingungen. Gegen den Willen der verbündeten Fürsten waren die Städte bereit, auf diese Vereinbarungen hin mit Waldemar Frieden zu schließen.

König Hakon von Norwegen hatte bereits am 5. September 1369 eine von seinen Unterhändlern im Lager vor Helsingborg angenommene Waffenruhe anerkannt und von den Hansen dafür die Zusage erhalten, daß die erste Versorgungsflotte in der Woche vor Martini endlich wieder nach Bergen in See gehen sollte. Mit dem Dänen dagegen zogen sich die Verhandlungen über den ganzen Winter hin. So bedurfte es einer neu im Frühjahr 1370 entfalteten hansischen Aktivität, bis endlich der Gegner kriegsmüde war und sich dänische Unterhändler in Lübeck die Bedingungen für den Frieden holten. Er sollte auf einer für den 1. Mai 1370 nach Stralsund berufenen Tagfahrt geschlossen werden.

23 Städte hatten dazu Ratssendeboten geschickt. Außer Wismar und Rostock, die mit Mecklenburgs Herzögen und König Albrecht von Schweden den Kampf gegen Waldemar fortsetzen wollten, waren alle Ostseehäfen vertreten, auch die preußischen mit Kulm, Thorn, Elbing und Danzig, die baltischen mit Riga, Dorpat und Reval. Dagegen fehlten Hamburg, Lüneburg, Stade und Bremen, ferner die innersächsischen hinter Magdeburg und Braunschweig sowie die westfälischen. Andererseits waren die Niederländer mit zehn Orten beteiligt. Der Erzbischof von Lund, die Bischöfe von Roskilde und Odense sowie der aus Rügen stammende Henning von Putbus als Wortführer des Reichsrates vertraten die Dänen.

Am 24. Mai konnte endlich das Vertragswerk beurkundet werden. Die Hansen gingen bei ihren Forderungen wirtschaftlich nicht über die unter Christof und Waldemar selbst in dessen erstem Herrschaftsjahrzehnt erlangten Rechte hinaus. Schon das bedeutete eine Regelung des Strandrechts in ihrem Sinne und volle Handelsfreiheit in Schonen unter Beseitigung der von Waldemar seit 1361 eingeführten Abgaben; auch die preußischen Städte gewannen als Preis ihrer Teilnahme jetzt eine eigene Heringsfitte, wie sie auch in den Verträgen mit Hakon von Norwegen zum Bergener Kontor zugelassen worden waren.

Das wesentliche an diesem verkehrs-, handels- und zollrechtlichen Teil des Textes war, daß er sich zum ersten Male auf die Gesamtheit der zur Hanse gerechneten Städte und Kaufleute bezog, natürlich ohne beide näher zu benennen. Damit war, von den weiter bestehenden Freibriefen für einzelne Städte unabhängig, eine gemeinsame Rechtsbasis geschaffen, deren Behauptung von da an eines der beharrlich festgehaltenen hansischen Ziele gewesen ist. In den militärischen und politischen Vertragsabschnitten war ferner die seit Erik Menved gegenüber Skandinavien vertretene Haltung zu festen Formen gebracht: zur Sicherung des Verkehrs durch den Sund ließen sich die Städte die vier wichtigsten festen Plätze auf Schonen für 15 Jahre abtreten, binnen welcher Zeit sie auch 2/3 der dort anfallenden Zölle und Abgaben erhalten sollten. In Falsterbo und Skanör, Malmö und Helsingborg zogen damit die wendischen Städte zu Händen der gesamten Konföderation als Pfandherren ein, und es kennzeichnete nur ihre Taktik, wenn sie wenig später ausgerechnet Henning von Putbus mit der Wahrnehmung ihrer Rechte im Verein mit hansischen Ratmannen beauftragten. Er hatte für den dänischen Reichsrat der entscheidenden Bedingung zugestimmt, daß jede Neubesetzung des dänischen Königtums zu Lebzeiten Waldemars oder nach seinem Tode hansischerseits gebilligt werden müsse. Das hat später wieder einmal eine Thronfolgeregelung im hansischen Sinne nach sich gezogen. Waldemar wurde eine Frist bis Michaelis 1371 gesetzt, sein Siegel unter den Vertrag zu setzen, und auch die abwesenden Glieder des Reichsrats hatten sich nachträglich darauf zu verpflichten. Die Hansen wollten Waldemar sein Land erhalten, weil sonst nur Mecklenburger oder Schauenburger den Vorteil gehabt hätten, keineswegs aber die Hanse selbst. Sie behielten sich vor, ab Ostern 1372 den Krieg wieder aufzunehmen, falls keine Ratifizierung durch den König erfolgte. Bis dahin sollte ihnen auch die Burg Warberg in Halland unter ihrem Hauptmann Kort Moltke als Offenhaus verfügbar sein.

Das waren beträchtliche Erfolge, und sie wurden durch die Ereignise des Jahres 1371 nach verschiedenen Richtungen weiter bestätigt. Zunächst einmal trat der seit dem Tode Wilhelms von Lüneburg im Jahre 1369 zwischen Welfen und Askaniern schwebende Erbfolgestreit um das Herzogtum Lüneburg nun in seine entscheidende Phase. Da sich der Welfe Magnus II. von Braunschweig auf seiten König Waldemars gestellt hatte und andererseits Kaiser Karl IV. wegen seiner kurmärkischen Politik auf die Unterstützung der Askanier in ihren Ansprüchen auf die lüneburgische Nachfolge festgelegt war, entspannte sich so das Verhältnis Lübecks zum Kaiser in einer wichtigen Teilfrage. Es kam hinzu, daß der bei Roggendorf unterlegene Welfe die Stadt Lüneburg, die sich gegen ihn entschieden hatte, durch Befestigungsbauten auf dem Kalkberg und Straßenraub im Umlande hart bedrängte; als die Lüneburger sich der Kalkbergburg bemächtigten und sie zerstörten, hätten die Ritter des Magnus im Gegenzuge beinahe durch Handstreich die Stadt erobert. Im blutigen Straßenkampfe der Ursulanacht 1371, bei dem ein Bürgermeister und mehrere Ratmannen fielen, wurden die Eindringlinge aber überwältigt. Als Magnus 1373 bei weiteren Kämpfen umkam, waren die Askanier zunächst am Ziele.

Wie hier, so liefen die Dinge auch in Schweden günstig für die Hansen: König Albrecht hatte gegen Hakon von Norwegen den Krieg unglücklich fortgesetzt; im Gegenangriff waren die Norweger bis vor Stockholm gelangt. Die enge Zusammenarbeit Albrechts mit den Deutschen der schwedischen Städte, namentlich Stockholms, sowie seinen deutschen Soldrittern als Amtleuten hatte überdies zu Unruhen unter den mittelschwedischen Bauern geführt. Mitte August 1371 war daher auch Albrecht friedensbereit; er gab Hakon dessen gefangenen Vater Magnus II. heraus und machte dem Schwedenadel erhebliche Zugeständnisse, so daß der Friede zwischen Dänemark/Norwegen und Mecklenburg/Schweden dem Stralsunder Vertrage mit Halbjahresfrist folgen konnte.

Indirekt hatte Hakon so dem dänischen Schwiegervater Waldemar die Rückkehr in sein Land ermöglicht. Am 27. Oktober 1371, sechs Tage nach der Lüneburger Ursulanacht, bequemte der Dänenkönig sich endlich, den Stralsunder Vertrag auch seinerseits anzuerkennen. Das geschah nicht nur unter dem Eindruck der allgemeinen Lage, sondern wahrscheinlich auch in Konsequenz gescheiterter Verhandlungen, zuletzt wieder bei Karl IV. in Prag. Der verwendete sich zwar schriftlich für ihn, beließ aber die lübische Reichssteuer dem Askanier Rudolf von Wittenberg, an den sie inzwischen vergeben worden war, und hatte bereits über seine kurmärkischen und lüneburgischen Verbindungen hinweg eine weitere Annäherung an Lübeck ins Auge gefaßt.

So ließ Waldemar zwar noch den Michaelistermin verstreichen, zu dem die hansischen Städte ihre Ratifikationen des Friedensvertrages in Stralsund hinterlegt hatten, verhandelte aber weiter, weil die Hansen immerhin eine Rückgabe der schonischen Stützpunkte an Dänemark vorgesehen hatten, also die Ansprüche Albrechts von Schweden auf die Halbinsel Schonen nicht anerkannten. Sollte es dabei bleiben, so mußte Waldemar nach Albrechts Friedensschluß mit Hakon jetzt auf die Linie des norwegischen Schwiegersohnes einlenken. Von Pommern aus erschien der Dänenkönig also zum Stralsunder Städtetag im Oktober 1371 und hängte sein Sekretsiegel an den Friedensvertrag. Zu der in Aussicht gestellten weiteren Beglaubigung auch mit dem großen dänischen Königssiegel ist es bezeichnenderweise bei Lebzeiten Waldemars nicht mehr gekommen.

Waldemars Rückkehr nach Dänemark stand damit nichts mehr im Wege; allerdings ist er dort erst im Sommer 1372 nachzuweisen. Hatte er sich gegenüber den Hansen und den Mecklenburgern gebunden, so blieb ihm doch die Auseinandersetzung mit seinen alten holsteinischen Feinden, den Brüdern Klaus und Heinrich dem Eisernen, um deren dänische Pfandinseln und Jütland. So stand er in den letzten Jahren seiner Herrschaft fast wieder dort, wo er anfangs begonnen hatte.

Es gelang ihm zunächst, die Schleswiger Herzogswitwe Rixa auf seine Seite zu ziehen, und im Frühjahr 1373 anerkannten dann der Jütenadel und die Holstengrafen Waldemars lehnsherrliche Rechte für den Norden des Landes. Unmittelbar anschließend unterwarf der König unter Bruch des Vertrages Flensburg, im Februar 1374 unternahm er einen erfolgreichen Feldzug gegen die Nordfriesen. Als dann zu Beginn des Jahres 1375 der letzte Schleswiger Herzog Heinrich aus dem Hause Abels verstarb, konnte Waldemar hoffen, wenigstens hier wieder dem Ziele nahe zu sein.

Kein Zweifel, daß das schon bei den Stralsunder Verhandlungen mit der Hanse vorbereitet worden ist: abermals hat Lübeck damit verhindert, daß die Schauenburger ganz Jütland an sich zogen, und zugleich Waldemars Tatkraft auf ein den Städten günstiges Feld abgelenkt. Die Gefahr, daß der um diese Zeit vermutlich an 70jährige Dänenkönig nochmals die feste Stellung der Hanse auf Schonen gefährden könne, war nicht sehr hoch einzuschätzen, und für die Nachfolge hatte man sich in Lübeck ja bereits ein Mitspracherecht zusichern lassen.

Diese Rechnung ist aufgegangen: Waldemar selbst verstarb noch im gleichen Jahre 1375, und was er in den letzten Herrschaftsjahren auf der kimbrischen Halbinsel noch erreicht hatte, kam zwar auch seiner Tochter Margarete zustatten, die er mit ihrem Gatten Hakon aus Norwegen als Nachfolgerin einsetzte, nützte aber mehr noch dem hansischen Interesse, die Holstengrafen nicht zu stark werden zu lassen. Das von jeher durch die Hansestädte angestrebte Gleichgewicht von holsteinischen, dänischen und mecklenburgisch/schwedischen Fürstenmächten in der westlichen Ostsee hatten die 35 Königsjahre Waldemars nicht beseitigen können, es war vielmehr durch den Stralsunder Frieden erst recht gefestigt worden. Im Verein mit der ja noch in Kraft gebliebenen kölnischen Konföderation gab er dem Städteverbande eine zuvor unbekannte Geschlossenheit und stellte so die einst mit dem Rostocker Landfrieden von 1283 schon einmal erreichte Vorherrschaft der Hanse im niederdeutschen Raum sowie auf beiden angrenzenden Meeren unter noch weit günstigeren Vorzeichen zum zweiten Male her. Anders aber als gegen Ende des 13. Jahrhunderts hatte diese Vorherrschaft nun auf lange Zeit Bestand.

Der Kaiser und Lübeck

Der im Stralsunder Frieden von 1370 gipfelnde Sieg über König Waldemar IV. von Dänemark ist in der Hanseforschung oft überhöht und zugleich mit nationalen Untertönen fehlinterpretiert worden. Bemerkenswert bleibt aber, wie das Dollinger zutreffend skizzierte, daß der Erfolg nicht nur mit wirtschaftlichen Waffen erfochten war, sondern auf militärischen Leistungen zu Lande und zur See beruhte. Auch die finanzielle Voraussetzung war durch gemeinsame Steueropfer in zuvor nicht dagewesener Weise geschaffen worden. Sahen wir die mit der Hanse alliierte Fürstengruppe schon beim Rostocker Landfrieden von 1283 – das ist gegen Dollinger zu betonen – im Schlepptau der Städte (nicht umgekehrt), so war sie beim Kriege mit Dänemark ein knappes Jahrhundert später gänzlich von der Kriegsführung durch die Städte abhängig geworden. Das wird gerade am vergeblichen Widerstand der Mecklenburger gegen den Friedensschluß ganz unverkennbar deutlich. Der Feldzug selbst stand in Vorbereitung, Planung und Durchführung durchaus auf der

Höhe des zeitgenössischen Kriegswesens; das kombinierte Aufgebot von Flotte und Landstreitkräften wurde von Bürgermeistern und Ratmannen befehligt, unter ihnen standen zahlreiche Soldritter mit Unterführerfunktionen; man verfügte über ein vielfältiges Instrumentar damaliger Gliederung der Streitkräfte sowie des Materials von der Kriegskogge bis zur Belagerungsmaschine.

Stellt man weiter die hohe Befähigung des Gegners in Rechnung, der ebenfalls, wie namentlich der Gotlandfeldzug 1361 erwies, über moderne Soldtruppen verfügte, so rückt das positive Urteil über die hansische Leistung im Krieg mit Waldemar IV. noch um weitere Stufen hinauf. Der Däne hatte schon in den beiden ersten Herrschaftsjahrzehnten Tatkraft und Zähigkeit, persönlichen Mut und beträchtliche Organisationsgabe bewiesen. Er zog auch diplomatisch alle verfügbaren Register bis hinab zur fernen Kurie und blieb in allen Wechselfällen standhaft; er vermochte schließlich nüchtern einzusehen, daß er seine hansischen Gegner unterschätzt hatte, und immer noch einen Frieden zu erreichen, der ihm bei aller Härte die Krone sicherte und seiner Erbin politische Möglichkeiten offenhielt, wie wir bald sehen werden. Daß Waldemar natürlich dennoch die Kräfte seines kleinen Landes überfordert hatte, steht auf einem anderen Blatt.

Nicht nur dieser bedeutenden Persönlichkeit gegenüber behielten die hansischen Führer das Heft in der Hand, sondern sie wußten auch den wesentlich gefährlicher noch im Hintergrunde aufsteigenden luxemburgischen Kaiser aus ihrem eigenen Spiele herauszuhalten. Man muß das Unvermögen etwa der Wittelsbacher, aber auch mancher anderen Fürstenhäuser des Zeitalters Karls IV., die auf ganz weite Ziele abgesetzte Politik des Kaisers auch nur zu durchschauen, geschweige denn ihr wirkungsvoll zu begegnen, vergleichen mit der beherrschten Vorsicht des lübischen Führungskreises, dem sowohl der schrittweise Ausgleich mit einem zunächst abgelehnten Herrscher gelang, als auch bei wechselnden Phasen der Annäherung das Bemessen des richtigen Abstandes, ohne den keine selbständige hansische Politik im Ostseeraume mehr möglich geblieben wäre. Dann zeigt sich, daß innerhalb des Reiches außer den rheinischen Kurfürsten mit ihrem klugen Taktieren gegenüber Karls Reichsgesetzen von der Goldenen Bulle bis zur Constitutio Carolina nur noch der bürgerlich-hansische Führungskreis dem bedeutendsten Luxemburger als gleichwertiger Partner gegenüberzutreten vermochte. Konsequent wurde dabei die eigene Konzeption eines über beide nordischen Meere gespannten Wirtschaftsimperiums festgehalten; Karls Versuche, seine böhmische Machtmitte in dieses Fernhandelsnetz einzuschalten, wurden geschickt benutzt, eigene Positionen abzusichern, etwa die Hamburgs an der Niederelbe oder die Lübecks im Strandrechtsproblem, das wir noch zu behandeln haben, aber sie wurden auf Distanz gehalten, im Grunde doch, wie man gegen Heinrich Reincke betonen muß, in richtiger Bewertung nicht ganz für voll genommen. Was aber Karls politische Bemühungen in seinen späteren Jahren anging, so akzeptierte man sie nur dort, wo sie, und nur solange, wie sie mit den Interessen etwa der Stadt Lüneburg im Erbfolgestreit zwischen Welfen und Askaniern parallel gingen, man trat ihnen aber kühl und erfolgreich entgegen, wo sie, wie im Falle Dänemarks, die eigenen, hansischen Kreise zu stören drohten. Karl selbst war viel zu erfahren und geprüft, als daß er diese Lage nicht erkannt und sich ihr in bewährter diplomatischer Meisterschaft angepaßt hätte. Er durfte hoffen, seinem Nachfolger mit der Zusammenfügung Böhmens, Schlesiens, der Lausitzen und der Kurmark – wie er erwartete auch mit dem Anfall der polnischen Erbschaft und mit der engen Verbindung zu dem Pommern und den Mecklenburgern – alle Möglichkeiten zu einer aktiven Fortsetzung dieser nach Norden und Osten strebenden Politik an die Hand gegeben zu haben. Sein ebenso kompliziertes wie aufschlußreiches, in den Quellen kaum schattenhaft nachgezeichnetes Verhandlungsspiel mit der Hanse und Lübeck stellt noch manche lohnende Forschungsaufgabe.

Die letzte Phase in Karls Bemühen um Lübeck und die Hanse gehört bereits in den mit Waldemars Ausgang einsetzenden Zusammenhang eines erneut schwierige Zeiten bringenden Abschnitts.

Der lübische Stadtchronist berichtet nicht ohne deutlichen Anflug von Schadenfreude über einen gescheiterten Versuch der Markgrafen von Meißen, die thüringische Landesmitte Erfurt zu belagern, in der sich Anfang August 1375 der gegen ihren Bruder neugewählte Erzbischof von Mainz, Adolf von Nassau, aufhielt. Die Wettiner hätten, so der irrig auf 1376 datierende Chronist, neben anderen Fürsten und Herren auch den „keiser Karolus" „dar to wunnen und ghebeden". Mehr als 90.000 Mann, so übertreibt Detmar maßlos, hätten vor der großen Stadt gelegen, aber „God halp en (den Erfurtern!) ute den nöden; de viande vorderveden ummelanghes ere dörppe, unde togen sunder vromen ere strate."

Die Belagerung von Erfurt muß in eine Reihe mit jener von Zürich bereits 1354 und auch der späteren von Ulm im Sommer 1376 gestellt werden, was die allgemeine militärische Lage im späteren 14. Jahrhundert angeht: große Städte konnten selbst mit übermächtigen Belagerungsheeren kaum noch zur Übergabe gezwungen werden – das erwies sich wenig später auch am Siege Dortmunds über die umliegenden Landesherren.

Dabei waren die politischen Umstände, was Karls Lage vor Zürich, vor Erfurt und vor Ulm angeht, sehr verschieden. Wir brauchen hier nur Erfurt zu behandeln: damals ging es um die Sicherung der Königswahl für Karls 1361 geborenen Sohn Wenzel. Um sich der Mainzer Kurstimme zu versichern, hatte Karl gestützt auf die Hilfe der Kurie bereits 1371 gegen die auf Adolf von Nassau gefallene Wahl des Domkapitels seinen unfähigen Verwandten Johann von Luxemburg-Ligny durchgesetzt. Als Johann jedoch schon 1373 verstarb, quittierten die Domherren das unverzüglich mit der erneuten Wahl Adolfs, und jetzt vermochte Karls auch vom Papst anerkannter Kandidat Ludwig von Wettin dagegen nicht mehr aufzukommen.

Die allgemeine Stimmung unter dem Bürgertum, das den Fürsten mit erklärter Feindschaft begegnete, das aber auch über die Haltung des Kaisers angesichts dessen Pfandschaftspolitik und Koalitionstaktik mit wechselnden Fürstengruppen zunehmend beunruhigt war, ist vom lübischen Chronisten unverblümt wiedergegeben. Sie herrschte nicht minder, aus den von uns schon behandelten Gründen, bei den Magdeburgern als führender Bürgergemeinde im mittelelbischen Raume. Karl ging von Erfurt aus dorthin, sobald er Anfang September mit unveränderter diplomatischer Meisterschaft einen Frieden vermittelt hatte. Der Kaiser zog dann über Colditz und Mühlberg an der Elbe weiter zur Kurmark. Hier muß er spätestens Anfang Oktober von der kritischen Verschlechterung im Befinden des dänischen Königs erfahren haben. Mitte Oktober urkundet nun Karl in Schönberg/Mecklenburg, der Residenz des Ratzeburger Bischofs. Wir können für gesichert halten, daß er spätestens dort mit den Schweriner Herzögen Fühlung aufgenommen hat, denn sie waren ja der eine auf das Erbe Waldemars hoffende Kognatenstamm. Schon von Travemünde aus hatte er ihnen die Krone Schweden verbrieft, kurz darauf im Frühsommer 1374 durch seine drei unmündigen Söhne zu Guben auch die Krone Dänemarks hinzugefügt. Damit war eine ältere mit Rücksicht auf den Erwerb der Kurmark Sommer 1373 gegebene Zusage bekräftigt.

Erinnern wir uns, daß die erste Tochter des Dänenkönigs, Ingeborg, seit 1361 mit Herzog Heinrich von Mecklenburg-Schwerin verheiratet war, dem Bruder des Schwedenkönigs Albrecht. Die jüngere Tochter Margarete, seit 1363 Königin von Norwegen, hatte einen 1370 geborenen Sohn Olaf, während Ingeborg bei ihrem Tode 1370 drei Töchter sowie den Sohn Albrecht (IV.) hinterließ. 1375 waren die Kinder 10–14jährig.

König Waldemar hatte wohl von Anfang an die Familie des norwegischen Verbündeten und Schwiegersohns Hakon für die Nachfolge vorgesehen; eine 1371 beim Frieden mit Herzog Albrecht II. ihm abgezwungene Zusage für Albrecht III. war wertlos. Da Hakons Vater Magnus von Schweden im norwegischen Exil 1374 verstorben war, eröffnete sich so in hansischer Sicht ein ernstes Dilemma im Hinblick auf das Erbe Waldemars: entweder wurden die Mecklenburger Brüder Herrscher in Dänemark und Schweden, was mit Sicherheit neue Kämpfe nach sich ziehen mußte, oder Hakons fünfjähriger Sohn Olaf, der Enkel sowohl des dänischen als auch des vertriebenen schwedischen Königs, vereinigte zunächst Norwegen und Dänemark, um dann in fernerer Zukunft vielleicht seine Ansprüche auch auf Schweden gegen König Albrecht geltend zu machen. In der Abwägung dieser Konsequenzen entschied man sich in Lübeck für die Partei der Margarete und ihres Sohnes Olaf; sie bot die Aussicht zunächst auf Erhaltung des erst seit wenigen Jahren wieder hergestellten Friedens und weiterhin auf den Fortbestand jener Aufteilung des für die Hanse ausschlaggebenden Bereichs der westlichen Ostseeküsten unter drei Nachbarmächte: Schauenburger, Norweger-Dänen und Mecklenburger.

Zu dieser Entscheidung wird beigetragen haben, daß kurz vor Waldemar im gleichen Jahre 1375 bereits der letzte Schleswiger Herzog Heinrich verstorben war. Damit stand ein erneuter Vorstoß der schauenburgischen Brüder Klaus und „Isern Hinnerk“ über Schleswig auf Jütland zu erwarten; ihm zu begegnen, waren Margarete und Hakon zweifellos besser befähigt als die Mecklenburger, die sich zunächst einmal in Dänemark selbst hätten durchsetzen müssen.

Umgekehrt stellte sich nun die Lage für Karl IV. dar: seit er 1348 die Mecklenburger für deren Hilfe zur Königswahl mit dem Herzogshut belohnt hatte, stand er zu ihnen in guten Beziehungen, wie sich beim Kampfe um die Kurmark mehrfach gezeigt hatte. Das Land Fürstenberg war dafür an Mecklenburg gegangen, und seit dem Kauf der Grafschaft Schwerin 1358 war Albrecht II., der Vater des Schwedenkönigs, in die erste Reihe der nordelbischen Fürsten getreten. Für seine Hilfe im Lüneburger Erbfolgestreit hatten ihm die askanischen Verwandten ferner 1372 die Herrschaft Dömitz abgetreten, den rechtselbischen Teil der Grafschaft Dannenberg. Bei der Besetzung Brandenburgs 1373 waren die Mecklenburger zunächst mit fast der ganzen Prignitz belehnt worden, hatten es aber dann hingenommen, daß Karl diese Rechtsakte später annullierte, weil sie auf die 1373/74 mehrfach verbriefte kaiserliche Hilfe bei ihrer skandinavischen Politik rechneten. Herzog Magnus, der nach dem schwedischen Großvater benannte dritte Sohn Albrechts, Bruder des Schwedenkönigs und Schwager von Waldemars Tochter Ingeborg, hatte schon seit 1362 eine gleichnamige Base der Kaiserin Elisabeth zur Frau, und es gab noch eine weitere Verbindung zwischen Herzog Albrechts Nichte Anna und einem pommerschen Vetter der Kaiserin.

Bei solcher Lage war die Parteinahme des Kaisers in der dänischen Nachfolgefrage festgelegt; wenn sich also Mitte Oktober 1375 Karl IV., durch Mecklenburg kommend, zu einem Besuch in Lübeck anmeldete, so wußten die Hansen zweifellos, welche politischen Ziele dahinter standen. Der ausführliche Bericht ihres Ratschronisten sagt freilich bezeichnenderweise kein Wort über diesen Hauptgegenstand der Verhandlungen, läßt aber indirekt eine ganze Reihe von Schlüssen zu.

Aus den Umständen des Empfangs ergibt sich zunächst, daß er von langer Hand vorbereitet war; seit den Tagen Barbarossas war kein Kaiser oder römischer König mehr an der Trave gewesen, es ist auch nachher keiner des alten Reichs mehr hier hinauf gekommen. Das allein bezeichnet die Königsferne der Hanse als niederdeutscher Vormacht des Spätmittelalters deutlich genug. Es warnt uns davor, aus den lübischen Bekenntnissen zum Reich in dessen spätmittelalterlicher, oberdeutsch orientierter Gestalt sehr viel mehr als politische Berechnung zu lesen, wenn man auch die emotionale Hinneigung zum deutschen Herrschertum hier sehr viel ernster in Rechnung zu stellen hat, als etwa bei der niederländischen Ijsselstädtegruppe, deren Zuordnung zum hansischen Verbande nicht zuletzt deshalb ja zunächst auch von DOLLINGER – aus freilich durchsichtigen Gründen – zu Unrecht verneint wurde.

Das kaiserliche Gefolge beim festlichen Einzug in Lübeck am 20. Oktober 1375 unterstreicht die eben skizzierten Parteilagen. Als Gegner des Mainzer Prätendenten Adolf von Nassau sind der Kölner Erzbischof und einer der Wettiner Markgrafen zugegen, ferner der mährische Neffe des Kaisers und andere Adlige aus seinen schlesisch-kurmärkischen Machtschwerpunkten, sodann aber der Mecklenburger, der Askanier und die schauenburgischen Brüder. Das ist genau die gegen Margaretes Erbfolge in Dänemark stehende Fürstengruppe.

Der Kaiser seinerseits tut alles, um dem lübischen Rat mit Gesten entgegenzukommen. Dahin gehört es, daß er die Belehnung Albrechts von Askanien mit dem Herzogtum Lüneburg feierlich und öffentlich vornimmt: in dieser Frage stehen ja die kaiserliche und die hansische Politik auf einer Linie.

Ferner bezeichnet der Kaiser Lübecks Ratmannen ausdrücklich als Herren, er unterstreicht das auf deren pflichtschuldige Abwehr hin durch Berufung auf Akten der Reichskanzlei, wie der Chronist geflissentlich betont. Lübecks Ratsführung ist damit – darauf kommt es hier an! – als reichsunmittelbarer Stand gegenüber dem Fürstenkreise festgestellt. Von den kaiserlichen Rechtsakten während des zehntägigen Aufenthalts in der Stadt sind immerhin acht urkundlich erhalten, doch bezieht sich kein einziger davon auf den eigentlichen Hauptgegenstand der Verhandlungen, obgleich Waldemar nun binnen dieser Zeit am 24. Oktober wirklich verstarb und bei dem hansischen Nachrichtensystem schwer zu glauben ist, daß davon seitens der hansischen Befehlshaber auf den Sundschlössern binnen sechs Tagen keine Kunde nach Lübeck gedrungen sein sollte. Dennoch schweigen weiter beide Seiten völlig über das dänische Thronfolgeproblem; nur die nachfolgenden Ereignisse beweisen unwiderleglich, daß Karls Bemühungen zugunsten der mecklenburgischen Partei zwar vermutlich vom hansischen Führungskreis höflich angehört wurden, daß aber keinerlei Zusage erfolgte, sondern vielmehr der schon vorher beschlossene Kurs gegen diese Partei ungerührt fortgesetzt worden ist. Die Würfel in Dänemark fielen dann auch ganz im Sinne der Hanse, deren unabhängige Stellung zu Kaiser und Reich selten schärfer profiliert hervorgetreten ist, als gerade an diesem Punkt räumlich größter Annäherung und pomphaften äußeren Gepränges. Der dänische Reichsrat erklärte sich für die Thronfolge des fünfjährigen Olaf, dessen Mutter Margarete, von ihrem norwegischen Gatten Hakon unterstützt, die Regentschaft übernahm. Bedürfte es noch weiterer Beweise dafür, daß hinter diesem Beschluß auch der vermutlich durch ihre Vertreter am Sund überbrachte Wille der Hanse stand, so liefert sie die nun endlich erfolgte Beurkundung des Friedens im Norden auch durch König Hakon, der dabei sämtliche hansischen Privilegien bestätigte. Auch die Einsetzung Hennings von Putbus als hansischen Treuhänders für die Sundschlösser, über die sich Pagel in seiner hier wie meist ganz oberflächlichen Darstellung so verwundert, steht mit dem dänischen Thronfolgeproblem in Zusammenhang. Es ist bezeichnend, daß der lübische Bürgermeister Jakob Pleskau sich mit anderen Vertretern der Hanse und Waldemars in dänische Dienste getretenem Anhang deutscher Adligen zu Verhandlungen gerade dann von Schonen weiter zum Schloß Gurre auf Seeland begaben, wo Waldemar auf dem Sterbebett lag, als Karl seinen Besuch in Lübeck vorbereitete. Man darf kombinieren, daß es dem lübischen Rate ganz angenehm war, seinen führenden Bürgermeister in diplomatischen Geschäften abwesend zu wissen. Pleskau hütete sich, zum Empfang des Kaisers heimzusegeln, wie er nach dem zeitlichen Ablauf sicher vermocht hätte, vielmehr wird man sich überlegt haben, Karls Anliegen der mecklenburgischen Kandidatur in Dänemark könne am bequemsten mit dem ausweichenden Hinweis aufgefangen werden, daß vor der Heimkehr dieses

Bürgermeisters keine Entscheidungen möglich seien. Der aber schloß bereits einen Tag nach Waldemars Tod die Vereinbarungen mit dem dänischen Reichsrat und Henning Putbus persönlich, aufgrund deren eben nicht der mecklenburgische, sondern der norwegische Enkel Waldemars nebst seiner Mutter Margarete die Herrschaft in Dänemark angetreten hat.

Karl blieb nichts übrig, als einige Tage später unverrichteter Dinge nach Wismar abzuziehen; wie stets hat er zweifellos auch in diesem Falle sofort begriffen und sich realistisch der neuen Lage angepaßt. Den Mecklenburgern gegenüber suchte er selbstverständlich das Gesicht zu wahren: von Pritzwalk aus, wohin er am 6. November – eine knappe Woche nach dem Abzug von Lübeck – gelangt war, schrieb er zunächst an die Dänen, Waldemars Tod habe ihn schwer getroffen, sei er doch vor allem in der Hoffnung, ihm zu begegnen, so weit zum Norden des Reichs heraufgekommen. Er mahnte dazu, Albrecht III. als älterem der beiden erbberechtigten Enkel die Krone zuzuerkennen.

Damit nicht genug, verwendete sich Karl Mitte Januar 1376, inzwischen auf dem Wege nach Prag bereits bis Elbogen bei Eger gekommen, auch bei den Lübeckern erneut zugunsten der dänischen Thronfolge Albrechts III. von Mecklenburg. Hinter beiden Schritten dürfen wir sicherlich das Drängen der Mecklenburger vermuten, die wenige Tage später, am 21. Januar 1376, ihren schauenburgischen Verwandten über das Herzogtum Schleswig hinaus auch die Inseln Laaland, Langeland, Alsen und Fünen in Aussicht stellten, um sie auf ihrer Seite zu halten.

Bei den Dänen war Karls Haltung nur ein Argument mehr zugunsten von Margarete und Olaf. Beide hatte Henning von Putbus inzwischen auf Seeland empfangen, und am 3. Mai 1376 erreichten sie dort endgültig die Königswahl des sechsjährigen Olaf. Seinen Abmachungen mit der Hanse entsprechend, hatte Henning zugleich die Vorbereitungen zum endgültigen Ausgleich mit Olafs Vater Hakon getroffen: er selbst war mehr als jeder andere daran interessiert, daß im heraufziehenden Sommer der volle Schiffsverkehr durch den Sund ginge, stand ihm doch ein Viertel der Zölle dabei in Aussicht. Auf den Juli vermittelte er eine Tagfahrt von Skandinaviern und Hansen in Kalundborg; dorthin kamen von einem Stralsunder Hansetag, der auch die Preußen durch Danzig und Elbing, die Ijsselstädte durch Kampen und Zutphen vertreten sah, die Ratssendeboten mit Jakob Pleskau und Bertram Wulflam an der Spitze. In Kalundborg bestätigte nun auch Hakon, um seinem Sohn die Herrschaft in Dänemark zu sichern, alle strittigen Hanseprivilegien und zu Korsör erhielt anschließend der Stralsunder Friedensvertrag endlich das große dänische Königssiegel, nun Olafs VI. Die Hansen hatten das ihre zur Einigung getan, indem sie auf jene Klausel eines Zustimmungsrechts zu den dänischen Königswahlen verzichteten. Auf Schonen herrschten sie nun unbeschränkt; die Vögte des Königs bekamen wöchentlich nur noch einen einzigen Tag zum Salzen der Heringe eingeräumt.

Henning von Putbus und die energische Margarete hatten damit die Hände frei, sich zum Kampfe mit den Mecklenburgern und Holsten zu rüsten. Die Hanse leistete dazu noch soviel Hilfe, als sie der Huldigung Wisbys vor dem kleinen Dänenkönig nichts in den Weg legte. Drei Jahre später traf die Mecklenburger der weitere Schlag, daß beider Vater beziehungsweise Großvater, Herzog Albrecht II. sich betagt zum Sterben legte. Er war die bedeutendste Figur des Hauses gewesen, und sein Ansehen hatte vor allem das mecklenburgische Königtum in Schweden gestützt. Dem Sohn ist es danach nicht wieder gelungen, wirklich festen Halt im Land zu finden; wohl standen die deutschen Teile der Bürgerschaften auf seiner Seite, namentlich in Stockholm selbst, aber der schwedische Landadel trat in immer deutlicheren Gegensatz zu ihm.

Erfolgreicher dagegen waren die Holsten mit ihren vergleichsweise begrenzten Zielen gegenüber Dänemark. Bereits im Besitze von Alsen und Südschleswig, zogen die Schauenburger, ehe noch Margarete fest im Sattel saß, auch Tondern und Hadersleben an sich, und dagegen vermochte die Königin umsoweniger vorzugehen, als mit dem Tod ihres Mannes Hakon von Norwegen 1380 die Herrschaft über beide skandinavischen Reiche von ihr für den immer noch erst zehnjährigen Sohn behauptet werden sollte. Sie blieb daher defensiv gegen die Holsten, zumal es ihr erst 1381 gelang, über die zunehmende Freibeuterei auf der Ostsee mit Lübeck zu einem Ausgleich zu kommen. Aber sie weigerte sich zunächst hartnäckig, die Ansprüche der Holsten auf Schleswig zu legitimieren.

Bei diesen war Graf Klaus inzwischen zur allein führenden Persönlichkeit geworden, da sich Heinrich der Eiserne während seiner letzten Lebensjahre nur noch außer Landes befand. Klaus hatte seine einzige Tochter mit Albrecht III. von Mecklenburg verheiratet, doch wie dessen dänische Krone ein leerer Anspruch, so blieb auch seine Ehe kinderlos. Dagegen hatte seine Tante Ingeborg, die Schwester des Schwedenkönigs, aus ihrer zweiten Heirat mit Heinrich dem Eisernen drei Söhne: Gerhard, Albrecht und Heinrich. Ihnen stand, zumal nun auch die Kieler Linie des Hauses vor dem Erlöschen war, das gesamte Holstenerbe außer der kleinen Herrschaft Pinneberg in Aussicht. Für Gerhard und Albrecht, die beiden weltlichen der Brüder, vertrat ihr Oheim Klaus die schleswigschen Ansprüche, und es gelang ihm endlich, mit Margarete zu gütlicher Übereinkunft zu kommen. Eben hatte sie nach Ablauf der 15 Pfandjahre von den Hansen die Sundschlösser zurückerhalten, da fand sie sich 1386 auch bereit, Gerhard VI. als ältesten der Heinrichssöhne mit dem erblichen Fahnlehen Schleswig zu versehen. Das geschah in Vorbereitung des geplanten Angriffs auf Schweden und Stockholm.

Gerhards Brüder und sein Oheim Klaus leisteten mit ihm gemeinsam für das Herzogtum dem jungen König Olaf Huldigung und Mannschaft. Ein altes Ziel der Holstengrafen, unter Gerhard dem Großen schon einmal fast erreicht, war damit endlich gegen die Dänen wie die Hansen verwirklicht; von nun an entwickelte sich die Verbindung der Länder Schleswig und Holstein rittlings der Grenze des Reichs auf eine den flämischen Verhältnissen vergleichbare Weise.

Das Auftreten Karls IV. in Lübeck und Wismar 1375 habe eine Kräftigung des Reichsgedankens nach sich gezogen, so meint noch Karl Pagel; die Begegnung sei „zu beiderseitiger Zufriedenheit“ verlaufen und in Lübeck „so etwas wie ein

Kaiserkult" entstanden. Wir haben gesehen, was in Wirklichkeit davon zu halten ist. PAGEL selbst gibt zu, der Besuch habe nur geringe Ergebnisse gehabt, begründet das aber hauptsächlich damit, daß der Kaiser bereits 1378 verstorben sei. Nun war dieser Tod zweifellos ein bedeutender Einschnitt, weil er jener zielbewußten Politik ein Ende gemacht hat, mit der Karl den luxemburgischen Länderblock von Böhmen und Schlesien bis zur Kurmark zusammenfügte, sich an der Mittelelbe in Tangermünde festsetzte, um wirtschaftlich die Elblinie unter Ausflankierung des alten Magdeburg für Böhmens weiteren Aufstieg zu nutzen und vom Binnenland her auf die südliche Ostseeküste zu drücken. Mecklenburg, Pommern und der Ordensstaat waren als Vorfeld in diese Politik eingeordnet, und auch der Dänenkönig Waldemar hatte seinen nicht unbedeutenden Platz darin.

Dennoch fielen Karls Entscheidungen unter ganz anderen Gesichtspunkten. Wenn schon vorher den Wittenberger Askaniern kaiserliche Unterstützung im Lüneburger Erbfolgekrieg nur zuteil geworden war, um sie vom Rückgewinn Brandenburgs abzulenken, so bekamen jetzt die als luxemburgische Parteigänger nicht minder verdienten Mecklenburger nur Schützenhilfe für Skandinavien, weil Karl sie auf den Ostseeraum hinlenken und so zugleich die Kurmark abschirmen wollte.

Beide Familien sind ein Jahrzehnt nach Karls Tode gescheitert: die Welfen besiegten 1388 bei Winsen an der Aller ihre askanischen Widersacher und setzten sich im Herzogtum Lüneburg wieder durch, wobei sie freilich angesichts ihrer Schuldenlast nach der langen Auseinandersetzung den von der Stadt Lüneburg geführten Landständen in der „sate" von 1392 entscheidende Zugeständnisse in der Landesherrschaft machen mußten. So hatte sich hier schließlich das hansische Interesse ebenso behauptet wie im Ostseeraum, wo die Mecklenburger im Jahrzehnt bis 1389 ihre dänischen und schwedischen Pläne zerstört sahen.

Hinter dem pomphaften Einzug in Lübeck, der feierlich den ganzen Ordo eines spätmittelalterlichen Kaiserempfangs ausbreitete, stand also alles andere als „beiderseitige Zufriedenheit". So betont Karl unterstrich, was an politischen Zielen gerade gemeinsam war, und so aufrichtig sein wirtschaftliches Interesse an den Verbindungen zur Hanse sein mochte, er war für deren Häupter in mehrfacher Hinsicht als entscheidender Gegner städtisch-autonomer Politik erkannt. Wir sprachen in diesem Zusammenhang schon von den Kirchenproblemen der exemten Dom- und Stiftsfreiheiten, von der Städteverpfändung als einem finanziellen Hauptwerkzeug des Kaisers, von den Belagerungen großer Städte Innerdeutschlands. Wir müssen ergänzend noch auf Karls Vorgehen gegen Köln verweisen, das er auf seiten des Erzbischofs im sogenannten Schöffenkriege von 1375/76 mit Acht und Aberacht belegte, wobei entscheidende Schritte des Verfahrens am gleichen Tag stattfanden, der Karls festlichen Einzug in Lübeck sah.

Hier, wie bei der behandelten Belagerung von Erfurt waren es die Rücksichten auf die geplante Königswahl des Sohnes Wenzel, die den Kaiser zwangen, sich auf den Kurstühlen von Mainz und Köln geneigte Erzbischöfe zu verschaffen, und wir verstehen jetzt, weshalb sich der Kölner auch beim kaiserlichen Gefolge des

Lübeckbesuchs befand. Bedenken wir, daß es seit den Zeiten Friedrichs II. keinem deutschen Herrscher mehr gelungen war, zu seinen Lebzeiten die Königswahl des Sohnes durchzusetzen, so gewinnen wir das richtige Maß für Karls Leistung, mit der dieses Ziel dann wirklich 1376 erreicht wurde. Es war seine Tragik, daß der junge Wenzel nicht entfernt die Fähigkeiten besaß, mit denen das Werk seines Vaters allein hätte fortgeführt werden können. Von Lübeck aus hatte man unterdessen unter Ausnutzung des 1374 durch den Kaiser übertragenen Rektorats für den damals zu Prenzlau geschlossenen Landfrieden die Friedenseinung von 1379 im Bereich der südlichen Ostseeküste erneuern können.

KRISENZEITEN UM VERFASSUNG UND SOZIALGEFÜGE BIS 1438

Während sich aber unter solchen Vorzeichen im Jahrfünft zwischen 1375 und 1380 die innerdeutschen Sorgen der hansischen Führung entspannt haben, kam es in der gleichen Zeit zu neuen, schweren Verwicklungen mit Flandern, England und Rußland, denen wir nun auf den Grund gehen müssen. Zunächst war im gleichen Jahre des lübischen Kaiserbesuchs auf die aus England eintreffenden Beschwerden der Kaufleute hin der Stalhof unter ähnlichen Formen dem Hansetag unterstellt worden, wie zwei Jahrzehnte früher das Brügger Kontor.

Neue äußere Spannungen

Anlaß dazu hatten seit der Jahrhundertmitte zunehmende Streitigkeiten gegeben; einerseits waren die zuletzt von Eduard III. 1354 erneut bestätigten Privilegien der „carta mercatoria" von 1303 wiederholt verletzt worden, andererseits hatten daraus resultierende Ansprüche der Hansen auf Schadensersatz das Klima zwischen Einheimischen und Gästen verschlechtert. Die Hintergründe lagen tiefer: nach 1350 begannen englische Merchants Adventurers wieder in die Ostsee vorzudringen und allmählich vor allem in Stralsund, Elbing und Danzig Fuß zu fassen. Sie brachten Tuche und nahmen als Gegenfrachten Getreide, Holz und Karpatenmetalle mit. Der Orden, seit je durch kreuzfahrende Ritter aus England in der Litauenreise lebhaft unterstützt, begünstigte diese Handelsgäste. Während des Krieges um den Sund und der nachfolgenden hansischen Besetzung der Sundschlösser machte Lübeck dieser unbequemen Konkurrenz ein Ende, was natürlich in England vermerkt wurde.

Eduard III. war mit dem Frieden von Brétigny 1360 auf die Höhe seiner Macht gegenüber Frankreich gelangt, hier sah sich nun der Dauphin Karl V., dessen Vater König Johann bis zu seinem Tode 1364 nur kurzfristig aus englischer Gefangenschaft zurückkehrte, auch nach innen schwersten Belastungen ausgesetzt. Unter dem Pariser Bürgermeister Etienne Marcel zwangen ihm die Generalstände das Widerstandsrecht und die Bündnisfreiheit ab, sie traten sogar mit der „Jacquerie", dem niederfranzösischen Bauernaufstande, in Verbindung. Doch der Dauphin, der Neffe Kaiser Karls IV., bewies unerwartete Standhaftigkeit, wurde der inneren Gegner noch vor Brétigny Herr und nahm als König seit 1369 den Kampf gegen Eduard III. und dessen von Aquitanien aus operierenden gleichnamigen Sohn, den „schwarzen Prinzen“, mit langsam zunehmendem Erfolg wieder auf. König Karl V. erreichte im Jahre des lübischen Kaiserbesuchs 1375 einen Waffenstillstand, der die englischen Streitkräfte nur noch im Besitze ihrer wichtigsten Brückenköpfe Calais, Brest und Bordeaux ließ. Das Abkommen wurde bezeichnenderweise in Brügge geschlossen.

Mochte es der englische König für eine notwendig gewordene Atempause halten, so folgten für ihn im nächsten Jahre ernstere Schläge: Sein Sohn und Erbe Eduard, der schwarze Prinz, verstarb, und er selbst mußte sich vor dem Parlament unter demütigenden Umständen wegen der finanziellen Folgen des langen Krieges verantworten. Das hat Eduard nicht lange überlebt, 65jährig verstarb er im Sommer 1377, die Krone kam an seinen erst zehnjährigen Enkel Richard II., für den zunächst eine Regentschaft eintreten mußte. Das Parlament und in ihm die Adelsfaktionen unter den Oheimen des Königs, den Herzögen von Gloucester, Lancaster und York, steigerte damit seinen Einfluß, an eine Fortsetzung des festländischen Krieges war vorläufig nicht zu denken, zumal nun auch in England unter Wycliff und den Lollarden religiöse und soziale Unruhen ausbrachen.

Karl V. von Frankreich konnte so aufatmen, er empfing seinen kaiserlichen Oheim zu Verhandlungen über die ungarische und polnische Thronfolge und gewann dabei das lange erstrebte Reichsvikariat im burgundischen Arelat, er warf im folgenden Jahre 1378 seinen inneren Hauptgegner Karl den Bösen von Navarra nieder, fand jedoch dann keine Zeit mehr, diese Erfolge auszunutzen, da er selbst ebenfalls noch 1380 verstarb, so daß nun auch hier ein zwölfjähriges Kind als Karl VI. den Thron besteigen mußte. Auch in Frankreich gewannen damit drei Brüder des verstorbenen Königs großen Einfluß, Ludwig von Anjou, Johann von Berry und Philipp von Burgund. Durch seine Heirat mit der flämischen Erbtochter Margarethe war namentlich Philipp als Stifter des neuburgundischen Hauses zu großer Macht gelangt. Hier bereiteten sich die schweren Verwicklungen des 15. Jahrhunderts vor.

Auf solchem Hintergrunde verhandelten also die hansischen Gesandten in England und Flandern seit 1375. Bei den Regenten für Richard II. konnten sie zunächst (auch hier geführt von Jakob Pleskau) eine Bestätigung ihrer Privilegien durchsetzen, was einerseits nun sogar zu Versuchen englischer Fernhändler führte, selbst in die hansische Kontorgemeinschaft aufgenommen zu werden, andererseits die Abneigung der englischen Städte gegen den Hanseverband nur noch steigerte. Das Sprichwort kam auf, die Fernhändler des Stalhofes pflegten einem Engländer einen Fuchsbalg für einen Groschen abzuhandeln, um ihm dann den Fuchsschwanz allein für einen Gulden zurückzuverkaufen.

Neue Zölle Richards auf Im- und Export, vor allem aber ein Überfall des Jahres 1385, dem hansisch-wendische und preußische Schiffe vor der flämischen Zwinmündung ausgesetzt wurden, führten zu hansischen Boykottmaßnahmen, zunächst im Ordensbereich. Daraufhin gingen die Engländer nach Stralsund, bis man

1388 auch dort ihre Waren beschlagnahmte. Nun drohte der offene Seekrieg mit England, aber Jakob Pleskau und Bertram Wulflam vom Sunde sorgten für eine maßvolle Politik der Hanse; in relativ kurzen Verhandlungen erreichte man einen Frieden, der beiderseits den status quo wieder herstellte. Sogleich tauchten die Merchants Adventurers wieder in Danzig auf, teils im Einzelhandel, teils im Kompaniegeschäft mit Hansen, aber auch als reguläre Gesellschaft unter eigenem „governor". Da es auf der Gegenseite weiter bei der Erhebung der Abgaben blieb, die hansischerseits ebenso hinderlich wirkten wie der fortdauernde Freibeuterkrieg in der Nordsee, nutzte der Hochmeister die zunehmende innere Bedrängnis Richards II. aus, um 1398 den Frieden zu kündigen. Während Richard von seinem Vetter Heinrich IV. Lancaster entthront und durch Gift beseitigt wurde, gewann die Hanse abermals ein Bestätigungsprivileg, war doch Heinrich selbst noch 1390 auf einer Heidenreise gegen die Litauer im Ordenslande gewesen.

Die in der Ostsee nach der Besetzung von Gotland durch den Orden 1398 neu aufsteigenden Spannungen zwischen wendischen und preußischen Städten behinderten aber in den folgenden Jahren mehrfach das geschlossene Auftreten der Hanse gegenüber König Heinrich. Ein wiederholtes Bündnisangebot des Herzogs von Burgund gegen England wurde ausgeschlagen, und bis 1407 schwankten die Maßnahmen der untereinander über den Englandhandel streitenden Städtegruppen zwischen Beschlagnahme, aktivem oder passivem Boykott und neuen Tagfahrten sowie unbefriedigenden Verträgen, zuletzt dem Haager von 1407, hin und her; die großen Verfassungskämpfe in den Städten haben dann seit 1408 die Hanse für ein Jahrzehnt sogar förmlich gelähmt.

Unverkennbar steht hinter diesen englischen Fragen hansischer Politik ein erstes Anzeichen des Wandels der Großwirtschaftslage. Seit den Zeiten Eduards III. war die englische Tuchfabrikation zum Exportgewerbe geworden. Sie bot eine billige Ware an: ein Tuch zu 42 Ellen scheint etwa 7–11 Mark Lübisch, also die Hälfte eines flämischen Lakens gekostet zu haben. Daraufhin setzten sich die Engländer langsam neben den eingeführten Erzeugnissen durch. Aus Boston führen in der Zeit Richards II. die Deutschen 45.300 Stück Tuch aus, die Engländer selbst nur ein gutes Viertel davon, andere 5%, von Hull dagegen exportieren Merchants Adventurers 59.311 Stück Tuch, Hansen aber nur 10%, andere nur 3% davon. Die englische Zollpolitik förderte die Entwicklung, indem sie den Wollexport immer höher im Vergleich zum Tuchexport besteuerte.

An der Gruppierung etwa der Kaufmannschaft von Lynn 1423 in die vier Genossenschaften der Preußen-, der Schonen-, der Bergen- und der Bordeauxfahrer erkennt man die Hauptrichtungen; der ersten hatte Heinrich IV. Lancaster bereits 1404 ein Privileg erteilt, 1408 bekamen es auch die Skandinavien ansteuernden Fernhändler. 1407 hatte Heinrich ferner die zum niederländischen Raume fahrenden Kaufleute geschützt, im gleichen Jahre erwarben sie ein Haus in Antwerpen, das aber noch weit von späterer Größe entfernt war. Aus Brügge hatten sie sich fast ganz zurückgezogen; dort waren Flamen und Hansen gemeinsam gegen sie, hatte doch das Kontor am

Höhepunkt der innerhansischen Verfassungskämpfe 1410 eine ernste Warnung an die Heimatstädte zur Einigkeit gegen den englischen Außenhandel gerichtet: „went den Enghelschen en steit des copmans ... ut der hense nicht to entberende, men der Enghelschen unde erer lakene mach men wol in den hensesteden untberen"!

Das hansische Verhältnis zu Flandern war nach 1360 zunächst von steigender Konjunktur und gutem Einvernehmen gekennzeichnet, auch als die von Alexandrien kommende Einfuhr ägyptischer Orientwaren stockte – denn das traf beide Geschäftspartner gleichermaßen und wirkte sich nur auf die Preiskurve aus. Erst um 1375, wobei vermutlich die eben erwähnten Ereignisse mitspielten, die zur längeren Kriegspause zwischen England und Frankreich führten, nahmen Beschwerden des Kontors an den Hansetag zu; sie betrafen Schadensersatzfragen, klagen über neue Zölle auf Stockfisch, das Einfuhrverbot für Hamburger Bier, schlechte Tuchqualitäten und so weiter. Da seitens der Tagfahrt außer erfolglosen Verhandlungen keine Abhilfe geschah, plante das Kontor im Winter 1377/78 ernstlich, auf eigene Faust Brügge zu verlassen. Graf Ludwig III., der letzte Hennegauer Graf von Flandern, setzte daraufhin alle zu Brügge greifbaren Hansen gefangen und beschlagnahmte ihre Waren. Das Kontor fügte sich, berichtete aber erbittert an die Tagfahrt. Sie leitete auch neue Verhandlungen ein, aber die trafen mitten in die großen Weberaufstände. Hier beschränken wir uns zunächst darauf, ihre politischen Ergebnisse zu skizzieren, um später auf die Hintergründe einzugehen. Wie sich einst der einflußreiche Patrizier Jakob van Artevelde aus Gent gegen Ludwig II. erhoben hatte, um 1338 die Bürgerschaften von Flanderns führenden Städten im beginnenden Ringen mit Frankreich an die englische Seite zu bringen, bis er dann 1345 auf der Straße erschlagen wurde, so setzte sich nun der Sohn Philipp van Artevelde an die Spitze der aufständischen Weber, die 1378 wegen des vom Grafen bewilligten Kanalbaus für Brügge zu den Waffen gegriffen hatten. Vor den Toren dieser Stadt wurde Ludwig III. blutig geschlagen, die Genter nahmen Brügge selbst ein und ließen bei den Reichen plündern. Ludwig rief seinen Schwiegersohn Philipp von Burgund zu Hilfe, der zugleich die französische Regentschaft führte, und bei Roosebeke erlag beiden 1382 das flämische Bürger- und Bauernaufgebot: Artevelde selbst fiel.

Inzwischen hatte der neue Druck auf das Brügger Kontor nun sehr bezeichnend die im dänischen Kriege völlig abseits gebliebene rheinisch-westfälische Gruppe und Bremen wieder den wendischen Städten angenähert. Der Hansetag in Lübeck vom Juni 1379 sah 25 Abordnungen anwesend, unter ihnen auch Dortmund und Bremen. Dafür scherte jetzt Kampen aus der Kiellinie und machte seinen Sonderfrieden mit Ludwig, wie ebenso die preußischen Städte und der Orden. Die große Mehrheit der Kaufleute aber zog sich von Flandern nach Holland zurück. Das Kontor bezog Dordrecht als neuen Standort. Den Preußen und dem Orden wurde lediglich der Bernsteinhandel und der Tucheinkauf im brabantischen Mecheln zugestanden. Kampen aber und seine Nachbarstädte wurden zum Rückhalt einer blühenden, vor allem von preußischen Kaufleuten betriebenen Schmuggelei gegen die von Lübeck 1388 durchgesetzte Handelssperre.

In hartnäckigen vierjährigen Verhandlungen erreichten die Hansen hohe Entschädigungen, günstige Erweiterungen der Privilegien und sogar ein Wallfahrtsversprechen der Flamen zur Sühne der Verhaftungen von 1378. Als Ende 1392 die Hälfte der Entschädigungssumme gezahlt war und Philipp der Kühne von Flandern und Burgund seine Pfandbriefe ausgefertigt hatte, kehrte das Kontor zum dritten Male nach Brügge zurück. Dennoch war die Verschärfung der Lage auch nach dem Siege nicht zu verkennen: die flämischen Städte waren jetzt deutlich gegen die Hansen zusammengerückt, ihr neuer Landesherr ließ sich seiner wachsenden Macht nach nicht mehr mit dem einstigen flämischen Grafen vergleichen. Immerhin war es für die Hanse ein großer Tag, als die Bürgermeister Hinrich Westhof von Lübeck und Johann Hoyer von Hamburg, die führenden Ratssendeboten, an der Spitze eines Reiterzuges von 150 Kaufleuten, freudig begrüßt vom Volk in Brügge einzogen. Im Remter des Karmeliterklosters – dem Sitzungsraum des Kontors – nahmen sie bei symbolisch geöffneten Türen, damit es jedermann hören könne, an hundert Deputierte der generalständischen flämischen Lede zur Sühne an und verlasen den darüber ausgefertigten Brief. Es war der 8. Januar 1393 als die Hanse so, schon im Schatten der heraufsteigenden neuburgundischen Großmacht, ihre Stellung zu Brügge dem vollen Umfange nach wiederherzustellen vermochte.

Uns bleibt noch die Wendung zum fernen Nordosten hinauf, der während der gleichen Jahrzehnte ebenfalls neuen Anlaß zur Sorge in den hansischen Ratsstuben gegeben hat. Ordensvorstöße von Livland aus, etwa schon 1367, als das Pleskauer Gebiet verwüstet wurde, beantwortete man in Nowgorod mit der Festnahme von deutschen Kaufleuten. Daraufhin stellten Ritter und Hanse bis 1371 die Ausfuhr von Salz und Fisch nach Nowgorod ein. Infolge des Eindrucks, den der Sieg über Waldemar auch hier machte, gab es dann wieder einige ruhige Jahre, doch die von Jakob Pleskau 1373 zu Nowgorod ausgehandelten Bedingungen wurden bald wieder gebrochen und nun machte sich überhaupt das langsame Erstarken bei den russischen Großfürstentümern bemerkbar. Dimitri Donskoj, seit 1362 Großfürst von Moskau, errang im Raume Tula auf dem Kulikowschen Feld am oberen Don 1380 jenen entscheidenden Sieg über die Mongolen des Reichs der Goldenen Horde, der ihm seinen Beinamen verschafft hat, und im gleichen Jahre dehnte Witold von Litauen die Macht seiner immer noch heidnischen Herrschaft bis ans Schwarze Meer südwärts aus, nachdem Kiew bereits 50 Jahre früher erobert worden war.

Das geschah am Vorabend einerseits der polnisch-litauischen Union, die 1386 mit der Heirat zwischen Jagiello und Jadwiga von Polen, der einen Erbtochter Ludwigs des Großen von Ungarn-Polen, zustande kam und zur Christianisierung der Litauer geführt hat, am Vorabend andererseits aber des die Goldene Horde vernichtenden und die Osmanen in Kleinasien an den Rand des Zusammenbruchs führenden Stoßes von Timurlenks neumongolischem Reiche aus dem transoxanischen Raume um Samarkand heraus seit 1369. Bei solchem Hintergrund war diese Kräftigung der Binnenmächte Rußland und Litauen besonders wichtig. Sie blieb nicht ohne Auswirkungen auf den Handelsverkehr der großen Meßplätze des Ostens, als die wir neben

Nowgorod Pleskau am Peipussee, Polozk an der oberen Düna und Kauen/Kowno an der oberen Memel anzusehen haben.

Da sich nach 1380 die Beschwerden der Nowgorodfahrer häuften, entschloß sich im Mai 1388 derselbe Hansetag, von dem die Sperre gegen Flandern verhängt worden war, auch zum Abbruch des Verkehrs mit Rußland. In diesem Falle war die Koordinierung beider Maßnahmen aufgrund der uns schon bekannten Gegenfrachten im hansischen Ostseehandel am zweckmäßigsten.

Es kam hinzu, daß um die gleiche Zeit ohnehin die Lage in der Ostsee den Handelsverkehr fast zum Ende gebracht hatte, denn die Auseinandersetzungen zwischen Margarete von Dänemark und Albrecht von Schweden waren in ihr entscheidendes Stadium getreten. Seit dem Tode ihres Mannes Hakon 1380 herrschte, wie erinnerlich, Margarete für ihren damals zehnjährigen Sohn selbständig. Mit der widerwillig zugestandenen Abtretung Schleswigs an die Schauenburger als dänisches Reichslehen hatte sie sich 1386 den Rücken zum Vorstoß nach Schweden freigemacht, wo sich bereits eine Partei des Reichsrates gegen Albrecht auf ihre Seite stellte. Zunächst aber traf sie im folgenden Jahr der harte Schlag, daß ihr einziges Kind, König Olaf, im Alter von 17 Jahren verstarb. Unverzagt führte sie dennoch den Kampf gegen die Mecklenburger in Schweden weiter, und 1389 gelang ihr der vernichtende Sieg bei Folköping. Albrecht geriet damals in Gefangenschaft und mußte nun selbst für sieben Jahre in einen schonischen Turm, wie es einst seinem schwedischen Vorgänger Magnus in Stockholm ergangen war.

Bei solcher Lage fiel es also Lübeck nicht sonderlich schwer, den Beschluß zur Stillegung des Rußlandverkehrs durchzusetzen. Als Margarete schon fest im Sattel der Unionskönigin saß, kamen die Verhandlungen mit den Russen zeitlich parallel mit denen in Flandern zustande. Im Einvernehmen mit den Schweden und dem Orden gingen lübische zusammen mit gotländischen und livländischen Gesandten über Dorpat und Isborsk nach Nowgorod, „stolte manne mit langen barden“, wie der lübische Stadtchronist Hermann Korner erzählt. Namentlich der Führer Johann Niebuhr muß auf die Gegenseite Eindruck gemacht haben, denn die 1392 unterfertigten Verträge, mit denen die alte Rechtslage wiederhergestellt wurde, hat man bei den Russen von da an als „Kreuzküssung Niebuhrs“ bezeichnet, nach den die Einigung besiegelnden Symbolhandlungen im orthodoxen Ritus. Gegenseitigkeit des Freihandels in Nowgorod, Wisby und den Livlandstädten wurde erneut vereinbart, Handelsfrieden sollte auch im Kriegsfalle zwischen Nowgorod und Schweden, Livlands Bischöfen, dem Orden und den Freibeutern im Finnischen Meerbusen gelten.

Der Vertrag von 1392 hat volle hundert Jahre, bis 1494, Geltung behalten. Zugleich ist die Unterstellung des Hansekontors unter die Tagfahrt der Städte bei der Anwesenheit der Gesandten in Nowgorod erneut bestätigt worden. Niebuhr und seine Begleiter verfügten ohne Beiziehung von Kontorvertretern eine neue Abgabe der Handelsgäste, die zur laufenden Instandhaltung des Petershofes bestimmt sein sollte. Auch die Schra, die Satzung des Kontors, wurde in einer neuen Fassung verabschiedet.

Damit war am Ende des 14. Jahrhunderts erneut in allen drei entscheidenden Richtungen des hansischen Fernverkehrs die vom deutschen Unternehmertum angestrebte Freihandelsordnung mit Privilegierung der kontinentalen Kaufleute als Gäste abgesichert, und an der Gleichzeitigkeit des Vorhabens sind uns sowohl der fortbestehende Zusammenhang des Großwirtschaftsraumes als auch die Weite des Horizontes hansischer Tagfahrten und hansischer Ratssendeboten einmal mehr vor Augen gestellt. Das geschah zur gleichen Zeit, da die Hanse durch das Seeräuberunwesen und schwere innere Machtkämpfe in den einzelnen Städten einer zuvor nicht dagewesenen Belastungsprobe ausgesetzt wurde.

Nordische Union, Seerecht und Kaperfahrt

Wie rasch das von uns mehrfach betonte und auch als zweckmäßig bezeichnete elastische Gefüge des hansischen Verbandes labil werden konnte, haben wir bei Behandlung der ersten Jahrzehnte nach dem Stralsunder Frieden hinsichtlich der Kontorgeschichte gesehen. Zwar gab es in Bergen nach der vertraglichen Einigung mit Hakon VI. 1376 zunächst ruhige Jahre, und es blieb dabei auch nach Übernahme der Herrschaft durch seine Witwe Margarete, deren schwedische Ziele sie zunächst auf unbedingte Zusammenarbeit mit der von Lübeck vertretenen Hansepolitik hinwiesen. In London, Brügge und Nowgorod jedoch spitzten sich aus ganz verschiedenen Ursachen die handelspolitischen Verhältnisse derart zu, daß um 1388 nach allen drei Richtungen ein kritischer Punkt erreicht war. Wenn die führenden Ratmannen vom Schlage eines Pleskau, Westhof und Niebuhr angesichts der schweren Verhandlungen mit England, Flandern und Rußland nicht auch noch einen neuen skandinavischen Krieg auf sich nehmen wollten, so war das begreiflich genug. Es bedeutete freilich den Schlußstrich unter die traditionelle Politik im westlichen Ostseebecken mit ihrem Grundsatz Holstein, Schleswig, Dänemark und Schweden unter verschiedenen Herrschaften zu halten. War seit 1386 bereits die so lange erfolgreich von der Hanse bekämpfte Vereinigung von Holstein und Schleswig Tatsache, an der Lübeck auch nicht mehr gerüttelt hat, so folgte nun die nordische Union aller drei skandinavischen Reiche unter der Königin bzw. Regentin Margarete seit 1389.

In der älteren Hanseforschung hat man gerade darin eine folgenreiche Wende gegen die hansische Vorherrschaft im Ostseeraume gesehen; es ist aber von vornherein auf die fast unüberwindlichen Schwierigkeiten hinzuweisen, die sich jeder Vereinigung auch nur von zwei der skandinavischen Reiche immer wieder entgegengestellt haben. Der Versuch mochte angesichts der ethnischen, sprachlichen, rechtlichen und kulturellen Verwandtschaft nahe genug liegen, und er ist ja seit den Tagen Harald Blauzahns und Knuts des Großen immer wieder unternommen worden, aber längere Dauer war bis dahin keinem der Doppelreiche beschieden gewesen. Für das Tripelreich mußte mit vermehrten Schwierigkeiten gerechnet werden, und es blieb die

Frage, ob sein Herrscher unter solchen Umständen der Hanse gegenüber kräftiger oder nicht eher nur geschwächt aufzutreten vermochte.

Jedenfalls mußte mit der Vereinigung von Schleswig-Holstein 1386 und mit Margaretes gesamtskandinavischem Königtum seit 1389 die Hanse sich für das folgende Jahrhundert auf ganz andere Vorzeichen einstellen, verglichen mit denen, die seit den Tagen Waldemars II. gegolten hatten. Wir werden sehen, ob und wie das gelang.

Zuvor aber war der Kampf zwischen Margarete und den Mecklenburgern erst noch bis zum Ende auszufechten, denn trotz Albrechts Gefangensetzung auf Schloß Lindholm in Schonen gab sich seine Partei noch keineswegs geschlagen. In Schweden zwar ging selbst Kalmar verloren, das der deutsche Kommandant gegen eine Geldzahlung übergab, doch Stockholms deutsche Bürger setzten sich blutig gegen den schwedischen Einwohnerteil durch und behaupteten sich gegen die dänische Königin. Im Verein mit Rostock und Wismar verschärfte Stockholm den Seekrieg durch Förderung der seit Atterdags Tagen immer systematischer aufkommenden Kaperfahrt. Sie war der andere Grund für Lübeck, Albrecht von Mecklenburg die Unterstützung zu versagen, handelte es sich doch hier um ein altes Übel, dessen stete Zunahme während des ganzen 14. Jahrhunderts allerdings zugleich das Negativ jener hansischen Hochkonjunktur bietet, die 1392/93 in Brügge wie Nowgorod einmal mehr wieder abgesichert werden konnte.

Seeraub und Strandraub waren seit wikingischer Zeit nicht zu beseitigende Plagen des fernhandelnden Schiffers gewesen. Ihnen zu begegnen, und zwar über die bewaffnete Abwehr an Bord wie an Land selbst hinaus, bildete bereits von spätstaufischer Zeit an eines der Hauptanliegen hansischer Rechtsfindung.

Es steht außer Zweifel, daß der Seefund an sich ein altüberkommenes Gewohnheitsrecht darstellte. Die Küstenbewohner haben ihn mit gleicher Zähigkeit beansprucht, wie ihn die Hanse bekämpfte. Seine Wurzeln dürften auf sakrale Vorstellungen zurückgehen, nach denen schon das Befahren des Meeres Versuchung der Gottheit war. Der Schiffbrüchige hatte deshalb nicht nur den Besitz, sondern darüber hinaus die persönliche Freiheit verloren, sakral gesehen: verwirkt.

Nur langsam konnte sich dagegen die vom spätantiken Kaiserrecht abgeleitete Politik der Städte zur Geltung bringen; auch sie gestand ein Anrecht von Bergern am Seefunde zu, wollte es aber anteilig begrenzt wissen, im allgemeinen auf ein Drittel der geretteten Güter, während die persönliche Freiheit Schiffbrüchiger unverletzt bleiben sollte. Erschwert wurden Fortschritte noch dadurch, daß die sich ausbildende Landesherrschaft zunehmend auf den Heimfall herrenloser Güter als Regal Anspruch erhob und sich mit ihren Vögten ebenfalls in den Streit um den Seefund einschaltete. Immerhin war nach dieser Seite eine Strandrechtsregelung durch Privileg noch am ehesten einzuleiten; so hat sich Lübeck bereits 1204 von Waldemar II. entsprechende Zusicherungen verbriefen lassen, gestützt wohl auf die seit Lothar III. von der niederdeutschen Herrscherfamilie ausgefertigten Urkunden zum Handelsschutz auf der Ostsee.

Auch im Fridericianum, dem großen Freibrief von 1226, wurde Lübeck kaiserlicherseits die Strandrechtsfreiheit bescheinigt, und von da an läuft die Kette entsprechender Privilegien hier wie in den anderen hansischen Küstenplätzen weiter. Um die Mitte des 13. Jahrhunderts, als das Gewicht kaiserlicher Diplome gegenüber denen der Ostseeanrainer zurückging, suchten die Hansen mit Hilfe der Kirche zu einheitlichen und verbesserten Strandrechtsregelungen zu kommen. Im Zusammenhang mit der Kreuzfahrt war ein dem Kaiserrecht entsprechender Seefahrerschutz bereits von päpstlichen Konzilen des 12. Jahrhunderts verfügt worden. Beim Aufbau des livländischen Ordensstaates hatte die Hanse auch in dieser Hinsicht mit dem päpstlichen Legaten Wilhelm von Modena zusammengewirkt. 1249 schützt erstmals eine Bulle Innozenz' IV. an den entsprechend beauftragten Bischof von Ratzeburg schiffbrüchige Lübecker. In den 50er Jahren trieb dann Erzbischof Albert II. von Riga die Strandrechtsfrage energisch in hansischem Sinne voran, und 1265 erschien als päpstlicher Legat der Kardinal Guido von Praeneste in Bremen, Hamburg, Lübeck und Magdeburg, um neben der Sorge für die Kirchenorganisation in zweijähriger Tätigkeit die Schiffbruchs- und Strandgutfragen so zu regeln, wie es die dafür sicherlich kräftig zahlenden Städte wünschten. Das Eigentum Schiffbrüchiger und ihrer Erben an geretteten Gütern war damit grundsätzlich von der höchsten Autorität der Zeit festgestellt. In der Praxis konnten darauf mit Küstenherren und Küstenbewohnern anteilige Regelungen von Bergungsansprüchen ausgehandelt werden. Wie das in immer neuen Bemühungen um zweiseitige Verträge geschah, habe ich an dem Beispiel für Dithmarschen und die Hanse beschrieben. Zusammenfassend ist das Problem durch den Finnen Vilho Niitema in einem grundlegenden Buch behandelt worden.

Was wirklich erreicht wurde, hing im Grunde natürlich von den faktischen Machtverhältnissen im betreffenden Küstengebiet ab, doch hatte die Hanse im 14. Jahrhundert unter Anwendung aller verfügbaren Mittel vom Privileg und zweiseitigen Vertrage bis zu Strafexpeditionen und zur Stützpunktpolitik leidlich stabile Verhältnisse des Seefriedens erreicht. Der Turmbau auf Neuwerk vor der Elbmündung durch Hamburg seit 1299, ein Recke von 27 m Höhe mit bis zu 2,50 m dicken Mauern, hatte bei seiner Nebenfunktion als Navigationszeichen von Anfang an den Hauptzweck, mit ständiger Besatzung Freibeuterei und Strandraub zu bekämpfen. Laufend führte hier ein Ratsherr das Kommando. Ganz entsprechend haben sich die Bremer im erzstiftischen Amt Bederkesa den festen Stützpunkt geschaffen. Wie sich etwa der Landweg zwischen Hamburg und Lübeck seit Ausgang des 14. Jahrhunderts durch die aus planmäßiger Bekämpfung von Ritterburgen sowie städtischen oder ratsbürgerlichen Landkäufen und Pfandschaften entstandene Kette von Streubesitz gegen fürstlich-adlige Zugriffe auf den Warenverkehr zunehmend abgeschirmt hat, so ist auch an den Küsten unter Nutzung von vorgelagerten Inseln ein System des Flankenschutzes der wichtigsten hansischen Seeverbindungen erwachsen. Nehmen wir zum Beispiel den Machtbereich der Edelherren von Lappe auf Ritzebüttel, die an der Elbmündung oft mit dem Herzog von Sachsen-Lauenburg als Eigner des benachbarten Landes Hadeln zusammenspielten und jeden Sturm in der Elbmündung zum Beutemachen genutzt haben: Zwischen 1349 und 1394 hat sich nun Hamburg Schritt für Schritt an diesen Pfahl neben seiner Schlagader herangearbeitet, endlich die Lappe ganz aus Ritzebüttel vertrieben und den Neuwerker Amtmann dorthin umgesiedelt. So entstand das heute niedersächsische, urhamburgische Cuxhaven, dessen „Heimkehr" man an der Alster erhofft!

In logischer Fortsetzung der durch die Tätigkeit des Kardinals Guido entwickelten Rechtsnormen hat Jordan von Boizenburg, Hamburgs bedeutender Ratsnotar, neben dem Stadtrecht auch die Grundzüge hansischen Seerechts festgelegt, und zwar in kluger Verbindung der geltenden gewohnheitsrechtlichen Anschauungen mit gewissen kaiserrechtlichen Sätzen italienischer Legisten der Zeit. Im älteren Hamburger Schiffsrecht von 1292, das rasch gemeinhansische Bedeutung gewann, sind Jordans Arbeiten auf diesem Gebiet zu fester Kodifikation gelangt; 1299 übernahm Lübeck mit einigen Änderungen vor allem die Befrachtungs- und Hafenaufsichtsvorschriften daraus für seine eigenen Flandernfahrer, später paßten sich Bremen und Oldenburg, vor allem aber auch Riga an; wie Memel ursprünglich Neu-Dortmund heißen sollte, war Riga ein Neu-Hamburg, das von Anfang an infolge der starken hamburgischen Zuwanderung in engen rechtlichen Beziehungen zur Elbstadt gestanden hat. Kampen und Groningen entwickelten eigene, aber dem hamburgischen nahestehende Seerechtsbücher.

Im Nordseegebiet blieb so das Hamburger Seerecht richtungsweisend; im späteren 14. Jahrhundert wurde es anhand der Satzungen für die Gilden der Staveren- und Amsterdamfahrer als die sogenannte „Ordonancie" neu verzeichnet. Für das atlantische und Kanalküstengebiet muß daneben das aus dem aquitanischen Weinhandel nach England und Flandern erwachsene Seerecht der „rôles d'Oléron" beachtet werden, benannt nach der kleinen Insel vor der Gironde, die im Seeverkehr und bei der Navigation eine ähnliche Leitrolle spielte, wie die Insel Ouessant vor der Bretagne, unweit von Brest. Als „Vonnesse van Damme" (dem Seehafen Brügges) war das Recht von Oléron flämisch übersetzt. KRIEGER hat es gründlich neu behandelt.

In Brügge verschmolz man dieses Weinfrachtrecht mit der hamburgischen Ordonancie; Anfang des 15. Jahrhunderts urteilten bereits alle wichtigeren Seegerichte des hansischen Einflußraumes nach dem damit entstandenen „Gemeinen Waterrecht"; da unter diesen der Gerichtshof von Wisby als unverändert wichtiger Verkehrsknoten eine besonders häufig aufgesuchte Instanz war, über der dann Lübeck als Oberhof angerufen werden konnte, bürgerte sich für das an sich westlich orientierte Seerecht nun der Name „Gotlandisch Waterrecht" ein. So lebte noch im ausgehenden Mittelalter die alte Zentralfunktion der Ostseeinsel in diesem Namen nach, den auch der erste Kopenhagener Druck 1505 beibehalten hat.

In steigendem Maße griffen Hansetage mit Rezessen in Fragen des Schiffs- und Seerechts ein. Viele der getroffenen Entscheidungen wurden 1530 in die als ein Sammelbecken aufzufassende „ordonancie van den schipperen unde bozluden" übernommen, die Grundlage des späthansischen Seerechts. Die kaiser- und kanonischrechtlichen Wurzeln gerade der hansischen Strandrechtspolitik laufen durch diese Kette von Rechtsaufzeichnungen sehr bezeichnend mit.

Um die natürlichen Ursachen von Schiffbruch und Strandung möglichst einzudämmen, entschloß sich die Hanse bereits im 14. Jahrhundert zu Einschränkungen, ja wiederholt zum förmlichen Verbot der Winterfahrt. Vor Petri Stuhlfeier, also dem 22. Februar, sollte kein Schiff in einem hansischen Hafen die Anker lichten, und wer nach Martini, dem 11. November, an die Kaje lief, mußte wenigstens nachweisen, daß er schon länger unterwegs war. Ausgenommen waren die Norwegenfahrten wegen der dort infolge des Golfstroms eisfreien Häfen sowie die Küstenfahrt unter 30 Last. Wismar bekam für Heringe und Bier in der Schonenfahrt eine Sondergenehmigung, die nur zwischen dem 6. Dezember und dem 2. Februar (Nikolai bis Lichtmeß) den Seeverkehr untersagte, weil sonst die Fischversorgung in der Fastenzeit gefährdet gewesen wäre.

Konnte man aber Schiffbruch und Strandung aus natürlichen Ursachen einzudämmen suchen, so blieb die Freibeuterei ein dauerndes Problem, das gerade in Zeiten der Konjunktur am lebhaftesten wucherte. Erinnern wir uns an die Seeverhältnisse vorhansischer Zeiten, als bereits im 9. Jahrhundert Ansgar auf seiner Schwedenreise unter die Piraten fiel, so wissen wir, daß Fernhandel und Seeraub von jeher nebeneinander standen. Hatten aber Strandfund und Bergung Rechtsansprüche auf ihrer Seite, so war der bewaffnete Überfall zur See allenfalls in Form der Kaperfahrt bei Seekriegen notdürftig zu rechtfertigen, durchweg jedoch auch dann zu hansischer Zeit nichts als Abenteuer und Gewalttat.

Ihm zu begegnen, reichten die Abwehrwaffen des Einzelschiffs nur selten aus, zumal die Frachtfahrer es an Beweglichkeit mit Piratenseglern nicht aufnehmen konnten. Bestes, wenn auch zeitraubendes Gegenmittel blieb die Konvoifahrt zu hansischer wie schon zu vorhansischer Zeit. Seit die Hansen im hohen 13. Jahrhundert die nicht mehr bestrittene Seeherrschaft im Baltischen Meer besaßen, zu deren Sicherung der Städtekranz um dessen Küsten herum eine wichtige Hilfe war, seit ferner in der Westsee die großen Kreuzfahrerflotten schon des 12. Jahrhunderts relativ gefriedete Seefahrt möglich gemacht hatten, kam bezeichnenderweise für fast ein Jahrhundert das Konvoisegeln nahezu ganz ab. Es war die hohe Zeit der ebenso riskanten wie gewinnreichen Einzelfahrt, seit Aufkommen der Schriftlichkeit im Fernhandelsgeschäft sogar bereits der Linienfahrt.

Mit dem hohen 14. Jahrhundert verschoben sich die Bedingungen dafür jedoch in doppelter Weise ungünstig. Einmal war nun der Seeverkehr so dicht geworden, daß die Freibeuterei mehr denn je verlockte. Ihr Aufkommen in neuen Formen ist förmlich der Nachweis für die große und stabile Wirtschaftskonjunktur der hohen Hansezeit. Zum anderen aber führten die langfristigen Seekriege neue Unsicherheitsfaktoren herauf – zu erinnern wäre an den englischen Überfall auf die Hanseflotte bei Sluis von 1340 oder jene Bemühungen Waldemars IV., seine Ziele durch Drosselung der Sundfahrt zu fördern. In der Baienfahrt durch den Kanal wie in der Schonen- und Preußenfahrt wurde so erneut der Geleitzug die einzige Abhilfe. Für die Sundpassage schrieben die preußischen Städte 1392 Gruppen von mindestens zehn Schiffen vor, fünf Jahre später begrenzten sie alle sommerliche Westfahrt auf drei Termine, im folgenden Jahre 1398 lief erstmals die gesamte preußische Handelsflotte, von zwei Friedeschiffen (Kampfkoggen) geleitet, an einem Tage – am 13. Juli – durch den Sund, und von da an wurde das die Regel für die Frachtfolge baltisches Getreide – Baiensalz.

Seit im Hundertjährigen Kriege normannische und pikardische Kaperer und wenig später ihre englischen Gegenstücke die Kanalgewässer unsicher gemacht hatten, weil sie gegen die Weisung beider Herrscher auch neutrale Schiffe überfielen, und seit nach der Ermordung Gerhards des Großen 1340 die holsteinische Ritterschaft von ihren Stützpunkten auf dänischen Inseln aus ihren Kampf gegen die jütische Schiffahrt unbesehen auf hansische Kauffahrer ausdehnte, weil sich die wendischen Städte hinter das Königtum Waldemars IV. gestellt hatten, steigerte sich in beiden nordischen Meeren die Unruhe auf allen Handelswegen von Jahrzehnt zu Jahrzehnt.

Auf der Kanalseite griffen auch Flamen und Schotten in die Freibeuterei gegen die wegen ihrer Privilegien verhaßten Osterlinge ein, während vom Rheindelta her die von der Städtegruppe an der Ijssel gedeckte Schmuggelei hansische Gegenmaßnahmen provozierte. In den dänischen Gewässern aber waren die kriegerischen 60er Jahre kaum vorbei, als mit dem Tode Waldemars und der Option Lübecks für Margarete nun von mecklenburgischer Seite die Kaperfahrt großen Stils neu eröffnet wurde. Die lange angestaute Erbitterung des ministerialischen Kleinadels über den vor seinen Augen entfalteten materiellen Aufstieg des hansischen Großbürgertums dürfen wir dabei als eine der wichtigsten Wurzeln vermuten: den hoffnungsvoll angesetzten Versuch der nordelbischen Landesherren und ihrer soldritterlichen Gefolgschaft, auf den Spuren bürgerlicher Städtegründung auch den dänischen und schwedischen Landadel zu überschichten und so, geführt von den schauenburgischen und mecklenburgischen Fürsten, angesichts der festgefahrenen Lage im alten Reiche sich neue Räume der Herrschafts- und Machtbildung zu erschließen, hatte die Hanse mit ihrer überlegenen Politik wiederholt vereitelt. Daraus erwuchs ein Haß auf die „Pfeffersäcke“, geschürt noch durch deren oft genug herausfordernden Hohn gegenüber dem verarmenden Rittertum, das mit bürgerlichem Wohlstand je länger desto weniger Schritt zu halten vermochte.

Damit verstehen wir, wieso unter den mit Namen bekannten Freibeuterführern viele nachweislich dem Rittertum entstammten; nicht erst auf der Flotte Brun Warendorps wird sich der nordelbische Adel die nötige seemännische Erfahrung verschafft haben. Seine Unternehmungslust, gepaart mit dem Wunsch, aus der häufig kinderreichen Enge des wirtschaftlich nun hoffnungslos rückständigen elterlichen Rittersitzes auszubrechen, war von der Kreuzfahrt kaum noch absorbiert und wurde seit dem vorläufigen Friedensschluß zwischen England und Frankreich 1375 sowie seit Waldemars fast gleichzeitigem Tode der soldritterlichen Einnahmequellen beraubt. Er griff zum abenteuerlichsten Ausweg des Michael Kohlhaas. Das Ende war vorauszusehen, wie bei allen auf radikalen Umsturz gerichteten Unternehmen; hat doch selbst bei den äußerlich gelungenen schließlich stets die Revolution ihre Kinder umgebracht.

Ein Hansetag beschloß 1376 einen Pfundzoll gegen die Seeräuber. Der Stralsunder Bürgermeistersohn Wulf Wulflam übernahm die systematische Bekämpfung; trotz erheblicher Erfolge – die Stralsunder fingen in einem Jahre allein über hundert Freibeuter und richteten sie sämtlich hin – war die Plage aber zunächst nicht auszurotten, weil Wismar und Rostock zu ihrem Fürstenhause hielten und zusammen mit Stockholm den Freibeutern sichere Operationsbasen boten. Mit Kaperbriefen der Mecklenburger versehen, setzten sie sich auf Gotland mehr und mehr fest. Erst nach der Gefangennahme König Albrechts änderte sich 1389 die Lage, wenn auch nicht schlagartig.

Vielmehr proklamierten Albrechts Anhänger gerade jetzt erst den uneingeschränkten Kaperkrieg; die in Wismar und Rostock ausgerüsteten großen Seeräuberschiffe fanden Zulauf im Überfluß und machten zunächst reiche Beute. Nach westlichem Vorbilde nannten sie sich nun „Vitalienbrüder", denn während der ersten Phase des Hundertjährigen Krieges waren die „vitailleurs", der Versorgungstroß beider Heere, dem auch die Zufuhr in die Kanalhäfen seit dem englischen Siege bei Crécy 1346 oblag, zu Namensvätern der dortigen Kaperei geworden.

Unzweifelhafte Erfolge des mecklenburgischen Kaperkrieges lassen sich erkennen: Stockholm wurde immer wieder von See her neu verproviantiert und behauptete sich ungebrochen gegen die jahrelange dänische Belagerung; nach seinem Fall eroberte man 1391 Bornholm und Wisby, zeitweilig auch finnische Hafenplätze wie Åbo und Wyborg. Zwei Jahre später gelang sogar ein Überfall auf Bergen, das gänzlicher Plünderung zum Opfer fiel; seine Bewohner mußten dem gefangenen König Albrecht Treue schwören. 1394 endlich fiel auch Malmö dem Angriff zum Opfer. Es war der dritte Sommer einer völligen Stillegung der Heringsfitten von Falsterbo, und die Fischpreise verdreifachten sich damals in Preußen, verzehnfachten sich in Frankfurt am Main! Lübeck und Stralsund schienen außerstande, mit den Freibeutern fertig zu werden, zumal der Ordenshochmeister Ulrich von Jungingen wie Margarete von Dänemark den Hansen jede Unterstützung verweigerte, weil er auf Landgewinn für den Orden rechnete.

Endlich gelang aber 1395 ein Ausgleich: der Friede von Skanör gab Albrecht die Freiheit zurück und verpfändete Stockholm für drei Jahre an die Hanse, vertreten durch sieben Städte. Da Albrecht das hohe Lösegeld nie gezahlt hat, ist Stockholm danach an Margarete gefallen. Sie war inzwischen durch die „Kalmarer Union" von 1397 zugunsten ihres Großneffen Erich von Pommern Herrin aller drei skandinavischen Reiche geworden; die Hanse akzeptierte das Unionskönigtum.

Das brachte nun den Orden auf den Plan, der seinen Teil am Ausgleich suchte. Da die Freibeuter, immer noch im Bunde mit den Mecklenburgern, aus der Friedensregelung von 1395 nur ausgeklammert werden konnten und weiter von Gotland aus nach allen Seiten ihre Unternehmungen richteten, so rüstete nun der Hochmeister in Danzig eine Flotte von nicht weniger als 84 Einheiten der preußischen Städte aus, schiffte 4.000 Bewaffnete darauf ein und ließ 1398 Wisby erobern. Ein Ordensvogt baute die Feste Wisborg mächtig aus und beherrschte die Insel von dort aus bis 1407. Es war der Höhepunkt baltischer Ordensmacht; nur drei Jahre vor der Tannenberger Niederlage trat der Hochmeister Gotland an den Unionskönig Erich ab, weil er seine Abwehr gegen den Polen finanzieren mußte.

Die Freibeuter hatten sich nach Verlust ihres letzten Stützpunktes gespalten; die Mehrheit kehrte nach Mecklenburg und Nordelbien zurück, nur ein kleiner Teil, als dessen Anführer nunmehr Godeke Michels und Klaus Störtebeker auftraten, zog sich in die Nordsee hinüber, von deren Küsten er vermutlich auch stammte. Er fand dort Rückhalt am Grafen von Oldenburg und mehreren ostfriesischen Häuptlingen, ein Anhaltspunkt mehr für die ständische Herkunft seiner Führungsgruppe. Nun war die Reihe an Bremen und Hamburg, mit diesem Rest fertigzuwerden. In der Emsmündung brachte eine hamburgisch-lübische Flotte den Piraten eine schwere Niederlage bei, unter den Entkommenen waren beide vielbesungenen Führer, doch das folgende Jahr 1401 wurde auch ihnen zum Verhängnis: die Hamburger Ratmannen Hermann Lange und Klaus Schocke fingen den Holk Störtebekers, ein starkes, mehrmastiges Schiff, bei Helgoland ab. Mit seinen 72 Gefährten wurde er zur Hinrichtung auf den Grasbrook geführt; einer letzten Bitte entsprechend, durfte er, der drastischen Sage nach, mit dem Kopf unter dem Arme an der Kette seiner Leute entlang laufen, um sie vom Tode zu retten. Schon war er beim zwölften angekommen, da warf ihm der um seine Kopfprämien besorgte Scharfrichter einen Knüppel zwischen die Beine, er stolperte und fiel, und so kamen die meisten der Piraten doch noch unter das Richtschwert ... Von solcher Art war das Seemannsgarn bei den Hansen über die Piratenkämpfe.

Mit der „Bunten Kuh“, einem dem späteren Hamburger Bürgermeister Simon von Utrecht gehörenden Holk, hat Klaus Schocke wenig später auch Godeke Michels gefangen und zum Richtplatz gefahren. Das Gold Störtebekers wurde laut Seemannsgarn vom Hamburger Rate vergeblich gesucht; erst der Schiffszimmerbaas, dem das Freibeuterschiff auf Abbruch verkauft worden war, fand es als Kern des ausgehöhlten Großmastes. Er lieferte es bieder beim Rate ab (hier ist der einzig zweifelhafte Punkt der ganzen Geschichte), und wer denn heute nach Hamburg kommt, findet auf St. Katrin eine große goldene Krone in halber Höhe des Helms. Sie allein ist übrig von den sagenhaften Schätzen Störtebekers, nach dem die Freibeuterei zwar weiter am Hanseverkehr schmarotzt hat, ihn aber nie wieder ernstlich gefährden konnte. (Peinlich nur, daß die Krone erst nach der Zerstörung im letzten Kriege erneuert werden konnte.)

Von Seefund und Strandraub, Schiffsrecht und Bergungsrecht, endlich von Kaperfahrt und Freibeuterei war damit die Rede. Die unter mittelalterlichen Verhältnissen besondere Schwierigkeit, Ordnungen des friedlichen Handelsverkehrs über See aufzurichten und wirklich durchzusetzen, trat eindringlich hervor. Kaiser und Papst waren weit, kaiserrechtliche und konziliare Verfügungen blieben kraftlos, wenn sie namentlich im späteren Mittelalter nicht von den Städtegruppen der Hanse sowie der gemeinhansischen Tagfahrt selbst zur Geltung zu bringen waren. Das geschah, wie wir sahen, mit einem Instrumentarium von zweiseitigen Verträgen und anteiligen Abmachungen über das Bergungsrecht bis zur Schiffsbewaffnung, zur Konvoifahrt und zur Stützpunktpolitik, ja notfalls bis zur Strafexpedition. Die gelungenen Aufsätze von WILFRIED EHBRECHT bestätigen lesenswert das hier vertretene Urteil.

Als sich aus Hochkonjunktur und Seekriegen im Kanal und vor Schonen eine kritische Steigerung von Kaperei und Freibeutertum ergab, wurde in jahrzehntelangen Anstrengungen schließlich auch diese Gefahr bewältigt. Hinter ihr vermuteten wir nicht zuletzt gewisse Spontanmaßnahmen des wirtschaftlich und sozial gegenüber dem unternehmenden Bürgertum ins Hintertreffen geratenen Kleinadels, dessen im Gefolge der nordelbischen Fürsten unternommener Versuch gescheitert war, sich im skandinavischen Raume neue Lehnsherrschaften aufzubauen. Die überall verlustreiche Ausschaltung des erheblichen deutschen Bevölkerungsanteils in den skandinavischen Küstenstädten von der örtlichen Ratsherrschaft ist unter dem Einfluß des zum Fehlschlag verurteilten Ringens deutscher Lehnsadelskräfte um Herrschaft in Skandinavien ohne Zweifel beschleunigt und in den Formen blutig verschärft worden. Ihr für die Hanse bedenkliches Ergebnis war ein Herausbrechen des nördlichen Flankenstrichs aus dem für die Großwirtschaftslage im nordwestabendländischen Fernverkehrsbereich konstitutiven Städtekranz um die Ostsee herum. Es ist aber im Zusammenhange bezeichnend, wenn weniger in der skandinavischen Gegenwehr, als in der überlegenen Hansepolitik bei Adel und Fürsten die Hauptursache für das Mißlingen ihrer Pläne gesehen worden ist. Wie sich an den Kanalküsten der Haß gegen die privilegierten Hansen im Kaperkriege der „Vitailleurs" Luft machen konnte, so entsprang das Unwesen der Vitalienbrüder auf Ost- und Nordsee dem ständischen Gegensatz, der sich gerade im 14. Jahrhundert entscheidend verfestigt hatte. Daran ändert nichts, daß dem adligen Führungskreise der Freibeuter Gelichter aller Art in Scharen zugelaufen ist, es zeigt nur die Verirrung, in die das spätmittelalterliche Soldrittertum hier geraten mußte.

Ein kurzes Wort müssen wir noch zu einer der Begleiterscheinungen sagen, die das erste nachwikingische Zeitalter großer Seeschlachten, jetzt zwischen Flotten hochbordiger Schiffe, bewirkt hatte. Am Vorabend des Aufkommens der Feuerwaffen hat sich dabei aus der Kampftaktik ein wesentlicher Wandel im hansischen Schiffbau abgespielt: das Bedürfnis, möglichst viele Kämpen auf einem Schiff zu transportieren, war bei der zwischen 1340 und 1400 zu beobachtenden, starken Zunahme der Abmessungen ursächlich mindestens beteiligt neben dem der Erweiterung des Frachtraums. Die dadurch ermöglichte Fortentwicklung vom Einmaster zu den zwei- bis viermastigen Seeschiffen des 15. Jahrhunderts erhöhte Schnelligkeit und Manövrierfähigkeit; die Erfahrung jener Enterkämpfe ist daran abzulesen, wie sie sowohl bei Seeschlachten großer Verbände – ob nun vor der Scheldemündung 1340, im Sund 1362 und 1368 oder vor Stockholm und Wisby 1395/98 –, als auch beim Zweiergefecht von Kauffahrern und Freibeutern geführt werden mußten.

Mit guten Gründen hat Ehbrecht daraus geschlossen, daß sich in der beträchtlichen Menge der Freibeuter unter oft adligen Kaperkapitänen bei Unterführern und Mannschaften viele einstige Bürger und Einwohner küstenbezogener Städte, aber auch Bauern und Fischer des weiteren Umlandes befunden haben müssen. Schon Benninghoven hatte in diesem Zusammenhang auf die Bauernunruhen Frankreichs im Zeichen der ersten Hauptkrisis des Hundertjährigen Krieges vor 1375, dem Jahr der zu Brügge geschlossenen Waffenruhe, hingewiesen, ferner auf den „Wat-Tyler“-Aufstand in England im Jahre 1381, den Richard II. blutig zu ersticken vermochte, sowie den sogenannten „Käpplingemord“ wenig später in Stockholm, durch den sich der bereits minderheitliche deutsche Bürgeranteil noch ein letztes Mal vor der Überwindung seitens der Königin Margarete in seiner Stadtherrschaft abzusichern suchte. Nicht zuletzt müssen wir an die als „Knochenhauer-Aufstand“ bezeichneten Unruhen des Jahres 1386 in Lübeck selbst denken, deren weiteren hansischen Hintergrund wir später noch zu untersuchen haben, und endlich an die inneren Kämpfe in den holländischen Städten. Dort hatte sich unter der durchaus tüchtigen Herrschaft des wittelsbachischen Kaisersohns Albrecht seit 1382 die zu Mitbeteiligung drängende, exportgewerblich orientierte Partei der „Hoeksen“ mit der vom Grafen unterstützten, großbürgerlich bestimmten Gruppe der „Kabeljauwen“ in immer stärker eskalierende Auseinandersetzungen verstrickt, aus denen ebenfalls Anstöße zum Ausweichen in die Freibeuterei erfolgt sein dürften.

Über innerstädtische Unruhen

Auch die gemeine hansische Tagfahrt war auf die wachsende Unruhe in mehreren ihrer Städtegruppen bereits aufmerksam geworden. 1394 reagierte sie auf die offenen Gewalttaten preußischer Seeleute mit dem Ziel, die Heuertarife im Seerecht zu verbessern, mit der Verhängung von Acht und Todesstrafe für „vrevelich zammnunge“. Es lag am Tage, daß aus den Städten in wachsender Zahl Verfestete, also ausgewiesene Bürger oder Einwohner, den Freibeutern zuliefen. Diese hatten selbst 1392 „omnes profugi sive proscripti“ dazu eingeladen, sie schickten sogar den gekaperten Schiffer Egbert Schoeff aus Danzig gegen Geiselstellung auf dessen eigener Kogge zum Brügger Kontor, diesem zu erklären, „dat se weren godes vrende unde al der werlt vyande“. Hier lag also ein breiter Unruhehorizont vor, äußerlich den flämischen Weberaufständen zeitparallel, dessen Anfängen in vielen hansischen Städten wir uns nun zuwenden müssen. Ende April/Anfang Mai 1374 schreiben Lüneburg, Hannover, Minden und Hameln besorgt an Lübeck, es möge doch den Aufstand gegen Braunschweigs Rat zu dämpfen suchen, der sonst vielen Städten (wobei sie natürlich an sich selbst denken) gefährlich zu werden drohe.

Der Braunschweiger Aufstand (in der Überlieferung „de grote schicht“) steht nicht nur zeitlich an der Spitze dieser Welle von Unruhen in vielen hansischen Städten, er ist auch eingehend untersucht worden, und zwar zunächst interessanterweise fast gleichzeitig und ohne gegenseitige Benutzung 1961 von dem Leipziger Karl Czok sowie 1962 von dem Hamburger Brunner-Schüler Hans Leo Reimann, also aus geistig sehr entgegengesetzten Perspektiven.

Die Verfassungsverhältnisse in den fünf verschiedenen Ortsteilen Braunschweigs waren keineswegs einheitlich geregelt, wie auch die soziale Zusammensetzung der fünf Bürgergemeinden stark differierte. In der Altstadt war die „meinheit" als tragende Körperschaft sehr viel einflußreicher, als im Hagen, dessen erst unter Heinrich dem Löwen entstandene Ordnungen von den Korporationen der hier „Gilden" genannten Gewerbetreibenden beherrscht wurden. Neustadt und Sack waren zwar als Bürgergemeinden noch jünger, hatten aber aus den Umständen ihrer Entstehung und aus ihrer räumlichen Lage heraus eine stärkere Bindung an die Altstadt. Völlig für sich stand die „Alte Wik" mit ihren vor die Plananlage der Altstadt unter Lothar III. noch zurückreichenden, gemischt markt- und ackerbürgerlichen Verhältnissen. Während Altstadt, Hagen und Neustadt ihre Ratskollegien bereits im frühen 13. Jahrhundert auszubilden vermochten, gelangten der Sack und die Altewiek erst nach 1300 durch Verpfändung aus der unmittelbaren Grundherrschaft der Herzöge an die Stadt; erst dann erhielten auch sie eigene Ratsorgane. Für die drei älteren Bürgergemeinden gab es zwar seit 1269 einen „Gemeinen Rat" als Samtbehörde, doch waren seine Befugnisse noch sehr begrenzt, insbesondere hatte er keine Verfügung über die Finanzen. Diese wurden selbständig von jedem Einzelrat im Auftrage seiner eigenen Bürgergemeinde verwaltet, was natürlich für die Belange der Gesamtstadt hinderlich war und zur Quelle laufend sich neu entzündender Spannungen wurde.

Wohl hoben sich namentlich in der Altstadt bestimmte Geschlechter durch Vermögen, Ansehen und Verbindungen ab, aber es gab dennoch starke Wandlungen im Kreise dieser großen Familien; die einen stiegen aus der „meinheit" neu herauf oder zogen von auswärts zu, die anderen kamen herab und verschwanden aus dem Ratskolleg. Da sich der altstädtische Reichtum fast ganz auf Tuchhandel, Geldgeschäft (Wechslerei), Goldschmiederei und spezialisierte Schuhmacherei begründete, spielten in diesem Weichbild Genossenverbände keine Rolle. Ganz anders stand es damit im Hagen, für den Wandschneider und Lakenmacher sowie Knochenhauer tonangebende korporierte Gewerbe waren. In der Neustadt hatte sich neben dem Tuchverschnitt der Wandschneider und der Knochenhauerei noch ein besonderer Schwerpunkt der Beckenwerkerei als verarbeitendes Metallgewerbe entwickelt; die Altewiek verfügte nur über einige Lakenmacher, viele Flickschuster und einige Lebensmittelgewerbe. Im Sack gab es außer den Knochenhauern nur noch die Kürschner. Solche Unterschiede schlagen aber kräftig sozial durch. Es gab also weder ein fest abgeschichtetes Patriziat, noch einen klar umrissenen Mittelstand. Die Vorstellung einer klassenmäßigen Schichtung ist für das mittelalterliche Braunschweig wie für das niederdeutsche Bürgertum der Zeit überhaupt eine unhistorische Fiktion. Sie beruht auf dem liberal-bürgerlichen Antagonismus des aus dem Denken seiner eigenen Zeit heraus argumentierenden Historikers gegen Adel und Honoratiorentum, wie es gerade im Falle Braunschweigs an den Beispielen verdienter älterer Forscher, namentlich HÄNSELMANN und SPIESS, gezeigt werden kann. Wir werden sehen, daß es sich bei den Braunschweiger Unruhen weder um soziale Aufstände von Unterdrückten gegen eine sie ausbeutende Obrigkeit, noch um Auseinandersetzungen von ständisch abgeschichteten Klassen im Kampfe um die Teilhabe an der Macht oder gar deren alleinige Ausübung handelte.

Aus der Stadt geflüchtete Verwandte und Anhänger der Hingerichteten sowie des gestürzten Altstädter Rats riefen sogleich die hansische Tagfahrt an und nahmen Verbindung zum welfischen Stadtherrn auf. Das Ergebnis war, in aller Kürze, eine Verhansung der Braunschweiger Kaufleute, also ihr Ausschluß vom Hansehandel. Wenn er auch nur teilweise durchzuführen war, so ergaben sich doch für die Okerstadt verheerende wirtschaftliche Folgen. Sie führten zu einem Ausgleich im Jahre 1380. In ihm sah die ältere Forschung, da sie aus dem eindeutigen Mißverhältnis zwischen den wenigen vor 1374 und den vielen danach überlieferten Namen von Ratmannen sowie der irrigen Schichtenvorstellung falsche Schlüsse zog, eine Behauptung der angeblich aus „Patriziern" und „Gildemeistern" gemischten neuen Führungsgruppe bei Entschädigung der Vertriebenen. Die aus den Vorgängen selbst zu erklärende, zahlenmäßig einschneidende „Wachablösung" im Rat hat noch CZOK unter Überschätzung des Hinzutretens von „homines novi" verfehlt interpretiert.In Wirklichkeit haben sich die Machtverhältnisse nicht wesentlich verändert, da man bereits vor 1374 mit Gildevertretern im Hagen-Rat und Neustädter Rat zu rechnen hat. Entscheidend war vielmehr, daß aus den Vorgängen die wichtige Lehre gezogen wurde, eine gemeinsame Kämmerei aller fünf Weichbilde zu bilden, das heißt die Autonomie der Teilstädte nachdrücklich zu beschneiden. Der „gemeine Rat" oder „sitzende Rat" der fünf Weichbilde, aus 35 Personen gebildet, die von der Altstadt bis zum Sack hinab gestuft delegiert wurden, aber so, daß die Gruppe Altstadt-Neustadt-Sack mit zusammen 22 Vertretern gegenüber acht der Hagenstadt und fünf der Altenwiek eindeutig über die Mehrheit verfügte, hat sich den Machtverhältnissen nach kaum von der Zeit vor 1374 unterschieden. Alle drei „gemeinen" Räte der dreijährigen Ratsperiode bildeten den „vollen Rat", und aus ihm wurde nun ein engeres Kollegium gebildet, der 15köpfige „Küchenrat" oder „enge Rat". Seine Macht war, verglichen mit der vor 1374, namentlich durch die Neuregelung der Kämmereiverwaltung wesentlich gesteigert. Auch in ihm standen vier Bürgermeistern von Altstadt, Neustadt und Sack nur zwei des Hagens und einer der Altewiek gegenüber; der Einfluß namentlich des „Großen Bürgermeisters" der Altstadt, dem sowohl im vollen als auch im gemeinen und im engen Rate der Vorsitz gebührte, hat sich nach den Unruhen von 1374–80 drastisch gesteigert.

Was bleibt, so müssen wir fragen, unter solchen Umständen an Möglichkeiten, Vorstellungen liberal-bürgerlicher, aristokratisch-konservativer oder auch sozialistisch-klassenkämpferischer Art, die von der Annahme horizontaler Schichtenbildung in einer menschlichen Gesellschaft ausgehen, auf innere Unruhen in spätmittelalterlichen Städten des hansischen Lebensraumes anzuwenden.

Da es in der Vergangenheit ziemlich aller Städte Unruhen mit schädlichen Folgen wie in Braunschweig für den Stand der Autonomie und den wirtschaftlichen Wohlstand gegeben hatte, fühlte sich die hansische Ratsgewalt politisch ebenso alarmiert, wie persönlich zur Hilfeleistung für ihre geflüchteten Freunde aus der Okerstadt aufgerufen. Erklären sich so die Bemühungen der Nachbarstädte wie auch der Hansetagfahrt um die im Verein mit innerstädtischen gemäßigten Kräften schließlich gelungene Wiederherstellung einer verfaßten Ordnung bei ernster, aber mit der verbesserten Kämmereiordnung auszugleichender wirtschaftlicher Schädigung, so fragt sich umgekehrt, weshalb in unmittelbarer zeitlicher Folge auf die Braunschweiger Unruhen weitere Kämpfe in einer ganzen Reihe von anderen Hansestädten ausgebrochen sind. Ergab sich aus der schnellen und allgemeinen Reaktion auf die Vorgänge an der Oker bereits, wie genau man über Ereignisse in den Städten des hansischen Kreises informiert war, so muß auch bei den Gegnern der jeweiligen Führungen das Wissen voneinander vorausgesetzt werden. Handelt es sich bei all diesen Auseinandersetzungen also um eine Kettenreaktion, oder sind sie Folgen allgemeiner Lebensumstände des späten 14. Jahrhunderts, in die nur der Zündfunke schlagen mußte?

Nun muß zunächst beachtet werden, daß bereits die Ausbildung der Ratsverfassung im frühen und hohen 13. Jahrhundert eine Reihe von Spannungen mit sich gebracht hatte, oft auch sie auf Rivalitäten von Teilstädten verschiedenen Alters und zunächst unterschiedlicher Rechtslage beruhend, aber ebenso oft vom Ringen innerstädtischer Gruppen bestimmt. Der Kampf etwa zwischen ratsfähigen Bürgerfamilien und Ministerialen um den bestimmenden Anteil an der Gewalt, aber auch das Kräftespiel zwischen Ratsbürgersippen und ihren Parteigängern, der Machtverlust niedergehender wie das Eindringen etwa vom Exportgewerbe aus in die Ratsfähigkeit aufsteigender Familien sind in Hunderten von Fällen der Verfassungsgeschichte zu beobachten.

Vom späten 13. Jahrhundert an ziehen sich weiter kritische Spannungen oft in Generationsfolgen, wie sie stets für Verfassungswandlungen von besonderem Gewicht sind, durch die Geschichte der Einzelstädte. In Magdeburg etwa kennzeichnen die Jahre 1301 und 1330 Schritte auf diesem Wege, in Bremen 1330 und 1365. Jedesmal ging es um andere Ursachen; allenfalls bei den Kölner Weberunruhen von 1370/71 denkt man an die Nähe Flanderns und seiner Weberaufstände. Aber die Kölner Zunftordnung mit ihren 22 Gaffeln unterschied sich doch grundsätzlich von den flämischen Verhältnissen. Ein Streit um zwei Juden zwischen dem erzbischöflichen Ortsherrn und dem Rat führte 1375 zum Schöffenkrieg. Über ein Weistum suchte der Ortsherr seine Rechte auf Hochgericht und Regalien zurückzugewinnen. Seine Partei nahm eine Gruppe von Großbürgern. Nach gescheitertem Handstreich seiner Söldner suchte der Erzbischof die Zwangslage Karls IV. vor der angestrebten Königswahl Wenzels gegen Köln auszunutzen: die Stadt aber bewog den Papst, den Erzbischof zu exkommunizieren. Der Stiftsflecken Deutz wurde gründlich zerstört. Erst 1377 verglich man sich. Die Parteien im Kölner Bürgertum waren damit erst recht entfacht; der Generationenwechsel löste endlich das Problem: mit dem Verbundbrief von 1396 fand man am Rhein eine gemäßigte Fassung für den Anteil von Geschlechtern und Gaffeln am Rat.

Heinrich Reincke hat sehr treffend beobachtet, daß in den flämischen Weberaufständen noch viel radikalere Forderungen armer gegen reiche Einwohnergruppen laut geworden sind als in Köln oder gar in den niederdeutschen Hansestädten. Das wendische Städtequartier stand am äußersten anderen Flügel mit seinem bis in das 15. Jahrhundert hinein geradezu auffällig günstigen Sozialaufbau. Reincke selbst hat das etwa an der Vermögensbildung in Hamburg untersucht, für die er trotz deutlicher Spitzen eine relative Breite und bemerkenswert weit – bis zu nichtbürgerlichen Einwohnergruppen – hinabgehende Staffelung nachweisen konnte.

Zwischen Flamen und Hansen als den Flügelexponenten im Sozialgefüge sind die oberdeutschen Zunftkämpfe einzuordnen. Während des 14. Jahrhunderts waren ober- und mitteldeutsche Handwerkerschichten weithin zur Beteiligung an der bürgerlichen Stadtführung vorgedrungen. Oft stellten sie sie nun ganz oder doch zur Mehrheit, oft vermochten sich aber die Großbürger wenigstens in der paritätischen Besetzung zu behaupten.

„Demokratisch“ war nun aber das Zunftregiment ebensowenig, wie man das großbürgerliche als „autoritär“ bezeichnen dürfte. Solche modernen Termini haben in der mittelalterlichen Verfassungsgeschichte keine Aussagekraft. Mochte sich die an der Obrigkeit beteiligte Führung wandeln wie immer, sie blieb eine grundbesitzende Minorität der Einwohnerschaft. Als Repräsentantenkreis des verfaßten Bürgerverbandes stand sie zwar für das gemeindliche gegenüber dem fürstlich-monarchischen Herrschaftsprinzip, doch blieb sie auch dann elitäre Gruppe auf der Basis des materiellen Besitzes und der geistigen Führungsleistung.

Wenn sich nun gerade die hansische Kaufmannschaft vergleichsweise besser an der Herrschaft zu halten vermochte als das oberdeutsche Großbürgertum mit seinen zunehmend zu ständischer Abschichtung und Kleinadelsconnubium neigenden – also patrizischen – Lebensformen, so begründet sich das wohl in einer präventiven inneren Voraussetzung: vermöge ihres eigenständigen Fernhandelsbereichs und ihrer genealogischen Verflechtung von Westfalen bis zum Baltikum hinauf konnten die Hansen weit großzügiger als Flamen und Oberdeutsche Aufstiegschancen für „homines novi“ offenhalten. Im Gegensatz zum ständisch verfestigten Ratsbürgertum etwa zu Mainz, Nürnberg oder Augsburg hat sich in keiner einzigen Hansestadt des Mittelalters jemals eine abgeschlossene Oberschicht gebildet. Überall beweisen die Bürgerbücher mit ihren besonders nach Pestwellen schlagartig anschwellenden Neubürgerzahlen, daß aufstrebende Zuwanderer angesichts der Konjunkturverhältnisse ohne längere Verzögerung Aufnahme in den Schwurverband der Gemeinde erlangen konnten; und aus der Genealogie lassen sich zahlreiche Fälle dafür belegen, daß zugezogene Neubürgerfamilien bereits in der zweiten Generation ratsfähig werden konnten, Ausnahmen sogar in der ersten.

Umgekehrt gab es aber auch das gnadenlose Absinken ratsfähiger Familien, wie wir es im Lübeck der Zeit um 1280 bis 1320 bereits einmal verfolgt hatten, wie es etwa KOEPPEN am Beispiel der Stralsunder „von Semlow“ beschreibt. Die Wulflam waren dagegen frühestens 1280 nach Stralsund gekommen und rasch zu Ansehen aufgestiegen. Schon in der zweiten Generation erreichten sie den Einflußhöhepunkt mit Bertram Wulflam.

Gegen die Wulflam war seit 1386 eine Fronde im Rate vertreten, ihr Wortführer wurde ab 1389 Kersten Sarnow, ein wohlhabender „homo novus“. Aus der Stadt geflohen, setzten die Wulflam einen Stralsunder Ratsbeschluß zu ihrer Rückberufung durch; Sarnow wurde gestürzt und Anfang 1393 enthauptet. 1395 war die Ruhe endgültig wieder hergestellt; Bertrams Söhne konnten das Erbe ihres inzwischen verstorbenen Vaters antreten, zweifellos einen durch Geschäftsverluste inner- wie außerstädtisch erheblich reduzierten Besitz. Bis 1409 begegnen wir danach dem Sohne Wulf 24 mal auf Hansetagen, sein Aufwand ging über den des Vaters noch deutlich hinaus. Die Geschäfte waren seit Bewältigung der Freibeuterei unverkennbar in einem erneuten, raschen Aufstieg begriffen. Auf Rügen wird Wulf aber 1409 erschlagen.

Vergleichen wir das in Köln und Stralsund sich abzeichnende Bild der Bürgerunruhen und des Kampfes um die Stadtführung mit dem von Braunschweig. Auch am Sund sind es äußere Ereignisse, die den Anstoß geben; sowohl die Gefährdung der Zuwege vom Landesinneren her, als die vom Freibeutertum zur See bewirkte Krisis hängen mit der politischen Lage in Skandinavien nach Waldemars Tod ursächlich zusammen. Der im Rate ausschlaggebende Kreis um die Wulflams traf nicht eigentlich verfehlte, aber im Ergebnis erfolglose Maßnahmen dagegen. Er gab sich ferner Blößen durch übermäßigen Aufwand, rücksichtsloses Unternehmertum, vielleicht auch Korruption, vor allem aber durch sein rittermäßiges Auftreten und seine Beziehungen zu fürstlichen Nachbarn. Die Gegner im Rate selbst nutzten diese Lage; dabei schoben sie in Stralsund zunächst einen erfolgreichen „homo novus“ vor, um ihn gegenüber der drohenden hansischen Intervention sofort wieder fallen zu lassen, und schalteten später die führerlos gewordene Wulflamgruppe gleichsam „auf kaltem Wege“ aus der Stadtführung aus.

Wenn bei diesen Gegnern in den 80er Jahren Aldermänner der Wandschneider stark hervortreten und einige von ihnen in den Rat gelangen, so fehlt doch auch in Stralsund jeder Nachweis, daß diese gewerbliche Korporation vorher überhaupt nicht ratsfähig gewesen wäre. Vielmehr gibt EVA GUTZ als Vertreterin des historischen Materialismus offen zu, daß „Einzelne ... Mitglieder der (Gewandschneider)-Kompanie ... immer in den Rat kooptiert worden“ waren. Das wachsende Streben nach Ratsfähigkeit gerade bei dieser Gruppe ist keine „soziale Bewegung“ im Sinne des Aufbegehrens gegen Unterdrückung, sondern im Sinne des beträchtlich gewachsenen Wohlstandes.

War die Rivalität von Ortsteilen, aus der in Braunschweig die Unruhen wesentlich gespeist wurden, vom vergleichsweise moderneren Verfassungsaufbau im rasch entstandenen Stralsund bereits nach der ersten Gründergeneration im hohen 13. Jahrhundert überwunden worden, so spielten sich eben deshalb die stralsundischen Machtkämpfe zwischen Faktionen des Rates ab, die wir wohl nicht als räumliche, sondern als personale Gruppierungen aufzufassen haben. Mindestens bei einer von ihnen, den Wulflamgegnern, können wir die vertikale Zusammensetzung aus Kaufleuten und Handwerkern, aus Leuten großen und mittleren Vermögens erkennen, was beides keineswegs identisch zu sein brauchte.

Damit verstärkt sich der Gesamteindruck einer starken Fluktuation in der Stralsunder Bürgerschaft wie in ihrem Führungskreise; von einer Bildung ständisch-geschlossener Schichten war im Bereich der großen Gründungsstädte des Ostseeraumes ebensowenig die Rede, wie im Altsiedelgebiet um Braunschweig. Ursächliche Zusammenhänge zwischen den etwa gleichzeitigen Unruhebewegungen lassen sich jedenfalls nicht in Formen direkter Abhängigkeit fassen; sie liegen vielmehr in dem Zusammentreffen einer an sich steil aufstrebenden Konjunkturkurve mit plötzlichen, außerstädtisch verursachten Finanzkrisen. In Braunschweig wie in Stralsund waren diese unverkennbar vorübergehender Natur; mit ihnen zusammen wurden die Unruhen rasch überwunden, ohne daß sich die Machtverhältnisse innerhalb der Städte grundsätzlich gewandelt hätten. Braunschweig holte vielmehr bei der Gelegenheit eine von den Ostseestädten bereits im Gründungsjahrhundert bewältigte Vereinheitlichung des Finanzwesens nach, was die Führung nach den Unruhen mit eher noch erweiterten Möglichkeiten versah.

Zu dem Braunschweiger haben wir damit als zweites Modell für die innerstädtischen Unruhen des ausgehenden 14. Jahrhunderts das Stralsunder gefügt. Es ergaben sich trotz mancher verwandten Züge auch sehr bezeichnende Unterschiede; die miteinander kämpfenden Gruppen der Bürgerschaft, auch hier nicht horizontal geschichtet, sondern als vertikale Personenkreise Fernhandel und Exportgewerbe sowie importverarbeitende Verteilergewerbe in sich umfassend, wandelten rasch ihre Zusammensetzung, hielten sich selten länger als zwei Generationen lang an der Macht und mußten laufend mit sehr hohen Risiken rechnen: der Niedergang war fast immer gleichbedeutend mit völligem Ruin. Als Ursache der Unzufriedenheit ergab sich auch in Stralsund nicht etwa materielle Not, sondern umgekehrt ein aus rasch ansteigender Prosperität wachsendes Drängen von Wohlstandsbürgern, auf die Stadtführung vermehrten Einfluß zu gewinnen. Ausgelöst wurden die Unruhen auch hier von außerstädtischen Ereignissen. Politischer oder finanzieller Mißerfolg, Mißbrauch der Macht, übertriebener Aufwand führten oft zur Ablösung der herrschenden Gruppe durch eine andere, nicht aber zu grundsätzlichen Wandlungen in der Verfassungsordnung oder im Sozialgefüge.

Die zur Machtbeteiligung drängende Bürgergruppe war keine fest umrissene mittelständische Schicht. Wir müssen zur Prüfung einer solchen Feststellung aber noch weiter Umschau halten, da sie beim Stande der Forschung ohnehin lediglich ein vorläufiges Urteil, eine auf die Ergebnisse namentlich HERGEMÖLLERS gestützte

Arbeitshypothese begründen kann. Die grundsätzliche Forderung nach weiteren, eindringenden Studien zum spätmittelalterlichen Sozialaufbau in den Hansestädten zum Zwecke der Abwehr irreführender, weil zeitfremd konstruierender Interpretationen des Unruhenspiegels jener hochhansischen Epoche muß darum nur umso nachdrücklicher erhoben werden.

Von Braunschweig war 1374 die Nachricht der blutigen Aprilunruhen rasch verbreitet worden. Walter Mehl hat bereits 1909 in einer Berliner Dissertation für erwiesen angesehen, daß die unmittelbar zeitlich folgenden Unruhen in Lübeck seit 1374, in Nordhausen 1375, in Stade und Hamburg 1376 ursächlich durch die Braunschweiger Vorgänge ausgelöst worden seien. Ergänzend wäre auch noch auf das preußische Danzig hinzuweisen, wo gleichfalls 1378 Unruhen ausgebrochen waren. Stringente Beweise für eine Kausalkette hat Mehl nicht beigebracht; immerhin muß, neben der zeitlichen insofern auf eine korporative Parallele hingewiesen werden, als in allen genannten Fällen das Knochenhaueramt eine Rolle spielte, also eines der führenden Lebensmittelgewerbe.

Knochenhauer waren, wie erinnerlich, in dreien der Braunschweiger Weichbilde zu Wohlstand und Ansehen gelangt; im Hagen sowie in der Neustadt und im Sack. Bei den dortigen Unruhen treten sie zwar nicht führend hervor, was uns von vornherein vorsichtig machen muß, aber sie lassen sich danach mit einigen ratsfähigen Familien in der Stadtführung nachweisen. Allerdings ist zu betonen, daß auch hier angesichts der Quellenlage keineswegs auszuschließen ist, daß in den genannten Teilstädten auch schon vor 1374 Vertreter des Knochenhaueramtes im Rat gesessen haben.

Werfen wir hier zunächst einen Blick auf Hamburg, weil dort immerhin als Wortführer gegen die zur Piratenbekämpfung erhöhten Abgaben ein Knochenhauer namens Titke Bickelstat auftrat. Sicher steht es auch mit der seit 1375 wachsenden Unruhe in der Stadt in Zusammenhang, wenn das erste ratsamtliche Gewerbeverzeichnis 1376 aufgestellt worden ist. Danach gab es in Hamburg um diese Zeit 1075 Meister; das hieß etwa 7-8% der Einwohner, mehr als 30% der Bürger! Sie verteilten sich auf eine stark differenzierte Skala von 22 besser gestellten und weiteren 23 einfacheren Gewerben. Bezeichnenderweise sind aber in der gleichen Ämterrolle auch die Korporationen der Englandfahrer, Flandernfahrer, Bergenfahrer und Lübeckfahrer aufgeführt, also fernhändlerische Personalverbände.

Zeigt sich schon daran die Verzahnung von Handel und Gewerbe, so liegt sie noch deutlicher bei dem führenden Hamburger Exportgewerbe zutage, der Brauerei. Die Brauer bildeten alleine fünf korporative Gruppen, von denen zwei als „Amsterdamfahrer" und „Stavorenfahrer" im Stile fernhändlerischer Verbände benannt sind, während die übrigen drei nach Wohnsitzgruppen in den Kirchspielen Nikolai, Petri und Jakobi zusammengehörten. Von den übrigen Ämtern standen die fernhandelsnahen der Kramer, Böttcher und Heringswascher neben anderen bei dem ausbrechenden Streit auf seiten des Rates beziehungsweise seiner um diese Zeit führenden Partei. Ob und welche Gruppenbildungen es auch hier im Rat gab, wird bei den

Vorgängen von 1376 weniger deutlich als bei späteren Hamburger Unruhen des 15. Jahrhunderts.

Wir hören von einem eidlichen Verbund der Aufbegehrenden sowie von Schlichtungsverhandlungen im Franziskanerkloster, wozu beide Seiten Ausschüsse stellten. Seitens der Ratspartei wurde Rechenschaft über die Schoßverwaltung angeboten für 26 Jahre, also die Amtszeit der ältesten damaligen Ratmannen. Zunächst blieb das ergebnislos, beide Parteien traten vielmehr in der Katharinenkirche und im Dominikanerkloster getrennt zusammen. Auch die Anhänger der Stadtführung beschworen jetzt ihren Verband. Nun kam es erneut zur Begegnung der beiderseitigen Vertretungen bei den Franziskanern, und ein Vergleich, der die Schoßerhöhung als notwendig bekräftigte, schloß den Streit ab. Er war, das ist ganz unverkennbar, bei aller bis fast zum Blutvergießen gesteigerten Schärfe in verfassungsmäßigen Formen des Spätmittelalters geführt worden, denen „geregelte Gewalt" und „Widerstandsrecht" gemäß erschienen.

In Lübeck nun waren zwar erste Spannungen von der führenden Ratspartei noch vor den hamburgischen ohne offene Gewalttat wieder zur Ruhe gebracht worden, doch brechen wenig später die besonders durch Ahasver von Brandt untersuchten „Knochenhaueraufstände von 1380–84" los; er stellt nüchtern fest, daß erst nach „prüfender Vorarbeit ... für eine größere Zahl von Hansestädten" die „zwischenstädtischen Zusammenhänge deutlicher und vielleicht auch quellenmäßig" zu fassen wären, „die man einstweilen nur ahnen, nur in Ausnahmefällen auch beweisen kann". Aber auch er ist der Überzeugung: „die zahlreichen lokalen Ereignisse ... vollzogen sich nicht unabhängig voneinander, sondern sind sämtlich nur Elemente einer großen städtischen Sozialbewegung".

Neben den zeitlichen Zusammenhängen weist von Brandt dabei auf die „fast überall gleichartig begründete und gleichartig sich vollziehende" Entwicklung hin, ferner und nicht zuletzt auf das in vielen Fällen erkennbare, durchweg restaurativ gerichtete Eingreifen des Hansetages. Er hatte schon bei den Bremer Unruhen von 1365/66 beschlossen, Verfestungen seitens einer Stadt sollten in allen anderen sich zur Hanse haltenden Städten ebenfalls gültig sein. Von Braunschweigs Verhansung war schon die Rede; der Stader Aufruhr gegen einen der dortigen Bürgermeister 1376 wurde durch Vermittlung hansischer Nachbarstädte beigelegt. In Anklam unterdrückte Stralsund auf lübischen Appell hin mit anderen pommerschen Städten die Unruhen 1387 anscheinend mit Waffengewalt.

Diese Hinweise sind wichtig und stehen mit unseren bisherigen Ergebnissen in Einklang; dagegen ist durch Reimann für Braunschweig widerlegt, was von Brandt in Anlehnung an Daenell über den mutmaßlichen Urgrund der Unruhen sagte: „die zunehmende oder grundsätzliche Ausschließung der Handwerker vom Stadtregiment". Sie habe, so meint von Brandt, erst zur Korporationsbildung geführt, sowohl bei der Oberschicht in geschlossenen patrizischen Gesellschaften oder offenen Kaufleuteverbänden, als auch beim Handwerkertum in Zünften bzw. Ämtern. Er gibt zu, das sei „wohl meist schon im 13. Jahrhundert" geschehen, ohne zu bemerken, daß damit spätmittelalterliche Korporationen als unmittelbare Erben der hochmittelalterlich-frühhansischen Fernhändlergilden und Gewerbegenossenschaften erwiesen sind. Er verkennt weiter, daß bestimmte wohlhabende Export- bzw. Verteilergewerbe, er nennt die Krämer, Brauer und Schiffer, völlig fließende Übergänge innerhalb des besser gestellten Teils der hansischen Bürgerschaften kennzeichnen und eben keine „zwischen beiden Gruppen stehenden Mittelstandsschichten" genannt werden sollten. Das verleitet nur zu Mißverständnissen hinsichtlich des sozialen Gefüges.

Den Schlüssel zu schärferer Interpretation gibt er selbst mit dem wichtigen Hinweis, derartige Korporationen seien „nicht selten wohl zunächst in Form kirchlicher Bruderschaften" entstanden. Das trifft ein sehr bedeutendes Element spätmittelalterlicher Bürgerkultur, es wurzelt zum einen in der typischen Wohlstandsgesellschaft, ihrem Streben nach Aufwand und Festen wie nach Hebung des Lebensstandards, bei den positiven Kräften auch nach vermehrter Fürsorge und Stiftung, wie bei den negativen nach Völlerei und Ausschweifungen. Hier fanden die alten Genossenverbände neue und reiche Betätigungsfelder, sie führten im Zusammenhang mit der fortschreitenden gewerblichen Differenzierung natürlich auch zum Entstehen ganz neuer Verbände, wie sie gleichzeitig die alten in ihrer Zweckbestimmung und inneren Ordnung gewandelt haben. Die wirklichen Antriebe gerade des späten 14. Jahrhunderts zu verstärkter Korporationsbildung sind aber noch weit besser zu beleuchten. Im Hintergrunde ist nämlich dabei zum anderen auch die am furchtbaren Erlebnis der Seuchenzüge entfaltete Mischung von Weltangst, geistlichem Trostbedürfnis und hemmungsloser Flucht in den diesseitigen Genuß in Rechnung zu stellen.

Damit ist den treffenden Bemerkungen von Brandts über die ausgesprochene Fernhändlerstadt Lübeck nichts abgestrichen: relativ waren hier, wie er ganz richtig sagt, die Kaufleute „im Vergleich zum Handwerk zahlenmäßig und wirtschaftlich stärker als anderswo."

Zu den besonders für Lübeck typischen Fahrer-Gesellschaften der Fernhändler treten auch nach Ansicht von Brandts die Gewandschneider als Tuchgroßhändler; in der Mittelgruppe nichtzünftiger Handelsleute finden sich neben den Krämern, Brauern und Schiffern auch Vieh(Pferde)händler, und Gärtner (Gemüsekrämer). Doch selbst den Korporationen der Ratsdiener, der Lastenträger, der kleinen Kahnschiffer sowie solchen der Gesellen, begegnen wir kurz nach 1400 in Lübeck; schon das warnt vor der Verwendung „schichtenspezifischer" Interpretationen des Ämter- und Bruderschaftswesens. Bei den Ämtern führten in Lübeck die Knochenhauer, Schuhmacher, Schmiede und Schneider nach der Zahl der Meister. Auch die Böttcher, Gerber und Bäcker waren stark vertreten. Hier wie bei den kleineren Gewerben ist mit starker sozialer Differenzierung zu rechnen. Von Brandt bestätigt das mit der Vermutung, die Kaufmannschaft habe sich stärker einheitlich gefühlt „als das für die Gesamtheit der Ämter" anzunehmen sei. Die stärksten aufstrebenden Tendenzen waren bei Knochenhauern, Bäckern, Kürschnern und Paternostermachern des Schmuckgewerbes spürbar – man darf dem noch die Goldschmiede hinzufügen.

Was die Zusammensetzung des Rates angeht, so hat von Brandt gegen Rörigs Auffassung, dieser habe im späten 14. Jahrhundert eine „patrizische Rentnerschicht" gebildet, selbst schlagende Beweise vom Gegenteil geliefert. Nur ein Drittel des Rates um 1380 entstammte Familien, die bereits mindestens zwei Ratmannen gestellt hatten, zwei weiteren der insgesamt 33 war immerhin schon ein Angehöriger vorausgegangen. Nicht weniger als 20 aber waren im Rate „homines novi" ihrer Familie! Ihr Eintritt war allerdings zu 2/3 durch Verschwägerung mit ratsfähigen Sippen vorbereitet worden. Fluktuation und Sippenverflechtung also auch hier, wie von Brandt betont: eine Verfestigung gegenüber den frühhansischen Zuständen ist eben nicht erkennbar. Ständig treten auch in Lübeck neue Familien in den Rat ein, ständig scheiden alte aus. Wer den „homo novus" allerdings, wie I. Ellermeyer, nur für solche Aufsteiger benutzen will, die auch in kleinstädtischen Herkunftsorten keinen ratsfähigen Familien angehörten, bevor sie in hansischen Großstädten in vergleichsweise jungen Jahren zum Rats- und Bürgermeisteramt gelangten, der bewegt sich in einer zeitfremden Denklandschaft. Dabei hat es übrigens auch solche Extremfälle von Aufsteigern in hansischen Ratskollegien stellenweise gegeben, doch fällt hier naturgemäß der exakte Nachweis besonders schwer. Dennoch werden wir einen sogleich führen können.

Ebenso bezeichnend ist aber, daß vier der Lübecker Ratsmitglieder um 1380 nicht als Kaufleute nachweisbar sind. Von Brandt hält das für eine zufällige Quellenlücke, aber den zwingenden Beweis, daß vor 1380 grundsätzlich keine Vertreter der Ämter in den Rat gelangen konnten, hat man damit noch nicht erbracht. Es kommt hinzu, daß die Gewandschneider, in Braunschweig führende Sprecher der „Gildemester" gegen den Altstädter Rat, bei von Brandt als Tuchgroßhändler zur Kaufmannschaft gerechnet werden. Man sieht: die Urteilskategorien sind ganz uneinheitlich.

Damit nicht genug, läßt sich für den Wortführer der Unruhen von 1384, Hinrich Paternostermaker, nachweisen, daß er der Sohn eines als Johan van Coesfelde 1332 nach Lübeck zugewanderten Neubürgers war, der später Johan Paternostermaker heißt, also offenbar zunächst einen Herkunfts- und später einen Berufsnamen führte. Mit anderen Worten: dieser Johan war ursprünglich Handwerker und wurde zuerst 1341 danach zubenannt bzw. umbenannt. Zwischen 1350 und 1365 gehörte Johan bereits zu den wirtschaftlich führenden Unternehmern der Stadt, er war zum Kaufmann geworden, wie es bei seinem typischen Exportgewerbe nahe lag. Von Brandt betont mit Recht, daß „in der wirtschaftlichen Aufstiegszeit des 13. und 14. Jahrhunderts ... dieser Fall nicht ganz selten gewesen sein" könne, und er verweist auf zahlreiche Handwerkernamen bei ratsfähigen Familien sowie auf den eindeutigen Beleg für einen „Ludeko Langhe, quondam carpentarius, nunc mercator" zu 1355. Auch bei Knochenhauern (und ähnlich bei Goldschmieden) kamen also solche Übergänge vor.

In bezeichnendem Unterschiede zu späthansischen Verhältnissen war also der Aufstieg vom Handwerkertum in die Ratsfähigkeit zur Zeit der Unruhen in Lübeck noch möglich, und zwar namentlich während des auf die große Pest folgenden Zeitraums! Anders als der Vater Johan scheint der Sohn Hinrich Paternostermaker aber kein kaufmännisches Genie gewesen zu sein; unter ihm gingen die Geschäfte der Familie zurück, und vermutlich war das einer der Gründe für seine Verbindung mit den nach größerem Einfluß drängenden Knochenhauern. Sie stellten den Hauptanteil der etwa 60–65 Verschwörer von 1384, wahrscheinlich mehr als die Hälfte.

Neben vermutlich zwei weiteren Kaufleuten lassen sich noch mindestens sechs Verschwörer aus angesehenen Gewerben (Kürschner, Reeper, Böttcher, Paternostermacher) in dem Kreise nachweisen. Eine ganze Reihe befand sich in wirtschaftlichen Schwierigkeiten; wie der Wortführer selbst hatten sie einen „Abstieg aus ursprünglich wohlhabender Lage erlebt." Eine andere, fast ebenso starke Gruppe war dagegen als ausgesprochen vermögend anzusprechen, zwei von ihnen machten auch kaufmännische Geschäfte, einer der Knochenhauer besaß eine eigene Bude auf Schonen.

Bereits die Unruhen von 1380 hatten sich an alten Mißhelligkeiten zwischen der Marktaufsicht des Rates und den Knochenhauern entzündet. Diese waren in der Meisterzahl an die Zahl der Verkaufsstände im Fleischscharren gebunden. Anders als in Köln, in Braunschweig oder Stralsund wird aber in Lübeck im Rate selbst keine Parteiung erkennbar. Der von ihm durchgesetzte Vergleich kam zwar den Knochenhauern etwas entgegen, doch sammelte Hinrich die unzufriedene Gruppe erneut. Ihr für Lamberti (17. September) 1384 geplanter Aufruhr wurde verraten und vom Rat durch Verhaftung der Anführer vereitelt. Hinrich beging in der Fronerei Selbstmord, mindestens 18 seiner Genossen wurden hingerichtet, der größere Teil konnte aus der Stadt entfliehen.

Fassen wir zusammen, so gibt es auch in Lübeck keine ständischen festen, sondern lediglich fließende soziale Abschichtungen innerhalb der Bürgerschaft. Gruppenbildungen durch Sippenverflechtung in horizontaler, aber vor allem durch gemischtberufliche Interessenverbände in vertikaler Gestalt zeigen sich ebenso wie die Einungen aus fortlebender, sich wandelnder alter Wurzel oder durch neuen, bruderschaftlichen bzw. berufsständischen Zusammenschluß.

Hinter dem allen steht ein harter Existenzkampf, der von Pestzügen und Konjunkturschwankungen sowie außerstädtischen Ereignissen der Politik, nicht minder aber von Konkurrenz und miteinander streitenden Gruppeninteressen in der Stadt selbst beeinflußt wird. Dennoch bestätigt sich am Bild innerhansischer Sozialgefüge das Urteil über die Großwirtschaftslage: noch immer war sie gesund und elastisch, bot Raum zu unternehmerischem Wagnis wie zu vom Stadtfrieden gesichertem Gewerbefleiß; sie brachte im Grunde erst jetzt den bürgerlichen Lebensstandard breiterer Schichten einschließlich des gehobenen Handwerkertums zu voller Prosperität.

Auch das Modell der lübischen Entwicklung bestärkt daher unseren Verdacht, es habe sich bei den innerhansischen Unruhen des ausgehenden 14. Jahrhunderts nicht zuletzt um typische Wohlstandsschäden gehandelt. Darin läge dann in der Tat jene „große städtische Sozialbewegung“, von der VON BRANDT sprach, ohne daß man freilich das gleiche darunter verstehen dürfte.

Blicken wir noch kurz auf die von Lübeck ausgehende zweite Welle innerer Unruhen zu Beginn des 15. Jahrhunderts, deren Verlauf den hansischen Verband in erneute Bedrängnis bringen sollte. Da sie das bisher gewonnene Bild gleichsinnig ergänzen, können wir uns auf die Ereignisse selbst beschränken. Die erheblichen finanziellen Anstrengungen zur Beseitigung des Freibeutertums waren zwar von Erfolg gekrönt gewesen, hatten aber den lübischen wie den hamburgischen und bremischen Stadtsäckel sehr belastet. So ergab sich der Widerspruch, daß die Fernhandelsgeschäfte in rascher Erholung aufblühten, während in den gleichen Jahren nach 1401 die Ratsgewalten mit Geldsorgen zu tun hatten. 1404 mußte Lübeck obendrein einen Kriegszug mit starken Kräften unter Jordan Pleskau nach Mecklenburg hinein finanzieren, und so geriet dieser gegenüber der Gemeinde in schwierige Lage, der er auch mit wiederholten Zugeständnissen nicht zu begegnen vermochte. Als endlich sogar die Ratswahl durch Kooptation fallen sollte, gingen im Frühjahr 1408 15 der 23 Ratmannen samt Familien aus der Stadt zu Freunden in Hamburg und Lüneburg, darunter alle vier Bürgermeister. Ein neugewählter Rat nutzte geschickt den deutschen Thronstreit zwischen den Luxemburgern und Ruprecht von der Pfalz, er huldigte diesem vom alten Rate als Gegenkönig nicht anerkannten Herrscher. Doch Jordan Pleskau verfügte über weitaus längere Verbindungen; zusammen mit anderen Ratmannen der Exilgruppe setzte er in Heidelberg die Kammergerichtsentscheidung gegen die neuen lübischen Herren durch. Januar 1410 wurde die Reichsacht über Lübeck verhängt.

Inzwischen hatten die Nachbarstädte eine fieberhafte Aktivität entfaltet, selbst das Brügger Kontor schaltete sich mit einem großen Appell zur Eintracht ein. Zunächst aber setzte sich nun der Umsturz auch in anderen wendischen Städten durch: im Frühjahr 1410 erhielten auch Wismar und Rostock einen neuen Rat, Hamburg folgte im Herbst des Jahres mit gemäßigteren Formen. Lüneburg wurde zur gemeinsamen Zuflucht aller vertriebenen Ratskollegien bzw. -parteien. Zu allem Unglück brachte das Jahr 1410 zwei schwere außenpolitische Einbrüche: der Orden verlor bei Tannenberg eine Entscheidungsschlacht gegen Polen-Litauen, und zugleich suchte Margaretes Großneffe, der skandinavische Unionskönig Erich von Pommern, die schon länger Schritt für Schritt vorangetriebene Rückgewinnung Schleswigs zu vollenden. Beim Angriff auf die Dithmarscher Landesgemeinde waren 1403/4 beide Söhne Heinrichs des Eisernen gefallen, und für die unmündigen Kinder der Witwe Herzog Gerhards VI. mußte deren Oheim Bischof Heinrich von Osnabrück die Regentschaft übernehmen. Nach dem Verlust von Flensburg griff er 1410 zu den Waffen, ein 25jähriger Kampf um Schleswig hatte damit begonnen.

Inzwischen war 1411 Karls IV. jüngerer Sohn Sigmund allgemein als neuer König anerkannt worden; auch er entschied im Sinne des alten Lübecker Rates und förderte einen großen Handelstag zu Lüneburg 1412. Die neuen Vertreter von Lübeck, Wismar und Rostock erhielten weder Sitz noch Stimme, doch mehr vermochte Pleskau auch von dieser Tagfahrt nicht zu erreichen, sowenig seine Reisen nach Preußen und Flandern entscheidende Fortschritte gebracht hatten.

Während sich das Konstanzer Konzil zur Beilegung des im Todesjahre Karls IV. ausgebrochenen großen abendländischen Schismas versammelte, suchten je vier Vertreter des alten und des neuen Rates bei dem in seinen ersten Herrschaftsjahren rasch aufstrebenden König Sigmund ihre Sache durchzusetzen. Überraschend entschied er im Juli 1415 zugunsten des neuen Rates, im Frühjahr 1416 aber dann doch noch für den alten Rat. Dem waren währenddessen wichtige Schachzüge gelungen: mit Erich von Skandinavien kam es zu einem Übereinkommen; im September 1415 setzte er alle lübischen Kaufleute auf Schonen, in Bergen und im übrigen Norden samt ihren Waren fest und sagte dem neuen Rate Fehde an. Die Nachbarstädte vermittelten zwar Waffenruhe, aber die nun freigelassenen Lübecker sorgten in der Stadt, schwer geschädigt wie sie waren, für heftige Empörung gegen die neuen Herren.

Ende Mai 1416 gaben diese ihren Widerstand auf; mit pommerschen und wendischen Ratssendeboten handelten sie einen Vergleich aus, und unter Führung von Johan Pleskau konnte der alte Rat am 16. Juni wieder in sein Amt eingesetzt werden. Pleskau war besonnen genug, nicht nur die in Lübeck verbliebenen einstigen Ratmannen, sondern über sie hinaus auch fünf angesehene Vertreter des neuen Kollegs durch Kooptation in freigewordene Sitze zu übernehmen. Der von den Ämtern bekämpfte Gehorsamseid aber wurde wieder eingeführt und mit drastischen Steuermaßnahmen zunächst die finanzielle Sanierung durchgesetzt.

Noch im gleichen Jahre stellte man auch in Wismar und Rostock die alte Ratsgewalt wieder her; in Hamburg dauerte es damit bis zum Herbst 1417. Inzwischen hatten die Wendischen einschließlich Greifswald aber ohne das auf schauenburgischer Seite gegen Dänemark fechtende Hamburg ihren alten Bund feierlich erneuert. Auf dieser Basis kam es nun durch zwei sehr wichtige Tagfahrten 1417/18 zur gründlichen Wiederherstellung der gesamthansischen Gemeinschaft. Beide Male leitete Pleskau die Verhandlungen; waren zunächst nur 16 Städte gekommen, wobei vor allem die niederrheinisch-westfälischen gefehlt hatten, so fanden sich zum zweiten Tage, den Lüneburg aufnahm, bereits wieder 35 Städte aus allen Gruppen zusammen. Daneben waren kaiserliche Gesandte erschienen, ebenso ließen sich der Hochmeister und der Bremer Erzbischof vertreten, während die Herzöge Heinrich von Schleswig-Holstein und Johann von Mecklenburg persönlich kamen.

Das große Statut vom 24. Juni 1418 schloß die gefährlichen Vorfälle des vergangenen Jahrzehnts ab. Entwürfe dafür gingen bis 1412 zurück. Vorangestellt wurde für alle innerstädtischen Aufrührer die Androhung der Verfestung, für Städte, die den Rat entmachteten, die Verhansung. Das nordische Fernverkehrsmonopol der Hanse wurde bekräftigt, Lübeck nun ausdrücklich mit Leitung der Geschäfte des

Verbandes betraut. Dessen Zusammenhalt war damit auch über diese schwerste innere Krisis hinweg gewahrt. Nun galt es noch, sein geschwundenes Ansehen im Ausland wieder herzustellen.

Der gefestigte Verband von 1418

Ein Jahrzehnt ernster innerer Erschütterung hatte der große Hansetag von 1418 abzuhandeln, und es wurde daraus ein Plan, eine große Tohopesate zu beschließen. Von den 35 anwesenden Städten aus allen Gruppen des hansischen Verbandes wurde sie vorgesehen, auch die Hansekontore wünschten sie nachdrücklich, und so schien man sich allen Ernstes einer auch durch die Kölner Föderation von 1367 nur vorbereiteten, aber bis dahin unverwirklicht gebliebenen festen Einung auf bündischer Grundlage zu nähern. Es kennzeichnet das Bewußtsein der Zusammengehörigkeit, wie es nach den Erfahrungen der ratsfähigen Führung neu bekräftigt war, daß Bremen allen Ernstes nach der „Gründungsurkunde" der Hanse zu suchen beschloß; man vermutete sie in Köln, auch das bemerkenswert genug. Natürlich konnte sie nicht gefunden werden.

Ebenso blieb auch das Bündnis ein ähnlich unbehauener, wenn auch wichtiger Stein am Wege der Hanse; schon 1419 mußten die preußischen Städte mitteilen, daß sie angesichts der Lage im Ordenslande, wie sie durch die Tannenberger Niederlage von 1410 entstanden war, kein festes Bündnis eingehen könnten. Mit ähnlicher Sorge aber mußte man in Lübeck auf die gefährliche Zuspitzung der Auseinandersetzung zwischen Dänen und Schauenburgern blicken, wie sie nach dem Fall von Flensburg 1409 auf den Höhepunkt zusteuerte. Dagegen entspannte sich die Lage gegenüber dem luxemburgischen Machtbereich: König Wenzel verlor seine Krone durch kurfürstlichen Spruch im Jahre 1400 und zog sich endgültig auf Böhmen zurück; und seit sein jüngerer Bruder König Sigmund von Ungarn bei Nikopolis 1396 vernichtend von den Türken besiegt worden war, stand für diesen fähigsten der Nachkommen des Kaisers die osmanische Gefahr im Zentrum aller Überlegungen. Nur vorübergehende Erleichterung schuf der Einbruch der Mongolen Timurlenks im Rücken der Türken, dem Sultan Bajazet I. 1402 bei Angora zum Opfer fiel. Zwar hatte Sigmund seit 1411 unbestritten die römische Königswürde inne, und angesichts der schweren Auseinandersetzung um das große Schisma gewann er in den folgenden Jahren zunächst rasch an Geltung und Ansehen. Doch als Wenzel von Böhmen 1419 verstarb, wurde Sigmund eben das böhmische Kernland luxemburgischer Großmacht zum Verhängnis, auf das einst der Vater Karl seine europäische Stellung hatte begründen können.

War es der unermüdlichen Energie Sigmunds zu danken, daß auf dem Ende 1414 eröffneten Konstanzer Konzil mit seinen über 300 Kardinälen, Bischöfen und Prälaten sowie fast gleichviel Doktoren der Universitäten die Wiederherstellung der kirchlichen Einheit gelang und auch in der Kirchenreform wichtige Fortschritte gemacht wurden, so kam es über der „causa fidei“ mit der Hinrichtung des Prager Universitätsrektors Johann Hus im Juli 1415 sowie seines radikalen Parteigängers Hieronymus von Prag ein Jahr danach, zu Schritten, die wenig später der Nachfolge Sigmunds in Böhmen als Erbe Wenzels ernste Schwierigkeiten in den Weg legten.

Der hansische Raum in den Hussitenkämpfen

Schon Wenzels Tod war die Folge von Aufregungen gewesen, die der blutige Prager Aufstand im Sommer 1419 bewirkt hatte. Sigmund vermochte zwar zunächst gegen die Hussiten mit einem vom Papst Martin V. unterstützten Kreuzheer bis Prag vorzudringen und sich auf dem Hradschin krönen zu lassen, doch die Altstadt selbst ergab sich ihm nicht, und nach mehreren Niederlagen mußte er sich 1421 aus Böhmen zurückziehen, in dem nun das Deutschtum der meisten Städte von den Hussiten blutig ausgemerzt wurde. Die hussitischen Armbrustschützen räumten furchtbar auf. Gegen die Wagenburg als beweglich-festes Feldlager fanden die Aufgebote der nacheinander heimgesuchten Nachbarlandschaften Böhmens kein Mittel. 1428 fielen die schlesischen Kleinstädte reihenweise blutig in Schutt, 1429/30 traf es die Lausitz bis nach Guben, Obersachsen bis vor Torgau und Leipzig, Franken bis vor Bamberg und Nürnberg. 1432/33 waren sogar die östliche Kurmark, Hinterpommern und Westpreußen bis vor Danzig Ziel eines ab Zantoch mit polnischen Kräften gemeinsam geführten, verheerenden Angriffs. Vom Lübecker Hansetag Anfang 1430 reisten die Sendeboten Magdeburgs und Braunschweigs Hals über Kopf ab, um ihre Städte zur Verteidigung vorzubereiten, Lüneburg und seine hansischen Nachbarn stellten ihrem Herzog ein Aufgebot für den Abwehrzug nach Meißen. Erfurt, Mühlhausen und Nordhausen besannen sich auf ihren hansischen Rückhalt. Lediglich Schlesien und die Lausitz vermochte Sigmund endlich doch zu halten; erst die Prager und Iglauer Kompaktaten haben ihm aber 1433–36 zur Anerkennung als böhmischer König verholfen.

Da Sigmund ferner seit 1415 in den wiederauflebenden Krieg zwischen England und Frankreich auf seiten Heinrichs V. von England hineingezogen wurde, der bei Azincourt vernichtend über die Franzosen siegte und sich von da an deren Königstitel beilegte, fand der Kaiser keine Möglichkeit, über all diese Sorgen hinaus auch noch dem hansischen Machtbereich größere Aufmerksamkeit zuzuwenden. Er hatte die Kurmark bereits 1411 dem Schwager seiner Schwester Margarete unterstellt, dem Burggrafen Friedrich VI. von Nürnberg. 1415 kaufte der Zoller dem Luxemburger Brandenburg förmlich ab und erhielt zwei Jahre später für seine vielfach geleistete Hilfe von Sigmund in aller Form auf dem Konzil den Kurhut aufgesetzt. Für die Hanse war damit ein neuer, aktiver Fürst auf dem Plane erschienen, als sich nun die Auseinandersetzung mit dem Unionskönig Erich der drei skandinavischen Reiche nicht mehr länger hinausschieben ließ.

Das Ringen um Schleswig bis 1435

Im Kampf um Schleswig war 1411 zu Kolding eine fünfjährige Waffenruhe ausgehandelt worden: Hadersleben, Flensburg, Niehus, Tondern und Schwabstedt blieben dabei in dänischer Hand. Als die neuen Räte in Lübeck, Wismar und Rostock sogleich einen scharf antidänischen Kurs einschlugen, erneuerten die Holsten den Krieg und nahmen Flensburg; Erich schloß sie in der Stadt ein. Noch einmal sprang Margarete ihrem Großneffen bei, erzwang die Räumung Flensburgs und verhängte ein blutiges Strafgericht über die deutsche Bürgerschaft. Dann aber erlag sie Ende Oktober 1412 der Pest auf ihrem Schiff im Flensburger Hafen. Erfolgreicher als ihr bedeutender Vater Waldemar, hatte die außerordentliche Frau fast vier Jahrzehnte lang eine in dieser Weise noch nie über alle drei skandinavischen Königreiche geübte Autorität erlangt; ihr Sieg über König Albrecht von Schweden, die Kalmarische Union von 1397 und die Gewinnung von Gotland aus den Händen des Ordens 1407 waren herausragende Erfolge einer durchweg im Einvernehmen mit der Hanse geführten Politik gewesen, die sich noch in ihren letzten Jahren bei der Stellungnahme gegen die neuen Ratskollegien der wendischen Ostseestädte bewährt hatte. Ihr Grabstein im Roskilder Dom ist heute noch ein dänisches Heiligtum. Nun mußte der im bisherigen Hanseschrifttum unterschätzte Erich von Pommern, schon seit 1396 zum König erhoben, die Verantwortung allein übernehmen, und er verschärfte sofort den Kurs: in Schonen, Bergen und anderen skandinavischen Handelsplätzen legte er Hand auf umfangreiche Warenstapel. Mit der Wiederherstellung der alten Räte hoffte er bei diesen die Prämie für sein Verhalten einzustreichen.

Doch Jordan Pleskau bot sogleich eine schiedsgerichtliche Vermittlung zwischen Erich und den Holsten an, wollte also keineswegs unbesehen dem König beispringen. Der eben heimgekehrte Bürgermeister mußte die scharf dänenfeindliche Haltung seiner Bürgerschaft in Rechnung stellen, und Bischof Heinrich, der Schauenburger Regent für seine heranwachsenden Neffen, wußte das genau. Als der König Mitte Juli 1417 Schleswig überfiel und im Handstreich nehmen konnte, setzte das Hamburg in größte Aufregung; sofort gingen 600 Mann von dort mit weiteren südelbischen Hilfskräften zum Schloß Gottorf – dem von den Schauenburgern behaupteten Fürstensitz – ab, der nun unmittelbar bedroht war. Die Elbestadt schloß ein Bündnis mit ihren holsteinischen Landesherren und erklärte Erich den Krieg. Noch einmal traten die Lübecker dazwischen; ihr Bürgermeister Heinrich Rapesülver brachte eine bis Michaelis 1420 verlängerte Waffenruhe zustande. Dabei spitzte sich jedoch das Verhandlungsklima mit Erich derart zu, daß eine endgültige Wende der hansischen Dänenpolitik sich abzuzeichnen begann, hatte doch der König noch keine Bestätigung der Schonenprivilegien ausgefertigt.

Lübeck, nun auch schon wieder von Wismar unterstützt, näherte sich darüber hinaus dem Deutschen Orden, gegen den Erich seit 1419 mit Polen-Litauen, Brandenburg und Pommern zusammengetreten war. In seinem Abwehrkrieg, der 1422 durch den Frieden am Melnosee gegen Litauen wie Polen weitere Landverluste brachte, sah sich der auf die Nachschubwege über See verstärkt angewiesene Orden zum Einlenken gegenüber der Hanse veranlaßt. Pleskau handelte mit Ratssendeboten der Nachbarstädte auf der Marienburg September 1421 ein Bündnis aus; der Orden verzichtete für die zugesagte Hilfe darauf, in seinen Städten den Pfundzoll weiter zu erheben. Das machte ihm zwar die Einhaltung der im Thorner Frieden Polen zugestandenen Zahlungen unmöglich, führte aber endlich die preußische Städtegruppe mit Danzig wieder an die Seite Lübecks. Lange schwelende Streitigkeiten konnten damit ausgeräumt werden.

König Erich empfand es geradezu als Feindseligkeit, daß die Hansen dem Orden beisprangen; wie sich bei ihm der Grimm gegen die Städte weiter steigerte, mehrten sich in diesen die Klagen über dänische Münzverhältnisse, Gewalttat dänischer Schonenvögte und Strandrechtsbrüche. Bei den Wordingborger Verhandlungen des Sommers 1422, die völlig scheiterten, standen sich die hansischen und dänischen Partner schon mit offenem Haß gegenüber. Die Wendischen begannen jetzt energisch zu rüsten und erzwangen für einen großen preußischen Konvoi die Sunddurchfahrt nach Westen.

Nun vermittelte Stralsunds Bürgermeister Kord Bischof nochmals Kompromißverhandlungen; ein Bündnis mit Erich verstand aber dieser als Rückhalt gegen die Holsten, Lübeck hatte indes den Text so klug formuliert, daß er vielmehr nur den König, aber nicht die Hanse an den Frieden auf der jütischen Halbinsel band.

Erich setzte nun seine Frau Philippa, die Tochter Heinrichs IV. von England, als vom Reichsrat unterstützte Regentin ein und ging auf eine große Auslandsreise im Stile Waldemars IV. Zu Neustettin bekräftigte er sein Bündnis mit Pommern gegen den Orden. Über Krakau zog Erich sodann nach Ofen weiter, um dort seinen Vetter Sigmund für sich zu gewinnen, auf dessen Schiedsspruch er sich ja mit den Holsten geeinigt hatte. In der Tat erlangte er im Juni 1424 ein Urteil, das ihm ganz Schleswig zusprach. Die Holsten verwarfen das aber, weil der römische König keine Reichsfürsten beigezogen habe, und Lübeck stimmte dem zu; es erklärte sich auf Anfrage von Königin Philippa strikt neutral. Inzwischen war Erich über Venedig zur Wallfahrt nach Jerusalem weitergereist. Erst Mitte Mai 1425 kehrte er über Ragusa und Polen nach Dänemark zurück.

Sofort berief er einen Reichstag und lud sowohl die Hansen als auch den Orden dazu. Nur die Dänen standen aber hinter seinen auf Sigmunds Urteil gestützten Forderungen; Norweger und Schweden waren für weitere Verhandlungen mit den Holsten, Lübeck machte einen Vergleichsentwurf. Erich war nicht weiter als zuvor. Allerdings verlor Lübeck unmittelbar danach Jordan Pleskau, der noch im Sommer 1425 erfolgreich in Flandern verhandelt hatte, durch die Pest. Seit seiner klugen Tätigkeit als Hauptmann der hansischen Pfandherrschaft in Stockholm 1395 hatte er drei Jahrzehnte lang die Dominante lübischer Politik bestimmt und über das achtjährige Exil hinweg an dem vermittelnden Kurs gegenüber Dänemark festgehalten. Mit seinem Tode verlor Erich den letzten Rückhalt in der Travestadt.

Als der Unionskönig offen zu neuem Krieg in Schleswig rüstete und sich mit Verkehrssperren frische Mittel dazu verschaffte, beschloß der lübische Hansetag Mittsommer 1426 drohende Warnungen an Erich. Der schlug dennoch Ende Juli gegen Schleswig los. Die Antwort war ein Kriegsbund aller Wendischen einschließlich Stralsund, Hamburg und Lüneburg, ergänzt durch ein Abwehrbündnis mit Herzog Heinrich als Führer der Holsten. Im Oktober liefen die Fehdebriefe der Hanse bei dem Dänenkönig ein.

Sofort räumte Erich sein Lager vor Schleswig und ging auf Flensburg zurück; die Holsten, seit dem Sommer auch wieder Herren auf der Insel Fehmarn, stießen hinterher. Die schon aufgebotene Hanseflotte wurde freilich im Wismarer Tief durch frühen Wintereinbruch festgehalten, so daß sich der offene Krieg noch bis zum Jahre 1427 verschob. Erich suchte daraufhin verstärkt dem hansischen Handel durch Förderung der Holländer und Engländer zu begegnen, für die er an der schonischen Westküste den Hafen Landskrona seit 1410 auszubauen begonnen hatte, und bedrängte das Bergener Kontor; er sperrte den Sund und zog erneut Passierzölle dort ein. Er gab damit den Hansen Anlaß genug, den Handelskrieg in großem Stil zu eröffnen. Der Versuch, dagegen bei dem seit 1422 unter der Regentschaft seiner Oheime auf Englands Thron gelangten Heinrich VI., dem unmündigen Neffen seiner Frau Philippa, Unterstützung zu finden, kam für Erich nicht über die Erlaubnis zur Söldnerwerbung hinaus, während umgekehrt vom Stalhof und vom Brügger Kontor aus eine ganze Reihe von Schiffen mit zum Teil namhaften Freibeuterführern in hansische Dienste genommen werden konnten.

Dennoch begann auch dieser Abschnitt des Dänenkrieges zunächst mit einem unglücklichen Feldzuge im Sommer 1427. Vor dem belagerten Flensburg fiel Herzog Heinrich, und als die Hanseflotte unter Tidemann Steen, übrigens einem der 1416 aus dem zurücktretenden „neuen“ in den heimkehrenden „alten“ Rat übernommenen Bürgerführer, im Juli mit rund 8.000 Gewappneten zum Sund auslief, wurde sie von Erichs zahlenmäßig überlegener Streitmacht geschlagen. Der tüchtige Hamburger Bürgermeister Hein Hoyer fiel in die Gefangenschaft, Steen selbst wich auf Bornholm zurück, um Verstärkungen an sich zu ziehen. Als kurz danach die wendisch-preußische Baienflotte von Norden her am Sund eintraf, wurde sie nach harter Gegenwehr von den Dänen überwältigt. 36 Schiffe, darunter 15 Danziger und 12 Wismaraner, beschlagnahmte der König, dagegen ließ er die Kampener und alle nichthansischen Fahrzeuge unbehelligt weiterfahren.

Wie einst gegen Waldemar, schürten solche Mißerfolge aber auch jetzt nur die lübische Entschlossenheit; während man in Hamburg den Ratmann Kletze, der für den Fehlschlag vor Flensburg und den Tod des Herzogs verantwortlich gemacht wurde, Anfang 1428 enthauptete, nachdem Wismar bereits vorher seinen Altbürgermeister Bantzekow und einen Ratmann hatte hinrichten lassen, setzten die Lübecker Steen gefangen – er verlor seinen Sitz im Rat, als er 1434 wieder freigelassen wurde. Im Frühjahr 1428 sammelte sich die Hanseflotte erneut vor Wismar mit nunmehr über 200 großen und kleineren Fahrzeugen. Feuerwaffen und Belagerungsgerät waren reichlich vorhanden, Lübeck allein hatte 2.000 Mann gestellt. Graf Gerd von Holstein, der nun 24jährige jüngste Sohn des gegen die Dithmarschen gefallenen Herzogs, übernahm auf eigenem Schiff mit 100 Rittern den Oberbefehl.

Ein erster Angriff auf das gut vorbereitete Kopenhagen mißglückte noch, aber beim zweiten wurden im Juni rund 40 dänische Schiffe durch Geschützfeuer in der Hafeneinfahrt versenkt; danach zerstörten die Hansen gegen Graf Gerds Rat, die fortdauernde Belagerung von Flensburg zu verstärken, zunächst Landskrona, plünderten Bornholm und zogen sich im Herbst abwartend ins Wismarer Tief zurück. Den Sundverkehr untersagten sie und leiteten ihn durch den seit 1398 endgültig eröffneten Stecknitzkanal von der Trave zur Unterelbe um, was Hamburgs zunehmende Aktivität in diesem Dänenkriege hinlänglich begründet.

Im Gegenverkehr von Flandern her, der nun gleichfalls über Hamburg geleitet wurde, konnte noch Mitte Oktober eine große Salzflotte von Lübeck aus nach Reval in See stechen. Beiderseits der Sundenge verhinderten hansische Auslieger englisch-holländische Versuche, die Blockade zu durchbrechen. Genter, Antwerpener und Kampener wehrten sich vergeblich gegen die völlige Lahmlegung ihres Fernhandels. Den englischen Bergenhandel traf 1428/29 ein vernichtender Doppelschlag hansischer und freibeuterischer Streitkräfte aus den Hauptstützpunkten Hamburg und Wismar heraus unter Führung des legendären Barthel Voet; ihm fiel fast die ganze Stadt samt Königs- und Bischofshof zum Opfer. Die reiche Beute setzte man in Hamburg um.

Als die Dänen im Frühjahr 1429 einen Gegenangriff auf Stralsund richteten, wurden sie durch Bürgermeister Klaus von der Lippe mit lübischen und wismarschen Schiffen zusammen in der engen Hafenzufahrt so schwer dezimiert, daß König Erich „de trane ut sine oge gingen". Zugleich eroberten die Holsten mit ihren Verbündeten zusammen Apenrade nebst dem benachbarten Schloß Brunlund. Zur See fingen Rostock und Wismar eine schwedische Hilfsflotte für Kopenhagen ab. Andererseits wollten die Preußen sich in diesem Jahre die Sundfahrt nicht abermals verwehren lassen. Von Friedeschiffen des Ordens geleitet, segelte ihre Flotte, einschließlich englischer, flämischer und holländischer Fahrzeuge waren es über 600 Einheiten, unangefochten durch die heißumstrittene Meerenge, und auch der Gegenkonvoy gelangte auf dem gleichen Wege nach Danzig und Reval. Das Ringen stand von beiden Seiten vor der Entscheidung.

Lübeck rief darum zum Jahresanfang 1430 die Tagfahrt zu sich; 30 Städte, auch die Holstengrafen, fanden sich ein, und die Wendischen verdoppelten ihre Anstrengungen gegen König Erich. Der verlor gerade in diesen Tagen seine Gattin Philippa nach kinderlos gebliebener Ehe. Wieder sah sich das Unionskönigtum einem gefährlichen Thronfolgeproblem gegenüber.

Den Höhepunkt erreichte die hansische Ausliegermacht zur See dann im Jahre 1431, das die Wende des Krieges gebracht hat. Ende März fiel die so hartnäckig belagerte Stadt Flensburg, Anfang September erzwangen Heer und Flotte der Verbündeten endlich auch die Übergabe der Burg. Das ganze Herzogtum Schleswig war nun wieder in den Händen der Holsten; Hamburg löste seinen Bürgermeister Hein Hoyer aus der Gefangenschaft, und Erich sah sich überdies wachsenden Schwierigkeiten in dem kriegsmüden Schweden gegenüber.

Zunächst konnte immerhin das hansische Kontor nach Bergen zurückkehren, und im Ostseebereich setzte sich, anders als auf der Nordsee, langsam wieder der friedliche Handelsverkehr durch. Die Verhandlungen mit Erich zogen sich freilich noch hin, da er keineswegs auf seinen Sundzoll verzichten wollte. Erst der im Sommer 1434 offen ausgebrochene Aufstand in Schweden brachte ihn zum Einlenken. Auf den Mai 1435 wurden Friedensverhandlungen zu Wordingborg auf Seeland vereinbart. Im Juli kam deren Abschluß endlich zustande: Adolf VIII. von Schauenburg, nach dem Tode seiner Brüder nun der letzte Erbe seines Hauses, wurde auf Lebenszeit ohne Belehnung mit dem Herzogtum Schleswig versehen, die alten hansischen Privilegien in vollem Umfange anerkannt. Der nun zu Lübecks und Hamburgs Gunsten eingespielte Doppelverkehr durch den Sund wie durch den Elbe-Trave-Kanal stieg sofort zu großer Dichte an, die gebrachten Opfer wurden binnen weniger Jahre wirtschaftlich wieder eingeholt und von einer neuen Konjunktur abgelöst. Namentlich der Schiffbau nahm in den Hansestädten sprunghaft zu.

Ausgang Erichs von Pommern – Ende der Kämpfe im Westen

Mit Burgund-Holland aber zogen sich die Kämpfe noch länger hin, von mehreren Stillständen unterbrochen. Auf hansischer Seite trug Hamburg die Hauptlast der Kaperkriegführung in der deutschen Bucht. Nach dem Wordingborger Frieden schwenkte der burgundische Herzog zusammen mit den flämischen Leden gegen die holländische Kriegspartei ein. 1439 hatte Philipp der Gute von Burgund und Flandern endlich die niederländische Erbtochter Jakobäa von Bayern zur Herrschaftsübergabe nötigen können. Damit hatte die Machtkonzentration am Kanal ein Ziel erreicht, das die hansische Politik dort vor neue, schwere Verwicklungen stellen mußte. Andererseits blieb auch im Osten der Orden auf seiten der Holländer, während sich Danzig unter seinem klugen Bürgermeister Vorrath nun entschieden für Lübecks Politik einsetzte. Das Brügger Hansekontor konnte die Waffenruhe bis Weihnachten 1437 erneut herstellen, obwohl sich auch Köln mit der niederrheinisch-westfälischen Gruppe von Lübeck distanziert hatte. Gesamthansische und Gruppeninteressen traten wieder einmal klar auseinander. Endlich war es das langsam aufsteigende Antwerpen, auf dessen Vermittlung hier eine nochmalige Verlängerung der Waffenruhe bis März 1438 gelang; in einem letzten Seekriegssommer nahmen danach die Holländer vor Brest einen Teil der hansischen Baienflotte weg. Das erregte bei Wendischen, Preußen und Balten höchste Entrüstung und stärkte die Einheit im rechten Moment.

Im gleichen Sommer war aber Erichs Unionskönigtum endgültig zusammengebrochen; uneins über seine Nachfolge mit dem dänischen Reichsrat, hatte er auch die schwedische Aufstandsbewegung nicht wieder in die Hand bekommen; während die Schweden ihren Adelsführer Karl Knutsson zum Reichsverweser erhoben, begab sich Erich nach Gotland. Der dänische Reichsrat ernannte daraufhin seinen Neffen Christoph von Bayern zum neuen König. In Lübeck fand Christophs erste Zusammenkunft mit dem Reichsrat im Frühling 1439 statt, er belehnte nun endgültig Adolf von Holstein mit dem Herzogtum Schleswig und erneuerte in vollem Umfange die Hanseprivilegien.

Nun gewannen die Friedenskräfte auch in Holland langsam die Oberhand, zumal sich seit 1438 das Ausbleiben der hansischen Kornzufuhr aufs unangenehmste in den Preisen auswirkte. Christoph war der gegebene Vermittler: ein abermals über hansische Hilfe auf den Thron zunächst 1440 von Dänemark und Schweden, 1442 auch von Norwegen gelangter Unionskönig! Im Sommer 1441 kam auf sein Betreiben hin zu Kopenhagen eine auf 10 Jahre befristete Waffenruhe zwischen Holland und der Hanse zustande. Ihr ist zwar nie der vorgesehene Friedensvertrag gefolgt, doch hat sie dem Gehalt der Vereinbarungen nach das nun wieder auf längere Zeit zur Ruhe kommende Fernhandelsgeschäft beider nordischen Meere wesentlich bestimmt.

Immerhin hatte Lübeck erreicht, was irgend zu erreichen war; mit Flandern war bereits 1438 wieder ein fester Frieden auf den alten Grundlagen der Kontorsarbeit geschlossen; Rostocks Widerstand war 1439 ebenfalls gebrochen, die Einheit der wendischen Kerngruppe also wieder hergestellt. Livland schloß sich noch enger als zuvor der lübischen Politik an, der skandinavische Norden war wieder befriedet. Wenn es dabei auch, vielleicht gegen Lübecks Wünsche, zur Wiederaufrichtung der Union aller drei Reiche gekommen war, so blieben doch die latenten Spannungen zwischen Dänen, Schweden und Norwegern, an denen bisher eine stärkere Machtkonzentration immer wieder gescheitert war.

So mochte die Hanse mit den zwischen 1435 und 1441 erreichten Verträgen im Ganzen zufrieden sein; sie haben das so schwer zu hütende Gleichgewicht der Kräfte im nordischen Fernverkehrsraume wieder für mehrere Jahrzehnte gefestigt. Es war zwar im Grunde nicht viel mehr als eine längere Atempause, für uns aber doch der gegebene Einschnitt.

HANSISCHE KULTURASPEKTE UND IHR POLITISCHER HINTERGRUND BIS 1474

Bis zu den Verträgen der Jahre 1435/38 haben wir damit die hansische Politik verfolgt; die Angeln des alten hansischen Großwirtschaftsraumes in der nördlichen Hälfte des Kontinents waren immer noch kräftig genug, den Zusammenhalt zu gewährleisten, ja sogar für neue Konjunkturen Durchgang und Aufstieg zu gestatten. Gleichwohl ist nicht zu verkennen, daß sich aus verschiedenen Richtungen politische und wirtschaftliche Einflüsse geltend zu machen begannen, die dem hansischen Verbande mindestens in wichtigen Teilen ungünstig zu werden drohten. Das galt sowohl von England und Holland her, als auch von Polen-Litauen und Nowgorod-Rußland. Diesen Einflüssen zu begegnen oder sie doch in ihren Folgen zu bewältigen, sollte einer der Hauptgegenstände des nächstfolgenden Zeitabschnitts werden.

Man kann wohl sagen, daß das Phänomen „Stadt" im allgemeinen, „Hanse" im besonderen, für unser merkwürdig gebrochenes Verhältnis zum Spätmittelalter ein plastisches Modell abgibt. Der Gegenwärtige weiß nichts oder doch fast nichts über das ausgehende Mittelalter; viele fühlen sich dennoch unreflektiert auf den verschiedensten Wegen dazu hingezogen, und sei es nur über einen unerwartet zum literarischen Renner aufgestiegenen, kenntnis- und geistreichen Klosterroman. Dazu trägt ohne Zweifel erheblich bei, daß wir heute eine ganze Reihe von mittleren und kleinen Gemeinwesen vor Augen haben, die vorwiegend aus dem Grunde von den Zeitgenossen als Städte begriffen werden, weil sie das topographische Gesamtbild des ausgehenden Mittelalters im Grundriß und Aufriß dreidimensional besonders geschlossen oder doch in auch vom Kunsthistoriker als Ensembles begriffenen Teilgruppen bewahrt zeigen. Es werden hohe Summen aufgewendet, um ihre Bausubstanz, aber auch den in Darstellung und Schrifttum überlieferten Sinngehalt möglichst intakt zu belassen, und erst in letzter Zeit beginnt sich diese denkmalpflegerische Investition über den unbestrittenen kulturellen Wert hinaus wieder materiell durch den Zustrom Reiselustiger oder Erholungsbedürftiger auszuzahlen. Die Neoromantik hat sich dieser „Spielzeuge" bemächtigt, von denen man bis dahin, aus der Sicht wirklichen urbanen Lebens im industriellen Zeitalter betrachtet, eher im Sinne hinderlicher, weil rückständiger Sanierungsgebiete gesprochen hatte.

Hier liegt eine der im Urteil des Historikers besonders schwer abzumessenden Unwägbarkeiten zugrunde, wie sie vielleicht zu den hervorstechendsten Reizen des

Faches gehören mögen, es aber zugleich so schwer verständlich und sachlich angreifbar für erkenntniskritisch anders gelagerte Disziplinen der Wissenschaft machen. Es scheint im Laufe unseres Jahrhunderts womöglich noch beschwerlicher geworden, im Sinne von LEOPOLD RANKE „das eigene Sein auszulöschen, um sehen zu können, wie eine vergangene Wirklichkeit denn gewesen sei". Ohne daß zeitfremde, gegenwartsbezogene Vorstellungen ausgeklammert werden, – und eben das meinte RANKE mit dem „auslöschen" – ist aber jenes Ziel nicht erreichbar, ist der echte Zugang zum Verständnis gewesener Wirklichkeit verschlossen. Es müssen also die im Selbstverständnis und im Weltbilde einer Zeit, ihrer Personen und Verbände, Räume und Gruppierungen liegenden Imponderabilien so nachdrücklich wie möglich aufgespürt werden.

Zur Hochschulentwicklung

„Dieses Zeitalter ist in unablässiger Bewegung und kommt doch nicht weiter", es „tritt am Ort", so haben etwa SEIDLMAYER oder HEIMPEL in unseren Handbüchern das Spätmittelalter zu kennzeichnen versucht. Wie sich in den von uns behandelten Bürgerunruhen „das alte soziale Einheitsgefüge" zu lockern beginnt (SEIDLMAYER sagte überspitzt „zerbrechen"), so treten im Geistig-Religiösen die einst von Albertus Magnus und Thomas von Aquin harmonistisch zusammengedachten Positionen aristotelischer Scholastik und neuplatonischer Mystik auseinander; die Nach-Thomisten werden von dem am Hofe Ludwigs des Baiern in München lebenden Wilhelm von Ockham 1347 scharf nominalistisch angegriffen. Wilhelms geistig bedeutendster Erbe, Pierre d'Ailly (1350–1420), stieg über ein Pariser Lehramt 1389 zum Kanzler der führenden Universität des Kontinents auf, er wurde Bischof und 1411 Kardinal; schon als führende und weit gehörte Persönlichkeit hatte er 1381 seine These von der Überordnung des Konzils über den Papst ausgesprochen. Seinen 1375 verfaßten Sentenzenkommentar soll Martin Luther auswendig gekannt haben; über die darin enthaltenen Auszüge aus bedeutenden Spätscholastikern stand jedenfalls der Wittenberger Reformator in geistigem Zusammenhange mit der theologischen Denkweise des 14. Jahrhunderts.

An den großen Bildungsstätten des damaligen Abendlandes war die geistige Relativierung Trumpf; neben Paris und Köln waren es Oxford und Cambridge, Toulouse und Salamanca, Padua, Bologna und Perugia, Neapel und Salerno. Das unter Karl IV. so groß aufgestiegene Prag hatte seinen Rang noch vor Beginn der Hussitenwirren eingebüßt, als 1409 die führende Professorengruppe im Protest nach Leipzig ausgezogen war, und in Wien stand man erst am Anfange einer noch mehrfach längerfristig gehemmten Entwicklung. Für den hansischen Raum hatten aber nach Ausweis der Matrikeln Erfurt sowie das 1419 begründete Rostock sehr erhebliche Bedeutung. Wenn auch der später in Erfurt erzogene Luther kräftig übertrieb, als er bemerkte, zu dieser Universität hätten sich die übrigen in Deutschland „wie

Schützenschulen“ verhalten, so steht doch fest, daß die thüringische Landesmitte im frühen 15. Jahrhundert den größten Zulauf, gerade aus hansischen Städten, aufwies. 1392 durch den Rat der Stadt aufgrund einer schon 1379 durch Clemens VII. erteilten Bulle begründet, die Urban VI. 1389 definitiv legitimiert hatte, wurde sie vor allem für die Juristen und die Theologen besonders wichtig.

In Rostock erwuchs das „studium generale“ aus einer gewiß nicht ohne Hintergedanken zur Stärkung der ortsherrlichen Einflußmöglichkeiten von den mecklenburgischen Herzögen vorgenommenen Stiftung an der Neustadtpfarre St. Jakobi, für die sie den mitwirkenden Rat der Stadt finanziell heranzuziehen hofften. Der tat zwar das Seine, hielt sich aber zunächst von weiterer Förderung zurück, zumal die Fürsten ihren Schweriner Bischof zum Kanzler machten. Den Lehrkörper holte man aus Erfurt und Leipzig, von 1437–43 zog er, als der Pfründenstreit sich immer schärfer zuspitzte, zeitweilig nach Greifswald um, was dort wenig später ebenfalls zu einer vom hansischen Bürgermeister in Verbindung mit den pommerschen Fürsten bewirkten Universitätsgründung geführt hat. In Erfurt kam es trotz der Anfangsnöte zu raschem Aufblühen und lebhaftem Zulauf aus den hansischen und namentlich auch aus allen drei skandinavischen Anrainern der nordischen Mittelmeere.

Im 15. Jahrhundert fand aber auch eine wachsende Anzahl niederdeutscher Bürgersöhne den Weg an die italienischen Juristenschulen, vor allem in Padua, Bologna und Perugia. Oft stiegen sie anschließend bemerkenswert rasch zu Bürgermeistern und Syndizi, also in die Führungsgruppe der hansischen Gemeinschaft auf. Sie brachten scharf deduktive Denkweisen aus dem Studium des kanonischen wie des römisch-kaiserlichen Rechts in die wesentlich induktiv geordnete Welt hansischer Statuten und Willküren hinein. Damit breitete sich der schon lange heraufziehende, im späten 15. Jahrhundert weithin durchbrechende Übergang zum Römischen Recht auch auf hansischem Boden vor; bezeichnend genug, wenn das hier erst allmählich und im Vergleich zum Binnenreich verzögert geschehen ist und sich noch weit in die frühe Neuzeit hineingezogen hat.

Zum Klerus in Städten des hansischen Raumes

Der nicht nur bei Juristen, sondern mehr noch bei Philologen mit gleichen Akzenten auf den Humanismus hindrängende Bildungsumbruch wirkte sich nun aber weiter auf einen in allen Städten, und natürlich auch den hansischen, als spätmittelalterlicher Bevölkerungsteil bedeutsamen Kreis aus: die Kleriker aller Schattierungen. Sie fächern sich in den Hochklerus der Dom- und Stiftskapitel, den Pfarrklerus, den bunt gewürfelten Niederklerus, den Ordensklerus beider Geschlechter sowie die gerade um 1400 stark aufkommenden Halborden auf. Für Lübeck, eine Domstadt, rechnet HAUSCHILD in seiner vorzüglichen neuen Kirchengeschichte der Stadt mit gut 400 geistlichen Personen um 1450, das wären etwa 2% der Gesamtbevölkerung. Wahrscheinlich ist das noch zu niedrig geschätzt, denn die von HERGEMÖLLER etwa in Bischofsstädten wie Osnabrück und Hildesheim ermittelten Zahlen liegen bei 4–5%, man wird in mittel- und oberdeutschen Bischofsstädten wohl sogar über 5% ansetzen dürfen. Nimmt man – wie an sich notwendig – als Bezugszahl nicht die Gesamteinwohnerschaft, sondern die Bürgerschaft, so rückt der klerikale Einfluß auf mehr als 10% hinauf, hatte doch Lübeck um 1450 bei mindestens 20.000 Einwohnern höchstens 3.500 Bürger, denen mit rund 500 geistlichen Personen etwa 12% am Prozeß engerer Meinungsbildung Beteiligte gegenüber gestanden haben dürften.

Dabei ist noch zu beachten, daß der Klerus in hansischen Städten sich großenteils aus Bürgersöhnen beziehungsweise, was Nonnen, Beginen und andere Tertiarierinnen betraf, aus Bürgertöchtern zusammensetzte. Andererseits ist für mittlere und kleinere Städte ohne Dom- oder Stiftskonvent wohl mit entsprechend niedrigerem Anteil von klerikalen Einwohnern zu rechnen, doch wird er auch dort kaum jemals unter 2% der gesamten Kopfzahl gelegen haben.

Die soziale Lage des Klerus war höchst unterschiedlich: bei den Kanonikern der Dom- und Stiftskapitel, aber auch bei Pfarrherren großer Gemeinden kamen ansehnliche Vermögen vor, zumal sich im 15. Jahrhundert bereits die Pfründenkumulation immer unerfreulicher ausgebreitet hatte. Ein Mann wie der Buxtehuder Kanoniker Magister Halepaghen, Bruder der dortigen Bürgermeistersgattin einer sehr wohlhabenden Kleinstadt von höchstens 2.000 Einwohnern und Oheim des in Rostock bei Albert Krantz sowie in Padua und Perugia juristisch ausgebildeten Hamburger Bürgermeisters Hermann Langenbeck, beherrschte um 1450–80 den gesamten Rentenmarkt von Buxtehude und betrieb mit wirtschaftlicher Umsicht reihenweise die Reformierung von Klöstern nach den neukonstituierten Regeln der Bursfelder Kongregation. Umgekehrt mußten viele kleinen Vikare, Kommendisten und Altaristen an den zahllosen Nebenaltären der Pfarrkirchen sowie den oft schon im Verfall begriffenen Kapellen harte materielle Not leiden. Unbildung und Verwahrlosung waren nicht selten die logische Folge. Das Zölibatsproblem trat hinzu: namentlich der Niederklerus war, nicht selten schon aus materiellen Gründen, schlichtweg verheiratet, wie die etwa in lübischen Urkunden gerade der Zeit zwischen 1427 und 1448 aufzufindenden Belege für „clerici uxorati“ beweisen. Der bedeutende, 1420–39 amtierende Bischof Johann Schele suchte das Baseler Konzil 1433 vergeblich von den geplanten, rigorosen Zölibatsvorschriften abzuhalten, doch für seine im Namen Kaiser Sigmunds verfaßte Denkschrift, die Priesterehe zuzulassen, fand er keine Mehrheit.

Das alles trug nicht gerade zur Absicherung des geistigen und sittlichen Standards im Klerus bei, zumal der aus Dürftigkeit erwachsenen Unordnung im Niederklerus eine eher noch stärker das Ärgernis aufreizende Völlerei oder Unzucht im Hochklerus entsprach, der zudem oft seiner Präsenzpflicht nicht genügte und zwischen den meist über mehrere Städte verstreuten Pfründen hin- und herpendelte. Seine von ihm schlecht entlohnten Kapläne und Vikare mußten dann die Amtspflichten wahrnehmen, was zu immer neuem Streit führte. Kein Wunder, daß die exemten Stadtklöster, vor allem der Bettelorden, für Predigt, Seelsorge und – in den häufigen

Zeiten kirchlicher Strafen vom Interdikt bis zum Bann – auch für die Amtshandlungen als gegebene geistliche Betreuer der Bürger und Einwohner einsprangen, sich dafür Spenden beträchtlichen Umfangs erwarben und indirekt dem etablierten Pfarrklerus die diesem zustehenden, für seinen Unterhalt in der Tat lebenswichtigen Abgaben entzogen.

Schwer hatten es auch die späten Ordensformen, etwa der aus den Niederlanden über Westfalen seit Beginn des 15. Jahrhunderts rasch ausgebreiteten „Brüder vom gemeinsamen Leben“ innerhalb der „Devotio moderna“, weil sie in den Städten ohne großzügige Spenden keinen Boden mehr gewinnen konnten, im Umlande aber kaum den Grundbesitz der alten Konvente erreichten, vom Rentenkapital zu schweigen. Man suchte sich durch jede mögliche Art von Nebenerwerb zu helfen, verdingte sich als Schreiber, hielt auf den Märkten handgeschriebene Erbauungsliteratur der neuen Observanzen feil, verlegte sich auf Zuträgerei, übte gar heimlich ein Gewerbe, ja trieb in krassen Fällen selbst Waren- oder Geldhandel. Das war dann wieder lästige und verhaßte Konkurrenz für die Bürger, und obendrein dem Zugriff der städtischen Gerichtsbarkeit entzogen. Boten die kirchlichen Immunitäten und Exemtionen ohnehin einen dauernden Stein des Anstoßes, namentlich was die Heranziehung zur Steuer und die Verpflichtung zum Festungswerk anging, so gab es aber vor allem über das Schulwesen zwischen kirchlichen und städtischen Einrichtungen immer neue Anlässe heftiger Auseinandersetzungen.

Über Schulen und Bürgertum

Die hohe Qualität der Domschulen war noch im 13. Jahrhundert etwa in Hildesheim oder Bremen, auch in Hamburg und Lübeck, zu schweigen von Köln oder Münster, unbestritten auch seitens der Bürgerschaft anerkannt. Vom Scholaster als eigenem Dignitar des Kapitels betrieben, innerhalb der Domfreiheit räumlich und rechtlich eigenständig, auch hinsichtlich des Lehrkörpers keiner Aufsicht seitens des Rates zugänglich, boten sie neben dem klerikalen auch dem bürgerlichen Nachwuchs als Lateinschulen die einzig gehobene Grundausbildung an. Ihnen entsprachen in vielen weiteren Städten des hansischen Bereichs ohne Bischofssitz bedeutende Stiftsschulen, etwa an Reinoldi-Dortmund oder Marien-Herford, an Blasien-Braunschweig oder Michaelis-Lüneburg.

Seit 1262 aber hatte die Stadt Lübeck bereits neben der Lateinschule am Dom eine solche im nördlichen Ortsteil an Jakobi durchgesetzt, und im Zusammenhang mit den mehrfach bis zum Auszug des Domkapitels ausufernden Streitigkeiten zwischen Kirche und Stadt fügte der Rat um 1300 noch vier weitere Kirchspielsschulen an Marien, Petri, Ägidien und der im Jakobisprengel belegenen Klemenskapelle hinzu, ohne Lateinunterricht, nur für Lese- und Schreibausbildung. Zwar kam die Leitung nach dem Vergleich von 1308 wieder in geistliche Hände, doch blieben die Schulen als solche vermutlich bestehen, jedenfalls waren sie zum Zeitpunkt unseres

Querschnitts vor der Mitte des 15. Jahrhunderts längst vorhanden, wie inzwischen auch in praktisch allen hansischen Städten bis zu den kleineren hinab. Auch die Lateinschulen waren im 14. Jahrhundert weitgehend zu bürgerlicher Mitbestimmung gelangt; während man aber in Lübeck schon 1418 im Vergleichswege die anteilig auf ein Drittel begrenzten Ansprüche des Domscholasters festgelegt hatte, zogen sich in vielen anderen Städten die Auseinandersetzungen um das Schulwesen unverändert weiter. Die ab 1413 in Braunschweig, ab 1424 in Reval wieder einmal aufflammenden Schulstreitigkeiten sind neuerdings eingehend behandelt worden. Wenn man zum Beispiel in Braunschweig mit dem „Papenbome" zur Verhöhnung der geistlichen Schulmeister Umzüge hielt, sich kraß, aber nicht ganz ohne Recht beklagte, weil in der Schule „der borger kindere geslagen, vorhömedet unde vornichtet" würden, wenn sich der Rat von Reval an den Papst wandte, bei Winterszeit sei der Schulweg über 77 Stufen zum Domberge hinauf lebensgefährlich, so daß man hier, wie in mancher anderen hansischen Stadt, Schulen der Bettelmönche begünstigte, natürlich vor allem, weil diese nicht der Diözese und deren Pfarreien unterstanden –, so sind alle Vorfälle von entsprechender Art nur Glieder in einer ganzen Kette aus materiellen Leistungen erwachsender, hartnäckiger Bestrebungen um städtische Schulaufsicht lange vor den Zeiten der reformatorischen Unruhe des 16. Jahrhunderts.

Im Kontrast zu diesen ständigen Reibungen zwischen Stadt und Kirche standen aber natürlich auch im hansischen Raume die ausgedehnten Bereiche enger Zusammenarbeit. Sie ergaben sich zunächst einmal aus der innerstädtischen Kirchenorganisation mit ihrem für Niederdeutschland kennzeichnenden, hohen Stellenwert der Pfarrsprengel auch in der bürgerlichen Autonomie. Trat sie bei den übergroßen Städten an Gewicht einfach wegen der Zahl gegenüber anderen, räumlichen Untergliederungen in Ortsteile noch etwas zurück, wenn es etwa in Köln 22, in Erfurt sogar 27 Pfarrgemeinden zu berücksichtigen galt, so spielten die Kirchspielskollegien einflußreich mit schon bei den Vororten Westfalens, bei sechs Pfarrgemeinden von Soest oder Münster, und noch deutlicher im niedersächsischen Lande bei den sieben Braunschweiger Sprengeln oder den je vier Bremer und Hamburger, den fünf Lüneburger Pfarreien und so fort. Alle größeren hansischen Städte waren ja Mehrkirchspielsorte, wobei jeweils nur die ältesten oder auch vorsiedlungs-randgelegenen Pfarreien sich über den umfestigten eigentlichen Stadtbereich hinaus auch auf ländliche Siedlungen im Umlande erstrecken konnten. Nur Lübeck selbst und seine Töchterfamilie gliederten die Kirchspiele von vornherein in eine Gesamtgemeinde der Bürgerschaft ein. Die Bedeutung der Kirchspielskollegien im Rahmen der gemeindlichen Interessenvertretung gegenüber dem aus der anfänglichen Organfunktion für den Schwurverband der Bürgerschaft bald zu obrigkeitlichen Funktionen aufsteigenden Ratskolleg nahm sogar im Spätmittelalter für den Altsiedelbereich noch weiter zu, wobei jedoch von Stadt zu Stadt die ungemein differenziert gefächerte Verfassungslage geprüft werden muß, bevor ein Urteil über die Verfassungswirklichkeit sowie das Ausmaß von Mitspracherechten der Bürgerschaft abgegeben werden kann.

Groß war diese Mitsprache nun vor allem in jenem Bereich gemeindlicher Fürsorge, mit dessen Institutionalisierung das kontinentale Städtewesen seit Ausgang des Hochmittelalters über den bis dahin allein auf Rechtsschutz und Friedewirkung abzielenden Leistungsrahmen fürstlicher Herrschaft hinauszuwachsen begann. Für den modernen Staat sind vielfältige Funktionen mit Steuern finanziert, an deren Erhebung die altständische Herrschaft nicht denken konnte. Für diese waren das Funktionsbereiche der Sippe oder Personalgemeinde.

In den Städten zog das Volkswachstum zwar frühzeitig Maßnahmen der Fürsorge nach sich. Sie erwuchsen auch im frühhansischen Raume aus der Caritas für Pilger und Gäste, namentlich bei der aufblühenden Jakobs- und Ägidienwallfahrt, der Krankenpflege für chronische und infektiöse Leiden, der Armen- und Altershilfe. Mittel dafür brachte die individuelle Stiftung oder ein ad hoc gebildeter Genossenkreis auf. Zum Stadtkern randgelegene Räumlichkeiten kristallisierten sich um Kapellen, seit dem frühen 13. Jahrhundert um Bettelordenskonvente und eigene Spitalsanlagen, Beginenhöfe, Kleinwohnungen. Im hohen 15. Jahrhundert wurde daraus ein durchgegliedertes Ensemble. Bis zu den kleinsten hansischen Städten hinunter verfügte man im Normalfall über das Hl.-Geist-Spital oder eine zum örtlichen Bettelkonvent gehörende Krankenhalle, über das isoliert vor der Stadt angelegte Leprosorium, zumeist St. Georg geweiht, mit eigener Kapelle, oft auch einen Pesthof St. Gertruden oder Marien-Magdalenen. Größere Städte mit mehreren Spitälern widmeten ansehnliche Neuanlagen auch dem Heiligen Kreuz, etwa in Goslar, oder Allerheiligen.

Das entstehende Anstaltsvermögen wurde bruderschaftlich unter gewählten Organen verwaltet, vom Ratskolleg mit steigender Intensität beaufsichtigt. Das religiös-karitative und das berufsständisch-gesellige Prinzip reichten sich die Hand; aus den pilgernden und kreuzfahrenden Gruppen sowie der weltgeistlichen Sprengel-Versammlung, nach ihrem Treffen zu Monatsbeginn „Kaland" genannt, ebenso aus der Wohnsitzgilde fernhandelnder Unternehmer oder export- und nahrungsgewerblich produzierender Handwerker erwuchs eine Vielfalt von Genossenkreisen, die sich mit Stiftungen Einfluß auf Kapellen oder Nebenaltäre verschafften, zahlreiche Pfründen für die niedere Geistlichkeit stifteten, die Namensfeste ihrer Heiligen gesellig feierten, im Rahmen der Gesamtgemeinde bei Prozessionen und Umzügen hinter Bannern und Zeichen unter vom Rate streng überwachten Ordnungen aufzogen, Bruderschaftshilfe bei Jahres- und Lebensfesten pflichtmäßig erwiesen, Ehen stifteten und Tote begruben.

Das kirchlich orientierte Bruderschaftswesen bestimmte auch den Rahmen der berufsständischen Gruppenbildung, wobei die soziale Stufung sehr weit aufgefächert war. Bei den Kaufleuten finden sich einerseits anspruchsvoll-wohlhabende, oft adlig versippte Verbindungen, etwa die Kölner Richerzeche, die Dortmunder Reinoldigilde, die Lüneburger Sülfmeister, die Lübecker Zirkelgesellschaft, nach ihrem Zeichen so genannt, aber ursprünglich 1379 als Dreifaltigkeitsbruderschaft begründet, die Rigenser Schwarzhäupter; andererseits regte die gemeinsame Fernhandelsunternehmung zu den Fahrerkorporationen an, den Kölner „Leschebomfahrern“, den Soester Schleswigfahrern, den Bergen-, Schonen- oder Nowgorodfahrern im wendischen Hanseviertel. Aber es gab auch Fahrerkompanien mit so bescheidenem Sozialzuschnitt, daß man sie nicht eigentlich den Kaufleuten zuzählen kann, zum Beispiel die Lübecker Stecknitzfahrer, im Grunde Kahnschiffer im Salz- und Fischtransport. Ähnlich vielschichtig waren die Zünfte der Handwerker, im hansischen Raume meist als Ämter oder Innungen, aber zur Mehrung der Unklarheiten auch als Gewerke, ja Gilden bezeichnet. Die Berufszweige umfassen Metall- und Textil- wie Holz- und Ledergewerbe, daneben alle Sparten der Nahrungsgewerbe. In kleinen Städten vereinfacht sich der Kreis meist auf die sogenannten „Vierämter“, in denen vorwiegend bei Bäckern und Schlachtern das Sagen zu liegen pflegt. Große Städte müssen auch die Einzelgewerbe noch fächern, vom Goldschmied bis zum Grobschmied, vom „Corduaner“ für weiche Luxusstiefel bis zum Flickschuster. Wohlhabende und Bedürftige stehen fast in jedem Gewerbe nebeneinander. Spezialisierte Betriebsformen bringen überall eigene Schwerpunkte hervor, westfälische Leineweber, Braunschweiger Beckenwerker, Hamburger Brauer, Lübecker Paternostermacher, Wismarer Böttcher, Danziger Ankerschmiede.

Die nach Kapitalkraft und Warenvolumen sowie Betriebsgrößen durchaus gesund-mittelständisch entwickelte hochhansische Handwerkslage bot Ansatz genug, tätig an dem Auf- und Ausbau teilzuhaben, der großzügig durch das unternehmerische ratsfähige Bürgertum getragen wurde.

Hier sind nicht nur im hansischen Bereich Prägungen geschehen, die für die Vorstellungen vom altständischen Bürgertum übergeordnetes Gewicht erhalten haben; das kennzeichnet mit seinem über die gesamte frühe Neuzeit in das 19. Jahrhundert hineinwirkenden, romantisch-überhöhenden Bilde eine im Ganzen doch geschönte Auffassung von der bürgerlichen Arbeitswelt. Wir hatten bereits mehrfach auf mancherlei tiefe Schlagschatten hinzuweisen, die nachdrücklich hinzugefügt werden müssen, etwa wenn man das Gesundheitswesen, die Altersversorgung bei Familienausfall, die von Klima und Konjunktur abhängige Sozialordnung mit ihrer doch recht breiten Bedürftigkeitsquote bedenkt. Andererseits pflegen mit innerer Logik abgestufte und in sich feste Lebensordnungen, sofern sie längerfristig wirksam geworden sind, stets in der Überlieferung nachzuwirken und stellen sich dann aus der Entfernung mit einiger Überzeugungskraft in der angedeuteten Weise dar.

Der bauliche Körper hansischer Städte

Es wird noch Gelegenheit genug sein, im Rahmen der weiteren Entwicklung in das 16. Jahrhundert hinein damit zusammenhängende Fragen erneut aufzunehmen. Hier geht es nun erst einmal um das Gehäuse selbst, in dem sich diese hansisch-bürgerliche

Welt eingerichtet hatte, um die niederdeutsche Stadt nach ihrem baulichen Körper, der heutzutage im weiteren Osten vielfach allein erhalten geblieben ist, denkt man etwa an Reval oder Wisby, an das schonische Ystad oder das preußische Thorn.

Dem Grundriß und dessen Erweiterungsphasen, über die im Zusammenhange vor allem des 13. und frühen 14. Jahrhunderts zu reden war, müssen wir also das Aufgehende, die dritte Dimension aufzusetzen suchen, das zwar ebenfalls bereits am Ende des hohen Mittelalters die unverwechselbare, gegenüber den Großsiedlungen des Ostens und des Nordens klar distanzierte Gestalt erhalten hatte, das aber nun erst, infolge des erreichten und nach Selbstdarstellungen drängenden Wohlstandes, auf doppelte Weise zum eigenständigen Profil gelangte, nämlich sowohl in Groß- und Gebrauchsbauten der geistlichen als auch der weltlichen Feste. Diese beiden Begriffsbestimmungen zielen auf den Sakralbau und die eigentlich erst jetzt mit gültigen Formen des Wehrbaus, des Gemeindebaus und des bürgerlichen Wohn- wie Zweckbaus hinzutretende Profanarchitektur.

Bei Behandlung des Ortsbildes von Goslar wurde der mutmaßliche Eindruck zu schildern versucht, den der soeben in Braunschweig nun auch seitens der niederdeutschen Fürsten anerkannte Römische König Wilhelm von Holland empfangen haben muß, als er 1252 in die damals bedeutendste deutsche Bergbaustadt am nördlichen Harzrande einzog; sie müsse sich ihm „dargeboten haben in Form einer Art von Großbaustelle, die durch ihr Dasein Wachstum und Prosperität unmittelbar bezeugte ... man wölbte gerade die bis dahin flachgedeckten Basiliken der Marktkirche, der Jakobikirche und der Frankenberger Kirche ein, in der sich kurz vorher das Marien-Magdalenen-Kloster eingerichtet hatte. Der große Spitalbau zum Heiligen Kreuz stand unmittelbar bevor, die Minoriten bauten an ihrem Konvent beim Vititor, vor allem aber mehrte sich die Zahl steinerner Kemenaten der führenden Bürgerschaft in diesen Jahrzehnten rasch."

Man kann das Bild sehr wohl verallgemeinern, ja für das ausgehende Mittelalter noch kräftiger akzentuieren; es hält auch den Vorantritt des Sakralbaus fest, war doch für den mittelalterlichen Menschen das Haus Gottes ganz selbstverständlich wichtiger als die eigene, lange noch höchst bescheidene Behausung. Beginnen wir daher mit dieser geistlichen Feste, von deren würdiger Gestalt auch für das hansische Bürgertum ganz konkret das Wohl und Wehe seiner Städte als durchaus abhängig vorgestellt wurde.

Die ersten großen Antriebe zu selbständiger Bauleistung in der niederdeutschen Stadt des frühhansischen Bereichs gingen von einem ausgesprochenen Hausteingebiet aus: dem Rheinland und Westfalen, dem südlichen Niedersachsen mit Leinetal und Harzumland sowie der Elb-Saale-Front gegen die Heveller und Sorben. Mit dem großen Verkehrszuge zog romanischer Hausteinbau schon seit dem 12. Jahrhundert in den Ostseeraum ein, zu den dänischen Dombauten niederdeutscher Werkmeister von Ripen und Schleswig bis nach Roskilde und Lund, vor allem aber nach Gotland, im 13. Jahrhundert dann auch nach Preußen und den baltischen Randstaaten hinauf. Überall sind westfälische Vorbilder mit Händen zu greifen, für die Schar der über

100 gotländischen Kirchen haben Hans Thümmler und Gunnar Svahnström vor anderen dazu die schlüssigen Beweise vorgelegt.

Dennoch hat Dollinger ganz recht, wenn er festhält: „Tatsächlich gehören die romanischen Kirchen Kölns und Niedersachsens, die Kirchen Hildesheims und die Kaiserpfalz in Goslar in die vorhansische Zeit"; so wirkte dieser Hausteinbau zwar längs der Hellwegstraße bis nach Braunschweig, Magdeburg und Quedlinburg weiter, erfüllte mit seiner Atmosphäre einen breiten, binnenländischen Randstreifen hansischer Städte auf Dauer, wurde aber im näher küstenbezogenen Backsteingebiet, obwohl er dort – etwa in Bremen – beachtliche Zeugen aufgerichtet hatte, von der späteren, gotischen Baugesinnung im wahrsten Wortsinne überwölbt.

Die eigentlich schöpferische und für die Entfaltung einer typisch hansischen Stilprovinz bahnbrechende Leistung war diesen hausteinarmen oder ganz natursteinlosen Landschaften vorbehalten: Niedersachsen, der Altmark, ganz Nord- und Ostelbien. Hier wurden, vor allem von Braunschweig aus angeregt, von den Zisterzen wie den Stiftskonventen der Augustiner und Prämonstratenser schon aus Kostengründen übernommen, Romanik und Gotik buchstäblich in den gebrannten Formstein übersetzt. Man muß dazu gar nicht mit Pagel von „gewollter Strenge" reden, um die einem solchen Werkstoff notwendig vorgeschriebene Reduktion gegenüber dem Hausteinbau gewissermaßen „hochzuloben". Fassaden wie die Erwins von Steinbach am Straßburger Münster, Türme wie die Ulrichs von Ensingen in Freiburg und Esslingen, Triforienketten wie die Peter Parlers in Schwäbisch Gmünd oder Prag, waren in Backstein eben nicht auszuführen. Als bessere Zeugen stehen da schon Georg Dehio, der die Backsteingotik zwar am Rande seines Forschungsfeldes liegen sah, sie aber „eine Kunst voll Mark und Saft und Eigenwillen" genannt hat, oder Hans Jantzen, der gerade unterstrich, daß „der Ziegelstein seiner Natur nach zu einer flächenbetonenden Architektur" herausfordere, noch entschiedener Nikolaus Zaske, der ältere Vorurteile mit Recht umkehrte, wenn er festhielt, daß „im Backsteinbau bedeutende Gedanken" lägen, die „überhaupt nicht oder ‚verspätet' im Hausteinbau sichtbar" geworden seien.

Dennoch muß man die Lübecker Marienkirche, besonders eindrucksvoll auf dem großartigen, Diebel zugeschriebenen Holzschnitt von 1552, in ihrer dritten und endgültigen Gestalt von den französischen Vorbildern her begreifen, zumal gerade darin die weiten Horizonte schon der frühen hansischen Entfaltung hervortreten. Dieser erstaunliche Bau wird zwar in seinen Grundrißabmessungen vom Kölner Dom und vom Ulmer Münster übertroffen, er stand aber, anders als jene erst im 19. Jahrhundert vollendeten, schon im 14. Jahrhundert bis zu den Turmknäufen fertig da! Wo man zu Köln allein den Chor und den Westwerksockel abschließen konnte, zu Straßburg schließlich – erst im 15. Jahrhundert – wenigstens einen der Münstertürme bis zur Kreuzblume brachte, da wuchs das gewaltige Lübecker Kirchenschiff an lichter Gewölbehöhe noch über den Straßburger Scheitel hinaus. Als Karl IV. 1375 in Lübeck einzog, hatte er seinen Prager Veitsdom nicht einmal zur Hälfte fertiggestellt – auch dort ist es erst der Kaiser Franz-Josef des 19. Jahrhunderts gewesen, der Hochschiff und Türme vollenden ließ und den Böhmen schenkte; mit Marien-Lübeck trat dem luxemburgischen Kaiser der größte abgeschlossene mitteleuropäische Kirchbau des ganzen Zeitalters vor Augen!

Vor 1200 hatte man begonnen, eine romanische Drei-Apsiden-Basilika zu bauen; nach dem Siege über Waldemar II. vergrößerte man sie zur westfälischen Halle, doch auch damit war die selbstbewußte Bürgerschaft nach Überholung von Wisby und in Flandern wie London erstrittener Wortführung namens des Gemeinen hansischen Kaufmanns nicht mehr zufrieden: seit 1260 ging diese erstaunliche Bauhütte ungeachtet der zusätzlichen Kosten nach Vorbildern, wie man sie im bretonischen Quimper, im normannischen Coutances und im pikardischen Soissons kennengelernt hatte, zum dritten, jetzt hochgotischen Konzept über, und zwar nach dem nordfranzösischen Kathedralsystem. Dessen Übersetzung aus dem Hausteinbau war zwar ansatzweise bereits in den Niederlanden gelungen, wovon die lübischen Fernhändler natürlich auch wußten, aber hier wurde er nun entscheidend weitergeführt, in einer den ganzen Hanseraum normativ prägenden Gestalt. Der dreimalige Planwechsel fand übrigens auch für das Westwerk statt: vom romanischen Turmpaarsockel ging man zunächst zum Einturmplan, dann aber wieder zurück zur Doppelturmfront weiter hinauf – ein unübertreffliches Zeugnis für den Bauwillen und für die Finanzkraft der Travestadt zu zeiten des Rostocker Landfriedens von 1283.

Die außerordentliche Raumwirkung des 38 m hohen Hauptschiffs, noch heute der vielleicht größte Eindruck des Gesamtbauwerks, ist von Tischbein in einer Zeichnung des Jahres 1831 am gültigsten festgehalten worden. Der Berliner Besucher Otto Glagau schildert 1866 seinen Eindruck: „Mir schwindelte fast, als ich den Blick zur Wolkenhöhe des Mittschiffs emporschlug. Wie ein Thronhimmel schwebt es ... auf zweiundzwanzig Pfeilern in geradezu doppelter Höhe über den Seitenschiffen ... und das Sonnenlicht ergießt sich durch die bunten Glasmalereien der hohen Spitzbogenfenster." Die Scheitelhöhe übertrifft Notre-Dame/Paris; nur der Chor des unvollendet gebliebenen Domes von Beauvais weist mit 47 m Gewölbehöhe für das Spätmittelalter den darüber hinausgreifenden absoluten Höhepunkt aus.

Um 1330 war das ungeheure Bauwerk bis auf die Türme fertig. Von der Breiten Straße aus über die seitliche Rathausfront hinweg betrachtet, wird auch der malerische Reiz hansischer Baugruppen in der Stadtmitte deutlich, ferner eine weitere, wichtige Eigenschaft des Backsteins, daß er nämlich das ihm Fehlende an Filigran oder Quaderkraft von Hausteinbauten insofern wettmacht, als er sonnenbeschienen warm und farbig aufleuchtet, vom Dunkel verschattet aber seine volle, monumentale Strenge gewinnt. Die vom Ziegel zugleich erzwungenen und begünstigten, straffen Linien wachsen empor zu einer ausgesprochen rhythmischen Dichte, und so beschleunigt sich noch die aufstrebende Kraft gotischer Gestalt. Aus einer schweren Wucht der Sockelflächen, wie sie besonders die Lübecker Domfront hervortreten läßt, übersetzen sich damit die statischen Erfordernisse in eine von den Turmhelmen überhöhte Dynamik. Diese holzkupfernen Spitzen, kurz nach der Wiederherstellung um 1960 bei Marien, um 1975 beim Dom noch ohne Patina, die sich aber inzwischen wieder eingestellt hat, fügen das helle Grün in den kräftigen Farbklang noch ein. Dabei waren auch sie, verglichen mit den hausteinernen Maßwerkbauten vom Schlage des Freiburger Münsters, eine unausweichliche Reduktion, ein Tribut an die Tragfähigkeitsgrenzen der Ziegelrümpfe und an die statisch erforderliche Elastizität der großen Helmfläche gegenüber dem Druck stürmischer Winde, doch daraus erwuchs ein Gewinn an Höhe, praktisch für die Seefahrer, angenehm für den Stolz der Pfarrkinder, aufreizend zum Wettbewerb mit Nachbarbauten, die man womöglich übertrumpfen konnte.

Vom Dom besitzen wir ein Luftbild, unmittelbar nach dem Bombenangriff des Palmsonntag 1942 aufgenommen, das einen der Türme in vollen Flammen zeigt, während die Haupt- und Querschiffdächer bereits niedergebrochen sind; der Chor wurde von Volltreffern zerfetzt. Im Hintergrund blieb Aegidien, das als einzige der Pfarrkirchen mit Einzelschäden davonkam. Obwohl der Dom fast gleichzeitig mit Marien aufgerichtet wurde, hielten seine Bauherren sich, vom hochgotischen Chor einmal abgesehen, innen wie außen an eine konservativere Baugesinnung, die in der Formensprache auf den Ratzeburger und den Braunschweiger Kirchbau zurückbezogen war. Namentlich an den Türmen erkennen wir die in sich ruhende, romanische Wand, sie behaupten sich gegenüber der führenden Bürgerkirche mit einem kräftigen Eigenakzent, zwei wie unverrückbar erscheinende, vierschrötig emporwuchtende Riesen.

Fernwirkung aber ging nicht von Dom, nur von Marien aus, und sie erstreckte sich über das ganze Ostseebecken; ein 1927 entworfenes Kärtchen von Roosval weist bei aller Unvollständigkeit hin auf Kopenhagen und Aarhus, auf Linköping und Vadstena, auf Kalmar und Wisby, auf Riga, Reval und Åbo, auf Stockholm und Uppsala. Den viel weiter greifenden Rahmen des von der Bauhütte Marien ausgehenden backsteingotischen Stilgefühls hat Hasse näher behandelt. Wir greifen hier nur wenige Beispiele heraus und beginnen mit der „Stralsunder Nikolaikirche, die dem Vorbild am nächsten kam, aber mehr ornamentalen Schmuck besitzt" (soweit Dollinger). Ein Ölbild von 1628, in Reproduktion der guten Stadtgeschichte von Herbert Ewe beigegeben, zeigt hinter der mächtigen Kette der Hafentore, auf die wir später noch eingehen wollen, die hohen Schiffe der Pfarrkirchen in der Altersfolge Nikolai, Jakobi und Marien, dazu noch den Dachreiter der Dominikanerkirche Katharinen. Nikolai kennen wir in Abbildungen nur mit den infolge eines Brandes aufgesetzten Nothelmen. In der von Karl Gruber besorgten, methodisch bemerkenswerten Rekonstruktion tritt die prachtvolle Baugruppe um den Altstädter Markt mit Kirche, Rathaus und giebelständigen Großbürgerhäusern voll hervor, ebenso ihre Verbindung durch die Hafentore zu den Schiffsbrücken am Strelasund, ferner die regelmäßige Erweiterung durch die Neustadt St. Jakobi. Das bekannte Stadtmodell gibt eine durchaus konkrete Vorstellung der hansischen Dachlandschaft wie der Proportionen des daraus aufsteigenden Kirchenbaus.

Wie in Lübeck folgen sich bei Nikolai-Stralsund drei Bauten; vom ersten, vor 1250 datierten, kennen wir nicht viel mehr als die Basis des kräftigen Einturms, der zweite Ansatz plante auch hier eine Halle, deren um 1260 erstehende Schale ZASKE rekonstruiert hat. Um 1270 ging man zum Kathedralchor nach Vorbild Marien-Lübeck über, fügte ab 1310 das Langhaus an und war bereits 1330 mit dem doppeltürmigen Westwerk beschäftigt. ZASKE meint, „die Vorstellung vom mehr oder weniger demokratischen Gemeinschaftsraum (das soll die Hallenkirche sein), wurde zugunsten einer aristokratischen Baugesinnung aufgegeben", das heißt zugunsten der Kathedrale. Das brauche ich nicht zu kommentieren, betone aber, daß ungeachtet dessen bei ZASKE abschließend und vorzüglich informiert wird über die Bausubstanz.

GRUBER erkannte, daß Kirche und Rathaus in ihrer Lage zueinander und zum Markt einer Konzeption angehören: „Ein Durchgang führte quer durch das Rathaus in das Hauptportal der Nikolaikirche, deren doppeltürmige Westfront unerhört monumental direkt hinter dem langgestreckten Rathaus emporsteigt." Er sah auch, daß – wie in Lübeck – die Schaufront des Rathauses zum Markt mit Schiff und Türmen der Kirche „eine höchst wirkungsvolle, das ganze Stadtbild gliedernde Zusammenfassung mächtiger Baumassen" bildete. Die perspektivische Wirkung über den Markt hinweg mit dem Formsteinfeuerwerk der Rathausfassade, den raffiniert durch Blendarkaturen gegliederten Turmrümpfen und den schlank über die sich anschmiegende Schar der Bürgerdächer aufsteigenden Strebepfeilern ist bis auf die zu ergänzenden Holzkupferhelme noch immer vorhanden.

Mit dem dritten Beispiel Danzig heben wir bewußt einen späteren Bau hervor, denn dort ist die Marienkirche über einem Vorgänger erst 1343 als Basilika begonnen, aber noch vor der Einwölbung um einen gewaltigen Ostchor erweitert worden; dreischiffig auch im südlichen Querhaus, bot er fialenbekrönte Schaufronten gleich nach drei Seiten. Das zog nach 1480 eine Erhöhung auch der basilikalen Seitenschiffe zur mächtigen Halle nach sich, deren Gewölbe nun spätgotisch als prächtiges Netz ausgebildet wurden. Auch in Danzig belegt dieser ungemeine Ausbau des 15. Jahrhunderts die wirtschaftliche Entfaltung; dabei ist es besonders interessant, daß die führenden gewerblichen Korporationen zwischen den hier nach innen gezogenen Strebepfeilern jede für sich ihre Kapelle hochmauerten. Der bei Kriegsende völlig ausgebrannte, fast aller Gewölbe beraubte Bau ist inzwischen wiederhergestellt, die Ausstattung bleibt bis auf Reste, wie das 1467 entstandene „Jüngste Gericht" von Memling, verloren.

Auch in den hansischen Stadterweiterungen des ausgehenden Mittelalters brachte der Backsteinbau noch Leistungen hervor, die nach Größe und Gestaltung ihren eigenen und respektablen Beitrag zur jeweiligen Stadtsilhouette liefern konnten. Wieder müssen wir uns mit wenigen Beispielen dafür begnügen und greifen zunächst die Stralsunder Neustadtkirche St. Marien heraus. Ihre Lage zu Alt- und Jakobistadt zeigen Baublockpläne. Angefügt an die vom Katharinenkonvent der Dominikaner markierte ehemalige südwestliche Ecke der Altstadt wuchs in Fortsetzung der axialen Langen Straße der Jakobistadt das große Neustadtoval mit dem geräumigen Neuen Markt hinzu samt der typisch diagonal zum Markt gestellten Kirche, deren Grundrißfläche bei weitem die der älteren Pfarren übertraf. In der Ansicht von Süden über den Frankenteich hinweg hebt sich Marien gegen die weiter entfernten Profile Nikolai und Jakobi stark heraus; man sieht die in der Tat beträchtliche, mit 32,5 m fast an Marien-Lübeck heranreichende Gewölbehöhe und den großartigen Einturm, der allerdings nicht mehr durchgehalten, sondern über der Firsthöhe des Hauptschiffs zum Oktogon reduziert wurde. Auch in dieser dem Grundriß nach klassischen Kathedrale ist das Querhaus dreischiffig, damit dem von Nikolai hierher überführten Gestühl der Gewandschneider, der eigentlichen Bauherren, gebührender Platz geboten werden konnte. In der eindeutigen Übertrumpfung der Altstadtpfarre, auf die hier im Konzept alles angelegt war, begegnen wir erneut den inneren Auseinandersetzungen der Wulflamzeit. 1394 war das Querhaus vollendet, als einziger Teil durch äußere Strebepfeiler akzentuiert, während sie in Chor und Langhaus – wie bei Marien-Danzig – nach innen gezogen sind. 1472 wurde endlich die Turmspitze auf dem neuen Markte angefertigt und anschließend mit Kränen auf das Oktogon gesetzt, zunächst als hohe und schlanke Spitze über einer Laterne, erst später mit einer niederländischen Einfluß verratenden Barockhaube versehen.

Unser nächster Zeuge, St. Stefan-Tangermünde, erhielt seine spätgotische Gestalt im Zusammenhange mit dem benachbarten Burgausbau durch Karl IV., der hier ein Kanonikerstift errichtete. Das Patrozinium weist auf Halberstadt und den Burgward des 10. Jahrhunderts zurück. 1184 hatte die Kirche schon einmal in askanischen Plänen für ein Domstift eine Rolle gespielt. Karl IV. erbaute großzügig den neuen Chor, das Langhaus folgte ab 1376, es war nach Inschrift 1398 fertig. Auch hier eingezogene, aber flache Strebepfeiler, das gleiche, straffe Maßwerk der Fenster wie in Danzig oder Stralsund. Kostbare Portale schmücken die Querhausgiebel. Die Doppelturmfassade erinnert an ursprüngliche Planungen für den Kirchbau. Er ist erst in Zusammenhang mit einer im Grundriß klar zu belegenden Stadterweiterung um 1370 in die damals vergrößerte und verstärkte Stadtmauer einbezogen worden; ursprüngliche Stadtpfarre war nach meiner Vermutung die kleine Nikolaikirche am Stendaler Tor.

Die Thorner Jakobikirche weist zwar deutlich bescheidenere Abmessungen auf, ergänzt aber ihr Erscheinungsbild mit dem heiteren Glanze ihrer Schaugiebel, Blendarkaden und Fialen wesentlich, weil damit auf die dem Backstein abgerungene Bildsamkeit spätgotischer Bauten im hansischen Raume hingewiesen wird. Der platt geschlossene Chor weist einen prachtvollen Schaugiebel zur Stadtmauer hin auf. Da die Neustadt 1264 von der Ordensburg aus angelegt worden war und es erst 1454 nach langen Streitigkeiten zur Vereinigung mit der Altstadt kam, als diese die Ordensfeste bis auf den Danzker zerstörte, wird man auch für den Kirchbau der Neustadt mit verzögernden Auseinandersetzungen rechnen müssen; die Dominikaner mit St. Nikolai, das 1265 im Bau war und um 1270/80 verfügbar gewesen sein dürfte, haben vermutlich zunächst, die Pfarrkirche der Neustadt vertretend, gewirkt. 1309 wurde mit dem Jakobibau begonnen, um 1340 war das Langhaus fertig, seit 1349 setzen Kapellenstiftungen ein, 1360 baute man schon an der Jakobi unterstellten Katharinen-Kapelle vor der Stadt. Der Jakobiturm wird um 1400 fertig gewesen sein; 1455 brannte er aus und wurde mit Pultdach erneuert. HEISE nennt Jakobi-Thorn eines der bedeutendsten Bauwerke im Ordenslande, das eine Höhe technisch-künstlerischen Könnens kennzeichne.

Verglichen mit den Marienkirchen in Stralsund und Danzig ist die Thorner Neustadtkirche also baulich noch zu der hochgotischen Gruppe hansischer Basiliken zu rechnen. Seit der Mitte des 14. Jahrhunderts kam ihnen gegenüber, vielleicht unter flämischem Einfluß, etwa von St. Aegidien in Brügge, wieder der Hallentypus stärker zur Geltung, besonders in Westfalen, wo die Münsteraner Lambertikirche oder Maria zur Wiesen in Soest (beides Hausteinbauten) bedeutende Beispiele dafür bieten; aber auch die Marienkirchen in Greifswald, in Prenzlau und in Frankfurt/Oder waren solche spätgotischen Hallen.

In Thorn selbst ergab sich 1361 durch Brandzerstörung der Anlaß, die Altstadtpfarre St. Johannis neu zu bauen, und nun geschah das bis 1388 als Halle, die mit dem neuen Turmbau 1407–17 abgeschlosen wurde. Eine Rekonstruktionszeichnung der Burg läßt im Blick dahinter die dreifirstige Johanniskirche mit schönen Ostgiebeln und platt eingezogenem Chor, dem nach HEISE schönsten Teil des Baues, sowie dem Einturm erkennen. Dieser Blick war nur von 1417 bis 1454 so gegeben, dann verschwand das Hochschloß.

Auch in Wisby sind mehrere Kirchen nach 1350 als Hallen erweitert; vereinfachend nutzten ferner die Bettelorden meist die Halle für ihre Predigtkirchen, so an Johannis-Hamburg oder Katharinen-Lübeck, dessen heute mit Barlach und Marks-Figuren geschmückte Fassade bereits 1335 fertig wurde. Damit müssen wir diese Umschau beenden, obwohl sie das hansische Hausteingebiet zwischen Köln und Magdeburg nicht angemessen berücksichtigen konnte. Etwas davon soll immerhin in die Behandlung des Profanbaus einfließen.

Sieht man von den romanischen Anfängen einmal ab, so ist der Sakralbau im hansischen Raume dem Kern und der großen Leistung nach gotisch; nicht ohne Grund wurde er vorwiegend auf den Backstein bezogen behandelt. Halten wir fest: der Stilname ist ursprünglich von der italienischen Renaissance mit pejorativem Sinn geprägt worden. Vasari, Baumeister der florentinischen Uffizien, meint mit „Gotik“ den Widerspruch zu der für ihn vorbildlichen Antike. Sie wurde verschüttet, weil die Goten aus dem Norden kamen, die „Barbaren“. JANTZEN wies darauf hin und hielt zugleich fest, daß dies eine, freilich unabsichtliche, Betonung der kulturellen Wende seit der Gotenwanderung sei. Die Vergeistigung des Raumes durch Auflösung der Wand und konstruktive Überwindung des Lastenschubs bei gleichzeitiger Entdeckung von Großfenster und Licht für den Sakralvorgang fand aber erst im Hochmittelalter statt. Ihr nordalpiner Siegeszug führte in den kontinentalen Stilprovinzen einen jener durch nahezu gleichzeitige und gleichsinnige Bewegung faszinierenden Vorgänge herauf, an denen die Einheit der abendländischen Kultur im Zeichen der „christianitas“ hervortritt und zugleich überzeugt. Der hansische Raum hat daran unverwechselbar und mit ganz eigenem Profil teilgenommen, ja den Vorgang über für die Zeit enorme Entfernungen hinweg bis nach Trondheim und zum Bottnischen Meerbusen weitergetragen.

Bewies uns das die knappe Umschau im Sakralbau, so gehen wir ergänzend für den Profanbau vom Herzen der hansischen Stadt mit Markt, Rathaus und Stadtkirche aus, um damit zugleich einen gewissen Ausgleich für den bisher nicht zulänglich berücksichtigten Hausteinbereich herbeizuführen. Blicken wir zuerst auf den Braunschweiger Altmarkt mit dem selbstbewußt und rechtwinklig einen bestimmenden Rahmen setzenden Rathaus, mit der Martinipfarre und dem schönen Brunnen von 1408. Südlich von diesem erhebt sich das im späten 13. Jahrhundert erbaute Gewandhaus, den flämischen Tuchhallen entsprechend, mehrmals erweitert und 1589–91 prachtvoll mit niederländisch beeinflußten Renaissancefassaden geschmückt. Auf diesem Platz verlor Cord Doring bei der Großen Schicht sein Leben durch das Richtschwert, und zur Sühne dafür baute der Rat sich 1386 eine dem Stadtpatron Auctor geweihte Kapelle, die bis 1680/97 hinter der Stelle des Barockbaus gestanden hat.

Die Martinikirche ist vorhansisch, wie schon der Patron andeutet und wie man an dem hohen Westwerk mit Glockenstube erkennen kann. Dieses Turmpaar gehört zu dem ersten Großbau der Zeit um 1180/90, und seine Vorbilder finden sich im romanischen Hildesheim oder Goslar, das zeigt dessen Marienkirche im staufisch gestifteten Kloster Neuwerk aus etwa gleicher Zeit. Entsprechende Glockenstuben finden sich in Braunschweig auch sonst und bis nach Magdeburg, dort sogar wie an der braunschweigischen Welfengrablege Blasien, noch gotisch am Dom. Die Martinikirche verlor später ihre schönen Holzkupferhelme aus hansischer Zeit wieder zugunsten flacher Oktogonhauben, einer der bedauerlichen, in diesem Falle neoromantisierenden Purismen des Wiederaufbaus nach dem letzten Krieg. Erhalten blieben aber die typischen Ziergiebelketten über den Stichkappendächern der Seitenschiffe und des Chores, wie sie noch weitere Braunschweiger Kirchen aufweisen, geradezu als Wahrzeichen der Stadt, doch treten sie auch anderswo auf, so (nach 1842 restauriert) an St. Petri-Hamburg. Solche Quergiebel entstehen bei der dritten möglichen Dachlösung für Hallenkirchen, neben dem hohen Satteldach über allen drei Schiffen, das man an Lamberti-Münster vor Augen hat, und dem niederen Satteldach mit drei parallelen Firsten, wie es an Johannis-Thorn zu sehen ist. Im Falle der Braunschweiger Martinipfarre sind die Quergiebel datiert auf Ende 13. Jahrhundert bis 1320.

Vom Rathaus wurde diese Zierform der Zwerchgiebelkette übernommen, als man den Westflügel der Zeit vor 1250 hochgotisch am Ende des 14. Jahrhunderts erweiterte und mit Schaugiebel versah, quer dazu den Nordflügel anbaute und vor beide die untere Spitzbogenlaube zog. Aus dieser wuchs 1447–68 die obere Prunklaube mit Giebelkette samt Figurenprogramm der Kaiser, unter denen natürlich die Ottonen führen, die Salier fehlen, Lothar im inneren Eckzentrum steht und die Welfen dominieren. Damit ist im hohen 15. Jahrhundert, der Zeit unseres Querschnitts, der Gipfel dieser bemerkenswerten Platzwirkung erreicht.

Ergänzt wurde sie in zahlreichen Fällen durch die oft eigenartige Wirkung der als Freiplastiken auf nicht nur hansische Märkte gesetzten Rolandsfiguren, wahrscheinlich mit vor allem rechtssymbolischem Hintergrund als Wahrzeichen der autonomen Gerichtsbarkeit – oder doch des auf sie erhobenen Anspruchs – von oft geradezu plump anmutender Gestaltung. Da bei keinem „echten" Roland (außer in Leitmeritz/Böhmen und Neustadt/Thüringen) das Schwert fehlt und keiner vor 1340 nachzuweisen ist, sind Zusammenhänge mit der Zeit Karls IV. nicht auszuschließen. Dem entspricht die bemerkenswerte Massierung von Rolandsfiguren in der Kurmark, während sich im übrigen das Verbreitungsgebiet von Riga, Wisby und Schleswig bis Bremen und Herford, Königsberg und Weißmain in Karls fränkischem Erwerbsgebiet erstreckt. Wohl gesondert zu beurteilen sind die Rolandsbilder von Dôle/Freigrafschaft Burgund, Verona und Ragusa/Dubrovnik, auch die Standfigur auf der Karlsbrücke in Prag. „Spielrolande" hat es anscheinend zuerst in Magdeburg (neben dem dortigen Rechtsroland) gegeben, dessen Ratschronist Janicke berichtet „der rikesten borger kinder, de plegen dat spel vor to stande ... als den Roland... " Auch in Berlin, Meldorf/Dithmarschen und anderswo standen solche Spielfiguren. Der 4 m große Roland von Halle trug als einziger das Pilgerkleid zum Richtschwert.

Auf die sonstige Großplastik und Kirchenkunst im hansischen Bereich gehen wir besser in den späteren Zusammenhängen der Reformationszeit ein. Fassen wir die Umschau zur Marktgestaltung zusammen: Für mindestens zwei Dutzend hansischer Marktplätze würde sich eine entsprechende nähere Betrachtung lohnen, weil sie alle im Zeitraum etwa 1370 bis 1450 das prägende Bauprofil gewannen, doch wir beschränken uns auf einige Hinweise, so den auf die Münsteraner Rathausfassade im Verein mit der Laubenkette des Prinzipalmarktes, auf die großzügige Lüneburger Platzkonzeption mit Einbeziehung der heute verschwundenen Ratskirche St. Marien der Franziskaner; von dieser Gruppe blieb das baulich hochinteressante, den Bauabschnitten nach vielschichtige Rathaus erhalten. Darin gehört das Ratsgehege des 14. Jahrhunderts mit seinem großen Schaufenster in die Zeit um 1430; es zeigt die neun guten Helden des mittelalterlichen Ritterkanons und wurde ab 1526 durch die Holztonnendecke mit ihrer ebenfalls bedeutenden Malerei überwölbt.

Vom Lübecker Marktbereich, der im neuesten Bande der dortigen Bau- und Kunstdenkmäler exakt bearbeitet vorliegt, beschränken wir uns, auf die rückseitige Blendfassade des Kriegsstubenbaus von 1442–44 hinzuweisen, wie sie in einer wenig bekannten Lithographie von 1836 zu betrachten ist. Der Bau schloß die Erweiterungsphasen des Rathauses an der Ostseite des Marktes zur Breiten Straße hin ab; über den „Langen Bau" hatte er Verbindung zur südseitigen Rathausfront, deren Ecktürmchen mit der anschließenden Blendmauer vom Vierungsdachreiter der Marienkirche überragt werden.

Der Danziger Rathausbau am Langen Markt liegt südlich der Marienkirche, deren Querhaus-Schaufenster seitlich auf das Marktbild einwirkt. Baubeginn war hier 1379, die hohe Fassade zum Markt hin war 1465 fertig. Später kam noch der Turm dazu. An der Nordseite des Marktes erhebt sich die prächtige Schaufront des „Artushofes", des dreischiffigen Fest- und Versammlungshauses der Danziger Kaufmannsgilde aus dem Anfang des 14. Jahrhunderts, dann aber in Gestalt des Neubaus 1478–91 erweitert.

Für die zahlreichen stattlichen Rathausbauten auch der kleineren hansischen Städte begnügen wir uns mit einem einzigen Beispiel: dem als Backsteinbau in der Tat ungewöhnlichen von Tangermünde. Die raffinierte Eleganz dieses Gebäudes entfaltet sich neben der schlank aufstrebenden Fassade; diese mündet in sechs backsteinerne Rosen und wird bekrönt von Wimpergen und Fialen. Die architektonische Spannung in den rechtwinklig zueinander – hinteres Haus auf Mitte! – gestellten Firstlinien der beiden Giebelhäuser wird noch unterstrichen durch den seitlich einen Bursprakenaltan überhöhenden Turm (Gruber zeichnete eine prächtige Vogelschau davon).

Kehren wir nochmals zu der ersten Erwähnung eines Gildehauses in Gestalt des Artushofes in Danzig zurück; auch dafür gibt es Zeugen in großer Zahl, die vorwiegend in die Zeit unseres Querschnitts einzufügen sind, weil seit dem ausgehenden 14. Jahrhundert Häuser zu Versammlung, Tanz und Geselligkeit in steigendem Umfange benötigt wurden. Für sie wird in den Quellen des hansischen Raumes oft, etwa in Bremen oder in Lübeck, der Name „Schütting" verwendet. Sie waren Eigentum der Korporation und wurden von deren Organen, den Schaffern, Provisoren, Senioren oder wie sonst die Namen lauten, verwaltet und instand gehalten.

Berühmt ist das Haus der „Großen Gilde" in Reval, ein robust hochwachsender Backsteingiebel noch des 14. Jahrhunderts; der Kölner Gürzenich, natürlich ein Hausteinbau, benannt nach einem Jülicher Geschlecht, dem er ursprünglich als städtischer Adelshof gedient hatte, war dagegen als prächtiger, spätgotischer Neubau 1417–44 entstanden mit den dafür kennzeichnenden, durch Fortschritte in der Glasfabrikation möglich gewordenen Großfenstern unter schon die Waagerechte betonendem Fenstersturz. Auch der bekrönende Zinnenkranz zwischen den maßwerkverzierten Ecktürmchen weist auf die Ambitionen des Großbürgertums hin.

Das 15. Jahrhundert brachte aber ferner den Durchbruch zu einer weitaus verbesserten Wohnkultur für alle weiteren städtischen Einwohnergruppen. Im gut untersuchten Lübecker Bürgerhause finden wir jetzt zuerst den ausgangs des 14. Jahrhunderts von Flandern her übernommenen Kachelofen, als „Beileger" von außen geheizt, und damit endlich die Möglichkeit, von der Diele mit ihrem offenen Herde und ihrer schlechten Beleuchtung in abgeteilte Stuben mit größeren Fenstern umzuziehen. Das erst bringt jene bekannten Backsteinfassaden von Bürgerhäusern hervor, von denen wenigstens auf Beispiele aus Greifswald und Stralsund verwiesen sei. Statisch werden sie durch Formsteinpfeiler gehalten, die von Fialen bekrönt sein können, im westfälisch-weserländischen Hausteinraum aber auch von Halbkreismuscheln, Kugelknöpfen und – später – obeliskenförmigen Steinen. Die gesamte übrige

Front überzieht ein Fensterteppich. Zur weiteren Entwicklung in die Renaissance hinein bieten Lübecker Bauten gute Modelle. Ein Giebel aus der Semlower Straße in Stralsund zeigt, daß auch der Farbwechsel zwischen Glasur- und Rotziegeln sich nicht auf den Sakralbau beschränkte. Oft blieb bei späteren Umbauten nur der obere Blendgiebel erhalten – so am Haus Wulflam in Stralsund.

Natürlich begann die wohnlichere Ausbildung des Hausinneren keineswegs bei den eigentlich familiären Räumlichkeiten, sondern beim Kontor des Kaufmanns. Erst später folgten Gelasse für die Wohnbedürfnisse der Angehörigen; für sie baute man seit dem 15. Jahrhundert seitlich hinter dem Giebelhause am Hof der langgestreckten Parzelle Nebengebäude, denn die oberen Stockwerke des Haupthauses waren selbstverständlich Lagerräume für die Waren.

In Städten mit räumlich beschränkter Ausbreitung und großer Bebauungsdichte wie Danzig oder Lübeck, aber auch Salzwedel oder Buxtehude, wuchsen die Steinbauten mehrstöckig empor; am reichen trotz allem noch erhalten gebliebenen Giebelmaterial von Lüneburg hat Joachim Matthaei eine vom Spätmittelalter bis in das 19. Jahrhundert durchgehende Filiation des Formenwandels entwickelt. Gründlich neu untersucht ist der Lüneburger Großbürgerbau in der Dissertation von Karoline Terlau.

Der Krämer Vicke Schorler aus Rostock hat uns von seiner Stadt ein ganz besonderes, allerdings erst 1578–86 entstandenes Dokument überliefert, als er etwa 700 Häuser in naiver Zeichenhaftigkeit mit der Feder festhielt, Wohnbauten und Speicher, gemeindliche Gebäude und Kirchen, Tore und Mauern, und sie in fortlaufenden Straßenfronten auf einer 19 m langen, 60 cm breiten Rolle darstellte, deren kolorierte Farbigkeit bemerkenswert gut erhalten blieb. 1939 und noch einmal 1989 erschien diese „Warhaftige Abcontrafaktur der ... See- und Hansestadt Rostock" im Nachdruck.

Zum Besitzwandel und zu Kleinhäusern

Weitaus größer, als man vielleicht erwarten würde, war die Besitzfluktuation, sei es durch Auslöschen oder Neubildung von Familien, sei es durch politischen oder wirtschaftlichen Zusammenbruch; namentlich nach Pestzügen kam es auch zur Kumulierung von Hausbesitz, und sie führte, im Verein mit der mindestens im sächsischen und im wendischen Hanseviertel während des 15. Jahrhunderts weiter wachsenden Einwohnerzahl zum Aufkommen von Mietverhältnissen. Meist waren es Zuzügler, die in abhängiger Tätigkeit als Lohnwerker zur Miete wohnten, doch finden sich zu unserem Zeitquerschnitt bereits förmliche Miethäuser, oft auf rückwärtigen Grundstücksteilen, in Hintergassen oder am Stadtrande auf nun erst überbauten Freiflächen bei der Mauer als Kapitalanlage errichtet. Von dem Aussehen dieser ältesten „säle" oder „buden" unserer Quellen wissen wir fast nichts, da sie – anders als die Steinhäuser der Großbürger – meist Lehmfachwerkbauten waren; bei ihrer vergleichsweise geringen Haltbarkeit und Feueranfälligkeit erreichten sie kaum je ein höheres Alter, oft verschwanden sie auch einfach infolge zunehmenden Wohlstandes der betreffenden Stadt. So gibt uns das erste Stralsunder Stadtbuch bis 1310 noch ein ganz anderes Verhältnis von 36 Stein- zu 29 Lehm- und zwei Holzhäusern an, während das zweite bis 1342 gegenüber 85 Stein- lediglich noch drei Lehm- und zwei Holzhäuser verzeichnet.

Allgemein nahm jedenfalls, das hat SCHEFTEL jetzt für Lübeck nachgewiesen, die Zahl der Mietwohnungen im 15. Jahrhundert kräftig zu, wobei nun auch aus Stiftungen erwachsener, planmäßiger Kleinwohnungsbau eine Rolle zu spielen begann. Die zahlreichen Beginenhöfe der niederländisch-flämischen Städtegruppe sind das erste und bekannteste Beispiel dafür, ihre Anfänge gehen weit in das 13. Jahrhundert zurück, in Breda auf 1240, in Brügge auf 1245, in Mecheln auf nach 1250, doch folgen große Neuanlagen im 14. Jahrhundert, etwa in Lier oder Löwen, und die Bautätigkeit in den räumlich meist großzügig umfriedeten, manchmal ummauerten Komplexen bleibt im ausgehenden Mittelalter ausgesprochen rege.

Zunächst findet sich in hansischen Städten keine Vergleichbarkeit, doch nach der abermaligen, erheblichen Erweiterung seit Ende des 14. Jahrhunderts hat beispielsweise Danzig mit seinen „Kanzelhäusern“ und Reihenbauten Wohnraum für Kleinbürger geschaffen. Sie hatten abgeschlossene Wohnungen im unteren und im oberen Geschoß, das von einer Galerie aus zugänglich war, oder Ketten von Viererhäusern, deren obere Wohnungen über eigene Treppen verfügten. Die lübischen „Gänge“ waren dagegen aus den schmal gelängten Rückteilen der Grundstücke entstanden, die man zuvor als Höfe, Gärten oder für Stall- und Vorratsbauten genutzt hatte. Verstand es ein Hauseigner, zwei Nachbarparzellen zu vereinigen, so wurde durch Stiftung ein großzügiger Ausbau mit in die Tiefe der Baublöcke führenden Reihenhäuschen ermöglicht, die zuweilen eigene Kapellen erhielten. Verglichen mit der Augsburger Fuggerei von 1523, waren die Lübecker Stiftungen als Einzelgruppe weitaus bescheidener, in der Gesamtheit aber bildeten sie seit dem 15. Jahrhundert einen eindrucksvollen und bis zum 30jährigen Krieg der Zahl nach weiter wachsenden Bestandteil der Wohnfläche, zugleich aber bedeutete das eine unverkennbare Zunahme des sozial schwächeren Einwohnerteils.

Wir versagen es uns, näher auf andere, meist gemeindliche Großbauten über Kapellen und Spitäler hinaus einzugehen, so bemerkenswert sie oft waren. Die Danziger Großmühle beispielsweise mit neun Rädern weist auf eine bemerkenswerte Seite des Energiebetriebs hin, von Tuchhallen und Kornhäusern war ebenfalls die Rede, aber auch die Wasserkünste führten häufig zu beachtlichen Bauten, so in Lübeck nach dem großen Wakenitzstau um 1290 und erneut wieder Mitte des 15. Jahrhunderts, als Brauer und Kaufleute für ihre getrennten Rohrnetze hohe Drucktürme am Hüxtertore errichteten. Schlachthäuser und Weinscheuern, Salz- und Heringsspeicher, die Brücken- und Hafenanlagen kamen hinzu.

Selbst in einer so kleinen Stadt wie dem uckermärkischen Templin findet man bei der spätgotischen Hallenkirche die städtische Schule, am Berliner Tor ein Georgenspital, vor dem Westtor die Mühlen, am mutmaßlichen einstigen Burgplatz die Hirtenhäuser des Hüteverbandes; auf dem Markt sind die einstigen Buden zu festen Überbauten geworden. Vor allem ist die um 1320 entstandene, an die Stelle von älteren Holzerdewerken getretene Mauer mit drei Toren das Werk der gemeindlichen Bautätigkeit; sie weist uns auf deren wichtigste Aufgabe hin, die äußere Feste. Über 40 halbrunde Weichhäuser und zwei Rundtürme verbesserten noch im 14. Jahrhundert die flankierende Abwehr in Templin, und namentlich die Tore waren ansehnliche Bauten: die Stadtseite des Berliner Tors mit gestraffter Blendarkatur zeigt schöne Doppelfenster, dagegen die Feldseite des Mühltors hohe rustikale Kraft; beide waren um 1450 fertig, also wohl unter dem Eindruck des unweit östlich vorbei gegangenen Hussitenzuges von 1431/32 verstärkt und erhöht worden.

Weitaus mächtiger nahm sich im Vergleiche dazu natürlich die Befestigung großer Städte aus: Lüneburg etwa, 1447 von Hans Bornemann auf einem Altarbilde dargestellt, weist an der Salinenseite eine starke, mit Doppeltoren und vielen Türmen bestückte Mauer auf. Die einstige Herzogsburg ist nun durch einen städtischen Wachtturm ersetzt, so daß der vor 1370 dagegen erbaute Turm „Springintgut", nach einem Bürgermeister benannt, funktionslos geworden ist.

Das Aufkommen der Feuerwaffen, die etwa ab Mitte des 15. Jahrhunderts weit genug entwickelt waren, um gegebenenfalls Breschen in Stadtmauern zu legen, andererseits aber auch von Geschütztürmen aus die Verteidigungskraft zu erhöhen, spiegelt sich in den vom hohen Helm der St. Olai-Stadtkirche überragten, schweren Rundtürmen der Mauer von Reval. Besonders eindrucksvoll wirken die Geschützluken an dem auch hier stärksten, gegen die Burg gerichteten Turm mit dem bezeichnenden Namen „Kiek in de Kök". Oft sind die mit Vortoren gedoppelten Anlagen seitlich noch durch Zwingermauern flankiert, so bei einem der Stendaler Tortürme oder bei der besonders wuchtigen Baugruppe des Neustädter Tores in Tangermünde mit einem Rest des Wachhauses, den der untersetzte Nikolai-Kirchturm überragt. Auch das in Salzwedel mit langem Torzwinger ausgebaute Neuperver Tor wollen wir anführen.

Daß die Anlagen sich im reichen Flandern eher noch gewaltiger ausnehmen, zeigt der um 1470 gemalte Blick auf Brügge als Hintergrund des 1381 hier über Philipp van Artevelde erfochtenen Sieges. Dabei wird man gewiß eine vom Künstler gewollte Übersteigerung abzuziehen haben, doch stehen wir, das lehrt die Fortifikationsgeschichte, in der Tat am Höhepunkt und Abschluß einer seit dem Hochmittelalter großartig sich entfaltenden Bauentwicklung der Stadtverteidigung durch steinerne Mauern.

Innerhalb der Gesamtentwicklung des mitteleuropäischen Städtewesens bildet also der hansische Raum, was den bürgerlichen Festungsbau angeht, einen mit mehreren Verdichtungszonen sehr kennzeichnend abgehobenen Bereich. Dabei hebt sich zunächst das von den großen Niederelbestädten bis nach Vorpommern als breites Band reichende Gebiet mit den sechs wendischen Städten, ergänzt durch Greifswald, Anklam und Stettin heraus, sodann der zwischen Thorn und Königsberg ausgespannte Städtebogen, an den sich die dichte Schar ordensländischer Kleinstädte anlehnt, ferner die von der Niederrheinachse ausgehende, am Hellweg orientierte westfälisch-niedersächsische Kette bis Magdeburg und, wenn man will, Berlin-Cölln. Diese drei Verdichtungsräume sind von Ausdünnungen umgeben, die in Ostpommern fast in eine Leerzone übergehen. Verglichen mit dem übrigen Kartenbilde, zeigen sich entsprechende Schwerpunkte nur im schlesisch-mährischen Bereich, in der Diagonale Franken-Schwaben, im Rheingraben und – besonders nachdrücklich – im flämischen Küstengebiet.

Es war notwendig, eine in erheblichem Umfange bereits vorhansisch geprägte Hausteinzone von dem profiliert hansisch geprägten Backsteinbereich abzuheben. Romanische Hausteinkirchen bestimmen die kölnisch-niederrheinische ebensowie die westfälisch-weserländische Baulandschaft, sie hatten auch im Harzumlande mit Hildesheim, Goslar, Braunschweig, Halberstadt und Quedlinburg bereits vor dem hansisch zu nennenden Zeitalter die maßgebenden Akzente gesetzt und reichten darüber hinaus mit Magdeburg, Merseburg und Erfurt bis an den Grenzsaum des deutschen Altsiedelgebiets heran.

Freilich erkennen wir, daß auch im Hausteinbereich wichtige Fortentwicklungen des ausgehenden Mittelalters unter eindeutig hansischen Vorzeichen geschehen sind, und wir haben das besonders im Zusammenhange des Profanbaus aufnehmen müssen. Es gab auch, namentlich von Braunschweig her, bemerkenswerte Einflüsse, die über Bardowick und Ratzeburg bis hinauf zum Lübecker Dom zu verfolgen waren und in einer frühen, noch romanischen Adaptierung sowie Umsetzung wesentlicher Baugedanken der lotharianisch-welfischen Zeit aus dem Raume von Minden bis Königslutter in die noch tastend erprobten Formen des Backsteinbaus hinein erwiesen werden können. Dabei sind ohne Zweifel auch italienische Erfahrungen mit Backsteinbauten seit dem frühen 12. Jahrhundert eingeflossen, und so ist es wohl erheblich einzuschränken, wenn DOLLINGER urteilt, die von ihm als „typisch für den Bereich der Hanse“ betrachtete „Backsteinarchitektur“ sei „von den Niederlanden übernommen worden“. Jedenfalls stehen Anregungen auch von dorther, darüberhinaus aber aus dem nordfranzösischen, gotischen Hausteinbau, außer Frage, und es ist natürlich zutreffend, in der Backsteinprovinz, die das gesamte Küstengebiet, vor allem aber den östlichen und nordöstlichen Ausbreitungsraum der westlichen Welt nach Form und Gehalt bestimmte, eine weitgehende Konvergenz mit dem seebezogenen hansischen Wirtschafts- und Kulturbereich festzustellen.

Über unsere notgedrungen zu knappe Beispielwahl kann man streiten; unstreitig dürfte aber die Bedeutung von Marien-Lübeck sein. Im Profanbau wäre vielleicht doch das Rathaus paradigmatisch noch mehr herauszuheben gewesen, haben wir ja gerade in Lübeck nur die letzte Erweiterung mit der Kriegsstube des hohen

15. Jahrhunderts angesprochen, ohne näher auf die gegen 1220 beginnende Vorentwicklung einzugehen. Schon diese Datierung des mutmaßlichen Baubeginns, unmittelbar vor Ende der dänischen Besatzungszeit, ist kennzeichnend genug; aus den zwei damals noch recht bescheidenen, zum Markte giebelständigen Firsthäusern, einem Gehege für den eben entstandenen Rat und einem Gewandhaus, wurde durch die zur Marktseite hin vorgesetzte Fassade in der Zeit des Rostocker Landfriedens von 1283 erst ein repräsentativer Bau, den dann auch eine Rückfront gegen den Marienkirchhof zusammenfaßte. Anfangs des 14. Jahrhunderts mußte man bereits an der östlichen Marktseite entlang eine Erweiterung durch das „Lange Haus" für Versammlungszwecke und für die Waage vornehmen, während über der etwas älteren Marktlaube der Altan für die Bursprake seinen Platz fand. Ein gründlicher Aus- und Umbau fand vor 1352 statt, und erst fast ein Jahrhundert später hat unser Kriegsstubenbau die Entwicklung abgeschlossen, denn die weiteren Anbauten aus Renaissance und Barock brauchen wir hier nur noch beiläufig zu erwähnen.

War das Lübecker Rathaus in der Tat typenbildend, wie wir an der Vielzahl ähnlicher „Fortsetzungsbauten" erkennen können, so ist – gegen DOLLINGER – das Thorner als ausgesprochener Singular zu betrachten. Hier wurde bei einem großzügigen Um- und Ausbau des 14. Jahrhunderts ein mächtiger, 1393 fertiggestellter Vierflügelbau geschaffen, dessen Außenbild aber leider so durch Veränderungen des frühen 17. Jahrhunderts umgestaltet worden ist, daß wir sein ursprüngliches Kleid nur unzulänglich erschließen können. Auch der Glockenturm ist erst eine nachträgliche Zutat, ähnlich dem von uns in Danzig betrachteten Rathausturm. Der Thorner Bau war selbstverständlich stark durch den genormten Typ der Ordensburgen beeinflußt, er ist ein in die Stadt versetztes Hochschloß. Bis in das 16. Jahrhundert hinein hat er zugleich als Tuchhalle und Marktschrangen für Schlachter, Bäcker und andere Gewerbe gedient. Auf dem geräumigen Hof wurden auf Veranlassung u.a. der Jesuiten dann im frühen 18. Jahrhundert von polnischen Truppen der Bürgermeister an der Spitze fast des gesamten deutschen Stadtrats exekutiert.

Abschließend wenden wir uns nochmals der äußeren Feste zu, den Stadtmauern als dem wehrhaften Bering der niederdeutschen Bürgergemeinden. Wir können dazu auf unsere Verbreitungskarte im Bande A28 der Reihe „STÄDTEFORSCHUNG", 1988, verweisen. Näher ins Auge gefaßt, machen wir uns zunächst klar, daß schwarz und rot die Farben des Hochmittelalters bis 1250 sind, daß dagegen Blau die hier interessierende spätmittelalterliche Phase bis 1450 markiert. Die grünen Signaturen der frühen Neuzeit können wir wohl ausklammern; sie bezeichnen Stadien der bastionären Befestigung.

Gehen wir von den violetten Strichen aus, die für unbefestigte Städte gesetzt sind, so stellen wir zwar fest, daß es daran auch im hansischen Raume keineswegs fehlt, namentlich in Westfalen und Südniedersachsen, im Harz, verstreut auch in Nordelbien, daß dazu jedoch keine einzige der nennenswerten hansischen Städte gehört, schon gar nicht eine der 40 bis 50 im engeren Hansekreise belangvollen. Auch die Punktsignaturen der nur mit Holzerdewerken befestigten Städte spielen für hansische Orte nur in der Frühphase ihrer Entwicklung eine Rolle; hier ist allerdings zu bemerken, daß Schleswig nie über den Stadtwall als Verteidigungsanlage hinausgekommen ist, aber Schleswig zählt auch, genau besehen, nur bedingt zur hansischen Städtegruppe, was zu denken gibt!

Die Kreise der Ummauerungen sind bei den größeren hansischen Städten durchweg schwarz oder rot, datieren also schon vor 1250. Das gilt für eine dichte Schar niederrheinischer, ijsselmeerischer und westfälischer Städte, aber ebenso im Weserdreieck, im Harzvorlande und bei den Vororten des wendischen Viertels. Fast unübersehbar breitet sich dann der Teppich blauer Stadtmauern bis 1450 über hansische Beistädte aus; er geht nach Süden unmittelbar in die mittelrheinisch-hessisch-thüringische Schwellenlandschaft über. Durchweg der blauen Schicht zugehörig treten auch die Sterne bei den ummauerten Städten hervor: sie bezeichnen Doppelmauern und starke Ausbauten, wie wir sie vorhin an Beispielen betrachtet haben. Damit ergibt sich zunächst für diesen Westabschnitt ein hohes Ausmaß an Festungskraft hansischer Städte in der Zeit um 1450.

Der letzte Blick fällt auf den Kernraum von Lübeck bis Kolberg an der Ostseeküste, von Erfurt bis zum Erzgebirge an der südlichen Begrenzung. Hier häufen sich zunächst unbefestigte Städte in der ganzen Mittelgebirgszone, aber auch in der Kurmark und in Pommern. Die Zahl der nur holzerdebefestigten Orte ist auch recht beachtlich, und etwa in der Altmark oder in Mecklenburg sind darunter durchaus einige, die als hansische Beistädte eine Rolle spielen. Die Schachbrett-Signatur der Stadtmauern hingegen ist nahezu lückenlos, und viele davon kreisen ältere, rote, also noch vor 1250 entstandene Stadtwälle ein. Wieder zeigt sich zudem, daß die blauen Sterne im Spätmittelalter verdoppelter und ausgebauter Befestigungen praktisch jeder nennenswerten hansischen Stadt von mittlerer bis größerer Bedeutung zugeordnet sind. Noch einmal tritt dabei die besondere Rolle des Raumes zwischen Hamburg, Lüneburg und Stettin hervor, namentlich die südwestliche Küstenlinie der Ostsee. Mit diesem für die Leistungsfähigkeit des hansischen Festungsbaus wichtigen Ergebnis fassen wir die Überlegungen zum städtischen baulichen Körper zusammen: Die Umschau im hansischen Kulturbereich um die Mitte des 15. Jahrhunderts hätte hier wohl der Ergänzung und Ausweitung nach verschiedenen Richtungen bedurft, aber auch in dieser Kürze mag sie doch den Übergang von kultureller Schaffenskraft aus dem wesentlich noch aristokratisch-hochkirchlich bestimmten Zeitalter der Kaiser bis hin zu Karl IV. in eine von kräftiger Vitalität erfüllte bürgerliche Welt skizziert haben.

Diese Welt war getragen von unternehmerischem Ausgriff auf der Grundlage starken Wachstums der stadtsässigen Bevölkerung in einem weit ausgebreiteten, rüstig ausgebauten Siedlungsnetz, aufgehängt zwischen den wirtschaftlichen Dominanten eines lange Zeit hindurch stabil bleibenden Fernverkehrszusammenhangs, dessen Mitte die beiden nordischen Meere bildeten. So kräftig diese Dominanten aber zu betonen waren – das hansische Zeitalter ließ sich nicht verstehen, ohne daß kardinale Fakten auch der geistigen und der politischen Geschichte ihre Berücksichtigung fanden. Geschichte entsteht immer aus der Verflochtenheit aller im Leben wirkensfähig entfalteten Faktoren, ihre Beschreibung und Beurteilung hat das zu berücksichtigen, sie muß behutsam zu Werke gehen, wenn sie Akzente setzen will.

Haben wir diese Akzente, in laufender Diskussion mit älteren, zu betont politisch-reichsgeschichtliche Hintergründe hansischer Geschichte ausmalenden Darstellungen, immer wieder auf Wirtschaft und Gesellschaft gesetzt, so ist auch die Lage um die Mitte des 15. Jahrhunderts vom Wandel solcher Akzente bestimmt. Schritt für Schritt steigt damals, für das hansische Fernverkehrs- und Fernwirtschaftsnetz unaufhaltsam, ein neues, westlich-atlantisch einerseits, östlich-innerkontinental andererseits orientiertes Wirtschaftsgefüge herauf. Seinen Trägern gehört die Zukunft, in die sich nur noch Teile des einstigen Hanseraumes integrieren konnten. So wie der primär auf den baltischen Raum orientierte Vorstoß des 12./13. Jahrhunderts noch gerade betont von westfälischen Kräften geführt worden war, eben diese Kräfte sich aber in hochhansischer Zeit des 14./15. Jahrhunderts zunehmend auf neue, westlicher gerichtete Ziele und Geschäfte umstellten, so kam nun eine ganz andere Schwerpunktbildung des Fernverkehrs zum Zuge, in dem die wendische Städtegruppe um Lübeck nicht mehr Angel- und Drehpunkt aller unternehmerischen Planung blieb. Das zog Folgen nach sich, die um 1450 erste Konturen zeigten.

Die Hanse, Dänemark und der Westen nach 1450

Der Frieden von Wordingborg 1435 war bereits, wie erwähnt, durch einen schwedischen Aufstand gegen den Dänenkönig Erich von Pommern in seinem Zustandekommen gefördert worden. Stellte er einerseits den Abschluß der Kämpfe um die Einheit Schleswig-Holsteins dar, die nun wieder dem bedeutenden letzten schauenburgischen Herzog Adolf VIII. unbestritten verbrieft wurde, so bildete er andererseits den Anfang vom Ende Erichs, der nicht mehr in der Lage war, die bedrohte nordische Union aus eigenen Kräften herzustellen. Auch in Norwegen und sogar in Dänemark selbst kam es zu Unruhen, und über die Rolle Lübecks gibt jener bezeichnende Akt Aufschluß, in dem 1439 der dänische Reichsrat an der Trave selbst zusammentrat und beschloß, den inzwischen verhaßten Pommern abzusetzen. Am Portal von Marien-Lübeck ist die Urkunde darüber öffentlich angeschlagen worden. Vorangegangen war ein Vorstoß von Lübeck bei dem empört aus einer Kalmarer Tagfahrt mit dem Reichsrat nach Preußen gegangenen Erich, der vergeblich auf neue Zwietracht zwischen den Ländern seiner nordischen Union gerechnet hatte. Den Hansen gelang es in der Tat, Erich zu einem letzten Versuch zu bewegen, die von ihm erstrebte Nachfolge seines pommerschen Verwandten Bogislaw IX. beim dänischen Reichsrat durchzusetzen. Von Gotland aus ging er mit einem Aufgebot aus Pommern nach Hiddensee und verhandelte dort mit Vertretern der Dänen. Als das ohne Erfolg blieb, bot Erich Seelands Bauern gegen den Reichsrat auf, übertrug Bogislaw große Lehen auf Fünen und ging unter Mitnahme des Reichsschatzes zu weiterer Vorbereitung der gewaltsamen Auseinandersetzung nach Gotland. Das führte zum endgültigen Bruch, denn jetzt sandte der Reichsrat im Einvernehmen mit Lübeck an Erichs Schwestersohn Christoph von Bayern, den oberpfälzischen Wittelsbacher, „unde clagheden", wie Korner berichtet, „wo konyngh Erik de ryke vorlaten hadde". Davon konnte nun keine Rede sein, denn Erichs Absichten waren eindeutig: er wollte von Gotland und Pommern aus die Wende zu seinen Gunsten in der ganzen nordischen Union erzwingen. Das Urteil der älteren Hanseforschung darüber ist einseitig; wenn DAENELL sagt „ein unköniglicher, ein moralisch und geistig geringwertiger Mann trat vom politischen Schauplatz ab", und sich dazu auf die Sassenchronik beruft: „Erik helt nene loven unde ok nene breve, nene ede de he sworen hadde," sowie auf die schwedische Reichschronik, „han aktade ey thet som han swor", so waren doch beide eindeutig tendenziös gegen den Pommern eingestellt, übrigens wohl voneinander abhängig.

Zunächst ging jedenfalls Erichs Neffe Christoph auf lübischen Schiffen nach Seeland; er bestätigte sowohl die vom Reichsrat verbriefte Abtretung von Hadersleben an Adolf VIII. und belehnte diesen als Herzog von Schleswig, als er auch die Freistellung der wendischen Hansen vom Sundzoll erneuerte. Ferner sagte er eine Sundsperre gegen die Holländer zu. Adolf hatte für diesen Erfolg Fehmarn an Lübeck verpfändet und erreichte nun auch, daß der Schwiegersohn und Nachfolger Kaiser Sigmunds, Albrecht II. von Habsburg, gewählter König zugleich des Römischen Reichs, Ungarns und Böhmens, die seinerzeit von Sigmund getroffene Entscheidung zugunsten von dessen Vetter Erich aufhob und Schleswig endgültig als Herzogtum den Holstengrafen zusprach.

Während nun die Pommern den Kaperkrieg wieder eröffneten, zugleich aber auch in der Nordsee die Holländer ihre Jagd auf hansische Schiffe verstärkten, wählten 1440 zunächst die Dänen in Viborg, dann auch die Schweden in Arboga Christoph zum König. Der Bayer hatte inzwischen auch die Sundschlösser und Erichs letzte Parteigänger in Halland zur Unterwerfung gezwungen. Einzig Norwegen blieb noch bis 1442 auf seiten Erichs, der auch Gotland noch fest in der Hand hatte. Immerhin gewann Christoph soviel Bewegungsfreiheit, daß er aus der Abhängigkeit von Lübeck zu entgleiten begann. Sein Werkzeug dafür waren die Holländer.

Nach dem Wordingborger Frieden war der burgundische Herzog Philipp der Gute, seit 1430 auch Herzog von Brabant und seit 1433 ferner Graf von Holland, Seeland und Hennegau, mit den flämischen Leden gegen die holländische Kriegspartei zusammengerückt. Während andererseits der Hochmeister des Ordens auf holländischer Seite blieb, war Danzig unter seinem bedeutenden Bürgermeister Vorrath entschieden zur lübischen Politik übergegangen; die eigentliche Last des Kaperkrieges in der Deutschen Bucht und vor Ostfriesland hatte aber Hamburg zu übernehmen. Wiederholt war das Brügger Hansekontor zur Unterbrechung des Kampfes um Waffenruhe bemüht gewesen, die zuletzt bis Weihnachten 1437 vereinbart werden konnte. Nun aber distanzierte sich auch Köln mit den ihm folgenden niederrheinisch-westfälischen Städten von Lübeck, so daß wieder einmal die Gruppeninteressen klar auseinander strebten.

Das langsam aufsteigende Antwerpen hatte schließlich doch eine nochmalige Verlängerung der Waffenruhe bis Frühjahr 1438 vermitteln können, aber danach gelang es den Holländern, vor Brest einen Teil der hansischen Baienflotte mit Salzfracht auf dem Wege nach Preußen-Livland wegzunehmen. Im hansischen Lager führte das wenigstens die Ostseegruppen wieder mehr aufeinander zu. Noch blieben in Brüssel vom Burgunder zustande gebrachte Verhandlungen ohne Ergebnis, doch langsam begannen auch in Holland zum Frieden geneigtere Kräfte die Oberhand zu gewinnen, zumal sich das Ausbleiben der hansischen Kornzufuhr immer unangenehmer auszuwirken drohte. In dieser Lage wurde der neue dänische König zum gegebenen Vermittler. Während es in Brügge 1438 wieder zu einem festen Vertrage auf den alten Grundlagen mit Flandern gekommen war, und sich auch die wendische Gruppe nach Beilegung der Streitigkeiten mit Rostock wieder fester zusammenschloß, bot Christoph den Holländern im Herbst 1440 die Hand zu einem Freihandelsvertrage und lud auf das Frühjahr 1441 den Burgunder und die Hansen zu Friedensverhandlungen nach Kopenhagen ein. Hier einmal ganz egoistisch, sah sich Lübeck, das aus den dort sich häufenden preußisch-livischen Waren durch Verschiffung über den Stecknitzkanal sowie Freigabe des Landhandels zur Empörung der östlichen Städtegruppen, die sich an die Sundsperre hielten, hohe Gewinne erlöste, zum Einlenken gezwungen, um den Abfall der Preußen sowie die weitere Einigung zwischen Dänen und Holländern zu verhindern.

So wurde das noch im Sommer 1440 festgehaltene Ziel, der holländischen Ostseeschiffahrt wieder ein Ende zu bereiten, notgedrungen zurückgestellt. Dabei hat vielleicht auch der Tod des lange wortführenden lübischen Bürgermeisters Heinrich Rapesülver im April 1440 eine Rolle gespielt. Man erteilte den Holländern Geleit für Kopenhagen und bereitete sich im März 1441 zu Lübeck auf einer gemeinen Tagfahrt für die Verhandlungen vor. Hier standen Balten und Wendische zwar gegen die Preußen hart zusammen, doch beherrschten Zwietracht und Egoismus das Feld, man sah „dat elc umme sin provit is" (daß jeder den eigenen Vorteil suchte). Krank in Lübeck aufgehalten, schreibt Bürgermeister Hinrich Vorrath seinen Danzigern weiter über die Politik an der Trave: „Dyt bohaget my gancz övel!", und er fügt ironisch-sarkastisch hinzu: „Alsus denkt man unde arbeidet vort gemene best!"

An die von den Wendischen geforderte Beihilfe zur Fortsetzung des Kampfes mit den Holländern war unter solchen Umständen gar nicht zu denken, und Kampen, eben erst wieder in den Kreis der gemeinen Tagfahrt zurückgekehrt, von der es sich lange ferngehalten hatte, schloß sogar auf eigene Faust mit den Holländern einen Handelsvertrag auf Gegenseitigkeit unter Zusage, seinen Verkehr nach Bergen und Lübeck einzustellen. Die eigens nach Kampen gereisten Preußen wurden dort, wie Lübeck vorausgesehen hatte, von den Holländern kalt abgefertigt mit dem Hinweis auf die bevorstehende Tagfahrt in Kopenhagen. Dort werde man sich schon einigen. Gute Ernten konnten zudem die Lage in Holland entspannen, mit

Spanien hatte man Frieden geschlossen, der Handel nach England war neu aufgenommen.

Unter solchen Umständen hatten die hansischen Unterhändler in Kopenhagen von vornherein einen schweren Stand. Christoph schlug zunächst einmal rundweg ab, die dänischen Privilegien zu bestätigen; erst nach Eintreffen auch der preußischen Vertreter fand er sich dazu in dem von Margarete 1398 verbrieften Umfange bereit. Den Sundzoll aber habe er von seinem Vorgänger übernommen und dem sei er von allen die Passage nutzenden Mächten gezahlt worden. Immerhin sagte er eine erneute Tagfahrt über die Frage zu, bis zu der den Hansen kein Zoll abverlangt werden solle.

Hier wurde erkennbar, daß Christophs Königtum immer noch auf ungesichertem Boden stand. Nach Eintreffen der Holländer war gleichwohl bald klar, daß sie, mit den Dänen einig, den Hansen gegenüberstanden. In Anwesenheit des nach Schweden gegangenen Königs schlossen Holländer und Reichsrat einen Vertrag, der gegen hohe Subventionen die freie Durchfahrt durch den Sund bei Erlegung des Zolls zusicherte. In dem zwar gleich datierten, aber ohne Zweifel sekundär ausgehandelten Abkommen zwischen Holländern und Hansen wurde von diesen Freihandel auf Gegenseitigkeit gegen eine zehnjährige Waffenruhe zugestanden. Die Friedensverhandlungen sollten zwar fortgesetzt werden, doch waren zumindest vorläufig die Holländer in der Ostsee hingenommen, und zwar ohne Beachtung hansischer Verkehrsregeln. Dabei ist es auch geblieben, denn die Waffenruhe ist zwar mehrfach verlängert, aber nicht mehr durch ordentlichen Friedensschluß abgelöst worden. Die Preußen und die Balten erhielten wenigstens erheblichen Schadenersatz für die in den vergangenen Jahren erlittenen Verluste. Andererseits hatte Holland den Ostseezugang mit hohen Handelsnachteilen und Schäden in den eigenen Städten bezahlt. Namentlich Lübeck und Hamburg waren die großen Gewinner, hatten sie doch ihren Verbundverkehr durch den Stecknitzkanal erheblich gesteigert und während der Sundsperrenzeit hohe Exportgewinne in beiden Haupthandelsrichtungen eingefahren. Mit dem Stillstande konnte man leben; als Wende ist er erst aus nachträglicher Sicht vom 16. Jahrhundert her überbetont worden. Endlich war wieder die Kaperei beseitigt, und das nachfolgende hansische Geschäft weist auf neue Prosperität hin.

Zumindest die wendische Städtegruppe, auf den ganz erheblichen Gewinn der vorangegangenen Seekriegszeit gestützt, konnte sich mit der neu hergestellten Ruhe zur See durchaus abfinden. Auch die Preußen und die Balten wurden entschädigt, und was die einen durch die nun freie Zufahrt der Holländer an Chancen gewannen, das hatten die anderen durch ihre wachsende Beherrschung des Nowgorodhandels in den gleichen Jahren zu sichern verstanden. Lediglich die Ijsselgruppe um Kampen und Deventer geriet nun langsam aber sicher gegenüber den Holländern ins Hintertreffen, und aus anderen Gründen litten auch Westfalen sowie der Niederrhein unter den Folgen der dort 1444 ausbrechenden Soester Fehde. In ihr konnte sich die große Hellwegstadt zwar aus dem kurkölnischen Territorium lösen und zur Grafschaft Mark orientieren, damit verlor sie zugleich aber ihr Hinterland und fiel wirtschaftlich entscheidend zurück. Nicht anders erging es Dortmund und weiteren wichtigen Gliedern dieser hansischen Gruppe.

Für Christoph III. von Dänemark blieb die Lage auch mit der 1442 erlangten dritten Krone Norwegens schwierig. Tagfahrten in Stralsund und in Rostock, die er mit den Städten zu weiterer Klärung des wechselseitigen Verhältnisses verabredet hatte, konnte er wegen der Bemühungen um Norwegen und Schweden nicht einhalten. Der Tag in Rostock fiel daraufhin aus, nachdem sich 14 in Stralsund versammelte Städte, darunter auch Kampen mit Vollmacht für Deventer und Zwolle, aber nicht das ebenfalls geladene Amsterdam, des ihnen zu weiterer Verhandlung verfügbaren Privilegienstandes vergewissert hatten. Revals Vertreter Albert Rumor schrieb zufrieden nach Hause, die Lübecker hätten verläßliche Urkunden „von oldynges her ut, dar de hensestede wol yn besorget synt, dar yk yu wol en utschryft mede af bryngen wyl". Christoph kam dann zwar 1443 zweimal nach Lübeck, doch mahnte die Stadt umsonst neue Beurkundung an, und selbst anläßlich der Heirat des Königs mit der Zollerin Dorothea 1445 bedurfte es in Kopenhagen großer Geschenke, bevor endlich die Bestätigung ausgefertigt wurde. Immerhin ging man jetzt mit Stillschweigen über den Sundzoll hinweg, den bis 1447 kein Hanse entrichten mußte. Dafür verzichteten die Städte auf Ersatzansprüche. Wie Christophs Lage war, zeigte sich 1446, als er durch zwei seiner bairischen Räte, von denen er sich trotz aller skandinavischen Kritik nicht getrennt hatte, die Beurkundung seiner Morgengabe für Dorothea nach Lübeck in Verwahrung bringen ließ. Der König selbst war den Hansen wohl geneigt, aber sie standen besonders beim norwegischen Adel wachsender Ablehnung gegenüber. Am Oslofjord bekam ein hansischer Aldermann auf Beschwerden von seinem Gesprächspartner zu hören, „he achtede de stede nicht mer wen dat sant, dat öme under den schosolen utvellet".

Derart eingeengt, mußte Christoph Ende 1444 für Bergen eine den Fremden feindliche, vor allem die Winterlage untersagende Verfügung erlassen, die allerdings zunächst nicht vollzogen wurde, und auf den Sommer 1447 einen Schlichtungstag ansetzen. Als dieser nahte, drohten die Norweger bereits mit einer neuen Königswahl. Bedenkt man, daß zu dieser Zeit immer noch Erich unbezwungen auf Gotland saß, dann ist Christophs Zwangslage deutlich. Lübeck nutzte sie, um schon 1446 den Bergenverkehr gegen die Interessen der Süderseeischen, vor allem Kampens, zugunsten der Wendischen einseitig neu zu regeln. Das brachte natürlich erneut auch Bremen auf.

In Kopenhagen verliefen die Verhandlungen 1447 ergebnislos; der König, mit den Norwegern wieder notdürftig verglichen, glaubte nun den Sundzoll ungestraft erheben zu können. Bevor das aber zu neuen Auseinandersetzungen führte, starb Christoph im Januar 1448 unerwartet. Seiner gewiß schwierigen Aufgabe war er noch weit weniger gewachsen als vor ihm Erich von Pommern. Erben hatte er nicht, und so standen die Skandinavier, voran der dänische Reichsrat, erneut vor dem Problem einer Königswahl. In Schweden erhob man jetzt den Sprecher des Adels, Karl Knutsson Bonde, zum König. Erich, der im Sommer 1446 mit Christoph eine

Waffenruhe geschlossen hatte, verstärkte seinerseits von Wisby aus den Kaperkrieg gegen Lübeck in der Hoffnung, damit seine Wiedererhebung in Dänemark vorzubereiten. Da setzten die Schweden nach Gotland über und schlossen Erich in Wisby ein. Das veranlaßte die aufgeschreckten Dänen zur Entscheidung, natürlich nicht für Erich, sondern unter Mitwirkung der Sendeboten von Lüneburg, Hamburg und Lübeck zunächst für Herzog Adolf VIII. von Schleswig-Holstein, und – als dieser abwinkte wegen seines Alters und fehlender Kinder – auf dessen Rat hin für seinen oldenburgischen Neffen, den Grafen Christian, Sohn von Adolfs Schwester Hedwig.

Für die Hansen war diese Lösung immerhin als kleineres Übel anzusehen, obwohl sie zu einer Länderkonzentration noch über Holstein hinaus gegenüber den Städten zu führen drohte, weil ein Erbanspruch Christians im Todesfalle Adolfs ja auch für Schleswig und Holstein zu erwarten stand. Andererseits war vorauszusehen, daß Christian von Oldenburg als neuer dänischer König zunächst einmal Jahre benötigen würde, um sich auch in Schweden und Norwegen durchzusetzen.

In der Tat haben sich die Kämpfe um eine Wiederherstellung der Union bis 1456 hingezogen. Der Krieg behinderte auch die Handelsfahrt in der Ostsee weiter, obwohl sich Erich 1449 aus Wisby nach dem ostpommerschen Rügenwalde hatte zurückziehen müssen. Von dort hat er noch bis zu seinem Tode 1459 die alten Pläne verfolgt. Christian dagegen erneuerte sogleich die Schonenprivilegien, um einer Parteinahme Lübecks für die Schweden vorzubeugen. Allein Danzig entschied sich für Karl Knutsson, weil Christian sich auch mit dem Orden verständigt hatte.

Der Deutsche Orden war 1431 ein letztes Mal angetreten, die unglücklichen Einbußen der letzten Kriege gegen Polen-Litauen wieder wettzumachen. Im Bunde mit einem litauischen Aufstande griff er Kujawien und das Dobriner Land südlich Thorn an, doch drangen polnische Gegenstöße bis in die Neumark und das Weichseldelta vor; als die Ordensfinanzen durch offenen Widerstand des preußischen Landadels und der Städte unter Danzigs Führung gegen weitere Besteuerung bereits ganz verwirrt waren, brachte die Niederlage der litauischen Aufständischen gegen die Polen die Entscheidung. Im Frieden von Brest mußte der Orden 1435 zwar kein weiteres Gebiet abtreten, aber auf jede neue Einmischung verzichten und seinen Landständen die politisch entscheidende Mitwirkung zugestehen.

Die Stände im Ordenslande schlossen daraufhin 1440 einen Bund und als der Hochmeister 1450/53 gegen diesen Verbote des Kaisers und des Papstes erwirkte, schritten sie unter Führung der Städte Danzig und Thorn sowie des Landadligen Hans von Baysen zum offenen Aufstand, indem sie zugleich dem Polenkönig Kasimir IV. die Oberherrschaft über Preußen antrugen. Damit begann der verheerende Dreizehnjährige Krieg; ein von den Reichsballeien heranziehendes Ordensheer schlug zwar 1454 die Polen bei Konitz, doch kauften die Aufständischen 1457 den Söldnern des Ordens, an die man in Geldnot selbst die Marienburg hatte verpfänden müssen, diesen alten Hochmeistersitz ab, wobei Danzig der Hauptgeldgeber war. Kasimir zog triumphal in die Burg ein und verlieh Danzig ein großes Privileg, während Königsberg nun endgültig zur Ordensresidenz wurde. Bis 1460 verteidigte sich die Stadt Marienburg noch; als sie sich den Danzigern ergab, ließen die den tüchtigen Bürgermeister hinrichten. Weitere Niederlagen des Ordens führten 1462/64 zu Vermittlungsversuchen hansischer Ratssendeboten unter Führung des aus Dortmund gebürtigen lübischen Bürgermeisters Hinrich Castorp. Sie scheiterten hauptsächlich am Widerstande der großen preußischen Städte. Erst ein päpstlicher Legat brachte 1466 auf einer für den Orden weiter verschlechterten Verhandlungsebene den 2. Thorner Frieden zustande. Neben dem Kulmer Lande, Pomerellen und den Städten Elbing und Marienburg verlor der Orden jetzt auch das Ermland, dessen Bischof sich 1464 den Aufständischen angeschlossen hatte; für das verbleibende Gebiet leistete der Hochmeister dem Polenkönig einen Treueid und versprach Heerfolge.

Unverkennbar bildete für die bündischen Gegner des Ordens die im polnischen Staatsaufbau der Zeit geltende, erhebliche Freizügigkeit der Stände ein wichtiges Element der Parteinahme. Kasimir hatte anfangs mit dem eigenen Adel erhebliche Schwierigkeiten bei der Kriegsführung, weil diese das Aufgebot gerade zur Erntezeit aus dem Lande entfernte. So erhielt der neue Landesteil auch eine weitgehende Autonomie unter eigenem Landesrat und Landtag; die drei großen Städte Danzig, Elbing und Thorn hatten dabei mehr Einfluß denn je und konnten den Ausgang als ihren eigensten Erfolg sehen. Was auf weite Sicht daraus folgte, steht auf einem anderen Blatt; obwohl Kaiser und Reich den Thorner Frieden von 1466 nie anerkannt haben, obwohl nur vier Hochmeister, zuletzt der seit 1489 amtierende Johann von Tiefen, den Treueid auf den Polenkönig geleistet haben und entgegen der Bestimmung des Friedens auch nach 1466 kein Pole in den Orden aufgenommen worden ist, bedeutete doch die Wendung in Preußen einen für die hansische Politik folgenreichen Wandel, den man in Lübeck zweifellos richtiger beurteilte, als der damalige Danziger Rat. Es lag auf der Hand, daß auch der livländische Ordensteil, ohnehin zahlen- und herrschaftsmäßig schwächer, einen wichtigen Rückhalt verloren hatte, daß also nach dem Verlust der skandinavischen Stützpunkte, vor allem Stockholms, nun auch der preußisch-baltische Flügel des hansischen Ostseenetzes trotz wachsender Bewegungsfreiheit stärker gefährdet war, weil das benachbarte Hinterland an politischer Stabilität entscheidend verloren hatte. Eben war 1462 mit Iwan III. für über vier Jahrzehnte ein höchst bedeutender Herrscher an die Spitze des Moskauer Großfürstentums gelangt, der 1471–78 das alte Nowgorod erobern und seiner eigenartigen Staatlichkeit ein Ende machen sollte. Seine 1472 mit der Nichte des letzten byzantinischen Kaisers geschlossene Ehe war ein politisches Programm, und mit der Beseitigung letzter Abhängigkeiten von den Mongolen 1480, mit der Machtausdehnung bis zum Ural, waren die Zeichen für den Aufstieg der absoluten Zarenmacht gesetzt; Iwan III. hat sich als erster „Zar aller Russen" genannt.

Diesen auch die Großwirtschaftslage am östlichen Widerlager des hansischen Fernverkehrsgebiets entscheidend verändernden Umwälzungen entsprachen aber ähnlich tiefgreifende Ereignisse an den westlichen Brennpunkten hansischen Unternehmertums beiderseits des Kanals, denen unsere abschließenden Überlegungen gelten müssen.

Am 23. Mai 1449 war eine große Baienflotte von über 100 Schiffen, mehr als die Hälfte davon hansische, nahe der Insel Wight englischen Angreifern zum Opfer gefallen. Die Schäden waren erheblich, ohne daß es den sofort einsetzenden Bemühungen beider Kontore in London wie in Brügge gelang, Ersatz dafür zu gewinnen. Die Hansen mußten zusehen, wie der starke burgundische Herzog Philipp zunächst Brügge 1438, dann auch Gent 1453 seine Überlegenheit fühlen ließ. Die Leden, jener ständische Interessenkreis flämischer Städte, hatten zwar immer wieder den Osterlingen Schwierigkeiten bereitet, waren aber doch ein jedenfalls angenehmerer Verhandlungspartner gewesen, als der nun zunehmend alle Fäden an sich ziehende Burgunder. Ein Hansetag, der von 39 Städten besucht wurde, hatte 1447 einen Zwangsstapel für Brügge beschlossen und den flämischen Schoß, die Abgabe für das Kontor, auch auf Brabant, Seeland und Holland ausgedehnt. Verhandlungen darüber wurden von einer durch Lübeck, Hamburg, Köln und Danzig gestellten Gesandtschaft geführt; als sie scheiterten, beschloß man 1450 wieder einmal, das Kontor nach Amsterdam und von da weiter nach Deventer zu verlegen. Beide gehörten inzwischen aber gleichfalls zum burgundischen Machtbereich, und so wies denn auch etwa der Hochmeister auf die Zwecklosigkeit einer solchen Verlegung hin. Köln, das ohnehin die Schoßzahlung verweigerte, wollte den Konkurrenten Deventer nicht begünstigen. Der weitere Umzug nach Utrecht 1453, also auf den Boden eines von Burgund unabhängigen Fürstbistums, blieb ebenfalls ohne größere Wirkung.

Inzwischen suchten Brügge selbst sowie die dort sitzenden Italiener und Spanier das Kontor zur Heimkehr zu veranlassen, während Herzog Philipp 1456 Utrecht besetzen ließ. Das gleiche Jahr brachte aber doch in Lübeck, wohin eine flämisch-burgundische Gesandtschaft gekommen war, einen Vergleichsfrieden. Die Hanse akzeptierte die burgundischen Zentralbehörden als Gerichtsorgane, der Herzog erneuerte die Brügger Privilegien, Brügge selbst sagte Schadenersatz zu. Der Erfolg litt gleichwohl unter den darüber zwischen Lübeck und Köln aufgebrochenen Spannungen, und in Brügge schob sich die oberdeutsche Konkurrenz weiter vor. Dennoch war es wieder einmal ein festlicher Einzug, als 1457, von Utrecht kommend, etwa 200 hansische Fernhändler unter der Führung der Bürgermeister von Lübeck, Hamburg und Bremen über Antwerpen, Mecheln und Gent nach Brügge zurückkehrten.

Unverändert stand jedoch die Regelung der Schäden aus dem Flottenüberfall von 1449 in England noch aus, wo in den gleichen Jahren jene schweren, drei Jahrzehnte dauernden Bürgerkriege zwischen der weißen und der roten Rose, den Häusern Lancaster und York, begannen. Nach dem vorzeitigen Tode des rücksichtslos-tüchtigen Heinrich V. 1422 war die Regentschaft für seinen unmündigen Sohn außerstande gewesen, den schon bis vor die Tore von Orleans geführten Festlandsfeldzug siegreich abzuschließen. Von Jeanne d'Arc aufgerufen, warfen die Franzosen, unterstützt durch Philipp von Burgund, ihre Gegner zur Küste zurück. Paris nahmen sie 1436,

Rouen 1449 wieder ein, und bis auf das als Enklave im burgundischen Machtbereich liegende Calais war damit die ganze Kanalküste zurückgewonnen. 1453 kam auch die Guyenne mit Bordeaux wieder an die Franzosen.

Vor diesem Hintergrunde hatte sich also die Wegnahme der Baienflotte von 1449 abgespielt. Der Mißerfolg auf dem Festlande löste auf den britischen Inseln den Bürgerkrieg aus; dabei hatte das mit Anjou verbundene Haus Lancaster den größten Teil des Adels hinter sich, das heißt die wichtigsten Handelspartner der Hanse. Das dagegen seit den 50er Jahren Ansprüche auf die Krone erhebende Haus York war mit einem der fähigsten Heerführer auf englischer Seite, dem Grafen Warwick, verbunden sowie mit den aufstrebenden Hafenstädten der Ostküste, neben London vor allem Lynn, Boston und Hull, die seit langer Zeit gegen das hansische Gästeprivileg opponierten und mit ihren Merchants adventurers die billigen englischen Textilien selbst in den baltischen Osten sowie nach Burgund exportieren wollten. Lübecks Verhalten bei dieser Lage war erheblich kräftiger von Eigeninteressen bestimmt, als es noch DAENELL beurteilt hatte; das ist neuerdings von F. W. HEMANN aus westfälischer Sicht betont worden.

Der in Calais befehligende Graf Warwick war es auch, dem 1458 eine zweite lübische Baienflotte im Kanal zum Opfer fiel. Darauf antwortete die Travestadt nun mit dem Kaperkrieg, was natürlich die bedrohte Lage des Londoner Stalhofes weiter gefährdete. Köln, dessen Interessen hier am stärksten betroffen waren, konnte allerdings mit Mühe neue Verbriefungen für sich selbst aushandeln, doch inzwischen rissen Eduard von York und Warwick 1461 die Macht auf der Insel an sich. Heinrich VI. wurde gefangen in den Tower gesetzt, während seine entkommene Frau Margarethe von Anjou den Kampf für ihn und ihren Sohn Eduard weiterführte. 1464 schien er zwar durch neue Siege des inzwischen vom Parlament gewählten Eduard IV. für York entschieden, doch blieben die Verhältnisse labil, zumal Warwick weiter seine eigene Politik machte. Die Hanse zögerte schon deshalb, solange die Machtfrage nicht wirklich geklärt war, sich auf einen für sie ungünstigen Vergleich einzulassen. Geschickt suchte Eduard IV., die Parteiungen im hansischen Städtekreise für eine Spaltung seiner Gegner auszunutzen. Köln erreichte zwar wiederholt befristete Verlängerungen der Londoner Privilegien, doch Lübeck, das auf Schadensersatz bestand, war nicht zum Einlenken zu bewegen.

In dieser Lage übernahm 1465 der junge Karl der Kühne zwei Jahre vor dem Ableben des Vaters Philipp die burgundischen Regierungsgeschäfte. Mit dem 1461 in Frankreich nachgefolgten Ludwig XI. hatte er bereits schlechte Erfahrungen gemacht, was dessen Vertragstreue und Loyalität anlangte, als er, Karl, noch die burgundische Grenzgrafschaft Charolles in Mittelfrankreich verwaltete. Nun warf er impulsiv das Steuer auf einen antifranzösischen Kurs herum. Eduard suchte sofort darauf einzugehen, geriet damit jedoch in Gegensatz zu seinem Königsmacher Warwick. Die Annäherung zwischen England und Burgund wurde 1467 durch die definitive Erbfolge Karls des Kühnen offenkundig, und nun vollzogen der lübische Bürgermeister Hinrich Castorp und Hamburgs Bürgermeister Murmester in richtiger Einschätzung der Gesamtlage eine rasche Schwenkung zugunsten der Vergleichspolitik. Den Kampf im Kanal sowohl gegen Engländer wie Burgunder fortzusetzen, damit dem englischen Tuch die flämischen Märkte zu öffnen und die eben erst neu konsolidierte Stellung des Brügger Kontors abermals zu gefährden, schien unrealistisch. Trotz heftiger Widersprüche im hansischen Lager setzte Lübeck seine Politik durch, es sah sich darin durch die 1468 vollzogene Heirat Karls mit Eduards Schwester Margarethe bestätigt.

Ehe jedoch die neue lübische Politik zu einem Ausgleich hätte führen können, veränderte ein dänisch-englischer Streit gründlich die Lage: britische Kauffahrer aus Lynn und Bristol hatten 1467 auf Island einen Vogt Christians I. von Dänemark erschlagen. Das gab dem Gelegenheit, von ihm übernommene Danziger Kaperschiffe in den Sund zu legen, um einige englische Schiffe wegzunehmen. Christian war damals in vollem Bemühen um die Wiederherstellung der nordischen Union. Er hatte zudem von seinem Oheim Adolf VIII. 1460 Schleswig-Holstein geerbt und mit berühmt gewordenen Privilegien als territoriale Einheit bestätigt, auch Lübeck in dessen Rechtstiteln bekräftigt, er war anschließend auf seiten des Ordens gegen die preußischen Städte aufgetreten und glaubte nun, genügend Kräfte gesammelt zu haben, um die unter Karl Knutsson mehrfach erneuerten Aufstände Schwedens endgültig zu überwinden. Christian, der zudem auch mit seinem Bruder Gerd von Oldenburg bis zu dessen Gefangennahme 1470 dauernde Auseinandersetzungen führen mußte, benötigte für das schwedische Unternehmen hansisches Geld; er verstand sich daher zu einer hansefreundlichen Sundpolitik und sperrte sowohl den Engländern wie den Holländern die Durchfahrt zur Ostsee. Dennoch fand er vor Stockholm 1471 seinen Meister in Karl Knutssons Neffen Sten Sture, der ihn vernichtend schlug und auf Jahrzehnte die Herstellung der Union erneut vereitelte.

Zum Utrechter Friedensschluß 1474

War Lübeck hier mit Zuwarten und Festigkeit zu für die Travestadt guten Ergebnissen gelangt, so brachte der Überfall auf die Engländer im Sund seine eben gewonnene neue Linie der Politik gegenüber Eduard IV. wieder ins Wanken. Der glaubte nämlich, auf den burgundischen Rückhalt gestützt, nun den hansefeindlichen Forderungen seiner Seestädte folgen zu können, setzte 60 Stalhofkaufleute fest, verurteilte sie unter Hinweis auf die angeblich hansische Kaperei im Sund zu erheblichen Bußen und zog ihre Güter ein. Für Lübeck, Danzig und Hamburg als neben Deventer besonders betroffene Städte war das ein Zeichen zum offenen Kaperkrieg. Köln distanzierte sich davon, handelte gesondert die Freilassung seiner eigenen Betroffenen aus und wurde dafür auf der Lübecker Tagfahrt im Mai 1470 verhanst. Dieser Begriff für den Ausschluß von gemeiner Tagfahrt und Kontoren setzte sich nun durch. Während der Burgunder vergeblich zu vermitteln suchte, trugen der Schotte und das von ihm unterstützte Haus Lancaster den Hansen ein

Bündnis mit Frankreich gegen Eduard IV. an. Diese ließen sich darauf aber nicht ein, sondern verschärften lediglich die Handelssperre und den Seekrieg. Der Schmuggel, namentlich von Holländern betrieben, blühte auf, Danziger Kaperer nahmen auch bretonisch-französische Schiffe weg und operierten von der Scheldemündung aus.

Da brachten erneute Wechselfälle in England König Eduard IV. aus dem Konzept: Warwick ging zur Lancasterpartei über, nahm den York zeitweilig gefangen und erklärte sich für den im Tower sitzenden Heinrich VI. Als Eduard sich frei zu machen verstand, waren es ausgerechnet hansische Schiffe, mit denen er zunächst nach Holland zu flüchten vermochte und kurz darauf erneut zur Insel übersetzte. Das Jahr 1471 brachte die Schlachtentscheidungen: Warwick fiel ebenso wie der Lancaster-Kronprinz Eduard, Heinrich VI. kam im Tower um und Eduard IV. war wieder Herr der Lage. Nun suchte er im Bunde mit dem Burgunder den Krieg wieder nach Frankreich zu tragen, ohne zu erkennen, daß Karl der Kühne bereits neue Pläne gegen Geldern und den Niederrhein hegte, sich deshalb auf einen kurzen Demonstrationsfeldzug gegen den Franzosen beschränkte, auch von Köln diplomatisch Abstand nahm.

Als Eduard seine Unterhändler zum Brügger Kontor schickte, um den Kanalkrieg und die Handelssperre im Vergleichswege zu beenden, erkannte Lübeck die Lage richtig: der König wollte gegen Frankreich die Hände frei haben und gab damit der Hanse die Chance, ihre Privilegien in den englischen Häfen nochmals wiederzugewinnen und zugleich Köln für dessen Sonderpolitik zu bestrafen. In Utrecht begannen die Verhandlungen, während zugleich Karl der Kühne Geldern besetzte und Kurköln bedrohte. Den englischen Versuch, die Verhandlungsposition durch Verzögern zu verbessern, benutzte Hamburgs Bürgermeister Murmester als wortführender hansischer Vertreter, zwischenzeitlich eine Waffenruhe mit Frankreich auszuhandeln; danach waren Englands Gesandte abschlußbereit. Während Lübeck die schlecht vertretenen Danziger bei der Stange zu halten, aber doch in der Frage des englischen Gasthandels zu überspielen wußte, zugleich ferner den Versuch der Kölner geschickt abfing, sich in die Verhandlungen einzuschalten, setzte es die entscheidenden Forderungen durch: der König kassierte das Urteil von 1468, sagte Entschädigung zu und übertrug die Handelshöfe in London, Boston und Lynn den Hansen zu dauerndem Eigentum. Die dafür gegebene Zusage des Freihandels auf Gegenseitigkeit wies zwar in die Zukunft einer wachsenden englisch-holländischen Beteiligung am Ostseegeschäft, blieb aber fürs erste auf dem Papier, denn die Danziger ließen sich zunächst mit einer Bestätigung zwei Jahre Zeit und fanden unterdes Mittel und Wege, ihr preußisches Handelsmonopol noch auf lange Jahrzehnte abzusichern. Das isolierte Köln aber mußte, zunächst von den englischen Privilegien ausgeschlossen, sich der gemeinen Tagfahrt unterwerfen. In Bremen wurde es 1476 wieder in den Städtekreis aufgenommen; dieses vielleicht wichtigste Ergebnis des Utrechter Friedens festigte den inneren Zusammenhalt der hansischen Gemeinschaft zu rechter Zeit erneut. Angesichts der wachsenden Kraft aller niederdeutschen Fürstenstaaten war die Autonomie hansischen Unternehmertums nur durch ein bei aller Elastizität festeres Zusammenrücken gegen kommende Gefährdungen abzusichern.

In diesem Sinne bleibt der Utrechter Frieden auch nach dem heutigen Stand der Forschung eines der wichtigsten Ereignisse in der hansischen Geschichte; er war als Vertragsfassung von einem den ganzen nördlichen Kontinent betreffenden Gewicht. Der hansischen Diplomatie gelang hier unter besonders günstigen Umständen ein voller Erfolg. Er war umso wertvoller, als eine Politik aus gesamthansischen Aspekten je länger umso schwieriger zu machen war, weil schon zu Zeiten von Utrecht die alten Gruppeninteressen des weitverzweigten, in den nordöstlichen Randgebieten bereits vom Rückgange bedrohten Verbandes nur noch bei geeigneten Konstellationen vereinigt werden konnten. Es gibt daher Gründe, an diesem wichtigen Punkt einzuhalten. Leitlinien und Grundgedanken hansischer Politik sind hinlänglich hervorgetreten; an der Schwelle der Entdeckungsfahrten zu den anderen Kontinenten, an der Schwelle auch des neuzeitlichen Flächenstaates, der die Autonomie städtischer Selbstregierung Schritt für Schritt zu überwinden verstand, bleibt die Hanse zur Zeit des Utrechter Friedensvertrages ein treffendes Modell für mittelalterliche Fernwirtschaft und Gesellschaft, für mittelalterliches Verfassungsleben und nicht zuletzt für bürgerliche Kultur im altständischen Lebenskreise.

DIE HANSE UND EUROPA IM SPANNUNGSFELD DER GLAUBENSSPALTUNG

HANSISCHE POLITIK ZWISCHEN UTRECHT 1474 UND STOCKHOLM 1520

Zwischen der Erstürmung von Konstantinopel 1453 durch die Türken und dem Augsburger Religionsfrieden 1555 erlebte der europäische Kontinent zweifellos eingreifende Wandlungen. Gerade die Hansegeschichte belegt aber, daß diese Übergänge vom Spätmittelalter zur frühen Neuzeit sich kaum auf ein engeres Epochendatum, schon gar nicht auf die Zeitmarke 1500 einengen lassen. Hier liegt ein durchlaufender Zusammenhang vor, der vom Utrechter Frieden 1474 bis in die ersten Herrschaftsjahre Karls V. reicht und unseren nächsten Darstellungsabschnitt bestimmt.

Gehen wir dabei zunächst bewußt vom räumlichen Gegenpol der kontinentalen Erschütterung hansischer Zusammenhänge im Zeichen der Reformation aus: Das Zeitalter der großen Entdeckungen hat natürlich seinerseits den späthansischen Verkehr von der westlichen Flanke her beeinflußt; in der älteren Hanseforschung sah man geradezu einen kausalen Zusammenhang zwischen der Verlagerung des großen europäischen Seehandels auf überseeische Gebiete und dem Niedergang der Hanse. So einfach läßt sich das aber schon deshalb nicht verbinden, weil die wachsende Bedeutung von großen Atlantikhäfen wie Lissabon ja wenigstens für viele wichtigen Glieder des Hanseverbandes neue Handelsmöglichkeiten öffnete. Allerdings blieben die auf engere Horizonte zugeschnittenen, der Größenordnung nach überschaubaren Handelsunternehmen der niederdeutschen Kaufleute im überseeischen Wettbewerb zurück gegenüber den für die Zeit charakteristischen Großfirmen sowohl der staatlichen Bewirtschaftung in Portugal und Spanien, als auch der privaten Initiative bei den Holländern oder den oberdeutschen Handelshäusern.

Dennoch bot sich gerade im Westen, wo ein Rundgang durch die Partnerländer und Konkurrenten des Hanseverbandes anzusetzen hat, in den ersten Jahren nach Abschluß des Utrechter Friedens ein politisch gar nicht einmal so ungünstiges Bild. Das mit dem Hansetag von Bremen 1476 wieder in den Verband zurückgekehrte Köln, dessen gänzliche Isolierung eines der wichtigsten Ergebnisse der in Utrecht getroffenen Vereinbarungen gewesen war, vermochte sich – wirtschaftlich ohnehin ungebrochen trotz empfindlicher Einbußen – aus dieser Lage unerwartet rasch und im Grunde zum Vorteil der Hanse wieder zu befreien. In England, dessen König Lübecks Unterhändlern zugesagt hatte, Kölner Kaufleuten die hansischen Privilegien zu entziehen, weil sie sich weigerten, Abgaben zugunsten der Kontore in Brügge und London zu leisten, kam es nach der Unterwerfung von Köln unter das Kontorstatut sowie der Auslieferung des 1468 eingezogenen Stalhofarchivs bald zum Ausgleich; gegen gezahlte Entschädigung wurden 1478 die Kölner wieder zugelassen, und damit war die seitens der Engländer schon 1474 anerkannte alte Lage an der Themse wiederhergestellt.

Karl der Kühne von Burgund aber, Kölns Gegner seit der 1475 gescheiterten Belagerung von Neuss, der sich eben noch mit den Holländern und den Hansen vertraglich geeinigt hatte, wobei diese gegen Bestätigung ihrer Brügger Privilegien dort die Holländer als Gäste hinnahmen und ihren Schiffen die Ostsee zu öffnen versprachen, fand schon Anfang Januar 1477 vor Nancy unerwartet seinen Tod im Kampfe mit den Schweizern und deren Verbündeten. Damit fiel die eben erst von Karl auf ihren größten Umfang erweiterte neuburgundische Macht, das förmliche Zwischenreich aus den französischen Kronlehen Bourgogne und Flandern sowie den Reichslehen der Freigrafschaft Burgund, Luxemburg, Hennegau, Brabant, Holland und Geldern, rasch wieder auseinander. Noch 1475 war es Karl gelungen, das Herzogtum Lothringen zu überwältigen, weil er mit dem Kaiser Friedrich III. einen Ehevertrag für seine Erbtochter Maria mit dem habsburgischen Thronerben Maximilian geschlossen hatte. Nun kam dieser Vertrag nicht Burgund, sondern ausschließlich Habsburg zugute, denn drei Monate nach Karls Tod wurde die Heirat wirklich begangen, und der Kaiser zögerte nicht, seinen knapp zwanzigjährigen Sohn Maximilian 1478 als Herzog von Burgund zu belehnen, wohlerwogen ohne die Einzelteile des Konglomerats zu benennen, über das der letzte Burgunderherzog geboten hatte. Natürlich war damit keineswegs entschieden, ob sich der junge Habsburger im Erbe seiner Frau durchzusetzen vermochte; die französischen Kronlehen mußte er erst noch gewinnen, und im ganzen Niederlande sah er sich starken Widerständen gegenüber. Sie zielten freilich mehr auf Beseitigung der von den letzten Herzögen eingerichteten Zentralverwaltung und Herstellung einer generalständischen Autorität gegenüber den Herrschern, als auf die Zerstörung der unter Neuburgund erreichten, gesamtstaatlichen Einheit.

Die Hanse und Habsburgs burgundisch-flämisches Erbe

Ludwig XI. von Frankreich, der bereits 1473 mit der Hanse durch Waffenruhe den Kanalkrieg beendet und später im sogenannten „ewigen Frieden“ 1483 erweiterte Privilegien gewährt hatte, führte dabei natürlich ebenfalls Ambitionen auf die burgundische Hinterlassenschaft im Schilde. Den alten Streit mit Eduard IV. von England hatte er nach dem Ende Karls des Kühnen aus den gleichen Gründen beigelegt, so daß nun beiderseits des Kanals keine offenen Konflikte mehr bestanden. Umso schwieriger entwickelte sich die Lage für den jungen Maximilian, zumal er bereits Anfang 1482 seine burgundische Frau verlor. Die 25jährige erlag einem Jagdunfall, ihr Sarkophag steht in St. Marien zu Brügge. Die beiden von Maria hinterlassenen

Kinder Philipp und Margarethe waren erst knapp vier und zwei Jahre alt, und seitens des durch den Ungarnkönig Matthias Corvinus bedrängten Kaisers konnte der Habsburger ebensowenig auf Hilfe rechnen, wie seitens der Reichsfürsten. So folgten Jahre schwerer Kämpfe mit den Ständen der Niederlande und den Franzosen. Entschieden wurden sie erst durch einen in der Freigrafschaft errungenen Sieg und den nachfolgenden Frieden von Senlis 1493. Maximilian behauptete alle Reichslehen sowie die französischen Lehen Flandern-Artois, Verzicht leistete er nur auf die Picardie und das Herzogtum Bourgogne. Um diese Zeit hatte er auch schon das Tiroler Erbe seines Vetters Sigmund angetreten, und noch im Friedensjahre 1493 konnte er, nach dem Tod des Kaisers, das gesamte Machtgebiet Habsburgs in seine Hand bringen. Schon 1486 war er zum Römischen König gewählt worden. Die erste Sohnesfolge im Reiche seit 1376 unter Karl IV. war damit gesichert.

Unter diesen Umständen war es der Hanse nicht einmal besonders schwer gefallen, ihre Position in Brügge ungeschmälert zu behaupten. Das dortige Kontor hatte sich an der Hochzeitsfeier Marias mit Maximilian beteiligt, die das Paar wohlüberlegt in Brügge beging, es vermittelte erfolgreich für die immer noch dem Utrechter Ausgleich widerstrebenden Danziger und sicherte bestätigende Freibriefe der neuen Landesherren. Damit gab die Hanse zu erkennen, daß ihr die Aufrichtung habsburgischer Herrschaft im größten Teil des burgundischen Erbes nur günstig für die eigenen Interessen erschien. Das war aber eine Entscheidung von großer Tragweite; die seit dem späten 13. Jahrhundert unter wachsenden französischen Druck geratene Westgrenze des Reichs auf der allgemeinen Linie Saône-Maas-Ardennen-Schelde war durch den Erfolg Maximilians nochmals auf längere Zeit gefestigt. Hatte es mit der burgundischen Nachfolge von Philipp Valois 1363 zunächst so ausgesehen, als rücke das Doppelterritorium Burgund-Flandern unter einer Nebenlinie des französischen Herrscherhauses endgültig vom Verband des mittelalterlichen Reiches ab, so war nun, nach dem Ende dieser unter vier tüchtigen Herrschern zu selbständiger Politik aufgestiegenen Nebenlinie, der mitteleuropäische Verband nicht nur wieder hergestellt, sondern sogar auf das Artois und Flandern ausgedehnt.

Dennoch litt das hansische Kontor in den Niederlanden indirekt Einbuße, weil die Stadt Brügge selbst sich gegenüber dem aufstrebenden Antwerpen an der vorzüglich schiffbaren Scheldemündung nun in vollem Niedergange befand. Der Brabanter Haupthafen lief dem flämischen um so mehr den Rang ab, als hier die schon lange schlechte Zufahrt über Sluis an der Zwinmündung immer stärker versandete. Der Import englischer Tuche, in Brügge verboten, ging nun gänzlich über Antwerpen vor sich, wo die kölnisch-rheinischen und oberdeutschen Kaufleute immer zahlreicher wurden. Auch die Franzosen, Italiener und Portugiesen orientierten sich immer stärker nach der Schelde, nur die Spanier beharrten auf Brügge, ihrem Wolleinfuhrstapel für Flandern. Die inneren Kämpfe nach Marias vorzeitigem Tod führten schon 1485 und erneut 1488 zu zeitweiligem Abwandern des Kontors nach Antwerpen; 1488 war Maximilan vorübergehend von den Brüggern gefangen genommen worden. Die Leitung des Kontors verminderte sich 1486 auf drei statt sechs Oldermänner und neun statt 18 der ursprünglich 24 Ratsmitglieder. Auch hier gab allerdings das Entscheidungsjahr 1493 Anlaß zu offizieller Wiedererrichtung des Kontors, zusammen mit den anderen „Nationen".

Vollzog sich in Brügge ein schrittweiser Prozeß der Ausdünnung, der dann im 16. Jahrhundert zur endgültigen Verlegung des Kontors nach Antwerpen führen sollte, so verschlechterte sich die Lage in England aus anderen Gründen. Auch dort hatten die 80er Jahre einen Herrschaftswechsel mit sich gebracht, denn das Haus York war binnen zweier Jahre nach dem Tod Eduards IV. 1483 erloschen und nun gelangte die Krone 1485 an Heinrich Tudor, Grafen von Richmond. Von Frankreich aus war er als Prätendent im Namen des Hauses Lancaster über den Kanal gekommen und beendete mit der Schlacht von Bosworth, in der Richard III. als letzter des Hauses York gefallen war, die sogenannten „Rosenkriege" zwischen den beiden tödlich verfeindeten Familien. Seine Ehe mit Elisabeth York, einer Tochter Eduards IV., besiegelte 1486 diese Entscheidung.

Heinrich VII., wie er nun hieß, am französischen Hofe aufgewachsen, wollte zunächst mit der Eroberung der Bretagne eine neue Phase des jahrhundertealten Krieges mit Frankreich einleiten. Dabei suchte er aber nicht mehr das Bündnis mit Burgund, wie seine Vorgänger, sondern er verband sich mit den eben vereinigten spanischen Königreichen Aragon und Kastilien, die unter dem Ehepaar Fernando-Isabella im Begriff standen, die maurische Herrschaft im Restbereich um Granada zu beenden. 1481 hatte dort der letzte Kampf begonnen, 1492 kapitulierten die Nasriden; damit waren die Muselmanen von der iberischen Halbinsel vertrieben. Im gleichen Jahre aber entschloß Heinrich von England sich, nachdem er die Herrschaft auf der Insel endgültig gesichert hatte, gegen die Anerkennung durch den Franzosen im Vertrage von Etaples 1492 auf das bretonische Unternehmen zu verzichten. Mit der vorherigen Heirat zwischen Karl VIII., Frankreichs neuem König, und Herzogin Anna war die Bretagne gesichert.

Für die Hansen war es zwar mißlich, daß an die Stelle der alten Allianz England-Flandern jetzt eine Gegnerschaft zwischen Heinrich und Maximilian getreten war, doch ihr Kontor im Stalhof zog ungeachtet dessen erhebliche Vorteile aus dem raschen wirtschaftlichen Aufstieg Londons im Zeichen der durch den Tudor neu hergestellten Ordnung und der Rechtssicherheit im Lande. Die Gentry, der englische Landadel, und das Bürgertum hatten den Hauptnutzen davon, zugleich wuchs die Zentrierung auf London weiter an. Das zog auch gesteigerte Erträge des hansischen Wollhandels und Tuchexports nach sich. Allein Hamburg hat bis 1513 seinen Anteil am Gesamtexport von Tuch aus London auf 12% gesteigert, und er betrug ein Menschenalter später sogar 20%. Die Hanse insgesamt lag bis zur Mitte des 16. Jahrhunderts unbestritten an der Spitze der exportierenden Ausländer; ihre wichtigste Gegenfracht war das Wachs, mit dem sie in London fast monopolartig handelte, aber daneben spielte eine Rolle die Zwischenfrachtfahrt mit Rotwein von Bordeaux nach England. Zusammenfassend kann man sagen, daß die hansische Westfahrt um 1500 sich eher günstig entwickelte, denn auch der Niedergang in Brügge wurde durch die zwar noch nicht vom Kontor, wohl aber von den Unternehmen selbst zunehmend vorgenommene Verlagerung nach Antwerpen weitgehend ausgeglichen. Lediglich im Pelzgeschäft schoben sich nun die Oberdeutschen in den Vordergrund, und das hing mit der Entwicklung auf dem östlichen Flügel des hansischen Großwirtschaftsraumes zusammen.

Zur Unterwerfung Nowgorods durch Iwan III. von Moskau

Mit dem Herrschaftsantritt Iwans III. war, wie erwähnt, 1462 für über vier Jahrzehnte ein höchst bedeutender Fürst an die Spitze des Moskauer Großfürstentums gelangt. Iwan beseitigte 1480 die letzten verbliebenen Reste der Abhängigkeit von den Mongolen, unterwarf sich die meisten der kleineren Großfürstentümer und schob damit seine Macht bis an den Ural vor. Am bedeutendsten sollte sich aber Iwans Wendung auch gegen das Großfürstentum Nowgorod auswirken. Sie begann 1471 mit einem siegreichen Feldzug, der besonders im nordischen Dwinagebiet und an der oberen Wolga geführt wurde. Auf dieses Hinterland hatte sich die Herrschaft von Groß-Nowgorod bekanntlich schon im Hochmittelalter ausgedehnt. Wiederholen wir uns im Abriß die Nowgoroder Entwicklung bis zu den Tagen Iwans III.

Der normannische Rurikide Jaroslaw der Weise hatte im 11. Jahrhundert Nowgorods Abhängigkeit von Kiew stark gelockert, auf ihn ging die Burg links des Wolchow zurück, in der später der Erzbischof seinen Sitz erhielt. Auch die neuere, mit ihren bedeutenden Grabungen verdienstvolle und ertragreiche russische Forschung hat den für das frühe Nowgorod/Naugard konstitutiven schwedisch-normannischen Volksanteil, vor allem in den Führungsfamilien, keineswegs dadurch widerlegt, daß sie davon mit einer exakten Sprachregelung schwieg. Hier lagen die wesentlichen Unterschiede zum Kiewer und späteren Moskauer Machtbereich, wie ebenso in der hinter dichten Wäldern gegen die Mongolen gegebenen Absicherung.

Die Großfürsten hatten schon seit dem 12. Jahrhundert gegenüber den etwa 40 Bojarenfamilien als eigentlichem Träger der Willensbildung zunehmend an Bewegungsfreiheit verloren. Von 1136 bis 1238 allein zählen wir 38 Fürsten, sie haben also im Durchschnitt nur 3 Jahre geherrscht. Gewählt wurden sie, wie auch der Erzbischof bereits ab 1156, seit 1196 durch das „Vece", die Volksversammlung. Diese war völlig in Händen der Magnaten und ihrer Klientelen; sie votierte auf Vorlagen des etwa 50köpfigen Ratskreises mit „ja" oder „nein". Exponent war der Statthalter des Fürsten, denn dieser war in hansischer Zeit bereits aus der Stadt nach dem südlich gelegenen Gorodisce/Gerzeke verdrängt; seinen innerstädtischen Besitz hatten der Erzbischof und die Bojaren übernommen.

Dem oligarchischen Verfassungsaufbau entsprach es, daß im Statthalteramt nur zwei bis drei Bojarenfamilien wechselten. Die Bojaren lebten grundherrlich, wohnten aber meist in ihren Stadthöfen auf der Sophienseite; am Handel nahmen sie nur passiv teil, dafür gab es einen eigenen Kaufleutestand, die „kupcy". Dieser Mittelstand saß meist auf der Handelsseite. Einflußlos war die „schwarze Masse“ (cernj ludj) von Kleingewerblern und Arbeitern, ferner die zu keinem Stande gerechneten, recht zahlreichen Sklaven. Die Handelsniederlassungen der westlichen Fernkaufleute lagen um den Markt der Handelsseite herum (Gotenhof, Peterhof, Pleskauer Hof); sie hatten eigene Kirchen (Olaf, Peter, Nikolaus) wie auch die Russen (Johannes). Die Freitagskirche des ehemaligen Fürstenhofes war gegenüber der Sophienkathedrale Hauptkirche der Handelsseite; eine Holzbrücke verband beide befestigten, sonst aber in Holz erbauten Stadtseiten.

Mit seinem Umfang von etwa 390 ha, der spätestens um 1300 erreicht war, übertraf das hansezeitliche Nowgorod an Fläche alle Hauptorte des Ostseeraumes bei weitem, doch waren diese topographisch durch den Steinbau geprägt, sie verfügten über die westliche Rechts- und Verfassungsordnung der genossenschaftlichen Bürgergemeinde und hatten im Wirtschafts- und Sozialgefüge durch das korporierte Gewerbe sowie den aktiv disponierenden, ebenfalls im Genossenverbande zusammengefaßten Fernhandel eine klar gegen die östlichen Lebensformen des „gorod“ abgehobene Gestalt. Wieweit diese sich auf Entstehung und Wachstum der Nowgoroder Handelsseite ausgewirkt hat, ist eine noch offene Frage. Jedenfalls blieben die westlichen Handelshöfe exemte Kreise; die Hansen im Peterhof besaßen in der „Schra“ eine eigene, straffe Kontorordnung mit erheblicher Autonomie. Sie war um 1380 in ernster Gefahr, so daß der Hansetag 1388 eine Verkehrssperre über Rußland verhängte. Erst nach harten Verhandlungen einigte man sich 1392 auf der alten Basis; die Kreuzküssung Niebuhrs, des lübischen Bürgermeisters und Verhandlungsführers, besiegelte das. Die Schra erhielt eine neue Fassung, Nowgorod anerkannte ausdrücklich die Unterstellung des Peterhofes unter die hansische Tagfahrt. Faktisch setzten sich aber die baltischen Städte ab Mitte 15. Jahrhundert als maßgeblich in Nowgorod durch.

So war die Rechtslage noch, als Iwan III. schrittweise die Eigenständigkeit Nowgorods beseitigte. 1478 hatte er sein Ziel endgültig erreicht; wenig später enteignete er – gegen vorherige Zusagen – die Bojaren, siedelte sie in entfernte Gegenden Rußlands um und konfiszierte die Hälfte der erzbischöflichen sowie klösterlichen Güter. Damit waren die bisherigen Partner des Peterhofes verschwunden. Es kam hinzu, daß Iwan den Hansen ihre Verbindung mit seinem livländischen Gegner, dem Ritterorden, vorwarf. Während noch mit ihm verhandelt wurde, nahm er die Ermordung von Russen in Livland zum Anlaß, 50 Hansen zu vergeiseln, ihre Güter zu beschlagnahmen und den Peterhof 1494 zu schließen. Die Kaufleute kamen zwar drei Jahre später zurück, doch das Kontor blieb bis 1514 geschlossen. Dann erst bewogen die Hansen den 1505 nachgefolgten Großfürsten Wassilij, neue Privilegien zu erteilen, und verfaßten eine neue Kontorordnung.

Der Einbruch war damit nicht mehr ungeschehen zu machen, vor allem deshalb nicht, weil es den führenden baltischen Städten Riga und Reval gar nicht so ungelegen kam, den zuvor über das Nowgoroder Kontor laufenden Handel an sich zu ziehen. Das war aus der Zwangslage nach 1380 und erst recht 1494 heraus inzwischen so eingefahren, daß Lübecks Bemühen um die Wiederbelebung des Peterhofes vergeblich sein mußte. Mitte des 16. Jahrhunderts lag er bereits in Trümmern. Als Grenzplätze gewannen jetzt Narwa, das finnische Wiborg, und etwas später auch Archangelsk an Bedeutung; dort aber liefen Holländer und Schweden den Hansen den Rang ab, zumal die baltischen Städte nie bereit gewesen sind, sich mit der Konkurrenz Narwas abzufinden.

Hieraus entwickelte sich eine schon anfangs des 15. Jahrhunderts verspürbare, wachsende Spannung zwischen Lübeck und seinen Nachbarn einer- und den baltischen Städten andererseits. Diese verboten strikt allen Handel von Gast zu Gast auf ihren Märkten und bezogen das auch auf hansische Fernhändler aus dem Westen. In der Tat führte das ab 1450/1500 zu rasch wachsendem Wohlstand in der ganzen baltischen Städtegruppe, die sich hinter Riga, Reval und der späteren Universitätsstadt Dorpat auf etwa 25 Kleinstädte belief. Von der hansischen Tagfahrt konnte das aber umso weniger gebilligt werden, als die Balten damit Holländer und Engländer im Ostseehandel indirekt begünstigten. So zogen die erheblichen Veränderungen im russischen Großreich in der Tat eine wesentliche Wandlung im Ostsektor des späthansischen Verkehrszusammenhangs nach sich. Es sollte nicht die einzige bleiben, so werden wir zudem bei Betrachtung der benachbarten preußischen Verhältnisse und der Lage im skandinavischen Norden feststellen müssen.

Die Lage in Preußen nach 1466

Nicht viel anders nämlich gestalteten sich die Verhältnisse im preußischen Raum, nachdem der Zweite Thorner Frieden 1466 die Ordensritter auf ein um Pommerellen und Ermland verkleinertes Restgebiet beschränkt hatte und auch dieses noch indirekt durch einen Treueid des Hochmeisters Polen unterstellte. Die preußischen Hansestädte unter Führung von Danzig, Thorn und Kulm hatten – gegen die Warnungen des vergeblich vermittelnden Lübecker Bürgermeisters Castorp – dabei ihre Feindschaft zum Orden auf die Spitze getrieben. Wohl erlangten sie nun durch Kasimir IV. von Polen bessere Privilegien denn je, und für den westpreußisch-kulmischen Landesteil wurde weitgehende Autonomie unter eigenem Landesrat und Landtag verbrieft, in dem die großen Städte ausschlaggebendes Gewicht hatten. Dennoch mußten auf weitere Sicht die Nachteile dieser Spaltung immer ernster – auch für die Städte selbst – hervortreten. Danzig bewies hier so wenig Einsicht wie wenige Jahre später bei der Auseinandersetzung mit England; nur weil sein Vertreter in der Hansedelegation zu Utrecht denen Lübecks und Hamburgs als Wortführern ganz und gar nicht gewachsen war, vermochte man überhaupt den Frieden im Westen zustandezubringen. Danzig weigerte sich zwei Jahre lang, ihm beizutreten, und fand auch danach Mittel und Wege, die verhaßte englisch-holländische Konkurrenz im preußischen Getreidegeschäft noch längere Zeit lahmzulegen.

Die Stadt war im übrigen auf der vollen Höhe ihrer Blüte angelangt. Ihr von Krakau her gespeister Kupferexport überspielte die schwedischen Bergwerke, und ihre Faktoren saßen natürlich infolge der Einigung mit den Polen weichselaufwärts überall in den Flußhäfen, zogen dort nach 1500 in mächtigen, neugebauten Kornspeichern, etwa denen von Nieder-Kasimir/Kazimierz Dolny oberhalb Warschaus, ganze Ernten zum Export zusammen und führten flämische Tuche dagegen ein. Aus der Baie liefen alljährlich Salzflotten von 50 und mehr Schiffen ein. Die autonomen städtischen Territorien sicherten Danzig, Elbing und Thorn eine zweifellos erhöhte Freizügigkeit. Mindestens wirtschaftlich bedeutet also in diesem Teil des hansischen Fernverkehrsraumes die Zeit um 1500 einen neuen Höhepunkt. Freilich ging damit, wie in den baltischen Landen, ein erhöhtes Eigeninteresse einher, dem der hansische Verband mit seiner Tagfahrt und seinen Kontoren zunehmend eher lästig als nützlich erscheinen mochte.

Danzig war nun eine an Fläche und Volkszahl Lübeck erheblich übertreffende Stadt aus nicht weniger als fünf Teilstädten; es wuchs unaufhörlich weiter, so daß die bastionäre Anlage im 17. Jahrhundert schließlich 260 ha Fläche umfaßte, das Zweieinhalbfache der Travestadt! Seine Bevölkerung überschritt bald nach 1500 die 30.000, um 1575 die 40.000, um 1600 die 50.000, sie erreichte schließlich Mitte des 17. Jahrhunderts den Höhepunkt von über 75.000, fiel dann allerdings rasch. Für unseren, den späthansischen, Zeitraum genügen diese Zahlen gewiß, um dessen angeblich stattfindenden Niedergang vorsichtig differenzierend anzusehen. Die communis opinio der Hanseforschung ist mindestens für Preußen nicht mehr vertretbar. Nehmen wir zunächst einmal das erste Halbjahrhundert vom Utrechter Frieden bis zum Beginn der Reformation ins Blickfeld, dann muß dieser Abschnitt auch für die meisten anderen preußischen Städte, jedenfalls soweit sie im hansischen Kreise eine Rolle spielten, als ausgesprochen günstig bezeichnet werden. Das gilt namentlich auch für Königsberg, in dem sich ja nach Verlust der Marienburg an Polen die Ordensresidenz einrichtete. Auch dieser Vorort Ostpreußens begann danach rasch über seine mittelalterliche Begrenzung hinauszuwachsen.

Maximilian Transsilvan, der dem Namen nach wohl siebenbürgische Unterhändler des Kaisers, berichtet 1534 an die Regentin der Niederlande, „daß die Holländer alle Jahre ein- oder zweimal nach Danzig kommen mit zwei- oder dreihundert Schiffen, um das ganze Getreide ... zu kaufen ... denn alle große Herren in Polen und in Preußen haben seit 25 Jahren Mittel gefunden, über gewisse Flüsse all ihr Getreide nach Danzig zu schicken ... Und deshalb sind das Königreich Polen und die genannten Herren sehr reich geworden ... Denn vor dieser Zeit wußten sie nicht, was sie mit ihrem Getreide machen sollten ...“. Diese Lage hatte sich als Ergebnis der Kämpfe zwischen dem Orden sowie den ihm feindlichen Städten des preußischen Bundes und den Polen im letzten Viertel des 15. Jahrhunderts entwickelt. Äußeres Zeichen der gewonnenen Unabhängigkeit war es etwa, wenn die Altstadt Thorn unter dem Bürgermeister Tileman vom Wege, einem Westfalen und erbitterten Ordensgegner,

1454 die Ordensburg bis auf den Danzker völlig dem Erdboden gleich machte und die bis dahin zum Orden stehende Neustadt unterwarf.

Die neu verfaßte nordische Union

Um nun auch die Lage im dänisch-skandinavischen Raume nach 1474 behandeln zu können, müssen wir erinnernd weiter zurückgreifen. Christoph von Bayern, Neffe und Nachfolger Erichs von Pommern auf dem dänischen Thron, war bereits 1448 kinderlos verstorben, und nun bot der dänische Reichsrat dem über die Pommern entfernt mit Christoph verschwägerten Adolf VIII. von Schleswig-Holstein die Krone der Union an. Der schon bejahrte Adolf präsentierte aber statt seiner den Oldenburger Grafen Christian, einen Sohn seiner Schwester Hedwig. 1448 wurde er tatsächlich von den Dänen, 1449 auch von den Norwegern gewählt. Um Schweden mußte Christian zunächst wieder kämpfen. Er nahm anfangs nur Gotland ein. Der offene Krieg zog sich bis 1456 hin und schädigte auch die Handelsfahrt in der Ostsee beträchtlich.

Christian hatte einer Parteinahme Lübecks für die Schweden rechtzeitig durch die vollständige Neubesiegelung der Schonenprivilegien vorzubeugen gesucht; da er sich aber zugleich mit dem Orden verständigte, um Gotland behaupten zu können, entschied sich natürlich Danzig für Christians schwedischen Gegner Karl Knutsson. Andererseits brachten Karls Bemühungen, Zölle und Steuern als Grundlage neuer Herrschaft zu reorganisieren, Bauern und Bürger gegen ihn auf, namentlich in Stockholm, das unter dem Seekrieg litt. 1457 mußte Karl einem Adelsaufstand weichen, er fand in Danzig Zuflucht. Christian gewann nun auch die Schwedenkrone und die Anerkennung seines Sohnes Hans als Thronfolger in Skandinavien. Da starb 1459 auch Adolf von Schleswig-Holstein, und in den Verträgen von Ripen und Kiel 1460 einigte sich Christian über die Nachfolge im dänischen Reichsteil Schleswig und im deutschen Reichslehen Holstein mit den kooperativ zusammengeschlossenen Ständen beider Landschaften über seine Nachfolge unter Zusicherung der Realunion bei Anerkennung einer auf ihn, Christian, beschränkten Personalunion von Schleswig-Holstein und Dänemark. Der Oldenburger gebot nun von Grönland bis nach Finnland und von Tromsö bis an die Elbe, während sein Bruder Gerhard das Oldenburger Stammland behielt. Wollte Christian dieses flächenmäßig im damaligen Europa einmalige Herrschaftsgebiet allerdings wirklich zusammenfassen, so war der Konflikt mit den Städten geradezu vorgegeben. Die hansische Führung wußte das, und so konnte sie der weiteren Entwicklung ruhig entgegensehen.

Schon 1464 brach denn auch in Schweden der offene Aufstand los; wieder kam Karl Knutsson aus Danzig herbei, mußte sich zwar nach Finnland zurückziehen, gewann aber durch die Heirat seines Neffen Sten Sture mit der Tochter Ake Axelssons die eine der Adelsgruppen für sich. Als Karl 1470 starb, wurde Sten Sture sofort zum Reichsverweser erhoben; den mit Heer und Flotte vor Stockholm erscheinenden Christian schlug Sten am Brunkeberg 1471 vernichtend. Der Oldenburger selbst entkam allerdings und wandte sich nun zunächst dem inneren Ausbau seiner Stellung in Dänemark und Schleswig-Holstein selbst zu. 1474 gewann er vom Kaiser Friedrich III. den Herzogstitel nun auch für Holstein, dem bei der Gelegenheit widerrechtlich auch das territorial zum Erzstift Bremen gehörige Dithmarschen inkorporiert wurde. Auf Proteste hin wurde das zwar nach Christians Tod 1481 widerrufen, doch blieb der dänisch-holsteinische Gesamtstaat bei seinem Anspruch.

Die hansische Führung trat für den autonomen Bauernstaat Dithmarschen ein, sie verpflichtete sich Christian finanziell und politisch mehr und mehr und wartete im Ringen um die nordische Union unverändert ab. In Schweden hatte Sten Sture sogleich nach seinem Siege die alte Regelung paritätischer Besetzung des Rates von Stockholm aus Deutschen und Schweden zugunsten der letzteren aufgehoben. Damit war der auf verwandtschaftliche Beziehungen gegründete hansische Einfluß in den schwedischen Küstenstädten, auch in Wisby und in Kalmar, endgültig verloren. Sten setzte 1477 weitere Beschlüsse zur Sicherung von Staatsform und Autonomie in Schweden durch und gründete die Universität Uppsala. Das Bewußtsein schwedischer Eigenständigkeit war damit weiter gefestigt.

Bis zu seinem Tod 1481 konnte Christian unter diesen Umständen die Union nicht wieder aufrichten; sein Sohn Hans, 1482 nach heftigem Streit von den schleswig-holsteinischen Ständen gemeinsam mit seinem Bruder Friedrich als Herzog angenommen, vermochte sich nur gegen die Zusicherung ständischer Mitregierung, ja sogar des Widerstandsrechts der jeweiligen Reichsräte, 1483 wenigstens als König von Dänemark und Norwegen durchzusetzen. Dagegen behauptete sich in Schweden Sten Sture, zumal Hans nicht bereit war, Gotland herauszugeben.

Seit 1490 bahnte sich insofern eine Wandlung der Konstellation an, als mit dem Tod des Ungarnkönigs Matthias Corvinus die polnisch-litauische Machtstellung eine weitere Ausdehnung erhielt, was sich indirekt auf den Ostseeraum auswirkte. Dem Polenkönig Kasimir IV. gelang es nun, seinen schon seit 1471 in Böhmen auf den Thron gekommenen ältesten Sohn Ladislaus auch in Ungarn durchzusetzen. Das zwang den Habsburger Maximilian alsbald, mit dem russischen Zaren Iwan III. und zeitweilig auch mit Schweden gegen die polnischen Jagellonen zusammenzugehen. Als Kasimir 1492 starb, schob sich aber Hans von Dänemark sehr geschickt dazwischen und brachte ein gegen Schweden gerichtetes Abkommen mit Iwan III. zustande. Der Druck auf Livland und Finnland verstärkte sich und auch die hansische Führung in Lübeck bekam ihn, eben durch die Schließung des Nowgoroder Peterhofes 1494, zu spüren. Kein Wunder, daß die Hansen sich über den Dänenkönig wachsend verärgert zeigten. Der nutzte Iwans Einfall in Finnland 1495, seinerseits schwedische Parteigänger zu sammeln. Sten Sture wurde vom Reichsrat abgesetzt, sein Bauernaufgebot unterlag dem König Hans 1497 bei Rotebro. Nun erkannte Sten den Oldenburger als Schwedenkönig an, und als der 1499 seinen achtzehnjährigen Sohn Christian II. auch in Schweden, wie zuvor in Dänemark und Norwegen bereits, als Thronfolger durchsetzen konnte, schien tatsächlich die nordische Union wiederhergestellt zu sein.

Damit glaubten sich König Hans und sein Bruder Herzog Friedrich von Schleswig-Holstein stark genug, nun auch das autonome Bauernland Dithmarschen unterwerfen zu können. Im Februar 1500 fielen sie dort ein, wurden aber vor Hemmingstedt von den geschickt in die winterlich-ungangbare Marsch zurückgewichenen Bauern blutig geschlagen und mit schweren Verlusten aus dem Lande gejagt. Der völlig überraschende Abwehrsieg verschaffte dem von 48 „Regenten" mit zunehmender Selbständigkeit gegenüber dem nominellen erzbischöflichen Landesherrn in Bremen geleiteten, landesgemeindlich verfaßten Dithmarschen weitere sechs Jahrzehnte der Unabhängigkeit; er war zugleich ein Erfolg für die hansische Politik.

Natürlich waren die Schweden sofort auf dem Plan, 1501 erneut von Hans abzufallen, und auch Norwegen suchte sich zu erheben; hier schlug aber der Thronfolger Christian den Aufstand blutig nieder. Sten Sture dagegen, erneut Reichsverweser, versuchte sich mit dem Orden und mit Livland zu verbinden, dessen Landmeister Wolter von Plettenberg 1502 am Smolinasee die Russen siegreich abgewehrt hatte. Auch zu den wendischen Städten wollte Sten jetzt freundlichere Seiten aufziehen, aber Lübeck blieb kühl, es vermittelte zwar zunächst einen Stillstand und sagte seine Mitwirkung bei Friedensverhandlungen zu, doch vor deren Zustandekommen starb der alte Sten Ende 1503. Gegen seinen Neffen Svante Nilsson als Nachfolger im Amte gewann Hans an Boden. Kaiser Maximilian erklärte Schweden in die Reichsacht, Lübeck sagte widerwillig die Beteiligung an der Blockade Schwedens zu, und 1509 mußte Svante in Kopenhagen einen von Hans diktierten Frieden eingehen.

Nun aber griff die hansische Führung selbst ein; der Dänenkönig hatte nicht nur die Schonenprivilegien unbestätigt gelassen, er gewährte auch den Holländern freie Durchfahrt durch den Sund, er störte durch eigene Kaper den Livlandverkehr und erhöhte die gegen Lübecks wendische Gruppe gerichteten Zölle. Als er nun auch noch von Schweden verlangte, im Kriegsfalle alle Güter und Schiffe Lübecks zu beschlagnahmen, schlug dieses los und bewog zugleich den Kaiser, von Dänemark abzurücken. 1510 verbündeten die Schweden sich ausdrücklich mit den wendischen Städten. Bis Frühjahr 1512 lief der Seekrieg gegen Dänen und Holländer, die Maximilian von der Ostseefahrt abzuhalten suchte, erfolgreich weiter. Im Frieden zu Malmö 1512, der Lübeck den Privilegienstand in Schonen und Norwegen sicherte, aber nicht die Holländer von der Ostsee ausschloß, sagten die Hansen sogar einen Ersatz für die dänischen Kriegskosten in zwölf Jahresraten sowie den erneuten Abbruch des Schwedenhandels zu.

Der Kampf Christians II. um Stockholm

Ein halbes Jahr danach verstarb jedoch König Hans, und nun gelangte mit dem 31jährigen Christian II. der unberechenbarste Vertreter des Oldenburger Hauses auf den Thron. Durch seine Mutter war er der Neffe Kurfürst Friedrichs des Weisen von Sachsen-Wittenberg, durch seine Schwester der Schwager des zollerischen Markgrafen Joachim von Brandenburg, und 1515 heiratete er die Enkelin Isabella des deutschen Kaisers und Herrn der Niederlande, Maximilian I. Sie war die Schwester Karls V., der im folgenden Jahr König von Spanien werden sollte und nach dem Tod des Großvaters Anfang 1519 auch an die Spitze des Römischen Reichs berufen wurde.

Diese Verbindung zwischen dem Dänenkönig und den Niederlanden konnte von der hansischen Führung nur mit größter Sorge zur Kenntnis genommen werden. Christian II. zeigte Lübeck offen seine Abneigung, und er begann sofort, sich aus den Fesseln der Wahlkapitulation zu befreien, die ihm der dänische Reichsrat zunächst hatte aufnötigen können. Danach sollte dem Rat als höchstem Gericht auch der König unterstehen; ferner wurde ihm ausdrücklich untersagt, bereits bei Lebzeiten einen Sohn als Thronfolger wählen zu lassen. Den Hebel setzte Christian in Schweden an, wo sich wieder die Gegner aus der Sture-Partei regten. Im Sommer 1517 landete ein Dänenheer bei Stockholm, wurde aber von Sten d. J. geschlagen. Im Frühjahr 1518 scheiterte Christians Vorstoß erneut, aber eine von den Hansen und dem päpstlichen Ablaßlegaten Arcimbold vermittelte Waffenruhe brachte wichtige Geiseln in Christians Hand, unter ihnen Gustaf Wasa, seinen kognatischen Neffen. Daraufhin proklamierte der Oldenburger sich erneut zum rechtmäßigen Herrn Schwedens, und als der von Sten gestürzte Erzbischof von Uppsala beim Papst Bann und Interdikt gegen die Schweden durchsetzte, stieß Christian mit starken Söldnertruppen abermals gegen Stockholm vor. Westlich Jönköping trat ihm Sten entgegen, wurde aber zu Beginn des Treffens tödlich verwundet, und nun brach der schwedische Widerstand zusammen. Christian wurde in Uppsala als Unionskönig anerkannt, und gegen Zusage voller Amnestie kapitulierte Stens Witwe Kristina in Stockholm. Kaum aber war Christian dort gekrönt, als der wieder eingesetzte Erzbischof von Uppsala gegen die Sture-Partei eine Ketzerklage erhob. Damit umging Christian seine Amnestiezusage; er ließ an zwei Bischöfen, vielen Adligen und dem Kern der Bürgerschaft, insgesamt rund 100 Personen, auf dem Großmarkt Anfang November 1520 das „Stockholmer Blutbad" anrichten. Mit diesem Akt des offenen Terrors waren die Unionsgegner dezimiert; zugleich bedeutete er einen weiteren scharfen Schritt gegen die Hanse.

Diese nochmalige, wie sich zeigen sollte aber auch letzte Wiederherstellung der nordischen Union, wenige Monate nachdem der junge Schwager des Unionskönigs die römische Königskrone erlangt hatte, bedeutete für Lübeck und seine hansischen Freunde ein äußerstes Warnsignal. An der Standhaftigkeit von Christians Oheim Friedrich von Sachsen waren alle Versuche der Gegner Habsburgs gescheitert, die Nachfolge des zur Wahlzeit in Spanien befindlichen Karl zu hintertreiben; bedenkt man, daß der neugewählte Römische König vom spanischen Überseebesitz bis nach Brüssel und Amsterdam, Wien und Triest über eine Macht verfügte, wie noch keiner seiner Vorgänger bei Herrschaftsantritt, daß ihm ferner der Großvater Maximilian

1515 durch die Verheiratung seiner damals 14jährigen Schwester Isabella nach Dänemark sowie durch den Wiener Ehevertrag für seine anderen Geschwister Ferdinand und Marie mit dem jagellonischen Doppelkönig Ladislaus von Böhmen und Ungarn für dessen Kinder Anna von Böhmen und Ludwig II. von Ungarn schon die weiteren, großen Linien der habsburgischen Politik in Europa vorgezeichnet hatte, dann ist der in diesen Jahren 1515 bis 1520 gegebene Einschnitt schon deutlich genug.

Luthers Wittenberger Anfänge

Hinzu kam aber noch, daß in den gleichen Jahren Luther sich Schritt für Schritt in die Grundpositionen seines reformatorischen Ansatzes hineingedacht hatte. Im Herbst 1514 war er, junger Professor an Friedrichs des Weisen Wittenberger Universität, im dortigen Dominikanerkloster an der Exegese von Römer I,17 zur Überzeugung gelangt, daß Gott den Sünder gerecht mache, „iustitia dei passiva", daß aber seine rechtfertigende Gnade allein denen geschenkt werde, die sie im Glauben, „sola fide", ergriffen. Seit 1516 entfaltete er auf dieser augustinisch-nominalistischen Basis mit allem Scharfsinn philologischer Interpretation aus den Psalmen, dem Römer-, Galater- und Hebräerbrief in Vorlesungen das darauf beruhende theologische Konzept. Erste Drucke machten es bekannt. Herbst 1517 veröffentlichte er seine 95 Thesen, August 1518 wurde er nach Rom zitiert, dann aber durch Cajetan auf dem Augsburger Reichstage verhört. Den Widerruf verweigerte er, und der Kurfürst erwies sich standhaft genug, seinen Prozeß bis nach der Königswahl suspendieren zu lassen. Noch war Karl V. nicht in Deutschland, als Luther, in der Leipziger Disputation Juli 1519 durch Doktor Eck geschickt zum Reden gebracht, offen bekannte, Papst und Konzilien könnten irren, sie hätten im Falle Johann Hus geirrt und dieser habe auch evangelische, christliche Sätze (nicht nur ketzerische) geprägt. 1520 aber war der Würfel gefallen: nun schrieb Luther auch deutsch, erschienen seine ersten Hauptschriften „An den christlichen Adel", „De captivitate ecclesiae babylonica", „Von der Freiheit eines Christenmenschen". Hier standen auch für den hansischen Städtekreis folgenschwere Sätze. Wie stellte sich angesichts dessen die Lage des Verbandes dar?

Den Rundgang durch die politischen Verhältnisse um 1500 in den Partnerländern der späten Hanse haben wir zuletzt im preußischen und im dänisch-skandinavischen Raum fortgesetzt. Der bereits vorher entstandene Eindruck erheblicher Unterschiede in wirtschaftlicher und politischer Hinsicht dürfte sich dabei noch vertieft haben. Sahen wir die preußischen Städte aus der scharfen Kontroverse mit dem selbst vor allem durch Getreideexport in großem Stile Fernhandel treibenden Orden heraus dem jagellonischen Polenkönig ihre Unterstützung leihen, als er Pommerellen-Westpreußen vom Ordensland abtrennte, und in der Tat mittelfristig auf diese Weise ihre wirtschaftliche Position ungeahnt ausweiten, weil sie nun erst endgültig das Einzugsgebiet des Weichselbogens als Hinterland für ihren Getreide- und Kupferhandel gewannen, so lagen die Dinge für das wendische Viertel um Lübeck erheblich anders.

Hier blieb das dänische Ringen um die nordische Union eine vorherrschende politische Sorge; seine dynastisch bedingten, durch mehrfaches Erlöschen der Königslinie im 15. Jahrhundert rasch wechselnden Konstellationen tendierten immer wieder zu einer für die Hansen gefährlichen Länderballung, doch ebenso oft zogen sie auch Kämpfe der nordischen Länder untereinander nach sich. Aus der mehrfach eingetretenen Schwächung des Unionskönigtums konnten die Städte sich ihren Vorteil suchen; schließlich behaupteten sie zwar den ungeschmälerten Privilegienstand an der schonischen Heringsmesse wie im norwegischen Bergen, wie er zuletzt 1512 vertraglich festgesetzt wurde, aber nicht das andere, auf weite Sicht fast noch wichtigere Ziel, die Holländer aus dem Ostseehandel fernzuhalten. Zugleich führten die Kämpfe in Schweden zum schrittweisen Verlust der dortigen Bürgerautonomie in wichtigen Küstenstädten, vor allem in Stockholm selbst, über die 1471 verlorene paritätische Ratsbesetzung aus Deutschen und Schweden bis hin zum Blutbade des Jahres 1520, das bei der erklärten Hansefeindschaft des Unionskönigs Christian II. hauptsächlich den hansisch orientierten Teil der Stockholmer Bürgerschaft betreffen mußte. Selbst in Wisby bewirkten die dauernden dänisch-schwedischen Kämpfe um die Inselherrschaft folgenreiche Schäden, und hier spielte natürlich auch die Schließung des Peterkontors in Nowgorod eine ernste Rolle mit, führte sie doch zur Schwerpunktverlagerung in die baltischen Städte hinein, wie wir schon vorher gesehen haben.

Diese besonders für das wendische Hansequartier ernsten Veränderungen spielten sich vor dem Hintergrund eines dynastischen Zusammenrückens der Habsburger mit den oldenburgischen Dänenkönigen einer- und den jagellonischen Böhmen- und Ungarnkönigen andererseits ab. Zugleich aber brachte das Jahrfünft 1515–20 die Wahl Karls V. zum Römischen König und in Wittenberg den Streit um Luther.

Die Universität Wittenberg war nun aber für die Hanse zu einer geradezu lawinenhaft anwachsenden Bedeutung gelangt. Hatten zuvor das 1392 begründete Erfurt, dann aber vor allem die 1419 und 1456 folgenden, vom hansischen Großbürgertum anteilig verursachten und geförderten Gründungen der Universitäten Rostock und Greifswald dem zu humanistischer Ausbildung bestimmten Nachwuchs aus den führenden Städten von Riga und Lübeck bis nach Dortmund und Magdeburg als bevorzugte Studienorte gedient, so ergab sich mit dem Entstehen von Wittenberg eine ganz neue Lage. Kurfürst Friedrich der Weise hatte die Universität 1502 eigentlich deshalb gestiftet, weil seit der sächsischen Teilung von 1485 das wichtige Leipzig nicht mehr seinem Kurhut unterstand. Kaiser Maximilian hatte das Privileg verliehen, erst 1507 war auch eine päpstliche Bestätigung eingeholt worden. Friedrichs Leibarzt wurde erster Rektor, bedeutende Lehrkräfte gewann der Kurfürst vor allem mit dem Augustiner Staupitz für die Theologie, aber auch bei den Juristen. Zentrum des Reform-Humanismus war die Artistenfakultät, in der Luther seit Anfang 1509 zu wirken begann, bis er 1512 die Theologieprofessur erhielt. Die Altphilologen Böschenstein und vor allem der 1518 berufene Melanchthon traten an seine Seite.

Aus den Immatrikulationslisten wissen wir, daß um diese Zeit in der bei etwa 3.500 Einwohnern keineswegs herausragenden, aber durch den Kurfürstensitz wichtigen Mittelstadt sich bereits rund 2.000 Studenten aufhielten, und fast ein Viertel davon kam aus der Hanse zugewandten Städten. Das brachte natürlich bei Theologen, Juristen und auch Medizinern so breite Einflüsse in die Meinungsbildung dieser Städte ein, daß man von einer ganz neuen Orientierung in ihnen sprechen muß. Luthers eigene, oft ausgesprochen temperamentvoll vertretene Ansichten spielten dabei selbst die größte Rolle. Wenn er etwa in seinem 1524 veröffentlichten Traktat „Von Kaufhandlung und Wucher" ausrief: „eyn kaufmann mag schwerlich on sünd handeln", so mußte das auf Wirtschaft und Gesellschaft in der hansischen Welt nachhaltige Wirkung ausüben. Damit verstärkt sich für uns noch die Notwendigkeit, erneut von der Verlaufsgeschichte zu grundsätzlicher Orientierung in Wirtschaft und Gesellschaft überzugehen. Wir tun das in den beiden folgenden Abschnitten.

DAS WIRTSCHAFTLICHE PROFIL UM 1520 ZU LANDE UND ZUR SEE

Es war schon oft genug erforderlich, auf den Unterschied zwischen dem gesamthansischen Verbande und seiner Tagfahrt sowie seinen Kontoren einerseits und die darin enthaltenen, oft zu Städtebünden wechselnder Größe und Lebensdauer vereinigten regionalen Gruppen andererseits hinzuweisen. Die an der Wende zur Neuzeit sehr deutlich auseinandertretenden Verhältnisse etwa bei den baltischen, den preußischen, den wendischen Städten haben wir im ersten Teil miteinander in Beziehung setzen müssen. Weitere Gruppen, wie die sächsischen, die westfälischen, die niederrheinischen, sind bisher weniger scharf beleuchtet worden. Das muß nun zunächst ergänzend geschehen, um vor allem die wirtschaftlichen Horizonte zu klären.

Über die Zugehörigkeit zur Hanse

Wir kennen etwa 180 bis 200 Städte, die sich länger oder auch dauernd zur Hanse gehalten haben. Sie als Mitglieder eines Städtebundes zu bezeichnen, war uns bereits nicht ratsam erschienen. Listen, wie sie seit dem hohen 15. Jahrhundert auch hansischerseits aufgestellt worden sind, erweisen sich als teils unvollständig, teils irreführend, nur im Kern zur Deckung zu bringen. Das gilt sowohl für die auf Lübeck oder Westfalen zurückgehende, in der mit der auch England gegenüber verwendeten Zahl 72 operiert wurde, als auch für die von Köln 1469, vor dessen Verhansung, dagegen gehaltene mit über 80, von denen eine ganze Reihe nie hansisch waren. Werfen wir einen Blick in einen der gängigen Handatlanten, so finden wir dort nicht einmal 100 verzeichnet, zu mehr als der Hälfte unbeschriftet. Herausgehoben sind meist Lübeck, Danzig und Köln. Weder wird gruppiert, noch auf unterschiedliche Nähe zum Hanseverband oder die Dauer einer etwaigen Zugehörigkeit eingegangen. Abgehoben wird auf die Zeit um 1370, und so sind irrig auch Städte wie Amsterdam, Dordrecht, Briel und Zierikzee aufgenommen, die sich nie zur Hanse hielten, sondern lediglich der Kölner Konföderation von 1367 beigetreten waren. Wertvoll ist der Hinweis auf deutsche Kaufmannschaften in skandinavischen und englischen Städten, wie etwa Tönsberg, Lödöse, Stockholm und Kalmar oder, unbeschriftet, Ipswich und Canterbury, doch bleibt die Unterscheidung Kalmars und Stockholms von dem als hansische Gliedstadt angegebenen Wisby problematisch.

Allerdings fügt der Westermann-Atlas noch eine zweite Karte für die Zeit um 1474 hinzu; sie verengt den zugehörigen Kreis zutreffend, etwa um Krakau, Breslau, Erfurt und Dinant, natürlich auch um die holländischen Städte, bleibt aber sonst bei der undifferenzierten Kartierung; nützlich ist die Bemühung um die in Flächenfärbung unterschiedenen politischen, vor allem die gegnerischen Mächte. Wenig läßt sich mit den Angaben über Fernhandelswaren anfangen, und so brauchbar die Fernwege zu Lande skizziert sind, so mangelhaft die zur See mit ihren kühn über das offene Meer geführten Kurven, wenn sie auch zu Recht auf den englisch-holländischen Gegenstoß aufmerksam machen.

Weit besser erscheint da schon die von HUGO WECZERKA zu dem Buche DOLLINGERS beigesteuerte Karte „Die Hansestädte und ihre Niederlassungen ... im 15. Jahrhundert". Zunächst einmal verzeichnet sie vollständiger und unterscheidet immerhin große, mittlere sowie kleine Städte inner- sowie außerhalb des hansischen Verbandes. Richtig ist auch wenigstens die „Wendische Städtegruppe" als eine natürliche Verbandsmitte hervorgehoben. Ferner sind zu den überseeischen Kontoren als wesentliche Ergänzung eine erhebliche Anzahl von Faktoreien gefügt, obwohl uns dieser Ausdruck selbst in hansischen Quellen weit seltener als in oberdeutschen begegnet. In Schweden sind aber außer Stockholm keine Orte angegeben, was mindestens bis 1470 irreführt. Mißlich ist auch der Unterschied von Witebsk gegenüber den Faktoreien Smolensk/Polozk. Gut ist der Überblick über nichthansische Städte, auch sie dreigestuft; er macht einmal aufmerksam auf den Randbereich von Holland und Brabant über Maastricht-Aachen, Mainz-Frankfurt, Leipzig-Torgau bis nach Landsberg und Posen, zum anderen erweisen sich auch innerhalb des hansischen Raumes manche wichtigen Städte als immer außerhalb des Verbandes geblieben, zum Beispiel Marienburg und das auf der Karte fehlende Memel, Schwerin und Schleswig, Celle und Emden.

Eine wirkliche Untergliederung in die nicht nur zu späthansischer Zeit so eigenständigen regionalen Gruppen aber vermittelt auch diese Forschungskarte nicht; es wird daran einmal mehr faßbar, was für Schwierigkeiten sich der Erfassung des hansischen Städtekreises entgegenstellen. So ist im „Großen Historischen Weltatlas" des Bayerischen Schulbuch-Verlages ein anderer Versuch unternommen worden: einer Karte „Anfänge der Hanse" fügte PAUL JOHANSEN als transparentes Deckblatt die Aufnahme der Kölner Konföderation hinzu. Sie zeigt als rote Doppelkreise jene Städte, die den Bund gegen Waldemar IV. 1367 zusammen mit dem nichthansischen Dreieck Amsterdam-Brielle-Dordrecht (schwarze Doppelkreise) geschlossen hatten. Wir finden die baltischen Städte Riga, Reval, Dorpat und Pernau, die preußischen Thorn, Kulm und Elbing, die wendische Gruppe an der Ostsee von Lübeck bis Stralsund, dazu noch Greifswald, aber ohne Hamburg und Lüneburg, die Zuiderzeestädte Staveren, Kampen, Elburg und Harderwijk sowie Köln selbst. Alle waren sie auch drei Jahre später am Stralsunder Friedensschluß beteiligt. Hinzu traten dabei aber eine ganze Reihe weiterer, und zwar wieder sowohl hansische (rot) als nicht-hansische (grün beschriftet), unter diesen vor allem Utrecht und Middelburg. Von den hansischen sei hingewiesen auf die preußischen Danzig-Braunsberg-Königsberg, die pommersche Gruppe um Stettin und Kolberg, die Nordseehäfen Hamburg und Bremen sowie Groningen und die recht wichtigen Städte an der Ijssel, Zwolle, Deventer und Zutphen. Nicht weniger als 64 weitere Städte aber kartiert JOHANSEN als der Hanse zugewandt, jedoch nicht an der Kölner Konföderation sowie dem Stralsunder Friedensschluß beteiligt. Endlich gibt er mit grünem Fähnchen die Städte an, denen schonische Fitten oder Privilegien gehörten, die also vor Falsterbo am Heringsfange interessiert waren: es sind alle preußischen, aber keine baltischen, alle pommerschen Häfen samt Anklam und Demmin, alle wendischen mit Hamburg, aber ohne Lüneburg, und endlich Bremen.

Diese Beobachtungen schärfen den Blick, wenn wir nun den regionalen Gruppen etwas näher zu kommen versuchen; da wir den baltisch-preußischen Flügel schon etwas kennengelernt haben, beginnen wir am besten bei der Gruppe am weitesten westlich, den Städten an Ijssel und Niederrhein. Unter dem Vorort Köln gehörten dazu, von dem sehr bedeutenden, aber isoliert in seiner friesischen Umgebung bleibenden Groningen abgesehen, ein gutes Dutzend mittlerer und kleinerer Städte; ihr nördliches Drittel säumte das Ostufer der Zuiderzee von Staveren bis nach Harderwijk, das zweite lag entlang der Ijssel mit den besonders wichtigen Plätzen Kampen und Deventer, das dritte am Rhein selbst von Arnheim bis nach Düsseldorf. Kampen hatte schon um 1400 über 10.000 Einwohner, damals mehr als doppelt so viel wie Amsterdam; seine Schiffe brachten als erste Baiensalz von der Biscaya, es hatte eigene Privilegien in Brügge, Norwegen und Dänemark, war stets gegen Lübecks flämische Handelssperren und oft auch über den Sundverkehr mit den Wendischen uneins. Seine Rivalität zu den aufsteigenden Holländern wies es andererseits immer wieder an die Seite von Köln und Lübeck.

Deventer verfügte über eine bedeutende Tuchmesse und hatte um 1400 ebenfalls die mittelalterliche Großstadtgrenze von etwa 10.000 Einwohnern erreicht. Rheinische, westfälische und holländische Kaufleute trafen sich regelmäßig hier. Als Einzugsgebiet der Messe von Deventer hat HEKTOR AMMANN den Raum bis zum Altmärker Elbknie, ja Breslau, und andererseits Flandern bis Brügge ermitteln können – Deventers alte, aus der Zugehörigkeit zum Reichsgut sehr früh aufsteigende Entwicklung verschaffte ihm an der Ijssel die führende Stellung.

Dieser Fluß blieb sehr bezeichnend eine Art Westrand für die Zugehörigkeit zum hansischen Verbande; dabei spielte sowohl das anschließende, unwegsame und menschenarme Heidegebiet der Veluwe und die Territorialfunktion des Bistums Utrecht mit, als auch die Sonderstellung der Grafschaften Holland und Seeland. Ihr Städtewesen war jünger, mehr aus landesherrlicher Initiative als aus Eigenständigkeit erwachsen; später dann gingen seine wirtschaftlichen Ziele sowohl gegenüber Flandern als auch in Richtung zum Ostseeraum scharf denen des hansischen Kreises entgegen.

Vergleichsweise jung im Verband, oft jedoch alt als Gemeinwesen, waren auch die im Schatten Kölns befindlichen Städte am Niederrhein; erst im Lauf des 15. Jahrhunderts traten sie in engere Verbindung zur Hanse, wurden teilweise geradezu von Tagfahrten aufgenommen, wie etwa Wesel 1407 oder Neuss 1475. Gegen die spätmittelalterliche „Weltstadt“ Köln mit ihren vermutlich über 35.000 Einwohnern blieb der ganze städtische Umkreis weit zurück. Kölns Verbindungen überdeckten den hansischen Wirtschaftsraum von Portugal bis nach Rußland, aber es hatte dazu noch die eigenen Beziehungen in süddeutsche Landschaften. Die zentral-beherrschende Lage oberhalb der Deltabildung, das mit der Landverbindung Flandern-Elbe gebildete Achsenkreuz, das leistungsfähige Umland sowie die bereits im 12. Jahrhundert entfaltete, im 13. endgültig durchgesetzte Unabhängigkeit vom erzbischöflichen Ortsherrn, das alles bot soviel Rückhalt, daß Kölns Machtstellung bis tief in die Neuzeit hinein unangefochten geblieben ist.

Ganz im Gegensatz zum Niederrhein wurde der westfälische Städtekreis nicht von einer überragenden Stadt beherrscht, sondern von einer Vierstädte-Gruppe geführt, Dortmund, Soest, Münster und Osnabrück, zu denen im Osten mit gewisser Sonderung noch sechs kräftige Mittelstädte um die Bischofssitze Minden und Paderborn kamen. Eine starke Anzahl weiterer, unter denen Lippstadt, Hamm, Unna und Coesfeld hervorzuheben sind, machte das westfälische Quartier zum zahlenmäßig stärksten innerhalb der Hanse; mindestens 15 seiner Glieder spielten im ausgehenden Mittelalter auch noch eine Rolle auf Tagfahrten der Hanse. Als Mitte der Leinenproduktion, aber auch mit seiner süderländischen Metallfabrikation und mit den Salzstädten an der Hellweglinie war Westfalen bis zu hochhansischer Zeit innerhalb des Verbandes tonangebend; Dortmunder und Soester Fernhändler waren in Lübeck selbst und im ganzen Ostseeraum mitbestimmende Kräfte bei der wirtschaftlichen und rechtlich-verfassungsmäßigen Entfaltung gewesen. Westfälische Einflüsse häuften sich im Baltikum und auf Gotland. In allen Hansekontoren saßen Westfalen. Seit dem 14. Jahrhundert aber stemmten sie sich gegen die wachsende Leitungsfunktion Lübecks, zumal sich das wirtschaftliche Interesse der Landschaft vom Ostseebereich ab- und dem Westen stärker zuzuwenden begann. Um 1500 war in führenden westfälischen Städten bereits eine rückläufige Entwicklung faßbar, so vor allem in Dortmund und Soest, aber auch in Minden und Lippstadt. Dortmund, neben Lübeck und Goslar die einzige Reichsstadt in der Hanse, hatte die zugehörige Grafschaft in seine Verfügung zu bringen gewußt; es war mit 84 ha Fläche innerhalb der Mauer und etwa 8.000–9.000 Einwohnern bei seiner vorzüglichen Verkehrslage um 1500 immer noch sehr bedeutend und angesehen. Das bis Mitte des 15. Jahrhunderts zum Erzstift Köln gehörige, aber seit dem 12. Jahrhundert weitgehend autonome Soest war größer und mindestens bis zum 14. Jahrhundert auch volkreicher als Dortmund. Mit seiner Saline versorgte es das Umland bis zu den Niederlanden hin. Das Netz der Fernwege strahlte von Soest nach allen Seiten in die Börde aus, ein besonders leistungsfähiges Hinterland. Die Bischofssitze Münster mit etwa 8.000 und Osnabrück mit etwa 6.000 Einwohnern waren sehr große und faktisch selbständige Gemeinwesen, deren Ortsherren, längst in Burgen mit Kleinstädten des Umlandes hinein ausgedrängt, keinen Einfluß mehr auf die hansisch orientierten Bürgerschaften ihrer Domstädte besaßen. Auch diese verfolgten aber die Wirtschaftslage um die Ostsee nur noch mit sinkendem Interesse gegenüber ihrem eigenen Leinengeschäft mit westlicher Exportzielsetzung.

In der ebenfalls recht zahlreichen Gruppe niedersächsischer Hansestädte ragten vor allem Hildesheim und Goslar sowie Braunschweig und Magdeburg hervor. Hildesheim hatte ebenfalls den bischöflichen Ortsherrn hinausgedrängt und behauptete im Einzugsgebiet der Leine eine führende Stellung. Die Reichsstadt Goslar war als größte hansische Bergstadt mit etwa 8.000–10.000 Einwohnern seit dem Wiederaufleben des Untertagebaus nach 1450 im Anstieg auf ihre höchste Blüte begriffen. Der ungewöhnlich starke und kostenaufwendige Festungsausbau namentlich zwischen 1480 und 1530 schuf das heute noch in wesentlichen Teilen erhaltene Ortsbild mit mächtigen Doppeltoren. Der auf Silber, Kupfer und Blei beruhende Metallwarenhandel gab der Reichsstadt ein gesichertes mittelniederdeutsches Ausstrahlungsgebiet; Goslarer Silbergeld war hochangesehen, spielte aber – anders als in früh- bis hochhansischer Zeit – keine Rolle mehr im Ostseeraum. Auch die Schiefergewinnung und die auf obergäriges Gose-Bier spezialisierte Brauerei hatte vorwiegend regionale Exportbedeutung.

Ein ähnlicher Wandel galt auch für die größte niedersächsische Hansestadt Braunschweig; um 1400 bereits auf über 16.000 Einwohner geschätzt, hatte sie bis 1500 die 20.000 wohl deutlich überschritten. Obwohl Braunschweig keine Reichsstadt war, führte es gegenüber seinen schon im 13. Jahrhundert hinausgedrängten welfischen Ortsherren eine völlig selbständige Politik. Bestimmt wurde sie vom Altstädter Rat, doch besaßen alle vier anderen Teilstädte – Hagen, Neustadt, Altewiek und Sack (in der Reihenfolge der Stadtbildung aufgezählt) – autonome Organe. Der erst 1268 auftauchende „Samtrat" aller 5 Weichbilde gewann erst infolge der Bürgerkämpfe von 1374–80 wirkliche Verfügung über die Stadtfinanzen. Das Textil- und Metall-Exportgewerbe war um 1500 noch unverändert leistungsfähig, die drei 1498–1505 neu geordneten Jahrmärkte hatten fast Messecharakter. Während aber der Export zu Schiff in Richtung Bremen seit Mitte 15. Jahrhunderts rückläufig war, nahm bezeichnenderweise der Landverkehr in Richtung Leipzig und Erfurt-Nürnberg sowie Kassel-Frankfurt zu. Auch hier lockerten sich also die Beziehungen zu den Küsten hinauf. Der in Lüneburg und Hamburg aufkommende Ausdruck „überheidesche Städte" für die spätmittelalterliche Gruppe um Braunschweig, Goslar und Hildesheim deutet wachsenden Abstand an.

Ein letzter Blick soll Magdeburg an der Mittelelbe gelten, dem bedeutenden ottonisch-salischen Erzbischofssitz. Ausgangs des Mittelalters residierte der Erzbischof längst in der Salinenstadt Halle oder kleineren Orten seiner Diözese, denn die Bürgerschaft seiner Domstadt war autonom, wenn sie auch seit 1331 wieder Huldigung leistete. Ihre Schöffensprüche bestimmten die Rechtspraxis in allen polnischen und schlesischen sowie Teilen der böhmischen Städte. Ihre an der Elbmagistrale, aber auch den Fernwegen nach Pommern, der Neumark und der Lausitz orientierte Wirtschaft kennzeichnete das 1497 ausdrücklich bestätigte Stapelrecht für alle Durchgangswaren (Holz, Sandstein, Tuche, Fische, Weine). Der eigene Export beruhte auf Getreide und Bier, aber auch Metallwaren aus dem Harzer Bergbau, an dem die Magdeburger mit hohen Kapitalien beteiligt waren. Erst 1412 läßt die Stadt sich auf den hansischen Tagfahrten belegen, aber 1506 war sie Vorort des sächsischen Hansequartiers. Allerdings brachte ihr Stapel viel Streit mit Hamburg-Lüneburg, und im 16. Jahrhundert wurde sie durch Leipzigs Entfaltung langsam überholt. Erheblichen Einfluß übte Magdeburg aber auch auf die altmärkischen und kurmärkischen Städte aus. Von diesen war wegen des Endkampfes um die Kurmark zwischen Karl IV. und seinen Gegnern keine am Kriege mit Waldemar IV. beteiligt. Sie verfügten aber über kräftige Vororte mit alten Ostseebeziehungen, hatte Lübeck doch schon 1263 Salzwedel Platz auf Gotland geboten; Stendaler Recht galt in den Städten der Prignitz und des Landes Ruppin; die wahrscheinlich mit Beteiligung niederrheinisch-westfälischer Fernhändler begründete Doppelstadt Berlin-Cölln beeinflußte ganz Pommern, Frankfurt/Oder war der wichtigste Kreuzungspunkt für die Oderschiffahrt im Hinterlande Stettins. Herkunftsnamen nach allen zehn größeren Städten dieser Gruppe, davon fünf in der Altmark, fünf rechts der Elbe in Brandenburg gelegen, finden sich für die weitere Ost- und Nordostbewegung zahlreich genug in der bürgerschaftlichen Überlieferung.

Dennoch hatte der unmittelbare Zusammenhang mit dem hansischen Verbande sich entscheidend gelockert, seit Kurfürst Friedrich II. nach 1440 energisch gegen die bürgerliche Autonomie vorgegangen war. 1442 hatte er die kurmärkischen Städte unterworfen und ihnen verboten, sich zur Hanse zu halten; als Berlin daraufhin 1450 mit Verhansung von der Tagfahrt bedroht wurde, gab es 1452 förmlich seinen Austritt bekannt. Natürlich bedeutete das keineswegs ein Ende seiner namentlich zu Hamburg stets recht engen wirtschaftlichen Beziehungen, aber in der Folge verschwanden jedenfalls die rechtselbischen Städte der Mark von den Tagfahrten, während sich Salzwedel und Stendal noch bis 1518 nachweisen lassen.

Bei Salzwedel gehen die Beziehungen mehr in Richtung Lüneburg-Niederelbe als nach Magdeburg; auch die sehr selbständige Rechtsentwicklung hat Verwandtschaften mit Lüneburg und Lübeck, obwohl sie später über Stendal von Magdeburg aus in dessen Schöffenkreis einbezogen wurde. Wie in Lübeck blieb der Rat Gericht, gab es kein eigenes Schöffenkolleg. Gegen Ende des Mittelalters umfaßte die Doppelstadt an 50 ha Fläche und hatte einschließlich der Perververvorstadt etwa 7.000 Einwohner. Ihr Exportgewerbe fußte auf Tuch und Leinen, daneben Waldwaren aus dem nahen Drawehn. Karl IV. verlieh auch einen Metallstapel, und 1490 besaß die Stadt noch ein Salzmonopol. Die Autonomie beider Städte Salzwedel hinderte nicht daran, um 1340/50 eine starke Samtbefestigung auszubauen. Vom soliden Wohlstand um 1500 zeugen große Kirchbauten.

Von schlechter Wirtschaftslage war bei dem bisher behandelten Städtekreis Westfalens, Niedersachsens und der mittelelbischen Kurmark gegen 1500 nichts zu mel-

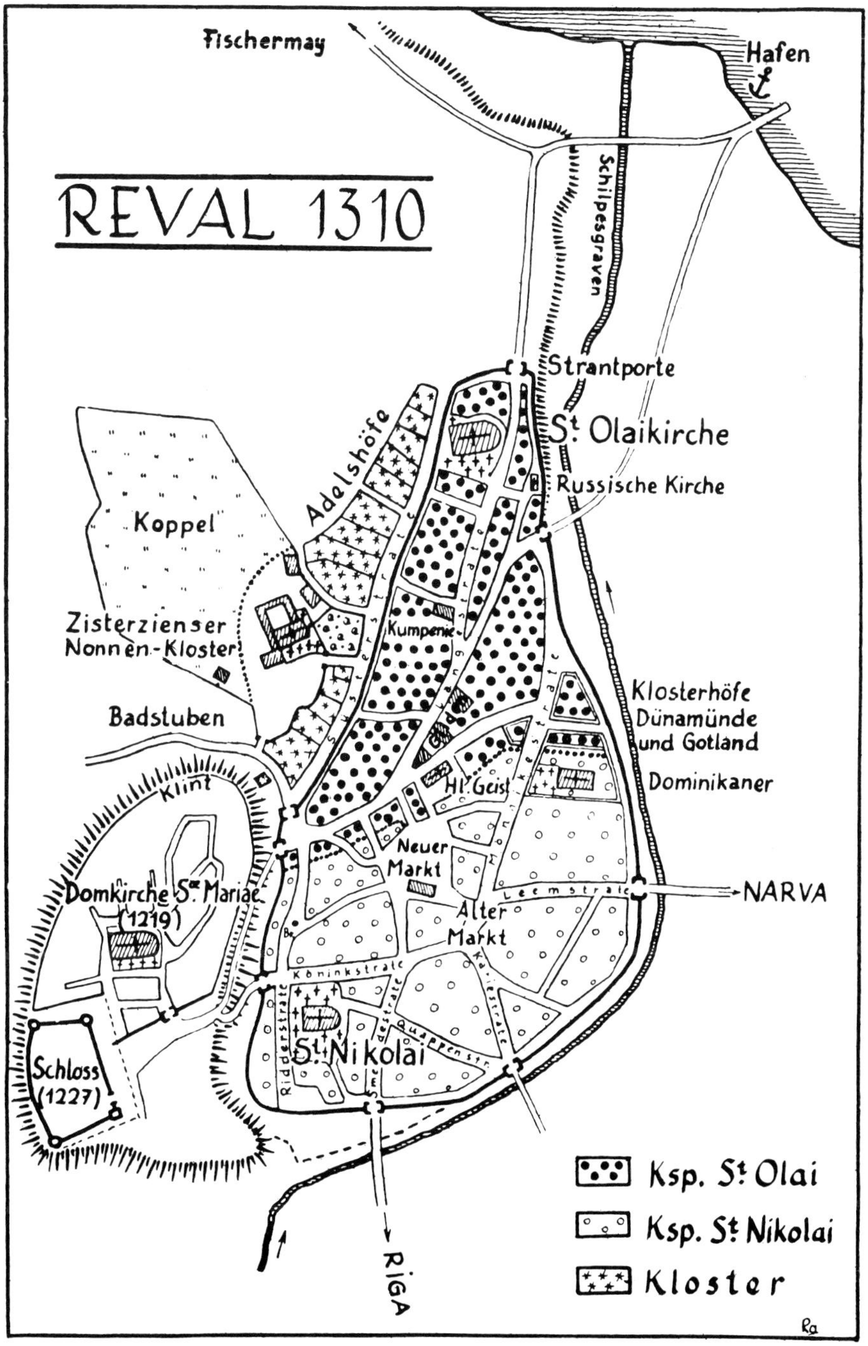

Abb. 11: Reval, Baublockplan der Stadt, um 1310.

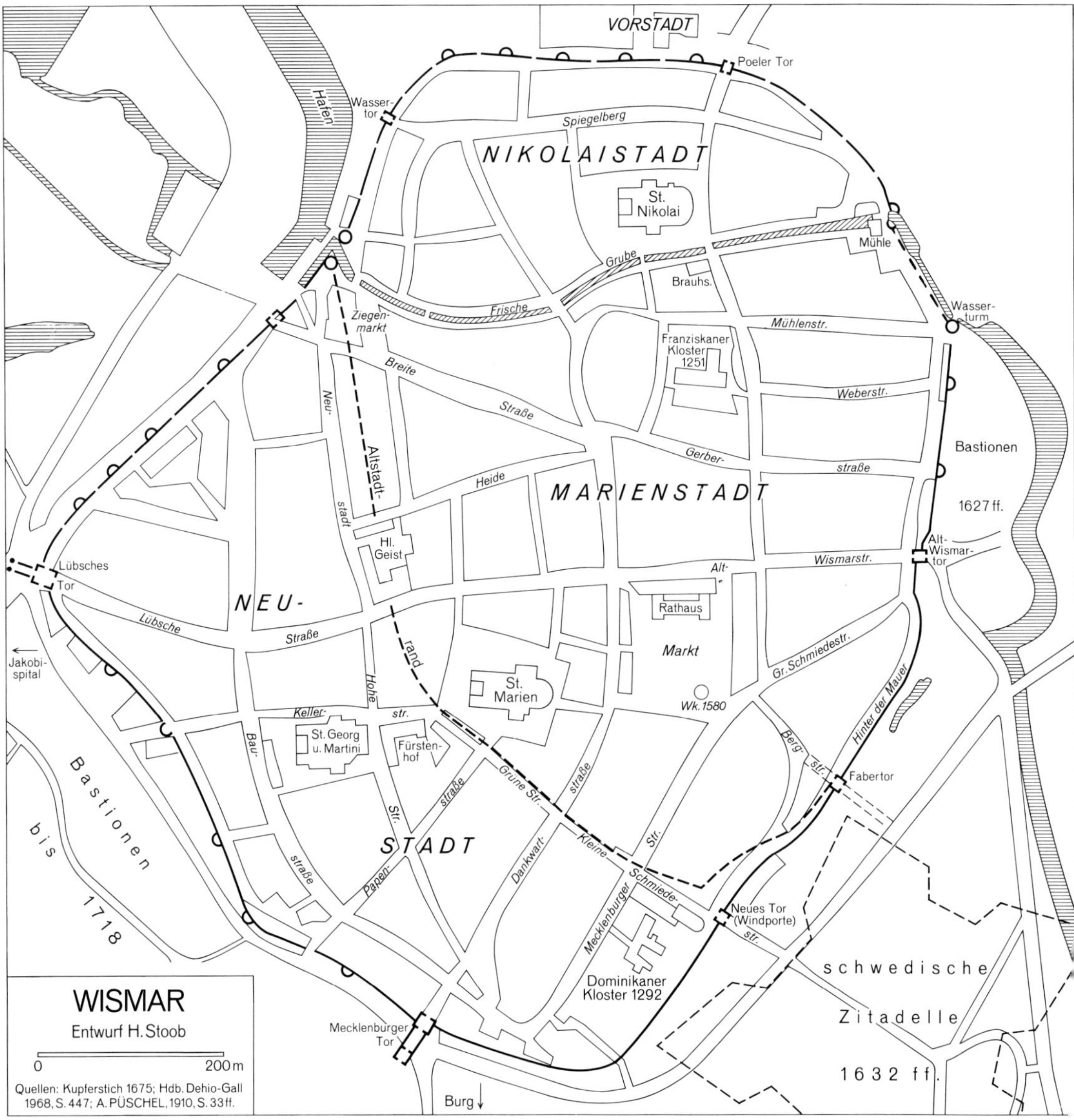

Abb. 12: Wismar, Baublockplan der Stadt, um 1450.

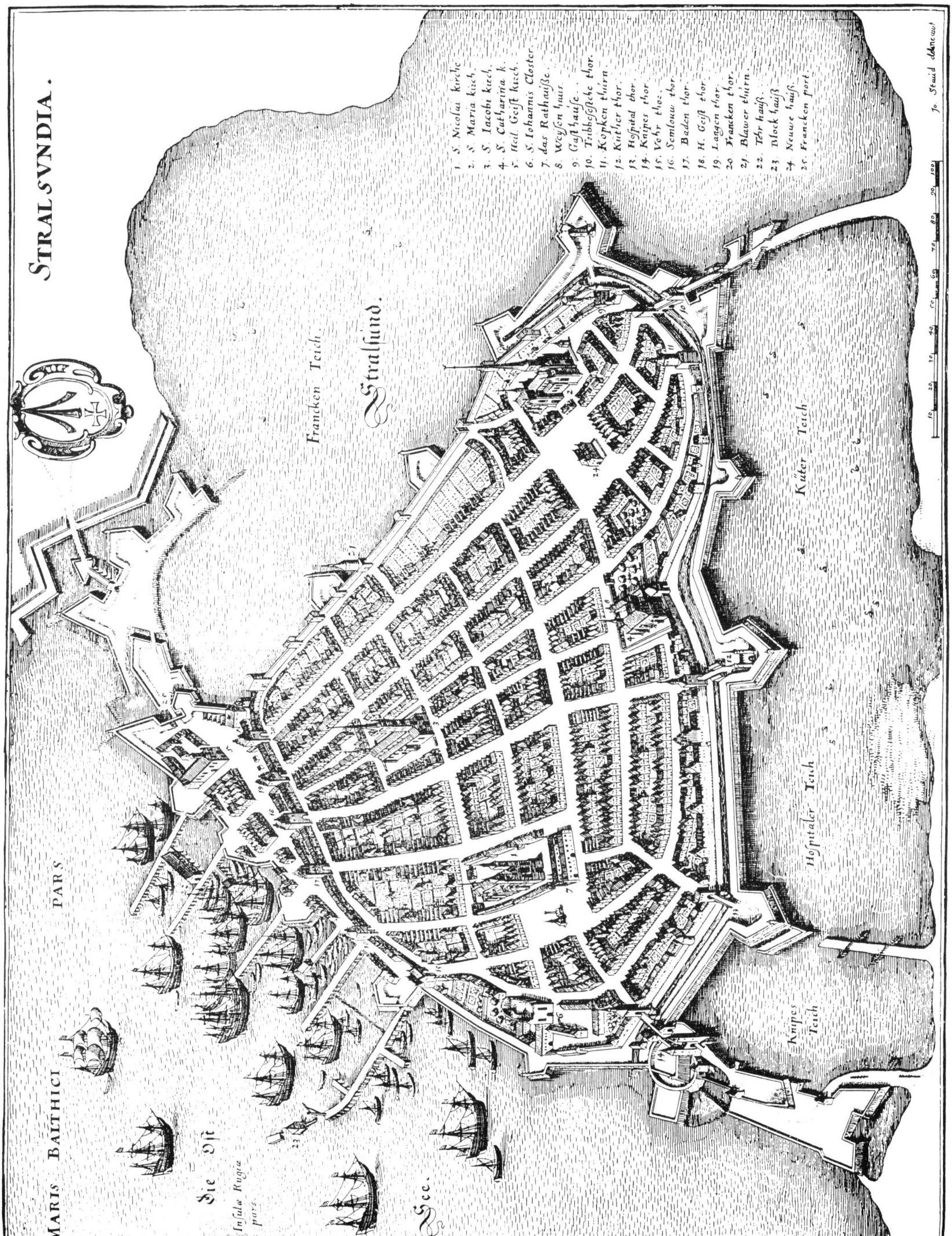

Abb. 13: Stralsund, Vogelschau auf Stadt und Hafen, um 1632.

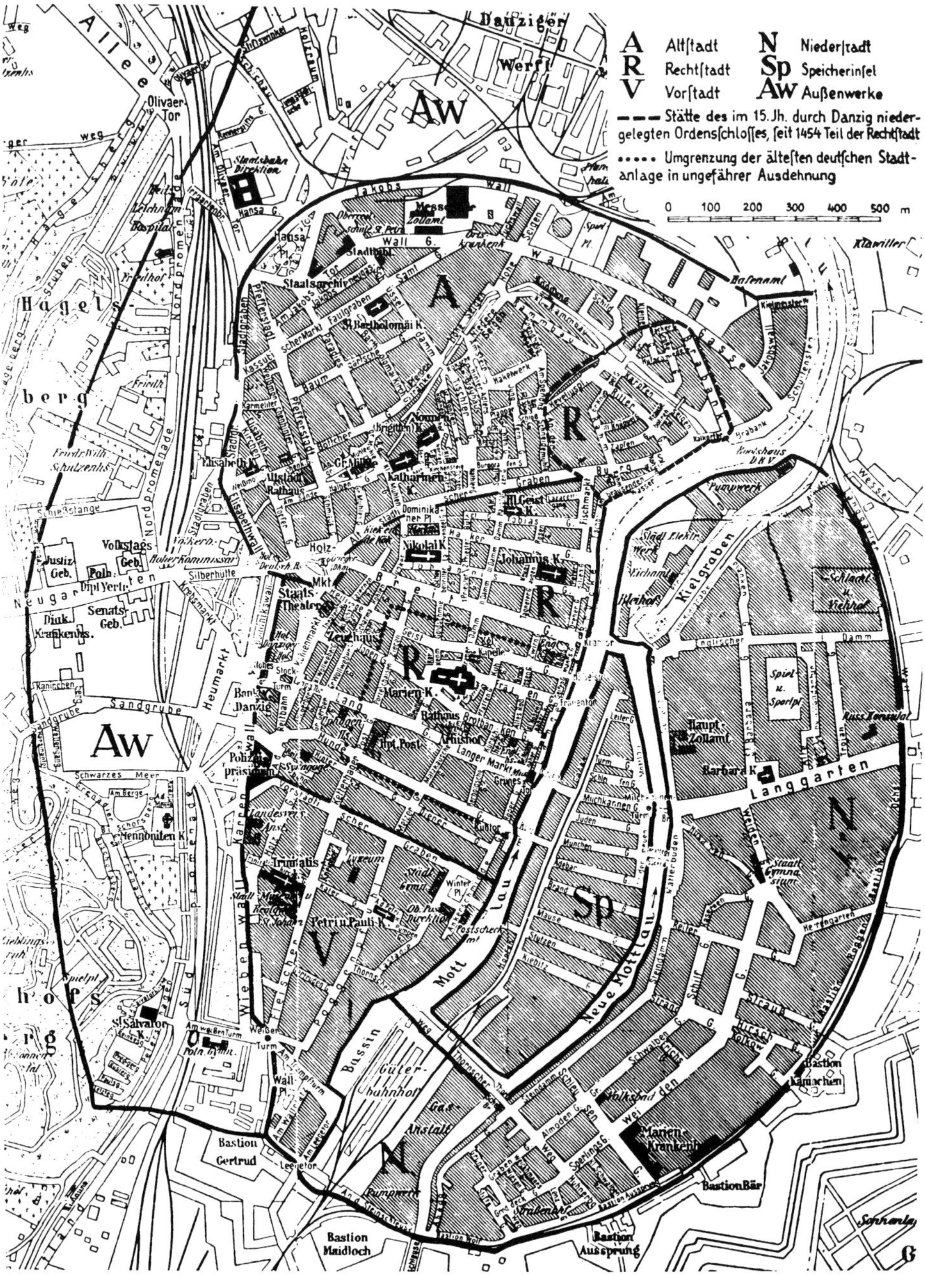

Abb. 14: Danzig, Baublockplan der Stadt.

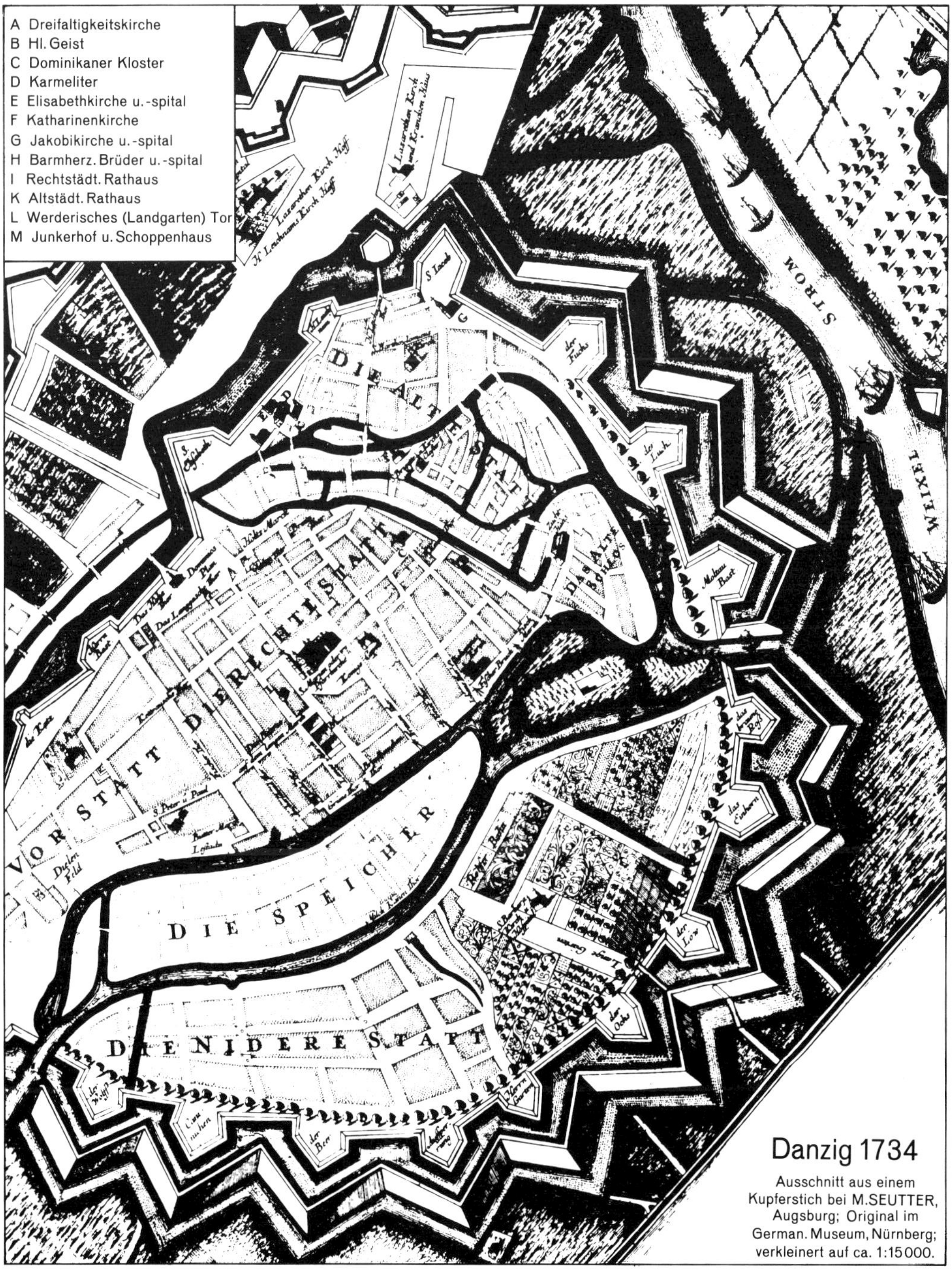

Abb. 15: Danzig, Bastionärplan der Stadt 1734. Kupferstich von M. Seutter.

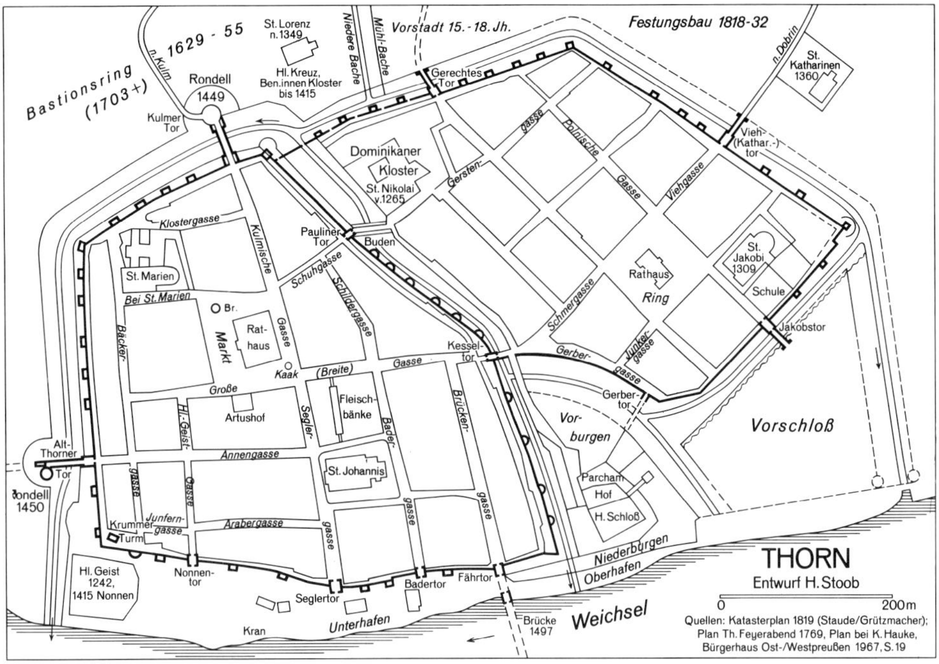

Abb. 16: Thorn, Baublockplan der Stadt von 1819.

Abb. 17: Kogge und Hulk.
Geschnitzte Kirchenbankwangen des 15. Jhs.,
King's Lynn.

Abb. 18: ,Vertoonung' (Abbildung)
der ostfriesischen Inseln.
C. Anthonisz, Amsterdam 1558
(als Segelanweisung).

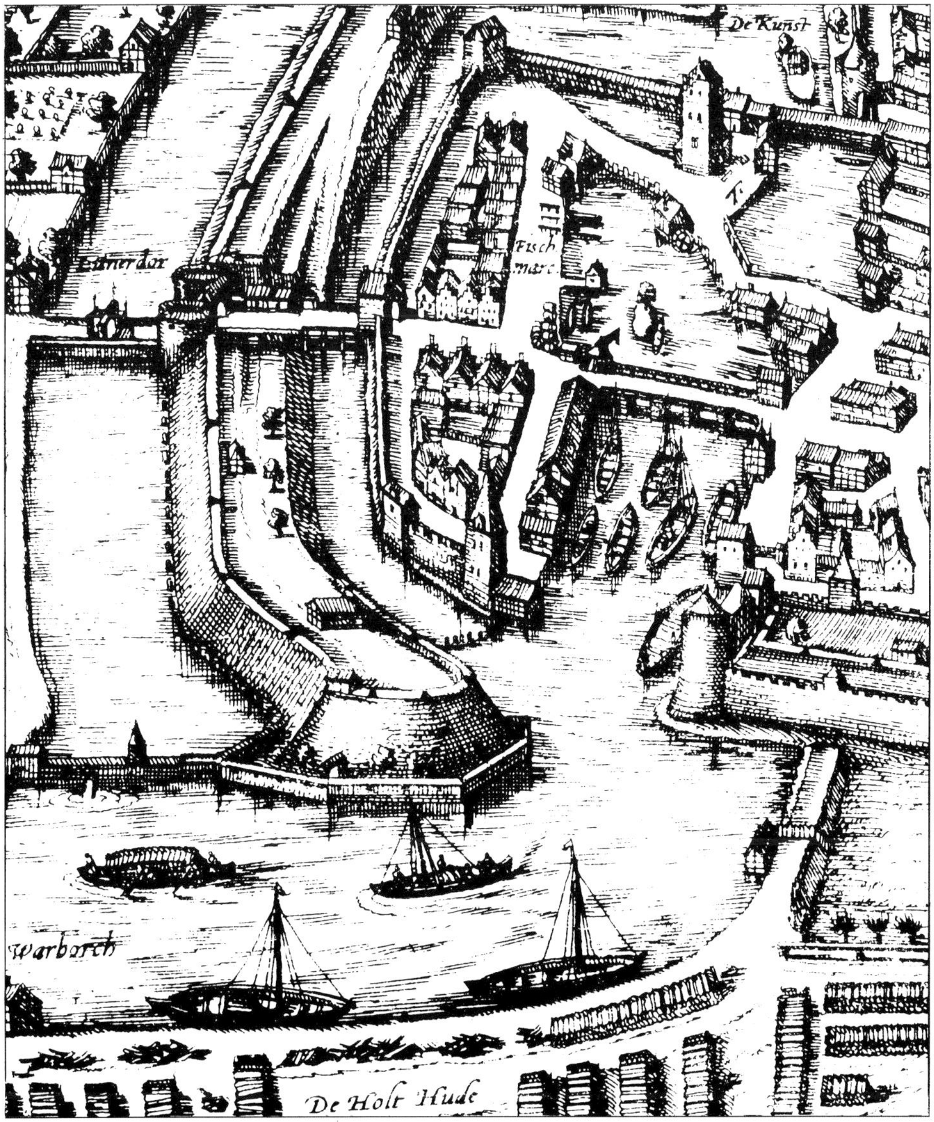

Abb. 19: Lüneburg, Hafenausschnitt aus einer Vogelschau von 1598.

Abb. 20: Köln, Teilansicht des Rheinhafens. Kupferstich von A. Woensam, 1531.

den, vielmehr befanden sich namentlich Goslar und Braunschweig im Anstieg auf einen besonderen Höhepunkt ihrer Blüte. Die Beziehungen zur wendischen Hanseführung aber hatten sich seit der Belagerung von Braunschweig im Jahre 1492 doch deutlich getrübt; man wandte sich betont den regionalen Sorgen mit der umliegenden Landesherrschaft zu. Die Hansetage bis 1517 wurden gar nicht, ab diesem Jahre nur dann besucht, wenn wirklich niedersächsische Sorgen zu beraten waren. Die 1518 in Lübeck unter Wortführung von Magdeburg hervortretenden sieben sächsischen Städte kommen, weil sie Beschwerden gegen Hamburg und Bremen mit Nachdruck vertreten wollen. An den wichtigen Verhandlungen dieser Jahre in Brügge und Kopenhagen sind sie ebensowenig beteiligt, wie an der 1514 wieder durchgesetzten Öffnung des Nowgororder Peterhofes.

Noch ärger sah es um die Verbindung zwischen den kurmärkischen Städten und der Hanse aus; sie reduzierte sich nach der durch den Kurfürsten indirekt provozierten Verhansung von Berlin-Cölln im Jahre 1452 auf die kleine altmärkische Gruppe um Stendal und Salzwedel.

Das nach Größe und Gewicht noch etwas voranstehende Stendal, zur Diözese Halberstadt und zum Einflußbereich der Magdeburger Schöffenbank gehörig, haben wir nur gestreift, um das weniger bekannte, aber doch recht bemerkenswerte Salzwedel wenigstens mit ein paar Sätzen zu behandeln. Es wurde im Städteatlas eingehend untersucht. Seine Zugehörigkeit zur Diözese Verden, und zwar als weitgehend selbständiges Archidiakonat, sowie die mit dem Lüneburger Salzexport verbundene Verkehrslage, aber auch die engen Handelsbeziehungen nach Lübeck, über den Stecknitzkanal noch vermehrt, und nach Hamburg, wiesen uns bereits auf diese Glieder des sogenannten wendischen Städtekreises hin, den wir nun noch hinsichtlich seiner Wirtschafts- und Verkehrslage am Beginn des 16. Jahrhunderts betrachten müssen.

Beginnen wir von Süden her mit Lüneburg, der alten Salinenstadt. Seinen großen Einfluß auf die Stände des welfischen Teilherzogtums Lüneburg, wie ihn vertraglich die „Sate" von 1392 fixiert hatte, haben wir früher bereits betont. Schon seit dem 13. Jahrhundert waren die Erträge fast aller Salzpfannen als Pfründen von hohen Geistlichen oder Konventen in kirchliche Hand geraten, während die eigentliche Besiedung durch die ratsfähigen Familien der Sülfmeister erfolgte. Sie zogen den Hauptverdienst aus der Saline und lenkten den Salzumschlag vom Lüneburger Hafen aus, zugleich der Kopfstation für die Lübecker Stecknitzfahrt und umgekehrt für die Fuhrspedition hinüber zu den „überheideschen" Städten des südlichen Niedersachsens, aber auch der Altmark und des Weserlandes.

Die Sülfmeister behaupteten sich gegen die verbündeten auswärtigen Gläubiger schließlich ebenso wie gegen die zeitweilig in der Stadt selbst ausgebrochenen inneren Unruhen; es blieb bis in das 17. Jahrhundert hinein bei ihrer alleinigen Stadtführung. Neben den Salinenberufen und den Brauern gab es zahlreiche leistungsfähige Gewerbe mit ihren hier wie in Braunschweig Gilden genannten Korporationen, ferner waren Großhändler, ihres Umhanges wegen „Kagelbrüder" geheißen, und Fuhrleute von wirtschaftlicher Bedeutung. In der Hanse gewann Lüneburg seit 1412 noch an Einfluß; es ließ 1430 wie Hamburg und Lübeck auch seinerseits ein Aufgebot von 500 Schützen gegen die Hussiten den bedrohten sächsischen Städten Magdeburg, Halle und Halberstadt zu Hilfe ziehen, schloß mit Lübecks Vermittlung 1462 einen durch Christian von Dänemark und Schleswig-Holstein gefundenen Vergleich mit den Sülzprälaten und erlebte danach eine neue, um 1520 noch voll florierende Konjunktur.

Mit dem benachbarten Hamburg war es dabei in ständigem Streit wegen der Elbschiffahrt. Die konsequente Strompolitik Hamburgs begann ihre Früchte zu tragen: die Wasserführung der Norderelbe nahm zu und sorgte für günstiges, tieferes und näher zur Stadt verlagertes Fahrwasser. Hafen und Werften zogen ihren Vorteil daraus. Die Binnenfahrt nach Lübeck und zur Mittelelbe sowie über die Elde nach Mecklenburg hinauf wurde stark verdichtet, der Getreidehandel blühte. Dagegen war das wichtige Brauergewerbe seit dem ausgehenden 15. Jahrhundert mehrfachen Konjunkturkrisen ausgesetzt, die sich mit kirchlichen Streitigkeiten verbanden und 1483 Bürgerkämpfe auslösten. Eine Münzreform und die gründliche Überarbeitung des Stadtrechts mit dem neuen Kodex von 1497 zeigen Konsequenzen daraus; den 1500 nochmals aufgeflammten Streit um Schulfragen mit dem Domkapitel schlichtete der bedeutende Albert Krantz als dessen Dekan seit 1508, ein Mann, dessen historische Werke ihn als den führenden geistigen Kopf im hansischen Raume am Vorabend der Reformation ausweisen.

Enger denn je waren Lübecks Politik die drei Tochterstädte am Ostseeufer verbunden. Wismar zunächst, unter den dreien nicht der Fläche, aber der Einwohnerzahl nach bei 58 ha mit etwa 7.000–8.000 Menschen die kleinste, hatte bereits um 1300 mit großer Bautätigkeit an Kirchen, Mühlen, Gemeindeanlagen auf Märkten und im Hafen sowie an der Befestigung der äußeren Gestalt nach sein gültiges Gesicht erhalten, erlebte dann aber im hohen 15. Jahrhundert einen zweiten, für hohe Finanzkraft zeugenden Schub. Jetzt entstanden die für eine Stadt dieser Größenordnung erstaunlichen Basiliken von St. Georgen in der Neustadt und, als mächtige Erweiterung, Marien in der Altstadt, sowie als großzügige Halle Nikolai in der am Hafen gelegenen, mutmaßlich ältesten Pfarrgemeinde. Die Namen der Baumeister Heinrich von Bremen, Hermann von Münster und Hans Martens sprechen für sich, letzterer wohl aus Niedersachsen kommend. Eben um 1500 waren die Turmhelme vor der Vollendung, der auf Nikolai wurde 1508 fertig, ein besonders wichtiges Seezeichen. Die starke Befestigung mit über 30 Türmen und fünf Haupttoren ist im 17. Jahrhundert noch gut erhalten, nach 1632 dann durch die in Wismar liegende schwedische Garnison mit mächtigen Bastionärwällen und einer südöstlich vor die Neustadt gelegten, fünfsternigen Zitadelle weiter ausgebaut. Das Rückgrat der städtischen Wirtschaft bildeten in Wismar um 1520 unverändert die Brauerei und die Böttcherei, daneben die Wollweberei. Natürlich war man, wie alle Nachbarstädte, auf Schonen lebhaft am Heringsgeschäft beteiligt. Der nicht sehr geräumige, aber gut geschützte Hafen bot einer ansehnlichen Flotte Rückhalt.

Für das wesentlich größere Rostock verdanken wir Wenzel Hollar eine 1624–26 entstandene, detailreiche Vogelschau. Wir erinnern uns der auch hier dreiphasigen Entstehung, ausgehend von einer Altstadt mit den beiden Pfarren St. Nikolai und St. Petri, vor 1226 um die Mittelstadt St. Marien und vor 1250 um die Neustadt St. Jakobi erweitert auf schließlich 69 ha. Noch im 13. Jahrhundert war die starke Mauer, ursprünglich wegen der langen Hafenfront mit über 20 Toren, durch über 50 Türme verstärkt worden. Ihre Verdoppelung durch einen Zwinger mit landseitigen Rondellen und einem besonders kräftigen Bollwerk am Hafen sowie die stark ausgebauten Toranlagen bezeugen die unveränderte Finanzkraft der Stadt. Erst später kam es auch hier zu einer bastionären Wallbefestigung. Wie in Wismar stellen wir also zwei Hauptbauzeiten im 13./14. und im hohen 15. Jahrhundert fest, hier noch durch zahlreiche Konvente sowie die mit der Universitätsgründung an St. Jakobi zusammenhängende Stiftsanlage mit eigenen Baulichkeiten vermehrt. Auch auf die mächtige Stauanlage der Warnow, deren Damm zugleich als Brücke zum östlichen Mecklenburg benutzt wurde, macht ein Stich von Hollar aufmerksam. Im 13. Jahrhundert entstanden, betrieb sie mehrere Mühlen, sicherte die innerstädtische Wasserversorgung und speiste, weiter erhöht, die Stadtgräben. Um 1410 lebten in der dicht überbauten Stadt etwa 14.000 Einwohner, die Auseinandersetzungen in der Domfehde und Konjunkturbrüche des späteren 15. Jahrhunderts ließen aber die Zahl bis gegen 1520 auf etwa 11.000 zurückgehen. Die Stadt hatte den Landesherrn seit 1325 aus der Münze, seit 1358 auch aus dem Vogteigericht ausgekauft, sie besaß, zusammen mit ihren Spitälern, große Waldungen und 25 Dörfer des Umlandes, von denen sie allerdings am Ende der Domfehde 1491 zwei an den Herzog abzutreten hatte. Nach der bereits erwähnten „Abcontrafactur“ des Vicke Schorler, die 1578–86 entstanden war, lagen hinter den aufwendigen Staffelgiebeln der Bürgerhäuser, durch die an der Hafenfront zahlreiche Rundbogenpforten geführt waren, drei- bis viergeschossige Wohnbauten wie in Lübeck selbst. Dadurch erklärt sich die im Vergleich zur Hektarzahl hohe Bevölkerungsdichte.

Wie in Wismar waren Brauerei, Böttcherei und Wollweberei die führenden Rostocker Gewerbe. Die Tonne des Böttcheramts war geeichte Norm für das ganze Ostseegebiet der Hanse. Auch der Schiffsbau war in Blüte, der Fernhandel besonders auf Stockholm und Oslo ausgerichtet, für das Rostock bis 1508 geradezu ein Verkehrsmonopol besessen hat. Der Wohlstand war jedenfalls auch hier trotz der Domfehde mit ihren finanziell drückenden Folgen um 1520 noch ungebrochen, dafür spricht auch das von Vicke Schorler ebenso naiv wie bunt vorgeführte Marktleben unter Aufsicht der Weddeherren unweit der prächtigen Rathausfassade.

Kürzer fassen wir uns mit dem erneuten Blick auf Stralsund, an Fläche zwar etwas kleiner als Wismar, aber wegen der sehr dichten und um ein bis zwei Stockwerke höheren Bebauung dennoch um 1500 etwas volkreicher mit um 10.000 Einwohnern. Die ursprünglich ranisch-rügische Stadt war im 14. Jahrhundert an Pommern gefallen; wir haben ihr bauliches Gehäuse und ihr Sozialgefüge näher behandelt. Ihre Wirtschaft war stärker noch als bei den mecklenburgischen Nachbarinnen auf den

Fischfang ausgerichtet, wies von daher ein kräftig besetztes Amt der „Botmaker“ auf, die 1428 vor dem Frankentore auf der Lastadie nicht weniger als 21 Werftplätze für den Kleinschiffbau betrieben. Daneben waren auch hier Brauer und Mälzer einflußreich, während auf dem Markte Getreide und Vieh dominierten. Am zahlreichsten waren aber auch in Stralsund die Böttcher, allein 72 von ihnen erwarben im 14. Jahrhundert das Bürgerrecht.

Hinter Stralsund erschienen auf den Tagfahrten der wendischen Gruppe nicht selten ferner die vorpommerschen Städte Greifswald und Anklam. Um 1500 waren sie mit etwa 5.000 für Greifswald, 4.000 für Anklam der Einwohnerzahl nach doch deutlich schwächer, sie spielten auch im hansischen Verbande, wie überhaupt die pommerschen Städte, eine doch vergleichsweise geringere Rolle. Kleine, aber durchaus leistungsfähige Flußhäfen mit langen Uferkajen bedienten die Hochseefischerei, vor allem nach Schonen und später nach Bornholm ausgerichtet. Vieh und Getreide waren auch hier wichtigste Ausfuhrgüter. Der bauliche Körper bezeugt eine um 1520 unverändert lebhafte Konjunktur.

Was demnach für das ganze wendische Hanseviertel gilt, können wir nun abschließend auch für Lübeck selbst feststellen: von Abschwung oder gar Niedergang kann am Vorabend der Reformation keine Rede sein. Bis auf die immer noch vorhandenen Grünflächen in der Jakobistadt, einerseits hinter den Grundstücken östlich der Königstraße, andererseits südwestlich des Burgklosters bei der nun „Engelswisch“ genannten, einstigen Herzogs- und Stadtwiese, ist nun das gesamte Areal von 113 ha voll überbaut, wobei natürlich der Bischofshof und die Kurien beim Dom ihre Großparzellen behaupten. Die andere Grundstücksmasse drängt das nur umso enger zusammen, wie unser Katasterplan im Städteatlas mit den heute unter Denkmalschutz stehenden, weiten Teilen des baulichen Körpers gut erkennen läßt. Ein stetiges Wachstum der lübischen Stadtbevölkerung entsprach dieser allgemeinen Situation. Um 1300 wird sie noch kaum über 10.000 gelegen haben – Dollinger geht in seiner Schätzung von 15.000 aus –, denn wohl war der Stadthügel bereits weitgehend parzelliert, aber durchweg noch mit anderthalbstöckigen Bürgerhäusern besetzt. Es gab noch keine Gangbebauung dahinter und noch kaum Mehrfamilienhäuser. Der nachfolgenden Verdichtung bis 1350 entsprach der Übergang zu zwei- bis dreistöckigen Häusern. Fink schätzt vor Einbruch der Pest anhand archivalischer Quellen auf gut 18.000 Einwohner, vielleicht etwas zu hoch, doch mindestens 15.000 werden es gewesen sein. Der schwere Pestverlust wurde ungemein rasch durch Zuzug aus dem Umlande, aber auch beispielsweise aus Wisby und anderen Orten der skandinavischen Gegenküste wieder ausgeglichen, und bald nach 1400 dürften die 20.000 erreicht worden sein, gegen 1500 etwa die 25.000. Zu 1443 vermerkt die Lübsche Chronik bereits sehr aufschlußreich anläßlich eines Mordfalles: „by dem Klinghenberghe, dar wonde ene vrowe myt ereme manne in eyneme kelre“, und so wurde es nun für die sozial schwache Bevölkerung, aber auch für viele Zuwanderer in der ersten Wohnphase die Regel. Flächenhafte Häufung der Einwohner in den sozial schwächeren Wohngebieten, etwa um St. Jakobi zwischen König-

und Johannisstraße, im oberen Grubenviertel zwischen Petri und dem Dome aber auch in Kellergeschossen großbürgerlicher Häuser war demnach schon späthansisch gegeben.

Das 1482 entstandene Revaler Altarbild von Herman Rode mit einer topographisch recht zuverlässigen Lübeckansicht hinter der Kreuzabnahme zeigt die von der siebentürmigen, gewaltigen Fassade des so 1440 ausgebauten Burgtors ausgehende, auffallend hohe Wakenitzmauer bis hin zum Hüxtertore am oberen Wakenitzstau. Trotz ihrer Höhe wird aber die Mauer weit überragt von der vielgiebligen Dachlandschaft der Bürgerbauten, die demnach damals durchweg mindestens jene dreistöckige Gestalt hatten, die wir bei Vicke Schorler für das 100 Jahre später aufgenommene Rostock vorfanden. Weniger eindrucksvoll und unverkennbar im Detail des Bürgerbaus ganz unzuverlässig, nur verwendbar für die Silhouette der Turmlandschaft, bietet sich das Bild in Schedels Weltchronik von 1493. Für uns ist das ein Lehrstück über den Quellenwert früher Ansichten, die stets einer genauen Prüfung bedürfen.

Ausdruck des politisch-finanziellen Übergewichts der spätmittelalterlichen Travestadt über alle benachbarten Kräfte ist aber auch die von Fink verfaßte, wichtige Karte über den seit 1330 längerfristig erworbenen Umlandbesitz. Er ging nach Süden bis zu der wichtigen Vogtei Mölln – dort residierte ein eigener lübischer Amtmann – sowie den beiderstädtisch mit Hamburg aus der gemeinsamen Bekämpfung wegelagernder Adelsfamilien und des Lauenburger Miniaturherzogs 1420 gewonnenen Gebieten des Sachsenwaldes und der Herrschaft Bergedorf, nach Westen zeitweilig mit Pfandschaften tief in das Holsteiner Land hinter Segeberg hinein, nach Norden mit einem ausgedehnten Streubesitz von Dörfern bis hinauf zur Insel Fehmarn, die fast 55 Jahre Pfand Lübecks war, nach Osten bis über Wismar hinaus, dessen Hafeneinfahrt Lübeck von der Insel Poel aus beherrscht hat. Mit dem Hamburger Besitz fügte sich die ostholsteinische Landbrücke zwischen Ost- und Nordsee, das Herzstück der hansischen Fernwirtschaft zwischen Flandern und Naugard/Nowgorod.

Auf diesen Rückhalt gestützt, mit immer noch anhaltendem Zuzug aus dem so beherrschten Umlande, ist kein Zweifel mehr an dem durch unvermindertes Leistungsvermögen gekennzeichneten Zustand Lübecks um 1520. Wir belegen ihn abschließend noch durch zwei eingehendere Ortsbeschreibungen: die erste stammt aus dem Jahre 1460 von Simon Batz. Dieser Betrachter läßt die Travestadt „von der göttlichen und der kaiserlichen irdischen Majestät mit den kostbarsten Gaben ausgestattet" sein. „Hier hat man die klarsten Gewässer, die heiterste Luft, den besten Boden, die anmutigsten Haine ... schöne Gebäude, immer reinliche Straßen, einen gottesfürchtigen Bischof ... reiche Pfründen, sehr schöne Kirchen ... hohe Türme, deren Goldglanz den Anschauenden schon von weitem in die Augen fällt, herrliche Klöster ... eine reiche Bibliothek ... Die Kaufleute sind äußerst wohlhabend. Die Stadt hat eine vorzügliche Verfassung und ist durch Schutzwehren aller Art gesichert ... Ich schweige von dem weiblichen Geschlechte, dessen Anblick erfrischend und erquickend wirkt. Venus und Diana mögen schöner sein, aber die lübeckischen Frauen ... erscheinen wie Rosen und Lilien ... Kurz, was es überhaupt Gutes und Schönes gibt, ist hier glänzender vorhanden als in anderen Städten, so daß man Lübeck mit Recht ein zweites Paradies nennen kann.“ Batz war nun freilich Lübecker Syndikus, nachzuweisen 1457–64, insofern weniger unparteiisch, als der 1535 die Stadt besuchende Erasmus Sarcerius, dessen Bericht wir einen kurzen Abschnitt entnehmen wollen: „nicht nur“ seien, wie er meinte, „die hohen Häuser von Bewohnern erfüllt, ... sondern auch unzählige Keller; es ist kein Winkel da, der unbewohnt wäre.“ Die Stadt bestehe „durchweg aus steinernen Häusern von mehreren Stockwerken ..., deren Giebel wie Türme in die Luft ragen, ... so ordentlich und gleichmäßig ..., als seien ... alle gleichzeitig aufgeführt ... Von dem mannigfachen Warenumsatz ... würde ich Näheres berichten“, so schließt er, „wenn dies nicht täglich allen vor Augen läge“.

Zum bürgerlichen Wohlstande um 1520

Mit unserem Auswahlprofil hansischer Städte um 1520 waren wir folgerichtig also auf die sechs wendischen Städte übergegangen. Auch hier war vom „Nachlassen der Kräfte“, das Philippe Dollinger für die Zeit ab 1475 mit der Überschrift seines vorletzten Kapitels postuliert, nicht entfernt die Rede. Vor allem Lübeck war größer denn je nach Volkszahl, Flotte, Umlandeinfluß und politischer Bewegungsfreiheit, finanzkräftiger denn je im Zeichen eines zusammen mit Hamburg wahrgenommenen Geschäfts in Richtung auf die iberische Halbinsel bei immer noch blühendem Ostseehandel, moderner ausgebaut und befestigt denn je im Ringe der seit 1475 emporwachsenden Renaissancewälle und hohen, ab 1479 aufgeworfenen Rondelle gegen die breite Wakenitz, namentlich an Artillerie von diesen Werken aus imstande, jeden fürstlichen Angreifer der Zeit auf beträchtlicher Distanz zu halten, wie sich noch ein Menschenalter später in der Grafenfehde zeigen sollte; im hansischen Kreise aber, so unangenehm, im Grunde aber doch unverändert, sich dessen regionale Gruppen aneinander zerrieben, war Lübeck auch nach dem Verlust der gewiß wertvollen Partner zu Nowgorod die unangefochtene Mitte der Gemeinschaft, der häufigste Ort gemeiner Tagfahrten, das wegen seiner allseitig ausgebreiteten Interessen am ehesten zu deren Vereinigung mit dem „gemeinen Wohl“ des Verbandes befähigte Sprachrohr von dessen Zielsetzungen im Reich und in Europa.

Diese Feststellungen können wir nach dem Rundgang durch die zugehörigen Städtegruppen mit erhöhtem Nachdruck unterstreichen; sehen wir von den Ijsselstädten ab, deren Zurückfallen gegenüber den aufsteigenden Holländern unverkennbar ist, stellen wir die Entkräftung bei mehreren alten Führerinnen der Westfalen, vor allem Dortmund und Soest, in Rechnung, dann bleibt nur der Schluß auf eine vergleichsweise günstige wirtschaftliche und städtebauliche Lage bei zunehmender Bevölkerung, allerdings mit wachsenden kleinbürgerlichen Teilen. Er gilt auch, wie sich schon bei Behandlung der politischen Lage in den preußischen und baltischen Bereichen gezeigt hat, für deren Städte. Ergänzen wir hier wenigstens noch, daß Riga als die größte unter den baltischen um 1500 auf etwa 8.000 Einwohner gewachsen war. Diese Stadt, in der um die Mitte des 14. Jahrhunderts Gildestuben nach Münster und Soest benannt werden, deren frühe Rechtsbildung von Hamburg beeinflußt worden war, in deren Stadtbüchern sich Herkunftsnamen auch vieler kleineren westfälischen Hanseorte finden, etwa Medebeke (Medebach), Horehusen (Niedermarsberg), Menden, Warendorp (Warendorf), beherrscht im hohen 15. Jahrhundert den gesamten Dünahandel zu den Faktoreien in Polozk, das 410, Witebsk, das 528, Smolensk, das 661 km entfernt liegt. Neben Wachs, Pelzen und Fuchsfellen bezieht man „Popel", das ist Asche, und Holz, liefert dafür Tuche, Heringe und Salz. Im Sommer transportiert man auf „Lodjen", den Stecknitzkähnen vergleichbaren Flußbooten und „Strusen", das sind Großflöße, im Winter mit Schlittenkarawanen. Das blühende Gewerbe in der Stadt zählt im 15. bis 16. Jahrhundert zwischen 100 und 150 Innungen, oft sind nach ihnen Straßen benannt. Auch hier ist die Befestigung modern ausgebaut und gut bestückt, im frühen 17. Jahrhundert werden barocke Bastionen angelegt, und die Schweden planen sogar eine große Erweiterung unter Einbeziehung der Spitalvorstädte und des zur Zitadelle gewordenen, einstigen Ordenshauses.

Begrenzter, aber doch auch gerade um 1500 unverkennbar günstig, ist die Entwicklung in den erheblich kleineren Schwesterstädten, dem estnischen Haupthafen Reval und dem unweit des Peipussees in Richtung Pleskau-Nowgorod gelegenen Dorpat. Auch in Reval werden Dutzende westfälischer Herkunftsnamen belegt, daneben spielt hier immer noch ein dänischer Bürgeranteil eine Rolle. Die Esten wohnen in volkreichen Vorstädten. An der Verteilung von Kaufleuten und Handwerkern sowie so typischen Kleinbürgerberufen wie Fuhr- oder Bootsleuten nebst den Salzstößern hat HEINRICH VON ZUR MÜHLEN die um 1540 in der ummauerten Stadt gegebenen Wohnviertel zu differenzieren vermocht. Für den Getreidehandel nach Rußland übt Reval um diese Zeit geradezu ein Monopol aus, daneben steht der Salzhandel. In der stattlich (zum Teil noch heute) ummauerten Stadt kann man die Einwohner für 1500 auf etwa 4.500–5.000 schätzen, die estnischen Vorstädte mögen damals etwa 2.000 Einwohner zählen, die sich aber im 17. Jahrhundert schon mehr als verdoppelt haben.

Dorpat ist die kleinste unter den drei baltischen Vorortstädten. Es hatte um 1500 schwerlich mehr als 3.000 Einwohner, beherrschte aber das Fuhrgeschäft auf dem Landwege nach Pleskau, dem wichtigen Faktoreiplatz, von dem wir schon sprachen. Mit seinem Bischofssitz, später auch der eigenen Universität, die für das ganze baltische Gebiet hohe Bedeutung hatte und völlig vom protestantischen Humanismus aus gelenkt wurde, war die Stadt immerhin von gewissem Rang, zumal sie bis zur Kontorschließung im spätmittelalterlichen Nowgorod den Aldermann stellte. Erst die Eroberung und Zerstörung durch die Russen beendete 1558 diese Zeit eines recht ansehnlichen Wohlstandes.

Wir schließen: auch im östlichen Hansebereich standen die wirtschaftlichen und volksmäßigen Vorzeichen am Eintritt in das 16. Jahrhundert günstig. Die baltischen Vororte mochten hoffen, mit Beseitigung der Nowgoroder Bojaren durch die Russen als Erben des alten nordosteuropäischen Handelszentrums gerade jetzt erst in besonders günstige Zeiten einzutreten.

An ausgewählten Zeugenstädten haben wir damit, vom Niederrhein bis zu den baltischen Ländern hinauf mit dem Glanzpunkt in Lübeck selbst, eine Prüfung der konjunkturellen Lage und der daraus resultierenden städtebaulichen sowie demographischen Situation im Bereich der hansischen Gemeinschaft vorgenommen. Das Ergebnis war zwar nicht ganz einheitlich, weil sich etwa an der Ijssel, am westfälischen Hellwege, in der zollerischen Kurmark und in Teilen Pommerns rückläufige Entwicklungen feststellen ließen, doch auf die Mehrheit der führenden Hansestädte gesehen, stand ihnen vielmehr kräftiger und ertragreicher Aufstieg gegenüber. Zu näherer Begründung dieser günstigen Konjunkturwende ist es nun erforderlich, Verkehr und Fernwirtschaft allgemein zu betrachten und damit haben wir anhand des Landverkehrs zu beginnen.

Zum Verkehr nach 1500

Bedienen wir uns dazu der von Hugo Weczerka vorgenommenen, ausgezeichneten Untersuchung des hansischen Großverkehrsraumes in dem grundlegenden Atlas „Hansische Handelsstraßen“. 1962 sind von ihm zunächst 50 Kartenblätter vorgelegt worden, dazu kam dann 1967 der noch wichtigere Textband, und ein guter Indexband erschloß 1968 das gesamte Material. Hier sind auf der Basis höchst verstreuter Quellen, also mit immenser Arbeitsleistung, alle vom hansischen Landhandel benutzten Durchgangsverbindungen gezeigt bis zur Linie Brügge-Frankfurt-Nürnberg-Prag-Krakau-Lemberg, nach Osten bis Brest-Litowsk und Smolensk, ja sogar Moskau ausgreifend, nach Norden jedoch nur Jütland, nicht Skandinavien selbst mit umfassend. Bei Tagesleistungen von 30–50 km kam der Frachtwagenverkehr von Köln nach Braunschweig in acht, von Hamburg nach Magdeburg in sechs Tagen, um nur diese Beispiele zu nennen. Das dichte Geflecht, zu dem sich die Verbindungen in späthansischer Zeit entfaltet hatten, spricht für sich selbst, was die Bedeutung des lange unterschätzten Fernhandels über Land angeht. Unser Beispiel, die Gebietskarte 18 um Dortmund, gibt zu Recht keine Territorialgrenzen, da deren steter Wechsel das verbot. Zur Orientierung dient das Gewässernetz und eine Gebirgsschummerung. Basis dafür waren moderne, also exakt vermessene Karten. Dargestellt sind alle im Fernverkehr zu belegenden Orte, und zwar nach drei Größen- und zwei Zeitstufen. Unter den wichtigen Handelsplätzen Dortmund und Soest stuft Weczerka als mittleren Paderborn ein, alle anderen sind lediglich drittrangig. Vollkreise geben Orte wieder, die vor 1500 im Belegnetz auftauchen, Hohlkreise mit Punkt finden sich von 1500 bis 1700 bezeugt, einfache Hohlkreise treten erst ab 1800 in

Verkehrsquellen hervor. Wenn darunter auch ein so wichtiger Platz wie Lippstadt erscheint, so ist das als Mißweisung festzuhalten.

Dreistufig sind auch die Straßen selbst gegeben, wozu der Verfassser anmerkt, der Schwerpunkt seiner Bestandsaufnahme liege in späthansischer Zeit, als die er das 14.-15. Jahrhundert ansieht. Im Raum Dortmund-Unna ist damit etwa die Ost-West-Verbindung als Weg erster Ordnung, die Straße Unna-Kamen als einer der zweiten, der Abzweig Iserlohn-Lüdenscheid als einer der dritten Ordnung gekennzeichnet. Wir stellen also den hohen Rang des Hellwegs fest, jener schon spätantik vorhandenen Durchgangslinie, die den Kartenausschnitt westlich Essen erreicht und ihn über Dortmund-Unna-Werl-Soest-Geseke-Paderborn ganz durchquert, um ostwärts weiter zum Weserübergang bei Höxter zu ziehen. Dieser Achse strebt eine diagonale Zufahrt aus Richtung Köln zu, über Wetter auf Dortmund, über Hagen auf Unna gerichtet, und von ihr spalten sich wiederum drei Hauptwege nach Nordosten ab: der erste schon vor dem westlichen Kartenrande bei Duisburg, gespalten über Haltern und Lüdinghausen, um vor Münster wieder vereinigt über Osnabrück und Bremen den hansischen Kernraum zu erreichen; der zweite fächert bei Dortmund ab, mit Zuwegen von Soest und – schwächer – von Lippstadt, erreicht über Beckum-Wiedenbrück die Porta Westfalica bei Minden und zieht weiter nach Lüneburg, der dritte dringt von Paderborn aus über Hameln in das ostfälische Land um Braunschweig und Magdeburg vor.

Zu diesem Rückgrat unseres Blattes kommt die von WECZERKA mit gleichem Gewicht verkartete Querverbindung Münster-Werl-Raum Attendorn in Richtung Siegen, auf der sich aber südlich Werl kein einziger Beleg mehr aus der Zeit vor 1500 findet. Hier sind also erhebliche Bedenken anzumelden. Das gilt entsprechend für die ebenfalls gleich bewertete Gebirgsparallele zum Hellweg von Wipperfürth nach Korbach, ein Teilstück des Fernweges Köln-Kassel, der zweifellos alt und oft benutzt, aber gewiß nicht dem Hellweg rangmäßig gleichzusetzen ist. Müssen wir hier Kritik am Kartenbilde üben, so danken wir ihm andererseits die Betonung des Gewichtes von Soest, dessen voll ausgebildete Straßenspinne durch eine erhebliche Zahl von alten Verkehrsbelegen rings im Umlande unterstrichen wird.

Gegenüber diesen Forschungskarten haben wir es erheblich schwerer, uns auf den zeitgenössischen Karten des 16. Jahrhunderts zurechtzufinden, obwohl sie an Realität gegenüber allen noch älteren Darstellungen schon gewaltige Fortschritte bedeuteten. Die in Nürnberg 1501 entstandene, sogenannte „Etzlaub-Karte“, von der viele Nachdrucke erfolgt sind, hat HERBERT KRÜGER näher untersucht: Die Karte ist gesüdet, Norden also unten; sie zeigt eine ganze Reihe wichtiger Fernwege der späthansischen Zeit, nicht nur im engeren Raume um Franken, das für den Stecher natürlich im Zentrum lag, sondern auch im niederdeutschen Bereich, vor allem den von Köln kommenden Fächer nach Bremen-Lübeck, nach Soest-Braunschweig und nach Kassel-Erfurt, aber auch den jütischen Ochsenweg, die von Magdeburg nach Stettin laufende Hauptstraße durch die Kurmark sowie die Küstenrandstraße an der Ostsee von Lübeck bis nach Danzig.

Mit der etwas jüngeren Karte von CHRISTIAN S'GROOTEN kehren wir ins nördliche Westfalen zurück; sie ist ein Blatt des 1573 im Auftrage Philipps II. von Spanien in Brüssel entstandenen, großartigen Atlaswerks, das HANS MORTENSEN und AREND LANG zu einem wesentlichen Teil veröffentlicht und kommentiert haben. Der Ausschnitt zeigt aber, daß hier die Wegverbindungen selbst nur aus den Ketten der Ortsvignetten zu erschließen sind, etwa der von Dorsten-Haltern über Münster-Telgte nach Osnabrück oder der über Sendenhorst-Ahlen nach Soest beziehungsweise Lippstadt.

Das von WECZERKA weniger anhand von Altkarten dieser Art als vielmehr aus der schriftlichen Überlieferung rekonstruierte Gesamtbild, für die Zeit um 1500 zuletzt im Kölner Katalog von 1973 gedruckt, weist zwar auf den Meeren die alten, anstößigen Kurven auf, gibt aber für den hansischen Landverkehr im Grunde auch den Etzlaubschen Fächer von Köln nach Erfurt, Braunschweig und Lübeck wieder, ferner den jütischen Ochsenweg mit seiner Fortsetzung Lüneburg-Soest-Frankfurt sowie Lüneburg-Erfurt-Nürnberg, endlich die Küstenstraße über Stralsund-Stettin-Danzig. Wir sehen, wie diese nach den baltischen Ländern weiterführt, wobei Memels Bedeutung hervortritt, wir erkennen ferner die Rolle von Frankfurt/Oder mit seiner über Großpolen auf das Kulmerland über Kalisch auf die kleinpolnische Hauptstadt Krakau zielenden Verkehrsachse, die über Magdeburg in Braunschweig und über Leipzig in Erfurt Anschluß an das dichtere Netz im Altsiedelraum besitzt. Ferner können wir die wichtige Transversale nach Südwesten verfolgen, von Lübeck über Hamburg und Bremen weiter nach Deventer-Antwerpen-Brügge, eine Straße, die beispielsweise 1491 Lübecks Bürgermeister von Wickede mit seinem Syndikus Albert Krantz und dessen in Hamburg inzwischen auch zum Bürgermeister aufgestiegenen Schüler Hermann Langenbeck zu schwierigen Verhandlungen mit England und Holland geritten sind.

Auch wenn die neuere Forschung damit den späthansischen Landverkehr besser ins Blickfeld gerückt hat, bleibt aber doch der See- und Flußverkehr aus vielen Gründen dominierend. WECZERKA läßt ihn den Rhein bis nach Straßburg, die Weser bis Hameln, die Elbe bis Prag, die Oder bis Frankfurt und die Weichsel bis Krakau, endlich die Memel bis Kauen/Kowno und die Düna bis Polozk hinaufgehen; er übergeht leider Schelde und Maas, den Wolchow im Osten. Das ist zu tadeln: kleine Flüsse sind noch im Spätmittelalter für den Transport aller möglichen Güter auf Kähnen, Prähmen und Booten bei weitem wichtiger, als man das heute bei ihrem durch Melioration, Begradigung und auch rückläufige Niederschlagsquoten erheblich abgesenkten Wasserspiegel für möglich halten sollte. Immerhin ist hier aber dank der von uns behandelten Erfolge in der Schiffsarchäologie nun deutlich eine Bresche geschlagen.

Wir haben sowohl die Fluß- als auch die Seeschiffahrt bis zum Stande des hohen 15. Jahrhunderts hin verfolgt. Erinnern wir uns der voll entwickelten, dreimastigen Koggen-Form mit hohen Kastellen, viereckig achtern (auf der Poop), dreieckig vorn (auf der Back), die auf Darstellungen etwa von Froissart in der Breslauer Handschrift des hohen 15. Jahrhunderts beim Ladevorgang am Kai, oder etwas später, um 1480, von Hans Memling, auf Reede ankernd, zu sehen ist. Der Flachboden ist hier gegenüber dem kräftiger betonten und gerundeter in Steven und Stern übergehenden Kiel kaum noch zu erkennen. Beim Hulk, der am Besanmast oft ein Lateinsegel führte, war – so ist an dem Modell für einen Bau der Mitte des 15. Jahrhunderts gut zu sehen, – das ganze Unterschiff wesentlich günstiger geformt, Steven und Kiel in Stromlinie zusammengeführt. Da man ihn jetzt erheblich größer zu drei Masten und mit Heckruder zu bauen gelernt hatte, gewann er wieder an Boden, zumal die Bug- und Heckaufbauten von der Kogge übernommen wurden. Auf einer Nachzeichnung für ca. 1480 wirkt er gestreckt, fast schon mächtig, jedenfalls höchst geräumig. Um 1526 segelt der „Hollandse Hulck" auf einer Seeskizze unter vollem Zeug querab von „Heylich lant" und der Elbmündung mit dem gut skizzierten Hamburger Turm von Ritzebüttel auf den „Hamborgher boeyer" und die „Bremer scut" zu, zwei typische Küstensegler. Dagegen haben die flachbodigen, schwerfälligen Koggenformen der hochhansischen Zeit nichts mehr zu bestellen.

Entscheidend ist aber die schrittweise Erweiterung der Segelfläche seit dem 15. Jahrhundert, wie sie mit datierten Staffeln von 1430 bis 1600 etwa bei Unger 1980 nachgezeichnet wird. Um 1500 stehen auf der Poop schon zwei lateinbesegelte achtere Masten, nun hat der Großmast schon ein Marssegel über dem Korb, ist vor der Fock ein zusätzliches Blindensegel an den Bugspriet angeschlagen. Um 1530 tragen Großmast und Fock ihre Obersegel, um 1560 sind sie wesentlich erhöht, indem nun am Korb eine Stenge „vorgeschuht" wurde; das erlaubt dann, bei weiter wachsender Masthöhe, um 1600 bereits eine Dreistaffelung in Großsegel, Marssegel und Bramsegel an beiden Hauptmasten.

Ein um 1475 gefertigter Stich erlaubt uns den Vergleich mit dem an der Biskaya und in Portugal damals entwickelten Karacken, von arabisch „Qaraqir" (Handelsschiff) abgeleitet. Mit Schiffen dieser Art gingen Vasco da Gama um das Kap der Guten Hoffnung, Magellan durch die Feuerland-Straße, doch führte Da Gama bereits einen leichteren Typ als Begleitschiff mit, die Karavelle, einen ursprünglich mittelmeerischen, lateinbesegelten Dreimaster, dem dann Kolumbus für die Fahrt in den Passatwinden an Fock und Großmast das wirkungsvollere Rahsegel gegeben hat.

Mit wachsender Tonnage wurden die Karavellen sowie die aus den Karacken fortentwickelten Galeonen führende Schiffstypen der iberischen Conquistadoren in Lateinamerika. Dabei wuchs namentlich das Heckkastell durch Einziehung von Geschützdecks immer höher, nun meist mit zwei Besanmasten versehen, während vorgeschuhte Stengen die vorderen Hauptmasten für größere Segelflächen verlängerten. Der ältere Pieter Brueghel porträtierte 1565 diese spanischen Galeonen.

Im hansisch-holländischen Bereich blieb man bei der nun jedoch kraweelbeplankten Hulkform, doch hatte das aus einem bretonischen Baiensalztransporter umgebaute „Groote Kraweel", mit dem Danzigs berühmter Kapitän Beneke um 1470 in den englischen Seekrieg auslief, als erstes hansisches Fredeschip 400 Last

Tonnage erreicht. Die 1568 für den Hamburger Rat gezeichnete Elbkarte von Melchior Lorichs weist schon eine Reihe entsprechend bemessener Schiffe auf, etwa vor Stade, und bildet einige ebenfalls mit dem vierten Mast ab, der „Achterbesan", auch „Treiber" genannt; damit sollte die Manövrierfähigkeit erhöht werden.

Lorichs läßt auch die von Hamburg durchgeführte Betonnung erkennen, wobei die Tonnenkette, dem Kartenzweck im Rahmen eines vor dem Reichskammergericht gegen die Harburger Welfen geführten Prozesses entsprechend, dicht vor dem südlichen Elbufer verläuft: Hamburg wollte nachweisen, daß ihm allein das Elbfahrwasser zugehörte. Deswegen wurden die Tonnen auch auf der Karte entsprechend beschriftet. An der Elbmündung hatte Hamburg schon 1462 eine hochgestellte Tonne im Vorlande als „Bake" aufgerichtet, schützend bewacht durch den anstelle des adligen Ansitzes der Lappe in Ritzebüttel erbauten, starken Wachtturm. Tonnen finden wir bereits vor 1400 in der Brügger Zwin-Mündung belegt. Seit dem 15. Jahrhundert nutzte der Schiffer auch die von holländischer Seite bearbeiteten Küstensilhouetten; Lorichs Bild zeigt eine solche „Vertoonung" der friesischen Inselkette.

Wesentlich verbessert wurden ferner im 15. Jahrhundert die Segelanweisungen. Karl Koppmann hat bereits 1876 eine gute Edition des in Flandern entstandenen, im hansischen Raume um die Ostseefahrt ergänzten „Seebuchs" vorgelegt; Jochen Goetze behandelte es in den Hanseblättern. Wir sehen uns eine Seite der Handschrift näher an: sie gibt die Kurse von Bornholm nach Preußen an über „Revekoel", eine ostpommersche Kuppe von 115 m Höhe zwischen Garder- und Lebasee, „Resehovede" (Rixhöft) am Küstenknick vor der Halbinsel Hela, „Hagesternesse" (Heisternest) auf dieser nehrungsartigen Halbinsel, „Vurenorden" (Fedderort) an der Spitze von Hela, weiter, vorbei an „Heyle" (Hela) zur „Wisel" (Weichsel) oder von Rixhöft aus hinauf zum Kap Domesnäs an der Einfahrt in den Meerbusen von Riga. Auf der 1657 gedruckten Seekarte von Theunisz. Jacobs sind im Abschnitt zwischen Falsterbo, Bornholm und Rixhöft Windrosen an die schonische Küste, vor die Nordkante Rügens, Ost-zu-Nord von Bornholm, an die ostpommersche Küste und querab davon in die offene See gesetzt.

Mit dem 1566 vom Stapel gelaufenen „Adler von Lübeck", einem während des Krieges mit Schweden eingesetzten, ungewöhnlich mächtigen Schiff, das über alles 64 m maß, fast 14 m breit war, erreichte der hansische Fredeschiffsbau den Kairos: der Adler war mit nicht weniger als 122 Kartaunen bestückt, hatte 1050 Mann Besatzung und verdrängte etwa 1.200 Last. Über den drei Geschützdecks erhob sich eine zwei weitere Decks auftürmende Poop, unter der am Heck noch eine Gefechtskanzel vorgeschoben war. An den zu besserer Windnutzung stark gespreizten vier Masten streben Wantenfächer zu den unteren Körben hinauf, bis auf Achterbesan sind die Körbe verdoppelt, zweifach Stengen vorgeschuht, das Zeug ist an Fock und Großmast daher dreifach gegliedert in Groß-, Mars- und Bramsegel, unter dem Bugspriet sitzt noch ein Rahsegel: die „Blinde". Vom Schwedenkriege ist später noch zu berichten, viel ausgerichtet hat der Adler dabei nicht.

Das zweite, berühmt gewordene Dickschiff der Zeit war der englische „Great Henry", nach Holbeins vor 1550 entstandenem Bilde von Canot 1756 nachgestochen. Das Schiff wirkt handiger als der Adler, es hat nun auch am Achterbesan eine vorgeschuhte Marsstenge, hält aber bei beiden achteren Masten an Lateinsegeln fest. Alle vier Masten haben leichte Rückenlage. Aus den die ganze Schiffslänge einnehmenden Geschützdecks kann man Breitseiten feuern, und so vermögen die schnelleren englischen Fahrzeuge den schweren spanischen Galeonen der Großen Armada 1588 ein in Kiellinie geordnetes Begegnungsgefecht zu liefern. Die spanischen Verluste waren dennoch mehr dem Sturm zuzuschreiben; von ca. 29.000 Mann Besatzung bei den Spaniern waren übrigens nur 1/3 befahrene Seeleute.

Sowohl die Galeonen als auch die englischen und hansischen Großschiffe waren Endformen einer langen Entwicklung: wo die Aufbauten höher wuchsen, als der Schiffsrumpf über alles lang war, mußten die Fahrzeuge kastenartig unbeholfen werden. Die gründliche Wende kam von den mittleren Schiffsformen, wie sie vor allem die Holländer nun in großer Zahl auf die See brachten, der Galiot, dem Bojer und vor allem der Fleute. Mit schlankeren Abmessungen ausgezeichnet, bei weitaus geringerem Tiefgang, bauchig gestaltetem Unterschiff, im Verhältnis höheren Masten bei kürzeren Rahen, trapezförmigen Segeln und bald ganz verschwindenden, durch Gaffelsegel ersetzten Lateindreiecken, gehörte diesem Typ die Zukunft. OLECHNOWITZ hat deshalb treffend bemerkt: „Die Fleuten bedeuteten für die Holländer das, was die Koggen für die Hansen ... gewesen waren".

Sind wir bei den Einzelstädten laufend auf das Warensortiment und seine spätmittelalterlichen Wandlungen eingegangen, so mag es hier doch, bevor noch zum Seeverkehr eine zusammenfassende Anmerkung wiederholt werden kann, zweckmäßig sein, dessen allgemeinen hansischen Zuschnitt und seine um 1500 zu verzeichnenden Veränderungen an Fallmodellen vorzuführen. Wir nutzen dazu einige Graphiken aus neueren wirtschaftsgeschichtlichen Monographien und beginnen mit der von CARUS-WILSON und COLEMAN aufgestellten Vergleichskurve des englischen Exports von Wolle einer- und Tuchen andererseits im Zeitraume von 1349 bis 1540. Das gegenläufige Gesamtbild belegt, daß der hansische Englandhandel sich mindestens hinsichtlich dieser Textilwaren spätestens ab Mitte des 15. Jahrhunderts auf neue Bedingungen einzustellen hatte. Ein weiteres Merkmal der Kurve dürfte es aber sein, daß sich der Wollexport im Zeitraum vom Utrechter Frieden 1474 bis 1520 auf immerhin vergleichsweise konstantem Niveau hielt, während zur selben Zeit der Tuchexport sich mindestens verdoppelte.

Lassen wir offen, inwiefern das auf Kosten der Hanse oder nicht vielmehr der Flamen verlief, und stellen besser die auf das Jahr 1492/93 bezogenen Ermittlungen von W. STARK für Lübecks Einfuhr aus Danzig und Königsberg dem gegenüber. Sie werden graphisch als Kreissektoren geboten, allerdings unter Ausklammerung von Getreide, Butter und Dorsch, also immerhin weiteren belangvollen Waren. Dennoch sind die Aufschlüsse bemerkenswert genug. Sie zeigen für den aus Danzig kommenden Import ein recht vielseitiges Warensortiment, in dem außer Metallen, vor allem Kupfer, Holz und Wachs an erster Stelle rangieren, wobei zusätzliche Waldwaren, wie Pech, Asche und Teer, noch mit einzubeziehen wären. Erheblich anders liegen die Dinge beim Import aus Königsberg: hier erweist sich der Flachs als überragende Ware (neben dem Getreide, wie zu vermerken ist), und man sieht daran, wie weitgehend sich schon der vom Ordensstaate vorgenommene Landesausbau in die sogenannte „Wildnis“ hineingeschlagen hatte, deren Waldprodukte nur mehr ein knappes Viertel im Sortiment einnehmen.

Bevor wir zur Verbreitung einer nächsten Quellengruppe übergehen, die aus der nur in Einzelfällen überlieferten unternehmerischen Tätigkeit hansischer Kaufleute abgeleitet ist, führen wir uns vor Augen, daß damit der wirtschaftsgeschichtliche Ansatz unseres Kapitels in unmittelbarer Kongruenz auch zugleich den Problemkreis Verfassung und Gesellschaft anschneidet.

HANSISCHE VERFASSUNG, GESELLSCHAFT UND KULTUR AM VORABEND DER REFORMATION

Wie bereits eingeräumt wurde, sind hier gewisse Verkürzungen nicht zu vermeiden. „Verfassung" verstehen wir im Sinne von WALTER SCHLESINGER, also unter Einbeziehung des Rahmens der auf altständische Verhältnisse gerichteten Sozialwissenschaften. Es geht demnach hier nicht nochmals um jene bereits im hochhansischen Hauptteil abgehandelten Probleme der einzelstädtischen oder gemeinhansischen Verfassungsordnungen.

Dem fernhandelnden Unternehmertum kommt, wie nicht weiter zu wiederholen ist, im hansischen Wirtschaftsgefüge besondere Bedeutung zu. Wir haben seine frühen Organisationsformen in Gestalt freier Zusammenschlüsse als Gemeiner Kaufmann sowohl nach Art von Wohnsitzgilden, als auch vom Handelsziel oder dessen Hauptstützpunkt aus operierender „communitates" kennen gelernt. Wir sahen dann, daß im Zuge der Städtebildung unter hansischen Vorzeichen, und zwar im Altsiedelbereich wie im Ausbreitungsraume vor allem an den Ostseeküsten, lokale Führungsorgane im Zeichen der Ratsverfassung den unternehmerischen Genossenkreisen zur Seite traten, beide untereinander durch Personalunionen verzahnt, aber keineswegs identisch, oder die einen, lokalen, aus den andern, personalen, beziehungsweise umgekehrt entwickelt. Erfahrung und Verbindungen des Kaufmanns kamen den Ratssendeboten der gemeinen Tagfahrt bei Durchführung ihrer politischen Aufträge zu Nutze, wie umgekehrt Autorität und Privilegienrecht der Vertreter hansischer Gemeinschaft Förderung und Schutz des fernhandelnden Unternehmers zu gewährleisten vermochten.

Es fragt sich nun, ob am Vorabend der Konfessionsspaltung über Umfang und Gewicht des kaufmännischen Betriebs in der Hand von einzelnen Unternehmern, ihren Familien sowie deren Gruppierungen Aussagen zu machen sind, denen sich die Stellung in Verfassung und Gesellschaft sowie die kulturelle Bedeutung solcher Personenkreise entnehmen läßt.

Beginnen wir mit einem etwas älteren Modell, dem Tuchabsatz der Hamburger Familie van Geldersen im ausgehenden 14. Jahrhundert. Der Vermögensgruppe nach gehörte Vicko van Geldersen zu den mittleren Kaufleuten; seine aus Flandern importierten Tuche setzte er vorwiegend elbaufwärts bis nach der Altmark sowie bis zum mecklenburgischen Parchim, aber auch „überheidisch" bis Hannover und Braunschweig sowie im Norden bis Flensburg ab. Im Rate ist er nicht nachzuweisen. Unter seinen Kunden waren zu erheblichem Teile auch die burggesessenen Adligen; seine Ware erweist sich als gut differenziert, mehr als 40 Stoffsorten vermerkt er zwischen 1367 und 1392. Mit zwei anderen Kaufleuten beteiligt er sich am Schiff des Kapitäns Swartekop, die vier betreiben es in Partenreederei, um das Risiko zu mindern, denn die Assekuranz, das Schiffsversicherungswesen, entwickelte sich erst im 16. Jahrhundert. Nach Umfang und Horizont ist dies eine typisch hansische Unternehmung. Auch die ganz großen lübischen Kaufleute bringen um 1500 nicht über 50.000 Mark Vermögen zusammen, also etwa ein Zehntel der Welser um 1515, ein Neuntel der Fugger um 1511, die Hälfte des Frankfurters Claus Stalburg 1515. Der Lübecker Gewandschneider Johann Bussmann, für zwei Jahre auch im Ratskolleg unter Wullenwever, brachte es auf etwa 40.000 Mark, der Hamburger Bürgermeister und Englandfahrer Henning Buring hinterließ 1499 46.000 Mark.

Solche und ähnliche Vermögen, wie sie etwa auch bei dem Bürgermeister Hinrich Castorp, bei Eberhard Ferber in Danzig oder Hans Hüge in Hamburg um unseren Zeitschnitt anzutreffen waren, blieben demnach sehr beträchtlich hinter den Vermögen oberdeutscher oder großer Genter Familien zurück, wie ebenso hinter denen stadtadliger italienischen oder auch burgundischen Familien.

Dagegen war die Gruppe der mittleren Vermögen in der Größenordnung wie bei Vicko van Geldersen anfangs des 16. Jahrhunderts im hansischen Raume noch unverändert breit vorhanden. In Reval saß beispielsweise 1508–42 der Kaufmann Helmich Ficke, dessen rege Geschäftsverbindungen von Gävle bis Nyköping in Mittelschweden und von Ulfsby bis Viborg in Finnland reichten, ja sogar nach Tavastehus im Landesinneren gingen. Auch er war als Partenreeder an der Schiffahrt beteiligt und ließ im Sommer seine Fahrzeuge hoch in den Bottnischen Meerbusen hinein vorstoßen.

Weitaus interessanter, aber noch immer nicht zulänglich erforscht, sind die umfangreichen Handlungsbücher der Familie Veckinghusen. Von den insgesamt 13 Bänden hatte das Revaler Archiv 1914 für eine Leipziger Ausstellung elf als Exponate ausgeliehen. Inzwischen war der Weltkrieg ausgebrochen, die „Veckinchusen"-Bücher kamen nach Lübeck, wurden von FRIEDRICH TECHEN eingehend untersucht und immerhin auch originalgroß fotografiert, doch stockte ein Editionsplan, zumal der Leipziger Nationalökonom STIEDA darüber mit dem Hansischen Geschichtsverein in Streit geriet. Die nachfolgenden Schicksale hat VON BRANDT in den Hanseblättern farbig dargestellt. Ihr Ergebnis war, außer einer kleineren Edition des Briefwechsels von Hildebrand Veckinchusen durch STIEDA im Jahre 1921, zunächst nur der knappe Aufsatz von KUSKE in den Hanseblättern 1922 und zwei interessante Abhandlungen der Dortmunder Archivarin LUISE VON WINTERFELD in den Dortmunder Beiträgen 1927 sowie als Lebensbild Hildebrands in den Hansischen Pfingstblättern 1929 endlich eine wichtige, programmatische Darlegung zu der erneut geplanten Edition durch CARL NORDMANN in den Hanseblättern 1940/41, denn inzwischen waren die 1924 nach Reval zurückgelangten Originale mit dem ganzen

Revaler Stadtarchiv durch dessen Direktor PAUL JOHANSEN 1940 zum zweiten Male für lange Jahre nach Deutschland gekommen. Aber NORDMANN ist im Frühling 1942 vor Rshew gefallen, und so dauerte es bis 1973, ehe der russische Forscher MICHAIL LESNIKOV endlich einen ersten Band als Textedition hat vorlegen können, leider nicht in der durch Frau VON WINTERFELD und NORDMANN vorgeschlagenen Form einer mit der Edition zu verbindenden, bearbeiteten Rekonstruktion des Veckinghusenschen Handlungshauses, außerdem mit erheblichen Editionsmängeln, die VON BRANDT näher behandelte.

FRANZ IRSIGLER hat in dem zur Hanse-Ausstellung 1973 in Köln verfaßten Katalog „Hanse in Europa" einen leider ohne Apparat gebliebenen, aber gehaltvollen Aufsatz „Die Lübecker Veckinchusen und die Kölner Rinck" vorgelegt. Er stützte sich einerseits auf die von 1399 bis 1420 reichende Kette der Geschäftsbücher sowie die späteren, verstreuten Nachrichten zu der Familie Veckinghusen, andererseits auf das auch keineswegs reichliche Kölner Archivmaterial zur Familie Rinck zwischen 1450 und 1550.

Was zunächst die Veckinghusen angeht, so begegnen wir ihrem Namen bei Kaufleuten aus Dortmund und Soest, vor allem aber Riga, Reval und Dorpat, doch erwarben die bedeutendsten Vertreter Sievert und Hildebrand in Lübeck das Bürgerrecht und hielten sich weit überwiegend in Brügge auf. Der gesamte hansische Horizont also war bei den Unternehmungen dieses Hauses gegeben, und wenn wir uns dazu die, umgekehrt zur Geldersen-Karte, von den Herkunftsorten der gehandelten flämischen Tuche ausgehende Verbreitungskarte IRSIGLERS ansehen, die er im wesentlichen aus H. AMMANNS Nachlaß übernehmen konnte, so gibt sie uns in beispielhafter Weise den textilproduzierenden flämischen Bereich von St. Omer/Sint Omars, Arras/Atrecht und Cambrai/Kamerich bis nach Middelburg, Lier und Maastricht wieder.

Von den neun Geschwistern der Generation Sievert/Hildebrand ist einer, Caesar, Ratmann und Bürgermeister in Riga, einer Geistlicher in Dorpat, eine ist Nonne im Kloster Zarrentin am Ratzeburger Schaalsee, eine in Reval, eine mit einem Dorpater Ratmann verheiratet; ein Bruder lebt oder hat doch Besitz im westfälischen Radevormwald; der Bruder Sievert heiratet vorteilhaft in Dortmund, er wie der jüngere Hildebrand werden Aldermänner am Brügger Kontor. Nach dem Tode seiner ersten Frau nimmt Hildebrand die „suverlike juncvrowe" Margarethe Witte, eine 15jährige Tochter des reichen Rigenser Kaufmanns Engelbrecht Witte zur Eheliebsten und hat mit ihr noch sieben Kinder, von denen eine Tochter Gertrud 1418 den lübischen Ratmann Everd Moyelike heiratet, einen Schonenfahrer, der 1408 in den Neuen Rat gekommen, 1416 aber von Pleskau nicht in den restituierten Rat übernommen worden war. Das Ehepaar stiftete am Langen Lohberg ein Armenhaus, es bewohnte ein zentral gelegenes Kaufmannshaus Königstraße 11.

Sievert Veckinghusen hatte dagegen, wie der Großteil des alten Rates, 1409 Lübeck verlassen, lebte zunächst in Köln, wo er 1411 Bürger wurde, gewann für sich und den Bruder Hildebrand vom Römischen König Ruprecht einen Schutzbrief, kam aber nicht an seine in Lübeck gelassenen Kapitalien heran, so daß er dem Bruder nach Brügge schrieb, er könne kaum noch seine Frau anziehen: sie habe nur zwei schäbige Röcke, weil alle guten Kleider in Lübeck geblieben seien. Es gelingt Sievert nicht, in die Kölner Gaffel Windeck zu kommen und so Aussicht auf Eintritt in den Rat zu gewinnen. Dennoch kehrt er 1416 nicht sogleich nach Lübeck zurück, wohl wegen der schweren Erkrankung seiner Frau Lyseke. Erst nach deren Tod 1418, als er schon meint, „dat were nu tyt, Gode to deynen", also ins Kloster zu gehen, rafft er sich 1419 dann doch zur Heimkehr auf, heiratet wieder und kommt damit erneut zu Wohlstand. Einen Sohn erster Ehe läßt er die von Köln aus geknüpften Verbindungen nach Venedig wahrnehmen, nachdem er ihn schon 1412 zu Hildebrand geschickt hatte, der ihn „scryven und welsch leren" sollte. 1431 wurde Sievert in die Zirkelgesellschaft aufgenommen, verstarb dann aber schon 1433, ohne in den Rat gewählt worden zu sein. Ein hansisches Familienporträt nach Maß.

Wie anders aber ein Kaufmannsleben enden konnte, zeigt sich an dem jüngeren Bruder Hildebrand. Weniger vorsichtig und wohl auch weniger glücklich, geriet er in immer neue Schwierigkeiten. Zwar hatte man ihn 1419 wieder einmal zum Aldermann in Brügge gewählt, aber 1422 landete er im Brügger „Stein", im Schuldturm. Von allen vergessen, blieb er drei Jahre darin, und als er 1426 nach Lübeck zurückkehrte, verstarb er dort wenig später.

Kürzer müssen wir den Blick auf die aus Korbach stammende Familie Rinck in Köln halten, wo sie um 1450 mit Johann in den Rat gelangte und bald darauf mit dem 1495 verstorbenen Hermann Rinck einen Bürgermeister stellte. Zwei von Hermanns elf Kindern folgten ihm im Bürgermeisteramt, einer erhielt den Ritterschlag, eine Tochter heiratete den späteren Bürgermeister Kannengießer, eine weitere in die spätere Syndikusfamilie Sudermann; zwei Töchter gingen ins Kloster. Auch hier gab es in der Familie gute und böse Jahre der Kaufmannschaft, doch behauptete sie sich. Fünf Jahre vor seinem Tod zog sich der Bürgermeister Johann II. 1511 von den „mit arbeit, perikell und sorgen" betriebenen Geschäften zurück, zumal „die hendele der koufmannschaff der selen und consciencien sorchlich syn und scharf (kaum) sunder ... sunden zo drijven", auch wenn das oft ohne Absicht geschehe. Deshalb sollten, so verfügt er, den „huysarmen" Pelze, Schuhe und Geld im Werte von 600 Gulden geschenkt werden, weitere 400 in Beträgen bis zu 30 Gulden armen Kindern und Klosterfrauen zukommen.

Hier finden wir also das bezeichnende Institut der Hausarmen erwähnt, die bei den Wohlhabenden regelmäßige Gaben empfingen und gespeist wurden. Insofern ergänzt sich mit diesen Einzelschicksalen, auch was die Weite des unternehmerischen Horizonts angeht, unser Einblick in die gesellschaftlichen Verhältnisse. Bei aller Abhängigkeit des fernhändlerischen Erfolges von der persönlichen Initiative waren und blieben sie, das galt in Reval wie in Lübeck, in Dortmund wie in Köln, von der Aufnahme in die zu Ratsfähigkeit führenden Genossenkreise wesentlich abhängig, sie setzten erhebliche Aufwendungen dafür und für karitative Zwecke voraus, sie bestimmten von vornherein einen Teil der Nachkommenschaft für geistliche Berufe, und sie blieben im Fall des geschäftlichen Mißerfolgs dem Schuldturm, das hieß dem Verlust bürgerlichen Einflusses ausgesetzt.

Zur Seefahrt im Genossenkreise

Wenden wir uns nun noch den anderen typisch hansischen Personenkreisen zu, indem wir zunächst nochmals an die Behandlung der Seefahrt anknüpfen. Wir hatten im Zusammenhang mit der hochhansischen Schiffbaugeschichte auch die Entwicklung des durch Jordan von Boizenburg geprägten Seerechts bis zu dem in Wisby im 15. Jahrhundert aufgezeichneten „Waterrecht" verfolgt. Die vielen zusätzlichen Entscheidungen der „gemeinen Tagfahrten" in Seerechtsfragen wurden 1482 in einer ergänzenden Sammlung vereinigt. Hermann Langenbeck, der schon erwähnte Hamburger Bürgermeister, faßte die Seerechtsfragen in einem eigenen Abschnitt „Van Schiprechte" seines 1597 entstandenen Kodex zusammen, und damit sowie mit der 1505 erstmals in Kopenhagen gedruckten Fassung des Gotländischen Wasserrechts, die ebenfalls wesentlich hamburgisch bestimmt war, war die Rechtsordnung auf See und im Hafen für die restliche Hansezeit festgelegt. Vor einiger Zeit ist das von Klaus Wolter gründlich neu untersucht worden.

Hier war nun auch das Verhältnis von Schiffer und Schiffskindern geregelt. Es beruhte auf der von Otto Brunner definierten, altständischen Rechtsordnung des „ganzen Hauses" als einer verfaßten Gruppe unter Leitung und Verantwortung des Hausherrn, d.h. Hausvaters. Zur See war die entsprechende Stellung des Kapitäns entscheidend, der mindestens anteiliger Schiffseigner war, obwohl die Partenbereederung zur Minderung des Risikos zunahm. Ende des 13. Jahrhunderts tat man sich zu zweit, Anfang des 14. Jahrhunderts auch schon zu viert zusammen, bei Olechnowitz werden für 1621–30 Achtel-, Sechzehntel- und sogar 32tel-Anteile in der lübischen Partenreederei nachgewiesen. War der Kapitän also mindestens Teileigner, so übte der Steuermann Funktionen des heutigen Kapitäns aus. Die Gewalt des Schiffers schloß Gerichtshoheit über Leib und Leben auf See ein, der Steuermann führte seemännisch und war für die Navigation verantwortlich, vertrat oft auch die Mannschaft als Sprecher. Ihm unterstanden vom Schiffer angeheuerte Vorleute, wie der Bootsmann und der Segelmacher. Die Matrosen, um 1500 waren es auf den nun meist 150–200 Last großen Hulks durchweg 15–20, darunter auch Schiffszimmerer und Koch, oft ein Schreiber für Fracht und Hafenverhandlungen sowie ein bis zwei Schiffsjungen; auch die Matrosen waren verfaßte Gesellen, also eine geordnete, dem Schiffer durch Heuervertrag gegenüberstehende Gruppe. 10 Schilling zahlte er für Bergen- oder Gotlandfahrt, 12 für die nur siebenwöchige, aber gefährlichere Flandernfahrt, mit Aufgeld bei Zeitüberschreitung. Trotz weiterer Erhöhung im 16. Jahrhundert blieb die Heuer vergleichsweise niedrig, doch konnte der Matrose Zusatz für Hafenarbeit verlangen und, in festen Grenzen, selbst Waren mitfrachten. So nahm ein preußischer Hulk des 15. Jahrhunderts in La Rochelle 100 Faß Rotwein der Besatzung an Bord, sie wurden in Sandwich verkauft, und dafür erhielt der Kapitän zwei Nobel Fracht. In den Heimathäfen gab es Matrosen-Bruderschaften, die keine Schiffer zuließen; sie vermittelten Winterarbeit in der viermonatigen Pause.

Bei der Untersuchung hansischer Sozialgefüge am Vorabende der Glaubensspaltung sind wir also bisher auf zwei höchst unterschiedliche, miteinander aber in enger wirtschaftlicher Verbindung stehende Personengruppen eingegangen, das fernhandelnde Unternehmertum und die Seeleute vom Schiffer bis zum Leichtmatrosen. Es war dabei äußerste Knappheit hinsichtlich der Modellauswahl geboten, aber dennoch sind hoffentlich in Bezug auf beide Gruppen gewisse Grundzüge hervorgetreten, die den Verhältnissen im hansischen Fernverkehrsraume ausgangs des Mittelalters eigneten.

Bei den unternehmenden Kaufleuten war deren im Schnitt mittlere Vermögenslage hervorgetreten; selbst in ihren Spitzen reichten sie nicht an den Besitz uns bekannter oberdeutscher Familien heran, etwa in Augsburg, Nürnberg oder auch Frankfurt/Main, was deren um 1500 verfügbare Mittel antraf, zu schweigen von italienischen, burgundischen, aber kaum noch der flämischen stadtadligen beziehungsweise großbürgerlichen Führungsgruppen. In scharfem Kontrast zu dieser Mittellage hansischer Fernhändlervermögen stand aber die ungemein verzweigte Tätigkeit großer Familien sowie deren auf hohen Kinderzahlen fußende, zielbewußte Familienpolitik. Die Brüder Veckinghusen waren in Dorpat und Reval ebenso zu Hause wie in Dortmund oder Köln, vor allem aber in Brügge und Lübeck, sie streckten ihre Faktoreifühler bis nach Venedig aus. Bei eigener, wenn auch nicht zum Zuge gebrachter Ratsfähigkeit schoben sie mit umsichtigen, angesichts früher Sterblichkeit, in diesem Falle der Frauen, oft mehrfachen Heiraten ihren Einfluß in die städtischen Führungskreise buchstäblich aller von ihnen bewohnten Städte außer Köln, wo das mißlang, vor. Andere, wie die Rinck in Köln, gehörten früh selbst dazu und bauten dann diese Position mit den gleichen Mitteln weiter aus. Immer war die Besetzung auch geistlicher Pfründen oder Klosterzellen aus dem Nachkommenkreise selbstverständlich, Stiftungen und eigene Gedanken, das weltliche Leben aufzugeben, zeugen vom Wissen um die Anfechtbarkeit kaufmännischen Gebarens, jedenfalls von einer ungebrochen betätigten, kirchlichen Frömmigkeit. Der Bereich von den verantwortlich disponierenden Familienhäuptern betreuter Personen reichte über die Verwandtschaft hinaus und umfaßte Faktoren und Gesinde in den Handlungshäusern, ja noch die als Hausarme beköstigten Teile der Stadtarmut.

Gnadenlos war andererseits das Risiko; bei schuldhaft oder auch infolge von Schicksalsschlägen herbeigeführten Zusammenbrüchen drohte die Zinsknechtschaft; dann fand sich der gestern als mächtiger Aldermann das Hansekontor mit leitende Unternehmer im Schuldgefängnis wieder, aus dem der eigene Bruder ihn nicht lösen konnte (oder wollte?). Nicht minder hart konnte ein innerstädtischer Umsturz treffen, wenn er den Zugriff auf das liegende und fahrende Vermögen unterband, oder ein im Fernhandel jederzeit möglicher Großverlust, sei es durch Fehden oder Kaperei, sei es durch Naturgewalt.

Auf sozial eindeutig tieferer Ebene, aber nicht grundsätzlich von diesen Gegebenheiten der kaufmännischen Unternehmung verschieden, zeigt sich das Dasein der seemännischen Bevölkerung in dieser späteren Hansezeit. Dort wie hier wurde die Genossenordnung der Korporationen als wichtigster Halt für den einzelnen erkennbar, dort wie hier die Härte des im hohen Risiko geübten Lebenskampfes. Den hohen Einsätzen entsprachen aber selbst für den Matrosen bei Nutzung des Mitfrachtrechtes und einigem Glück auf hoher See wie im Hafen Aufstiegschancen, ohne daß wir insgesamt Zweifel daran lassen konnten, daß die oft romantisch verklärte und immer wieder von Mut und Kraft, Abenteuerlust und Fernweh angeregte „christliche Seefahrt" zu dieser späthansischen wie zu allen Zeiten doch ein unbarmherzig hartes Geschäft sein mußte.

Große Seeleute, wie den Hamburger Kersten Miles oder den Danziger Paul Beneke, haben wir ebensowenig näher porträtieren können wie manche weiteren, führenden Kaufleute, etwa den als lübischen Bürgermeister immerhin genannten Hinrich Castorp, der 1480 verstorben ist, oder den aus Nürnberg nach Lübeck übersiedelten, dort 1474 sterbenden Mulich, dessen vier tüchtige Söhne im Dreieck Lübeck-Nürnberg-Frankfurt/Main erstaunliche Mengen von Luxuswaren umsetzten, von Schmuck und Waffen, Samt und Gewürzen bis zum lombardischen Papier. Beim Tode ihres mit den Kerckring und den Castorp verschwägerten, kaufmännisch bedeutendsten Bruders Matthias 1528 betrug allein dessen Vermögen wohl über 25.000 Mark. Es muß zu näherer Beschäftigung bei Hinweisen auf gute Personenskizzen bleiben: G. Neumann hat leider unzulänglich Castorp, F. Rörig und C. Nordmann haben die Mulich, H. Nirrnheim den Hamburger Bürgermeister Murmester behandelt.

Über Gewerbe und Ämter in späterer Hansezeit

Was nun die Gewerbe und ihre Korporationen angeht, so können wir an die eingehende Behandlung im Zusammenhang der Bürgerkämpfe erinnern. Wesentlich ist es auch dabei, die Einbindung aller genossenschaftlichen Tätigkeit in das religiöse Brauchtum zu beachten; hansische Ämter und Gilden, hansische Fahrerkompanien und hansische Gesellen- oder etwa Lastträger- und Schauerleuteeinungen waren in diesem Sinne stets auch geistliche Bruderschaften mit allen zugehörigen Verpflichtungen oder freiwillig übernommenen karitativen Funktionen. Sie spielten im kirchlichen Brauchtum, namentlich bei den vielen Prozessionen, aber ebenso im regelmäßigen innerkirchlichen Altardienst mit Stundengebeten, Anniversarien, Vigilien und Memorien sowie natürlich bei allen vom Genossenkreise mit zu tragenden Amtshandlungen von Geburt und Taufe über die Hochzeiten bis zum Tod und zur Bestattung eine integrale Rolle. Erst der keinem solchen Kreise zugehörige Einwohner war ein wirklich kleiner Mann; die Bürger, und auch viele Einwohner, gehörten meist mehreren Korporationen an, sie brachten in diesem Zusammenhang oft beträchtliche Summen auf, zumal wenn sie in die Ehrenfunktionen der „Provisoren", „Vorstender", „Schaffer" oder wie immer die Organe benannt waren, hineingewählt wurden – eine Anerkennung, die durchweg pflichtmäßig anzunehmen war, wenn hohe Strafzahlung vermieden werden sollte, die aber in Ausübung des Amtes erst recht hohe Kosten verursachte. Es war damit nicht anders als mit den Leitungsfunktionen in den Kirchengemeinden oder erst recht in der Gesamtstadt; sie alle, Rats- und Bürgermeisterämter an der Spitze, waren höchstens mittelbar einträglich, weil sie Verbindungen und Kontakte vermittelten, kosteten aber unmittelbar hohe Eigenbeträge.

Umso bemerkenswerter ist es, daß dennoch über irgendwelche Besetzungsschwierigkeiten bei Bestellung dieser Organe der Stadt, der Pfarrgemeinden oder der zahllosen Korporationen keinerlei Anhaltspunkte vorliegen: daran zeigt sich einmal die Festigkeit bürgerlicher Genossenverbände, zum anderen die Notwendigkeit der Selbstdarstellung an dem innerhalb des fest geordneten Aufbaus der sozialen Hierarchie, des innerstädtischen Ordo, jedem Gliede zugewiesenen, angemessenen Platz. So wie es bei der Prozession für jede Gruppe, jede Korporation, den klar bestimmten Ort in der Reihenfolge gab, so wie jeder Tisch, jede Beratungsbank, in genau beobachteter Reihenfolge zu besetzen war – was bei der gemeinen Tagfahrt wie etwa im Fürstenkreise auf Reichstagen zu den vielen Rangfolgestreitigkeiten führte, wie sie etwa auch für große Textteile der „Goldenen Bulle" Anlaß und Ursprung waren, – so mußte auch innerhalb der einzelnen Gemeinschaft oder Korporation jeder seine feste Stelle suchen beziehungsweise einnehmen und im Genossenkreise durch Mitwirkung behaupten.

Unter Berücksichtigung dieser eindeutigen Umstände wird es uns Heutigen begreiflich, daß in der städtischen Besteuerung, dem für das Gemeinwesen lebensnotwendigen „Schoß", keine Bemessung nach irgendwelchen statistisch ermittelten Kategorien erfolgte oder auch nur erforderlich war, weil die Selbsteinschätzung angesichts der damit verbundenen Rangfolgeordnung zulänglich Aufschluß über jede Vermögenslage gab, und zwar auf durch den Zwang zur Selbstdarstellung unerbittlich kanalisierter, freiwilliger Basis. Wer sich zu hoch einschätzte, um seinen Stellenwert zu bessern, erlitt unweigerlich irgendwann den materiellen und damit auch den sozialen Zusammenbruch, sofern ihm nicht wirtschaftliche Erfolge gestatteten, das überhöhte Prestige einzuholen; wer sich zu niedrig angab, minderte von sich aus den eigenen Stellenwert wie den der Angehörigen. Was das etwa im Tanzhaus bedeutete, wo die alljährlichen Feste den Bürgerfrauen und -töchtern selbstverständlich auch nur in strengen Rangstufen zugänglich waren, was es ferner bei der Kleidung nach sich zog, deren Unterschiede bis ins Kleinste von Kranz und Haube bis zu Strumpf und Schuh auf den geltenden Ordo abgestimmt sein mußten, was es vollends im Prozessionszuge hieß, wenn eine Jungfer nicht mehr zugelassen wurde, etwa die sogenannte „Burg", den Festwagen der Lübecker Zirkelgesellschaft zu besteigen, das kann aus der heutigen Perspektive gänzlich beseitigter „ordines" in Sitte und

Brauch, Kleidung und Ansehen nur sehr schwer, wenn überhaupt, zutreffend beurteilt werden.

Über die „Stadtarmut“

Andererseits machen es diese Verhältnisse, da sie die seitens bürgerlicher Organe zu bewirkende Erfassung des innerstädtischen Personenkreises ganz erheblich reduzierten, etwa auf die Zahlen der Hauseigner, der Neubürger, der Wehrfähigen, der Feuerstellen, also in jedem Falle auf Personen oder Gruppen, die im Ordo der gestuften Gemeinde irgendwo am zukommenden Platz eingegliedert waren, der historischen Forschung so schwer, eben jenen Teil der Einwohnerschaft zulänglich einzuschätzen, der – aus welchen Gründen auch immer – aus diesem Ordo herausgefallen war oder, umgekehrt in ihn hinein keine Aufnahme finden konnte oder gefunden hatte. Sie erst waren, ob nun behaust oder unbehaust, die eigentliche Stadtarmut, und es ist nur scheinbar, weil vergleichsweise leicht aufzulösen, ein Widerspruch, wenn bei der in vielen Städten des hansischen Bereichs um 1500 materiell günstigen Wachstumskurve dennoch – besser eben darum – auch die Prozentzahl solcher Stadtarmen zunahm, ja die Stadtführung vor erhebliche Probleme stellte. Wir sahen wiederholt, wie man sich zu helfen suchte: Keller- und Friedhofsbewohnung, Saal- und Budenbau für Gelegenheitsarbeiter, Heimstiftungen für Alte, Kranke, Konkurshinterbliebene und so fort. Kritisch wurde das, wo durch Wirtschaftseinbrüche oder durch Amtsmißbrauch und Korruption, seltener auch durch Flächenbrände oder Kriegsnot, das innerstädtische Leistungsvermögen erschüttert war und fürsorgende Hilfe versiegte.

Als Kennzeichen der Lage um 1500 muß man jedenfalls festhalten, daß die stete Sorge der gemeinen Tagfahrt um Aufrechterhaltung der überkommenen Ratsautonomie in den sich zu ihr haltenden Städten eine gewisse Richtungsänderung erfuhr. Waren die Stadtführungen bis tief in des 15. Jahrhundert hinein um Wahrung des jeweils geltenden Verfassungsrahmens gegenüber dem mit neuen Vermögen aufsteigenden Besitzbürgertum aus vorwiegend exportgewerblichen Berufen besorgt gewesen, so forderte jetzt die labilere Stadtarmut, das in Bettelmönchskirchen und auf Märkten zusammenlaufende, hier der unruhig-demagogischen Predigt, dort den ersten durch Druck vervielfältigten Flugschriften sich zuwendende Kleinbürgertum zunehmende Aufmerksamkeit.

Das Urteil von Albert Krantz

Albert Krantz, der hansische Syndikus und Hamburger Domdekan, sieht sehr genau, wie „per malevolos“ Dinge unter den kleinen Mann gebracht werden, „stimularetur vulgus per quibusdam“, und wenn bei der Domfehde in Rostock die Leiche seines im

Tumult erschlagenen Freundes, des Dekans Rode, lange Stunden auf der Straße liegen bleibt, so kommentiert er das: „derart hatte alle das Gift des Hasses überwältigt, weil sie der Teufel dazu trieb“ („adeo instigante diabolo livoris venenum omnes pervasit“). „Wo Entscheidungen von der Menge abhängen“, so Krantz, da sind Verstand und Respekt vergessen, und im Tumult „populi bestia est omnium ferocium ferocissima“ („ist von allen wilden Bestien das Volk die wildeste“). Wenn allerdings, wie er das in Halle scharf beobachtet, die unternehmenden Salzherren ein „genus ... per opulentiam iners et superbum“ würden (eine unfähige, überhebliche Sippschaft), und an den privaten Vorteil mehr als an das Gemeinwohl dächten, dann gehe die Freiheit an die Fürsten verloren.

Krantz war eine trotz mancher Untersuchung, zuletzt von Grobecker, dem ich in den Hanseblättern 1982 kritisch begegnen mußte, vorher etwa von Waschinski oder Schäfer, bis heute in ihrem hohen Range nicht erkannte literarische Persönlichkeit, nach italienischem Zweitstudium in bemerkenswerter Kenntnis humanistischer Denkweise doch ganz eigenständig aus der hansischen Mitte um Hamburg, seine Vaterstadt, Rostock und Lübeck erwachsen. Sein knappes und scharf pointiertes Latein in der erst posthum gedruckten, Hansischen Chronik in sechs Büchern, deren Zusammenhang Reincke zutreffend erkannte, bietet ein im Grundzuge konservatives, weitgespanntes Zeitbild mit dem Zentrum der Wandalia für den vom Wendischen Hanseviertel geführten Ostseebereich sowie der Metropolis für die zugehörige Kirchengeschichte der hamburg-bremischen Erzdiözese, ergänzt durch die Saxonia für das hansische Altsiedelgebiet, im Norden ausgedehnt auf die – schwächer behandelten – skandinavischen Länder mit der Norvagia, Suecia und Dania. Als Professor der Artistenfakultät in Rostock früh bekannt geworden, zum Dekan und Rektor dort aufgestiegen, ging er vor den Exzessen der Domfehde nach Lübeck, von wo aus ihm als Syndikus die Beilegung dieser gefährlichen Auseinandersetzung 1491 gelang; nach der vielleicht anschließenden juristischen Promotion in Mainz und wahrscheinlich einer theologischen in Perugia trat er 1493 das Lektorat am Hamburger Dom an, eine kirchenrechtliche Professur, in der er anscheinend auch über hansische Geschichte gelesen hat. Das ging dann in sein wohl während eines längeren Interdikts in Hamburg verfaßtes Hauptwerk über. Während seiner umfangreichen diplomatischen Tätigkeit im lübischen Dienst sprach er ein kräftiges Niederdeutsch, das über längere Strecken in den Hanserezessen charakteristisch hervortritt.

Zum niederdeutschen Schrifttum

Die Blüte des Mittelniederdeutschen fiel überhaupt mit unserem kulturellen Querschnitt um 1500 zusammen; von Krantz befördert war die schon mehrfach erwähnte, große Textrevision des Hamburger Stadtrechts durch seinen Schüler Bürgermeister Langenbeck 1497, und in der Zeit seines bestimmenden Einflusses auf die hansische Diplomatie unter Bürgermeister Hermann von Wickede entstand die bedeutende lübische Bibelübersetzung von 1494, in der sich Lübecks Buchdruck, wie FRIEDLÄNDER das 1973 behandelt hat, auf einem Höhepunkt präsentierte. Ihr war in Köln bereits 1479 eine gleich in zwei Fassungen auf Niederfränkisch und auf Niedersächsisch gedruckte Bibelübersetzung vorangegangen, auch hier begegnen sich also beide Brennpunkte der hansischen Ellipse. Sie sollten später durch keinen geringeren als Luthers Pfarrherren, Beichtvater und engen Mitarbeiter Bugenhagen zur niederdeutschen Lutherbibel werden, von der zwischen 1522 und 1621 insgesamt 24 Ausgaben erschienen sind.

Aber auch die profane niederdeutsche Literatur stand um 1500 im hansischen Bereich auf ihrem Gipfel: die bis 1489 reichende „Sächsische Bilderchronik" entstand ebenso in Braunschweig, wie der berühmte „Ulenspiegel" von 1500–02, beide wohl nicht von Hermen Bote verfaßt, aber doch im Dunstkreise des von ihm stammenden, für uns bei Behandlung der Braunschweiger Unruhen so wichtigen „Schichtboicks". Ab 1369 hatte bereits die lübische Kanzlei ihre Sprache im diplomatischen und wirtschaftlichen Verkehr des gesamten europäischen Nordens durchgesetzt; dabei blieb es bis in die 2. Hälfte des 16. Jahrhunderts. Wenn der Elsässer DOLLINGER diese zwei, nicht „eineinhalb Jahrhunderte" eine „Vorherrschaft ... von kurzer Dauer" nennt, so bleibt mir das unverständlich: es waren genau die auf den Stralsunder Frieden bis zum Stettiner Frieden 1570 folgenden Abschnitte von der ersten bis zur letzten uneingeschränkten Privilegienbestätigung im Ostseeraume. Das Vordringen des Oberdeutschen im 16. Jahrhundert hatte dann mehrere Ursachen. Dabei ist neben der Kirchensprache das Kanzleideutsch, nicht nur am wettinischen, kurbrandenburgischen und welfischen Hofe, sondern vor allem im Zeichen zahlreicher Prozesse vor dem Reichskammergericht von Belang gewesen. Lübeck selbst ging im Niederstadtbuch erst 1591, im Oberstadtbuch 1617 zum Oberdeutschen als Amtssprache über. Im innerhansischen Geschäftsverkehr ist das Niederdeutsche bis zum 19. Jahrhundert – auch und gerade an der Börse! – lebendig geblieben, und in den Häfen lebt es bezeichnenderweise heute noch.

Ein lübischer Kleriker war es auch, der 1498 aus flämischer Stoffbearbeitung eine niederdeutsche Fassung des „Reynke de Vos" in Lübeck drucken ließ, jene zu ungemeiner Wirkung bis hoch nach Skandinavien gekommene Tiersatire, die – aus diesem Druck erst anfangs des 16. Jahrhunderts übersetzt –, auch ins Hochdeutsche gelangte. Für diese und andere Tradierungen war das Brügger Kontor, in dem sich noch Albert Krantz so gerne bewegt hat, die typische Zwischenstation. Hier prägte sich der Zeitstil deutlich aus, daß die Großbürger für die Ritterdichtung und – so zeigen die Spiele der lübischen Zirkelgesellschaft – das Ritterspiel zunehmend empfänglich wurden.

Getjostet hatte man auf den Märkten ja schon seit Ende des 13. Jahrhunderts, noch weit später auf Spielrolande mit Schild und Schwert gezielt, wir erinnern uns daran, daß Waldemar Atterdag sich um 1350 seine Soldritter auf lübischen Turnieren zu suchen pflegte. Nun kam in Kleidung und Brauch sowie in Literatur und Musik die höfisch-ritterliche Weise zu merkwürdiger Übernahme oder doch Nachahmung, ja Ehrung in den ratsfähigen Familien. Das Figurenprogramm der neun guten Helden ist dafür bezeichnend: in der Lüneburger Ratslaube finden wir sie im Glasfenster des späten 15. Jahrhunderts: David, Josua und Judas Makkabäus für das Alte Testament, Hektor, Alexander und Caesar für die Antike sowie, natürlich im Zentrum, Gottfried von Bouillon, der lothringische Herzog und erste König von Jerusalem, Karl der Große und Artus, der Sagenheld. In Erfurt stellt man noch 1591 einen „römischen Ritter" anstelle der (mainzischen!) Martinsstatue auf das Postament vor dem Rathause. Die neun Helden sind auch in Köln, in Osnabrück, in Hildesheim am Ratsbrunnen und in Danzig im Artushofe zu gleicher Zeit verewigt worden. Artushöfe gab es ferner in Riga, Elbing und Stralsund. Daneben ist natürlich eine Kette von Kaiserstatuen als Figurenprogramm auch bei hansischen Rathäusern üblich, wobei die Auswahl – mit Übergehung der Salier! – etwa in Braunschweig am Altstädter Rathaus für sich spricht. In diesen Gedankenzusammenhang gehört es schließlich, daß ein Besuch Ulrichs von Hutten an der Universität Wittenberg 1509 zur Übersetzung des Narrenschiffs von Sebstian Brant führte.

In Verbindung mit den Figurenprogrammen vor allem bei den späthansischen, oft sehr umfangreichen Rathauserweiterungen oder -neubauten sind wir so auf Probleme der bildenden Kunst im hansischen Bereich gekommen. Es muß hier bei einigen Hinweisen bleiben, die der Kunstwissenschaft gegenüber zurückhaltend zu wählen sind. Zunächst erscheint es belangvoll, eine bedeutende vorhansische Plastik auf niederdeutschem Boden in Erinnerung zu rufen. Dazu müssen wir große Werke der Kirchenausstattung einmal in der Gruppe Hildesheim-Goslar-Braunschweig-Königslutter, zum anderen die nordfranzösisch angeregte Skulptur in Köln und Magdeburg oder in Halberstadt rechnen. Vorhansisch ist auch die frühe Bronzekunst um den Harz herum mit Höhepunkten in Hildesheim (Bernwardssäule, Bronzetür, heute am Dom) und Braunschweig (der Löwe von 1166), vor allem aber Magdeburg, wo die Türen der Nowgoroder Sophienkathedrale, zunächst für Gnesen bestimmt, unter Erzbischof Wichmann am Ende des 12. Jahrhunderts entstanden. Über den Glockenguß einerseits, ab dem 15. Jahrhundert den Geschützguß andererseits reichte dieses wichtige Kunstgewerbe dann allerdings in hansische Zusammenhänge hinein, und auch die bronzenen Taufkessel gewannen ab dem 13. Jahrhundert von den wendischen Städten her (Rostock, St. Marien, um 1290) Bedeutung als Exporte in den Ostseeraum, der vorher Steinfünten, vor allem von Gotland her, bezogen hatte, das hieß natürlich aus westfälischer Wurzel. Wertvolle Bronzen waren ferner die Grabplatten, als erste schon die des Gegenkönigs Rudolf in Merseburg, wohl erst zu

Beginn des 12. Jahrhunderts entstanden, dann weitere in Magdeburg (1151) und in Köln (1261). Mit dem 14. Jahrhundert übernahm auch hier Lübeck die Führung, dessen Glockengießerstraße um 1200 in Randlage zu der damals überbauten Südhälfte des Stadthügels besiedelt worden war. Das fast 10 m hohe Sakramentshaus in St. Marien war ein Werk des Gießers Claus Grude 1476–79.

Sehr viel wichtiger war aber die Holzplastik, mit bedeutenden hansischen Leistungen schon im 14. Jahrhundert, im Gestühl der Stralsunder Nikolaikirche erhalten, und vor allem den seit den neuen Lübecker Orgelbauten in Katharinen vor 1384, im Burgkloster um 1390, in Marien und im Dom 1396–1399 entstandenen, aber nicht erhaltenen Prospekten. Über den vor 1415 geschaffenen Petrialtar des Hamburger Meisters Bertram von Minden mit 46 Plastiken führt die Linie dann zum lübischen Höhepunkt Bernt Notke 1440–1509, dessen Flügelaltäre (Bergen!), Skulpturen, vor allem das Triumphkreuz im Lübecker Dom sowie der für Sten Sture geschnitzte Georg in der Stockholmer Nikolaikirche zeitlosen Rang beanspruchen können. Auch als Maler hat Notke in den beiden berühmten Totentänzen von Lübeck und Reval großartige Zeugnisse des hansischen Selbstgefühls geschaffen. Wichtiger noch war es aber, daß die Werkstätten der großen Meister, wie man in Hamburg an den Erben Bertrams von Minden beobachten kann, wie aber auch in Lübeck für Notke oder Henning von der Heide vorauszusetzen ist, bei konstant hoher, handwerklicher Qualität zur Quelle eines erstaunlichen Kunstexports in den gesamten Ostseeraum hinein geworden sind. Reincke hat aus erhalten gebliebenen Resten sowie den weiteren Belegen für verloren gegangene Werke berechnen können, daß im letzten Jahrhundert vor der Konfessionsspaltung etwa 300 Dreiflügelschreine für Hochaltäre von Lübeck aus exportiert worden sind. Auch die bereits um 1420 mit der Niendorfer Statue auf den künstlerischen Höhepunkt gelangte Gruppe der lübischen Steinmadonnen, deren größten Meister wir nicht namentlich kennen, ist auf diesem Wege zu weiter Ausstrahlung gekommen.

Das hansische Sozialgefüge um 1500, seine altständischen Hintergründe und seine kulturellen Verflechtungen haben wir damit – etwas im Handgalopp – in einigen Grundzügen zu beleuchten versucht. Die ausgewählten Modelle müßten unbedingt um eine ganze Reihe weiterer vermehrt werden, doch dazu fehlt hier der Raum. Einige Handhaben zu tieferem Eindringen können noch mit der Schrifttumsliste gegeben werden. Wenn sie nicht als zureichend zu empfinden sind, so gibt das nur Anhaltspunkte dafür, wieviel auch auf diesem Felde zu tun bleibt. Welche Ausblicke sich dabei für eine moderne Sozialgeschichte eröffnen, sei noch am Schicksal der Hamburger Werkstatt Meister Bertrams von Minden nachskizziert, von der zuletzt die Rede war. Sie gelangte vor der Mitte des 15. Jahrhunderts an den tüchtigen, aber künstlerisch begrenzten Hans Bornemann, dessen Lüneburger Stadtprospekt dort in der Nikolaikirche zu bewundern ist. Seine anscheinend noch recht junge Witwe betrieb ganz handwerklich zu verstehende Geschäfte dann mit dem gleichnamigen Sohne weiter, brachte sie aber bald an ihren zweiten Mann Hinrik Funhof, den zweifellos begabtesten Meister der Erbenkette, und als auch dieser starb, übernahm der Altgeselle Absolon Stumme Witwe und Werkstatt. Ein bezeichnender Ablauf im Rahmen der als Gewerbe empfundenen Kunstmalerei, der den Wert von Amt und Werkstatt unterstreicht.

SELBSTFINDUNG UND AUSGANG DES HANSISCHEN VERBANDES

Nehmen wir den verlaufsgeschichtlichen Faden von der Schlußerkenntnis her auf, daß aus dem von Lübeck geführten Konvoi der gut 100 immer noch zur Hanse stehenden, auf Tagfahrten meist von ca. 15–25 der größeren Städte vertretenen Bürgergemeinden eigentlich nur die kurmärkische, ohnehin dem Gesamteinfluß nach weniger bedeutende Flottille, schon endgültig auf anderen Kurs im Gefolge ihrer Landesherrschaft übergegangen war. Bei den Brügger Verhandlungen im Sommer 1520 etwa, die mit einer englischen Gesandtschaft unter Führung des späteren Kanzlers und Autors der „Utopia", Thomas Moore, geführt wurden und ganz im Zeichen der unter Heinrich VIII. (1509–47) unangenehm verschärften Außenhandelspolitik von Lordkanzler Wolsey standen, wurde die Hanse von Ratssendeboten aus Köln, Hamburg und Lübeck vertreten, zu denen Danzig und Stralsund ihre Ratssekretäre, die Kontore in London und in Brügge ihre Älterleute schickten. Den lübischen Hansetag im Mai des folgenden Jahres 1521 besuchten außer den Wendischen und Köln auch die Ijsselstädte sowie die Balten. Die nachfolgenden Kopenhagener Verhandlungen führte Danzig, dessen Sekretär Storm dabei in drastische Auseinandersetzungen mit Sigbrit Willums geriet, der einflußreichen Mutter von König Christians Konkubine Düweke. Als junger Thronfolger hatte Christian die beiden aus Amsterdam gebürtigen Holländerinnen in einer von Sigbrit betriebenen Bergener Schenke um 1507 kennengelernt und sie zunächst in Oslo, nach dem Tode seines Vaters Hans dann in Kopenhagen angemessen untergebracht. Seine nachfolgende Heirat mit Isabella, im Norden Königin Elisabeth genannt, hatte an dem Verhältnis mit der Düweke nicht das geringste geändert, zumal sich die tüchtige Sigbrit als zuverlässige Beraterin unentbehrlich zu machen wußte. In ihre Hände legte Christian die Verwaltung des Sundzolls, also einer seiner wichtigsten Einkünfte. Dabei blieb es auch, als Düweke 1517 verstarb; ob zu recht oder nicht, Christian argwöhnte Gift und den dänischen Adelskreis des Reichsrates dahinter. Zwar normalisierte sich nun seine Ehe mit Isabella, aus der ab 1518 sechs Kinder hervorgingen, aber Sigbrit behauptete ihre Stellung. Der ausführliche Rezess-Bericht des Danzigers, den die Königin selbst in Abwesenheit Christians an Sigbrit als Verhandlungspartnerin gewiesen hatte, zeigt deren ebenso sachkundige wie schroffe Position mit aller Derbheit.

Die westfälischen Städte waren über die meist in Wesel zusammengetretenen Tagfahrten des Kölner Hansedrittels ebenso indirekt während dieser Jahre in der Politik des Städteverbandes vertreten, wie die sächsischen durch Kontakte Magdeburgs mit Hamburg und Lübeck; ihre sieben führenden Bürgergemeinden hatten ein 1514 geschlossenes Bündnis unter Ausräumung von Streitigkeiten zwischen Braunschweig und Hildesheim 1524 auf ein weiteres Jahrzehnt verlängert. So gab es zu Beginn der 20er Jahre keinen Zweifel daran, daß der Gesamtverband unverändert eine politische Größe war, mit der das Reich und die Fürsten ebenso zu rechnen hatten, wie die auswärtigen Mächte. Gerade in den frühen 20er Jahren des 16. Jahrhunderts sollte das noch einmal eindringlich hervortreten.

VOM ENDE DER NORDISCHEN UNION ZUM SPEYERER FRIEDEN 1544

Noch belagerten die Landsknechte Christians II. Stockholm, als das Hansehaupt Lübeck sich endgültig in den Kreis der Gegner dieses gefährlichen und rücksichtslosen Königs begeben hatte. Der dänische Adel stand schon lange den fiskalischen und zentralistischen Plänen Christians mit wachsender Ablehnung gegenüber, zumal dessen Umgebung vorwiegend bürgerlich aus Niederländern und Westfalen gewählt war. Christians Oheim Friedrich von Schleswig und Holstein beobachtete mit Sorge, wie sich der König über die Teilungsvereinbarungen von 1490 hinwegzusetzen begann. Den Schwager Karl V. bewog Christian 1521, ihm das Recht zu Belehnung des Gottorfer Herzogs zu verbriefen und erneut jene 1474 durch Kaiser Friedrich übertragenen Rechte auf Holstein und Dithmarschen zu bestätigen. Die Hanse aber zweifelte nicht, daß der Däne, von Sigbrit beraten, mit Hilfe der Holländer die scheinbar wiedergewonnene Unionshegemonie über ganz Skandinavien zu Ungunsten des deutschen Fernhandels weiter ausnutzen werde.

Unter diesen Umständen zögerte Lübeck nicht, schon 1519 einem aus dänischer Vergeiselung entflohenen Schweden das erbetene Asyl zu gewähren, um ihn gegebenenfalls als Werkzeug gegen Christian zu benutzen. Es handelte sich um Gustaf Eriksson Wasa, der als nächster Verwandter von Sten Stures Witwe Kristina Gyllenstierna die Politik dieser schwedischen Adelsgruppe vertrat. Seinen Vater hatte er in den Kämpfen gegen Christian ebenso verloren wie die meisten männlichen Angehörigen. Im Sommer 1520, noch vor dem Fall von Stockholm, ging er mit finanzieller Unterstützung der lübischen Schwedenhändler in die alte Mitte des Widerstandes gegen die Dänen, nach Dalarna zurück. Rasch gewann er nach dem empörenden Wortbruch Christians beim Stockholmer Blutgericht mit seinem adlig-bäuerlichen Aufgebot ganz Mittelschweden; in Vadstena wählte man ihn zum Reichsverweser, und bis Ende 1521 hatte er ganz Schweden bis auf die festen Küstenplätze mit ihren dänischen Garnisonen in der Hand.

Unverzüglich nahm er Verhandlungen mit Lübeck auf, und während Christian seinen Städten Anfang 1522 eine neue, dirigistische Verfassung unter königlicher Aufsicht durch einen Schultheißen der niederländischen Art diktierte, aber alle Bemühungen der Hanse um eine Mäßigung seiner Zollmaßnahmen und Handelsmonopolplätze schroff zurückwies, beschlossen die wendischen Städte trotz aller

Vermittlungsbemühungen des Kaisers den Krieg. Die Holländer wurden scharf gewarnt, Schiffe in die Ostsee abgehen zu lassen, und Anfang August ging zunächst eine Flotte der Lübecker, Rostocker und Stralsunder in See. Man stürmte Hammershus auf Bornholm, bedrohte dann Kopenhagen und besetzte Helsingör an der seeländischen Nordspitze bei der Sundenge. Der Übergang auf die schonische Seite schlug allerdings fehl, aber nun erschienen auch Danzig und die Schweden mit ihren Schiffen, wenn auch nur für kurze Zeit.

Unterdessen hatten Christians deutsche Verwandte Joachim von Brandenburg und Albrecht von Mecklenburg die Vermittlung aufgenommen; Lübeck erklärte aber, ohne Einvernehmen mit Herzog Friedrich von Gottorf nichts vereinbaren zu wollen, und pochte kategorisch auf den freien Handel mit Schweden. Friedrich hatte sich inzwischen mit dem dänischen Adel abgesprochen, und Anfang 1523 brach der offene Aufstand gegen Christian in Dänemark selbst aus. Mitte Februar war das Bündnis zwischen Lübeck und Friedrich geschlossen, beide schickten Christian den Fehdebrief, der Gottorfer brach nach Jütland auf. Einen Tag später sagte der jütische Adel dem König definitiv ab, und einen letzten Versuch Christians, mit seinem Oheim unter Verzicht auf den königlichen Anteil in Schleswig und Holstein sowie auf ganz Jütland doch noch zu einer Absprache zu gelangen, beließ Friedrich glatt ohne Antwort. Christian zog auf Seeland und in Schonen die ihm verbliebenen Kräfte zusammen und wandte sich an seine Schwäger in Sachsen und Brandenburg, an die Niederlande und sogar an den englischen König mit der Bitte um Hilfe.

Inzwischen hatte Friedrich fast ohne Widerstand das jütische Wiborg erreicht und wurde dort anstelle seines Neffen zum König erhoben; seine danach beurkundete Handfeste stellte den Adel im alten Recht wieder her und sagte ihm die adlige Besetzung der Bistümer zu, beides Maßnahmen gegen die von Christian verfolgte zentralistische Politik. Danach setzte Friedrich nach Fünen über, wo sich ihm Anfang April Christians deutsche Soldtruppen unter dem Grafen von Hoya gegen freien Abzug bei Überlassung von Geschütz und Pferden ergaben. Das veranlaßte Christian zur Aufgabe: er ließ 20 Schiffe mit dem Kronschatz und wichtigen Archivalien beladen und ging samt einigen ihm verbliebenen Anhängern, der damals 22jährigen Königin und den drei noch lebenden Kindern, darunter dem vierjährigen Thronfolger Hans, dem Neffen Karls V., Mitte April nach Holland in See. Kopenhagen und Elbogen-Malmö sollten von seinen Besatzungen gegen den Rivalen Friedrich gehalten werden.

Das durch den Holsten Johann Rantzau vorzüglich geführte Heer des Gottorfers, der um die gleiche Zeit auf seinem Sitz, wohin er kurzfristig zurückgekehrt war, die Huldigung als nunmehr alleiniger Herzog in Schleswig und Holstein entgegengenommen hatte, schloß nun Kopenhagen von der Landseite her ein, während sich die hansische Flotte, nun auch wieder von Danzig aus verstärkt, zur Blockade vor den Hafen legte. In Anwesenheit lübischer Ratssendeboten hatten die Schweden bereits am 6. Juni 1523 in Strängnäs Gustaf Wasa zum neuen König gewählt. Die nordische Union war endgültig tot, und Gustaf zögerte nicht, sogleich die Hanseprivilegien für Schweden erweitert wiederherzustellen. Der hansische Fernhandel sollte danach völlig zollfrei bleiben und auch gegenüber schwedischen Bürgern ein Monopol genießen. Angesichts der hohen Verschuldung, die Gustaf zur Finanzierung seines Unternehmens gegenüber Lübeck in Geld und Material hatte auf sich nehmen müssen, war damit Einfluß und Ansehen der Hansen in Schweden wiederhergestellt, ja auf einem neuen Höhepunkt angelangt.

Auch in Dänemark konnte Lübeck nun den Lohn für seine Bündnishilfe seitens des neuen Königs Friedrich erhoffen. Der hatte mit einem sehr umsichtigen Verhalten seine innere Herrschaft festigen und nach achtmonatiger Belagerung auch Kopenhagen und Malmö zur Kapitulation veranlassen können. Übrigens befehligte die lübischen Landsknechte im Lager vor der Hauptstadt ebenfalls ein Graf Hoya, der Bruder des von Christian besoldeten Feldhauptmanns – ein Schlaglicht auf die inzwischen gründlich veränderte Kriegsführung zu Lande und zur See im Vergleich zu spätmittelalterlichen Aufgeboten. Keinerlei Aussicht bot sich aber für Friedrich, die Union wieder aufzurichten, also Gustaf Wasa zur Anerkennung seiner Herrschaft über Schweden zu bewegen. Natürlich übernahm Lübeck auch hier die Vermittlung, so daß nach längeren Vorgesprächen Friedrich und Gustaf endlich im Spätsommer 1524 den Frieden von Malmö schließen konnten. Er bestätigte einerseits das Königtum Gustafs, andererseits den vollen dänischen Besitzstand in Südschweden mit den Grafschaften Schonen, Blekinge und Halland. Lübeck erhielt nun von Friedrich die hansischen Privilegien für den dänischen Bereich, also insbesondere für die schonische Heringsmesse bestätigt. Nicht zu erreichen war jedoch auch dieses Mal, daß die Niederländer an der Sundfahrt gehindert wurden. Allerdings ging mit der Insel Bornholm ein zur Bekämpfung der nichthansischen Schiffahrt in der Ostsee höchst wertvoller Stützpunkt auf 50 Jahre in lübischen Pfandbesitz über, während ein entsprechender Versuch für Gotland fehlschlug. Dorthin war 1525 eine nunmehr lübisch-dänische Flotte gegangen, um den letzten, von einem Statthalter Christians noch gehaltenen Stützpunkt zu beseitigen. Die lübischen Knechte erstürmten Wisby, woran heute noch die breite „Lübsche bresche“ an der nördlichen Schmalseite der mächtigen Stadtmauer erinnert.

Das Ergebnis dieser ganzen Umwälzung war für die Hanse beachtlich genug; zwar befand sich Christian II. immer noch in Holland, und sowohl sein kaiserlicher Schwager als auch die verwandten niederdeutschen Fürsten suchten ihm auch wenigstens im Verhandlungswege beizuspringen, aber angesichts der Lage im Reich sowie zwischen Habsburg und Frankreich waren ihnen die Hände gebunden. Im Anschluß an den Wormser Reichstag von 1521, der nach Luthers Anhörung mit Karls Achtedikt geendet hatte, mußte der Kaiser unverzüglich in den Westen gehen, um den Angriff der Kräfte Franz' I. aufzuhalten. Dann rief ihn der gefährliche Aufstand in Spanien 1521 dorthin. Dem Bruder Ferdinand überließ er darauf im Erbvertrage den ganzen deutschen Besitz des Hauses; nun wurde auch dessen und kurz danach der Schwester Maria Doppelhochzeit mit den Kindern des böhmisch-ungarischen Jagellonen vollzogen, die sechs Jahre zuvor, noch von Maximilian, vereinbart worden war. Karl konnte im Rücken Franz' I. bis 1522, vereint mit päpstlichen Truppen, Mailand und Genua besetzen, er schloß 1523 ein Bündnis mit Heinrich VIII. von England sowie dem französischen Connétable Karl von Bourbon, der gegen Franz aufgestanden war, und fiel mit spanischen Truppen in Südfrankreich ein. Doch sein Feldherr Pescara scheiterte vor Marseille, und Franz konnte in kühnem Zuge an ihm vorbei nach Mailand gehen, das im Oktober 1524 besetzt wurde. Nun kam es zu einem Bündnis zwischen Frankreich, Venedig und dem neuen Papst Clemens VII. Medici (1523–34), und erst der von Pescara und Jörg Frundsberg errungene, spektakuläre Sieg von Pavia Ende Februar 1525 brachte die Entscheidung, weil dabei Franz I. verwundet in Gefangenschaft geriet und nach Madrid gebracht wurde.

Man sieht also, daß für den vertriebenen Dänenkönig keinerlei Möglichkeit bestand, seinen habsburgischen Schwager zu nachdrücklicher Hilfe zu veranlassen, weil Karl erst mit dem Frieden von Madrid im Januar 1526 wieder für kurze Zeit die Hände frei bekam. Um diese Zeit aber war die neue Ordnung im Norden von allen Beteiligten unter Ausschluß Christians bereits festgelegt. Es verwundert nicht, wenn sich die hansischen Ratssendeboten schon bei Verhandlungen in Hamburg im Frühjahr 1524 kühl ablehnend allen für Christian sprechenden Gesandten gegenüber verhielten. Als dann wenig später die Verträge von Malmö geschlossen waren, nutzte Lübeck den von Christians Verwandten ausgehenden Druck seinerseits gegen König Friedrich aus, blieb aber gegenüber Karls Unterhändler bei der glatten Ablehnung jeder Wiederherstellung von Christians Königtum.

Auf dem lübischen Hansetag im Juli 1525, der von 13 Städten des wendischen, pommerschen, preußischen und baltischen Kreises nebst Bremen beschickt wurde und dem von 25 weiteren immerhin schriftliche Entschuldigung vorlag, darunter die der Ijsselstädte, des kölnisch-westfälischen Drittels sowie der sächsischen Gruppe, war die dänische Königsfrage schon deutlich zweitrangig gegenüber Kontorproblemen in Bergen, London, Brügge und Nowgorod. Inzwischen war Königin Isabella, Karls Schwester, im niederländischen Exil Anfang 1525 verstorben, und nun verlagerten sich die habsburgischen Ziele von der halbherzigen Unterstützung ihres Witwers Christian mehr und mehr auf die von dessen inzwischen siebenjährigem Sohn Johann, dem Neffen des Kaisers. Natürlich war den Lübeckern diese Veränderung der Lage ebenso klar wie die vielen Hemmnisse, denen sich die Politik Karls V. ohnehin weiter ausgesetzt sah. Dem seit November 1521 zu Nürnberg gebildeten Reichsregiment gegenüber kam der Kaiser erst ab 1524 wieder zu stärkerem Gewicht, und inzwischen hatte sich die Reformation, von über 2.000 Ausgaben lutherischer Schriften angefacht, elementar ausgebreitet; die Schwärmer einerseits, die Sickingische Fehde andererseits hatten das ganze Land zutiefst mit Unruhe erfüllt, und im Bauernkrieg von 1525 stieg sie auf den Höhepunkt.

Für die Hanse bleiben diese Wirren vergleichsweise ferne Randerscheinungen, abgesehen von der nun in ihren Städten überall um sich greifenden neuen Lehre. Diesen Vorgang wollen wir gesondert betrachten, um hier zunächst bei dem Problem der nordischen Politik bleiben zu können. Sie war zwar dadurch gekennzeichnet, daß Lübeck beiden neuen Königen in einer Weise zu ihren Kronen mit verholfen hatte, die an manche ähnlichen Vorgänge des 14. und 15. Jahrhunderts zu erinnern schien, hatte zugleich aber die materiellen Kräfte der Travestadt in so umfangreichem Ausmaß in Anspruch genommen, daß daraus unangenehme Spannungen im Inneren folgen sollten, wie wir noch sehen werden. Ferner war die Abhängigkeit des Dänen wie des Schweden noch erheblich rascher im Abnehmen, als das bei vergleichbaren früheren Thronwechseln ohnehin gegolten hatte. Nach außen zeigte sich dies darin, daß schon 1526 in die Verhandlungen wieder gereizte Töne hineinkamen; Lübeck begann – so glaubte jedenfalls die niederländische Statthalterin Margarethe an ihren kaiserlichen Neffen berichten zu können – den Sohn Johann Christians II. ernsthaft als möglichen Prätendenten anstelle Friedrichs I. in Erwägung zu ziehen. Die Beziehungen zum Reich konnten dadurch vielleicht entlastet werden.

Unterdessen war Karl V. erneut in den Krieg mit Frankreich verstrickt worden, das sich mit dem Papst, Venedig und Mailand verbunden hatte. Erneut mußte ein italienischer Feldzug geführt werden; dabei kam es im Mai 1527 zum berühmten „Sacco di Roma", der Papst mußte kapitulieren. Von Spanien aus führte Karl mit ihm die Verhandlungen bis zum Frieden von Barcelona 1529. Kurz darauf, noch im gleichen Jahre, brachte die kluge Margarethe auf einem Treffen in Cambrai mit Luise von Savoyen, der Mutter König Franz' I., den deshalb als Damenfrieden bezeichneten Ausgleich zwischen Frankreich und dem Kaiser zustande. Besiegelt wurde er durch die 1530 geschlossene Heirat zwischen Franz I. und Karls ältester Schwester Eleonore von Portugal, beide Verlobte waren seit Jahren verwitwet.

Der Friede war dringend nötig, denn während der gleichen Jahre nahm die systematische Entfaltung der lateinamerikanischen Eroberungspolitik die spanischen Kräfte zunehmend in Anspruch. Karl hatte sie durch straffe Weisungen zielbewußt gelenkt und zugleich dorthin ein Ventil geschaffen, in das der beim „Comuñeros"-Aufstande überwundene spanische Landadel seine Energien ableiten konnte. Am anderen Flügel jedoch war ebenfalls 1526 die ungarische Abwehrfront gegen die Türken bei Mohács zusammengebrochen. Karls Schwager, der erst zwanzigjährige König Ludwig II., war gefallen, Karls Bruder Ferdinand konnte zwar dank der Unterstützung seiner Schwester Maria, der Witwe Ludwigs, in Preßburg die ungarische Königswahl erlangen, wie er schon, sechs Wochen zuvor, auch in Böhmen als König Anerkennung gefunden hatte, aber die türkische Gefahr war damit noch nicht beseitigt. Süleyman II., wohl die bedeutendste der osmanischen Herrschergestalten, begann 1529 den verheerenden Angriff auf Restungarn; er stieß bis nach Wien vor und belagerte die Stadt drei Wochen lang. Der furchtbare Generalsturm vom 14. Oktober 1529 scheiterte jedoch unter blutigen Opfern. Wenige Tage später wichen die Türken vor dem herannahenden Ersatzheer des Reiches zurück, Ferdinand und die Österreicher konnten aufatmen.

Damit sehen wir die Begründungen vor Augen, weshalb auch in dieser zweiten Phase der Bemühungen Christians, das verlorene nordische Reich zurückzugewinnen, seitens des Hauses Habsburg keine nachdrückliche Unterstützung geleistet werden konnte. Wie es für das erste Jahrzehnt der reformatorischen Bewegung zu gelten hat, daß ihr nicht zuletzt die vielfältige Verstrickung der ganz Europa überspannenden habsburgischen Politik immer wieder Atempausen verschaffte, so muß die hansische Ostseepolitik der gleichen Zeit unter steter Berücksichtigung der Lage für Karl V. und seinen Bruder Ferdinand beurteilt werden.

Diese Lage war nun Ende 1529 eigentlich erstmals derart gefestigt, daß der nach Mitteleuropa zurückkehrende Karl hoffen konnte, die Probleme, vor allem das der Kirchenspaltung, nun endlich zu lösen und im Wege eines Nationalkonzils als Vogt der Kirche aufzutreten. Er hatte sein Urteil über Luther im Grunde seit dem letzten in seiner Anwesenheit durchgeführten Reichstage zu Worms 1521 nicht geändert, unterschätzte aber das Ausmaß vollendeter Tatsachen hinsichtlich des Konfessionsproblems. Gerade für den Norden war es praktisch in fast allen hansischen Städten zugunsten des Luthertums entschieden, die kirchliche Neuordnung unter dem tüchtigen Bugenhagen war eben 1528 in Braunschweig, dann 1529 in Hamburg durchgeführt, auch in Lübeck selbst die Bürgerschaft schon gewonnen, während der Rat sich unter der Last seiner politischen Verantwortung noch auf seiten der alten Kirche hielt. Vor allem war die Reformation aber schon 1526 in Schleswig-Holstein, 1527 dann mit Förderung durch den aus der Säkularisation des Kirchengutes das Finanzproblem lösenden Wasa auch in Schweden durchgedrungen, Ende 1529 galt die gleiche Lösung für Dänemark und unmittelbar anschließend für Norwegen.

Hier nun sah Christian II. noch einmal die Möglichkeit, das Blatt zu wenden. Hatte er vorher schon früh, zu Karls Verärgerung, der neuen Lehre zugeneigt, so erschien er jetzt beim Kaiser in Innsbruck, betonte seine katholische Rechtgläubigkeit und unterwarf sich im Vertrag von Lier Anfang 1530 Karls Bedingungen, die ihn zu einer Art burgundischem Statthalter im Norden gemacht hätten. Natürlich versprachen sich auch die Niederländer nun gewisse Vorteile von einer Neuaufrichtung der Herrschaft Christians. Der sammelte erneut seine Truppen im Raume Emden, zog dann durch Nordholland und ging im Oktober 1531 von dort aus in See. Die inneren Schwierigkeiten in Lübeck werden ihm bekannt gewesen sein, und so glaubte er, von Norwegen aus die Gottorfer aus Dänemark wieder vertreiben zu können. Sofort aber war dadurch die dänisch-lübische Koalition wiederhergestellt, Christian wurde verraten und von Kräften Friedrichs gefangen genommen, als er zu Schiff auf der Kopenhagener Reede Verhandlungen zu führen hoffte. Man schaffte ihn auf das feste Haus zu Sonderburg/Alsen unweit Flensburg, und er hat dort sowie seit 1549 in Kalundborg auf Seeland noch bis 1559 gelebt. Sein Sohn Johann, der Kaiserneffe, war 14jährig schon im August 1532 gestorben, und so verlor Christian selbst für Karl V. alle Bedeutung im politischen Spiel. Dennoch ist selbst der Gefangene ein letztes Mal zum Gegenstand des erneuerten Kampfes zwischen Lübeck und Dänemark geworden.

Das hing mit neuerlichen Schwierigkeiten des hansischen Verbandes zusammen: Schon bald nach 1524 war er gegenüber dem dänischen wie dem schwedischen König zu neuen Spannungen gedrängt worden. 1525 hatte nämlich Wasa den Holländern eine neue Handelserlaubnis gegeben, und schon 1526 begann mit Friedrich I. erneuter Streit um Schonen und andere Fragen. Der Angriff Christians II. brachte 1531 daher nur ganz kurzfristig die einstigen Verbündeten gegen ihn einander wieder näher; Lübecks Schiffe sperrten erneut den Sund und seine Hilfe sollte – so meinte man an der Trave – nun endlich den Ausschluß der Holländer aus der Ostsee zum Lohn erhalten. Dadurch machte Friedrichs rascher und völliger Abwehrerfolg einen Strich. Waren sich die wendischen Städte schon bei diesen Aktionen nicht einig gewesen, so daß Lübeck erneut die hohen Lasten weitgehend allein zu tragen hatte, so sah es sich bei den Abmachungen im Zusammenhang mit der Gefangennahme Christians II. in der holländischen Frage ganz allein gelassen. Wieder blieb es bei der Duldung des niederländischen Ostseehandels. Nur im Norwegengeschäft kam man Lübeck etwas entgegen.

Wullenwever und der Konfessionswechsel in Lübeck

Dieser Mißerfolg war umso peinlicher, als nun in Lübeck selbst die wachsende Verärgerung zwischen dem Rat und der Bürgerschaft weiter zunahm. Ihre Wurzeln wollen wir im Zusammenhang mit der Einführung des lutherischen Bekenntnisses näher betrachten; hier muß zunächst der Hinweis genügen, daß wieder einmal nicht der Rat, sondern gerade die Bürgerschaft einen scharfen Kurs gegen die Holländer verfocht. Sie zwang den Rat nach dem Stadtauszug der Bürgermeister Brömse und Plönnies 1531 auf den Kriegskurs. Sie hatte in ihrem Organ, dem Ausschuß der Hundert, entsprechende Beschlüsse gefaßt, und ihr Vertreter, der diese Beschlüsse bei der lübischen Gesandtschaft in Kopenhagen im Juli 1532 durchsetzen sollte, war niemand anders als Jürgen Wullenwever. Dieser vor 1494 in Hamburg geborene Kaufmann aus Perleberger Familie war durch Heirat nach Lübeck übergesiedelt und nahm im Ausschuß der Bürgerschaft seit 1530 zunehmenden Einfluß auf die Entscheidungen. Er vertrat den ausgesprochen schroffen Kurs, mußte sich aber in Kopenhagen der mehrheitlichen Auffassung in der Gesandtschaft noch beugen; man versprach sich bessere Aussichten auf einen endlich durchzusetzenden Erfolg, indem man das dänische Angebot aufgriff, in gemeinsamer Gesandtschaft nach Holland zu gehen und für den Ostseezugang die hohe Summe von 300.000 Gulden zu verlangen. In der Tat wäre auf diese Weise für König Friedrich wie für Lübeck der hohe Kostenaufwand für die Kämpfe des vergangenen Jahrzehnts wieder hereingebracht und so die innere Finanzlage ausgeglichen worden.

Weder gelang es aber, diese Forderungen bei den Holländern durchzusetzen, noch gar, sie von Seeland, Flandern und Brabant zu trennen, indem man diesen freie Fahrt in Aussicht stellte. Daraufhin geriet Lübeck erneut in Gegensatz zu Friedrich, der sich nur auf Drohungen beschränken, den Krieg selbst aber nicht erneuern wollte. Weder Gustaf Wasa noch die anderen wendischen Städte wollten Lübeck in dieser Lage erneut auf dem Kriegspfad folgen. Da kam es in der Travestadt zum entscheidenden Durchbruch der die harte politische Linie verfolgenden Partei. Die Bürgerschaft setzte im Februar 1533 Wullenwevers Ratswahl durch, der die Erhebung zum Bürgermeister unmittelbar folgte. Schon im nächsten Monat begannen die Kriegsrüstungen – sie sind im Grunde, bedenkt man die bereits zurückliegenden Anstrengungen, ein drastischer Beweis für die immer noch (oder schon wieder) erstaunliche Leistungsfähigkeit der Stadt. Wieder einige Wochen später starb König Friedrich in Gottorf, und damit war eine ganz neue Lage entstanden.

Anders als der Vater, war Christian III. in Holstein aufgewachsen und wenig für Dänemark eingenommen gewesen. Vor allem gehörte er zu der entschieden lutherisch denkenden, jüngeren Fürstengeneration, deren Interessen sich um den 1530 begründeten Schmalkaldischen Bund konzentrierten. Der junge Christian war es gewesen, der bereits 1529 in Flensburg ein Religionsgespräch geleitet hatte, auf dem sich die Autorität Johannes Bugenhagens im lutherischen Sinne gegen das damit in Schleswig-Holstein überwundene Schwärmertum durchsetzen konnte. Auf Christians Drängen hin hatte sich dann der greise Vater Friedrich 1532 entschlossen, den Schmalkaldenern beizutreten. Mit Johann Rantzau zusammen hatte Christian 1521 Luther auf dem Wormser Reichstage kennengelernt. Da sich nun in Dänemark, gerade aus dem Gegensatz des Adels zu Christian II. heraus, um 1533 noch keineswegs endgültig entschieden hatte, wie man der neuen Lehre gegenüber Stellung nehmen sollte, gab es zunächst Nachfolgeprobleme. Während Christian III. in Kiel die Erbhuldigung von beiden Herzogtümern empfing, berieten die Dänen im Kopenhagener Treffen des Reichsrates gemeinsam mit den Norwegern. Noch besaßen dabei die Altgläubigen eine schwache Mehrheit, und so ging man auseinander, ohne Christian zum König gewählt zu haben. Dem selbst nach Kopenhagen geeilten Wullenwever gelang es dennoch nicht, die Dänen zum Krieg mit Holland zu bewegen, weil der energische Johann Rantzau ebenfalls eintraf und jedenfalls dies verhindern, wenn auch noch nicht die Thronerhebung seines Herzogs durchsetzen konnte.

Das zehn Wochen vor Kopenhagen abwartende lübische Geschwader lief anschließend in die Nordsee, verfehlte aber eine holländische Flotte, die nun ihrerseits am Sund auftauchte und den Schonenfischfang störte. Beiderseits wurde eifrig gekapert. Hamburg suchte zu vermitteln, aber auf dem dort im März 1534 wirklich zustande gebrachten Tag zog der aggressiv vorgehende Wullenwever gegen die kalte Ruhe der vom Kaiser gestützten Holländer klar den kürzeren. Das sei nun, so meinten diese, der Lauf der Dinge; man könne es ja am Schicksal des gotländischen Wisby sehen: große Städte würden klein und kleine groß! Der kaiserliche Vertreter fügte scharf hinzu, die Lübecker würden sich zwar immer des vielfältigen Gehorsams gegen die Majestät rühmen, wollten ihn jetzt aber nicht einmal anhören, sondern unterbrächen ihn dauernd mit Einreden. Danzig, natürlich gegen die Sundsperre, trat Lübeck schärfer denn je entgegen: dieser Krieg sei Privatsache zwischen Holländern und Lübeckern, man wolle „nichtes gemeynes“ damit haben. Formal war das Tagfahrtgrundsatz, nach dem einzelstädtische Probleme kein allgemeiner

Beratungsgegenstand sein sollten. Wütend verließ der lübische Bürgermeister daraufhin den Verhandlungssaal, ein von der Besonnenheit seiner Amtsvorgänger wie Hinrich Castorp, Heinrich Brömse oder Thomas von Wickede weit entfernter Mann.

Während sich Wullenwever heim begab, mußten Lübecks zurückbleibende Vertreter in den von Hamburg und Bremen vermittelten allseitigen Ausgleich auf Basis der holländischen Freiheit zum Ostseehandel willigen; trotz heftiger Gegenwehr der Travestadt wurden auch die Dänen und die Schleswig-Holsteiner einbezogen. Wullenwever hatte aber inzwischen die Lübecker ganz hinter sich gebracht und den Rat weitgehend neu mit eigenen Anhängern besetzen lassen. Unverkennbar wollte es die Bürgerschaft unter dem Einfluß der Beredsamkeit dieses Anführers einfach nicht wahrhaben, daß die jahrzehntelangen Anstrengungen der Stadt nun über deren Kräfte zu gehen drohten; daher folgte sie dem Spruch der alten Ratsmehrheit nicht, die nun keinen Ausweg mehr sah, als zunächst einmal durch Einlenken und Zurückstecken Lübeck aus der Isoliertheit nun sogar im engsten Kreise des wendischen Hanseviertels wieder herauszubringen.

Dänemark hatte sich unterdessen mit den Holländern zu einem Defensivbündnis gegen Schweden und Hansen zusammengetan. Das typisch Neue an der Lage war jedoch, daß der Thronprätendent Christian es ablehnte, gegen den dänischen Reichsrat mit Lübeck gemeinsam vorzugehen. Erstmals also wurde die Travestadt als nordischer Kronmakler scharf abgelehnt. Zu deutlich trat bei Wullenwever die adelsfeindliche Haltung hervor: er hoffte die beiden deutschstämmigen Bürgermeister von Kopenhagen und Malmö bei seiner neuen Politik auf seiner Seite zu haben und zugleich deren Bürgerschaften für die lutherische Lehre endgültig zu gewinnen. Er zögerte nicht, einerseits mit den Feinden Karls V., Heinrich VIII. von England und Franz I. von Frankreich, anzuknüpfen, andererseits aber des Kaisers in Sonderburg gefangenen Schwager Christian II. erneut in seine Überlegungen einzubeziehen.

Der lübische Söldnerführer Marx Meyer, mit Wullenwever befreundet und schon bei den Verhandlungen mit England und Frankreich hervortretend, gewann mit Graf Christoph von Oldenburg auch den Halbvetter Christians III. aus der jüngeren Linie des Oldenburger Hauses für die lübischen Kriegspläne; unter der Devise, den Sonderburger Gefangenen zu befreien, schlug man im Frühjahr 1534 in Ostholstein los und überrumpelte Mitte Mai das wichtige Schloß Trittau östlich von Hamburg. Rasch fielen auch die Güter des Lübecker Bischofs um Plön und Eutin in hansische Hand, bevor die zunächst verblüfften Holsten zum Gegenstoß ausholen, das belagerte Segeberg entsetzen und Eutin zurückgewinnen konnten. Als der Oldenburger von Travemünde aus nach Kopenhagen in See gegangen war, nahm Christians Feldherr Graf Johann Rantzau in gefährlicher Nähe zu Lübeck sein Feldlager.

Zunächst aber hatten die Lübischen in Dänemark Erfolge: Graf Christoph besetzte fast ganz Seeland mit Roskilde, rief in der Inselmitte die Bauern gegen den Adel auf und bewog Kopenhagen im Namen Christians II., die Tore zu öffnen. Daraufhin ging auch ganz Schonen zum Oldenburger über. Dagegen trat nun der jütische Adel zusammen und entschied sich für Christian III. Der ging zunächst bis nach Kolding vor, suchte von dort aus vergeblich, die Insel Fünen zu gewinnen, wurde dann aber Mitte August 1534 endlich in Horsens zum dänischen König erhoben. Mit Gustaf Wasa stand Christian bereits länger im Bündnis. Während das lübische Admiralsschiff im Sund vor Kopenhagen den Zoll für die Schiffspassagen erhob, sperrte Christians Aufgebot die Travemündung und legte sich, nunmehr auf 7.000 Mann angewachsen, erneut ins Lager unmittelbar vor der Travestadt.

Wullenwever suchte dagegen alle verfügbaren Kräfte zu mobilisieren. Er bot dem sächsischen Kurfürsten, der ja ein Vetter Christians II. war, die dänische Krone an und zugleich Herzog Albrecht von Mecklenburg, dessen Frau Anna die Nichte Christians II. war, die schwedische. Mit Mecklenburgs Feldhauptmann Graf Johann von Hoya kam neben dem Oldenburger der zweite der Anführer ins Spiel, nach denen dieser Feldzug, im Grunde irrig, als „Grafenfehde" bezeichnet wird. Lübeck suchte ferner nun in den wendischen Nachbarstädten die Bürgerschaft gegen den Rat aufzubringen und hatte damit in Wismar und Rostock auch einigen Erfolg. Hamburg dagegen blieb fest auf seiten seines Landesherrn Christian III., obwohl hier sogar ein Bruder Wullenwevers Ratsmitglied war, und erst recht verhielt sich Stralsund ablehnend. Sein Bürgermeister Claus Smitterloo war über das Auftreten des neuen lübischen Bürgermeisters erbittert; in Hamburg hatte er ihn mit den Worten zur Rede gestellt: „Herr Jürgen, ich bin bei vielen Verhandlungen gewesen, habe aber nie gesehen, daß man so mit den Sachen verfahren wäre, wie Ihr das tut. Ihr werdet mit dem Kopf an die Mauer laufen, so daß ihr dann auf dem Hintern zu sitzen kommt!"

Natürlich begann auch Christoph von Oldenburg das Ausbieten der nordischen Kronen mit wachsendem Mißtrauen zu beobachten, weil es seinen eigenen Plänen zuwider lief. Dazu kam die steigende Erschöpfung der lübischen Finanzen. Sie führte im Herbst 1534 zu ersten Unruhen gegen Wullenwever in der Stadt. Die Bürgerausschüsse weigerten sich, für derartige Ausgaben weiter allein verantwortlich zu sein; sie gestanden dem Rat wieder sein altes Recht zu, Nachwahlen selbst vorzunehmen, und so gelangten eine Reihe von alten, vorher ausgeschiedenen Mitgliedern wieder in das Kollegium zurück. Die lange erprobte Taktik hansischer Ratsgeschäfte, politische Gegensätze gerade durch Hereinnahme von Vertretern einer unterlegenen Gruppe zu neutralisieren oder über den schrittweisen Ausgleich zu bewältigen, zeigte sich auch in diesem Falle erneut erfolgreich. Damit nahm zugleich aber der Einfluß des worthaltenden Bürgermeisters Wullenwever merklich ab.

In dieser Lage kam es ihm fast gelegen, als Christian III., um zunächst seine dänischen Ansprüche endgültig durchzusetzen, einen auf Holstein begrenzten Teilfrieden annahm. Dieser Stockeldorfer Frieden vom 18. November 1534, benannt nach dem Feldlager Christians, beseitigte zwar die Bedrohung der Seeverbindung Lübecks, nützte aber vor allem den Schleswig-Holsteinern. Der Mecklenburger trat nun zwar in den Krieg ein, aber inzwischen war Marx Meyer mit den lübischen Kräften vor Helsingborg von den Schweden geschlagen und gefangen gesetzt worden. Wenig später fiel die Entscheidung auf Fünen. Dort vernichteten Johann Rantzaus deutsche Knechte am Ochsenberge das vom Grafen Johann von Hoya geführte Aufgebot des Mecklenburgers im Juni 1535. Zugleich besiegte ein gegnerisches Geschwader die vor Fünen operierenden lübischen Flottenteile. Erstmals hatten hier Danziger im Enterkampfe gegen Lübecker gefochten! Rantzau ging nach Seeland hinüber und bezwang in einjähriger Belagerung Johann Hoya in Kopenhagen. Damit war Christian III. endgültig Herr von Dänemark, das Schicksal seines gefangenen Vetters in Sonderburg besiegelt.

Wullenwever selbst hatte noch vorher sein Ziel gefunden. Schon seit Mai 1535 hatten vor allem Hamburg und Lüneburg die Vermittlung zwischen Lübeck und Christian III. eingeleitet. Im Juli trat zu Lüneburg ein von 23 Städten beschickter Hansetag zusammen. Vorbereitet worden war er auf den Tagfahrten des sächsischen Viertels in Braunschweig, wo man die lübische Politik scharf mißbilligt hatte. Außer Zweifel stand es jedenfalls, noch bevor man in Lüneburg zusammentrat, daß der Altbürgermeister Brömse – sein Kollege Plönnies war inzwischen bei dessen Verwandten in Münster verstorben – wieder in sein Amt eingesetzt werden sollte. Das Gewicht der Lüneburger Versammlung lag offen zutage: alle sechs wendischen Städte, ferner Köln und Bremen, vier der führenden westfälischen (Dortmund, Osnabrück, Soest, Paderborn), sechs der sächsischen (Magdeburg, Braunschweig, Göttingen, Hildesheim, Einbeck, Hannover), Danzig für die Preußen, Riga für die Balten, ferner die Ijsselgruppe mit Kampen, Zwolle und Deventer waren vertreten, endlich die Kontore Brügge, Bergen und London. Das bedeutete die vollständigste Tagfahrt seit langer Zeit. Von einem Auseinanderstreben des hansischen Interessenverbandes war keine Rede. 17 Verhandlungsartikel standen zur Debatte in der Ausschreibung, doch jeder wußte, daß es im Grunde nur um die Beilegung des lübisch-dänischen Krieges ging sowie um die Rückführung des alten Rates nach Lübeck. Beides waren bezeichnenderweise Angelegenheiten einer einzigen, aber eben der führenden hansischen Stadt, und insofern gehörten sie einerseits gar nicht, andererseits gerade vor die gemeine Tagfahrt. Gegen Lübeck traten auch Sprecher des Lüneburger Herzogs und des hessischen Landgrafen auf. Die Sachwalter Christians III. trugen eine scharfe Klageschrift vor. Selbst die Gegner der Schmalkaldener, an der Spitze der Mainzer Erzbischof, ergriffen das Wort, um Lübeck zum Frieden zu drängen.

Zum Vorfelde der Lüneburger Versammlung hatte aber auch noch das blutige Drama der Täufer in Münster gehört. Dort waren 1533 alle vier Pfarrkirchen an die Protestanten gelangt; als deren führender Prediger sich dem extremen Täufertum zuwandte, setzte sich die lutherische Ratsmehrheit vergeblich zur Wehr und ging schließlich aus der Stadt, zusammen mit den Altgläubigen. Bischof Franz von Waldeck, der zugleich in Minden und Osnabrück amtierte, sammelte eine Koalition aus katholischen und lutherischen Reichsständen; es kam zur langen und blutigen Belagerung der Stadt, in der die Täufer ein extremes Schreckensregiment aufgerichtet hatten. Vierzehn Tage vor Beginn der Lüneburger Tagfahrt kapitulierten sie endlich am 24. Juni 1535, ein halbes Jahr später wurden ihre drei Hauptanführer hingerichtet. Es liegt auf der Hand, wie stark diese Katastrophe in einem der ältesten und wichtigsten Hanseglieder den in Lüneburg versammelten Kreis beeindrucken mußte.

Er stand zunehmend unter dem Einfluß des braunschweigischen Syndikus Levin von Emden, der die Vernichtung Münsters und das Durcheinander in Lübeck zu einer „in alle hansische(n) Ohren dringende(n) Warnung vor fürstlichen Angriffen" benutzte. Es sei klar, so Levin „Wor ... mangels im regimente were," daß dort nichts „kan utgerichtet noch ethwas bestendigs gehandelt werden". Auf den Kaiser und andere Potentaten müsse es doch „wunderlich" wirken, wenn „de van Lubeck ... ßick mith ßo hogen ßachen bekummeren, koninghe to ßetten und to vorßetten". Er setzte daher durch, daß die Tagfahrt sich zu direkter Einwirkung auf den Lübecker Rat dorthin verlegte. Mit Ausnutzung eines kaiserlichen Mandats, das am 7. Juli Lübeck die Acht androhte, wenn es nicht binnen 45 Tagen die alte Ordnung wieder aufrichtete, kam es in diesem Sinne am 26. August zum Frieden zwischen Rat und Gemeinde. Zwei Tage später wurde Bürgermeister Brömse, wie es der lübische Chronist Reimar Kock erzählt, „twischen twe heren van Cölln up dat rahthuse geföhret, darna gingen dre burgermeistere van Bremen und ein borgermeister van Lüneborgh ... also wart he wedder in syne stede gesettet". Damit schloß nach 52 Tagen diese längste aller gemeinhansischen Tagfahrten.

Brömse hatte für dieses Ende beim Kaiser in Brüssel, der ihn zum Ritter schlug, und bei vielen Reichsständen gewirkt; bis zu seinem Tode 1543 blieb er altkirchlich eingestellt, mehr wohl aus politischen Rücksichten als aus konfessioneller Überzeugung. Auch war er erfahren genug, den Kurswechsel in Lübeck durch Einbeziehung von Ratmannen der Wullenweverzeit in die neue Stadtführung zu erleichtern und mit einer letzten Flottenunternehmung, die immerhin das belagerte Kopenhagen zu verproviantieren vermochte, das Gesicht zu wahren. Aber seine Bedeutung reichte nicht entfernt an die des Vaters oder Thomas' von Wickedes heran, wie sich bereits in den vier Jahren nach dessen Tode, 1527–31, also bis zu Brömses Flucht aus der Stadt, erwiesen hatte. Er trug ein ähnlich großes Maß an Schuld hinsichtlich der lübischen Niederlage wie der sicherlich begabte, aber diplomatisch unfähige und leichtfertig-maßlose Wullenwever. Dessen Amtsverzicht, verbunden mit einer von der Tagfahrt zugesicherten Amnestie, erlaubte ihm zunächst, in Lübeck zu bleiben. Als er aber für den Mecklenburger an die Elbmündung ging, um im Lande Hadeln Söldner zu werben, ließ ihn der Bremer Erzbischof gefangen nehmen und – übrigens in Anwesenheit von Brömse – peinlich verhören. Nach Wolfenbüttel zum herzoglichen Bruder des Bremers gebracht, machte man ihm den Ketzerprozeß; obwohl er zwar zu seinen Taten stand, aber bis zuletzt bestritt, ein Täufer zu sein, wurde er schließlich im September 1537 enthauptet und anschließend gevierteilt. Seine Beurteilung schwankt zwischen unsinniger Übersteigerung und schärfster Verdammung. Dollinger nennt sein Vorgehen im Jahre 1534 „geradezu vermessen" und bezeichnet es als seinen schwersten Fehler, daß er sich mit Gustaf Wasa verfeindet habe. Das ist irrig, denn wir sahen bereits, daß der Schwede schon vorher Position gegen die Hanse bezogen hatte und wohl auch beziehen mußte. Nicht hier, sondern in der extrem verschärften Isolierung Lübecks gegenüber der Hanse liegt für mich Wullenwevers Versagen: wenn zumeist die „Uneinigkeit" als ein Symptom hansischen Niederganges in der Grafenfehde angesehen wird, so ist eher das Gegenteil richtig: die Gemeinschaft war einig in der Ablehnung der verfehlten lübischen Politik, und sie bewährte sich in dieser Ablehnung. Man muß umgekehrt dem lübischen Verhalten vorwerfen, daß es hier so eindeutig wie niemals vor- oder nachher von der angemessenen Führungslinie für den hansischen Verband insgesamt abgewichen ist. Erst infolgedessen, wir haben das noch zu behandeln, traten später Brüche ein, die in der Tat dazu zwingen, von einem Niedergang zu reden.

Ein letztes Wort zum Abschluß des Ringens mit Christian III.: Im Frieden zu Hamburg hat Lübeck ihn am 14. Februar 1536 als König anerkannt, dafür aber immerhin die Bestätigung der Schonenprivilegien durchgesetzt. Karl V. zögerte noch lange, sich endgültig mit der Herrschaft des deutschen Gottorfers über Dänemark abzufinden, zumal dieser nun voll die Reformation durchzuführen begann. Erst 1544 gelang es Johann Rantzau, den Frieden von Speyer auszuhandeln, mit dem nun auch Kaiser und Reich Christians Doppelherrschaft hingenommen haben.

Über angebliche Niedergangsprobleme

Mit Behandlung der sogenannten Grafenfehde und ihrer Folgen für Lübeck sind wir zuletzt an jenen Umkehrpunkt hansischer Politik im Ostseeraum gelangt, der auf den schon länger eingetretenen wirtschaftlichen Umschwung im Zeichen eines von der holländischen Seefahrt angetretenen Siegeszuges nicht nur in den nordeuropäischen Gewässern, sondern – was den Schiffbau, die Nautik, die freie unternehmerische Handelsführung anlangt – auch in Übersee folgte. Dahinter stand das nun explosiv aufstrebende Volkswachstum zwischen Schelde- und Emsmündung, durch das niederländische Städte wie Antwerpen, Middelburg, Bergen, Dordrecht, Rotterdam, Leiden, Haarlem und vor allem Amsterdam nun sowohl die flämischen, als auch die Ijsselstädte des älteren Fernhandelsnetzes bei weitem in den Schatten gestellt haben.

Es ist ein verbreiteter Fehler in der Forschung, von dem hartnäckigen Kampfe Lübecks um einen Ausschluß der Holländer aus der Ostseefahrt, der nach Lage der Konjunktur zum Scheitern verurteilt sein mußte, rückzuschließen auf einen damit verbundenen, katastrophalen Abschwung der wirtschaftlichen Lage in den hansisch verbundenen Städten, insbesondere im wendischen Hanseviertel mit Lübeck an der Spitze. Stellt man in Rechnung, daß bereits 1497 nach Ausweis der Sundzollisten der holländische Schiffsverkehr am Ostseezugang bei weitem den hansischen übertraf, so zeigt sich der hier vorliegende Irrtum. Wenn gerade Lübeck, das ohne Zweifel am härtesten durch die holländische Konkurrenz betroffen war, noch drei bis vier Jahrzehnte später materielle Anstrengungen von einem derartigen Umfange, wie in den mit Dänemark und Schweden geführten Kriegen zwischen 1512 und 1536 aufzubringen vermochte, dann kann die eben erwähnte Rechnung nicht aufgehen.

Vielmehr muß man, übrigens entsprechend einer für ganz Mitteleuropa etwa ab 1470–80 geltenden Wirtschaftslage, gerade mit neuem Auftrieb rechnen, der sogar zahlreiche Ursachen hatte. Er fehlte auch bei Lübeck und vielen seiner hansischen Genossen keineswegs, er war nur bei weitem geringer als in dem durch die Lage besonders begünstigten Holland. Er war sogar im hansischen Raum – und wir werden sehen, daß das auch für die sächsisch-westfälischen Verbandsgruppen gilt – jedenfalls wesentlich spürbarer, als in Flandern, Brabant und an der Ijssel.

Wenn so die späthansische Wirtschaft zu ihrem Teil auf eine allerdings nicht mehr mit hochhansischer Zeit zu vergleichende Weise am Wachstum des frühen 16. Jahrhunderts teilhatte, dann ist dem jedoch entgegenzuhalten, daß gerade die nordischen Reiche durch dieses Wachstum erst einen bis dahin erheblichen Rückstand gegenüber Mitteleuropa in gewissem Umfang aufzuholen vermochten. Ihre klimatischen und verkehrstechnischen Probleme, ihre mangelnde staatliche Durchgliederung und ihre sehr dünne Besiedlung, vor allem was Norwegen und Altschweden anging, hatten bis zum 15. Jahrhundert zu oft starken Abhängigkeiten von den durch die Hanse, aber auch andere kontinentale Wirkungsträger, wie etwa die abendländische Kirche, auf sie geübten Einflüssen geführt. Sie waren dabei zu scharf genutzten Versorgungsräumen, zugleich aber auch zu an den Kontinent mehr und mehr herangezogenen Entwicklungsgebieten geworden. Jetzt entfalteten ihre anwachsende Volkskraft, ihre technisch der des Kontinents angenäherte Landwirtschaft und ihr aufblühendes Eigengewerbe, nicht zuletzt ihre aus Rückständigkeiten vorandrängende Staatlichkeit Energien, die den Vorteil großer Ausdehnung, ansehnlicher Quellen an Rohstoffen und in weiten Gebieten auch stark intensivierbarer Nahrungsmittelgewinnung umzumünzen verstanden in eine Befreiung aus älteren, gerade auch hansischen Einflußnahmen.

Die lange Zeit hindurch mögliche, sogar notwendige Geburtshilfe Lübecks und seiner Verbandsgeschwister bei der Bewältigung der periodisch wiederkehrenden Staatskrisen infolge der für das Mittelalter ja allein gegebenen Herrschaftsbildung aus dynastischer Legitimität (ich vermeide hier bewußt den durch längeren Mißbrauch in der Forschung fast unverwendbar gewordenen Begriff des „Feudalsystems"), diese mit immer neuem Eingriff bewirkte Neuverteilung der Kronen als der Symbolträger zeitgemäßer staatlicher Ordnung, war nicht länger von außen durchführbar, wie das der Braunschweiger Syndikus Levin, über den wir zuletzt hörten, mit scharfer Einsicht erkannt hatte. Sie kann ohnehin kaum angesprochen werden – im Sinne einer nationalstaatlich verengten, die Hanse und das Reich unzulässig nahe aneinander zerrenden Auslegung, die im Grunde als vordergründig-positivistisch zu beurteilen ist, – als ein lediglich raffiniertes Verteilerspiel der Hanse mit nordischen Königsthronen. Das mittelalterliche Bürgertum, unternehmende Fernhändler sowohl als produzierende Exportgewerbler, war seinem gemeindlichen Denken nach hingewiesen auf die Friedewirkung im Wege mit Vertragspartnern. Wo diese fehlten oder versagten, mußten andere Partner gefunden werden, die mehr Gewähr boten für Durchsetzung von vertraglich vereinbarten Regelungen etwa im Strandrecht, im Hafen- und

Marktschutz, im Straßengeleit. Die Förderung von Prätendenten, deren Person und Mittel solche leistungsfähige Partnerschaft in Aussicht zu stellen schienen, war daher keine bloß machiavellistische Machtpolitik, sie stellte für mittelalterliche Verhältnisse den einzigen gangbaren Weg zu Friedewirkung und Rechtssicherung dar, den großbürgerliche Genossenorgane beschreiten konnten.

Nun war noch bei den Herrschaftswechseln von 1513 und 1523 in Dänemark und Schweden zwar die Durchsetzung der lübisch unterstützten Prätendenten gelungen, und sie hatte das Ziel neuer, vertraglicher Absicherung des hansischen Privilegienstandes auch erreicht, aber wegen der gestiegenen Eigenkräfte ihrer Länder und ihrer Herrschaft hatten sich die neuen Könige noch viel rascher Bewegungsfreiheit verschaffen können, als in manchen vergleichbaren Situationen der Vergangenheit. Es war uns bereits aufgefallen, daß dabei in Schweden die Konfiskation des Kirchenguts im Wege eines 1527 von oben her verfügten Übergangs zur lutherischen Konfession eine erhebliche Rolle gespielt hatte. Diesen Faden gilt es gleich erneut aufzugreifen, doch zuvor ist zu betonen, daß Lübeck aus einer derart beunruhigend veränderten Auswirkung eben erst herbeigeführter Thronwechsel vielleicht seine Schlüsse hätte ziehen müssen. Im gleichen Jahre 1527 verstarb aber der erfahrene lübische Bürgermeister von Wickede, und seine deutlich schwächer befähigten Erben zogen weder aus dem Verhalten Gustaf Wasas noch Friedrichs I. von Dänemark-Norwegen und Schleswig-Holstein die notwendigen Folgerungen.

Statt vorsichtigen Einlenkens gegenüber beiden Herrschern – was ein gleichzeitiges Einlenken auch gegenüber den Holländern bedeuten mußte, um sich an deren vehementen Aufstieg anzuhängen, besser als ihn mit veralteten Wirtschaftswaffen starr weiter zu bekämpfen – glaubte Lübeck, wohl auch im Vollgefühl des zweifellos 1524 errungenen Erfolges, die harte Linie sowohl politisch als auch wirtschaftlich durchhalten zu können. Obwohl es nun dabei seine hansischen Gefährten einen nach dem anderen von der Seite verlor, bis hin zu Danzigs offener Seefehde auf gegnerischer Seite, fand es nicht die Kraft, gegenüber den nun allerdings im Rate bezeichnenderweise aufkommenden Stimmen, die vor einem neuen Krieg warnten, seine die reformatorische Woge in Kanäle eines alterstrebten Verfassungswandels und zugleich einer dänen- wie hollandfeindlichen Politik lenkenden Demagogen in Maß und Grenzen zu verweisen. Die schon von Wickedes Nachfolgern verschuldete Fehlbeurteilung der Lage erhielt so in den Händen Wullenwevers eine ins Unheil führende Beschleunigung. Der neue Mann hat also nicht ausgelöst, er hat besiegelt, und es war schicksalhafte Ironie, daß der Mitschuldige Brömse pomphaft wieder ins Amt zurückkehrte. Die letzten sechs Jahre seiner Amtsführung bis zum Tode 1543 bewiesen denn auch, daß er nichts begriffen hatte; obwohl ihn vor allem die nun sowohl in den Hansestädten – einschließlich Lübecks – als auch in ganz Skandinavien zugunsten des Luthertums entschiedene Entwicklung zu Konsequenzen hätte veranlassen sollen, blieb er hier völlig passiv und verharrte auch für sich selbst bei der alten Lehre. Das mag man charaktervoll finden – sofern es nicht auch jetzt, wie schon zuvor bei Brömse, eher auf irriger Einschätzung der endgültigen Chancen für die Politik des Kaisers beruhte –, es war jedenfalls politisch im Gesamtrahmen der nordeuropäischen, für die Hanse bestimmenden Lage verfehlt.

Zur Frage des Konfessionswechsels

Nur gegen die Zusicherung des Fortbestehens der lutherischen Kirchenordnung und einer begleitenden politischen Amnestie war Brömse 1535 wieder in die Travestadt gelangt. Hier müssen wir uns deshalb dem allgemeinen Gange der lutherischen Bewegung im hansischen Raume zuwenden. Es war schon davon die Rede, welchen Zustrom die junge Wittenberger Universität gerade aus hansischen Großstädten bereits um 1520 genoß. Wir können aber auch daran erinnern, daß führende Männer aus den Fürstenstaaten im niederdeutschen Bereich sich Luthers Gedanken um die gleiche Zeit öffneten, wie etwa der in Worms gemeinsam mit Rantzau anwesende Christian III.

In allen Hansestädten von Gewicht waren um diese Zeit lutherische Gedanken und Schriften bereits bekannt; sie begegneten den alten Beschwerden gegen Mißstände in der Kirche, wie sie etwa der Hamburger Domdekan Albert Krantz in seiner Tätigkeit als gleichzeitiger Lektor Primarius der Domschule oft und mit steigendem Ernst ausgesprochen hatte. Fest im altkirchlichen Bekenntnis, nicht wie Brömse aus politischer Berechnung, sondern aus theologischer Überzeugung, wollte Krantz die Reform der Kirche an Haupt und Gliedern. Er war kaum zum Dekan gewählt, als er eine unnachsichtige Visitation durchführte und das Kirchengut genau verzeichnen ließ. Den Domvikaren schrieb er vor, sie sollten die Konkubinen verjagen. Darauf antworteten sie freilich, er sollte damit gefälligst bei den Domherren anfangen. Die nicht selten jahrhundertalten Streitigkeiten um das Schulproblem, um die exemte geistliche Gerichtsbarkeit und um die Besteuerung mit allen daraus erwachsenden Schwierigkeiten gewannen damit neue Nahrung. Luther sprach aus, was bereits lange ärgerlich war.

Von Lübeck, Goslar und Dortmund abgesehen, waren jedoch alle anderen hansischen Städte landsässig, hatten also Rücksicht zu nehmen auf die fürstlichen Ortsherren. Das galt auch dort, wo das Verhältnis ausgesprochen gut war, wie etwa zwischen Hamburg und dem Holstenherzog, oder wo die betreffende Stadt ein solches Gewicht hatte, daß ihr Landesherr eben erst mit dem Bemühen gescheitert war, eine straffere Unterstellung durchzusetzen, wie etwa in Braunschweig. Aus dieser Bedingtheit erklärt sich die allgemein zu beobachtende Vorsicht der jeweiligen Ratskollegien, zu früh von sich aus im Glaubensstreit offen Partei zu nehmen. Immerhin wird eine früh gegebene Zugänglichkeit auch in Ratskreisen zum Beispiel daran erkennbar, daß das scharfe Edikt, das Karl V. am Ende des Wormser Reichstages 1521 gegen Luther hatte drucken lassen, in kaum einer der hansischen Städte öffentlich angeschlagen worden war.

Die abwartende Haltung der Stadtführungen wurde nun in den folgenden Jahren durch die weitere Entwicklung förmlich überrollt. Während das zu Nürnberg zusammentretende Reichsregiment alsbald über die Auslegung und Anwendung des Wormser Edikts zerfiel, der fromme und strenge Papst Hadrian VI., ein Theologieprofessor aus Löwen, der Karl unterrichtet und zeitweilig sogar als Reichsverweser in Spanien gewirkt hatte, nach nur gut einjähriger Amtszeit im September 1523 bereits verstarb, ohne daß die Reichstagsforderung nach einem allgemeinen Konzil verwirklicht worden wäre, setzte sich von Ostfriesland bis nach Ansbach und Nürnberg die lutherische Predigt fest. September 1522 war Luthers deutsche Übersetzung des Neuen Testaments gedruckt worden; sie breitete sich mit der Schnelligkeit einer Flugschrift aus. Zugleich bewältigte Luthers erneute Predigt von Wittenberg aus den Bildersturm; beraten von Bugenhagen entwarf er 1523 die Leisniger Kastenordnung, mit der das kirchliche Finanzwesen ebenso wie die Schulordnung zur Sache der Ratsobrigkeit gemacht und zugleich der Gottesdienst neu geordnet wurde. Die im April 1525 geschriebene „Ermahnung zum Frieden" auf die damals Luther vor Augen gekommenen süddeutschen „14 Artikel" der schwäbischen Bauernschaft klärte eindeutig den Standpunkt der neuen Lehre: „Daß die Obrigkeit böse und un(ge)recht ist, entschuldigt keine Rotterei noch Aufruhr", hieß es da, denn – so im Mai – „Aufruhr ist keines Gerichtes, keiner Gnade wert".

Diese uneingeschränkte Entscheidung für eine „geordnete Obrigkeit" bot nun in der Tat Handhaben auch für die noch voll autonomen hansischen Führungsstädte, alte Anliegen des Rates gegenüber der Kirche im Verein mit der sich für die neue Lehre entflammenden Bürgerschaft durchzusetzen. Natürlich gab es in den hansischen Räten die indifferenten, eigensüchtigen, politischen Rechner, wie in der Gemeinde die unverantwortlichen Aufwiegler, doch sie befanden sich dort wie hier in der Minderheit. Die besonders mittelständisch durchbrechende, starke Vertiefung des Glaubensanliegens griff, dafür liegen genügend Nachweise vor, auch in die Ratskollegien hinein, wie sie natürlich vor namhaften Vertretern der alten Kirche nicht Halt machte. Dagegen blieb die thüringische Variante des Bauernkrieges unter Führung des radikalen Mühlhäuser Pfarrers Thomas Münzer am Rand des hansischen Bereiches ohne weiteren Einfluß nach Norden liegen.

Noch 1522–24 faßten in Dortmund und Osnabrück, in Goslar und Braunschweig, in Hamburg und Rostock die ersten lutherischen Prediger Fuß, aber noch der Lübecker Hansetag vom Januar 1525 nahm gegen die „martinianischen secten" scharf Stellung. Schon ein halbes Jahr später jedoch stellt es die Tagfahrt den Einzelstädten frei, sich mit guten, sollte heißen evangelischen Predigern zu versorgen. Während bereits die sächsischen, hessischen und preußischen Fürsten in das neue Lager übergingen, kam nun der Wandel mit Verquickung von kirchlichen, verfassungspolitischen und sozialen Zielen auch in der Stadtführung wichtiger Hansestädte zum Durchbruch. Bürgerausschüsse, wie sie ja seit je die Vertretung der Gemeindeinteressen gegenüber dem Rat wahrzunehmen hatten, wurden gebildet, meist auf Basis der sakralen Zwölfzahl für die Stadtviertel, Kirchspiele, Leischaften oder wie immer die Teilgemeinden hießen. Diese 48 oder 60 trugen dann die Verhandlungen. In Wismar etwa, dort waren es 40 nach Berufsgruppen zusammengetretene Bürger, zogen sie schon 1524 die Finanzhoheit an sich. In Hamburg hatte man bereits 1524 vergeblich Bugenhagen als Pfarrer berufen; dieser kam dann 1528 zunächst nach Braunschweig, um eine neue Kirchenordnung aufzurichten. Es folgte jene berühmte Kette von jeweils mit kluger Anpassung an die bestehenden Verfassungsverhältnisse neue Grundsätze verbindenden Satzungen, die zunächst 1529 Hamburg, dann 1531 Lübeck selbst sowie später Hildesheim 1544 erhielten. In Lüneburg hatte der Umschwung 1530 begonnen und war 1531 durch die Kirchenordnung des Urbanus Rhegius abgeschlossen worden. Dazu kamen Bugenhagens weitere vier 1534–43 entstandene Kirchenordnungen für Fürstenstaaten: zunächst Pommern, Bugenhagens Heimatland, dann 1537 – also nach dem endgültigen Siege Christians III. – Dänemark und fünf Jahre später auch Holstein, endlich das Herzogtum Wolfenbüttel, als die Schmalkaldener dort den hartnäckig zur alten Kirche stehenden Welfen zeitweilig vertreiben konnten.

Der bedeutende pommerische Humanist und Professor Bugenhagen war auch als niederdeutscher Sprachschöpfer Luthers kongenialer Helfer. In seiner volkssprachlichen Bibelübersetzung, in seinen klaren Satzungstexten führte er die gleiche, plastische und schlüssig aufgebaute Rede wie in seinen Predigten. Als hansischer Ratsherrensohn kannte er die Verhältnisse in den kleinen und großen Städten des Verbandes genau. So nah er den protestantischen Fürsten kam – Christian III. wurde von ihm in der Kopenhagener Frauenkirche 1537 sogar gekrönt –, so entschieden dachte er in bürgerlichen Horizonten. Der von festen Grundsätzen ausgehende Ansatz praktisch-machbarer Ordnungen ist für ihn kennzeichnend: sein „Superattendent" als neue Kirchenspitze ist bürgergewählt und wird anschließend von der Obrigkeit – Stadtrat oder Fürst – eingesetzt, seine Gemeinde hat gewählte Organe, die das Finanz- und Schulwesen ebenso beaufsichtigen wie die Prediger und den Gottesdienst. Es ist für ihn bezeichnend, daß er sich in Lübeck während der entscheidenden Phase vor der Herrschaft Wullenwevers aufhielt; es gelang ihm dort, eine den Verfassungsrahmen achtende, ihn nur behutsam in Richtung auf erweiterte Mitwirkung der Bürgerschaft fortentwickelnde Satzung durchzubringen. Er war noch in der Stadt, als hier Brömse und Plönnies mit weiteren Ratmannen Lübeck verließen, dort Wullenwever zum einen der Sprecher des 64er-Ausschusses der Bürgerschaft aufstieg. Aber Bugenhagen hatte die Stadt verlassen, bevor es 1533 zu dem unglücklichen neuen Kriege kam. Seine Kirchenordnung mußte von Brömse ausdrücklich bestätigt werden, bevor dieser ins Amt heimkehren konnte, und Brömse hat sich auch später an seine Zusage gehalten. Das Ergebnis war hier wie in den anderen hansischen Städten, daß einerseits die Bürgerschaft neue Einflußmöglichkeiten gewann, daß ihre Vertretungsorgane nun endlich, zum Unterschied von den auch im Mittelalter bereits des öfteren ad hoc gebildeten Ausschüssen, dauernde Einrichtungen geworden sind, daß aber andererseits die Unterstellung der Kirchen- und Schulsachen unter den Rat dessen obrigkeitliche Befugnisse ganz entscheidend erweitert hat. Hier begann – den Fürstenstaaten völlig parallel – der Weg in eine frühneuzeitliche, aus Macht und Verantwortung zugleich geformte Staatsvorstellung unter dirigistischen Vorzeichen. Der Rat hielt sich verpflichtet und befugt zugleich, Vormund aller Bürger und Einwohner zu sein.

Natürlich gab es eine breite Fülle der Varianten, was die konkrete Neuordnung in den einzelnen hansischen Städten anging. Es lag auf der Hand, daß eine so komplizierte Stadt wie Braunschweig mit seinen immer noch fortlebenden Teilstädten besondere Ordnungen verlangte: hier gab es eben einen Samtrat mit nicht weniger als 105 Vertretern aller fünf Weichbilde, der den „Engen Rat" mit immer noch 25 Gliedern als eigentlicher Verwaltungsspitze, aber mit begrenzten Zuständigkeiten, aus sich bildete. Erst 1614 wurden die Ratmannen auf 56 im Samtrat beziehungsweise 15 im Engen Rat vermindert. Hier gab es daher auch zwei Lateinschulen (Gymnasien), je eine in der Alt- und der Hagenstadt.

Viel Unruhe brachte der Übergang auch in Bremen mit sich, dessen Rat sehr früh zur neuen Lehre trat, aber dennoch schon 1526 mit inneren Kämpfen zu tun bekam. Er nahm 1531 die Bildung von Bürgerausschüssen der Kirchspiele hin, doch wichen vor diesen 64ern die meisten Ratmannen aus der Stadt. Im Bund mit dem erzbischöflichen Stadtherrn, der schon seit Jahrhunderten hinausgedrängt gewesen war, unterwarf dann der alte Rat 1534 die Stadt, beseitigte die Bürgerausschüsse und ließ ihre Anführer hinrichten, führte aber natürlich den Katholizismus nicht wieder ein und wendete sich alsbald auch wieder gegen den Erzbischof. Von dem blutig-extremen Verlauf in Münster bis 1535 war schon die Rede; noch vor seinem für die Stadt bitteren Ende hatte ein Hamburger Hansetag 1535 beschlossen, in keiner hansischen Stadt künftig mehr die radikalen Sekten zu dulden, für das Täufertum eine folgenreiche Verfügung.

In Danzig hatten vorreformatorische Bürgerkämpfe erstmals 1517 zu einer Bürgervertretung geführt; der Rat mußte dann 1525 die neue Lehre und eine neue Ratsmehrheit zulassen, erzwang aber im folgenden Jahre zunächst die Wiedereinführung des Katholizismus bei Herstellung des alten Rats. Das war auf die Dauer nicht durchzuhalten; der 1527 ausgehandelte Kompromiß beließ der alten Kirche nur mehr die Klöster und stellte dem Rat ein 100er Kollegium der Bürgerschaft gegenüber, das nun Einfluß auf die Geschäfte gewann. Der König als nomineller Ortsherr mußte den Übergang aller Pfarren und natürlich des Schulwesens an die neue Lehre hinnehmen; er hat erst 1557 durch Privileg die Religionsfreiheit anerkannt.

In Soest gelang es dem Luthertum erst Mitte der 30er Jahre, wirklich durchzudringen. In Köln endlich behauptete sich die altkirchliche Verfassung auf eine durch den Transfixbrief 1513 vereinbarte, erweiterte Weise bürgerlicher Mitwirkung am Ratsregiment. Die 22 Gaffeln wählten danach 36 Ratmannen, die sich um 13 weitere selbst ergänzten; ein 24er-Ausschuß der Gaffeln hatte Einfluß auf Krieg und Frieden, Bündnisse sowie finanzielle Großausgaben und Renten. Aber auch das altkirchlich beharrende Köln hielt am Hanseverband fest.

Genug der Beispiele für die ganz verschiedenen Formen der städtischen Verfassung im hansischen Bereich, wie sie sich aus dem Wechselspiel politischer, sozialer und konfessioneller Kräfte entwickelt hatten. Vergleicht man sie im Zusammenhang, so stellen sie eine dritte Phase bürgerlicher Verfassung dar: Hatte zunächst im 12. bis frühen 13. Jahrhundert die Bürgergemeinde im Rahmen der Stadtbildung entscheidende Funktionen wahrgenommen und ihr Führungsorgan durch Wahlen im Jahresturnus bestimmt, so war mit der Verfestigung dieses Organs zum Rat eine Entwicklung zu weitgehender Ausklammerung der Bürgerschaft aus der Stadtführung eingeleitet worden. Anstelle der Turnuswahl trat die Selbstergänzung des Rates nebst Amtsführung auf Lebenszeit sowie die weitgehende Selbständigkeit der ratsfähigen Familien hinsichtlich der politischen und wirtschaftlichen Entscheidungen. Die Bürgerschaft war jedoch stets als Gegenüber des Rates eine verfaßte Gemeinde geblieben und hatte in den periodisch aufflammenden inneren Kämpfen alte Rechte bekräftigt und um vermehrten Einfluß gerungen. Ausgangs des Mittelalters hatte der Rat obrigkeitliche Funktionen fest in der Hand; im 16. Jahrhundert kam es nun zwar zu gesteigerter Mitwirkung der Bürgerschaft durch nunmehr dauernd bestimmte Ausschüsse, andererseits aber zu einer erweiterten Ratsobrigkeit nun auch über Kirchen- und Schulwesen. Dagegen behauptete sich die Bürgerschaft, wie während des ganzen Mittelalters, in der Fürsorge und im Wirtschaftsleben.

Die große Linie des Übergangs zur lutherischen Lehre in fast allen hansischen Städten haben wir damit zu fassen versucht. In fast allen, denn – vom späteren Erfolg der Gegenreformation einmal ganz abgesehen, wie er etwa Münster, Paderborn und andere westfälische Städte anging – Köln als der südwestliche Brennpunkt in der hansischen Ellipse ist nicht zur neuen Lehre übergegangen. Diese Feststellung hat ohne Zweifel ähnliches Gewicht für eine Beurteilung des Reformationsablaufs aus hansischer Sicht, wie die andere, bereits getroffene, daß in der bürgerlichen Verfassungsentwicklung auf doppelte Weise ein Wandel geschah: er führte die Bürgerschaft zu dauernden, sich jetzt institutionalisierenden Vertretungen, er weitete aber auch die Ratsherrschaft auf das Kirchen- und Schulwesen aus. Mit dem Augsburger Religionsfrieden von 1555 sind später diese Entwicklungen verfestigt worden. Soweit damals die führenden Hansestädte noch über eine echte Autonomie verfügten – und für fast alle großen unter ihnen war das noch der Fall –, gewann die Ratsherrschaft faktisch den „Summepiskopat", also die Kirchenhoheit. Wie die Landesherren der evangelisch gewordenen, benachbarten Territorien verfügte sie über die Besetzung des kirchlichen Oberamtes, der Superintendentur, bestimmte in Personalunion oder indirekt die kirchliche Finanzverwaltung mit, wirkte über das Medium der Kirchspielsorgane in das Fürsorgewesen hinein, koordinierte die Kirchenordnung auch bei späteren Umgestaltungen mit der Stadtverfassung. Besonders deutlich wurde das etwa in Bremen und in Hamburg. Bremen, dessen kräftig aus den Niederlanden beeinflußte konfessionelle Vielschichtigkeit schließlich in jedem der Kirchspiele eine eigene Bekenntnislage vom strengen Kalvinismus bis zum orthodoxen Luthertum nach sich zog, hatte faktisch kein kirchliches

Oberamt mehr, und in Hamburg blieb es zwar de jure bestehen, zumal schließlich das Luthertum alle anderen evangelischen Richtungen auskehren konnte, doch besetzte der Rat, abgestoßen teils durch den erbitterten Streit zwischen Kryptokalvinisten und Orthodoxen, verlockt aber auch durch die etatistischen Vorteile des eigenen Kirchenregiments, nach einer Vakanz 1593 die Superintendantur gar nicht mehr, so daß der Senior unter den Hauptpastoren zu einer Ersatzspitze der Geistlichkeit geworden ist. Das wurde faktisch im Hauptrezeß von 1603 festgeschrieben.

Rascher und im Ergebnis weniger kompliziert gestaltete sich der Konfessionswechsel bei den weiter östlich gelegenen Hansegruppen. Für die Pommern bot Stralsund den Anstoß, wo seit 1523 der von Stolp gekommene Karsten Ketelhut lutherisch predigte. Sittenverstöße zweier Pfarrer hatten ihm den Weg bereitet. 1524 setzte die Bürgerschaft 48er ein und bedrängte den zögernden Rat. In der Dominikanerkirche bewarfen die Frauen einen Mönch, der Papst und Ablaß verteidigen wollte, mit ihren Pantoffeln, von der Nikolaikanzel zerrte man einen anderen Prediger herab, weil er die Lutherischen mit der Rotte Korah verglich. Angesichts der Zerstörung in mehreren Kirchen ging der Vers um „Sund, strunt! Du makes it to bunt!/ ... mit allen dinen werken!/Mit rowen stelst du dat geistliche gut/und du schynnest de hilligen kerken." Zu Ostern 1525 kehrte aber Frieden ein, durch Ratsumbildung wurden die Lutherischen Herr der Lage.

In Stettin hatte sich Herzog Bogislaw X. schon Fronleichnam 1523 den von Luther geschickten Paul vom Rode angehört und an ihm, den sein Bischof und „alle meine prälaten verdammen und für einen Ketzer ausruffen", nichts zu tadeln gefunden. Das Kapitel an St. Marien blieb hier aber noch bis 1534 altgläubig, wie auch in Greifswald der Lehrkörper an der Universität bis 1531 den Konfessionswechsel hintan halten konnte. Mit dem Treptower Landtage im Dezember 1534, den Bugenhagen zusammen mit Rode, Ketelhut und dem Greifswalder Pfarrer Knipstro beherrschte, war der Streit entschieden; die danach gedruckte Kirchenordnung schloß ihn ab.

Für die Preußen war bereits 1525 ausschlaggebend, daß Hochmeister Albrecht von Zollern lutherisch wurde und den Ordensstaat in ein weltliches Herzogtum umwandelte. Der Danziger Rat führte zwar 1526 nochmals gewaltsam die alte Lehre wieder ein, doch war das nur ein kurzfristiger Umschlag. Vollends in den baltischen Städten setzte sich die lutherische Predigt bereits um 1523/24 durch, weil hier in besonderer Weise das Wittenberger Studium zahlreicher Söhne von Adel und Großbürgertum die konfessionelle Einstellung zu bestimmen vermochte.

Wenn ich dem Urteil von DOLLINGER nicht zu folgen vermag: „Die Ausbreitung der Reformation ... schadete der Hanse ausgesprochen", so könnte das als umgekehrt einseitig erscheinen. Mir steht aber vor Augen, daß Mitte des 16. Jahrhunderts gerade das altkonfessionelle Köln und das neugläubige Lübeck besonders eng zusammengewirkt haben. Richtig ist, doch das war keineswegs neu, daß die Streitigkeiten sich mit inneren Kämpfen verquickten. Wir kommen damit ein letztes Mal auf deren Probleme. Die Auseinandersetzung um das Kirchenwesen war zwar ein neues Element darin, auch wenn sie in Schul-, Steuer- und Gerichtsfragen weithin die alte Spannung zwischen Rat und Bürgerschaft einerseits und dem exemten Klerus andererseits nur auf neue Ebenen verlagert hatte, aber sie fügte nur ein weiteres zu den politischen, wirtschaftlichen und sozialen Hintergründen, aus denen sich seit dem Hochmittelalter die Bürgerkämpfe gespeist hatten. Alle bisher versuchten Gesamtdarstellungen lassen unbefriedigt, weil sie durchweg Fallstudien unzulässig verallgemeinern, von zeitfremden Vorstellungen ausgehen und insofern voreingenommen ermitteln, in unfreiwilliger oder auch gezielter Einseitigkeit bestimmte Akzente des unzweifelhaft komplexen Sachverhalts betonen.

Nochmals über Gestalt und Verlauf innerstädtischer Kämpfe

Dennoch hat sich in den letzten Jahrzehnten aus eindringenden Studien über die Vorgänge in wichtigen Städten der Ansatz für eine zusammenfassende Lösung abgezeichnet; Beiträge sind dazu von seiten des historischen Materialismus ebenso geleistet worden, wie von seiten der westdeutschen nichtmarxistischen Forschung. Das hervorragende, aber auch komplizierte Modell dafür gab uns die Stadt Braunschweig ab: der Braunschweiger Ratsschreiber Herman Bote hat in späthansischer Zeit, nämlich 1514, wie wir uns erinnern, mit einer an Drastik nicht zu überbietenden, einseitig den Standpunkt des Rates betonenden Darstellung die zum Teil über 200 Jahre zurückliegenden Unruhen ausführlich geschildert. Hier ist zwar sehr handfest, aber darum doch irreführend Stellung bezogen, denn die Verfassungslage von 1300 hatte mit der von 1500 in Braunschweig nur wenig gemein, eben weil durch die Unruhen gerade eine Verfestigung insbesondere der finanziellen Kompetenzen des Braunschweiger Engen Rates der Gesamtstadt indirekt bewirkt worden war, wie sie zuvor gefehlt hatte.

Alle fünf Teilstädte behielten aber weiter ein ganz unterschiedliches Sozialgefüge und eben deshalb sehr abgestuften Einfluß auf die Politik der Gesamtstadt. In keiner von ihnen läßt sich eine ständische Abschichtung zwischen den ratsfähigen Geschlechtern und der bürgerlichen „Meinheit“ feststellen, überhaupt ist die Vorstellung von klassenmäßigen Horizontalschichten für das niederdeutsche Bürgertum des Mittelalters eine unhistorische Fiktion. Sie beruht einmal auf dem bürgerlich-liberalen Antagonismus von Forschern des 19. Jahrhunderts, die aus dem Denken ihrer Zeit heraus gegen Adel und Honoratiorentum Front machen wollten, zum anderen aus nicht minder zeitfremden Überlegungen ihrer Gegenredner auf dem Boden der dialektisch-materialistischen Theorie. B.U. Hergemöller hat damit gründlich aufgeräumt.

Schon Bohmbach etwa hatte nachgewiesen, daß die größeren Vermögen in Braunschweig gerade bei den Gegnern des Rates vorkommen, und Karl Czok konnte bereits zeigen, welche großen sozialen Stufungen in jedem Gewerbe sowie zwischen diesen bestanden. Eben darum lassen sich nicht, wie er das tut, Verbände „der" Kaufleute und „der" Handwerker so einfach gegeneinanderstellen.

Die Schichtenvorstellung geht, näher besehen, auf konstruktivistische, zeitgebundene Theorien zurück. Hier sind sie liberal-bürgerlicher, dort reaktionär-konservativer und dort am Klassenkampf-Dogma orientierter sozialistischer Prägung. Die eigentliche Stadtarmut tritt bei den Braunschweiger Unruhen ebensowenig hervor wie andernorts. Sie taucht vielleicht in manchem Tumult auf, der sich aus den Bürgerkämpfen immer wieder ergeben hat. Führend aber findet sie sich nirgends. Die verfaßte Bürgerschaft hat ein direktes Interesse daran, ihr legitimes Widerstandsrecht dadurch zu unterstreichen, daß bei dessen Ausübung geordnete Formen eingehalten werden. Die Forschung hat diese Tatsache nur deshalb lange nicht näher erkannt, weil unsere Überlieferung nicht nur bei Bote in Braunschweig, sondern durchweg auf einseitiger Berichterstattung aus der Sicht der Stadtobrigkeit beruht. Diese Ratschroniken betonten verständlicherweise alle in tumultuarische Gewalt übergehenden Vorgänge, sie ließen dagegen das geordnete Vorgehen der Bürgerschaft möglichst in den Hintergrund zurücktreten, wenn sie es nicht nur lückenhaft darstellten oder sogar ganz beiseite schoben. Erst im letzten Jahrzehnt haben wichtige Einzelstudien von RAINER POSTEL, WILFRIED EHBRECHT und anderen die wirklichen Zusammenhänge aufzuhellen vermocht; einen Sammelband zu den Problemen, der sich deren Beurteilung keineswegs leicht macht, hat EHBRECHT in der Reihe Städteforschung herausgegeben.

Dabei zeichnet sich nun, trotz mancher Besonderheiten in den Einzelstädten, eine bemerkenswerte Gleichförmigkeit der spätmittelalterlich-frühneuzeitlichen Bürgerproteste ab. Sie beginnen – sofern hier zunächst einmal die komplexen Ursachen selbst in der Behandlung zurückgestellt werden –, mit einer aus privater und öffentlicher Kritik an der jeweiligen Stadtobrigkeit erwachsenden, außerordentlichen Bürgerversammlung. Meistens findet sie in betonter Distanzierung von Rathaus und Markt in einem den Bürgern verfügbaren Großraum statt, etwa einem Bettelmönchskloster oder Spital, auch wohl dem Hause einer bürgerlichen Korporation, seltener dagegen – wohl wegen der angestrebten, geordneten Beratung und Beschlußfassung im Genossenkreise – unter freiem Himmel, etwa auf Kirchhöfen oder Nebenplätzen. Sie führt häufig zur Schwureinung, die den unmittelbaren Ahnherren in der beeidigten Gemeindebildung des hochmittelalterlichen Bürgerverbandes hervortreten läßt, fast stets aber kommt es zur Wahl eines Ausschußkreises für die angestrebten Verhandlungen mit der Stadtführung sowie zur Abfassung von Artikeln, das heißt Forderungen an diese Adresse. Weitere entsprechende Versammlungen können im späteren Verlauf der Auseinandersetzungen nachfolgen.

Der nächste Schritt ist der geordnete Bürgerzug vom Versammlungsort zum Rathaus. Dieser „Auflauf", „Bannerlauf", diese „Rottung", so die häufigsten Quellenausdrücke dafür, geschah in Waffen und mit Vorantritt von Feldzeichen, Fahnen oder korporativen, auch kirchlichen Symbolen. Der Stadtrat hatte oft bereits Abordnungen in die Versammlung entsendet, war jedenfalls orientiert über die Vorgänge und erwartete den Zug in seinem Amtshaus. Es folgte die Übergabe der Protestartikel durch den Bürgerausschuß in der Ratsversammlung, während sich der Bannerzug selbst auf dem Markte davor abwartend verhielt. Kam es zur Einigung oder zur Anberaumung von Schlichtungsverhandlungen, so wurde dies den Wartenden durch Sprecher des Rates und der Bürgerschaft bekannt gemacht. Sie war im niederdeutschen Raume ohnehin gewohnt, zur ordentlichen „Bursprake" in geregelten Zeitabständen zusammenzutreten, um durch einen Bürgermeister oder ein Ratsmitglied über Angelegenheiten der Stadt informiert zu werden, dabei auch Fragen zu stellen und Kritik zu üben. Demnach bedeutet diese Bekanntmachung gewissermaßen eine außerordentliche Bursprake. Die schließlich getroffene Vereinbarung, der Abschied, Schluß oder Rezeß, wie die häufigsten Termini dafür waren, war ein von beiden Seiten bekräftigter Vertrag, der in aller Regel Kompromißcharakter besaß. Oft kam es zur Übernahme von Forderungen der Bürgerschaft in das Konzept der Stadtführung und nachfolgend zur Eingliederung von Sprechern aus dem Bürgerausschuß in den Rat.

Nun waren Störungen des Ablaufs natürlich von beiden Seiten möglich und auch recht häufig; sowohl konnten aufgebrachte Teilnehmer des Bürgerzuges handgreiflich werden und Blut vergießen, im Wege des Handhaftverfahrens – also der mittelalterlichen Schnellgerichtsbarkeit – zum Hausbrand oder gar zur Hinrichtung von schuldig Befundenen vor deren Hause oder auf dem Markte schreiten, laufende Verhandlungen durch Eindringen sprengen, als auch konnten umgekehrt Parteigänger des Rates den Bürgerzug angreifen, seine Sprecher widerrechtlich festnehmen, die Verhandlung konnte verweigert und im Extremfall durch Auszug des Rates oder eines Ratsteils aus der Stadt unmöglich gemacht werden. Es kam dann zu Neubildungen des Rates und oft langfristigen Auseinandersetzungen, weil der ausgezogene alte Rat in der hansischen Tagfahrt Hilfe suchte oder gar benachbarte Fürsten anging. Aber auch die grundsätzlich unbeteiligte, nicht erbgesessene, also nicht bürgerliche Einwohnerschaft konnte von innen, die der betreffenden Stadt feindlichen Territorialmächte konnten von außen her in derartige Bürgerkämpfe einzugreifen suchen. Diese Gefahr wuchs, wenn der ordentliche Ablauf erst einmal gestört war; darum waren Bürgerschaft und Rat auch an einem geregelten Verlauf nachdrücklich interessiert.

Sieht man sich nun die Zusammensetzung der zum Bürgerkampf antretenden Gruppen an, so kann von einer Einheitlichkeit der wirtschaftlichen und sozialen Stellung keine Rede sein. Im Bürgerzuge selbst mögen Angehörige des Rates oder der ratsfähigen Familien zwar fehlen, doch sie stehen durchweg als Gruppen Unzufriedener, oft selbst einen Machtwechsel zu eigenen Gunsten erstrebender Anstifter und materielle Förderer dahinter. Ebenso greift der Anhang dieser Gegner des amtierenden Rates über die erbgesessene Bürgerschaft hinaus auf eine Klientel von Einwohnern und Unbehausten zurück. Diese sozial gedrückten Leute sind nur zum Teil mit der Stadtarmut identisch, denn es gibt selbstverständlich bürgerliche Arme, oft sogar arme Hinterbliebene gescheiterter oder verstorbener Angehörigen des

Rates ohne das Gefühl einer Zugehörigkeit zur eigentlichen Stadtarmut. Also kann auch aus dieser Perspektive keine schichtenspezifische Anlage der Bürgerkämpfe behauptet oder gar bewiesen werden.

Hier stoßen wir auf die wichtige Frage, ob mit Begriffen wie „Schicht", um von krasseren und stärker bewerteten Ausdrücken weniger der Fach- als der Ideologiesprache zu schweigen, die gewesene Wirklichkeit bürgerlichen Gemeindelebens adäquat zu umschreiben ist. Gewiß gibt es auch in der späthansischen Stadt „geschichtete", gesellschaftlich quasi horizontale Verbindungen innerhalb von bestimmten Sozialebenen, gehobenen wie gedrückten: das Korporationswesen umfaßte zwar nicht nur, aber doch auch solche Einungen von der sozialen Lage nach relativ Gleichgestellten, denkt man etwa an bestimmte Gewerbe mit vergleichsweise einheitlichen Betriebsgrößen der Meisterebene, aber mehr noch an Einungen wie die der Sülzknechte in Lüneburg, der Bergknappen in Goslar, der Stecknitz-Kahnschiffer in Lübeck, der Düna-Flößer in Riga. Doch die vertikalen Gruppierungen begründen einen viel stärkeren und leistungsfähigeren Zusammenhalt. Vertikale Gruppen sind hier so verstanden, daß man einmal in sie als Angehöriger einer städtischen Bevölkerung hineingeboren wurde, sie zum anderen aber erfuhr oder erstrebte als Einungen, deren Angehöriger man sein mußte oder zu sein wünschte. Dreifach gehörte und gehört man von Geburt zu vertikalen Gruppen: zur Familie, zur Generation, zur Nachbarschaft. Hier konnten und können zwar im sozialen Gefüge durchaus bestimmte Akzente vorherrschen, was Lebenshaltung und Wohlstand anlangt, doch kennt keine dieser drei Ordnungen eindeutige horizontale Schranken: stets und notwendigerweise umfassen Familie, Generation und Nachbarschaft ein mehr oder minder differenziertes Oben und Unten im Sozialgefüge, sie weisen es sogar durch die personale, die zeitliche oder die räumliche Bindung aufeinander hin!

Was nun erlittene oder erworbene Zugehörigkeit zu vertikalen Gruppierungen angeht, so können sie die politische Personaleinung oder Klientel, den beruflichen Zweckverband oder die geistig-ideell orientierte Interessengemeinschaft betreffen. Hier ist zu denken etwa an das Fürsorgewesen, die geistlich-karitative Bruderschaft oder an Gruppen, die einer bestimmten Bildungsabsicht verbunden sind. Bei diesen allen läßt sich nun ebenfalls keine irgendwie geartete horizontale Schichtung von durchgehender Bedeutung feststellen. Vielmehr beruhen engere Bindungen solcher Art innerhalb einer Stadtgemeinde oft gerade auf kegelartig alle sozialen Stufungen durchragenden Zusammenhängen. Dabei werden zuweilen mehrere und verschieden gefügte der eben quasi idealtypisch skizzierten Gruppen ineinander verflochten, nämlich als politische oder soziale „partige" oder „schicht" (das sind die Ausdrücke der späthansischen Quellen!). Hier bezeichnet der Ausdruck also das genaue Gegenteil einer horizontalen Gruppierung. Das muß vor seiner Verwendung für nur eine Sozialebene warnen, jedenfalls, was die späthansische Zeit angeht. Ihre Bürgerparteien reichen stets durch mehrere, oft alle vorhandenen Stufen der sozialen Leiter. Ihre Ziele sind nicht minder komplex: streitet man in Rostock oder Lübeck um Außenpolitik (wobei nicht der Rat, sondern die Bürgerschaft den schärferen Kurs anstrebt!), so in Hamburg um eine Klosterreform, die den Wohlhabenden wegen ihrer dort untergebrachten Töchter ärgerlich ist, und um die Kornversorgung; in Magdeburg oder Braunschweig geht es um Steuern, anderswo um die Gewerbepolitik, das Schul- und Kirchenwesen. Oft führen gerade wachsende, nicht sinkende Wirtschaftskräfte zu höheren Ansprüchen des aufstrebenden Mittelstandes, oft befehden sich Parteien der ratsfähigen Führungsfamilien. Durchweg bleibt die Stadtarmut selbst nur sekundär beteiligt und meist ganz passiv dabei, sie spielt erst im gesetzlosen Tumult gegebenenfalls eine verschärfende Rolle.

Für die hansische Gesellschaft ist es nun bezeichnend, wie der Verband reagiert, sobald es zum äußersten Ergebnis von inneren Kämpfen kommt, der Flucht oder Austreibung eines Rates und dessen Ersetzung durch einen neuen. Die Exulanten haben überall Verwandte, Geschäftspartner und Freunde sitzen, und da es in der Vergangenheit praktisch aller Gliedstädte Unruhen mit Blut und Tod, mit oft schädlichen, weniger oft positiven Folgen der Kämpfe für Autonomie und Wohlstand, weit seltener Wandlungen im Verfassungsgefüge, fast nie einen völligen Umsturz gegeben hat, fühlen sich die anderen hansischen Ratsobrigkeiten ebenso politisch alarmiert wie persönlich zur Hilfeleistung aufgerufen. Einerseits die Nachbarstädte, andererseits die gemeine Tagfahrt suchen zu vermitteln, meist zugunsten der verdrängten, als legitim erachteten Partei einzugreifen. Damit dringen sie auf lange Sicht auch des öfteren durch. Die Lösungen sind überwiegend Kompromisse, unter Einbeziehung von Forderungen oder Personen der Unzufriedenen. Der beharrende Zuschnitt niederdeutscher Stadtverfassungen zeigt sich aber darin, daß hier die Umsturzlösungen der oberdeutschen Zunftkämpfe so gut wie ganz fehlen.

Die relative Zunahme der inneren Kämpfe im Spätmittelalter bis hin zur Reformationszeit erklärt sich zusammengefaßt daraus, daß die Bürgerschaft zu ihrem ursprünglichen Exekutivorgan, dem aus lockeren Formen zum Rat verfestigten Gremium, in immer deutlicheren Gegensatz geriet, je mehr sich der Rat zur Obrigkeit entwickelte und neben Exekutive und – im außerwestfälischen und außermagdeburgischen Hansebereich – Gerichtsbarkeit auch Teile der Legislative an sich zu bringen vermochte. Das vergrößerte naturgemäß den Abstand zwischen Rat und Bürgerschaft sowie die Reibungsflächen. Es ist aber dennoch stets bei lebhafter Fluktuation der bürgerlichen Kräfte innerhalb des gemeindlichen, also nicht obrigkeitlichen Verfassungsdenkens geblieben. Oft spielen Generationenfolgen beim Wandel ihre Rolle, wie sie damals und heute das Verhalten zum Leben mitbestimmen und verändern. Die schon vom Aufwande her nur für leistungsfähige Unternehmer und Exportgewerbler tragbare Tätigkeit im Rat brachte ein hohes Risiko mit sich. Wer das kostspielige Ehrenamt nicht durch vermehrte gleichzeitige Aktivität in der eigenen „Handlung“, möglichst mit Beiziehung der übrigen Familienglieder, wettzumachen verstand, ging unweigerlich bankrott. Das aber zog unbarmherzig den Sturz aus dem ratsfähigen Familienkreis mindestens auf Zeit nach sich.

Das gnadenlose Absinken ratsfähiger Familien ist in vorzüglichen Beispielen behandelt worden, erinnern wir an Koeppen für die Stralsunder Wulflam oder, aus der späteren Zeit, etwa andere Ergebnisse von HERMANN KELLENBENZ für Hamburg. Zu den dabei aufbrechenden, persönlich-familiären Rivalitäten kam anderswo der Wettstreit von Ortsteilen. Hatten diese, etwa in Braunschweig oder Hildesheim, eine unterschiedliche Rechtslage, so wirkte sich in Münster oder Hamburg das verschiedene Alter der Kirchspiele, in Lübeck oder Stralsund die Lage zur Stadtmitte entsprechend aus; überall jedoch bestanden erhebliche soziale Unterschiede zwischen Ortsteilen wie innerhalb derselben, auch wenn sich die Bandbreiten solcher Wohlstandslagen oft überdecken konnten.

Abschließend müssen wir endlich noch bedenken, daß zwischen den großen und mittleren Städten einer-, den Kleinstädten andererseits hinsichtlich der inneren Kämpfe scharf zu unterscheiden ist. Unsere Quellen führen weithin lediglich die Abläufe in den wichtigeren und größeren Orten vor. Sie müssen deshalb noch nicht in den kleinen ganz gefehlt haben, doch bot hier der durch Spannungen hervorgerufene Auszug einzelner oder bestimmter Familien und Gruppen für den Verzicht auf die bisherige Stellung die Aufstiegschance in der benachbarten größeren Stadt an. Oft war der uns verblüffende, rasche Aufstieg binnen zweier, ja sogar einer einzigen Generation in den Kreis Ratsfähiger bei großen Städten dadurch vorbereitet, daß die „homines novi", die Neubürger, als kleinstädtische Bürgermeister- und Ratsfamilien bereits empfohlen oder sogar verwandt waren. Das Geflecht interstädtischer Beziehungen haben wir uns in späthansischer Zeit eher noch verdichteter vorzustellen.

Wir haben damit also eine Skizze der im Zeichen des Konfessionswandels umgebildeten späthansischen Gesellschaft und ihrer Auseinandersetzungen um die Macht, den Wohlstand, die Sozialprobleme vor Augen. Von ihr wenden wir uns dem letzten Kapitel zu, das den Ausgang späthansischen Lebens nach 1540 zum Gegenstand haben soll.

REORGANISATION, LETZTE ERFOLGE UND ZEICHEN DER AUFLÖSUNG

Es liegt auf der Hand, daß Lübecks ungewöhnliche Anstrengungen in den drei bis 1536 einander folgenden Ostseekriegen zunächst eine Periode starker Erschöpfung an der Trave nach sich ziehen mußten. Das wirkte sich im politischen Zusammenspiel der gemeinen Tagfahrt um so folgenreicher aus, als inzwischen ein allgemeiner Umschwung der Lage im Reich eingetreten war. Karl V. hatte zunächst den Augsburger Kompromißversuch von 1530 in einer provisorischen Abmachung mit den protestantischen Reichsständen wieder aufgenommen, dem Frankfurter Anstand von 1539. Er dehnte die konfessionelle Duldung auf den inzwischen beträchtlich erweiterten Kreis von Reichsständen aus, die sich zum Augsburger Bekenntnis hielten, und sah ein neues Religionsgespräch zwischen ihnen und den Altkirchlichen vor, zumal weder die Schmalkaldener noch der Papst Paul III. Farnese (1534–49) ein allgemeines Konzil bei der gegebenen Lage besenden wollten. Während aber das Religionsgespräch in seinen Ergebnissen sowohl von Luther als auch vom Papst abgelehnt wurde, mußte Karl zugunsten der Türkenhilfe 1541 und der Franzosenhilfe 1544 den Anstand weiter verlängern. Dann jedoch gewann er endlich Freiheit in Ost und West zum Handeln im Reiche selbst. In Crépy schloß er 1544 einen Status-quo-Frieden mit Franz I., in Ungarn Herbst 1545 eine Waffenruhe mit Süleyman.Süleyman II. Kanuni, Sultan d. Osmanen Die Schmalkaldener aber spaltete er unter Ausnutzung der 1539 geschlossenen Doppelehe Landgraf Philipps von Hessen: gegen die Zusage, ihn strafrechtlich nicht wegen Bigamie zu verfolgen, zwang der Kaiser den Hessen, die wichtige Aufnahme des Herzogs von Kleve in den Schmalkaldischen Bund zu hintertreiben. Kleve, Jülich und Berg waren von dem seit 1539 dort, wie schon vorher in Geldern und Zutphen amtierenden Herzog Wilhelm (†1592) den Lutheranern zugeführt worden; seine Verlobung mit einer französischen Prinzessin erhöhte noch die Gefahr für den Kaiser. Der ließ seine Landsknechte angreifen, schlug den Herzog und zwang ihn zum Vertrag von Venlo 1543; Geldern und Zutphen kamen zu den habsburgischen Niederlanden, Wilhelm wurde mit Karls Nichte Marie verheiratet, der Tochter des Römischen Königs Ferdinand I., und er mußte auf die Reformation verzichten. Dieser Schlag machte die Uneinigkeit der Schmalkaldener in krasser Form sichtbar. Nun setzte der Kaiser das schon so lange erstrebte Konzil durch, es begann Ende 1545 in Trient. Die Protestanten blieben fern, da sie es weder für frei, noch für allgemein, noch für christlich hielten. Hinter diesen Vorwänden versteckte sich schamhaft die protestantische Uneinigkeit. Das gab dem Kaiser die Handhabe, den provisorischen Religionsfrieden für abgelaufen zu erklären.

Wenig später starb Martin Luther am 18. Februar 1546, und während Karl seine Rüstungen gegen die Schmalkaldener abschloß, gewann er im Juni 1546 den Herzog Moritz von Sachsen mit der Zusicherung, seinem ernestinischen Halbvetter Johann Friedrich die Kurwürde abzunehmen; den sächsischen Kurfürsten und den hessischen Landgrafen traf nun die Acht. Der nachfolgende Schmalkaldische Krieg führte zur Katastrophe der Protestanten bei Mühlberg an der Elbe 1547; sie beschränkte Johann Friedrich auf die thüringische Hälfte seiner Länder und machte Moritz zum Kurfürsten. Fünf Jahre blieben die beiden führenden Fürsten der Schmalkaldener in Karls Haft.

Die hansischen Städte außer Köln hatten als Glieder des Bundes große Kontingente gegen den Kaiser gestellt; Lübeck allerdings war nicht beteiligt, dafür besonders Magdeburg, Hamburg und Bremen, ferner Lüneburg, Goslar, Hildesheim und Hannover. Soest, Lippstadt und Bremen, dieses gar zweimal, wehrten Belagerungen ab. Dabei kam es zum wichtigsten Gegenerfolg der Protestanten: zwar hatten die Kaiserlichen Anfang 1547 Bremen rasch eingeschlossen, doch Hamburger Flußschiffe versorgten die Stadt laufend, und von Peine aus rückte ein hansisches Entsatzheer weserabwärts; Ende Mai schlug es bei Drakenburg unweit Nienburg an der Weser die entgegeneilenden Kaiserlichen vernichtend, ein Sieg, der zwar am Verlust des Krieges nichts mehr ändern konnte, aber doch das evangelische Bekenntnis der niederdeutschen Städte und Stände gesichert hat.

Magdeburg schließlich, das Karl von Wittenberg aus geächtet hatte, schloß vor dem die Vollstreckung übernehmenden Moritz seine Tore, als er 1550 wirklich die Belagerung begann. Sie endete, da die erneute Schwenkung des frisch erhobenen Kurfürsten gegen den Kaiser sich abzuzeichnen begann, mit dem festlichen Einzug der Sachsen in die unversehrte, bei ihrem Bekenntnis bestätigte Stadt. Vollends Braunschweig hatte sich gegen den Angriff des nun aus der Vertreibung durch die Schmalkaldener heimkehrenden Herzogs Heinrich von Wolfenbüttel behauptet. Goslar aber mußte kurz darauf 1552 im Riechenberger Vertrage Heinrich den Silberbergbau am Rammelsberg abtreten, das alte Rückgrat der wirtschaftlichen Blüte dieser Stadt.

So ernste Einbrüche hielten sich nur deshalb in Grenzen, weil Kaiser und Papst anschließend über das Konzil zerfielen, weil Karl auch nach dem Sieg die Einbeziehung der Protestanten in das Konzil nicht zu erreichen vermochte, weil sein im „geharnischten Reichstage“ von Augsburg 1548 verfügtes Interim die norddeutschen Lutheraner nur noch fester zusammenführte, und vor allem weil Moritz ab 1550 die Partei wechselte, sich zum Exponenten der „fürstlichen Libertät“ bei Alt- wie Neugläubigen machte und Karl 1552 zum Passauer Vertrag zwang. Ihm folgte der Augsburger Religionsfriede mit einem allgemeinen Landfrieden 1555. Karl dankte anschließend zunächst für die Niederlande, dann auch für Spanien zugunsten seines Sohnes Philipp II. ab und entsagte 1556 auch der Kaiserkrone, die an seinen Bruder Ferdinand I. überging.

Hatten die hansischen Städte damit, wenn auch unter Verlusten, im Kern ihre Handlungsfreiheit nochmals behaupten können, so traten doch in den gleichen Jahren weitere ernste Verwicklungen in den auswärtigen Beziehungen hinzu. Namentlich der Ostseeraum war davon betroffen. Dänemark und Norwegen zwar erlebten unter der vorzüglichen Verwaltungsarbeit Christians III. einen bis dahin ungeahnten Aufstieg, der sich in rascher Volkszunahme und wachsendem Wohlstand niederschlug. Die Schmalkaldener hatte Christian begünstigt, aber nicht offen unterstützt; dafür heimste er von Karl 1544 den Speyerer Frieden, 1548 die endgültige Belehnung für Holstein mit Einschluß Dithmarschens ein, das er aber noch nicht unterwerfen konnte. Seinen Staatsgefangenen Christian II. verlegte er nun in mildere Haft nach Kalundborg an der Westkante Seelands. Hier gab es für die Hanse, namentlich für Hamburg und das sich langsam erholende Lübeck, nun gute Partnerschaft, wenn auch keine neue Einflußmöglichkeit mehr. In Schweden dauerte das Königtum Gustaf Wasas noch bis 1560. Es war 1540/44 als einheitsstaatliche Erbmonarchie fester begründet worden und seit 1541 durch ein Bündnis mit Christian III. abgesichert. Mit der Säkularisation des Kirchengutes konnte der König den zuvor nur gut 5% des Grundbesitzes ausmachenden Anteil des Krongutes an den Liegenschaften auf annähernd 30% steigern und zugleich seinen Adel beträchtlich zurückdrängen.

In Polen werden die beiden langen Amtszeiten der letzten Jagellonen, Sigmunds I. und – ab 1548 – Sigmunds II. August als goldenes Zeitalter gerühmt. Dieser war seit 1543 mit König Ferdinands Tochter Elisabeth, seit 1553 dann in dritter Ehe mit deren Schwester Katharina verheiratet, was ihm Rückhalt von habsburgischer Seite in der preußisch-baltischen Politik verschaffte. Hatte Karl V. noch den bedeutenden livländischen Hochmeister Wolter von Plettenberg (1494–1535) 1526 zum Reichsfürsten erhoben, so gab die im gleichen Jahr durch den preußischen Hochmeister Albrecht von Zollern vorgenommene Umwandlung des Ordenslandes in ein protestantisches, erbliches Herzogtum der polnischen Politik neue Ansatzpunkte.

Sie war zunächst darauf aus gewesen, die zeitweilige Schwäche Rußlands zu nutzen, wo seit 1533 eine Regentschaft für den damals erst dreijährigen Iwan IV. zu blutigen Machtkämpfen der Bojarenparteien geführt hatte. Im fünften Moskauer Kriege gelang Polen aber bis 1537 nur die Rückgewinnung des Gebiets von Gomel, nicht die eigentlich erhoffte von Smolensk. Dann folgten mehrere Waffenruhen, bis der 1547 gekrönte Iwan sich als die gefährliche Persönlichkeit entfaltete, die ihm den Beinamen des „Schrecklichen“ einbringen sollte. Zuerst wandte er sich gegen das Chanat Kasan an der mittleren Wolga. 1552 wurde die Stadt genommen und der Ural erreicht. Im folgenden Jahre 1553 aber warf der erste englische Kapitän in der Dwinamündung bei Archangelsk Anker und weckte Iwans Interesse an einer Öffnung nach Westen.

So zog der Zusammenbruch der livländischen Ordensmacht herauf, ein für die späte Hanse folgenschweres Ereignis. Nach dem Tode Plettenbergs hatte der letzte livländische Meister Gotthard Kettler nur mühsam die brüchige Föderation aus noch altkirchlichem Ordensland, frühzeitig lutherisch gewordenen Städten sowie dem Erzstift Riga nebst Suffraganbistümern zusammenhalten können. Erzbischof war seit 1530 ein Bruder Albrechts von Preußen; das bedeutete nun auch dort die Reformation. Albrecht bewog den polnischen König 1557 zu einem Heerzuge nach Livland mit entsprechendem Ziel. In diese Lage stieß der unter Vorwänden begonnene russische Angriff im Sommer 1558 hinein: mit dem zuerst eroberten Narwa gewann Iwan einen Ostseehafen, zwei Monate später nahm er auch Dorpat, das völlig zerstört wurde. Nach Moskau verschleppt, gründeten die Überlebenden dort eine 1575 schon vorhandene, lutherische Gemeinde; sie hat bis in unser Jahrhundert bestanden.

Während Lübeck und andere hansische Städte nur finanzielle Hilfe leisteten, zogen dänische und polnisch-litauische Truppen Kettler gegen Landabtretungen. Die Schweden griffen von sich aus unter ihrem eben dem Vater Gustaf Wasa nachgefolgten König Erik ein und gewannen Estland mit Reval; Ösel und die ihm benachbarten Küstenstriche wurden dänisch, Livland litauisch, und ein schmaler Keil zwischen Düna und Ostsee wurde als Herzogtum Kurland 1561 Kettler erblich übertragen, der jedoch als Statthalter auch im polnischen Livland amtierte, während Riga als „Freie Stadt" die Unabhängigkeit gewann. Albrecht von Preußen erhielt die Küste bei Libau als Pfandbesitz. Hier kam es nun zu einem neuen hansischen Stützpunkt, und aus den Faktoreien entstand noch einmal eine neue Stadt, sehr zum Ärger Memels und Königsbergs. Ebenso gewann für einige Jahrzehnte Narwa nochmals an Bedeutung; Lübecks Ziel schien damit erreicht, zumal der Peterhof in Nowgorod jetzt weitgehend verödete; 1570 hatte Iwan den Rest der Bojaren blutig exekutiert.

Iwan schützte diese Entwicklung am finnischen Meerbusen und zog im Gefolge der Hansen auch Dänen, Holländer und Schotten, sogar Franzosen und Spanier nach Narwa, das binnen kurzer Zeit Reval überflügelt hatte. Gezielt vermochte dabei Lübeck wieder ins Geschäft zu kommen, wohl nicht ohne Revanchegefühle gegen die bisher führenden baltischen Städte, deren Egoismus schließlich mit zum Untergange des alten hansischen Ostkontors geführt hatte. Iwans weitergehende Pläne scheiterten aber; zwar konnte er 1563 den Litauern noch Polozk abnehmen, dann aber geriet er in innere Schwierigkeiten. Mit den Polen kam er 1570 nicht über eine Waffenruhe hinaus, gegen die Schweden vermochte er in zwei Belagerungen Reval nicht zu nehmen, und als ihn die Krimtataren zeitweilig sogar in Moskau selbst bedrohten, hatte er dem polnisch-litauischen Gegenstoß kaum noch etwas entgegenzusetzen. Eingeleitet wurde dieser durch die Lubliner Union 1569, mit der die zuvor allein in Person des Königs und Großfürsten gegebene Einheit der beiden Reichsteile endgültig erklärt war, unter gleichzeitigem Übergang des wolhynisch-ukrainischen Südens von Litauen an Polen. Nach dem erbenlosen Tode Sigmund-Augusts und einem französischen Zwischenspiel hat dann sein Schwager, der tüchtige polnische Wahlkönig Stefan Bathory, ein ungarischer Magnat, in drei Feldzügen 1579–81 die Lage endgültig hergestellt. Er nahm Polozk zurück, drängte die Russen im Zusammenwirken mit den Schweden gänzlich wieder aus Livland hinaus und erzwang schließlich den Frieden von 1582, der Iwan lediglich Smolensk und Pleskau beließ. Narwa sowie Dorpat kehrten zu Estland beziehungsweise Livland zurück, was Narwas Aufstieg abbrach, Dorpats Wiederaufbau ermöglichte. Auch Riga wurde 1582 zum polnischen Herzogtum Livland genommen. Die von den Polen und Schweden schon vorher verbriefte deutsche Verwaltung, in die später auch das dänische Ösel wieder einbezogen wurde, stellte rein äußerlich gesehen das alte baltische Wesen wieder her, doch blieb es bei der unseligen Dreiteilung des Landes unter wachsendem schwedischen Einfluß. Die Schweden hatten 1583 erstmals ihre Hand auch auf Ingermanland bis hin zum Ladogasee gelegt, Rußland also ganz von der baltischen Küste abgeschirmt, sie sollten später den Polen auch Livland abnehmen. Iwan starb 1584, nachfolgende Wirren in Rußland erlaubten die Festigung der wieder hergestellten baltischen Ostgrenze.

Der schwedisch-lübische Ostseekrieg

Hinter diesen baltischen Wandlungen entschied sich im gleichen Zeitraum auch der Kampf um die Ostseeherrschaft. Aus dem Wirtschaftsringen zwischen Reval und Narwa folgte notwendig eine erneute Auseinandersetzung zwischen Schweden, das Reval unterstützte, und Lübeck, das Narwa zu fördern suchte. 1559 schoß es 100 Schiffe im Revaler Hafen in Brand. Davor war es im Verhältnis zu Schweden mit der wirtschaftlichen Erholung nach 1540 zunächst recht günstig wieder vorangekommen. Zwar hatte Gustaf Wasa einen Versuch Lübecks 1548 vereitelt, das alte Handelsmonopol von 1523 erneut zu gewinnen, doch sein Sohn Erik XIV. hob 1561 das Handelsverbot für Lübeck im Zusammenhang mit der Besetzung Estlands auf. Dann aber führte der Streit um den Narwahandel zum Kurswechsel: 1562 beschlagnahmte Erik ohne Vorwarnung die lübische Narwaflotte. Lübeck begann den Krieg nun völlig auf sich gestellt, denn Stralsund und Danzig hatten als Erben der Travestadt inzwischen den Schwedenhandel ausgebaut, sie waren – wie die übrigen wendischen Städte – an der Narwafahrt nicht mehr interessiert, und Hamburg lag im Streit mit Dänemarks jungem König Friedrich II. Der hatte noch im Jahr seiner Thronfolge 1559, gestützt auf Johann Rantzaus Kriegskunst, dem Bauernstaat Dithmarschen ein Ende gemacht und war nun, gleichsam im Gegenzuge, bereit, Lübeck zu unterstützen.

Im Seekrieg vor Gotland nahmen Lübecks Matrosen 1564 mittels Enterkampfes das schwedische Admiralsschiff weg, doch zwei Jahre später gingen im Sturm auf der Reede vor Wisby drei lübische Fregatten verloren; der kommandierende Bürgermeister Tinnappel fand in der Marienkirche von Wisby sein Grab. Als man in Stettin 1570 Frieden schloß, gewann Lübeck zwar nochmals die alten Privilegien, doch war das jetzt nicht viel mehr als ein papierener Anspruch. Die zugesagte Entschädigung haben die Schweden nie geleistet, und schon ein Jahrzehnt später benutzten sie den Krieg mit Rußland, um Narwa 1581 zu besetzen. Damit waren Lübecks Opfer vergebens gebracht, es hatte den zu Nowgorod verlorenen Angelpunkt für einen unmittelbaren Rußlandhandel weder in Narwa, noch in dem 1608 an Kurland zurückgefallenen, ohnehin weniger leistungsfähigen Libau zu gewinnen vermocht. Reval trat wieder in die alte Vermittlerstellung ein. Die weitere Zunahme des mit Lübeck wetteifernden Seeverkehrs infolge der Kriegsjahre unterstrich das noch. In Danzig und Königsberg können wir das an den Hafenzollregistern verfolgen. 1475 stellten die Niederländer in Danzig schon 24%, die wendischen Städte noch 41% des Gesamtverkehrs, 1530 war der niederländische Anteil auf 36, 1583 auf über 45% gestiegen, der wendische dagegen auf 16% 1530, 13% 1583 abgesunken. Für Lübeck allein betrugen die Zahlen 1475: 25%, 1530: 2,6%, 1583: 2,9%. In Königsberg hatten die Niederländer 1549 erst 17%, 1588 aber schon 50% aller Schiffe gestellt, während im gleichen Zeitraum die wendischen Hansen von 34 auf 18% (Lübeck allein: 5%) zurückgegangen waren. Gegen Ende des 16. Jahrhunderts verfügten die Niederländer über etwa 120.000 Last Schiffstonnage im Ostseeverkehr, die Lübecker nur über 9.000, die gesamten damals hansischen Städte über etwa 45.000 Last.

Der Seekrieg mit Schweden 1563–70 ist das letzte lübische Unternehmen unter der alten Zielsetzung gewesen, Wirtschaftsinteressen zur Not mit den Waffen im Ostseeraume durchzusetzen. Von einer Mitwirkung anderer Städte oder gar Städtegruppen des Verbandes war folgerichtig keine Rede mehr. Die Travestadt zog nur die logische Konsequenz daraus, wenn sie nach 1570 nicht wieder den Krieg als politisches Mittel zu verwenden gesucht hat. Wohl blieben ihre Schiffe auch in der Ostfahrt weiter mit dabei, doch zunehmend ist die Westfahrt daneben getreten. In ihr war man aber an der Trave eindeutig benachteiligt gegenüber den an der Nordseeküste belegenen Städten. Lübecks alte, geographisch begründete Vorrangstellung, auf der auch seine Führungsrolle im hansischen Verbande wesentlich beruhte, war zu Ende.

Das dänisch-norwegische Handelsgebiet entwickelte sich im gleichen Zeitraum sehr viel günstiger für den Fortbestand hansischer Seefahrt. König Friedrich II. haben wir als Verbündeten Lübecks bereits erwähnt; er bestätigte nicht nur dessen Privilegien, er förderte im eigenen Interesse neben der niederländischen die hansische Sundfahrt. Gleich zu Beginn des Krieges hatten die Dänen 1563 Älvsborg besetzt, den einzigen schwedischen Zugang zum Kattegatt, also zur Westsee. Hier aber mußte Schweden die 1570 vereinbarten 150.000 Silbertaler wirklich zahlen, um diesen Stützpunkt zurückzubekommen. Der Däne begünstigte die Reorganisation der hansischen Brücke zu Bergen, vor dessen Küste damals ebenfalls die vor Schonen abnehmenden Heringszüge auftraten, und ebenso die hamburgische Islandfahrt. Erst als 1588 der junge Christian IV. elfjährig die Herrschaft antrat, setzten sich Lübecks Gegner wieder am dänischen Hofe durch. Danach sind die hansischen Sonderrechte weder für Schonen noch für Bergen mehr verlängert worden.

Für das Verhältnis zu den Niederlanden wurde natürlich seit Übernahme der Herrschaft durch Philipp II. und seinen Vertreter, den Kardinal Granvelle, die sich zuspitzende Ketzerfrage wichtig; zwischen dem katholischen und dem vom aufkommenden Calvinismus verschärften protestantischen Kurs versuchte die Adelsmehrheit der Generalstaaten den König zur Mäßigung zu bewegen; 1564 erreichte sie die Abberufung von Granvelle, 1565 ging der niederländische Graf Egmont nach Spanien. Philipps Halbschwester Margarethe von Parma, die 1522 geborene Tochter Karls V. von einer flämischen Adligen, konnte sich als neue Landvögtin zwar mit Hilfe eines geschickten Kompromisses zunächst durchsetzen, ging aber, als Alba 1567 mit neuen Truppen eintraf, außer Landes. Wenig später wurde Egmont verhaftet und im Juni 1568 hingerichtet.

Hansischer Ausklang in Antwerpen

Der nachfolgende, erbitterte Achtzigjährige Krieg zwischen Spanien und den Generalstaaten bedeutete zunächst für die Hansen eine Minderung der niederländischen Konkurrenz; die seit 1540 laufenden Verhandlungen mit Antwerpen über eine endgültige Verlegung des Brügger Kontors dorthin waren eben ab 1555 infolge entsprechender Beschlüsse der Tagfahrt dem Ziel nahe. Die Stadt überließ 1563 der Hanse ein Grundstück am Neustadtrand und übernahm ein Drittel der Baukosten. Bis 1568 ist dieser größte hansische Profanbau fertig geworden; als Vierflügelanlage um einen großen Hof bedeckte er 5.000 qm Fläche. Im Jahre der Einweihung jedoch begann der Abfall der Niederlande von Spanien, 1576 wurde Antwerpen zum ersten Male geplündert und 1584/85 folgte die vernichtende Belagerung durch den spanischen Feldherrn Farnese. Damit wurde die Kontorsübersiedlung nach Antwerpen zur schlimmsten Fehlkalkulation in der hansischen Geschichte überhaupt. Die Abschnürung Antwerpens von der Scheldemündung durch die „Vereinigten Niederlande“, in den Kämpfen der Jahre 1580–89 entschieden, besiegelte das Schicksal des dortigen Fernhandels für lange Zeit.

Unabhängig davon war jedoch die hansische Westfahrt im niederländischen Kielwasser längst am Kampfgebiet vorbei zur iberischen Halbinsel und sogar durch die Straße von Gibraltar bis nach Genua und dem inzwischen florentinischen Hafen Livorno vorgestoßen. Es begannen gerade ab 1550 Zeiten erheblicher Gewinnchancen auf dieser Linie; noch 1591 etwa gingen 25 hansische Schiffe, darunter 21 lübische, mit Italienkurs durch den Sund. Im Jahre 1595 stiegen die Sundpassagen insgesamt auf den absoluten Höhepunkt mit fast 7.000 Schiffen, von denen zwar nur eine kleine Minderheit noch hansisch beheimatet war, aber etwa 80% die Häfen von Lübeck bis nach Reval anliefen. Noch günstiger stand es an der Westküste von Hamburg bis nach Groningen. Damals reihte sich Emden mit fast erstaunlicher Entwicklung in die führenden Häfen ein, vermochte allerdings mit seinem Aufnahmeantrag in die Hanse nicht mehr durchzudringen. Am besten paßte sich Hamburg an: es hatte zu Ende des 16. Jahrhunderts eine Eigenflotte von rund 7.000 Last erreicht und zählte an 50.000 Einwohner; damit war Lübeck bei weitem, ja selbst das um 40.000 stagnierende Köln beträchtlich überholt.

Ein letzter Blick auf England: hier hatte Eduard VI. 1553 die Hanseprivilegien für erloschen erklärt, doch stellte Maria die Blutige sie im folgenden Jahr wieder her. Damals verabschiedete die gemeine Tagfahrt eine neue Kontorsatzung für den Stalhof. Köln und Hamburg blieben auch nach Beginn des englisch-spanischen Krieges 1563 in gutem Kontakt zu der jungen Königin Elisabeth, Hamburg nahm 1567 sogar die Merchants Adventurers auf, jenes englische Organ eines 1564 monopolisierten Staatshandels. Lübecks Maßnahmen dagegen hatten keinen Erfolg; mit dem Untergang der spanischen Armada 1588 gewannen die halbpiratischen Unternehmungen von Männern wie Francis Drake (1572–80) für England wachsenden Anteil an der Seeherrschaft. Im Jahre 1589 kaperten die Engländer vor Lissabon 60 deutsche Schiffe, und als nun auch Hamburg, aus dem die Merchants Adventurers bereits 1578 nach Stade und Emden hatten weichen müssen, erbittert auf die lübische Linie zurückkehrte, kam es 1597 zu einem kaiserlichen Aufnahme- und Handelsverbot gegen den englischen Verband. Das aber provozierte nur die schroffe Antwort der Königin: sie ließ Anfang 1598 den Stalhof schließen und kurz darauf seine Gebäude beschlagnahmen. Auch hier ist zwar wenige Jahre später die Rückgabe erfolgt, doch das Kontor hat sich von dem Einschnitt nicht mehr erholt. Wir sind mit diesem Ausblick, des Zusammenhangs wegen, der Behandlung einer nach 1550 unverkennbaren Regeneration des hansischen Verbandes vorausgeeilt. Sie ist aber als Gegenbild zur politischen Entwicklung im Reich und um die Hanse herum von besonderem Interesse.

Versuche einer Reorganisation

Stand unsere Umschau im Reiche selbst unter dem Eindruck des Schmalkaldischen Krieges und seiner Folgen über den Augsburger Religionsfrieden hinaus, so mußte sie dann auf Polen-Litauen und Rußland sowie die Teilung der baltischen Länder seit 1561 übergehen, das Ende der hansischen Ostseeherrschaft gegenüber Schweden ab 1581 behandeln und abschließend die Lage im Westen vom Kontorschicksal in Bergen, Antwerpen und London aus zu beurteilen suchen.

Hier wurde bereits eine erst von der jüngsten Hanseforschung mehr beachtete, aber jedenfalls unverkennbare Erneuerung hansischer Tagfahrtbemühungen deutlich, die sich namentlich auswärtigen Stützpunkten, aber zugleich der inneren Reorganisation des Verbandes widmete. Diesem für die Mitte des 16. Jahrhunderts kennzeichnenden Vorgang müssen wir uns nun eingehender zuwenden. Er zeigt sich zunächst in einer beträchtlichen Zunahme der Tagfahrten selbst. So lassen sich vor allem einmal regional häufige Begegnungen belegen, allein im wendischen Kreis sind es zwischen 1542 und 1569 zwanzig Tagfahrten, im kölnischen immerhin 13; für die anderen Gruppen fehlen genaue Zahlen, doch traten auch sie gerade ab etwa 1540 wieder häufiger zusammen.

Auch die gemeine Tagfahrt gewann jedoch neue Kräfte. Wir erinnern uns, daß an der Bewältigung der Grafenfehde und der innerlübischen Kämpfe 1535 neben drei Kontoren 23 Städte (ohne Lübeck) beteiligt waren. Für den geplanten Hansetag von 1539, auf dem eine völlige Neuordnung des hansischen Verbandes beraten werden sollte, lud Lübeck über 65 Städte mit Zusendung der Beratungsartikel ein. Das führte aber namentlich im kölnischen Drittel zu Unruhe, der Tag kam nicht zustande; erst 1540 trat man in sehr schwacher Besetzung zusammen und beschloß auf der Basis der „tohopesate", also der Verbandseinung von 1494 eine neue Taxierung für die Leistungen der Einzelstädte. Diese Ordinanz hat Luise von Winterfeld für das westfälische Quartier näher behandelt und kartiert. Die Taxierung zog längeren Streit um die Einteilung nach sich und wurde 1549 abgewandelt; erst der Hansetag von 1554, von immerhin 26 Städten beschickt, gelangte zu einem Entwurf der Neugliederung. Er sah statt der älteren, niemals fest gefügten Regionaldrittel nun vier Hansequartiere vor, das kölnische mit 30 Städten (einschließlich 14 westfälischer), das lübische mit 15, das preußische mit neun hinter Danzig und das sächsische mit acht hinter Braunschweig. Dabei wurde von diesem engeren, immer noch über 60 Städte umfassenden Kreis ein weiterer unterschieden, die etwa in Westfalen sogenannten „Beistädte". Es gab aber ferner Abstufungen auch in der engeren Gruppe; so erschienen aus Westfalen zu den folgenden über 15 Hansetagen bis 1576 stets nur die Vierstädte (Münster, Dortmund, Soest, Osnabrück), während von den übrigen zehn Prinzipalstädten auf den Viertelstagen eine Siebenergruppe mit Minden, Herford, Lemgo, Paderborn, Bielefeld, Hamm und Unna sich abhob, dagegen Coesfeld, Lippstadt und Warburg weiter zurücktraten. Ähnlich verhielt es sich mit Untergliederungen der anderen Hanseviertel, für die aber Untersuchungen fehlen.

Die vier Hauptstädte besiegelten dann 1557 ein Statut mit zehn Artikeln, das „Konfederationsnotel", einen Zehnjahresvertrag, der 1579 letztmals verlängert worden ist. Im Grunde hat die Vereinbarung bis zum Vorabend des 30jährigen Krieges bestanden; sie gab Lübeck nominell eine noch verstärkte Führungsrolle, war aber de facto von der einstigen Schlagkraft etwa der Kölner Konföderation von 1367 weit entfernt. Immerhin setzte sie jährliche Beitragszahlungen durch, wie sie erstmals 1554 von 63 Städten auf fünf Jahre im voraus geleistet worden sind. Dabei waren Köln und Lübeck auf 100 Taler veranschlagt, Danzig und Hamburg auf 80, Bremen, Lüneburg und Königsberg auf 60; die kleinsten Glieder trugen zehn Taler bei. Bei der Vorauszahlung blieb es bis in das 17. Jahrhundert, sie wurde meist für drei, zuweilen für zehn, 1591 sogar für 40 Jahre geleistet und gab der hansischen Führung Dispositionsmittel namentlich für die Kontorpolitik an die Hand.

Natürlich war viel Streit die Folge, und höhere Abgaben leisteten auf die Dauer nur die 14 bedeutendsten Städte. Auch unter diesen war 1601 Köln mit 8.000, Königsberg mit 3.600 Talern im krassen Rückstand. Wechselweise Hilfe gegen Angriffe von Landesfürsten, Geleitsicherung zu Wasser und zu Lande, gemeinsames Vorgehen bei

Bürgerunruhen und gegen Sekten sollte die Konföderation gewähren; ferner wurde der schon lange im hansischen Dienst verwendete Kölner Jurist Heinrich Sudermann zum Syndikus ernannt, 1556 für sechs Jahre, später dann auf Lebenszeit. Das Amt hat er 35 Jahre versehen, „der letzte der großen Hansen", wie DOLLINGER nicht ohne Grund bemerkt; nach einer Pause folgte ihm der Stralsunder Johann Doman, und ab 1618 übernahm es einer der Lübecker Syndici.

Sudermanns Hauptsorge richtete sich auf die Neuordnung der Kontore, vor allem auf die Errichtung des Hofes in Antwerpen. Seine neue Satzung übertrug dem Rat von drei Oldermännern und vier Beisitzern die Schoßverwaltung. Die bereits in Antwerpen ansässig gewordenen Hansen sollten in ihre Städte zurückziehen und über Faktoren im Kontor selbst handeln. Dafür erhielt der Neubau allein 144 Schlafzimmer; dreizehn der wohlhabendsten Kaufleute verweigerten den Umzug und verzichteten auf das Hanseprivileg. Das Ziel Sudermanns wurde immerhin zeitweilig erreicht: die in Brügge nie durchgesetzte vita communis im Kontor, wie sie stets zu London, Bergen und Nowgorod gegolten hatte. Der Niederbruch Antwerpens aber machte alles zunichte.

Die hansische Vertretung hat Sudermann für mehr als 14 Jahre seiner Amtszeit auf insgesamt 47 Reisen im Raum zwischen England und Polen geführt. Dabei ist seine nahezu ständige Anwesenheit in Antwerpen von 1567–69 und 1571–77 nicht einmal mit angerechnet. Zu der 1581 beschlossenen ständigen Übersiedlung nach dort ist es aber ebensowenig gekommen, wie zu der 1584 vorgeschlagenen nach Lübeck. Freigestellt war er lediglich, vielleicht aus fremdsprachlichen Gründen, von Besuchen in Bergen und Rußland. Sein klarer Verstand, seine hohe Arbeitskraft und eine uneigennützige, das hansische Gesamtinteresse als Richtschnur nehmende Einstellung ist ihm auf der Gemeinen Tagfahrt zwar mit großem Einfluß auf die Geschäfte und persönlichem Ansehen gelohnt worden, doch blieb man ihm seine Besoldung bezeichnenderweise weithin schuldig. Als endlich 1589 die Rückstände sich nach seinen Angaben auf 23.000 Taler beliefen, kam es zu Entschädigungsverhandlungen. Da er aber die angebotenen 13.000 als unbefriedigend bezeichnete, blieb die Sache bis zu seinem Tode 1591 ungeklärt.

Es gibt zu denken, daß dieser tüchtige und unermüdliche Vertreter hansischer Ziele im hohen 16. Jahrhundert gerade aus Köln kam, wie überhaupt das niederrheinisch-westfälische Quartier, dessen ablehnende Haltung gegenüber der lübischen Ostseepolitik noch zuzeiten Wullenwevers oft und kraß hervorgetreten war, sich seit Mitte des Jahrhunderts wieder erheblich nachdrücklicher zur Hanse bekannt hat. Die erneut eingetretene Verschiebung bei gleichzeitiger Verkleinerung des Gesamtverbandes läßt sich aufschlußreich aus der Zusammensetzung der Tagfahrt erschließen. Zuerst waren aus deren Kreis wie erinnerlich die kurmärkischen Städte mit Berlin an der Spitze verschwunden, bald nach 1500 dann auch die altmärkischen mit Stendal und Salzwedel. Als nächste Gruppe verschwanden die kleineren sächsischen; zuletzt 1535 waren allein Göttingen, Hannover und Einbeck noch vertreten, während Goslar, nach dem Riechenberger Verlustvertrag mit seinem welfischen Nachbarn, ein letztes Mal noch 1557 erschienen ist – das entspricht dem wirtschaftlichen Niedergange der alten Bergstadt sehr bezeichnend. Geblieben sind im hansischen Kreis bis über 1600 hinaus Hildesheim und Braunschweig, vor allem aber das gerade zuletzt kräftig hervortretende Magdeburg.

Am Vorabend des lübischen Seekriegs gegen Schweden setzten sich dann die pommerschen Städte bis auf Greifswald und Stettin vom Verband ab, so kam Anklam zuletzt 1553, Kolberg 1562. Von den baltischen war das unglückliche Dorpat vor der Zerstörung durch Iwan IV. zuletzt 1540 beteiligt am Hansetag; Riga kam noch bis 1559, Reval bis 1576. Das gibt den Umbruch dort ebenso gut wieder, wie die ebenfalls im sechsten Jahrzehnt zu konstatierende Abdrift der Ijsselstädte: Kampen kam, wie Staveren und Bolsward, zuletzt 1553, Groningen, Zwolle, Zutphen und Venlo haben seit 1557 keine Vertreter mehr geschickt. Geblieben sind aus dieser Gruppe bis über 1600 hinaus bezeichnenderweise Deventer sowie Arnheim und Nimwegen. Von den Westfalen kamen Paderborn und Minden, also die beiden östlichsten und wirtschaftlich ohnehin schwächeren, nach 1556 beziehungsweise 1559 nicht mehr, von den niederrheinischen traten Duisburg 1564, Wesel 1579 ab. Die politischen und wirtschaftlichen Veränderungen in Preußen, von denen wir gesprochen haben, führten zum Ausbleiben von Thorn nach 1572, Elbing nach 1576 und Königsberg nach 1579. Die kleineren Trabanten in Hamburgs Nachbarschaft endlich hielten sich bis 1584 (Stade) und 1591 (Buxtehude) zur hansischen Gemeinschaft.

Dieser statistische Überblick läßt doch einige Schlüsse zu auf den Zusammenhang mit der vorher von uns betrachteten allgemeinen Entwicklung im politischen Felde. Wir müssen ihn aber noch ergänzen durch einige Anmerkungen zur wirtschaftlichen Verbindung zwischen dem hansischen Bereich und der oberdeutschen, um Augsburg und Nürnberg konzentrierten Unternehmerschaft sowie darüber hinaus zu der tiefen Erschütterung, in die das mitteleuropäische Wirtschaftsgefüge nach 1560 Schritt für Schritt geraten sollte.

Beginnen wir mit dem Problem des oberdeutschen Großunternehmertums, dessen Entfaltung seinerseits in Verbindung mit der italienischen wie der niederländischen Renaissance beurteilt werden muß. Am Genueser und Florentiner Bankwesen des 15. Jahrhunderts zeigt sich, wie aus ursprünglichen Familiengesellschaften, etwa bei den Medici, offene Handelsgesellschaften entstehen, die neben dem reinen Geldgeschäft das Verlagsgewerbe und den Warenhandel fortführen. Blieb hier immer noch die Ware eigentliche Grundlage des Reichtums, so betonte die späthansische Wirtschaft unverändert den Fernhandel, dem nur begrenzt das Exportgewerbe, fast gar nicht das Geldgeschäft zur Seite trat. Im niederländischen Großbürgertum der Zeit ließ man den Fernhandel durch oberdeutsche und hansische Unternehmer organisieren, betrieb Exportgewerbe als Verleger im großen Stil, wandte sich aber auch dem Bankwesen zu, wobei viele Italiener ihre Anteile gewannen.

Jener aus allen korporativen Schranken ausbrechende Unternehmertyp, den wir als Renaissancekaufmann schlechthin empfinden, ist aber vor allem in Italien selbst zu finden. Er schuf sich den kulturellen Rahmen aus Künstlern und Humanisten, wirkte auch oft mit fürsorgerischen Stiftungen zugunsten von Gesundheit und Bildung. Zu der adlig versippten, humanistisch denkenden, anspruchsvoll erzogenen und großzügig-rücksichtslos lebenden Herrengesellschaft hielt sich auch der Hochklerus. Hier sind – unbezweifelt – kulturelle Leistungen erwachsen, die für uns die Renaissance zur eigenen Epoche machten. Ebenso unbezweifelt bekam diese Gesellschaft den Mißbrauch geistiger wie materieller Macht sowie den Exzeß menschlicher Laster zu spüren. Beidem sind elitäre Gesellschaftsordnungen ebenso ausgesetzt wie egalitäre – das gilt vermutlich zeitlos.

Die stärkeren Kontraste müssen sich logisch – positiv und negativ – bei elitären Gesellschaftsordnungen abzeichnen; so gehört zum Bild Italiens in späthansischer Zeit das Heer der Besitzlosen, der unverschuldet oder selbstverschuldet mit geistiger wie materieller Not geschlagenen Hefe, aus der sich gerade der Machtmißbrauch seine Werkzeuge zu holen pflegt.

Teils als Familien-, teils als offene Handelsgesellschaften sind nun gerade im Italiengeschäft die großen oberdeutschen Unternehmergruppen der Zeit emporgekommen. Sie haben das leistungsfähige Textil- und Metall-Exportgewerbe in Schwaben-Franken mit Investitionen im neu aufblühenden Montanbau verbunden und so längerfristig konkurrenzlose Aufstiegsmöglichkeiten energisch nutzen können.

Jacob Fugger, zunächst Kleriker, 1480 in Venedig, wo er die Baumwolle zur Augsburger Verlagsweberei seines Hauses beschaffte, den älteren Brüdern an Unternehmergenie noch überlegen, hat um 1500 die Umstellung über das Geldgeschäft und den Metallhandel zur Montanproduktion durchgesetzt. Bekannt ist seine Bankiersverbindung zu den drei wichtigsten Habsburgern der Zeit, zu Sigismund von Tirol, trotz reicher Silberminen immer in Geldnot, zu Maximilian I. und zu Karl V. Im Bunde mit ihnen drang Fugger mit seinen Südtiroler Montangewinnen in das noch reichere slowakische Bergbaugebiet vor und baute dafür eine glänzende Absatzorganisation auf. Ohne Skrupel spielte er dabei oberdeutsche Rivalen an die Wand, unterbot Kartelle, denen er selbst angehörte, und schob sie damit beiseite.

Da das Kupfer aus der Slowakei über Weichsel und Oder zur Ostsee gelangte und sich trotz hansischer Gegenmaßnahmen den Markt in Antwerpen erobern konnte, beherrschten die Fugger um 1520 alle Montanmärkte von Belang. Von den 850.000 Gulden Wahlkosten Karls V. 1519 übernahmen sie allein 550.000. Das entschied, wohlvermerkt, zwar nicht die Wahl an sich, festigte aber die fuggerisch-habsburgische Interessengemeinschaft. Als Jacob 1527 starb, wies die Bilanz fast 3 Mill. Aktiva bei gut 1,5 Mill. Außenständen auf. Der Neffe Anton Fugger brachte bis 1547 das Geschäft auf den Kapitalhöhepunkt von etwa 7 Mill. Aktiva, neben denen jetzt aber bereits ein liegendes Vermögen von 5 Mill. stand. Er finanzierte den Schmalkaldischen Krieg, obwohl seine Vaterstadt Augsburg längst protestantisch war, engagierte sich aber zugleich so stark im Spaniengeschäft, daß nach seinem Tode 1560 die Politik Philipps II. im Verein mit der Preisrevolution, zu der wir noch kommen, den schrittweisen Zusammenbruch der Firma Fugger nach sich zog. Die

Familie, schon 1511 zu Grafen erhoben, überstand ihn mit dem Rückhalt an ihrem liegenden Gut, das heute noch wesentlich beisammen ist.

Geistig blieben die Fugger bürgerliche Unternehmer: Jacob hielt an der alten Kirche fest. Er stiftete die Fuggerei für über hundert arme Familien, ließ sie niedrige Miete zahlen, um das Gefühl der Abhängigkeit zu mildern, verpflichtete sie aber zu täglicher Fürbitte zugunsten der Stifterfamilie. Charakteristisch verband er pedantische Rechtlichkeit in allen Verpflichtungen mit skrupellosem Zugrff in großen Transaktionen, aus einer ihm selbst ganz bewußten unternehmerischen Leidenschaft heraus. Sein Schwager Johannes Thurzo, der geniale, pionierhafte Techniker aus der deutschen Zips in der Slowakei, notierte die betreffende Antwort des alternden Fugger auf seinen Rat, sich nun doch aus den widrig gewordenen Geschäften in Oberungarn zurückzuziehen, „er habe einen viel anderen Sinn, wollte gewinnen, dieweil er könnte!" Der Neffe Anton war dann schon ganz anders, ein instinktsicher, aber sorgenvoll disponierender Bewahrer.

Die moderne Wirtschaftstheorie, oft ideologischer Färbung, hat in zeitfremder Weise Begriffe wie das Monopol, das Kapital, die Produktion zur Beurteilung der frühneuzeitlichen Großunternehmen eingeführt; es ist dabei zur Prägung des gefährlich irreführenden Begriffs „Frühkapitalismus" gekommen. Von Stromer spricht gar von „Hochfinanz".

Soviel ist unverkennbar: die seit etwa 1470 rasch wachsende Konjunktur mit ihren den Kontinent überspannenden Chancen zu großzügiger und auch riskanter Investition ließ bürgerliche Großunternehmer aufsteigen; die Fugger und andere oberdeutschen Handelshäuser mögen Ausnahmeerscheinungen sein, doch auch hinter dem Rampenlicht finden wir Kaufleute, die fern jener Wirtschaftsethik standen, wie sie von der Kirche, säkularisiert auch vom Humanismus, vertreten wurde. Mißbrauch und Wucher stiegen zugleich mit den Wellen des Wohlstandes. Den radikalen Angriff dagegen vertrat Luther, der Arbeit und Beruf aus der Perspektive von Bergleuten, Handwerkern und Bauern sah. In dem Worte „Fuggerei", so Hans Haussherr, „faßte er und faßten seine Zeitgenossen das ganze verhaßte Treiben zusammen". Wendel Hipler, der Bauernführer, wollte in seinem Reformplan 1525 das Vermögen solcher Unternehmen auf höchstens 10.000 Gulden begrenzen. Wo sich Bergleute erhoben, forderte man die Beschlagnahme von Gruben und Hütten, soweit sie Großgewerken gehörten.

Aber auch die fürstliche Reichsreform und namentlich das Heer der kleineren Städte waren gegen die großen Unternehmen. Die modernen Theoretiker übersehen das oder leugnen die schlagenden Beweise. Es war nicht nur der Neid des Schwächeren, auch wohl der unlautere Versuch von Schuldnern, die Gläubiger zu düpieren, es war auch Ausdruck einer anderen Wirtschaftsgesinnung. Das Kölner Reichsgesetz von 1512 verbot monopolartige Verträge und verfolgte den Wucher, der Nürnberger Reichstag von 1522–23 wollte nur bis zu 50.000 Gulden Vermögen bei den Unternehmen zulassen. Hier bezog also Hipler seine Reformgedanken! Realistisch waren sie natürlich nicht; der Kaiser, dem Fugger eben seinen Sieg bei Pavia finanzierte, verbot Störungen der Kaufmannschaft mit der erstaunlichen Begründung, daß die auf Marktbeherrschung angelegten Erzgeschäfte wegen ihres Nutzens für Volk und Obrigkeit nicht verwerflich seien. Hier bezogen die „fürstliche Libertät“ im ständischen Reichsregiment, ebenso jedoch die Reformatoren, ihre Argumente, zutreffende wie demagogische, denen wir in der breiten Streitschriftenwoge begegnen.

Zur großen Finanzkrise

Um die Mitte des 16. Jahrhunderts begann sich nun aber die frühneuzeitliche Prosperität ihrem Umkehrpunkte zu nähern. Er fiel mit der spanischen Silberschwemme aus Übersee zeitlich und teilweise auch ursächlich zusammen. Hatte das Silber um 1500 noch etwa 1/10 zum Golde gestanden, so verlor es nun säkular, bis gegen 1600 war es nur noch 1/15 wert. In Spanien vervierfachten sich im 16. Jahrhundert die Preise, in Frankreich verdoppelten sich die Textil-, verfünffachten sich die Lebensmittelkosten, in Deutschland verteuerte das Getreide sich dreifach.

Wer in dieser Zeit Ware anzubieten hatte, gleich ob aus der Landwirtschaft, aus dem Gewerbe oder aus überseeischen Importen, zog folglich erhebliche Vorteile aus dieser um 1560 drastisch kulminierenden Entwicklung; den Schaden hatten dagegen alle Kreise, die von Renten und gemessenen Zahlungen lebten, also weite Teile des Adels, des ratsfähigen Großbürgertums, aber auch der Kleinbürger und bestimmter Handwerksgruppen in den Städten, endlich die abhängige oder – das galt namentlich im Osten – aus freiem Erbzinsverhältnis in gutsherrliche Abhängigkeit geratene Landbevölkerung. Das mit der spätmittelalterlichen Wüstungsperiode einsetzende Bauernsterben in Verbindung mit dem großflächig in Ostelbien enstehenden sogenannten „Ritteracker“ mündete nun in ein vom Zeitalter der Ostbewegung völlig verschiedenes Flurverteilungsbild.

Überhaupt sind bei dem ganzen Vorgang große räumliche Unterschiede zu beobachten. An der mitteleuropäischen Küste sah es ganz anders aus als etwa im oberdeutschen Binnenlande oder in den mitteldeutschen Bergländern. Die Lande zwischen Rhein und Maas etwa hingen vom Preisgefüge viel stärker ab, als die Ebenen im Weichselbogen. Ebenso finden sich in den einzelnen Regionen oft starke Abweichungen vom allgemeinen Bild, und sie sind hinsichtlich der Preiskurve angesichts der noch nicht gegebenen Markteinheit nur auf der Basis von groben Schätzungen zu vergleichen.

Überschaut man das Schrifttum zu dieser Frage, so zeichnet sich eine kritische Zunahme widersprüchlicher Einzelergebnisse ab. In ihnen sind die älteren, scheinbar geschlossen wirkenden Handbuchdarstellungen sowohl des Positivismus als auch des Materialismus zerstoßen und erschüttert worden. Immer stärker differenziert sich das Gesamtbild, verbessert erscheinen auch die methodischen und begriffskritischen Ansätze, andererseits aber stören unverändert zeitfremde und quellenferne Maßstäbe ebenso wie zunehmend kurzsichtige ideologische Bewertungen, liest man etwa, um selbst Vorstellungen zu gewinnen, die Einleitung des historischen Materialisten Jürgen Kuczinsky zur Neuauflage der ganz positivistisch konzipierten „Allgemeinen Wirtschaftsgeschichte“ von Joseph Kulischer, einer unverändert bedeutenden Leistung, und vergleicht mit Hans Haussherrs „Wirtschaftsgeschichte der Neuzeit“, die 1955 in Weimar erschienen ist, oder Wilhelm Treues entsprechender, eindringender Beurteilung.

Für uns bedarf es keiner näheren Argumentation zu diesem beim Stande der Frage mit Vorsicht und Zurückhaltung zu bewertenden Forschungsfeld; es genügt die unstreitige Feststellung, daß der säkulare Wandel im Konjunkturgefüge zeitlich zusammenfällt mit den kritischen Jahrzehnten des hansischen Niederganges um und nach 1570/80. Der Stettiner Frieden von 1570 markiert also auch aus dieser Sicht einen letzten Einschnitt.

Abschließende Folgerungen

Es ergibt sich, daß die vorher betrachteten politischen Einbrüche im Ostseeraum sowie beiderseits des Kanals auch zeitlich mit einer säkularen Veränderung aller wichtigen Wirtschaftsgrundlagen parallel abgelaufen sind. Wie der hansische Verband außerstande war, dem regional bedingten Abdriften seiner Teilgruppen durch gestraffte Institutionalisierung zu begegnen, wie er Lübeck im letzten Kriege mit Schweden um die baltische Seeherrschaft nicht mehr unterstützen konnte und wollte, wie er den zur Entwertung der hansischen Kontore führenden Umwälzungen sowohl im Osten wie in den Niederlanden und schließlich auch in England machtlos gegenüberstand, so war er naturgemäß nicht in der Lage, Ereignisse wie die Preisrevolution, die mehrfachen spanischen Staatsbankrotte unter Philipp II. und ihre Folgen sowie die gleichzeitig kräftig ansteigende, dirigistische Wirtschaftslinie in Skandinavien von sich aus zu bewältigen.

Dabei wurde deutlicher als je zuvor, wie sich nunmehr auch innerhalb des Kreises der noch beteiligten Einzelstädte die Abstände vergrößerten. Wir sahen, daß um 1550 noch über 60 Glieder von den Bestrebungen nach einer neuen Sammlung erfaßt worden sind; als dann aber die Flügeleinbrüche in Livland und in den Niederlanden erfolgten, schrumpfte der Kreis auf nur mehr etwa 20 Städte zusammen. Das waren durchweg die größeren, unter ihnen zur gleichen Zeit in raschem Wachstum begriffene, wie Danzig, Magdeburg, Hamburg und Bremen, aber auch stagnierende, wie Köln oder Lübeck, und bereits eindeutig rückläufige, wie Dortmund und Soest, Lüneburg, Wismar und Stralsund. Oft blieben von den alten regionalen Gruppen nur wenige noch vertreten, wie Stettin für Pommern, Braunschweig und Hildesheim für Niedersachsen, Deventer für die Ijsselstädte.

Während führende, alte Städte nun dem Druck der umliegenden Fürstenstaaten nicht mehr gewachsen waren, um etwa an Goslar oder Dorpat zu erinnern, zogen wieder andere gerade aus den Umwälzungen in regionaler Nachbarschaft ihren Vorteil: Köln konnte den Verlust, der es in England betraf, durch Aufnahme von Flüchtlingen aus Antwerpen wieder ungefähr ausgleichen, wobei allerdings die Portugiesen schon ein Jahrzehnt später an die Scheldemündung zurückkehrten; immerhin blieben etwa 40 italienische Firmen, die auch noch an Ostseewaren Interesse hatten. Um 1580/90 machte ihr Handel etwa 30% des gesamten Kölner Umsatzes aus, allein an Tuch setzten sie 1583 480.000 Taler um. Erst ab 1600 folgten auch hier mehreren Konkursen die Abzüge der Betroffenen. Am längsten hielten sich die Niederländer, bis der schwindelnde Aufstieg der Generalstaaten auch sie im frühen 17. Jahrhundert wieder nach Holland zog. Damit erst war der weitere Niedergang von Köln unaufhaltsam geworden.

Für die Lage in Westfalen ist es bezeichnend genug, daß Dortmund, Soest und Paderborn sich keine moderne Befestigung im Bastionärsystem mehr zu leisten vermochten, wie sie im Zeichen der spanisch-niederländischen Auseinandersetzung an sich notwendig wurde. Im großen Krieg des 17. Jahrhunderts sollte sich das dann bitter genug rächen. In Münster dagegen konnten die schlimmen Folgen der Täuferbelagerung von 1535 bis gegen die Jahrhundertmitte wieder ausgeglichen werden; die zunächst aufgelösten Gewerbe wurden 1553 wieder als Korporationen begründet, mit dem Wiederaufbau der zerstörten Festungswerke wurde bereits 1536 begonnen. Die Stadt rückte nun endgültig an die Spitze der westfälischen Städtegruppe; um 1590 lag ihre Einwohnerzahl bei 11.000. „Münstersch Leinwand“ gewann jetzt ihre weiteste Verbreitung, Münsterländer Ochsen gingen über die Viehmärkte der Stadt vor allem in den Kölner Raum. Auch Osnabrück war um 1580 volkreicher als im Mittelalter und nur noch wenig kleiner als das benachbarte Münster; seinem Leinen begegnen wir in Italien, England und Spanien, ja sogar in Südamerika schon um 1600. Es gab sich eine mit starken Geschütztürmen bewehrte Doppelwallbefestigung und konnte seine Bewegungsfreiheit eher noch weiter ausdehnen gegenüber dem 1555 festgelegten Alternat von protestantischen Administratoren und katholischen Bischöfen als nominellen Ortsherren.

Liegen hier also erhebliche Unterschiede in der Entwicklung zwischen dem Hellwegraum und Nordwestfalen mit seinen beiden kräftig wachsenden Vororten zutage, so ist das Bild bei den Städten in Niedersachsen weitaus ungünstiger, sieht man zunächst von den Küstenplätzen ab. Von Goslars Niederbruch war die Rede, Hannover und Göttingen stagnierten als Mittelstädte von etwa 6.000 Einwohnern, das erheblich größere Hildesheim konnte sich nur mit welfischer Unterstützung unabhängig vom bischöflichen Ortsherrn halten und selbst das bereits um 1550 mit einer frühen Bastionäranlage versehene, volkreiche Braunschweig hat nach einem Seuchenzuge 1550 die für die Zeit um 1400 zu erschließende Einwohnerzahl nicht wieder erreichen können; seine Wirtschaft ist rückläufig, es hat mit wiederholten Belagerungen durch den benachbarten Welfenherzog zu kämpfen.

Ganz anders die Nordseeküste: dort nimmt Groningen mittelbar am niederländischen Wirtschaftsaufstieg teil, verliert entsprechend aber auch das Interesse am hansischen Verbande, dessen Tagfahrten es nach 1557 ferngeblieben ist. Mit starkem

Zuzug von Flüchtlingen erweitert sich das nichthansische Emden im 16. Jahrhundert auf den fünffachen Umfang; zuzeiten des Höhepunktes der spanisch-niederländischen Kämpfe ist es vorübergehend sogar der schiffsreichste Hafen an der Nordsee, seit 1564 hat es auch die Merchant Adventurers aufgenommen. Das aus den kaiserlichen Belagerungen unversehrt hervorgegangene Bremen baut sich mit der Schlachte um 1580 eine moderne Hafenfront, es beginnt am südlichen Weserufer eine Neustadt anzulegen und erhält unter bedeutenden Bürgermeistern eine Reihe neuer Gemeindebauten, die vom steigenden Wohlstande zeugen: zuerst den Schütting der Kaufmannsgilde, dann die Stadtwaage, das Kornhaus und 1609–12 die berühmte Schaufront des Rathauses.

Hamburgs Volkswachstum wurde schon erwähnt; anders als in Köln blieben Flüchtlinge, die aus Antwerpen, Flandern und Portugal stammten (das ja 1588 unter spanische Herrschaft geraten war), hier scharenweise sitzen. Schon seit 1558 stand ihnen eine Börse zur Verfügung, bis zur Bankgründung von 1619 und auch weiterhin ein steigend benutzter Kaufleutetreff. Die aufblühende Spanienfahrt war nicht mehr korporativ, sondern – dem holländischen Vorbild folgend – im Firmengeschäft organisiert und mit der Assekuranz, dem höchst modernen Versicherungswesen, zwar unhansisch, aber zeitgemäß fundiert. Die Flotte wuchs bis Ende des 16. Jahrhunderts auf ca. 7.000 Last, sie verdoppelte sich bis 1620 und ließ damit dann selbst die lübische hinter sich. Dabei nahm Hamburgs Ostseefahrt laufend ab, von rund 150 Sundpassagen um 1565 auf unter 30 um 1580, erst danach gingen sie um 1600 wenigstens wieder auf 100 hinauf. In Antwerpen dagegen kamen bis 1585 schon 40% der hansischen Schiffe, 43% der Waren aus Hamburg, und später, als Antwerpen ausfiel, verlagerte sich das Geschäft einfach nach Amsterdam.

Selbst in Lübeck war – ungeachtet des Niedergangs im hansischen Verbande – um 1580 noch nicht von wirtschaftlichem Abschwung zu reden. Der Schonenhandel freilich fiel steil ab, und auch in Bergen waren Bremen und Rostock nun stärker als die Travestadt engagiert. Das Kontor an der Bergener Brücke bestand zwar als einziges noch unverändert, doch war auch seine Bedeutung erheblich gesunken. 1589 liefen lediglich 277 Schiffe ein, von denen immerhin 233 noch hansischer Herkunft waren; 1620 waren es nur noch 125 und zehn Jahre später unterschnitt die Kurve den Hundertsatz. Anstelle des fast vernichteten Rußlandgeschäfts war immerhin für Lübeck ein wachsendes mit Stettin und mit Danzig getreten. Schließlich nahm das Hansehaupt auch an der Spanienfahrt seinen Anteil; es gründete 1575 im alten Stil eine Spanienfahrerkompanie, die vor allem Holz und Kupfer exportierte. Die lübischen Finanzen waren intakt, wenn die Stadt auch nicht mehr wachsen konnte und nur noch die viertgrößte im kleiner gewordenen Verbandskreise war. Mit Verärgerung erkannten die Lübecker Kaufleute gerade im Vergleich zu Hamburg, daß sich dort ein umgekehrtes Verhältnis zu entwickeln begann: war man an der Elbe im 14. Jahrhundert praktisch der Vorhafen Lübecks gewesen, so ist man im 17. Jahrhundert an der Trave zum Vorhafen Hamburgs geworden. Damit war für Lübeck die Gesamtbilanz doch eindeutig negativ.

Zwiespältig ist endlich auch das Bild der Lage in den übrigen hansischen Ostseehäfen. Hier gab es eine Gruppe der kleineren, die eindeutig zurückgingen, so vor allem Wismar, Greifswald, Kolberg, aber auch Reval. Wenig besser stand es mit Stralsund, von dem gleich noch zu reden ist. Dagegen behauptete sich Rostock, ähnlich auch Riga, während sich in Stettin und vor allem in Danzig starke neue Antriebskräfte entfalten konnten. Die Oderstadt hatte 1597 etwa 13.500 Einwohner erreicht, ein Drittel mehr als ausgangs des Mittelalters. Nach Danzig war sie das wichtigste Getreideexportzentrum, vor allem für Gerste und Roggen. Man schätzt die Ausfuhrsteigerung aus der Ostsee in die Niederlande im 16. Jahrhundert auf das Vier- bis Fünffache, und Stettin hatte daran erheblich Teil, weniger mit eigener Schiffahrt als mit holländischer, die vorwiegend in Ballast – also ohne Fracht – nach der Oder kam. Frankfurt an der Oder, das die Hohenzollern wie Berlin vom hansischen Kontakt abgeschnitten hatten, suchte allerdings mit seinem Oderstapel den Getreide- und Holztransport nach Stettin für sich zu nutzen und sperrte wiederholt, so 1572–92, die Flußschiffahrt ganz. Der Heringshandel warf nach dem lübischen Schwedenkrieg für die Oderstadt nicht mehr viel ab. So zeichnete sich gegen 1600 schon ein Umschwung ab, den dann der große Krieg negativ beschleunigen sollte.

Noch besser stand jedenfalls Danzig da; auch seine Bevölkerung hatte von etwa 25.000 um 1500 auf mindestens 40.000 um 1600 zugenommen und wuchs noch weiter bis zur Mitte des 17. Jahrhunderts. Es erinnert damit fast an Hamburg. Über die Hälfte aller Sundpassagen ab 1557 gingen von Danzig aus. Das Pfahlgeld, eine typische Hafenabgabe pro Schiff, betrug 1583 schon 6,5 Mill. preußische Mark, stieg dann auf über 16 Mill. und erreichte, nach einer durch den spanisch-niederländischen Krieg verursachten Senkung, im Jahre 1622 mit 18 Mill. seinen Höhepunkt. Der Export machte dabei durchweg 2/3 aus, der Import 1/3. Dennoch war die Danziger Flotte um 1600 nur halb so groß wie die Hamburger, von der lübischen zu schweigen. Vermutlich lag das an den günstigen Frachtraten der Holländer, gegen die den Danziger Reedern kein Aufkommen möglich war. Nächst den Niederländern waren die Oberdeutschen sehr stark beteiligt. Die Engländer dagegen zogen Elbing vor, das 1579 die Merchants Adventurers aufgenommen hatte. Franzosen aber, vor allem Normannen, bildeten eine eigene Kolonie in Danzig.

Fassen wir diese letzte Umschau zusammen, dann zeigen sich also im einzelstädtischen Schicksal beim hansischen Verband nach 1550 krasse Unterschiede. Man kann pointiert formulieren, daß der ab 1570 nicht mehr zu verkennende Niedergang des Verbandes geradezu Weichen gestellt hat für einen besonderen Aufstieg bestimmter, alter Gliedstädte; je größer diese waren, je mehr Bewegungsfreiheit sie noch genossen, desto günstiger bewältigten sie den tiefgreifenden Umstellungsvorgang des wirtschaftlichen und politischen Lebens nach 1560/70. Zugleich allerdings, auch das ist bezeichnend, verschärften sie, was die innere Verfassung anlangte, die zum Dirigismus neigenden Seiten des Ratsregiments. Erst jetzt, nicht schon im Zeitalter der Glaubensspaltung, dehnten sich dessen Befugnisse, dem Zuge der Zeit entsprechend, endgültig auf neue Felder aus, nahm das alte Führungsorgan der Bürgergemeinde dem fürstlichen Absolutismus ähnelnde Züge an, denen gegenüber die bürgerliche Mitwirkung mehr und mehr zur Schablone erstarrte.

So war die Lage, als der dänische König Christian IV., großjährig geworden, 1596 selbständig zu herrschen begann, ein absoluter Fürst im echten Sinne des Wortes, bedeutend nach Vorzügen und Fehlern, jedenfalls ein Gegner hansischer Ordnungen in Politik und Wirtschaft, wie er entschiedener noch nicht auf nordischen Thronen gesessen hatte. Sobald er seine dem unternehmenden Fernhandel feindlichen Maßnahmen aber auch auf die Holländer auszudehnen begann, deren mit Spanien 1609 geschlossener Waffenstillstand endlich wieder eine freie Schiffahrt ermöglichte, kam ausgerechnet dadurch ein Ausgleich zwischen dem verbliebenen Kern des hansischen Verbandes und den Niederlanden zustande, wie er schon im 15. Jahrhundert vergeblich angestrebt worden war. Zunächst verbündete sich 1613 Lübeck, drei Jahre darauf dann die Gemeine Tagfahrt der Hanse mit den Generalstaaten gegen Christian. Als dieser dann den welfischen Herzog bei dessen erneutem Versuch unterstüzte, seine nominelle Hauptstadt Braunschweig zu unterwerfen, kam es 1615 anläßlich der Belagerung der Stadt zur letzten militärischen Unternehmung der Hanse: ein von Lübeck, Magdeburg, Hamburg und Bremen gemeinsam finanziertes Aufgebot entsetzte Braunschweig mit Erfolg.

Christians Verbündeter bei dieser Politik, sein am dänischen Hof erzogener Neffe und Namensvetter Christian von Braunschweig, seit 1616 Administrator des Bistums Halberstadt, der „tolle Christian", wie man ihn als gefürchteten Landsknechtführer im großen Krieg zu nennen begann, wurde zum personifizierten Gegenspieler der hansischen Restgruppe unter den Fürsten des Reiches. Wenn diese sich am Beginn der großen Auseinandersetzung für keine der Parteien entscheiden wollte und konnte, so war das Verhalten beider Christiane daran vermutlich wesentlich beteiligt. Als Ferdinand II. von Habsburg 1620 mit seinem Sieg am Weißen Berge bei Prag das Königtum Kurfürst Friedrichs von der Pfalz vernichtete, als dann 1621 der spanisch-niederländische Waffenstillstand ablief, zog vor den niederdeutschen Protestanten, Fürsten wie Städten, höchste Gefahr herauf. Was die Hansen von den Führern ihres Bekenntnisstandes auf der fürstlichen Seite, neben den beiden Christian noch der Mansfelder Graf, zu erwarten hatten, zeigte der tolle Christian sofort, als er in den Fürstbistümern Münster und Paderborn durch Plünderung die Mittel zur Aufstellung eines Heeres gewann. Von Tilly 1622 und 1623 schwer geschlagen, setzte ihn sein dänischer Oheim im Bunde mit England und den Generalstaaten instand, erneut Knechte anzuwerben. Er übernahm den rechten Flügel der nun vom Dänen selbst eingeleiteten Operationen, doch bei Lutter am Barenberg schlug der Ligafeldherr Tilly Christian IV. entscheidend. Das protestantisch-hansische Magdeburg hat damals von den Wällen Freudensalut für den katholischen Sieg feuern lassen, ohne entfernt zu ahnen, daß es fünf Jahre später von Tilly erstürmt und völlig vernichtet werden sollte.

Der kaiserliche Feldherr Wallenstein aber hatte sich, als er neben Tilly nach Vertreibung der Dänen fast ganz Nordelbien besetzte, bei seiner 1628 beginnenden

Belagerung des von Schweden unterstützten Stralsund eine erste, spektakuläre Abfuhr geholt. Damals trat in Lübeck ein Hansetag zusammen, den immer noch alle wendischen Städte beschickten bis auf Wismar, das bereits durch die Wallensteiner besetzt worden war; ferner kamen Danzig und Magdeburg, Braunschweig und Köln sowie Bremen; man wollte vor allem über das kaiserliche Bündnisangebot von 1627 beraten. Eine deutsch-spanische Handelsgesellschaft sollte entstehen, um die Holländer endgültig zu bezwingen, zugleich die Dänen auszuschalten. Noch einmal bewährte sich gegenüber diesen Angeboten die nüchterne, auf Maß und Grenzen bedachte Politik, mit der die Hanse in ihren besten Zeiten stets operiert hatte: sie lehnte ab.

Wenig später schlossen Beauftragte des Kaisers in Lübeck 1629 einen Frieden mit Dänemark, nachdem Wallenstein von Stralsund abgezogen war. Unterdessen hatte der junge Schwedenkönig Gustav-Adolf sich in einem raschen Feldzug seit 1621 zum Herrn von ganz Livland gemacht; Riga wurde nun, wie Reval vorher, Dorpat wenig später, eine schwedische Stadt. 1626 drang er nach Preußen vor; auch Danzig wurde nun belagert, vermochte sich aber ebenfalls noch zu behaupten. Mit den baltisch-preußischen Exportzöllen hat Schweden weitgehend seine anschließend nach Mitteleuropa geführten Heere zu finanzieren vermocht. 1630 einigte es sich auch mit Danzig auf der Basis einer Teilung der Zolleinkünfte. Als Gustaf-Adolf im gleichen Jahr in Pommern landete, entschieden sich die Hansen für begünstigende Neutralität; einzig Magdeburg ergriff offen Partei, erlitt aber infolgedessen 1631 die schlimmste Zerstörung seiner ganzen Geschichte. Der hansische Verband mußte dieses Mal ohnmächtig zusehen. Er hatte bereits 1629 angesichts der Unmöglichkeit, inmitten des Krieges gemeine Tagfahrten abzuhalten, Lübeck, Hamburg und Bremen beauftragt, die hansischen Interessen wahrzunehmen. Damit war die nachhansische, die hanseatische Geschichte eingeleitet.

Mit der Überwältigung von Lüneburg, das eine schwedische Besatzung aufgenommen hatte, durch seinen bis dahin rein nominellen welfischen Landesherrn 1637 brach ein weiteres Glied aus der Städtegruppe heraus, und bald nach Ende des großen Krieges folgten 1661 Münster sowie 1671 selbst Braunschweig. Wismar sowie die pommerschen Städte von Stralsund bis nach Kammin und vor allem Stettin blieben 1648 in schwedischer Hand und wurden völlig in den skandinavischen Absolutismus eingeordnet. Magdeburg besetzten die Brandenburger endgültig 1666. Schlimmer noch war die schwere wirtschaftliche Depression, die der Krieg auch im hansischen Raume hinterließ. In Westfalen etwa, das DOLLINGER ganz irrig für „nahezu verschont“ erklärt, hatten die ständigen Kampfhandlungen, Durchzüge und Kontributionen besonders der letzten zwei Kriegsjahrzehnte die städtischen Finanzen gänzlich zerrüttet; besonders Dortmund, auf nur mehr ein Viertel seiner Einwohnerschaft reduziert, schied für 200 Jahre aus der Führungsgruppe des dortigen Städtewesens aus. Soest, seit 1645 von den Brandenburgern besetzt, war unter 5.000, Paderborn zeitweilig unter 3.000 Einwohner gesunken. Die Verbindungen des Fernhandels waren überall schwer angeschlagen, wenn nicht ganz abgerissen.

Erstaunlich genug, welches Gewicht Lübecks kluger Bürgermeister Gloxin immer noch bei den Osnabrücker Friedensverhandlungen innerhalb der Städtebank des Reichstages in die Waagschale werfen konnte. Beachtlich auch die treffende und nüchterne Einschränkung der verbliebenen eigenen Möglichkeiten, mit der die Gesandten der Dreistädte, denen 1645 immerhin gegen dänischen Widerstand die Teilnahme am Friedenswerk von Brömsebro gestattet wurde, über jene Liquidation der Politik Christians IV. urteilten. Der lübische Ratmann Johann Marquard, als Bürgermeister 1668 verstorben, Wortführer der hansischen Delegation in Brömsebro, antwortete Axel Oxenstjerna auf die Einladung zu einem Bündnis mit Schweden gegen Dänemark, wie es die Niederlande geschlossen hätten: „die ehrbaren Städte seien nicht so beschaffen, daß sie sich solch hohen Potentaten widersetzen könnten ... sie könnten sich mit den Herren Staaten nicht komparieren, alteri tempi altere cure, als wohl vor der Zeit gewesen"; jetzt seien die Niederlande „propugnatores commerciorum", „durch die man sich schützen lassen müsse, die Städte (aber) nicht mehr in der positur, ihre Rechte ‚iura armis' zu verteidigen".

So nimmt es nicht wunder, wenn der erste lübische Versuch von 1651 erfolglos blieb, wieder eine gemeine Tagfahrt zustande zu bringen. Auch 1662 blieb es bei Vorverhandlungen, aber die Londoner Feuersbrunst von 1666, bei der auch der Stalhof zerstört wurde, führte dann doch nochmals zu einer ersten Begegnung von fünf Städten. Manche der Absagen sind aufschlußreich genug: so meinte das schwedisch gewordene Wismar, vom hansischen Verbande sei „mehr umbra (Schatten) als res ipsa übrig, auch gar keine Hoffnung zu machen, daß dieses Bündnis im vorigen Flor restauriert werden sollte". Die von Lübeck nur widerwillig übernommene Warnung im Zusammenhang mit der Einladung, wer nicht komme, schließe sich damit selbst aus der Hanse aus, blieb wirkungslos. Dennoch versammelten sich im Juli 1669 in Lübeck zum letzten Hansetag noch neun Glieder, Danzig und Rostock von der Ostseeküste, Braunschweig und Hildesheim aus dem einstigen sächsischen Quartier, Osnabrück aus Westfalen und Köln aus dem Rheinland sowie die drei „Hanseaten" Bremen-Hamburg-Lübeck. Man beriet über den Wiederaufbau des Stalhofs, ein etwaiges Bündnis mit den süddeutschen Reichsstädten, einen neuen Syndikus und einen Gesandten im Haag bei den Generalstaaten, die Festlegung neuer Beiträge und – nicht zuletzt – die Erstattung der Aufwendungen Lübecks für die gemeinsame Sache. Ergebnisse gab es nicht, der letzte Rezeß besiegelte im Grunde das Ende. Zwar haben danach noch Vertreter von Lübeck, Hamburg und Bremen 1678/79 beim Nimweger Friedenskongreß „pro communi Hansae teutonicae interesse et commodo" mitgewirkt, doch wird man das, wie im Grunde alle dem großen Kriege folgenden Bemühungen, als reines Nachleuchten anzusehen haben. Die Hanse war tot, ihre Tradition wurde von den drei „Hanseaten" übernommen, unter denen ja gerade im Zeitraum des langjährigen Ringens Hamburg und Bremen endlich zur Reichsstandschaft aufgestiegen waren. Sie lösten das Bergener Kontor 1774 auf, verkauften 1853 den Stalhof und schließlich 1862 auch das Antwerpener Anwesen.

Bleibt es damit unbezweifelbar, daß der Dreißigjährige Krieg den Schlußstrich unter den wohl langlebigsten kontinentalen Interessenverband aus bürgerlicher Wurzel gesetzt hat, so ist doch im Rückblick deutlich, daß bereits um 1600 alle Voraussetzungen hinfällig geworden waren, von denen her sich die Entstehung und Blüte der Hanse begründen läßt. Zunächst waren im Norden die Skandinavier aus langen Rückständigkeiten zu kräftiger Eigenentwicklung aufgestiegen, die den alten Mittler als lästig empfand und seine Funktionen selbst zu übernehmen imstande war; im Osten hatten die politischen Veränderungen den baltisch-preußischen Raum aufgespalten, seine langzeitlich gegebene, deutsche Vorherrschaft erschüttert und neue Mächte, vor allem Rußland, sodann Polen und Schweden, auf den Plan gebracht, gegen die der Hanse keine Abwehr mehr zur Verfügung stand, zumal ihr durch Holländer und Engländer ein moderneres Wirtschaftssystem erfolgreich entgegengesetzt wurde. Im Westen führte der große Kampf zwischen Spanien und den Niederlanden mit noch drastischeren Ergebnissen zum gleichen Ende, wie es auch für England selbst zu gelten hatte. Nur noch im Schlepp der neuen Seemächte konnten sich einige der Hanseglieder, aber keineswegs mehr der ganze Verband, in die neuzeitliche Fernwirtschaft einschalten.

Womöglich noch einschneidender war endlich die Wandlung im Reich selbst: unter den tiefgreifenden Folgen einerseits der Glaubensspaltung, andererseits des für ganz Europa verhängnisvollen Konjunkturbruchs im Zeichen der Preisrevolution verlor die Schar der höchst unterschiedlich leistungsfähigen Gliedstädte des hansischen Verbandes den Boden ihrer wirtschaftlichen Kraft sowie ihrer politischen Autonomie zugleich unter den Füßen. Dem nun voll sich durchsetzenden fürstlichen Flächenstaat mit seiner über die ständische Ordnung weiter zum absoluten Dirigismus fortschreitenden, administrativen Organisation waren die weitaus meisten hansischen Städte nicht mehr gewachsen. Eine nach der anderen wurden sie nun in die Landesherrschaft zurückgeholt, aus der sie sich einst mit Erfolg hatten zu mehr oder minder voller Bewegungsfreiheit durchkämpfen können. Auch ihre Wehrkraft, im Spätmittelalter bis zur Entwicklung der Feuerwaffen geradezu unüberwindlich, war nun verwundbar gemacht, und der große Krieg bewies das an vielen bitteren Beispielen der kleinen und mittleren, ja sogar mancher großen Gemeinden.

Den Wert des hansischen Kapitels der europäischen Geschichte kann das alles nicht mindern. Dollinger hat mit Nachdruck zur Hanse festgestellt, „daß Europa sie brauchte", er hat insbesondere die nach Ausgleich und Frieden strebende Grundtendenz hansischer Haltung mit Recht anerkannt. Sie bleibt ein Beispiel und Vorbild auch für die Gegenwart.

ABBILDUNGSNACHWEIS

Das vielfach neu erschlossene Bildmaterial zum hansischen Raume und Zeitalter ist reichlich in Bildbänden, Katalogen und gut ausgestatteten Darstellungen der letzten Jahrzehnte zugänglich; da diese im Schrifttumsverzeichnis aufgeführt sind, konnte unsere knappe Abbildungsauswahl auf bestimmte, seltener oder gar nicht berücksichtigte Themen begrenzt werden.

Schutzumschlag (Vorderseite): Der Kran von Brügge, Anfang 16. Jahrhundert.

Miniatur (nach Memling) aus dem Breviar von Simon Bening. Original in der Bayerischen Staatsbibliothek München.

Schutzumschlag (Rückseite): Hamburger Stadtrechtskodex von 1497; Miniatur zum Kapitel „Van ordineri[n]ge der hogeste[n] overicheit".

Der schon „Obrigkeit" genannte Rat, Führungsorgan der Bürgergemeinde, am Verhandlungs- und Gerichtstisch, mit Reliquar, auf das alle Eide zu leisten waren, als Kennzeichen der vollentfalteten Autonomie. Vgl. dazu H. Reincke, Erläuterungen zu ‚Die Bilderhandschrift des Hamburgischen Stadtrechts von 1497', Veröffentlichungen aus dem Staatsarchiv der Freien und Hansestadt Hamburg, X/1968. Original im Staatsarchiv Hamburg; Foto: A. Schreyer.

Einbandinnenseiten (vorne): Der hansische Raum und das Städtenetz in Mitteleuropa.

Entwurf: H. Stoob; Kartographie: D. Overhageböck, Institut für vergleichende Städtegeschichte a. d. Universität Münster.

Einbandinnenseiten (hinten): Lübeck, Wachstumsphasen und Befestigungen, altständischer Baubestand.

Entwurf: H. Stoob; Kartographie: D. Overhageböck, Institut für vergleichende Städtegeschichte a.d. Universität Münster; Verkleinerung des Erstdrucks in: H. Stoob (Hg.), Deutscher Städteatlas III/1984, Altenbeken, Blatt 6, Tafel 5.

Abb. 1: Hildesheim, Entfaltung bis 1125, Baublockplan.

Aus: Führer zu vor- und frühgeschichtlichen Denkmälern 49, Mainz 1981, hier: K. Weidemann, S. 213.

Abb. 2: Halberstadt, Lageplan der Oberstadt.

Aus: O. Schlüter/O. August (Hgg.), Atlas des Saale- und mittleren Elbegebietes, Leipzig 1959–61, Textband, S. 153.

Abb. 3: Schleswig und Umgebung, 1870-76.

Nach Gemarkungskarten im Katasteramt Schleswig; aus: H. Stoob (Hg.), Deutscher Städteatlas I/1973, Dortmund, Blatt 9, Tafel 3.

Abb. 4: Lübeck, Baublockplan von H. L. Behrens, 1824.

Orthographische Neuzeichnung von D. Overhageböck, Institut für vergleichende Städtegeschichte a.d. Universität Münster. Aus: H. Stoob (Hg.), Deutscher Städteatlas, III/1984, Altenbeken, Blatt 6, Tafel 3.

Abb. 5: Lübeck, Senkrechtluftbild von 1975.

Aus: Stadtkernatlas Schleswig-Holstein, J. Habich u.a (Bearb.), Neumünster 1976, S. 97. Foto: Vermessungs- und Ingenieurbüro N. Rüpke, Freigabe-Nr. L A H 2346/75.

Abb. 6: Stettin, Vogelschau, um 1580.

Aus: G. Braun/F. Hogenberg, Civitates orbis terrarum, 1572–1618, (Faksimile-Ausgabe) Kassel 1965, Teil 4, Nr. 41.

Abb. 7: Wisby, Vogelschau auf Stadt und Hafen, um 1598.

Aus: G. Braun/F. Hogenberg, wie Abb. 6, Teil 5, Nr. 39.

Abb. 8: Rostock, Vogelschau der Stadtmitte, um 1580.

Aus: G. Braun/F. Hogenberg, wie Abb. 6, Teil 5, Nr. 47.

Abb. 9: Nowgorod, Baublockskizze der Stadt, um 1500.

Ergänzt nach: P. Johansen, Die Kaufmannskirche, in: Acta Visbyensia I, 1965, S. 94.

Abb. 10: Riga, Baublockplan der Stadt im Mittelalter.

Entwurf: H. Stoob (ergänzt nach: F. Benninghoven, Rigas Entstehung ..., Hamburg 1961, Karten 5-8); Kartographie: D. Overhageböck, Institut für vergleichende Städtegeschichte a.d. Universität Münster. Aus: H. Stoob, Über Wachstumsvorgänge und Hafenausbau bei hansischen See- und Flußhäfen im Mittelalter, in: See- und Flußhäfen vom Hochmittelalter bis zur Industrialisierung, hg. von Dems. (Städteforschung A 24), Köln/Wien 1986, S. 48.

Abb. 11: Reval, Baublockplan der Stadt, um 1310.

Aus: P. Johansen, Nordische Mission, Revals Gründung und die Schwedensiedlung in Estland, Stockholm 1951, S. 34.

Abb. 12: Wismar, Baublockplan der Stadt, um 1450.

Aus: H. Stoob, Über Wachstumsvorgänge und Hafenausbau bei hansischen See- und Flußhäfen, in: wie Abb. 10, S. 23.

Abb. 13: Stralsund, Vogelschau auf Stadt und Hafen, um 1632.

Aus: Matthaeus Merian, Topographia Electoratus Brandenburgici et Ducatus Pomeraniae, 1652, (Faksimile-Ausgabe) Kassel 1965, S. 110.

Abb. 14: Danzig, Baublockplan der Stadt.

Aus: K. Hauke, Das Bürgerhaus in Ost- und Westpreußen, Tübingen 1967, S. 55.

Abb. 15: Danzig, Bastionärplan der Stadt 1734. Kupferstich von M. Seutter.

Aus: H. Stoob, Über Wachstumsvorgänge und Hafenausbau bei hansischen See- und Flußhäfen, in: wie Abb. 10, S. 19.

Abb. 16: Thorn, Baublockplan der Stadt von 1819.

Rekonstruierter Entwurf: H. Stoob; Kartographie: D. Overhageböck, Institut für vergleichende Städtegeschichte a.d. Universität Münster. Aus: H. Stoob, Über Wachstumsvorgänge und Hafenausbau bei hansischen See- und Flußhäfen, in: wie Abb. 10, S. 15.

Abb. 17: Kogge und Hulk. Geschnitzte Kirchenbankwangen des 15. Jhs., King's Lynn.

Aus: Th. G. Werner (Hg.), Der Stalhof der deutschen Hanse in London in wirtschafts- und kunsthistorischen Bildwerken. Eine Fortsetzung. VII Das Gelände des Stalhofs nach seinem Abbruch und seine Umgebung im 19. Jahrhundert. Schiffahrt, Handel und Gestalten in der Spätzeit seiner Geschichte. In: Scripta Mercaturae 1/2, 1974, Bilder 110 u.111, S. 183. Original im: Victoria & Albert Museum, London.

Abb. 18: ‚Vertoonung' (Abbildung) der ostfriesischen Inseln, C. Anthonisz, Amsterdam 1558 (als Segelanweisung).

Aus: A. Lang, Seekarten der südlichen Nord- und Ostsee, Hamburg 1968, S. 16.

Abb. 19: Lüneburg, Hafenausschnitt aus einer Vogelschau von 1598.

Aus: G. Braun/F. Hogenberg, wie Abb. 6, Teil 5, Nr. 42.

Abb. 20: Köln, Teilansicht des Rheinhafens. Kupferstich von A. Woensam, 1531.

Aus: H. Stoob (Hg.), Deutscher Städteatlas, II/1979, Dortmund, Blatt 6, Titelansicht.

SCHRIFTTUMSAUSWAHL

Die knappgehaltene Schrifttumsauswahl folgt bewußt der Darstellung nach Kapiteln. Der kundigen Mitarbeit von Brigitte Schröder und Beate Kretzschmar ist dabei sehr zu danken. Erschlossen wird die Liste von einem alphabetischen Autorenindex.

Abt. – Abteilung; Aufl. – Auflage; Ausg. - Ausgabe;, Bd./Bde. – Band/Bände; Bl./Bll. – Blatt/Blätter; d. – der, die, das; Diss. – Dissertation; dt. – deutsch; durchges. – durchgesehen(e); erg. – ergänzt(e); erw. – erweitert(e); H. – Heft; hg. – herausgegeben; Jg. – Jahrgang; Nachdr. – Nachdruck; neubearb. – neubearbeitet; Neudr. – Neudruck; N.F. – Neue Folge; Nr. – Nummer; photomech. – photomechanisch(er); Repr. – Reprint; reprogr. – reprographisch; revid. – revidiert(e); T./Tle. – Teil/Teile; Übers., übers. – Übersetzung, übersetzt; unv. – unverändert(e, -er); v. – von, vom; ver. – verändert(e); verb. – verbessert(e); verm. – vermehrt(e)

Einleitung (S. 1-16)

1. Goetz, L.K., Deutsch-Russische Handelsgeschichte des Mittelalters (Hansische Geschichtsquellen, N.F. 5), Lübeck 1922. [Mehr als 70 H. bis 1985.]

2. Rennkamp, W., Studien zum deutsch-russischen Handel bis zum Ende des 13. Jahrhunderts. Nowgorod und Dünagebiet (Bochumer historische Studien. Mittelalterliche Geschichte 2), Bochum 1977.

3. Rörig, F., Die europäische Stadt und die Kultur des Bürgertums im Mittelalter, hg. v. L. Rörig u. A. von Brandt, (Kleine Vandenhoeck-Reihe 12, 13, 13a), 4. erg. Aufl., Göttingen 1964.

4. Rörig, F., Vom Werden und Wesen der Hanse, 4. Aufl., Leipzig 1944.

5. Rörig, F., Wirtschaftskräfte im Mittelalter, Abhandlungen zur Stadt- und Hansegeschichte, hg. v. P. Kaegbein, 2. durchges. u. erg. Aufl., Wien/Köln/Graz 1971.

6. Daenell, E., Die Blütezeit der deutschen Hanse. Hansische Geschichte von der 2. Hälfte des 14. bis zum letzten Viertel des 15. Jahrhunderts, 2 Bde., Neudr. d. Ausg., Berlin 1905/06, Berlin 1973.

7. Schäfer, D., Die deutsche Hanse, 4. Aufl., Bielefeld 1943.

8. Vogel, W., Kurze Geschichte der deutschen Hanse (Pfingstblätter des Hansischen Geschichtsvereins 11), München/Leipzig 1915.

9. Stein, W., Beiträge zur Geschichte der deutschen Hanse bis um die Mitte des fünfzehnten Jahrhunderts, Giessen 1900.

10. Pagel, K., Die Hanse, [1. Aufl. 1942, 3. Aufl. 1963] 4., v. E. Naab neubearb. Aufl., Braunschweig 1983.

11. Brandt, A. von/Johansen, P., Die deutsche Hanse als Mittler zwischen Ost und West (Wissenschaftliche Abhandlungen der Arbeitsgemeinschaft für Forschungen des Landes Nordrhein-Westfalen 27), Köln/Opladen 1963.

12. Brandt, A. von, Grenzen und Möglichkeiten einer hansischen Gesamtgeschichte. Bemerkungen zu dem Buch von Karl Pagel: Die Hanse, in: Hansische Geschichtsblätter 72 (1954), S. 91-100.

13. Dollinger, Ph., Die Hanse (Übers. d. 1. Orig.-Aufl., La Hanse, 1964, 1. dt. Aufl. 1966), 4. Aufl., Stuttgart 1989.

14. Friedland, K., Die Hanse (Urban-TB 409), Stuttgart 1991.

15. Schildhauer, J., Die Hanse. Geschichte und Kultur, Stuttgart 1984.

16. Bücher, K., Die Entstehung der Volkswirtschaft. Vorträge und Aufsätze, 2 Bde., 16. Aufl., Tübingen 1922 (Sammelbd. 1, 17. Aufl., Tübingen 1926).

17. Sombart, W., Der moderne Kapitalismus. Historisch-systematische Darstellung des gesamteuropäischen Wirtschaftslebens von seinen Anfängen bis zur Gegenwart. 3 Bde., unv. Nachdr. d. 2. neubearb. Aufl., München/Leipzig 1916/17, München 1987.

18. Ennen, E., Die europäische Stadt des Mittelalters (Sammlung Vandenhoeck), 4. verb. Aufl., Göttingen 1987.

19. Andreas, W., Deutschland vor der Reformation. Eine Zeitenwende, 6. neubearb. Aufl., Stuttgart 1959, 7. Aufl., unv. Nachdr., Stuttgart 1972.

20. Kulischer, J., Allgemeine Wirtschaftsgeschichte des Mittelalters und der Neuzeit, 2 Bde., 5. unv. Aufl. (Repr. d. Ausg. München 1928/29), München/Wien 1971.

21. Aubin, H./Zorn, W. (Hgg.), Handbuch der deutschen Wirtschafts- und Sozialgeschichte, 2 Bde., Stuttgart 1971–1976.

22. Kellenbenz, H./Fischer, W./ Houtte, J. A. van u.a. (Hgg.), Handbuch der europäischen Wirtschafts- und Sozialgeschichte, 6 Bde., Stuttgart 1980–1993; bes. Bd. 2: Europäische Wirtschafts- und Sozialgeschichte im Mittelalter, unter Mitarb. von W. Abel/J. Barnea u.a., hg. v. J. A. van Houtte; Bd. 3: Europäische Wirtschafts- und Sozialgeschichte vom ausgehenden Mittelalter bis zur Mitte des 17. Jahrhunderts, hg. v. H. Kellenbenz.

23. Sartorius, G. F. Chr., Frh. v. Waltershausen, Geschichte des Hanseatischen Bundes und Handels, 3 Bde., Göttingen 1802–08.

24. Sartorius, G. F. Chr., Frh. v. Waltershausen, Urkundliche Geschichte des Ursprunges der deutschen Hanse, hg. v. J. M. Lappenberg, 2 Bde., Hamburg 1830.

25. Schäfer, D., Die Hansestädte und König Waldemar von Dänemark. Hansische Geschichte bis 1376, Neudr. d. 1. Ausg. Jena 1879, Aalen 1970.

26. Stoob, H., Die Hanse und Europa bis zum Aufgang der Neuzeit, in: Weltpolitik, Europagedanke, Regionalismus. Festschrift für Heinz Gollwitzer zum 65. Geburtstag am 30. Januar 1982, hg. v. H. Dollinger, H. Gründer, A. Hanschmidt, Münster 1982, S. 1-17.

27. Hanserezesse, hg. vom Verein für Hansische Geschichte bzw. v. Hansischen Geschichtsverein, 26 Bde. [1256–1537], Leipzig/Weimar/Köln/Wien 1870–1970, teils als Nachdr. Hildesheim/New York 1975.

I. Abt.: Die Rezesse und andere Akten der Hansetage 1256–1430, bearb. v. K. Koppmann und W. Junghans, 8 Bde., 1870–97. II. Abt.: Hanserezesse 1431-76, bearb. v. G. v. d. Ropp, 7 Bde., 1876–92. III. Abt.: Hanserezesse 1477–1530, bearb. v. D. Schäfer/F. Techen, 9 Bde., 1881–1913. IV. Abt.: Hanserezesse 1531–60, Bd. 1 (1531–35), bearb. v. G. Wentz, 1941, Bd. 2 (1535–37), bearb. v. K. Friedland/G. Wentz, 1970.

28. Waitz, G., Lübeck unter Jürgen Wullenwever und die europäische Politik, 3 Bde., Berlin 1855–56.

29. Die Chroniken der deutschen Städte vom 14. bis ins 16. Jahrhundert, hg. durch die Historische Kommission bei der (Königlichen, später:) Bayerischen Akademie der Wissenschaften, Bd. 1-37; Braunschweig (Bd. 6, 16, 35/1); Dortmund (Bd. 20); Soest (Bd. 21, 24); Lübeck (Bd. 19, 26, 28, 30, 31/1.2); Lüneburg (Bd. 36); Magdeburg (Bd. 7,27); Köln (Bd. 12-14); Bremen (Bd. 37), photomech. Nachdr. d. 1. Aufl., Leipzig/Stuttgart/Gotha 1862–1931, Göttingen/Bremen 1961–1969.

30. Lappenberg, J. M., Urkundliche Geschichte des hansischen Stahlhofes zu London, Neudr. d. Ausg., Hamburg 1851, Osnabrück 1967.

31. Lappenberg, J. M., Geschichtsquellen des Erzstiftes und der Stadt Bremen, Neudr. der Ausgabe Bremen 1841, Aalen 1967.

32. Die Bremer Chronik von Rinesberch, Schene und Hemeling, hg. von H. Meinert (Die Chroniken der niedersächsischen Städte Bd. 5 = Die Chroniken der deutschen Städte vom 14. bis ins 16. Jahrhundert 37), Bremen 1968.

33. Lappenberg, J. M. (Hg.), Hamburgische Chroniken in niedersächsischer Sprache, Hamburg 1861.

34. Urkundenbuch der Stadt Lübeck, hg. vom Verein für Lübeckische Geschichte und Alterthumskunde, 11 Tle. nebst Registerbd. (Codex diplomaticus Lubecensis, Lübeckisches Urkundenbuch Abt. 1), Lübeck 1843–1932.

35. Stoob, H. (Hg.), Urkunden zur Geschichte des Städtewesens in Mittel- und Niederdeutschland, Bd. 1: bis 1350, bearb. v. H. Stoob/F. B. Fahlbusch/W. Hölscher (Städteforschung C1), Köln/Wien 1985; Bd. 2: 1351–1475, bearb. v. F. B. Fahlbusch/F.-W. Hemann/H. Stoob/M. Tönsing (Städteforschung C 4), Köln/Weimar/Wien 1992.

36. Hansisches Urkundenbuch, bearb. [Bd. 1-3:] v. K. Höhlbaum, [Bd. 4-6:] v. K. Kunze, [Bd. 7:] v. H.-G. von Rundstedt, [Bd. 8-11:] v. W. Stein, hg. v. Verein für Hansische Geschichte, 1-11 [Bd. 7,2: 1442–1450 nicht ersch.], Halle a. d. S., [ab Bd. 4:] Leipzig [Bd. 11:] und München, [Bd. 7:] Weimar 1876–1939, Bd. 1: 975–1300, 1876; Bd. 2: 1300–1342, 1879; Bd. 3: 1343–1360, 1882–1886; Bd. 4: 1361–1392, 1896; Bd. 5: 1392–1414, 1899; Bd. 6: 1415–1433, 1905, Bd. 7, 1. Halbbd.: 1434–1441, 1939; Bd. 8: 1451–1463, 1899; Bd. 9: 1463–1470, 1903; Bd. 10: 1471–1485, 1907; Bd. 11: 1486–1500, 1916.

37. Oorkondenboek van Holland en Zeeland tot 1299, Red. A. C. F. Koch u.a., bisher 3 Bde. nebst Index, 1ff. 's Gravenhage/Assen/Maastricht 1970ff., Bd. 1: Eind van de 7e eeuw tot 1222, 1970; Bd. 2: 1222 tot 1256, 1986; Bd. 3: 1256 tot 1278, 1992.

38. Diplomatarium Danicum. Udgivet af det danske Sprog-og Litteraturselskab bekostet [bzw.] naed understøttelse af Carlsbergfondet under medwirkning af A. Afzelius, F. Blatt, C. A. Christensen u.a., Bind 1ff., Kopenhagen 1938ff., Række R. 1: [789–1250], Bd. 1-7 [bis 1249], 1957–1990; R. 2: [1250–1339], Bd. 1-12, 1938–1960; R 3: [1340–1412], Bd. 9 bis 1375, Bd. 1-9, 1958–1982; R. 4: 1376–1412, Bd. 1: 1376–1379, 1984.

39. Diplomatarium Norvegicum, hg. v. C. A. Lange/C. Unger/H. J. Huitfeldt-Kaas [u.a.], Christiania/Oslo 1847–1976 (21 Bde.).

40. Regesta Norvegica. Kronologisk fortegnelse over dokumenter vedkommende Norge, Utgitt for Kjeldeskrift-fondet, Red. G. Storm/[Bd. 2ff.] S. Bagge/E. Gunnes. u.a., Christiania/Oslo, 1898, 1978ff.; Bd. 1: 991–1263, 1898; Bd. 2: 1264–1300, 1978; Bd. 3: 1301–1319, 1983; Bd. 4: 1320–1336, 1979; Bd. 5: 1337–1350, 1979.

41. Svenskt Diplomatarium. (Diplomatarium Svecanum.) J. G. Liljegreen/B. E. Hildebrand [u.a.] (Hgg.), 1ff., Stockholm 1829ff., bis. ersch.: Bd. 1: 817–1285, 1829 bis Bd. 10, 2: 1373–1374, 1974, darin noch einzelne chronologische Lücken.

42. Sprandel, R. (Hg.), Quellen zur Hanse-Geschichte, mit Beitr. v. J. Bohmbach/J. Goetze (Ausgewählte Quellen zur deutschen Geschichte des Mittelalters 36), Darmstadt 1982.

43. Hansische Geschichtsquellen, hg. vom Verein für Hansische Geschichte 1 (1875) bis 7 (1894); Hansische Geschichtsquellen N.F. 1 (1897) bis 5 (1922), Halle (Saale)/Berlin/Leipzig u.a. 1875–1922; fortgeführt ab N.F. 6 (1928) als Quellen und Darstellungen zur hansischen Geschichte, hg. vom Hansischen Geschichtsverein, Lübeck/Weimar/Köln/Graz u.a. 1928ff., bisher 43 Bde.

44. Inventare hansischer Archive des 16. Jahrhunderts, hg. v. Verein für Hansische Geschichte; Kölner Inventar, Bd. 1-2, bearb. v. K. Höhlbaum, Leipzig/München 1896–1903; Danziger Inventar, Bd. 3, bearb. v. P. Simson, Leipzig/München 1913.

45. Häpke, R. (Bearb.), Niederländische Akten und Urkunden zur Geschichte der Hanse und zur deutschen Seegeschichte, hg. v. Verein für Hansische Geschichte, 2 Bde., Bd. 1: 1531–1557; Bd. 2: 1558–1669, München/Leipzig/Lübeck 1913-1923.

46. Hansische Geschichtsblätter, hg. v. Verein für Hansische Geschichte bzw. v. Hansischen Geschichtsverein, Leipzig/Lübeck u.a., zuletzt Köln/Wien/Weimar 1872ff., bisher 112 Bde.

47. Keyser, E. (Hg.), Deutsches Städtebuch. Handbuch städtischer Geschichte: Nordostdeutschland (Bd. 1); Mitteldeutschland (Bd. 2); Nordwestdeutschland (Bd. 3, 1.2.3); Südwestdeutschland (Bd. 4, 1.2.3); Bayern (Bd. 5, 1.2), Stuttgart/Berlin 1939–74.

48. Keyser, E. (Hg.), Bibliographie zur Städtegeschichte Deutschlands (Acta Collegii historiae urbanae Societatis Historicorum Internationalis Series A), Köln/Wien 1969.

49. Schröder, B./Ehbrecht, W./Stoob, H. (Hgg.), Bibliographie zur deutschen historischen Städteforschung 1 (Städteforschung B 1), Köln/Wien 1986.

50. Reetz, J., Hamburgs mittelalterliche Stadtbücher, in: Zeitschrift des Vereins für Hamburgische Geschichte 44 (1958), S. 95-139.

51. Beck, F./Henning, E. (Hgg.), Die archivalischen Quellen. Eine Einführung in ihre Benutzung (Veröffentlichungen des Brandenburgischen Landeshauptarchivs 79), Weimar 1994.

52. Pfingstblätter des Hansischen Geschichtsvereins, Bl. 1-27, Leipzig/Lübeck/Weimar/Münster/Köln 1905–1952, darunter: W. Vogel (s.o.); W. Stein, Die Hanse und England 1905 (Bl. 1); H. Nirrnheim, Hinrich Murmester. Ein hamburgischer Bürgermeister in der hansischen Blütezeit, 1908 (Bl. 4); H. Reincke, Agneta Willeken, 1928 (Bl. 19); L. v. Winterfeld, Dortmunds Stellung in der Hanse, 1932 (Bl. 23); C. Nordmann, Oberdeutschland und die deutsche Hanse, 1939 (Bl. 26). Dazu: Hansische Volkshefte, H. 1 (1923) bis H. 18 (1929).

53. Maschke, E., Deutsche Stadtgeschichtsforschung auf der Grundlage des historischen Materialismus, in: Jahrbuch für Geschichte der oberdeutschen Reichsstädte = Esslinger Studien 12/13 (1966/67), S. 124-141; wiederabgedr., in: E. Maschke, Städte und Menschen. Beiträge zur Geschichte der Stadt, der Wirtschaft und Gesellschaft 1959–1977 (Vierteljahrschrift für Sozial- u. Wirtschaftsgeschichte Beih. 68), Wiesbaden 1980, S. 475-492.

54. Abhandlungen zur Verkehrs- und Seegeschichte, Bd. 1-10, Berlin 1908–1922; Abhandlungen zur Handels- und Seegeschichte, N.F., Bd. 1-5, Neumünster/Weimar 1933–1937; Abhandlungen zur Handels- und Sozialgeschichte, Bd. 1ff., Weimar 1958ff., bisher 29 Bde.

55. Hansische Studien, hg. von G. Heitz/M. Unger u.a., (Bd. 1 = Festschrift H. Sproemberg zum 70. Geburtstag; Bd. 2 unter dem Titel: Neue Hansische Studien; Bd. 3ff. = Abhandlungen zur Handels- und Sozialgeschichte 15 u.s.w.), Berlin/Weimar 1971ff., bisher 10 Bde.

56. Schildhauer J./Fritze, K./Stark, W., Die Geschichte der Hanse, 4. veränd. Aufl. Berlin 1981, 6. Aufl., Berlin 1985.

57. Gesamtverzeichnis der Schriften des Hansischen Geschichtsvereins bis 1957, in: Hansische Geschichtsblätter 76 (1958), S. 236-240.

58. Jankuhn, H., Haithabu. Ein Handelsplatz der Wikingerzeit, 8. neubearb. u. stark erw. Aufl., Neumünster 1986.

59. Schindler, R., Ausgrabungen in Alt-Hamburg. Neue Ergebnisse zur Frühgeschichte der Hansestadt, Hamburg 1957.

60. Nickel, E., Der ‚Alte Markt' in Magdeburg (Dt. Akadademie d. Wissenschaften zu Berlin. Schriften d. Sektion für Vor- und Frühgeschichte 18; Ergebnisse der archäologischen Stadtkernforschung in Magdeburg T. 2), Berlin 1964.

61. Müller, Th., Schiffahrt und Flößerei im Flußgebiet der Oker, (Braunschweiger Werkstücke. Reihe A. Bd. 2, der ganzen Reihe Bd. 39), Braunschweig 1968. [Schrifttum!]

62. Grassmann, A. (Hg.), Lübeckische Geschichte, Lübeck 1988. [Darin ferner R. Hammel, E. Hoffmann, W.-D. Hauschild, G. Ahrens, G. Meyer.]

63. Jammer, V., Die Anfänge der Münzprägung im Herzogtum Sachsen (10. und 11. Jahrhundert) (Numismatische Studien 3/4), Hamburg 1952.

64. Albrecht, G., Das Münzwesen im niederlothringisch und friesischen Raum vom 10. bis zum beginnenden 12. Jahrhundert. 1. Text 2. Tafeln (Numismatische Studien 6), Hamburg 1959.

65. Hävernick, W., Der Kölner Pfennig im 12. und 13. Jahrhundert. Periode der territorialen Pfennigmünze (Vierteljahrschrift für Sozial- und Wirtschaftsgeschichte Beih. 18), Stuttgart 1930.

66. Jesse, W., Der wendische Münzverein (Quellen und Darstellungen zur hansischen Geschichte, N.F. 6), Lübeck 1928, Neudr. Braunschweig 1967.

67. Hävernick, W. (Hg.), Hamburger Numismatische Studien 1ff. (1951ff.).

68. Brünger, W., Einführung in die Siedlungsgeographie (Hochschulwesen in Einzeldarstellungen), Heidelberg 1961.

69. Schöller, P./Blotevogel, H. H. u.a, Bibliographie zur Stadtgeographie. Deutschsprachige Literatur 1952–1970 (Bochumer Geographische Arbeiten 14), Paderborn 1973.

70. Hammel-Kiesow, R. (Hg.), Häuser und Höfe in Lübeck. Historische, archäologische und baugeschichtliche Beiträge zur Geschichte der Hansestadt im Spätmittelalter und in der frühen Neuzeit, hg. für das Amt für Denkmalpflege der Hansestadt Lübeck, Neumünster 1988ff., bisher 4 Bde., bes. Bd. 2: Scheftel, M., Gänge, Buden und Wohnkeller in Lübeck. Bau- und sozialgeschichtliche Untersuchungen zu den Wohnungen der ärmeren Bürger und Einwohner einer Großstadt des späten Mittelalters und der frühen Neuzeit, 1988.

71. Tietz-Strödel, M., Die Fuggerei in Augsburg. Studien zur Entwicklung des sozialen Stiftungsbaus im 15. und 16. Jahrhundert (Studien zur Fuggergeschichte 28 = Schwäbische Forschungsgemeinschaft bei der Kommission für Bayerische Landesgeschichte Reihe 4, 19), Tübingen 1982.

72. Gabrielsson, P., Von Gottesbuden zum Wohnstift. Die Geschichte der hamburgischen Stiftung „Dirk Koster Testament" 1537–1977 (Beiträge zur Geschichte Hamburgs 15), Hamburg 1980.

73. Winkelmann, W., Beiträge zur Frühgeschichte Westfalens. Gesammelte Aufsätze, (Veröffentlichungen der Altertumskommission im Provinzialinstitut für Westfälische Landes- und Volksforschung 8), Münster/Westf. 1984.

74. Fehring, G. P. (Hg.), Lübecker Schriften zur Archäologie und Kulturgeschichte, hg. für das Amt für Vor- und Frühgeschichte <Bodendenkmalpflege> der Hansestadt Lübeck, Frankfurt a. M./Bern/Bonn 1978ff., bisher 22 Bde., bes. Bde. 7, 10, 14, 17, 20.

75. Meier, P. J. u.a. (Hgg.), Niedersächsischer Städteatlas (Veröffentlichungen der Historischen Kommission für Hannover, Oldenburg, Braunschweig, Schaumburg-Lippe und Bremen 5), Braunschweig/Hamburg/Celle 1922–63 (Einzellieferungen).

76. Stoob, H. (Hg.), Deutscher Städteatlas, Dortmund I/1973 und II/1979, Altenbeken III/1984, IV/1989 und V/1993 (Acta Collegii historiae urbanae Societatis Historicorum Internationalis Series C [2]).

77. Stoob, H. (Hg.), Westfälischer Städteatlas, Dortmund I/1975, II/1981, Altenbeken III/1990 (Veröffentlichungen der Historischen Kommission für Westfalen 36).

78. Keyser, E., Städtegründungen und Städtebau in Nordwestdeutschland im Mittelalter (Forschungen zur deutschen Landeskunde 111), Remagen 1958.

79. Prinz, J., Mimigernaford – Münster. Die Entstehungsgeschichte einer Stadt (Veröffentlichungen der Historischen Kommission Westfalens 22), 2. verb. u. erg. Aufl., Münster 1976.

80. Johansen, P., Umrisse und Aufgaben der hansischen Siedlungsgeschichte und Kartographie, in: Hansische Geschichtsblätter 73 (1955), S. 1-105.

81. Laufner, R./Sydow, J. u.a., Archäologische Methoden und Quellen zur Stadtkernforschung und ihr Verhältnis zu den historischen Quellen und Methoden, in: Westfälische Forschungen 13 (1960), S. 181-194.

82. Albrecht, G. (Hg.), Hanse in Europa. Brücke zwischen den Märkten. 12.–17. Jahrhundert. Ausstellung des Kölnischen Stadtmuseums v. 9.6.–9.9.1973 (Ausstellungs-Katalog), Köln 1973. [Bildmaterial]

83. Bracker, J. (Hg.), Die Hanse. Lebenswirklichkeit und Mythos. Eine Ausstellung des Museums für Hamburgische Geschichte in Verbindung mit der Vereins- und Westbank, Hamburg 1989. [Bildmaterial]

84. D'Haenens, A. (Hg.), Die Welt der Hanse, Antwerpen/Genf 1984. [Bildmaterial]

85. VOGEL, W., Geschichte der deutschen Seeschiffahrt, Bd. 1: Von der Urzeit bis zum Ende des 15. Jahrhunderts, Berlin 1915, photomech. Nachdr. Berlin/New York 1973.

86. JANKUHN, H., Der fränkische-friesische Handel zur Ostsee im frühen Mittelalter, in: Vierteljahrschrift für Sozial- und Wirtschaftsgeschichte 40 (1953), S. 193-243.

87. PETRI, F., Die Anfänge des mittelalterlichen Städtewesens in den Niederlanden und dem angrenzenden Frankreich. Studien zu den Anfängen des europäischen Städtewesens (Vorträge und Forschungen 4), Lindau/Konstanz 1958, S. 227-295.

88. ENNEN, E., Frühgeschichte der europäischen Stadt. Nachtrag: Bemerkungen zum gegenwärtigen Forschungsstand. 3. um einen Nachtrag erw. Aufl., Bonn 1981.

89. JANKUHN, H./SCHLESINGER, W./STEUER, H. (Hgg.), Vor- und Frühformen der europäischen Stadt im Mittelalter. Bericht über ein Symposium in Reinhausen bei Göttingen in der Zeit vom 18. bis 24. April 1972, 2 Bde. (Abhandlungen der Akademie der Wissenschaften in Göttingen Folge 3, Nr. 83, 84), Göttingen 1973/1974.

90. CLARKE, H. B./SIMMS, A. (Hgg.), The Comparative History of Urban Origins in Non-Roman Europe: Ireland, Wales, Denmark, Germany, Poland and Russia from the Ninth to the Thirteenth Century, Part 1.2 (BAR International Series 255), Oxford 1985.

91. PITZ, E., Europäisches Städtewesen und Bürgertum. Von der Spätantike bis zum hohen Mittelalter, Darmstadt 1991.

92. ES, W. A. VAN/VERWERS, W. J. H., Excavations at Dorestad 1: The Harbour: Hoogstraat I. With Contributions by J. Ypey u.a. (Nederlandse Oudheden 9; Kromme Rijn Projekt 1), Amersfoort 1980.

93. OLDENBURG – WOLLIN – STARAJA LADOGA – NOVGOROD – KIEV. Handel und Handelsverbindungen im südlichen und östlichen Ostseeraum während des frühen Mittelalters. Internationale Fachkonferenz der Deutschen Forschungsgemeinschaft vom 5.-9. Oktober 1987 in Kiel (Bericht der Römisch-Germanischen Kommission 69), Mainz 1988 [bzw.] 1989.

94. WINTER, H., Die Nautik der Wikinger und ihre Bedeutung für die Entwicklung der europäischen Seefahrt, in: Hansische Geschichtsblätter 62 (1937), S. 173-184.

95. HAGEDORN, B., Die Entwicklung der wichtigsten Schiffstypen bis ins 19. Jahrhundert (Veröffentlichungen des Vereins für Hamburgische Geschichte 1), Berlin/Hamburg 1914.

96. SCHÜTTE, L., Wik. Eine Siedlungsbezeichnung in historischen und sprachlichen Bezügen (Städteforschung A 2), Köln/Wien 1976.

97. MAGOUN, F. P., The Sutton Hoo Ship-Burial. A Chronological Bibliography, in: Speculum 29 (1954), S. 116-124.

98. LANDSTRÖM, B., Das Schiff (Skeppet). Vom Einbaum zum Atomboot. Rekonstruktionen in Wort und Bild. Aus dem Schwedischen übertragen v. E. Gröner, Gütersloh 1961.

99. ELLMERS, D., Frühmittelalterliche Handelsschiffahrt in Mittel- und Nordeuropa (Offa-Bücher 28), Neumünster 1972.

100. ARBMANN, H., Schweden und das Karolingische Reich. Studien zu den Handelsverbindungen des 9. Jahrhunderts (Kungl. Vitterhets Historie och Antikvitets Akademiens Handlingar 43), Stockholm 1937.

101. LEWIS, A. R., The Northern Seas. Shipping and Commerce in Northern Europe A.D. 300–1100, Princeton, New Jersey 1958.

102. KLETLER, P., Nordwesteuropas Verkehr, Handel und Gewerbe im frühen Mittelalter (Deutsche Kultur. Historische Reihe 2), Wien 1924.

103. Düwel, K./Jankuhn, H./Ebel, E. (Hgg.), Untersuchungen zu Handel und Verkehr der vor- und frühgeschichtlichen Zeit in Mittel- und Nordeuropa, Bericht über die Kolloquien der Kommission für Altertumskunde Mittel- und Nordeuropas in den Jahren 1980 bis 1983, [bzw.] 1985, 6 Tle., (Abhandlungen der Akademie der Wissenschaften in Göttingen Folge 3, Nr. 143, 144, 150, 156, 180, 183), Göttingen 1985–1989, bes. Tle. 3-6.

104. Rohwer, B., Der friesische Handel im frühen Mittelalter, Diss. Kiel [1935], Leipzig 1937.

105. Lebecq, St., Marchands et navigateurs frisons du haut Moyen Âge, Vol. 1: Essai, Vol. 2: Corpus des Sources écrites Lille 1983.

106. Boeles, P. C. J. A., Friesland tot de elfde eeuw. Zijn voor- en vroege geschiedenis, 2. Aufl., s'Gravenhage 1951.

107. Bolin, S., Muhammed, Karl den store och Rurik, in: Scandia 12 (1939), S. 181-222. Engl.: Mohammed, Charlemagne and Ruric, in: The Scandinavian Economic History Review 1 (1953), S. 5-39.

108. Balodis, F., Handelswege nach dem Osten und die Wikinger in Rußland, Antikvariska studier (Vitterhets historie och antikvitets akademiens handlingar 65), Lund 1948.

109. Goehrke, C., unter Mitw. v. U. Kälin, Frühzeit des Ostslaventums (Erträge der Forschung 277), Darmstadt 1992.

110. Verlinden, Ch., L'Esclavage dans l' Europe médiévale, Bd. 1: Péninsule Iberique-France (Rijksuniversiteit te Gent. Werken uitgegeven door de Faculteit van de Letteren en Wijsbegeerte 119), Brügge 1955.

111. Jacob, G., Arabische Berichte von Gesandten an germanische Fürstenhöfe aus dem 9. und 10. Jahrhundert (Quellen zur deutschen Volkskunde 1), Berlin/Leipzig 1927.

112. Schlesinger, W., Burg und Stadt, in: Aus Verfassungs- und Landesgeschichte. Festschrift zum 70. Geburtstag v. Th. Mayer, Bd. 1: Zur allgemeinen und Verfassungsgeschichte, Lindau-Konstanz 1954, S. 97-150.

113. Eckhardt, K. A., Präfekt und Burggraf, in: Zeitschrift der Savigny-Stiftung für Rechtsgeschichte, Germanistische Abt. 46 (1926), S. 163-205.

114. Planitz, H., Die deutsche Stadt im Mittelalter. Von der Römerzeit bis zu den Zunftkämpfen, Köln 1954, 5. unv. Aufl., Wien/Köln/Graz 1980. [Zur Kaufleutegilde vgl. dessen Aufsätze in: Zeitschrift der Savigny-Stiftung für Rechtsgeschichte, Germanistische Abt. 1940, 1943f.]

115. Grand, R., La formation des villes au Moyen Age: Individualisme au association?, in: Journal des savants (1947), S. 41-73.

116. Coornaert, E., Les ghildes médiévales (Ve–XIVe Sieècles). Définition. Evolution, in: Revue Historique 72 (1948), H. 199, S. 22-55, 208-243.

117. Black, A., Guilds and Civil Society in European Political Thought from the Twelfth Century to the Present, Cambridge 1984.

118. Oexle, O. G., Gilden als soziale Gruppen in der Karolingerzeit, in: H. Jankuhn u.a.(Hg.), Das Handwerk in vor- und frühgeschichtlicher Zeit. T. I: Historische und rechtshistorische Beiträge und Untersuchungen zur Frühgeschichte der Gilde. Bericht über die Kolloquien der Kommission für die Altertumskunde Mittel- und Nordeuropas in den Jahren 1977 bis 1980 (Abhandlungen der Akademie der Wissenschaften in Göttingen, Phil.-hist. Kl., 3. F., Nr. 122), Göttingen 1981, S. 284-354.

119. Schwineköper, B. (Hg.), Gilden und Zünfte. Kaufmännische und gewerbliche Genossenschaften im frühen und hohen Mittelalter (Vorträge und Forschungen 29), Sigmaringen 1985.

120. Jacobsen, G., Guilds in Medieval Denmark. The social and economic role of merchants and artisans, Madison, The University of Wisconsin, Ph. D. 1980.

121. Schöller, P. (Bearb.), Das Marktproblem im Mittelalter. Referate und Aussprachen auf der dritten Arbeitstagung des Kreises für Stadtgeschichte vom 30. Sept.–3. Okt. 1960 in Konstanz, in: Westfälische Forschungen 15 (1962), S. 43-95.

122. Schlesinger, W., Forum, Villa Fori, Ius Fori. Einige Bemerkungen zu Marktgründungsurkunden des 12. Jahrhunderts aus Mitteldeutschland, in: Aus Geschichte und Landeskunde. Forschungen und Darstellungen. Festschrift Franz Steinbach, Bonn 1960, S. 408-440.

123. Nellner, W., Die natürlichen Grundlagen der Besiedlung des Mindener Landes. Eine geographische Untersuchung über die Wechselbeziehungen zwischen Landschaft und Siedlung (Mindener Beiträge zur Geschichte, Landes- und Volkskunde des ehemaligen Fürstentums Minden 1 = Mindener Jahrbuch, N.F., H. 1), Minden 1953.

124. Bach, A., Deutsche Namenkunde, Bd. 1: Die deutschen Personennamen, 3. unv. Aufl., Heidelberg 1978; Bd. 2: Die deutschen Ortsnamen, Heidelberg 1953/54; Bd. 3: Registerbd., 2. unv. Aufl. 1974, bearb. v. D. Berger.

125. Pirenne, H., Les villes et les institutions urbaines, 2 Bde., 5. Aufl., Brüssel 1939.

126. Below, G. von, Stadtgemeinde, Landgemeinde und Gilde, in: Vierteljahrschrift für Sozial- und Wirtschaftsgeschichte 7 (1909), S. 411-445.

127. Steinbach, F., Rheinische Anfänge des deutschen Städtewesens, in: Jahrbuch des Kölnischen Geschichtsvereins 25 (1950), S. 1-12.

128. Des Marez, G., Etude sur la propriété foncière dans les villes du moyen-âge et spécialement en Flandre avec plans et tables justificatives, Gent 1898.

129. Beyerle, K., Die Anfänge des Kölner Schreinswesens, in: Zeitschrift der Savigny-Stiftung für Rechtsgeschichte, Germanistische Abteilung 51 (1931), S. 318-509.

130. Blockmans, Fr., Het Gentsche stadspatriciaat tot omstreeks 1302 (Rijksuniversiteit te Gent. Werken uitgegeven door de Faculteit van de Wijsbegeerten en Letteren. Afl. 85), Antwerpen 1938.

131. Haase, C., Die Entstehung der westfälischen Städte (Veröffentlichungen des Provinzialinstituts für westfälische Landes- und Volksforschung des Landschaftsverbandes Westfalen-Lippe. Reihe I, H. 11), 4. Aufl. (m. neuem Vorwort), Münster 1984.

132. Hofmeister, A., Der Kampf um die Ostsee vom 9. bis 12. Jahrhundert (Libelli 72), Sonderausgabe, hg. von R. Schmidt, 3. durchges. u. erw. Aufl., Darmstadt 1960.

133. Stoob, H., Forschungen zum Städtewesen in Europa, Bd. 1: Räume, Formen und Schichten der mitteleuropäischen Städte. Eine Aufsatzfolge, Köln/Wien 1970.

134. Ludat, H., Vorstufen und Entstehung des Städtewesens in Osteuropa. Zur Frage der vorkolonialen Wirtschaftszentren im slawisch-baltischen Raum (Osteuropa und der deutsche Osten. Reihe 3, Buch 4), Köln-Braunsfeld 1955.

135. Ludat, H. u.a. (Hgg.), Siedlung und Verfassung der Slawen zwischen Elbe, Saale und Oder, Gießen 1960.

Das Zeitalter des Gemeinen Kaufmanns (S. 54-101)

136. Stoob, H., Gedanken zur Ostseepolitik Lothars III., in: Festschrift F. Hausmann, hg. v. H. Ebner, Graz 1977, S. 531-551.

137. Schlesinger, W., Die Anfänge der Stadt Chemnitz und anderer mitteldeutscher Städte. Untersuchungen über Königtum und Städte während des 12. Jahrhunderts, Weimar 1952.

138. Patze, H., Recht und Verfassung thüringischer Städte (Thüringische Archivstudien 6), Weimar 1955.

139. Jordan, K., Goslar und das Reich im 12. Jahrhundert, in: Niedersächsisches Jahrbuch für Landesgeschichte 35 (1963), S. 49-77.

140. Stoob, H., Die Wachstumsphasen der Stadt Goslar bis zur Mitte des 13. Jahrhunderts, in: Zeitschrift des Harz Vereins für Geschichte und Alterthumskunde 22/23 (1970/71), S. 59-77.

141. Hübener, W., Eine topographisch-archäologische Studie zu Bardowick, Kreis Lüneburg, in: Studien zur Sachsenforschung 4, hg. v. H.-J. Häßler u.a. (Veröffentlichungen der urgeschichtlichen Sammlungen des Landesmuseums zu Hannover 28), Hildesheim 1983, S. 111-205.

142. Diestelkamp, B., Welfische Stadtgründungen und Stadtrechte des 12. Jahrhunderts, in: Zeitschrift der Savigny-Stiftung für Rechtsgeschichte, Germanistische Abteilung 81 (1964), S. 164-224.

143. Koppe, W., Schleswig und die Schleswiger (1066–1134), in: Städtewesen und Bürgertum als geschichtliche Kräfte. Gedächtnisschrift für F. Rörig, hg. v. A. von Brandt,/W. Koppe, Lübeck 1953, S. 95-120.

144. Kroman, F. (Hg.), Danmarks gamle købstadslovgivning, Bde. I-V, hier Bd. I, Kopenhagen 1951.

145. Christensen, A. E., Über die Entwicklung der dänischen Städte von der Wikingerzeit bis zum 13. Jahrhundert, in: Die Zeit der Stadtgründung im Ostseeraum, Red. M. Stenberger (Acta Visbyensia I. Visby-symposiet for historiska retenskaper 1963), Visby 1965, S. 166-172.

146. Andrén, A., Den urbana scenen. Städer och samhälle i det medeltida Danmark, [mit engl. Zusammenfassung] (Acta Archaelogica Lundensia in 8° 13), Bonn/Malmö 1985.

147. Joergensen, P. J., Dansk Retshistorie. Retskildernes og Forfatningsrettens Historie indtil sidste Halvdel af det 17. Aarhundrede, 2. Aufl., Kopenhagen 1947.

148. Hoffmann, E., Beiträge zur Geschichte der Stadt Schleswig und des westlichen Ostseeraums im 12. und 13. Jahrhundert, in: Zeitschrift der Gesellschaft für Schleswig-Holsteinische Geschichte 105 (1980), S. 27-76.

149. Hofmeister, A., Heinrich der Löwe und die Anfänge Wisbys, in: Zeitschrift des Vereins für Lübeckische Geschichte und Altertumskunde 23 (1926), S. 43-86.

150. Winterfeld, L. von, Versuch über die Entstehung des Marktes und den Ursrung der Ratsverfassung in Lübeck, in: Zeitschrift des Vereins für Lübeckische Geschichte und Altertumskunde 25 (1929), S. 365-488.

151. Winterfeld, L. von, Gründung, Markt- und Ratsbildung deutscher Fernhandelsstädte. Untersuchungen zur Frage des Gründerkonsortiums vornehmlich am Beispiel Lübecks, in: Westfalen-Hanse-Ostseeraum (Veröffentlichungen des Provinzialinstituts für westfälische Landes- und Volkskunde, Reihe I, H. 7), Münster 1955, S. 7-89.

152. Brandt, A. von, Zur Einführung und Begründung, in: Zeitschrift für Lübeckische Geschichte und Altertumskunde 39 (1959), S. 5-10 = Lübisches Mittelalter. Festgabe zum 800jährigen Bestehen Lübecks seit der Neugründung unter Heinrich dem Löwen 1159–1959.

153. Lenz, F., Die räumliche Entwicklung der Stadt Lübeck bis zum Stralsunder Frieden 1370. Ein bauwissenschaftlicher Beitrag zur deutschen Stadtbaukunst mit besonderer Berücksichtigung der Altstadt, Diss. Hannover 1933, Wolfshagen-Scharbeutz 1936.

154. Mayer, Th., Zur Frage der Städtegründungen im Mittelalter, in: Mitteilungen des Österreichischen Instituts für Geschichtsforschung 43 (1929), S. 261-282.

155. Reincke, H., Über Städtegründung. Betrachtungen und Phantasien. Ein Vortrag, in: Hansische Geschichtsblätter 75 (1957), S. 4-28.

156. Scheper, B., Frühe bürgerliche Institutionen norddeutscher Hansestädte. Beiträge zu einer vergleichenden Verfassungsgeschichte Lübecks, Bremens, Lüneburgs und Hamburgs im Mittelalter (Quellen und Darstellungen zur Hansischen Geschichte, N.F. 20), Köln/Wien 1975.

157. Rietschel, S., Die Städtepolitik Heinrichs des Löwen, in: Historische Zeitschrift 102 (1909), S. 237-276.

158. Schlesinger, W., Zur Frühgeschichte des norddeutschen Städtewesens, in: Lüneburger Blätter 17 (1966), S. 5-22.

159. Stoob, H., Schleswig-Lübeck-Wisby, in: Zeitschrift des Vereins für Lübeckische Geschichte und Altertumskunde 59 (1979), S. 7-27.

160. Mews, S., Gotlands Handel und Verkehr bis zum Auftreten der Hansen (12. Jahrhundert). Phil. Diss. Berlin 1937, Greifswald 1937.

161. Kehn, W., Der Handel im Oderraum im 13. und 14. Jahrhundert (Veröffentlichungen der Historischen Kommission für Pommern, Reihe 5, H. 16), Köln 1968.

162. Yrwing, H. N., Gotland under äldre medeltid. Studier i baltisk-hanseatisk historia, Lund 1940.

163. Yrwing, H., Visby – Hansestad pa Gotland, Stockholm/Södertälje 1986.

164. Bohn, R. (Hg.), Gotlandia Irredenta. Festschrift für Gunnar Svanström zu seinem 75. Geburtstag, Sigmaringen 1990.

165. Bugge, A., Die nordeuropäischen Verkehrswege im frühen Mittelalter und die Bedeutung der Wikinger für die Entwicklung des europäischen Handels und der europäischen Schiffahrt, in: Vierteljahrschrift für Sozial- und Wirtschaftsgeschichte 4 (1906), S. 227-277.

166. Kumlien, K., Sverige och hanseaterna. Studier i svensk politik och utrikeshandel (Vitterhets historie och antikvitets akademiens handlingar. D. 86), Lund 1953.

167. Tunberg, S., Visby-Lübeck, in: Historiska studier tillägnade L. Stavenow på sextivårsdagen den 12 oktober 1924, Norstedt 1924.

168. Weibull, L., St. Knut i Österled, in: Scandia 17 (1946), S. 84-101.

169. Artsikhovski, A. V., La ville russe au moyen-âge, in: Le Moyen Age 65 (1959), S. 453-468. [Der erste Hauptausgräber in Nowgorod.]

170. Onasch, K., Groß-Nowgorod. Aufstieg und Niedergang einer russischen Stadtrepublik, Wien/München 1969.

171. Zernack, K., Die burgstädtischen Volksversammlungen bei den Ost- und Westslawen. Studien zur verfassungsgeschichtlichen Bedeutung des Veče (Gießener Abhandlungen zur Agrar- und Wirtschaftsforschung des europäischen Ostens 33; Osteuropastudien der Hochschulen des Landes Hessen, Reihe 1), Wiesbaden 1967.

172. Angermann, N., Der Hansehandel mit Nowgorod nach dem Zeugnis archäologischer Quellen. Bericht über eine sowjetische Publikation, in: Hansische Geschichtsblätter 98 (1980), S. 76-84.

173. Page, W., London. Its Origin and Early Development, London/Bombay/Sydney 1923.

174. Weinbaum, M., Verfassungsgeschichte Londons 1066–1268 (Vierteljahrschrift für Sozial- und Wirtschaftsgeschichte, Beih. Nr. 15), Stuttgart 1929.

175. Weinbaum, M., London unter Edward I. und Edward II. Verfassungs- und wirtschaftsgeschichtliche Studie, Bd. 1.2, (Vierteljahrschrift für Sozial- und Wirtschaftsgeschichte, Beih. Nr. 28/29), Stuttgart 1933.

176. Stenton, F. M., Norman London. An Essay, 2. Aufl., London 1934.

177. Eades, G. E., Historic London. The story of a city and its people (City of London Society. Publications), London 1966.

178. Biddle, M./Hudson, D. M./Heighway C. M., The Future of London's Past. A survey of the archaeological implications of planning and development in the nation's capital (Rescue Publication 4), Worchester 1973.

179. Werveke, H. van, Das Wesen der flandrischen Hansen, in: Hansische Geschichtsblätter 76 (1958), S. 7-20.

180. Bächtold, H., Der norddeutsche Handel im 12. und beginnenden 13. Jahrhundert (Abhandlungen zur Mittleren und Neueren Geschichte. H. 21), Berlin/Leipzig 1910.

181. Stein, W., Handels- und Verkehrsgeschichte der deutschen Kaiserzeit. Aus dem Nachlaß hg. v. O. Held (Abhandlungen zur Verkehrs- und Seegeschichte 10), Berlin 1922.

182. Johnsen, O., Norwegische Wirtschaftsgeschichte, Jena 1939.

183. Gade, J. A., The Hanseatic Control of Norwegian Commerce during the Late Middle Ages, Leiden 1951.

184. Ammann, H., Untersuchungen zur Geschichte der Deutschen im mittelalterlichen Frankreich, Bd. I: Deutschland und die Messen der Champagne, in: Deutsches Archiv für Landes- und Volksforschung 3 (1939), S. 306-333.

185. Thomas, H., Beiträge zur Geschichte der Champagne-Messen im 14. Jahrhundert, in: Vierteljahrschrift für Sozial- und Wirtschaftsgeschichte 64 (1977), S. 433-467.

186. Bautier, R.-H., Les Foires de Champagne. Recherches sur une évolution historique, in: Recueils de la Société Jean Bodin, Bd. 5: La Foire, Brüssel 1953, S. 97-147.

187. Dhondt, J., Développement urbain et initiative comtale en Flandre au XI siècle, in: Revue du Nord 30 (1948), S. 133-156.

Städtegruppen und Gesamthanse im 13. Jahrhundert (S. 102-156)

188. Oppermann, O., Untersuchungen zur Nordniederländischen Geschichte des 10. bis 13. Jahrhunderts, 3 Tle., hier T. 2: Die Grafschaft Holland und das Reich bis 1256 (Bijdragen van het Instituut voor Middeleeuwse Geschiedenis der Rijks-Universiteit te Utrecht 3-5), Utrecht 1920/21.

189. Ganshof, F. L., Brabant, Rheinland und Reich im 12., 13. und 14. Jahrhundert, Bonn 1938 (Gesellschaft für Rheinische Geschichtskunde. Vorträge [8]).

190. Algemene geschiedenis der Nederlanden, Red. J. A. van Houtte/J. F. Niermeyer u.a., 12 Bde., Utrecht 1949–58, bes. H. van Werveke, Bd. 2: De volle middeleeuwen 925–1305, Utrecht 1950; Bd. 3: De late middeleeuwen 1305–1477, Utrecht 1951.

191. Algemene Geschiedenis der Nederlanden, Red. D.P. Blok u.a., Bd. 1-15, Haarlem 1977–1983. Bd. 1-4 betreffen Mittelalter, Bd. 5-10 frühe Neuzeit und Neuzeit in politischer, wirtschaftlicher, gesellschaftlicher, kirchlicher und kultureller Hinsicht.

192. Christensen, A. E./ Clausen, H. P. [u.a.] (Hgg.), Danmarks historie, 1ff. Kopenhagen 1977ff., bes. Bd. 2, 1: 1340–1559, 1977; Bd. 2, 2: 1560–1648, 1980.

193. Benninghoven, F., Rigas Entstehung und der frühhansische Kaufmann (Nord- und osteuropäische Geschichtsstudien 3), Hamburg 1961.

194. Gnegel-Waitschies, G., Bischof Albert von Riga. Ein Bremer Domherr als Kirchenfürst im Osten (1199–1229) (Nord- und osteuropäische Geschichtsstudien 2), Hamburg 1958.

195. Espinas, G., Les origines urbaines en Flandre, in: Le Moyen Age 54 (1948), S. 37-56.

196. Johansen, P., Westfälische Wesenszüge in der Geschichte und Kultur Alt-Livlands, in: Der Raum Westfalen, Bd. IV: Wesenszüge seiner Kultur. 1. T., hg. v. H. Aubin/F. Petri/H. Schlenger, Münster 1958, S. 267-293.

197. Johansen, P., Die Bedeutung der Hanse für Livland, in: Hansische Geschichtsblätter 65/66 (1940/41), S. 1-55.

198. Blaschke, K., Nikolaipatrozinium und städtische Frühgeschichte, in: Zeitschrift der Savigny-Stiftung für Rechtsgeschichte, Kanonistische Abteilung 84 (1967), S. 273-337.

199. Maschke, E./Kasiske, E., Der deutsche Ritterorden. Seine politische und kulturelle Leistung im deutschen Osten, Berlin 1942.

200. Biskup, M., Polish Research Work on the History of the Teutonic Order State Organization in Prussia (1945–1959), in: Acta Poloniae Historica 3 (1960), S. 89-113.

201. Tumler, M., Der Deutsche Orden im Werden, Wachsen und Wirken bis 1400 mit einem Abriß der Geschichte des Ordens von 1400 bis zur neuesten Zeit, Wien 1955.

202. Benninghoven, F., Der Orden der Schwertbrüder. Fratres Milicie Christi de Livonia (Ostmitteleuropa in Vergangenheit und Gegenwart 9), Köln/Graz 1965.

203. Kluge, R., Darstellung und Bewertung des Deutschen Ordens in der deutschen und polnischen Literatur, in: Zeitschrift für Ostforschung 18 (1969), S. 15-63.

204. Rundstedt, H.-G. von, Die Hanse und der Deutsche Orden in Preußen bis zur Schlacht bei Tannenberg 1410, Weimar 1937.

205. Jochmann, W./Loose, H.-D. (Hgg.), Hamburg. Geschichte der Stadt und ihrer Bewohner, 2 Bde., bes. Bd. 1: H.-D. Loose (Hg.), Von den Anfängen bis zur Reichsgründung, 1982, Hamburg 1982–1986.

206. Techen, F., Geschichte der Seestadt Wismar, Wismar 1929. [Zur Geschichte einzelner Städte vgl. weiter die oben erwähnten Bibliographien.]

207. Ewe, H. (Hg.), Geschichte der Stadt Stralsund, hg. im Auftrag des Rates der Stadt Stralsund (Veröffentlichungen des Stadtarchivs Stralsund 10), Weimar 1984.

208. Lingenberg, H., Die Anfänge des Klosters Oliva und die Entstehung der deutschen Stadt Danzig. Die frühe Geschichte der beiden Gemeinwesen bis 1308/10 (Kieler Historische Studien 30), Stuttgart 1982. [Schrifttum]

209. Schück, A., Studier rörande det svenska stadsväsendets uppkomst och äldsta utveckling, Stockholm 1926.

210. Kumlien, K., Königtum, Städte und Hanse in Schweden um die Mitte des 14. Jahrhunderts, in: Städtewesen und Bürgertum als geschichtliche Kräfte. Gedächtnisschrift für Fritz Rörig, hg. v. A. von Brandt/W. Koppe, Lübeck 1953, S. 149-158.

211. Lindström, D., Skrå, stad och stat. Stockhol, Malmö och Bergan a. 1350–1622. Zusammenfassung: Zünfte, Städte und Staat. Stockholm, Malmö und Bergen von ca.. 1350 bis 1622 (Acta Universitatis Upsaliensis. Studia Historica Upsaliensia 163), Uppsala 1991.

212. Bruns, F./Weczerka, Hansische Handelsstraßen, Atlas, Text-, Indexbd. (Quellen und Darstellungen zur hansischen Geschichte N.F. 13, 1-3), Köln/Graz 1962–68, hier Textbd.

213. Jorberg, F., Beiträge zum Studium des Hanseschiffes, in: Zeitschrift des Vereins für Lübeckische Geschichte und Altertumskunde 35 (1955), S. 57-70.

214. Slaski, K., Die Schiffe der Ostseeslawen und Polen vom 9. bis 13. Jahrhundert im Lichte neuer polnischer Forschungen, in: Zeitschrift für Archäologie des Mittelalters 2 (1974), S. 107-119.

215. Wolf, Th., Tragfähigkeiten, Ladungen und Maße im Schiffsverkehr der Hanse vornehmlich im Spiegel Revaler Quellen (Quellen und Darstellungen zur Hansischen Geschichte, N.F. 31), Köln/Wien 1986.

216. Heinsius, P., Das Schiff der Hansischen Frühzeit (Quellen und Darstellungen zur hansischen Geschichte N.F. 12), 2. verb. Aufl., Köln/Wien 1986.

217. Stoob, H. (Hg.), See- und Flußhäfen vom Hochmittelalter bis zur Industrialisierung (Städteforschung A 24), Köln/Wien 1983.

218. Lang, A. W., Entwicklung, Aufbau und Verwaltung des Seezeichenwesens an der deutschen Nordseeküste bis zur Mitte des 19. Jahrhunderts, Bonn 1965.

219. Schreiner, J., Hanseatene og Norges nedgang, Oslo 1935.

220. Helle, K., Bergen bys historie 1. Kongssete og kjøpstad. Fra opphavet til 1536, Bergen/Oslo/Tromsø 1982.

221. Wetki, M., Studien zum Hanse-Norwegen-Problem, in: Hansische Geschichtsblätter 70 (1951), S. 34-83.[Vgl. auch J. Schreiner, Bemerkungen zum Hanse-Norwegen-Poblem, in: Hansische Geschichtsblätter 72 (1954), S. 64-78 und ders., Die Frage nach der Stellung des deutschen Kaufmanns zur norwegischen Staatsmacht, in: Hansische Geschichtsblätter 74 (1956), S. 1-12.]

222. Brandt, A. von, Die Hanse und die nordischen Mächte im Mittelalter (Arbeitsgemeinschaft für Forschung des Landes Nordrhein-Westfalen. Geisteswissenschaften, H. 102), Köln/Opladen 1962.

223. Kurth, F., Der Anteil niederdeutscher Kreuzfahrer an den Kämpfen der Portugiesen gegen die Mauren, in: Mitteilungen des Instituts für Österreichische Geschichtsforschung, Ergänzungsbd. 8 (1911), S. 131-252.

224. Jansen, R., Heinrich von Bonn. Die Erinnerung an die Kreuzfahrer aus dem Römischen Reich in der portugiesischen Legendentradition, in: Rheinische Vierteljahrsblätter 30 (1965), S. 23-29.

225. Mayer, H. E., Geschichte der Kreuzzüge (Urban-Bücher 86), 6. überarb. Aufl., Stuttgart/Berlin/Köln/ Mainz 1985.

226. Stein, W., „hansa“, in: Hansische Geschichtsblätter 15, 36. Jg. (1909), S. 53-113.

227. Werveke, H. van, Les „Statuts“ Latins et les „Statuts“ français de la Hanse Flamande de Londres, in: Academie Royale de Belgique, in: Bulletin de la Commission Royale d'Histoire 118 (1953), S. 289-320.

228. Postan, M., The Trade of Medieval Europe: The North, in: The Cambridge Economic History of Europe, vol. 2: Trade and Industry in the Middle Ages, ed. by M. Postan/E. E. Rich, Cambridge 1952, S. 119-256.

229. Beuken, J. H. A., De Hanze en Vlaanderen, Maastricht/Vroenhoven o.J. [ca. 1950].

230. Friedland, K., Kaufleute und Städte als Glieder der Hanse, in: Hansische Geschichtsblätter 76 (1958), S. 21-41.

231. Stein, W., Die deutsche Genossenschaft in Brügge und die Entstehung der Deutschen Hanse, in: Hansische Geschichtsblätter 14, 35. Jg. (1908), S. 409-466.

232. Mohrmann, W.-D., Der Landfriede im Ostseeraum während des späten Mittelalters (Regensburger Historische Forschungen 2), Kallmünz 1972.

233. Bielfeldt, E., Der Rheinische Bund von 1254. Ein erster Versuch einer Reichsreform (Neue deutsche Forschungen. Abt. Mittelalterliche Geschichte 3 = Bd. 131 der ganzen Reihe), Berlin 1937.

234. Kleist, U., Die sächsischen Städtebünde zwischen Weser und Elbe im 13. und 14. Jahrhundert, in: Zeitschrift des Harz Vereins für Geschichte und Alterthumskunde 25 (1892), S. 1-101.

235. Puhle, M., Die Politik der Stadt Braunschweig innerhalb des Sächsischen Städtebundes und der Hanse im späten Mittelalter (Veröffentlichungen aus dem Stadtarchiv und der Stadtbibliothek 20 = Braunschweiger Werkstücke 63, Reihe A), Braunschweig 1985.

236. Winterfeld, L. von, Westfalen in dem großen rheinischen Bund von 1254, In: Westfälische Zeitschrift 93 (1937), S. 128-142.

237. Winterfeld, L. von, Der Werner Städtebund, in: Westfälische Zeitschrift 103-104 (1954), S. 1-12.

238. Westphal, H., Die Verhältnisse der wendischen Hansestädte unter einander, zu den Landesherren, zur Hansa, Diss. Greifswald 1911.

239. WINTERFELD, L. VON, Das westfälische Hansequartier, in: Der Raum Westfalen, Bd. II: Untersuchungen zu seiner Geschichte und Kultur. 1. T., hg. v. H. Aubin/F. Petri, Münster 1955, S. 255-352.

240. PETRI, F., Die Stellung der Südersee- und Ijsselstädte im flandrisch-hansischen Raum, in: Hansische Geschichtsblätter 79 (1961), S. 34-57.

241. LENSEN, L./HEITLING, W. H., De geschiedenis van de Hanze. Bloeiperiode langs de Ijssel, Deventer 1990.

242. BERKENVELDER, F. C., Zwolle als Hanzestad (Zwolse historische reeks 1), Zwolle 1983.

243. GESCHIEDENIS VAN ZUTPHEN, Red. W. Th. M. Frijhoff, B. Looper [u.a.], Zutphen 1989.

244. STAVENHAGEN, O., Anfänge des livländischen Städtebundes innerhalb der deutschen Hanse und seine Teilnahme an der Kölner Konföderation, in: Baltische Monatsschrift 52 (1901), S. 43-70.

245. KALLMERTEN, P., Lübische Bündnispolitik von der Schlacht bei Bornhöved bis zur dänischen Invasion unter Erich Menved 1227–1307, Diss. Kiel 1932.

246. WAND, K., Die Englandpolitik der Stadt Köln und ihrer Erzbischöfe im 12. und 13. Jahrhundert, in: Aus Mittelalter und Neuzeit. Festschrift G. Kallen, hg. v. J. Engel/H. M. Klinkenberg, Bonn 1957, S. 77-95.

Vom Rostocker Landfrieden bis zum Sieg über Waldemar IV. (1283–1370) (S. 158-195)

247. BRUNS, F., Reimar Kock. Der lübische Chronist und sein Werk, in: Zeitschrift des Vereins für Lübeckische Geschichte und Altertumskunde 35 (1955), S. 85-104.

248. MENKE, J. B., Geschichtsschreibung und Politik in den deutschen Städten des Spätmittelalters, in: Jahrbuch des Kölnischen Geschichtsvereins 33 (1958), 34/35 (1959/60).

249. ISENMANN, E., Die deutsche Stadt im Spätmittelalter 1250–1500. Stadtgestalt, Recht, Stadtregiment, Kirche, Gesellschaft, Wirtschaft (UTB-Große Reihe), Stuttgart 1988.

250. ANDERSSON, I. M., Erik Menved och Venden. Studier i dansk utrikespolitik 1300–1319, Lund 1954.

251. ANDERSSON, I. M., König Erich Menved und Lübeck, in: Zeitschrift des Vereins für Lübeckische Geschichte und Altertumskunde 39 (1959), S. 69-116.

252. RÖRIG, F., Mittelalter und Schriftlichkeit, in: Die Welt als Geschichte 13 (1953), S. 29-41. [Vgl. auch F. Rörig, Unternehmerkräfte im flandrisch-hansischen Raum, in: Historische Zeitschrift 159 (1939), S. 265-286.]

253. FRANKE, G., Lübeck als Geldgeber Lüneburgs. Ein Beitrag zur Geschichte des städtischen Schuldenwesens im 14. und 15. Jahrhundert (Abhandlungen zur Handels- und Seegeschichte 4), Diss. Kiel 1932, Neumünster 1935.

254. LÖNING, G. A., Deutsche und Gotländer in England im 13. Jahrhundert, in: Hansische Geschichtsblätter, 67/68 (1942/1943), S. 165-191.

255. DE SMET, J., De Vlaamsche en de Duitsche Hanze, Brügge 1938.

256. BRANDT, A. VON, Der Lübecker Rentenmarkt von 1320–1350, Diss. Kiel/Düsseldorf 1935.

257. WIEGANDT, J., Die Plescows. Ein Beitrag zur Auswanderung Wisbyer Kaufmannsfamilien nach Lübeck im 13. und 14. Jahrhundert (Quellen und Darstellungen zur hansischen Geschichte, N.F. 28) Köln/Wien 1988.

258. LANG, A. W., Seekarten der südlichen Nord- und Ostsee. Ihre Entwicklung von den Anfängen bis zum Ende des 18. Jahrhunderts (Deutsche hydrographische Zeitschrift, Ergänzungsh., Reihe B, Nr. 10), Hamburg 1968.

259. HANSEN, R., Knud Laward und Gerhard der Große, in: Schleswig-Holsteinisches Jahrbuch (1924), S. 44-47.

260. Carstens, W., Beiträge zur Entstehung des schleswig-holsteinischen Staates, in: Zeitschrift der Gesellschaft für Schleswig-Holsteinische Geschichte 74/75 (1951), S. 1-58.

261. Erslev, K., Den saakaldte „Constitutio Valdemariana“ af 1326, in: Historisk Tidsskrift 6. Reihe, Bd. 6 (1895–97), S. 205-248.

262. Heidemann, J., Graf Berthold VII. von Henneberg als Verweser der Mark Brandenburg von 1323 bis 1330, in: Forschungen zur deutschen Geschichte 17 (1877), S. 107-161.

263. Füsslein, W., Die Vormünder des Markgrafen Ludwig des Älteren von Brandenburg. 1323–1333, in: Forschungen zur Brandenburgischen und Preußischen Geschichte 21 (1908), S. 1-38.

264. Dittmer, H. C., Geschichte der ersten Gold-Ausmünzungen zu Lübeck im 14. Jahrhundert, in: Zeitschrift für Lübeckische Geschichte und Altertumskunde 1 (1860), S. 22-78.

265. Sprandel, R., Das mittelalterliche Zahlungssystem. Nach hansischen und nordischen Quellen des 13.–15. Jahrhunderts (Monographien zur Geschichte des Mittelalters 10), Stuttgart 1975.

266. North, M., Geldumlauf und Wirtschaftskonjunktur im südlichen Ostseeraum an der Wende zur Neuzeit (1440–1570). Untersuchungen zur Wirtschaftsgeschichte am Beispiel des Großen Lübecker Münzschatzes, der norddeutschen Münzfunde und der schriftlichen Überlieferung (Kieler historische Studien 35), Sigmaringen 1990.

267. Schnith, K., Staatsordnung und Politik in England zu Anfang des 14. Jahrhunderts, in: Historisches Jahrbuch 88 (1968), S. 36-53.

268. Trautz, F., Die Könige von England und das Reich 1272–1377. Mit einem Rückblick auf ihr Verhältnis zu den Staufern, Heidelberg 1961.

269. Lloyd, T. H., England and the German Hanse, 1157–1611. A study of their trade and commercial diplomacy, Cambridge [usw.] 1991.

270. Peters, I.-M., Hansekaufleute als Gläubiger der Englischen Krone (1294–1350) (Quellen und Darstellungen zur Hansischen Geschichte, N.F. 24), Köln/Wien 1978.

271. Offler, H., England and Germany at the Beginning of the Hundred Year's War, in: The English Historical Review 54 (1939), S. 608ff.

272. Perroy, E., La Guerre de Cent ans (La Suite de temps 13), Paris 1945.

273. Freeden, E. V., Die Reichsgewalt in Norddeutschland von der Mitte des 13. bis zur Mitte des 14. Jahrhunderts, Diss. Göttingen 1931, Gießen 1931.

274. Peters, E., Das große Sterben des Jahres 1350 in Lübeck und seine Auswirkungen auf die wirtschaftliche und soziale Struktur der Stadt, in: Zeitschrift des Vereins für Lübeckische Geschichte und Altertumskunde 30 (1940), S. 15-148.

275. Tägil, S., Valdemar Atterdag och Europa (Biblioteca historica Lundensis 9), Lund 1962. [Mit deutscher Zusammenfassung]

276. Skyum-Nielsen, N., König Waldemar V. Atterdag von Dänemark. Persönlichkeit und Politik, in: Hansische Geschichtsblätter 102 (1984), S. 5-20.

277. Friccius, W., Der Wirtschaftskrieg als Mittel hansischer Politik im 14. und 15. Jahrhundert, in: Hansische Geschichtsblätter 57 (1932), S. 38-77 und 58 (1933), S. 52-121.

278. Vogel, W., Deutsche Seestrategie in hansischer Zeit. Vortrag, gehalten auf der Pfingstversammlung des Hansischen Geschichtsvereins in Kiel am 11. Juni 1930, in: Hansische Geschichtsblätter 55 (1930), S. 34-66.

279. Andersson, I., Schwedische Geschichte. Vom Autor durchges. Übersetzung von A. von Brandt (Geschichte der Völker und Staaten), München 1950.

280. Nordman, V. A., Albrecht, Herzog von Mecklenburg, König von Schweden (Annales academiae scientiarum Fennicae 44, 1), Helsinki 1938.

281. Nilsson, S. A., Krona och frälse i Sverige 1523–1594. Rusttjänst, länsväsende, godspolitik, Lund 1947. [Königtum und Adel in Schweden]

282. Landwehr, G., Die Verpfändung der deutschen Reichsstädte im Mittelalter (Forschungen zur deutschen Rechtsgeschichte 5), Köln/Graz 1967.

283. Hölscher, W., Kirchenschutz als Herrschaftsinstrument. Personelle und funktionale Aspekte der Bistumspolitik Karls IV. (Studien zu den Luxemburgern und ihrer Zeit 1), Warendorf 1985.

284. Prinz, F., Die Stellung Böhmens im mittelalterlichen Deutschen Reich, in: Zeitschrift für bayerische Landesgeschichte 28 (1965), S. 99-113.

285. Werunsky, E., Geschichte Kaiser Karls IV. und seiner Zeit, 3 Bde., Innsbruck 1880–1892, Nachdr. New York. [Stoffreich, aber nur bis 1368]

286. Reincke, H., Kaiser Karl IV. und die deutsche Hanse (Pfingstblätter des Hansischen Geschichtsvereins 22), Lübeck 1931.

287. Schäfer, D., Die Hansestädte und König Waldemar von Dänemark. Hansische Geschichte bis 1376, Jena 1879, Neudr. Aalen 1970.

288. Stoob, H., Kaiser Karl IV. und seine Zeit, Graz/Wien/Köln 1990.

289. Bjork, D. K., The Peace of Stralsund, 1370, in: Speculum 7 (1932), S. 447-476.

290. Styffe, C. G., Bidrag till Skandinaviens historia ur utländska arkiver samlade och utgifna, Bd. 1-5, Stockholm 1859–1884. [Wichtige Textdrucke, noch immer unentbehrlich]

291. Schumacher, B., Geschichte Ost- und Westpreußens (Der Göttinger Arbeitskreis. Veröffentlichung Nr. 322), Nachdr. d. 7. unv. Aufl., Würzburg 1987, Augsburg 1993. [Hanse und Orden]

292. Musset, L., Les Peuples scandinaves au moyen âge, Paris 1951.

293. Werner, P., Stellung und Politik der preußischen Hansestädte unter der Herrschaft des Ordens bis zu ihrem Übertritt zur Krone Polen, Diss. Königsberg 1915.

294. Stoob, H., Kaiser Karl IV. und der Ostseeraum, in: Hansische Geschichtsblätter 88 (1970), S. 163-214.

295. Wernicke, H., Die Städtehanse 1280–1418. Genesis, Strukturen, Funktionen (Abhandlungen zur Handels- und Sozialgeschichte 22), Weimar 1983.

Krisenzeiten um Verfassung und Sozialgefüge bis 1438 (S. 196-232)

296. Schulz, F., Die Hanse und England von Eduards III. bis auf Heinrichs VIII. Zeit (Abhandlungen zur Verkehrs- und Seegeschichte 5), Berlin 1911.

297. Keutgen, F., Die Beziehungen der Hanse zu England im letzten Drittel des vierzehnten Jahrhunderts, Gießen 1890.

298. Jenks, St., England, die Hanse und Preußen. Handel und Diplomatie 1377–1474, 3 Tle., 1. Handel, 2. Diplomatie, 3. Anhänge (Quellen und Darstellungen zur Hansischen Geschichte N.F. 38, T. 1-3), Habilitationsschrift, Berlin 1984/85, Köln/Wien 1992.

299. Ruffmann, K.-H., Engländer und Schotten in den Seestädten Ost- und Westpreußens, in: Zeitschrift für Ostforschung 7 (1958), S. 17-39.

300. Stein, W., Die Burgunderherzöge und die Hanse, in: Hansische Geschichtsblätter 10, 29. Jg. (1901), S. 7-26.

301. Lechner, G., Die Hansischen Pfundzollisten des Jahres 1368 (Quellen und Darstellungen zur hansischen Geschichte, N.F. 10), Lübeck 1935.

302. Ahnsehl, K.-O., Thorns Seehandel und Kaufmannschaft um 1370 (Wissenschaftliche Beiträge zur Geschichte und Landeskunde Ost-Mitteleuropas 53), Marburg/Lahn 1961.

303. STEIN, W., Vom deutschen Kontor in Kowno, in: Hansische Geschichtsblätter 22 (1916), S. 225-266.

304. HOLLIHN, G., Die Stapel- und Gästepolitik Rigas in der Ordenszeit (1201–1562). Ein Beitrag zur Wirtschaftsgeschichte Rigas in der Hanse-Zeit, in: Hansische Geschichtsblätter 60 (1935), S. 91-207.

305. HILLEBRAND, H., Das deutsche Kontor zu Polozk, in: Baltische Monatsschrift 22 (1875).

306. NIITEMAA, V., Das Strandrecht in Nordeuropa im Mittelalter (Annales Academiae scientiarum Fennicae 49), Helsinki 1955.

307. KRIEGER, K.-F., Ursprung und Wurzeln der Rôles d'Oléron (Quellen und Darstellungen zur hansischen Geschichte, N.F. 15), Köln/Wien 1970.

308. ROTHHARDT, H., Der Kampf Lübecks gegen die Ausübung des Strandrechtes im Ostseeraum, Juristische Diss. Halle, Würzburg 1938.

309. TECHEN, F., Das Strandrecht an der Mecklenburgischen Küste, in: Hansische Geschichtsblätter 12, 33. Jg. (1906), S. 271-308.

310. DONNER, G., Kardinal Wilhelm von Sabina, Bischof von Modena 1222–1234, päpstlicher Legat in den nordischen Ländern († 1251), Helsinki 1929.

311. BENNINGHOVEN, F., Die Gotlandfeldzüge des Deutschen Ordens 1398–1408, in: Zeitschrift für Ostforschung 13 (1964), S. 421-477.

312. STOOB, H., Dithmarschen und die Hanse, in: Hansische Geschichtsblätter 73 (1955), S. 117-145.

313. TSCHENTSCHER, H., Die Entstehung der hamburgischen Elbhoheit (1189–1482). Ein Beitrag zur Rechtsgeschichte der Territorialgewässer, in: Zeitschrift des Vereins für Hamburgische Geschichte 43 (1956), S. 1-48.

314. REINCKE, H., Hamburgische Territorialpolitik, in: Zeitschrift des Vereins für Hamburgische Geschichte 38 (1939), S. 28-116.

315. BENNINGHOVEN, F., Die Vitalienbrüder als Forschungsproblem, in: Kirche und Gesellschaft im Ostseeraum und im Norden vor der Mitte des 13. Jahrhunderts (Acta Visbyensia III, Visbysymposiet för historiska vetenskaper 1967), Visby 1969, S. 41-52.

316. EHBRECHT, W., Hansen, Friesen und Vitalienbrüder an der Wende zum 15. Jahrhundert, in: Niederlande und Nordwestdeutschland. Studien zur Regional- und Stadtgeschichte Nordwestkontinentaleuropas im Mittelalter und in der Neuzeit. Festschrift F. Petri, hg. v. W. Ehbrecht/H. Schilling (Städteforschung A 15), Köln/Wien 1983, S. 61-98.

317. EHBRECHT, W., Von Seeräubern, Hansen und Häuptlingen im 15. Jahrhundert, in: Herrschaft und Verfassungsstrukturen im Nordwesten des Reiches. Beiträge zum Zeitalter Karls V., F. Petri zum Gedächtnis, hg. v. B. Sicken (Städteforschung A 35), Köln/Weimar/Wien 1994, S. 47-88.

318. PUHLE, M., Die Vitalienbrüder. Klaus Störtebeker und die Seeräuber der Hansezeit, Frankfurt/New York 1992.

319. NIITEMAA, V., Der Kaiser und die Nordische Union bis zu den Burgunderkriegen (Annales Academiae scientiarum Fennicae 116), Helsinki 1960.

320. SAMSONOWICZ, H., Późne średniowiecze miast nadbałtyckich. Studia nad dziejami Hanzy nad Bałtykiem w XIV–XV w, [Das Spätmittelalter der Ostseestädte. Studien zur Geschichte der Hanse an der Ostsee im 14. und 15. Jahrhundert], Warschau 1968.

321. BRANDT, A. VON, Die Lübecker Knochenhaueraufstände von 1380/84 und ihre Voraussetzungen. Studien zur Sozialgeschichte Lübecks in der zweiten Hälfte des 14. Jahrhunderts, in: Zeitschrift für Lübeckische Geschichte und Altertumskunde 39 (1959) (= Lübisches Mittelalter. Festgabe zum 800jährigen Bestehen Lübecks seit der Neugründung unter Heinrich dem Löwen 1159–1959), S. 123-202.

322. Koeppen, H., Führende Stralsunder Ratsfamilien vom Ausgang des 13. bis zum Beginn des 16. Jahrhunderts (Greifswalder Abhandlungen zur Geschichte des Mittelalters, H. 10), Diss. 1937, Greifswald 1938.

323. Spiess, W., Fernhändlerschicht und Handwerkermasse in Braunschweig bis zur Mitte des 15. Jahrhunderts, in: Hansische Geschichtsblätter 63 (1938), S. 49-85.

324. Reimann, H. L., Unruhe und Aufruhr im mittelalterlichen Braunschweig (Braunschweiger Werkstücke 28), Braunschweig 1962.

325. Bohmbach, J., Die Sozialstruktur Braunschweigs um 1400 (Veröffentlichungen aus dem Stadtarchiv und der Stadtbibliothek 10 = Braunschweiger Werkstücke 49, Reihe A), Braunschweig 1973.

326. Hergemöller, B.-U., „Pfaffenkriege" im spätmittelalterlichen Hanseraum. Quellen und Studien zu Braunschweig, Osnabrück, Lüneburg und Rostock, 2 Bde. (Städteforschung C 2, 1-2), Habilitationsschrift Münster 1983, Köln/Wien 1988.

327. Raape, H., Der Hamburger Aufstand im Jahre 1483, Diss. Hamburg 1953, in: Zeitschrift des Vereins für Hamburgische Geschichte 45 (1959), S. 1-64.

328. Engelmann, E. (Hg.), Städtische Volksbewegungen im 14. Jahrhundert. Referat und Diskussion zum Thema Probleme städtischer Volksbewegungen im 14. Jahrhundert (Tagung der Sektion Mediävistik der Deutschen Historiker-Gesellschaft vom 21.–23.1.1960 in Wernigerode 1), Berlin 1960. [Darin besonders der Beitrag von K. Czok.]

329. Koppe, W., Lübeck-Stockholmer Handelsgeschichte im 14. Jahrhundert (Abhandlungen zur Handels- und Seegeschichte 2), Neumünster 1933.

330. Kirchberg, E. von, Chronicon Mecklenburgicum Anno 1378 scriptum. E. codice membranaceo eoque autographo, quem inter cimelia adservat archivum Ducale Sverinense, in: J. E. v. Westphalen, Monumenta inedita rerum Germanicarum, praecipue Cimbricarum et Megapolensium, Tle. 1-4, Lipsiae 1739-45, hier: T. IV, 1745, Spalte 593-840.

331. Hänselmann, L. (Hg.), Das Schichtbuch. Geschichten von Ungehorsam und Aufruhr in Braunschweig 1292–1514. Nach dem Niederdeutschen des Zollschreibers Herman Bothen und anderen Ueberlieferungen bearbeitet, photomech. Nachdr. d. Ausg. Braunschweig 1886, Hannover-Döhren 1979. [Vgl. auch Die Chroniken der deutschen Städte 16, 1880.]

332. Herborn, W., Die politische Führungsschicht der Stadt Köln im Spätmittelalter (Rheinisches Archiv 100), Bonn 1977.

333. Czok, K., Zunftkämpfe, Zunftrevolutionen oder Bürgerkämpfe, in: Wissenschaftliche Zeitschrift der Karl-Marx-Universität Leipzig, Gesellschafts- und sprachwissenschaftliche Reihe 8 (1958/59), S. 129-143.

334. Maschke, E., Verfassung und soziale Kräfte in der deutschen Stadt des späten Mittelalters, vornehmlich in Oberdeutschland, in: Vierteljahrschrift für Sozial- und Wirtschaftsgeschichte 46 (1959), S. 289-349 u. 433-476.

335. Maschke, E., Deutsche Stadtgeschichtsforschung auf der Grundlage des Historischen Materialismus, in: Jahrbuch für Geschichte oberdeutscher Reichsstädte 12/13 (1966/67) (= Esslinger Studien), S. 124-141.

336. Ahlers, O., Civilitates. Lübecker Neubürgerlisten 1317–1356 (Veröffentlichungen zur Geschichte der Hansestadt Lübeck 19), Lübeck 1967.

337. Postan, M., Some economic evidence of declining population in the later Middel Ages, in: The Economic History Review N.F. 2 (1950), S. 221-246.

338. Stieda, W., Hansische Vereinbarungen über städtisches Gewerbe im 14. und 15. Jahrhundert, in: Hansische Geschichtsblätter 5, 15. Jg. (1886) S. 99-155.

339. Bruns, F., Der Lübecker Rat. Zusammensetzung, Ergänzung und Geschäftsführung von den Anfängen bis ins 19. Jahrhundert, in: Zeitschrift des Vereins für Lübeckische Geschichte und Altertumskunde 32 (1951), S. 1-69.

340. Reincke, H., Forschungen und Skizzen zur Hamburgischen Geschichte (Veröffentlichungen aus dem Staatsarchiv der Hansestadt Hamburg 3), Hamburg 1951.

341. Koeppen, H., Führende Stralsunder Ratsfamilien vom Ausgang des 13. bis zum Beginn des 16. Jahrhunderts (Greifswalder Abhandlungen zur Geschichte des Mittelalters, H. 10), Greifswald 1938.

342. Johanek, P. (Hg.), Einungen und Bruderschaften in der spätmittelalterlichen Stadt (Städteforschung A 32), Köln/Weimar/Wien 1993.

343. Friedland, K. (Hg.), Gilde und Korporation in den nordeuropäischen Städten des späten Mittelalters (Quellen und Darstellungen zur Hansischen Geschichte, N.F. 29), Köln/Wien 1984.

344. Sprandel, R., Die Handwerker in den nordwestdeutschen Städten des Spätmittelalters, in: Hansische Geschichtsblätter 86 (1968), S. 37-62.

345. Mehl, W., Die Braunschweiger Schicht von 1374 und ihre Nachwirkung in anderen Städten, Diss. Berlin 1909.

346. Reincke, H., Hamburg am Vorabend der Reformation (Arbeiten zur Kirchengeschichte Hamburgs 8), Hamburg [1966].

347. Daenell, E., Die Hansestädte und der Krieg um Schleswig, in: Zeitschrift der Gesellschaft für Schleswig-Holsteinische Geschichte 32 (1902), S. 271-450.

348. Renken, F., Der Handel der Königsberger Großschäfferei des deutschen Ordens mit Flandern um 1400 (Abhandlungen zur Handels- und Seegeschichte 5), Weimar 1937.

349. Sass, K. H., Hansischer Einfuhrhandel in Reval um 1430 (Wissenschaftliche Beiträge zur Geschichte und Landeskunde Ost-Mitteleuropas 19), Marburg 1955.

350. Frahm, F., Historisches Recht und geschichtliche Entwicklung in den Kämpfen um das Herzogtum Schleswig, in: Zeitschrift der Gesellschaft für Schleswig-Holsteinische Geschichte 72 (1944), S. 1-161.

Hansische Kulturaspekte und ihr politischer Hintergrund bis 1474 (S. 233-268)

351. Kintzinger, M., Das Bildungswesen in der Stadt Braunschweig im hohen und späten Mittelalter. Verfassungs- und institutionengeschichtliche Studien zu Schulpolitik und Bildungsförderung (Beihefte zum Archiv für Kulturgeschichte 32), Köln/Wien 1990.

352. Jetter, D., Das europäische Hospital. Von der Spätantike bis 1800 (DuMont Dokumente), Köln 1986.

353. Reicke, S., Das deutsche Spital und sein Recht im Mittelalter (Kirchenrechtliche Abhandlungen 111 u. 112, 113 u. 114), 2 Tle., Nachdr. der Ausg. Stuttgart 1932, Amsterdam 1961.

354. Kleiminger, R., Das Heiligengeisthospital von Wismar in sieben Jahrhunderten. Ein Beitrag zur Wirtschaftsgeschichte der Stadt, ihrer Höfe und Dörfer (Abhandlungen zur Handels- und Sozialgeschichte 4), Weimar 1962.

355. Boldt, A., Das Fürsorgewesen der Stadt Braunschweig in Spätmittelalter und Früher Neuzeit. Eine exemplarische Untersuchung am Beispiel des St. Thomae-Hospitals. – Chronik der Stiftung St. Thomae-Hof für die Zeit von 1705 bis in die Gegenwart (Veröffentlichungen aus dem Stadtarchiv und der Stadtbibliothek 24 = Braunschweiger Werkstücke. 69, Reihe A, Bd. 24), Braunschweig 1988.

356. Rapport. Riksantikvarieämbetet och Statens Historiska Museer. Medeltidsstaden, Projektledare: H. Andersson u.a., Helsinki/Stockholm 1976ff. [Mehr als 70 H. bis 1985.]

357. Meckseper, C. (Hg.), Stadt im Wandel. Kunst und Kultur des Bürgertums in Norddeutschland 1150–1650. Landesausstellung Niedersachsen 1985, 4 Bde. (Ausstellungskatalog und Aufsätze), 4 Bde., Stuttgart-Bad Cannstatt 1985.

358. Ewe, H., Das alte Stralsund. Kulturgeschichte einer Ostseestadt, mit Fotos v. G. Ewald, Weimar 1994.

359. Gruber, K., Die Gestalt der deutschen Stadt. Ihr Wandel aus der geistigen Ordnung der Zeiten, 4. Aufl., München 1983.

360. Meckseper, C., Kleine Kunstgeschichte der deutschen Stadt im Mittelalter, Darmstadt 1982.

361. Pinder, W., Die Kunst der ersten Bürgerzeit bis zur Mitte des 15. Jahrhunderts (Wilhelm Pinder. Vom Wesen und Werden deutscher Formen. Geschichtliche Betrachtungen 2), (Sonderausgabe für die Wissenschaftliche Buchgesellschaft), 2 Bde., Frankfurt/Köln bzw. Tübingen/Darmstadt 1952 u. 1956.

362. Jantzen, H., Die Gotik des Abendlandes. Idee und Wandel, 2. Aufl., Köln 1963.

363. Venzmer, W., Der Lübecker Dom als Zeugnis bürgerlicher Kolonisationskunst. Frühe Baugeschichte und kunstgeschichtliche Stellung, in: Zeitschrift des Vereins für Lübeckische Geschichte und Altertumskunde 39 (1959), S. 49-68.

364. Wilhelm-Kästner, K., Der Raum Westfalen in der Baukunst des Mittelalters, in: Der Raum Westfalen, Bd. II: Untersuchungen zu seiner Geschichte und Kultur, 1. T., hg. v. H. Aubin/F. Petri, Münster 1955, S. 369-449.

365. Hasse, M., Die Marienkirche zu Lübeck, München 1983.

366. Zaske, N., Gotische Backsteinkirchen Norddeutschlands zwischen Elbe und Oder, 2. Aufl., Leipzig 1970.

367. Zaske, N. und Zaske, R., Kunst in Hansestädten, Lizenzausgabe, Köln/Wien 1986.

368. Böker, H.J., Die mittelalterliche Backsteinarchitektur Norddeutschlands, Darmstadt 1988.

369. Busch, H., Meister des Nordens. Die altniederdeutsche Malerei 1450–1550, 2. durchges. Aufl., Hamburg 1943.

370. Platte, H., Meister Bertram in der Hamburger Kunsthalle (Bilderhefte der Hamburger Kunsthalle 1), 3. Aufl., Hamburg 1973.

371. Paatz, W., Bernt Notke und sein Kreis (Denkmäler deutscher Kunst), Berlin 1939.

372. Plagemann, V., Hansische Kunstströmungen nach Skandinavien, in: Hansische Geschichtsblätter 86 (1968), S. 13-36.

373. Matthaei, J., Lüneburg (Deutsche Lande/Deutsche Kunst), München/Berlin 1950.

374. Schorler, V., Die wahrhaftige „Abcontrafactur" der See- und Hansestadt Rostock des Krämers Vicke Schorler, (beschrieben und erläutert von I. Ehlers und H. Witt), hg. v. H. Witt, Rostock 1989 (Ausg. Rostock 1939, hg. v. O. Gehrig).

375. Stammler, W., Die deutsche Hanse und die deutsche Literatur, in: Hansische Geschichtsblätter 25, 45. Jg (1919), S. 35-69.

376. Rundstedt, H.-G. von, Die Hanse und der Deutsche Orden in Preußen bis zur Schlacht bei Tannenberg 1410, Weimar 1937.

377. Leinz, J., Die Ursachen des Abfalls Danzigs vom Deutschen Orden. Unter besonderer Berücksichtigung der nationalen Frage, in: Jahrbuch für die Geschichte Mittel- und Ostdeutschlands 13/14 (1965), S. 1-59.

378. Weise, E., Das westliche Ordensland und der zweite Thorner Vertrag von 1466, in: Zeitschrift für Ostforschung 19 (1970), S. 478-488.

379. Biskup, M., Der Zusammenbruch des Ordensstaates in Preußen im Lichte der neuesten polnischen Forschungen, in: Acta Poloniae Historica 9 (1963), S. 59-76.

380. Mał owist, M., Polens wirtschaftliche Entwicklung vom 15. bis 17. Jahrhundert, in: Jahrbuch für die Geschichte der UdSSR und der volksdemokratischen Länder Europas 7 (1963), S. 201-215.

381. Stark, W., Lübeck und Danzig in der zweiten Hälfte des 15. Jahrhunderts. Untersuchungen zum Verhältnis der wendischen und preußischen Hansestädte in der Zeit des Niedergangs der Hanse (Abhandlungen zur Handels- und Sozialgeschichte 11), Weimar 1973.

382. Fritze, K., Am Wendepunkt der Hanse. Untersuchungen zur Wirtschafts- und Sozialgeschichte wendischer Hansestädte in der ersten Hälfte des 15. Jahrhunderts (Veröffentlichungen des Historischen Instituts der Ernst-Moritz-Universität Greifswald 3), Berlin 1967.

383. Gönnenwein, O., Das Stapel- und Niederlagsrecht (Quellen und Darstellungen zur hansischen Geschichte N.F. 11), Weimar 1939.

384. Wehrmann, C., Lübeck als Haupt der Hanse um die Mitte des fünfzehnten Jahrhunderts, in: Hansische Geschichtsblätter 7 (1892), S. 79-119.

385. Spading, K., Holland und die Hanse im 15. Jahrhundert. Zur Problematik des Übergangs vom Feudalismus zum Kapitalismus (Abhandlungen zur Handels- und Sozialgeschichte 12), Weimar 1973.

386. Bauer, H./Millack, W. (Hgg.), Danzigs Handel in Vergangenheit und Gegenwart, Danzig 1925.

387. Schildhauer, J., Hafenzollregister des Ostseebereiches als Quellen zur hansischen Geschichte, in: Hansische Geschichtsblätter 86 (1968), S. 63-76.

388. Naudé, W., Die Getreidehandelspolitik der Europäischen Staaten vom 13. bis zum 18. Jahrhundert, als Einleitung in die Preußische Getreidehandelspolitik. Darstellung (Acta Borussica 2,2), Berlin 1896.

389. Posthumus, N. W., De oosterse handel te Amsterdam. Het oudst bewaarde koopmansboek van een Amsterdamse vennootschap betreffende handel op de Oostzee 1485–1490, Leiden 1953.

390. Scofield, C. L., The Life and reign of Edward the Fourth, 2 Bde., London 1923.

391. Simons, E. N., The reign of Edward IV., London 1966.

392. Power, E./Postan, C., Studies in English trade in the fifteenth century, 2 Bde., London 1951.

393. Neumann, G., Hinrich Castorp. Ein Lübecker Bürgermeister aus der zweiten Hälfte des 15. Jahrhunderts (Veröffentlichungen zur Geschichte der Freien und Hansestadt Lübeck 11), Diss. Kiel 1931, Lübeck 1932. [unkritisch]

394. Fahlbusch, F. B. u.a., Beiträge zur westfälischen Hansegeschichte, Warendorf 1988. [Besonders der Beitrag von F.-W. Hemann.]

395. Pauli, R., Die Haltung der Hansestädte in den Rosenkriegen, in: Hansische Geschichtsblätter 2, 4. Jg. (1874), S. 75-105.

396. Nirrnheim, H., Hinrich Murmester. Ein hamburgischer Bürgermeister in der hansischen Blütezeit (Pfingstblätter des hansischen Geschichtsvereins 4), Leipzig 1908.

397. Stark, W., Der Utrechter Frieden von 1474 zwischen der Hanse und England, in: Zeitschrift für Geschichtswissenschaft 19 (1971), S. 891-903.

398. Weise, E., Die Hanse, England und die Merchants Adventurers. Das Zusammenwirken von Köln und Danzig, in: Jahrbuch des Kölnischen Geschichtsvereins 31/32 (1956/57), S. 137-164.

Hansische Politik zwischen Utrecht 1474 und Stockholm 1520 (S. 270-284)

399. STEIN, W., Die Burgunderherzöge und die Hanse, in: Hansische Geschichtsblätter 10, 29. Jg. (1901), S. 7-26.

400. HELD, O., Die Hanse und Frankreich von der Mitte des 15. Jahrhunderts bis zum Regierungsantritt Karls VIII., in: Hansische Geschichtsblätter 18 (1912), S. 121-237 u. 279-427.

401. SCHULZ, F., Die Hanse und England von Eduards III. bis auf Heinrichs VIII. Zeit (Abhandlungen zur Verkehrs- und Seegeschichte 5), Berlin 1911.

402. TIBERG, E., Moskau, Livland und die Hanse 1487–1547, in: Hansische Geschichtsblätter 93 (1975), S. 13-70.

403. DAHLMANN, F. C./SCHÄFER, D., Geschichte von Dänemark, 5 Bde. [bis 1648], Hamburg/Gotha 1840–1902.

404. BRANDI, K., Deutsche Geschichte im Zeitalter der Reformation und Gegenreformation, 4. Aufl., München 1969.

405. KRÜGER, H., Des Nürnberger Meisters Erhard Etzlaub älteste Straßenkarten von Deutschland, in: Jahrbuch für fränkische Landesforschung 18 (1958), S. 1-286 u. 379-407.

406. MORTENSEN, H./LANG A. (Hgg.), Die Karten deutscher Länder im Brüsseler Atlas des Christian s'Grooten (Abhandlungen der Akademie der Wissenschaften Göttingen, Phil.-hist. Kl., F. 3, Nr. 44), Göttingen 1952.

407. UNGER, R. W., The Ship in the Medieval Economy 600–1600, London 1980.

408. OLECHNOWITZ, K.-F., Der Schiffbau der hansischen Spätzeit. Eine Untersuchung zur Sozial- und Wirtschaftsgeschichte der Hanse (Abhandlungen zur Handels- und Sozialgeschichte 3), Weimar 1960.

Das wirtschaftliche Profil um 1520 zu Lande und zur See (S. 285-304)

409. WECZERKA, H., Karte „Die Hansestädte", in: Ph. Dollinger, Die Hanse, 4. Aufl., Stuttgart 1989.

410. JOHANSEN, P., Die Hanse (Karten: Die Kölner Konföderation der Hanse gegen Dänemark – Norwegen; die Hanse im Verkehrsnetz europas um 1450; Anfänge der Hanse im 12. und 13. Jahrhundert; die Waren des hansischen Fernhandels und ihre Herkunft.), in: Großer Historischer Weltatlas, hg. v. Bayerischen Schulbuch-Verlag, Red. J. Engel, 3 Tle., hier T. 2,1.2 (Atlas u. Textbd.), T. 2,1: 2. überarb. Aufl., München 1979, Nr. 84a-85b, T. 2,2: München 1983, Nr. 84a-85b, S. 352-358.

411. STEIN, W., Die Hansestädte, in: Hansische Geschichtsblätter 19 (1913), S. 233-294 u. 519-560; 20 (1914), S. 257-289; 21 (1915), S. 119-178.

412. JAPPE ALBERTS, W., De Nederlands Hanzesteden (Fibulareeks 15), Bussum 1969. [Deutsche Zusammenfassung:] Jappe Alberts, W., Die niederländischen Hansestädte in der deutschen Hanse (Nachbarn 20), 3. Aufl., Bad Honnef a. Rh. 1981.

413. SNELLER, Z. W., Deventer, die Stadt der Jahrmärkte (Pfingstblätter des Hansischen Geschichtsvereins 25), Weimar 1936.

414. THERSTAPPEN, P., Köln und die niederrheinischen Städte in ihrem Verhältnis zur Hanse in der zweiten Hälfte des 15. Jahrhunderts, Diss. Marburg 1901.

415. SCHWARZWÄLDER, H., Geschichte der Freien Hansestadt Bremen, Bd. 1: Von den Anfängen bis zur Franzosenzeit (1810), Bremen 1975.

416. MÜLLER-MERTENS, E., Berlin und die Hanse, in: Hansische Geschichtsblätter 80 (1962), S. 1-25.

417. HARTLEB, F. (Hg.), Salzwedel die alte Markgrafen- und Hansestadt in der Altmark 1233–1933. Beiträge zur 700jährigen Stadtgeschichte, Salzwedel 1933.

418. Stoob, H., Salzwedel, in: Deutscher Städteatlas, hg. v. H. Stoob, III, Bl. 8, Altenbeken 1984 (Acta Collegii historiae urbanae Societatis historicorum internationalis. Series C).

419. Böse, H., Lüneburgs politische Stellung im wendischen Quartier der Hanse in der zweiten Hälfte des 15. Jahrhunderts, Lüneburg 1971.

420. Brandt, A. von, Geist und Politik in der Lübeckischen Geschichte. Acht Kapitel von den Grundlagen historischer Größe, Lübeck 1954.

421. Techen, F., Etwas von der mittelalterlichen Gewerbeordnung, insbesondere der wendischen Städte, in: Hansische Geschichtsblätter 9, 25. Jg. (1897), S. 17-104.

422. Brück, Th., Korporationen der Schiffer und Bootsleute Untersuchungen zu ihrer Entwicklung in Seestädten an der Nord- und Ostseeküste vom Ende des 15. bis zum Ende des 17. Jahrhunderts (Abhandlungen zur Handels- und Sozialgeschichte 29), Weimar 1994.

423. Hamann, M., Wismar–Rostock–Stralsund–Greifswald zur Hansezeit. Ein Vergleich, in: Vom Mittelalter zur Neuzeit (Forschungen zur mittelalterlichen Geschichte 1), Festschrift für H. Sproemberg, hg. v. H. Kretzschmar, Berlin 1956, S. 90-112.

Hansische Verfassung, Gesellschaft und Kultur am Vorabend der Reformation (S. 305-320)

424. Irsigler, F., Hansekaufleute. Die Lübecker Veckinchusen und die Kölner Rinck, in: Hanse in Europa, hg. v. G. Albrecht, Ausstellungs-Katalog, Köln 1973, S. 301-327.

425. Bruns, F., Der Dreikönigsaltar der Marienkirche und die Familie Brömse, in: Zeitschrift des Vereins für Lübeckische Geschichte und Altertumskunde 32 (1951), S. 105-108.

426. Ropp, G. von der, Kaufmannsleben zur Zeit der Hanse (Pfingstblätter des Hansischen Geschichtsvereins 3), Leipzig 1907.

427. Gerkens, G./Grassmann, A. (Hgg.), Der Lübecker Kaufmann. Aspekte seiner Lebens- und Arbeitswelt vom Mittelalter bis zum 19. Jahrhundert. Begleitpublikation zur Ausstellung ... 1993, Lübeck 1993.

428. Hoock, J., Ars mercatoria. Handbücher und Traktate für den Gebrauch des Kaufmanns, 1470–1820. Eine analytische Bibliographie in 6 Bänden, Paderborn 1991ff., bes. Bd. 1: 1470–1600, 1991 u. Bd. 2: 1600–1700, 1993.

429. Witthöft, H., Umrisse einer historischen Metrologie zum Nutzen der wirtschafts- und sozialgeschichtlichen Forschung. Maß und Gewicht in Stadt und Land Lüneburg, im Hanseraum und im Kurfürstentum/Königreich Hannover vom 13. bis zum 19. Jahrhundert, 2 Bde. (Veröffentlichungen des Max-Planck-Instituts für Geschichte 60, 1.2), Göttingen 1979.

430. Houtte, J. A. van, Die Städte der Niederlande im Übergang vom Mittelalter zur Neuzeit, in: Rheinische Vierteljahrsblätter 27 (1962), S. 50-68.

431. Sauer, H., Hansestädte und Landesfürsten. Die wendischen Hansestädte in der Auseinandersetzung mit den Fürstenhäusern Oldenburg und Mecklenburg während der zweiten Hälfte des 15. Jahrhunderts (Quellen und Darstellungen zur Hansischen Geschichte, N.F. 16), Köln/Wien 1971.

432. Lesnikov, M. P., Die Handelsbücher des hansischen Kaufmannes Veckinchusen (Forschungen zur mittelalterlichen Geschichte 19), Berlin (Ost) 1973. [Dazu A. von Brandt, Die Veckinchusen-Handlungsbücher. Vorgeschichte, Problematik und Verwirklichung einer Quellenedition, in: Hansische Geschichtsblätter 93 (1975), S. 100-112.]

433. Grobecker, M., Studien zur Geschichtsschreibung des Albert Krantz, Diss. Hamburg 1964.

434. Kuske, B., Die Handelsbeziehungen zwischen Köln und Italien im späteren Mittelalter, in: B. Kuske, Köln, der Rhein und das Reich, Köln/Graz 1956, S. 1-47.

435. Nordmann, C., Oberdeutschland und die deutsche Hanse (Pfingstblätter des Hansischen Geschichtsvereins 26), Weimar 1939.

436. Waschinski, E., Währung, Preisentwicklung und Kaufkraft des Geldes in Schleswig-Holstein von 1226–1864 (Quellen und Forschungen zur Geschichte Schlewig-Holsteins 26, 1-2), Neumünster 1952–59.

437. Beck, F./Henning, E. (Hgg.), Die archivalischen Quellen. Eine Einführung in ihre Benutzung (Veröffentlichungen des Brandenburgischen Landeshauptarchivs 29), Weimar 1994. [Darin besonders: F. Bönisch/R. Zilch, Münzen, Maße und Gewichte, S. 247-256.]

438. Schäfer, D., Das Buch des lübeckischen Vogts auf Schonen (Hansische Geschichtsquellen 4), 2. Aufl., Lübeck 1927.

439. Stoob, H., Albert Krantz (1448–1517). Ein Gelehrter, Geistlicher und hansischer Syndikus zwischen den Zeiten, in: Hansische Geschichtsblätter 100 (1982), S. 87-109.

440. Reincke, J. (Hg.), Die Bilderhandschrift des Hamburgischen Stadtrechts von 1497, neu hg. v. J. Bolland, [Faks.] (Veröffentlichungen aus dem Staatsarchiv der Freien und Hansestadt Hamburg 10), Hamburg 1968.

441. Schildhauer, J., Soziale, politische und religiöse Auseinandersetzungen in den Hansestädten Stralsund, Rostock und Wismar im ersten Drittel des 16. Jahrhunderts (Abhandlungen zur Handels- und Sozialgeschichte 2), Weimar 1959.

442. Czok, K., Städtische Volksbewegungen im deutschen Spätmittelalter. Ein Beitrag zu Bürgerkämpfen und innerstädtischen Bewegungen während der frühbürgerlichen Revolution, 2 Tle., Habilitationsschrift, Leipzig 1963.

443. Ehbrecht, W., Bürgertum und Obrigkeit in den hansischen Städten des Spätmittelalters, in: Die Stadt am Ausgang des Mittelalters, hg. v. W. Rausch (Beiträge zur Geschichte der Städte Mitteleuropas 3), Linz 1974, S. 275-302.

444. Mörke, O., Rat und Bürger in der Reformation. Soziale Gruppen und kirchlicher Wandel in den welfischen Hansestädten Lüneburg, Braunschweig und Göttingen (Veröffentlichungen des Instituts für Historische Landesforschung der Universität Göttingen 19), Hildesheim 1983.

445. Grassmann, A./Neugebauer, W. (Hgg.), 800 Jahre Musik in Lübeck (Veröffentlichungen der Hansestadt Lübeck – Amt für Kultur, 2 Tle.), Lübeck 1982/83.

446. Wolter, K., Die Schiffrechte der Hansestädte Lübeck und Hamburg und die Entwicklung des Hansischen Seerechts unter besonderer Berücksichtigung der rechtlichen Bestimmungen über Reisenotlagen und Schiffskollisionen, Diss. Hamburg 1975.

447. Landwehr, G., Die Haverei in den mittelalterlichen deutschen Seerechtsquellen (Berichte aus den Sitzungen der Joachim Jungius-Gesellschaft der Wissenschaften, Hamburg 3,2), Hamburg/Göttingen 1985.

Vom Ende der Nordischen Union zum Speyerer Frieden 1544 (S. 321-347)

448. Paludan-Müller, C. (Hg.), Aktstykker til Nordens Historie i Grevefeidens Tid. Udg. av Fyens Stifts literaere Selskap ved C. Paludan-Müller, Odense 1851.

449. Kruse, W., Lübeck und der Streit um Gotland 1523–1526, in: Hansische Geschichtsblätter 19 (1913), S. 337-416; 20 (1914), S. 463-478 u. 21 (1915), S. 229-262.

450. Hildebrand, H./Stavenow, L. (Hgg.), Sveriges historia till våra dagar, Bd. 4: Gustav Vasa (Stockholm 1920), Bd. 5: Gustav Vasas söner (Stockholm 1921).

451. Schreiner, J., Hanseatene og Norge i det 16. århundre. [Utg. av] det Norske videnskaps-akademi i Oslo, Oslo 1941.

452. Brandi, K., Kaiser Karl V. Werden und Schicksal einer Persönlichkeit und eines Weltreiches, 2 Bde., Bd. 1: 7. Aufl., München 1964, Bd. 2: 2. Aufl., unv. reprogr. Nachd. d. 1. Aufl. (München 1941), München 1967.

453. Schwarz Lausten, M., König Christian III. von Dänemark und die deutschen Reformatoren. 32 ungedruckte Briefe, in: Archiv für Reformationsgeschichte 66 (1975), S. 151-182.

454. Häpke, R., Der Untergang der hansischen Vormachtstellung in der Ostsee (1531–1544), in: Hansische Geschichtsblätter 18 (1912), S. 85-119.

455. Storkebaum, W., Graf Christoph von Oldenburg (1504–1566). Ein Lebensbild im Rahmen der Reformationsgeschichte (Oldenburger Forschungen 11), Oldenburg 1959.

456. Wentz, G., Der Prinzipat Jürgen Wullenwevers und die wendischen Städte, in: Hansische Geschichtsblätter 56 (1931), S. 83-111.

457. Friedland, K., Das wirtschaftspolitische Erbe Jürgen Wullenwevers, in: Hansische Geschichtsblätter 89 (1971), S. 26-40.

458. Hering, H., Doktor Pomeranus, Johannes Bugenhagen. Ein Lebensbild aus der Zeit der Reformation (Schriften des Vereins für Reformationsgeschichte Jg. 6, Nr. 22), Halle a.d. Saale 1888.

459. Sillem, C. H. W., Die Einführung der Reformation in Hamburg (Schriften des Vereins für Reformationsgeschichte, H. 16), Halle 1886.

460. Postel, R., Die Reformation in Hamburg 1517–1528 (Quellen und Forschungen zur Reformationsgeschichte 52), Habilitationsschrift 1982, Gütersloh 1986.

461. Jannasch, W., Reformationsgeschichte Lübecks vom Petersablaß bis zum Augsburger Reichstag 1515–1530 (Veröffentlichungen zur Geschichte der Hansestadt Lübeck 16), Lübeck 1958.

462. Pauls, V., Geschichte der Reformation in Schleswig-Holstein (Schriften des Vereins für Schleswig-Holsteinische Kirchengeschichte, Sonderh. 1), Kiel 1922.

463. Heyden, H., Kirchengeschichte Pommerns (Osteuropa und der deutsche Osten. Reihe 3, Buch 5, 1.2), 2 Bde., 2. umgearb. Aufl., Köln 1957.

464. Holmquist, H., Die schwedische Reformation. 1523–1531 (Schriften des Vereins für Reformationsgeschichte Jg. 43, H. 2, Nr. 139), Leipzig 1925.

465. Arbusow, L., Die Einführung der Reformation in Liv-, Est- und Kurland (Quellen und Forschungen zur Reformationsgeschichte 3), reprogr. Neudr. d. Ausgabe Leipzig 1921, Aalen 1964.

466. Schorn-Schütte, L., „Papocaesarismus" der Theologen? Vom Amt des evangelischen Pfarrers in der frühneuzeitlichen Stadtgesellschaft bei Bugenhagen, in: Archiv für Reformationsgeschichte 79 (1988), S. 230-261.

Reorganisation, letzte Erfolge und Zeichen der Auflösung (S. 348-369)

467. Baumgarten, H., Moritz von Sachsen, der Gegenspieler Karls V., Berlin/Wien 1943.

468. Hartung, F., Karl V. und die deutschen Reichsstände von 1546 bis 1555 (Historische Studien 1), Halle a.d. Saale 1910.

469. Dreyer, A., Die lübisch-livländischen Beziehungen zur Zeit des Unterganges livländischer Selbständigkeit 1551–1563. Eine Vorgeschichte des nordischen siebenjährigen Krieges (Veröffentlichungen zur Geschichte der Freien und Hansestadt Lübeck I,2), Lübeck 1912.

470. Schirren, C., Quellen zur Geschichte des Untergangs livländischer Selbständigkeit (6-11: Archiv für die Geschichte Liv-, Est- und Curlands), 11 Bde., Reval 1861–85.

471. Arnell, S., Die Auflösung des livländischen Ordensstaates. Das schwedische Eingreifen und die Heirat Herzog Johans von Finnland 1558–1562, Lund 1937.

472. Kirchner, W., Die Bedeutung Narwas im 16. Jahrhundert. Ein Beitrag zum Studium der Beziehungen zwischen Rußland und Europa, in: Historische Zeitschrift 172 (1951), S. 265-284.

473. Angermann, N., Studien zur Livlandpolitik Ivan Groznyjs (Marburger Ostforschungen 32), Marburg a.d. Lahn 1972.

474. Donnert, E., Der livländische Ordensritterstaat und Rußland. Der livländische Krieg und die baltische Frage in der europäischen Politik 1558–1583, Berlin 1963.

475. Tiberg, E., Zur Vorgeschichte des Livländischen Krieges. Die Beziehungen zwischen Moskau und Litauen 1549–1562 (Acta Universitas Upsaliensis. Studia historica Upsaliensia 134), Uppsala 1984.

476. Andersson, I., Erik XIV., 5. rev. Aufl., Stockholm 1963.

477. Kloth, H., Lübecks Seekriegswesen in der Zeit des nordischen Siebenjährigen Krieges 1563–1570, in: Zeitschrift des Vereins für Lübeckische Geschichte und Altertumskunde 21 (1923), S. 1-51, 185-256; 22 (1925), S. 121-152 u. 325-379.

478. Paul, J., Lübeck und die Wasa im 16. Jahrhundert. Beiträge zur Geschichte des Unterganges hansischer Herrschaft in Schweden (Veröffentlichungen zur Geschichte der Freien und Hansestadt Lübeck V,1), Lübeck 1920.

479. Jeannin, P., Les comptes du Sund comme source pour la construction d'indices généreaux de l'activité économique en Europe (XVIe–XVIIIe sieècle), in: Revue Historique 231 (1964), S. 55-102 u. 307-340.

480. Olechnowitz, K., Handel und Seeschiffahrt der späten Hanse (Abhandlungen zur Handels- und Sozialgeschichte 6), Weimar 1965.

481. Zoellner, K.-P., Vom Strelasund zum Oslofjord. Untersuchungen zur Geschichte der Hanse und der Stadt Stralsund in der zweiten Hälfte des 16. Jahrhunderts (Abhandlungen zur Handels- und Sozialgeschichte 14), Weimar 1974.

482. Thierfelder, H., Rostock–Osloer Handelsbeziehungen im 16. Jahrhundert. Die Geschäftspapiere der Kaufleute Kron in Rostock und Bene in Oslo (Abhandlungen zur Handels- und Sozialgeschichte 1), Weimar 1958.

483. Jensch, G., Der Handel Rigas im 17. Jahrhundert. Ein Beitrag zur livländischen Wirtschaftsgeschichte in schwedischer Zeit, in: Mitteilungen aus der livländischen Geschichte 24 (1928-1933), H. 2 (1930) S. 49-146.

484. Jeannin, P., Les relations économiques des villes de la Baltique avec Anvers au XVIe siècle, in: Vierteljahrschrift für Sozial- und Wirtschaftsgeschichte 43 (1956), S. 193-217 u. 323-355.

485. Kellenbenz, H., Spanien, die nördlichen Niederlande und der skandinavisch-baltische Raum in der Weltwirtschaft und Politik um 1600, in: Vierteljahrschrift für Sozial- und Wirtschaftsgeschichte 41 (1954), S. 289-332.

486. Kellenbenz, H., Unternehmerkräfte im Hamburger Portugal- und Spanienhandel 1590–1625 (Veröffentlichungen der Wirtschaftsgeschichtlichen Forschungsstelle 10), Hamburg 1954.

487. Werveke, H. van, Bruges et Anvers. Huit sieècles de commerce flamand, Bruxelles 1944.

488. Houtte, J. A. van, Anvers au XVe et XVIe siècles. Expansion et apogée, in: Annales: économies-sociétés-civilisations 16 (1961), S. 248-278.

489. Beutin, L., Hanse und Reich im handelspolitischen Endkampf gegen England (Studien zur Geschichte der Wirtschafts- und Geisteskultur 6), Berlin 1929.

490. Friedland, K., Hamburger Englandfahrer 1512–1557, in: Zeitschrift des Vereins für Hamburgische Geschichte 46 (1960), S. 1-44.

491. Wiegandt, J., Die Merchants Adventurers' Company auf dem Kontinent zur Zeit der Tudors und Stuarts (Beiträge zur Sozial- und Wirtschaftsgeschichte 4), Kiel 1972.

492. Fink, G., Die rechtliche Stellung der Deutschen Hanse in der Zeit ihres Niedergangs, in: Hansische Geschichtsblätter 61 (1936), S. 122-137.

493. Simson, P., Die Organisation der Hanse in ihrem letzten Jahrhundert, in: Hansische Geschichtsblätter 13, 34. Jg. (1907), S. 207-244, 381-438.

494. Friedland, K., Der Plan des Dr. Heinrich Sudermann zur Wiederherstellung der Hanse. Ein Beitrag zur Geschichte der hansisch-englischen Beziehungen im 16. Jahrhundert, in: Jahrbuch des Kölnischen Geschichtsvereins 31/32 (1956/57), S. 184-244.

495. Strieder, J., Studien zur Geschichte kapitalistischer Organisationsformen. Monopole, Kartelle und Aktiengesellschaften im Mittelalter und zu Beginn der Neuzeit, 2. verm. Aufl., München/Leipzig 1925.

496. Pölnitz, G. von, Fugger und Hanse. Ein hundertjähriges Ringen um Ostsee und Nordsee (Studien zur Fuggergeschichte 11), Tübingen 1953.

497. Bechtel, L., Die Fugger in Danzig und im nordosteuropäischen Raum, Diss. München 1943.

498. Jeannin, P., Le cuivre, les Fugger et la Hanse, in: Annales: économies-sociétés-civilisations 10 (1955), S. 229-236.

499. Haussherr, H., Wirtschaftsgeschichte der Neuzeit vom Ende des 14. bis zur Höhe des 19. Jahrhunderts, 5. unv. Aufl., Köln/Wien 1981.

INDEX DER ORTS- UND PERSONENNAMEN

Bearbeitet von Peter Kramer

Im Index wurden die Schreibweisen der Orts- und Personennamen vereinheitlicht und ggf. eingedeutscht, insbesondere die Vornamen erscheinen stets in der deutschen Form (Erik s. u. Erich, Christoph s. u. Christof etc.); bei den Ortsnamen gibt es vereinzelt Verweise von verschiedenen Benennungen.
Bürgerliche und niederadelige Personen erscheinen unter ihrem Familiennamen, falls einer als solcher erkennbar ist; fürstliche und hochadelige Personen werden nach ihrem Vornamen eingeordnet; das gilt auch für Personen (insbes. des Früh- und Hochmittelalters), die keinen erkennbaren Familiennamen haben oder unter ihrem Vornamen bekannt sind (Dante s. u. Dante, nicht unter Alighieri, Dante). Nicht regierende Angehörige fürstlicher Häuser erscheinen im Index ohne Titel (Karl v. Österreich statt Karl, Ehzg. v. Österreich). Hochadelige Frauen werden im Allg. als NN, T. d. XX aufgeführt, wenn sie nicht einen eigenen Titel führten. Die Einträge sind möglichst knapp gehalten, so daß meist nur der höchste Titel (und evtl. für den Zusammenhang wichtige Titel) der Personen aufgeführt werden.
Ordnung der Personennamen: fürstliche (geistliche wie weltliche) Personen vor nichtfürstliche; innerhalb der fürstlichen nach dem Territorium unter Voranstellung von Päpsten und dt./röm. Kaisern und Königen; innerhalb der Territorien chronologisch zunächst die regierenden, dann die nicht regierenden Personen; die nichtfürstlichen sind nach einem Zusatz wie Beinamen oder Herkunftsangabe geordnet.
Indirekte Personennennungen wie z. B. „König von England“ wurden aufgelöst und im Index aufgenommen. Da es keinen Sachindex gibt, wurden Ortsnamen auch in adjektivischen Zusammensetzungen, wie „lübischer Rat“, aufgenommen.

Bf. – Bischof; Bgf. – Burggraf; Bm. – Bistum; d. – der, die, des; Gr. – Große(r); Hl. – Heilige(r); d. J. – der/die Jüngere; d. Ä. – der/die Ältere; dt. – deutscher; Ebf. – Erzbischof; Ebm. – Erzbistum; Ehzg. – Erzherzog; Fst. – Fürst; Fstn. – Fürstin; Gem. – Gemahl(in); Gf. – Graf; Gfn. – Gräfin; Gfst. – Großfürst; Ggkg. – Gegenkönig; Hr. – Herr; Hzg. – Herzog; Hzgn. – Herzogin; Hzm. – Herzogtum; Kfst. – Kurfürst; Kg. – König; Kgn. – Königin; Ks. – Kaiser; Lgf. – Landgraf; m. – mit; Mgf. – Markgraf; Pfgf. – Pfalzgraf; röm. – römisch(er); S. – Sohn; St. – Sankt; T. – Tocher; u. – und; v. – von

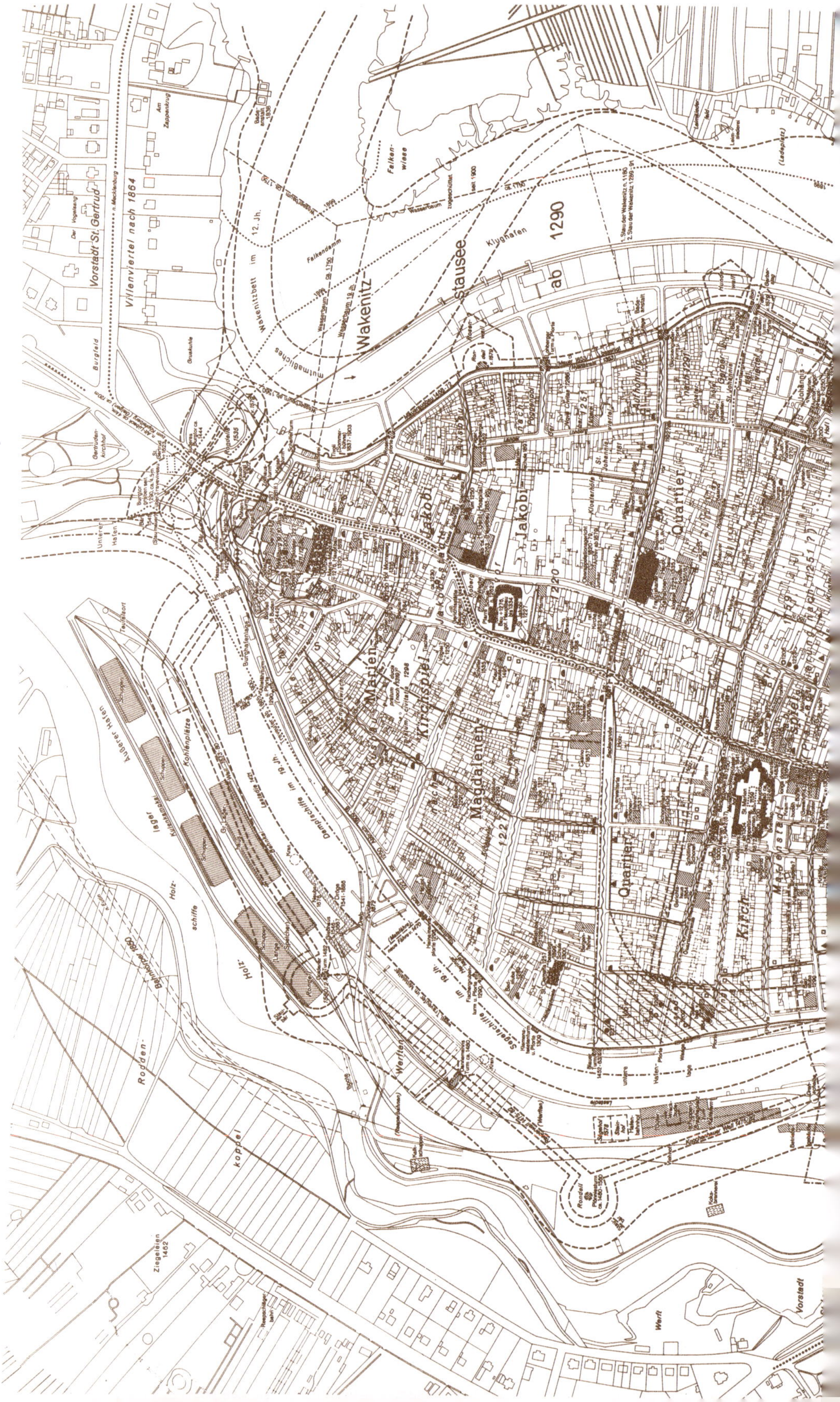
Vorstadt St. Gertrud
Villenviertel nach 1864
Burgfeld
Gertrudenkirchhof
mutmaßliches Wakenitzbett im 12. Jh.
Wakenitz
stausee
ab 1290
Falkenwiese
Falkendamm
Klughafen
Jakobi
Quartier
Marien
Kirchspiel
Magdalenen
Quartier
Kirch
Äußerer Hafen
Kohlenplätze
Holzschiffe
Dampfschiffe im 19. Jh.
Segelschiffe im 19. Jh.
Werften
Rodden
koppel
Ziegeleien 1462
Werft
Vorstadt